HISTOIRE DES PEINES DE SEXE

Les malheurs érotiques, leurs causes et leurs remèdes
à travers les âges

Gérard ZWANG

HISTOIRE DES PEINES DE SEXE

Les malheurs érotiques, leurs causes et leurs remèdes à travers les âges

MALOINE
27, RUE DE L'ÉCOLE-DE-MÉDECINE – 75006 PARIS
1994

AUTRES OUVRAGES SCIENTIFIQUES DE GÉRARD ZWANG

Le Sexe de la femme, éd. de La Jeune Parque, 1967, éd. Harpo-Suger, 1987.
La Fonction érotique, éd. Robert Laffont, 1972.
Abrégé de sexologie, éd. Masson, 1976, 4e éd. 1990.
Précis de thérapeutique sexologique (avec Antoine Romieu), éd. Maloine, 1974, 4e éd. 1989.
L'amour encore, éd. Plon, 1986.
Pathologie sexuelle, éd. Maloine, 1990 (Prix du Médec).
La Statue de Freud, éd. Robert Laffont, 1985.
Éthologie humaine, éd. SIMEP, 1988.

Articles, collaborations, cf. bibliographie.

Dépôt légal : Février 1994 - I.S.B.N. : 2-224-01996-3
Imprimé en France

TABLE DES MATIÈRES

REMERCIEMENTS

Pour Jean-Claude BOLOGNE, Vincent BOUTON, Claudine de la CHAPELLE, Robert CHAUVEL, Pierre DARMON, Françoise DENIS, Antony KYC, Yves LEROUX, Lo DUCA, Daniel VRAC, Philippe ZWANG.

Pour toi Michèle, qui fis refleurir mon cœur par cet inespéré cadeau : un mariage d'amour

INTRODUCTION

L'homme n'est pas n'importe quel animal. La femme non plus. Ils se tiennent debout sur leurs pattes arrière. Leurs mains allument le feu et enterrent leurs morts. Leur gros cerveau les a dotés de la conscience, de la parole, d'une énorme mémoire ; et de la notion du futur, qui a troublé leur conscience.

Les animaux n'ont pas d'état d'âme, sinon à cause de l'homme, ou de la femme. Ils savent où est le bien, où est le mal, guidés par des instincts que leur phylogenèse a efficacement agencés, pour veiller sur l'individu comme sur l'espèce. C'est ce que l'on pourrait appeler la sagesse animale. Mais les bêtes ne savent pas qu'elles vont mourir. Connaissance de la mort inéluctable de chaque homme, de chaque femme, cadeau empoisonné de la conscience, que les humains ne peuvent ni repousser ni oublier – même s'ils n'y pensent pas à chaque heure du jour et de la nuit.

Il est vrai que, dans le même temps, la conscience leur a appris à profiter des agréments de l'existence. À multiplier, amplifier, valoriser les gratifications subjectives d'accomplissement qui récompensent le comportement correct, l'effort heureusement abouti. Il y a dit-on des macaques qui trempent leurs patates dans l'eau de mer pour les saler, faible amélioration de l'ordinaire. Alors que les babouins n'ont inventé ni la paella, ni la choucroute, ni le pot-au-feu, ni la bière blonde, ni le homard grillé. Il n'y a pas d'humanité sans gastronomie, ne serait-elle qu'épices, et pas d'humanité sans fonction érotique.

Quand les bêtes se servent de leurs organes générateurs, c'est pour reproduire l'espèce en temps et en lieu. Après quoi elles les rangent, et parfois pour un an si ce n'est plus, voire définitivement. Sans oublier ces insectes sociaux dont certaines catégories... sociales n'ont pas droit aux organes génitaux : dès l'échelon animal, socialisme et érotisme vont mal ensemble... Les humains aussi naissent inégaux, mais du moins tous munis d'organes sexuels en bon état de marche – sauf quelques rares maléficiés. Ils s'en servent beaucoup plus souvent, et beaucoup plus longtemps, que leurs cousins animaux.

Ce livre reprend régulièrement deux refrains – deux thèmes de sonate classique. Premier refrain : la nature humaine s'est montrée généreuse envers les Terriens, quant à la morphologie et la physiologie de leurs « parties génitales ».

Un pénis de taille plus qu'honorable, et que pourraient jalouser – seraient-ils envieux comme les humains partageux – les plus gros et grands – gorilles, orangs-outangs – de ces mâles simiens réputés lubriques. Des érections fréquentes, éventuellement quotidiennes, et même spontanément toutes les nuits – on verra pourquoi.

La plus belle vulve de la surface terrestre, une véritable œuvre d'art pleine de détails subtils, de replis odorants, pétales secrets, froncis des nymphes uniques dans tout le règne animal, clitoris gracieux et modeste, et pourtant le seul de son genre à pouvoir fonctionner pour lui-même – pourvu que main ou bouche sachent s'en servir [1].

1. Seules les femelles des bonobos, ces grands singes les plus proches des humains, semblent priser les stimulations clitoridiennes à l'état isolé - parfois même à titre de « gracieuseté » entre bonnes amies désirant se raccommoder. Cf. Frans de Waal, *De la réconciliation chez les primates*, *op. cit.*

Ce qui n'empêche pas le vagin de marcher toujours, durable bienfait animal de la nature féminine, au bénéfice bilatéral et symétrique des parties conjointes : une cavité copulatrice d'une complaisance proverbiale, d'un inégalable moelleux. Et qui pousse la bonté jusqu'à rester ouverte le dimanche comme la semaine, de jour comme de nuit, en toute saison.

Voilà donc ce qui différencie l'homme, et même la femme, de la bête, quant au sexe : *la fonction érotique*. Les humains peuvent se servir de leurs organes générateurs mille fois, cinq mille fois plus qu'ils ne fabriquent de rejetons dans toute leur existence.

D'abord parce que la nature leur a mis un puissant aiguillon dans les reins, les poussant à s'accoupler encore et encore : pour reproduire une espèce précaire, menacée de la météorologie comme des prédateurs et des microbes. C'est très certainement pour ce bon entretien de la machine copulatoire que les mâles de l'espèce, pendant qu'ils révisent leurs devoirs comportementaux au cours du sommeil paradoxal, ouvrent à plein canal leurs artères caverneuses. Ce qui les fait bander une bonne heure par nuit, toutes les nuits, de l'enfance à l'heureuse vieillesse.

Ensuite, parce qu'ils ont développé un grand appétit pour le plaisir orgasmique, celui que prodiguent leurs zones copulatrices quand ils en font le bon usage. Que ces lieux privilégiés soient doubles chez la femme, clitoris et vagin, alors que l'homme n'a chichement droit qu'au gland de la verge, ne pose problème – et même depuis très longtemps – qu'aux imbéciles. On verra qu'ils sont nombreux : combien d'humains ont le sexe mieux conformé que la cervelle ! Mais c'est leur sexe qu'ils cachent, infligeant à leurs congénères leur triste figure et leur triste sottise.

Certes, depuis qu'ils tiennent debout, depuis qu'ils exposent en vitrine, nus, les seins permanents et aguichants de leurs femelles, comme leurs organes sexuels volumineux, garnis d'une pilosité publicitaire, les mammifères humains les voilent d'un écran plus ou moins protecteur pour qu'ils ne prennent pas froid. Mais aussi pour ne pas attirer la curiosité des importuns, et ne se servir de ces parties délicates qu'à bon escient, en compagnie choisie.

Car la sagesse animale perdure dans les comportements de l'espèce « érotique », malgré sa partielle déprogrammation. Elle incite hommes et femmes à ne pas copuler n'importe où, ni n'importe quand, ni avec n'importe qui – comme les chiens abâtardis.

Tout le monde se moque du cul de singe qui rougeoie le derrière des guenons, mais au plus fort de leur apothéose fessière ces fortes femelles n'octroient leurs faveurs qu'à l'élite des mâles. Tout le monde se gausse de l'énorme vit qui pend lamentable sur la grève où s'est échoué un malheureux cachalot. Mais c'est parce que l'agonie a laissé béer la *gouttière génitale* où les pudiques cétacés des deux sexes cachent leurs *pudenda* pour la nage – la vie – courante ; longue gouttière où se blottit cette vulve géante, presque féminine disent ceux qui l'ont vue [2], et que plus d'un baudelairien ne se lasserait pas d'explorer... Contraints par la verticalité à exposer des organes-cibles que leur main a autre chose à faire que perpétuellement couvrir, les humains, quand ils sont grands, doivent donc mettre par dessus, pour la vie courante, ces vêtements de tout genre qu'ils n'enlèvent qu'en fin de programme séducteur – ou devant des familiers avec qui le lien n'est pas sexuel.

La pudeur fait ainsi partie de la nature, de la condition humaine, comme la liberté. Y compris la liberté de ne pas coïter *coram publico*. Obligation comportementale incontournable, cette exigence déjà bêtement physiologique de l'intimité, de la sérénité environnementale, s'est trouvée renforcée par le quant-à-soi de toute *personne humaine*, consciente et individualisée. Elle n'a pas peu fait pour compliquer l'étude scientifique d'une physiologie qui s'exerce dans le secret. Et elle a fait beaucoup pour entraîner le blâme d'une activité « bestiale », dégradante, que l'on dérobe aux regards.

Mais c'est aussi cette réserve naturelle aux humains qui donne son prix à la dénudation, à l'abandon des défenses, à l'offrande du corps livré-consentant pour faire l'*amour*. Car si l'étreinte sexuelle exalte les facultés sensitives les plus bouleversantes, son retentissement dans la sphère des sentiments exalte ce que l'humanité a de plus chaleureux, de plus généreux, de plus lumineux.

L'amour, c'est le propre de l'homme, et de la femme. De l'homme et de la femme ensemble, car s'il n'est pas réciproque il ne sert de rien. Les bêtes ne sont jamais aussi éprises, aussi fort, aussi longtemps. Pour former *une paire complète des deux sexes*, connivente, solidaire, ne dût-elle durer que trois ou quatre lustres – toute une vie d'adulte paléolithique. Sans lui la vie de nos jours

2. J. Dubar, naturaliste belge cité par J.-Y. Cousteau et Y. Paccalet, *la Planète des baleines*, *op. cit.*, p. 195.

ne vaut toujours pas tripette. Rien ne remplace l'amour, cœur et sexe, corps et « âme », ni la mangeaille, ni le pouvoir, ni la broderie, ni la course à pied. Rien au monde ne peut prodiguer les mêmes plaisirs, les mêmes joies ; le même oubli – même temporaire – de la mort inéluctable.

Or c'est précisément au nom de la mort que les humains, hélas, ont inventé mille et une manières de se gâcher l'existence. En faisant le sacrifice de tous les agréments terrestres au profit d'une chimérique « bonne place » dans cet « au-delà » métaphysique dont personne n'a jamais ramené la carte de géographie.

Plus le fruit est rouge, plus il faut s'en méfier. Plus le parfum est suave, plus il sent le piège. Plus le plaisir est grand, plus il faut en avoir honte. Alors le plaisir sexuel, quelle honte ! Des saletés corporelles que l'on commet en cachette sont obligatoirement suspectes, répréhensibles. La « libido », ce désir malpropre, fait éprouver une louche convoitise pour des sensations inavouables, dans des régions anatomiques innommables dont même les nerfs, les artères et les veines sont coupables, *honteux*.

La culpabilisation des joies de la chair sexuelle empoisonne ainsi des pans entiers de l'humanité depuis qu'elle se sait mortelle, et lui a presque partout fait prendre en grippe son animalité. Malheureusement, plus elle a voulu faire l'ange – sans sexe, plus elle s'est abêtie dans des morales d'intolérable répression de la fonction érotique, sans pour autant améliorer le bonheur terrestre des... mortels.

Comme s'il ne suffisait pas des inévitables péripéties du destin personnel, des deuils, des chagrins d'amour, rançon de la liberté – *la liberté de l'autre*, qui lui donne son prix. Comme s'il ne suffisait pas des déboires naturels, pannes, ratés, mésaventures obstétricales, maladies, vieillissement, qui viennent obérer le fonctionnement de fort précieux mécanismes biologiques : ceux qui sont chargés de fournir à l'amour son incarnation. Si l'amour est le plus grand bien, son refus, sa perte, son impossibilité physique, organique, *physiologique*, ne sont-ils pas les plus grands malheurs ? Qu'on y joigne, en plus, les impossibilités de prescriptions religieuses, sociales, politiques *sans fondement légitime* n'est pas à la gloire des moralisateurs de tout poil et de toutes couleurs.

Le deuxième thème de ce livre est donc l'exposé, rarement sur le mode majeur, des règlements moraux que les humains se sont imposés pour « gérer » leur biologie sexuelle, fonctions et comportements.

L'espèce humaine est partiellement déprogrammée, et elle a besoin de ces rattrapages culturels, qui la guident et la sécurisent : la liberté est parfois bien lourde à porter ! Mais s'il a toujours été urgent de canaliser le comportement statutaire, que la déprogrammation partielle a laissé devenir éventuellement (trop souvent) homicide, le comportement sexuel, amoureux, rarement nuisible à l'espèce, n'a que trop subi dépréciations, limitations, restrictions, ligotages, condamnations odieusement abusifs.

L'histoire ici retracée n'est donc pas celle, globale, de la « sexualité » humaine, dont les bases biologiques demeurent immuables depuis au moins cent mille ans. Sinon pour rappeler combien longue et difficultueuse fut leur mise à jour scientifique [3]. Son propos princeps est de médecine. Il s'agit de raconter comment les humains, depuis qu'ils en souffrent – donc depuis que l'espèce est au monde – tentent de remédier aux peines que leur biologie érotique *malade, perturbée, mutilée mais aussi brimée, inassouvie*, leur a infligées, pour retrouver la santé ; leur santé première, au moins du corps *laissé libre d'agir* : le bon fonctionnement, *sans problème*, physique ou moral, *comportemental*. Les peines de cœur c'est le même étage... mais le rayon voisin ! Quant à ceux auxquels leur instinct dévié pose – a posé – problème, il m'arrivera éventuellement de les plaindre. Mais il suffit, là aussi, des tourments immérités infligés à ceux que leur dotation génétique permet d'appeler, une fois pour toutes, *normosexuels*.

Le premier fil conducteur du récit suit ainsi l'histoire de la médecine, et l'établissement progressif – mais parfois chaotique – de ses moyens d'action sur le corps des hommes, et des femmes. Avec sa préhistoire, ses à-côtés, puisque les humains ont tenté bien des méthodes – souvent peu recommandables, surtout dans le domaine des pannes sexuelles – avant de savoir rédiger des ordonnances, et même après. Or ces remèdes, ces soins, ces conseils, ces interventions ont tiré, et tirent toujours leur motivation, leur légitimité, et leur orientation, des critères moraux des différentes civilisations quant à la vie sexuelle « normale et honnête ».

L'évolution épistémologique de la médecine a toujours été influencée par les conceptions éthiques du contexte culturel, historique, au sein

3. On trouvera des exposés raisonnés dans l'*Abrégé de sexologie* et dans l'*Éthologie humaine*.

duquel elle s'exerçait. Jusqu'à ce que sa scientificité devienne telle qu'elle puisse – appuyée sur la biologie des comportements – définir avec plus de rigueur les critères de bonne santé, et influencer à son tour la morale, publique et privée. C'est ainsi que l'éthologie lui permet dorénavant d'attribuer sa juste place, ni prédominante ni négligeable, à l'environnement familial, social, *éthique*, dans la genèse des troubles du fonctionnement érotique.

Un deuxième fil conducteur doit donc suivre l'évolution des mœurs sexuelles, des mœurs tout court, avec leurs fondements religieux, philosophiques, idéologiques. *Volens-nolens* je me suis vu confronté à la nécessité de suivre *l'histoire des morales*, *l'histoire des religions*, voire à disputer de cosmogenèse, puisqu'il s'agit de la *présence au monde* de notre espèce, par l'intermédiaire de ses organes perpétuateurs. Bien qu'un peu surpris par l'ampleur inattendue de la tâche je ne m'y suis pas dérobé. Ce qui m'a contraint à relire – sans enthousiasme – *l'Ancien et le Nouveau Testament*, le Coran, etc.

Cette histoire des codes moraux ne saurait se situer *hors sujet*, sous peine d'ôter à mon propos toute correspondance avec *les conditions de vie effectives* de nos congénères ; j'en préviens d'avance mes éventuels détracteurs, surtout ceux qui se marient à l'église mais sont bien contents que le divorce, la contraception et l'IVG figurent dans les lois laïques des pays civilisés. Par contre c'est là que l'histoire des problèmes sexuels m'a posé un gros problème de mise en forme, car les deux fils s'embrouillent.

On pourra peut-être s'étonner – s'irriter – de l'absence de linéarité « diachronique » des premiers chapitres de ce livre. Ce plan emberlificoté m'est cependant apparu le seul possible, pour rendre compte d'une réalité elle-même fort enchevêtrée. C'est, en grande partie, *par la faute du monothéisme*, qui a creusé un énorme hiatus dans l'évolution « naturelle » de la culture européenne, et demeure comme une énorme écharde dans le talon du monde civilisé. On verra que le doux Jésus, dans ce livre, n'est pas tenu en odeur de sainteté ; pas plus que son invraisemblable « sainte famille ». Mais il n'est pas le seul responsable, d'autres hurluberlus, d'autres opiniâtres s'étant ingéniés, glorieusement drapés dans les morales aberrantes qu'ils élucubraient, à entraver les aspirations naturelles de leurs congénères en bien d'autres points du globe.

Je l'ai déjà écrit, rédigeant une première *Histoire de l'impuissance* [4] : les humains ne vivent pas tous à la même époque, du moins quant à leurs mœurs, surtout sexuelles. Mes retours en arrière, mes raccourcis, mes anticipations ont donc leur fondement logique, même si l'exposé, à première lecture, paraît éventuellement diffluent ou décousu. Le tableau chronologique final permet de tout remettre en perspective historique. Bien entendu, je ne conclus pas par un texte didactique exposant le point « actuel » complet, *hic et nunc*, de nos connaissances en matière de pathologie sexuelle, toujours soumises aux corrections du progrès scientifique. Le lecteur intéressé peut facilement consulter mes ouvrages publiés sur le sujet.

Par contre, face à la générosité biologique de l'incarnation humaine, face au consternant gâchis auquel se sont livrées la sottise et la couardise, le but de ce livre demeure clair et univoque. Il s'évertue à poser obstinément, inlassablement, à chaque civilisation, à chaque code moral, les mêmes impertinentes questions. Les questions de l'humanisme : « Qu'as-tu fait des dons de la nature ? *Qu'as-tu fait des organes de l'amour ?* ».

Les meilleures réponses ne viennent pas de ceux qui se sont abusivement hissés sur le piédestal de la vertu.

Vaux-le-Pénil, automne 1989, printemps 1993.

4. Editions du CERI, 1984.

PREMIÈRE PARTIE

ÉRIGER, UNE PRÉOCCUPATION AUSSI VIEILLE QUE L'HUMANITÉ

« L'Atrée n'était pas Thésée,
bien que tout le Mont Hymette »

La Salade mythologique

PRÉAMBULE

ÉNONCÉ DU PROBLÈME

Au commencement était l'accouplement. Tout être humain est né de la pénétration du sexe d'un homme dans celui d'une femme [1]. Et devenu grand, un fort instinct le poussera à reproduire cet acte originaire. La jonction de deux corps autour de leurs pôles sexuels inverses et complémentaires ; un tenon, une mortaise ; un organe saillant, un organe creux. Au prix d'un effort bien différent selon qu'il s'agit de pénétrer, activement, ou de se laisser pénétrer.

La femelle humaine n'est pas dotée d'un vagin ouvert à tous vents. Certes, il demeure accessible sans trop de difficultés à un abord postérieur, lorsqu'elle se place « comme les bêtes », à quatre pattes et les fesses en l'air. Mais depuis qu'elle tient debout sur ses pattes arrière et qu'elle préconise plutôt, au moins lors de ses débuts, pour savoir à qui elle a affaire, la posture qui permet de se dévisager face à face, l'entrée sexuelle de son corps est bien dissimulée. Entre ses cuisses qu'elle n'a aucune raison d'ouvrir dans la vie courante debout, et qu'elle maintient jointes ou croisées, assise sans pantalon. Ouvrir les cuisses, c'est pour faire pipi – ce n'est même pas obligé – pour se nettoyer après (ou à l'heure rituelle de la toilette) et pour accueillir l'homme agréé, quand on le reçoit couchée sur le dos.

Voilà donc deux conditions préalables : que la femme soit consentante, et bien disposée – dans les deux sens du terme. Troisième condition, et non des moindres : que la bonne disposition, comportementale et posturale, soit aussi physiologique ; que le vagin ait signifié son acquiescement par sa mouillure lubrifiante, récompense octroyée au partenaire bien intentionné, ayant su déclencher la montée du désir, la crue des eaux intimes de la femme. Cette sève flue au dehors, indiquant au doigt caressant et... indicateur que le noble visiteur peut effectuer son entrée.

Quelle couleur avait la peau des premières humaines ? Bien malin qui pourrait le dire ! Si nous sommes tous issus de la même Ève, née native d'Afrique orientale [2], elle avait sûrement la peau bronzée. Mais ce n'était ni une guenon ni une « négresse ». Parce que les types ethniques des Noirs actuels sont d'apparition récente [3]. Et

---

1. À de rares exceptions près comme (dit-on), le petit Jésus. Ce qui n'empêche pas les prêtres vierges de son Église d'interdire l'insémination artificielle, la fécondation *in vitro* et tous procédés entraînant la génération sans « acte d'amour ». Par quel « acte d'amour » fut donc fécondée la Vierge Marie ? L'archange Gabriel, s'il a tenu la chandelle, est resté vraiment trop discret sur le déroulement de ces « noces mystiques ».

2. C'est le dogme biblique. C'est aussi le dogme, plausible mais volontiers terroriste, d'une certaine anthropologie style CNRS, prête à faire rôtir sur le bûcher ceux qui oseraient seulement évoquer l'idée d'un polygénisme de l'espèce.

3. Thèse très officielle, et très plausible. Deux références : Yves Coppens, *Préambules*, *op. cit.*, p. 115, et André Langaney, *les Hommes*, *op. cit.*, p. 179.Cette notion capitale de paléoanthropologie détruit deux mythes. Le mythe raciste bourgeois du XIXe siècle selon lequel les « nègres » seraient le « chaînon manquant », l'intermédiaire entre l'homme et le singe : ils sont apparus trop tard. Et la fable sociologique selon laquelle les organisations sociales de l'Afrique noire historique seraient un modèle universel, *stade tribal obligatoire* par lequel serait passé toute l'humanité, y compris les ancêtres des Suédois, ou des Chinois : ces organisations sont fixées depuis trop longtemps.

parce que *toutes* les femelles humaines, quelle que soit leur couleur de peau, possèdent un sexe parfaitement original, qui les différencie radicalement des bestiasses les plus évoluées. Rien ne ressemble au sexe de la femme ; sinon celui, faramineux, des baleines et celui, presque mythologique, des sirènes [4].

Un auvent hardiment bombé, colline boisée des amours à laquelle Vénus a donné son nom pour l'éternité. Une fente antéro-postérieure que ses deux rebords joufflus empêchent d'avoir l'air « bête » d'un trou. Un clitoris élégant et bien dessiné, suivi, en robe à traîne, de ces deux pétales de chair, nymphes ornementales, que la plus attifée des singesses ne possédera jamais [5]. Et derrière tout ça, derrière la margelle du puits vestibulaire, au plus intime de l'entrecuisse, ce fameux orifice vaginal qui ne saute pas aux yeux.

Les filles d'Ève peuvent s'enorgueillir de leurs carnations diverses, blanches noires ou jaunes. Elles peuvent se flatter de leurs toisons vénusiennes diverses [6], blondes brunes ou rousses, bouclées soyeuses ou crêpées. Elles ne s'en ressemblent pas moins toutes par la conformation de leur entrée vaginale. Etant bien entendu que, pour l'homme postulant le droit d'entrée, l'ouverture du vagin n'est pas seulement l'orifice vaginal des anatomistes.

Immédiatement après les grandes lèvres, le *vestibule*, si bien nommé, n'est qu'une simple logette, tiède et moite. Derrière le clitoris, entre les pétales des nymphes, quand on les a disjointes. Devant le périnée, plus précisément sa *fossette naviculaire*, en avant du délicat *pli commissural*, autrement dit *la fourchette*, jointure postérieure des lèvres vulvaires [7]. Dans le vestibule, on met le bout du doigt, le bout de la langue (pour honorer le clitoris), ou le bout du gland. Mais qui veut « forcer », pousser en allant tout droit ne pénètre plus avant, sinon en (se) faisant mal. Car le plafond du vestibule c'est l'os, résistant, de la face antérieure des pubis, renforcée en bas par le fort ligament arqué sous-pubien, l'*arcuatum*. Le tout revêtu d'une peau « pâle et rose », le « palais » décrit par Mallarmé [8] entre le gland du clitoris et le « trou à pipi », soit la *surface préméatique*. Pour entrer dans la femme il faut donc obliquer *vers l'arrière* : ainsi rencontre-t-on l'orifice vaginal.

Les traités décrivent selon leurs propres critères cette démarcation entre le vestibule vulvaire, son tégument rose lisse et tendre, et la muqueuse du vagin, robuste pâle et plissée. Le *sillon vestibulaire* cerne cette limite, où s'insère en arrière le petit clapet de l'hymen. Mais les auteurs semblent rechigner, quand il faut attribuer une configuration au passage orificiel.

Ceux qui dissèquent les femmes mortes peuvent tout juste confirmer ce qu'apprennent les cliniciens, pour faire passer leur spéculum de la fente vulvaire, antéro-postérieure, à la cavité vaginale moyenne, aplatie transversalement entre sa paroi antérieure et sa paroi postérieure ; ce qui oblige à faire tourner l'instrument de 90° quand on l'introduit, avec suffisamment de doigté pour ne pas faire souffrir (quand on fait mal aux femmes, elles crient, ce qui est vraiment assommant !).

Ouvert par le spéculum, l'orifice prend une figure carrée. Mais on pourrait aussi bien le prétendre circulaire quand on y introduit un doigt ou une bougie. Ou surtout *ovalaire*, à grand axe antéro-postérieur, quand on y met les deux doigts du toucher vaginal, ou comme il apparaît sur les « photos cochonnes », quand le photographe et son modèle, à force de contorsions et de sollicitations digitales, parviennent à le montrer sur le cliché. C'est aussi ce que voit celui qui opère les femmes endormies, sous le fanal du scialytique. Quant aux accoucheurs, leur principal souci est de faire coïncider sans trop de peine le périmètre du détroit périnéal avec celui de la tête fœtale, sur laquelle il se moule : 11 centimètres pour un bébé normal.

Le pavillon d'anatomie, le cabinet médical, la salle de travail, ni celle d'opérations ne sont les lieux du désir. L'homme en amour n'a que faire d'une femme morte, parturiente ou malade, et seuls quelques maniaques sont passionnés de dépucelage, ne rêvant qu'intrusions en force et marquage de territoire – ou craignant les comparaisons. Il faut au bon mâle une bonne femme bien vivante, bien saine, bien chaude et bien amoureuse elle aussi. Mais si enthousiaste qu'elle soit, son corps continuera d'imposer au postulant

4. Des siréniennes, femelles de lamantin ou de dugong.

5. Le lecteur le plus analphabète aura reconnu mon dithyrambe favori en faveur des beautés vulvaires, déjà chanté dans l'Introduction.

6. Bien que la mode des maillots de bains trop échancrés, à l'heure où j'écris, en incite beaucoup trop au massacre d'un déboisement illicite. Cf. G.Z., *Déboisement brésilien, article cité.*

7. Je donne plus de détails, pour les curieux de s'instruire dans *le Sexe de la femme.*

8. *Une négresse par le démon secouée.*

le franchissement de deux chicanes (figure 1). Car à tout prendre *sur la femme au repos, l'orifice vaginal est clos*. Et pourtant dans son passage « virtuel » le partenaire agréé va devoir faire pénétrer, par son extrémité renflée, son membre copulateur, et ses 35 millimètres de diamètre transversal.

Le glorieux membre viril ne peut ainsi s'introduire tout droit, « schuss », que dans les périnées délabrés par le prolapsus génital, sous la plume des littérateurs freudo-sado-mondains, ou selon la méthode sanguinaire des violeurs [9] – on ne traite pas ici des brutes...

Le chemin du cœur vaginal oblige donc la verge la plus imbue de majesté à *faire révérence*. Par un mouvement bien particulier, slalom antéro-postérieur, qui demande autant de fermeté que d'adresse, et que le phallus ne saurait accomplir sans l'aide de la main ; la main de son maître car, il faut bien l'avouer, les dames sont là de peu de secours. Même sans l'émotion accompagnant l'étreinte, il leur est souvent difficile d'introduire, inexpérimentées, le plus anodin des tampons menstruels. Même les plus délurées, qui connaissent leur cul-de-sac postérieur, leur col utérin, leur fil de stérilet – voire l'usage des consolateurs – éprouvent toujours quelque peine à guider la verge la mieux intentionnée. Le geste d'introduction ne leur est pas naturel, et c'est à l'homme d'accomplir son devoir d'intromission.

• **La première chicane** est vulvo-périnéale. Elle oblige le pilote du navire phallique, pour entrer au port, à passer entre deux balises. Le pubis en avant, le périnée en arrière, le premier plus profond que l'autre, si bien que l'entrée de la femme est conformée *en bec de flûte*.

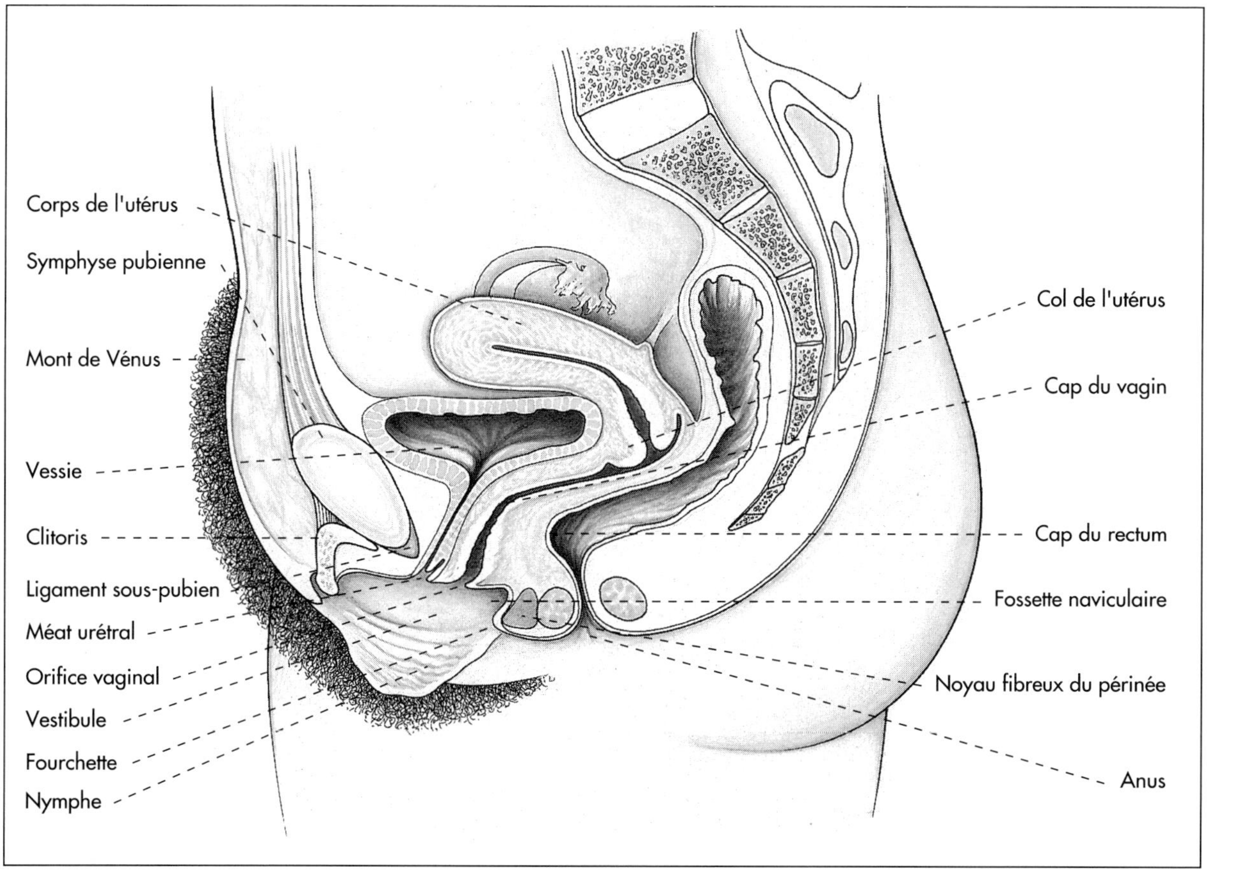

Figure 1
Coupe sagittale du petit bassin féminin. Dessin de J. Candiard, d'après Dickinson

9. Ici faut-il rappeler qu'on ne viole commodément les femmes qu'en étant au moins deux. Le premier risque l'échauffement, mais le deuxième, qui a tenu la gueularde pendant que le premier officiait, peut profiter de la facilitation lubrifiante effectuée par le sperme du copain, tout juste déposé.

En avant et en profondeur, le rebord postérieur des os pubiens, renforcé par l'*arcuatum* ; là débouche aussi le pertuis de la fontaine urinaire, dont le conduit saille dans le vagin – mais ce petit tuyau remonte complaisamment vers le haut quand on le lui demande gentiment. *En arrière et en surface*, ce qu'on appelle le périnée des accoucheurs ; c'est à dire le point de rencontre de tout ce que l'entre-deux féminin, entre vulve et anus, comporte de résistant, tendineux, fibreux, musculeux. L'arête antérieure de ce coin, lorsque la femme possède un périnée vaillant et bien musclé, s'avance sous l'orifice vaginal, jusque derrière le méat urétral : il ne laisse passer, au repos, que le jaillissement urinaire.

Chez la femme « bien rodée », le premier portail se traverse néanmoins sans trop de difficultés, en faisant reculer le périnée *en bas et en arrière*. Manœuvre d'autant plus aisée que la verge est bien raide, et que les abords orificiels sont généreusement enduits de lubrifiant vaginal – selon la méthode quadrupède éprouvée, la salive peut contribuer à l'onction... et à l'agrément. La verge glisse alors le long de la *fossette naviculaire*, entre la peau du périnée superficiel, froncée en *repli commissural* et le rebord orificiel postérieur. Cette fossette forme une complaisante gouttière antéro-postérieure, surtout quand la femme est pénétrée par derrière. L'affaire est en bon chemin, mais pas encore conclue.

- **La deuxième chicane** est franchement vaginale. Elle suit de peu la première. Son obstacle est le plus ardu. Elle correspond, après quelques centimètres (quatre en moyenne), au changement de direction du canal vaginal. Car le vagin n'est pas un vulgaire tuyau de poêle, tube rectiligne entre la vulve et l'utérus. Son tiers inférieur [10] monte presque vertical, enserré entre l'urètre et le trigone vésical en avant, les bandes musculaires les plus internes (pubo-coccygiennes) du muscle releveur de l'anus *(figure 2)* sur les côtés. Comme deux mains creuses et jointes (par exemple pour

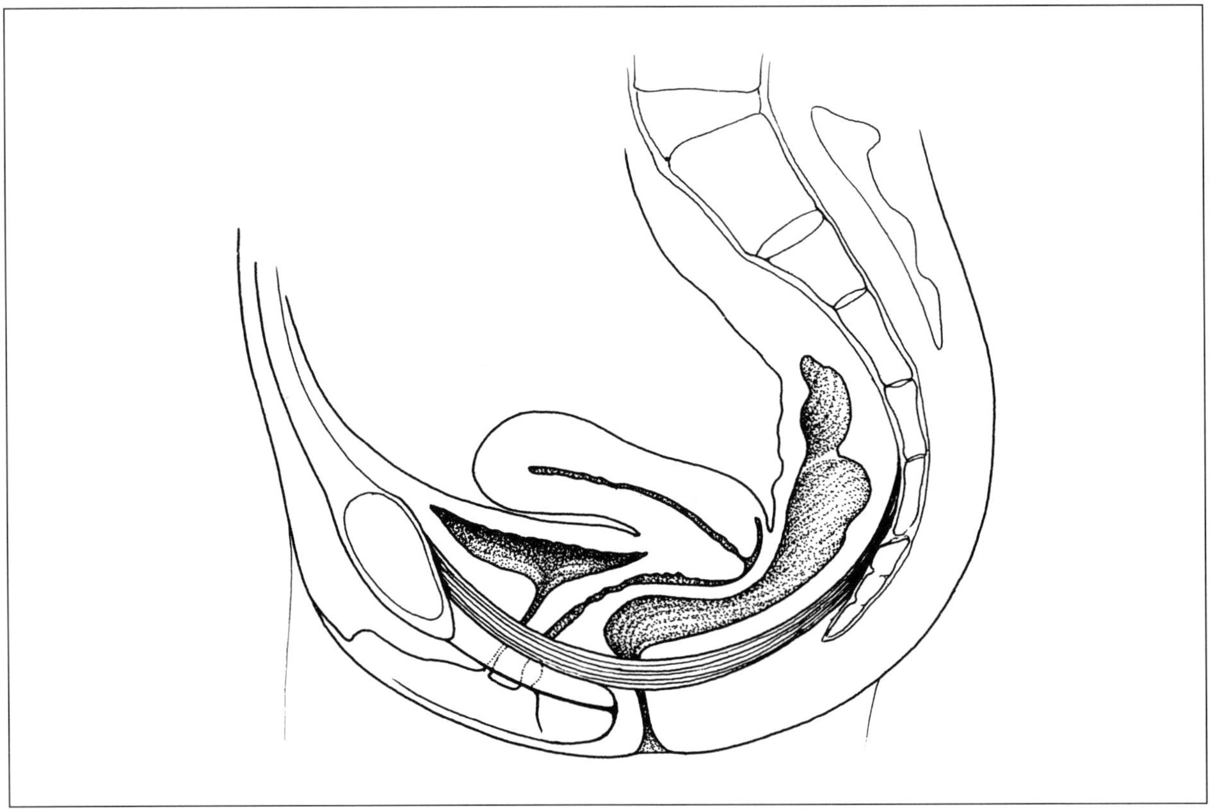

Figure 2
Le croisement du vagin par les muscles releveurs de l'anus. Dessin de J. Candiard, d'après Dickinson

10. Ce que les imbéciles, traduisant mal le yanki « *outher third* », appellent « tiers externe » - comme si le vagin sortait du ventre...

porter de l'eau à la bouche), les deux moitiés droite et gauche de ce « releveur de l'anus » *(figure 3)* soutiennent par en dessous les organes du petit bassin féminin (vessie, utérus, rectum) ; elles ne laissent entre elles qu'une étroite fente par où passent l'urètre, le vagin, et le canal anal. Le croisement musculaire rétrécit ces trois « tuyaux ». Ainsi le bas-vagin forme-t-il un goulet relativement étroit, avant le tiers moyen du conduit, plus ample, et beaucoup plus oblique vers l'arrière, presque horizontal sur la femme debout – donc presque vertical quand elle repose sur le dos.

À l'union de ces deux premiers segments du vagin, le coude est bien marqué. En avant une *fossette vaginale antérieure, rétro-pubienne*, cale tampons menstruels et diaphragmes contraceptifs, et sert de repère aux doigts qui flattent le « point G ». À droite et à gauche les deux muscles pubo-coccygiens forment un véritable diaphragme. Étroit passage d'autant plus resserré que la femme est plus excitée, puisque la réaction sexuelle accroît le tonus de tous les muscles périnéaux, y compris le releveur de l'anus. Qui ne franchit pas ce redoutable *cap du vagin*, continuant son mouvement de courbette oblique, remontant vers le ventre la paroi vaginale antérieure, reste dans l'antichambre : la situation y est intenable, et il ne pourra faire illusion longtemps, chassé par le moindre coup de reins.

Que chacun s'observe... ou observe les « films cochons ». On ne pénètre pas dans le sexe de la femme comme on enfile de vieilles pantoufles. Nul n'entre s'il n'a frappé à la porte, enduit précautionneusement et même humblement, pendant d'inévitables secondes, le gros bout de son pinceau viril de baume vaginal, par de petits mouvements d'onction circulaires, ou antéro-postérieurs, avant d'effectuer la salutation rituelle de soumission. C'est le seul moyen de parvenir à franchir, cavalier tenant sa « bête » bien en main, les deux haies si « perfidement » rapprochées.

Si la partie profonde du vagin est dilatée et bien humectée par le désir – encouragé par d'efficaces « titillations préliminaires » – c'est ensuite un jeu d'enfant que d'orienter le piston phallique, aban-

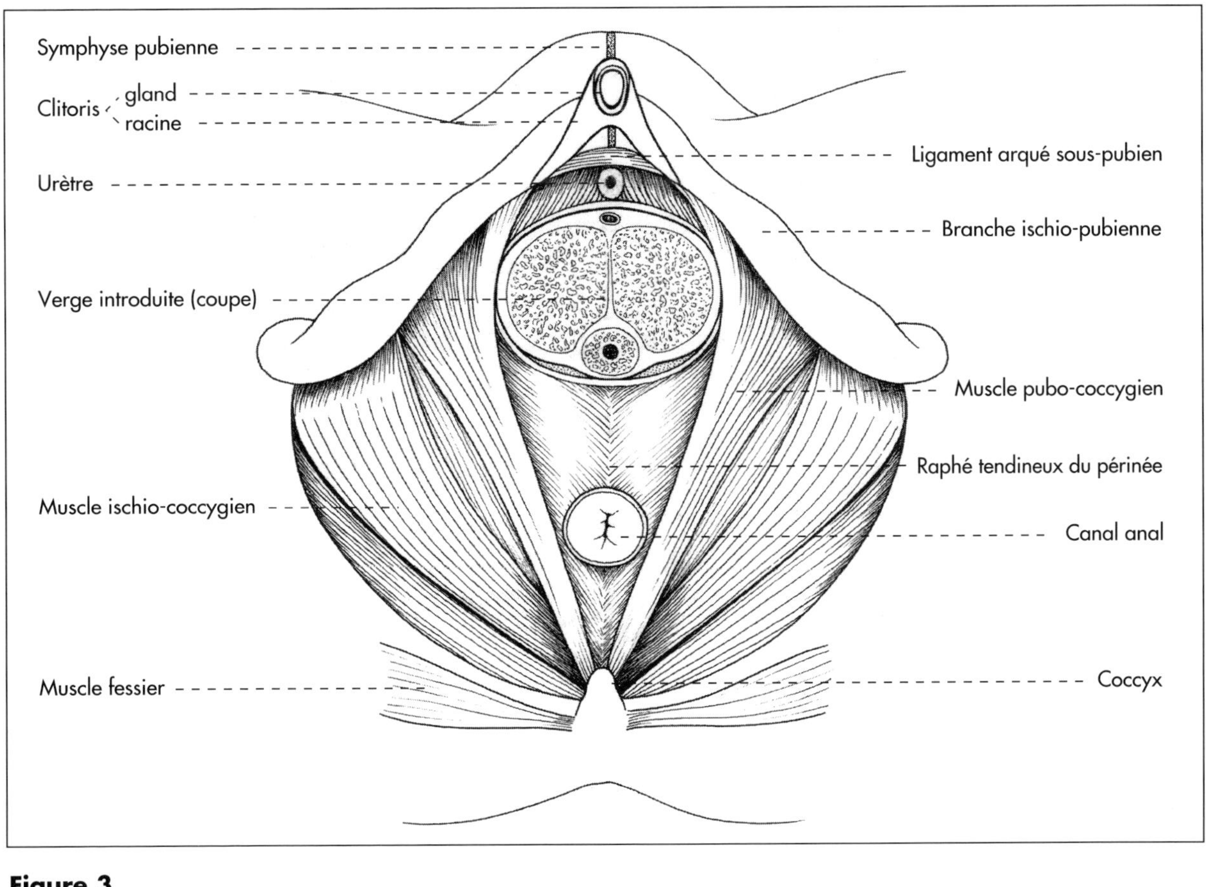

Figure 3
Encerclement de la verge par les muscles pubo-coccygiens. Dessin de J. Candiard, d'après Dickinson

donné à lui-même, dans le sens du cylindre [11] qu'est devenu le vagin, et de lui faire toucher la cible réceptrice du cul-de-sac postérieur. Au grand soulagement du ressort qui tend la charnière d'échine de l'homme... et de la femme, et qui faisait s'impatienter les reins pendant toutes ces manœuvres d'approche... toutes ces simagrées : but... chat !

Quel exploit ! ricanent ceux qui n'ont jamais eu de déboires. Car la bonne trique bien raide du brave homme sans problèmes lui permet de ne pas redouter ce qu'il ne saurait considérer comme un examen de pénétration. *Et pourtant chacun sait bien qu'il s'agit ici d'un brevet de virilité.* Là gît une des principales fiertés du mâle, beaucoup plus valorisante que les moustaches fournies gratis par la nature, ou la puissance du bras, qu'il suffit d'exercer.

Celui qui ne peut traverser l'étroite et broussailleuse chattière du corps féminin n'est pas un homme véritable. Il manque de cette force, de cette « puissance » si simple, si élémentaire, si quotidienne et pourtant si essentielle pour consacrer la capacité virile. *C'est un impuissant !* Honte et malédiction !

11. Plus précisément l'entonnoir, évasé vers le haut.

CHAPITRE 1

LES ANALPHABÈTES

UNE PEINE TRÈS ANCIENNE

L'érection, chaque homme sait ce que c'est depuis qu'il est tout petit. Dès les premières années de l'existence il sent et voit son sexe grossir, se dresser en prodiguant d'incomparables délices. Soit que le petit animal phallique se cabre tout seul, soit qu'il gonfle quand on le tripote exprès. Tout est là merveilleux et original, et dans la faculté de roidissement, et dans la sensation à nulle autre pareille – surtout quand elle a permis de déboucher sur l'éblouissement de l'orgasme.

Enfant, adolescent, jeune homme, quelles que soient les péripéties de son élevage, le mâle juvénile de l'espèce n'a qu'à se louer de la docilité de son vérètre. Il obéit à la moindre sollicitation, et ne demande qu'à rebiquer de lui-même, et de plus en plus souvent, lorsqu'il a bien forci, et que la fin de la puberté transforme le garçonnet en presqu'homme.

Mais plus s'accroît la fringale de plaisir, de plus en plus fréquemment soulagée par la main compatissante ou la couche moelleuse, plus s'allume un autre désir. Celui de tenir, conquérir, séduire une de ces fascinantes créatures qui sont aussi humaines sans être faites pareil.

Tous les petits garçons ont reluqué comment étaient faites les petites filles, leur fente qui fait pipi et qui sent drôle, sur le doigt qui l'a touchée. La faveur n'est pas trop difficile à obtenir, pourvu qu'on se laisse aussi inspecter, avec comme résultat habituel de faire dresser le robinet. Ces jeux passionnants cessent le jour où les filles ne veulent plus se montrer. Alors même que ce serait plus intéressant que jamais, avec leur poitrine devenant arrogante, leurs fesses qui s'arrondissent, et, dit-on, le poil qui leur pousse, à elles aussi, au bas du ventre *(figure 4)*. Mais elles sont de l'autre côté de la barrière des sexes, et obtenir d'une grande qu'elle se laisse voir et tripoter comme une petite ne va pas être une mince affaire...

Si Freud avait été une femme, aussi péniblement ratiocineuse, aussi biscornue de cervelle que lui, « elle » eût sans doute fabulé, au lieu du « complexe de castration », un *complexe de protubérance*. Une maladie psychique – psychosexuelle ! – dont souffriraient tous les jeunes hommes : traumatisés par ce membre qui se redresse pour un oui ou pour un non, ils souffriraient d'être affublés d'un « truc qui dépasse », encombrant, gênant, impossible à caser, et encore plus préoccupant quand il enfle. En ne sachant pas, puisqu'il s'agirait évidemment d'un « complexe inconscient », que le bon endroit où le fourrer siège entre les cuisses des femmes.

Il est vrai que ce n'est pas l'érection qui, d'emblée, guide vers le trou vaginal des créatures du sexe. C'est le manque d'être, le besoin de l'*autre intraspécifique* qui conduit à séduire, caresser, accoler, étreindre, embrasser au moins une des femelles convoitables. La lumière point lorsque le membre, pendant ces accolements, serrements, frottements de peau, pourléchages de museau, se dresse avec ardeur, et impatiente les reins. S'il s'agit d'un bon mâle câlin et caressant, d'une bonne femelle en proie elle aussi au manque d'être, atteinte du vague au corps qui l'a blottie dans les bras de l'homme, la bonne mouillure vaginale survient au bon moment... au bon endroit. Les jeux de mains, les jeux de bouches, la curiosité réciproque pour « ce qu'on n'a pas » entraînent tôt ou tard l'engrènement corporel des

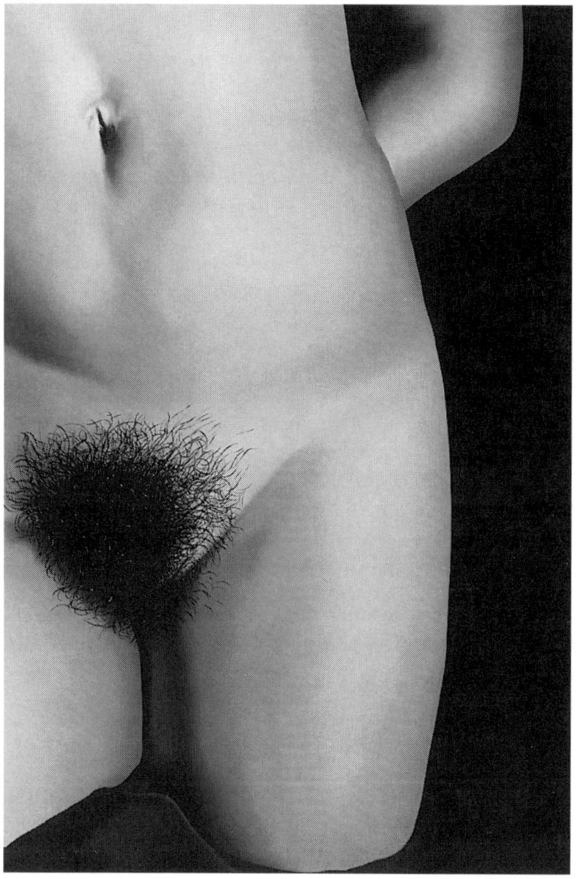

Figure 4
Delcol : *Sans paroles,* 1974. Pilosité indicielle de la région génitale féminine

débutants. Ce qui dépasse impétueusement se trouve en face de ce qui est mouillé, velu, et qui sent fort [1]. Même si, la première fois, la bonne femelle bien soumise à son instinct d'accouplement en éprouve quelques dommages locaux, désillusion que le bon mâle sait faire oublier..., ceci est une autre histoire, celle des *fondements biologiques du couple humain*, puisque le sexe est obstinément routinier, demandant qu'on le ramène là où il a déjà été satisfait.

Que nous soyons présents sur Terre pour en débattre prouve surabondamment que nos premiers ancêtres ont réussi à copuler sans cours de sexologie, sans séance de sensibilisation socio-politique aux impératifs de survie de la classe prolétarienne... et même, très probablement, *sans modèle de comportement*.

Parmi ces particularités qui distinguent l'homme de la bête, le *quant à soi* individuel joue là un rôle inéluctable, pour renforcer la réticence des animaux les plus évolués à se montrer copulant. Aux prédateurs. Aux ennemis. *Aux enfants*. Pour raisons de prudence individuelle toute bête, et, donc, pour raisons humaines de ne pas dénuder devant n'importe quel autrui, non seulement sa peau, mais aussi son abandon aux déterminismes biologiques les plus prenants. Ceux qui obligent, sous l'emprise de Vénus, à lâcher les rênes de la réserve corporelle pour agiter la charnière, montrer le blanc de l'œil, baver de plaisir, roucouler d'aise, haleter, proférer de vigoureuses onomatopées, pâmer de jouissance...

Les petits d'homme prennent vite le pli d'éprouver, dans le secret, leurs émois érotiques... solitaires. Ceux qui éduquent au plaisir, mais pas à l'accouplement. Certes, les premiers humains ne parvenaient pas complètement ignares à l'âge de l'étreinte. À défaut d'avoir surpris les adultes coïtant dans leur coin de tente, abri naturel favori, fourré, sous-bois, faille rocheuse, etc., ils bénéficièrent assez vite d'information culturelle « déniaisante ». Celle des objets sculptés, amulettes, figures pariétales portraiturant les organes génitaux des grandes personnes. Celle de l'instruction orale prodiguée lors de l'« initiation » des adolescents quand ils deviennent grands, quand la semence vient aux garçons, le sang menstruel aux filles. Moment crucial de l'existence, métamorphose qui entraîne quelques flottements de corps et d'« âme », mais que toutes les « bonnes » cultures se sont préoccupées de soutenir – si les puritains monothéistes renforcent alors leur férocité geôlière, si les sauvages en profitent pour exercer leur boucherie mutilatrice... encore une autre histoire.

Toujours est-il que les prévenances de l'instruction n'ont jamais été jusqu'au point de faire copuler, sous l'œil des novices, des adultes bénévoles (voire rémunérés !), ou de fournir des répétiteurs à l'usage des filles. Seuls les garçons ont parfois pu bénéficier de « mamans-quéquette » guère affriolantes [2]. Encore moins question, de la part des parents, d'offrir aux petits une démonstration

1. Il faut répéter inlassablement que la signalisation optique *(pileuse, figure 4)* et olfactive de la vulve la marque à la fois d'indices sexuels et de stimuli déclencheurs *fondamentaux*, dont la censure (épilation, désodorisants) est une erreur culturelle lamentable, perturbatrice pour le désir masculin normal.

2. Toujours « social », Platon préconisa lui aussi l'initiation des petits européens par des mères de famille bien mûres. Œdipe, quand tu nous tiens !

domestique, gratuite, didactique et divertissante !

Il en est ainsi de la pratique de l'accouplement comme de l'apprentissage de l'équitation ou de la nage. Apprend-on la bicyclette par correspondance ? Chacun-chacune, et même maintenant quand on peut (parfois !) voir les vidéo-cassettes érotiques des parents, continue de devoir faire son expérience personnelle « sur le terrain ».

Heureusement, pourrait-on dire. N'est-ce pas une des merveilles de l'existence, que cette découverte progressive et de plus en plus goûteuse ? Cet apprentissage de son propre corps et de celui de l'autre, destiné à déboucher sur l'éblouissement du plaisir gagné et partagé ? Voilà une de ces activités humaines fille, comme l'art, de l'instinct et de l'intelligence, qui échappe, par nature, aux pénibles labeurs, et aux modes de la pédagogie [3] !

*

* *

La première fois n'est jamais la meilleure, sauf pour la gloriole et la palpitation. L'instinct a tout arrangé pour le sexuel, pour la copulation mais pas encore pour l'érotique ni même, d'ailleurs, pour la fécondation. Les femmes ne pondent pas comme les lapines, à chaque fois qu'on les couvre.

Les légitimes réticences féminines devant le renouvellement des douleurs qu'a provoquées la défloration sont destinées à s'évanouir. Grâce à la force perdurable de l'instinct d'accouplement, soutenue par l'indubitable mouvement affectif, démobilisateur, en faveur de l'homme auquel on s'est livrée ; grâce à l'indolence vite établie des pénétrations suivantes. L'hymen cicatrise rapidement [4], et le mâle humain normal sait user de la persuasion nécessaire pour obtenir à nouveau les faveurs intravaginales *sans contrainte ni violence*. C'est ainsi qu'on fonde le couple humain, grâce au caractère facilitant, très fortement *marquant*, du lien sexuel établi, qui épargne ensuite toutes les « simagrées », toutes les « fatigues » d'une séduction itérative... Contrairement à toute une mythologie littératuro-freudienne les premiers groupes de notre espèce se sont manifestement formés *autour de couples qui couchent ensemble, autour de familles nucléaires (Monsieur, Madame, et leurs enfants)* et non autour de vieux chefs mâles polygames [5].

L'homme primitif qui horrifiait les bourgeois du XIXe siècle quand ils se représentaient leurs sauvages aïeux, cette brute qui traitait les femelles comme des proies capturées à la course, traînées par les cheveux, plaquées au sol, couvertes, écartelées puis pénétrées en poussant de vigoureux ahans, ce grossier bestial, barbu, velu, suant, écumant n'a jamais existé que dans les romans d'imagination – genre auquel appartiennent les écrits de Freud. Nos véritables ancêtres étaient probablement aussi respectueux de leurs femelles que les autres primates.

Le viol n'est l'archétype du comportement copulatoire, inscrit dans leurs gènes, ni des hominidés, ni de leurs cousins anthropoïdes. A-t-on jamais vu un gorille violer sa guenon ? Et qui aurait pu violer facilement une de ces « femmes primitives » que leur robustesse et leur caractère « farouche » (faisons époque [6]) dotaient d'une meilleure résistance, contre les assauts phalliques, que les frêles donzelles romantiques.

C'est à l'usage que les femmes tombent enceintes, même si parfois très (trop) tôt. C'est aussi à l'usage qu'on parvient à les faire jouir du vagin... profitant des intervalles entre les grossesses. Cessons de faire de nos ancêtres des infirmes cérébraux. Ils ont vite compris le fonctionnement de la génération [7], à quoi servait l'accouplement, ses organes et la semence qu'il faisait émettre. Ils ont vite compris le fonctionnement érotique des femmes, leur bifocalisme clitoridien et vaginal – sinon les plus affreux des néolithiques africains n'auraient pas, depuis si longtemps, coupé le clitoris de leurs filles.

---

3. Je me pose toujours la question : les enseignants des deux sexes – du moins en France – figurent-ils parmi les plus grands consommateurs de consultation sexologique parce qu'ils sont parmi les plus informés, ou leur forme d'esprit particulière explique-t-elle que ces intellos soient parmi les plus exaspérants de naïveté et de gaucherie ?

4. Reséquant chirurgicalement l'hymen des vaginiques primaires, j'ai toujours été étonné du peu de consistance de la membrane, se fragmentant sous la moindre pince ; alors que la malade jure l'obstacle infranchissable...

5. C'est la théorie de l'anthropologie la plus documentée, cf. par exemple J. Reichholf, *l'Émergence de l'homme*, *op. cit.*, p. 201.

6. À la Belle Époque, J.-H. Rosny Aîné faisait palpiter les lecteurs aventureux avec des « romans des âges farouches », *la Guerre du feu*, *le Félin géant*, etc.

7. Qui fait l'âne, dans ces histoires des îles Tobriand où l'on prétend que la grossesse n'a rien à voir avec l'accouplement ? Les sauvages du Pacifique interrogés par Malinowski étaient-ils stupides, ou se sont-ils payés la tête du blanc ?

Verge et bourses, vulve et vagin, voilà de nobles organes, qui non seulement perpétuent l'espèce, mais prodiguent les plus intenses de tous les plaisirs corporels. Double gratification, honorée dès cet « âge de pierre » d'une rudesse pour nous invivable, mais qui ignorait bienheureusement le terrorisme biblique comme le surpeuplement des HLM. L'accouplement procurait un assouvissement sans réticences, et la précarité de l'existence humaine faisait de chaque grossesse, de chaque naissance, un espoir de survie.

Si tôt que découvert et exploité le pouvoir de l'image dessinée, peinte, sculptée par la main industrieuse de l'homme, foisonnèrent les signes des organes générateurs : la vulve et sa fente *(figure 5)*, le phallus dressé, portraiturés tout seuls, ou sur des corps dont la tête paraît de moindre intérêt *(figure 6)*... Hommage et symbole.

Symbole du vaste monde, que les paléolithiques européens se représentaient probablement mâle et femelle, à l'image du monde humain. D'où une possible métaphysique rangeant toute chose visible soit sous le signe de l'Homme, soit sous celui de la Femme [8]. Dualisme égalitaire et *humaniste* que les religions ultérieures oublieraient ou massacreraient, *au plus grand dam* de nos semblables. Ah ! si vulves en fleur et phallus glorieux ornaient nos cathédrales !

Hommage aussi, pour ces parties du corps aux inégalables bienfaits, dont l'autonomie fonctionnelle apparaît à la fois miraculeuse et déroutante ; surtout celle du phallus. Certes, l'homme « masculin » s'émerveille du pouvoir de sa main et la dessine, les doigts bien ouverts, sur les murs de ses sanctuaires rupestres. Mais sa main, il la meut à son gré, et plus il l'exerce, mieux elle lui obéit. Tandis que son sexe paraît ne vouloir en faire qu'à sa tête.

Pour pénétrer dans le corps de la femme, et pour jouir de l'étreinte, pour faire jaillir la semence prolifique, il faut que l'homme bande. Que son sexe gonfle, durcisse, s'érige. Sous l'effet d'une volonté qui n'appartient qu'à lui. Impossible de lui commander, de lever la verge comme on lève le bras *(figure 7)*. Bien sûr les jeunes hommes d'hier et d'aujourd'hui, comme tous les jeunes gens et comme ceux de maintenant, bandaient sans y penser, sans problèmes. L'espérance de vie, en ces époques sans dispensaires ni antibiotiques, ne dépassait guère le tiers de siècle... guère le temps de développer l'athérome assassin.

Mais ces premiers humains n'ont pu échapper, comme nous, *aux problèmes d'homme. Au rendez-vous manqué avec l'érection*. Aux côtés d'une nouvelle femme à qui l'on n'est pas habitué. Un jour de cafard, de soupçon, de lassitude. Après une dispute. Lorsque la mauvaise installation, des

Figure 5
Deux vulves paléolihiques

8. C'est l'hypothèse d'A. Leroi-Gourhan, *les Religions de la préhistoire*, *op. cit.*

Figure 6
Trois dames paléolithiques. Le Roc aux sorciers, Aigles-sur-l'Anglin

péripéties imprévues ont perturbé la séance. Et puis, quand même, lorsque le grand vieillard quinquagénaire et plein de pouvoirs avait de plus en plus de peine à exercer sa puissance virile, y compris avec le plus sexy des tendrons.

Voilà que le membre, si acharné à se lever tout seul quand on ne lui demandait rien, ne veut pas se dresser au bon moment ; reste coi, ou commence à bandouiller paresseusement avant de dégonfler sans retour, ou lâche tout à trac sa charge spermatique, faisant piteusement cesser le spectacle à peine commencé. *L'éjaculation prématurée fait débander si vite qu'elle confine à l'impuissance, et rend les hommes aussi incapables.* Ce qui a longtemps laissé croire que c'était la même maladie [9]. Un cas comme l'autre repré-

9. C'est un grand tort du (par ailleurs) courageux Kinsey que d'avoir méconnu le caractère pathologique de l'éjaculation prématurée, qui a rendu tant de couples malheureux bien avant le XXe siècle.

sente la même tragi-comédie : désarroi, honte, sueurs froides, grincement de dents, serrements de cœur, humiliation, apitoiement ou moquerie de la spectatrice... et vains efforts pour ramener à son devoir le phallus récalcitrant.

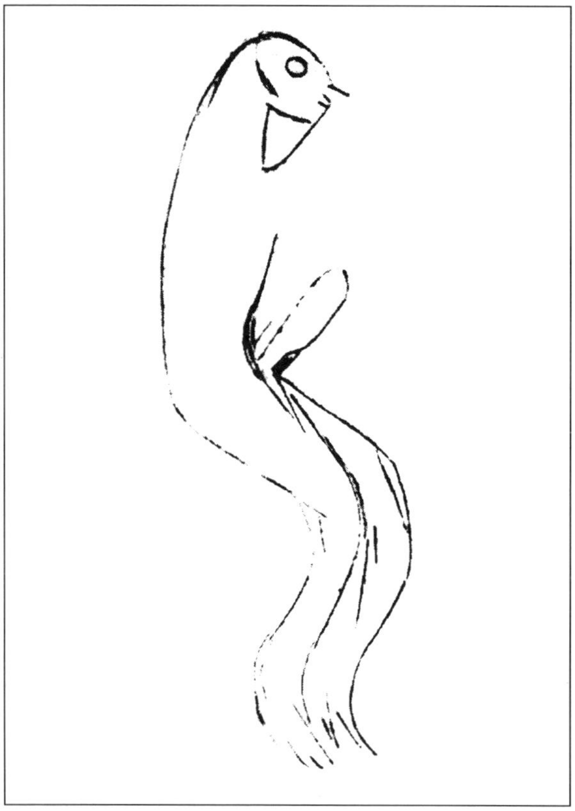

Figure 7
Le phallus levé comme le bras. Altamira. Époque magdalénienne

Nul doute : l'homme n'est pas le maître de son membre viril, et si ce capricieux n'obéit pas à son possesseur, c'est qu'une volonté autonome l'anime. Une force de la nature semblable à celles, dépassant l'homme, qu'il révère dans le soleil, le vent, la flore et la faune, et qu'il cherche à se concilier quand il ne peut les maîtriser. Par l'invocation, la prière, la révérence, le sacrifice, et l'usage d'objets, intermédiaires du culte.

Le sexe de la femme, bien sûr, est habité lui aussi de mystérieuses puissances. Celle de faire jouir ou non, celle qu'il orne. Celle de transformer en rejeton la semence qu'on y dépose. Mais, sauf rarissime exception, il demeure sans désemparer perméable, en toute occasion opportune, pénétrable par qui bande... comme un homme. Voilà pourquoi la main n'obéit pas tout à fait aux mêmes raisons quand elle portrait la vulve ou le phallus, tous deux dépositaires des forces vitales dont l'homme implore la bienveillance.

L'adjuration aux Puissances sollicite, pour la femme, la fécondité, et pour les hommes l'érection solide, « marmoréenne », dont tout dépend : accouplement, plaisir, et engendrement. Pour les unes la bénédiction d'entrailles vivantes mais quelque peu anonymes qui sont, à bas bruit, au service du groupe, *de l'espèce*. Pour les autres ce phénomène spectaculaire et obligatoire, ponctuel et *individuel* que nul ordre humain ne peut déclencher dans l'instant, quand il est précisément nécessaire *à cet homme là et à ce moment là*. La préoccupation est autrement plus pressante, la prière bien plus fervente, et bien plus fréquente l'image du phallus raidi – il faut dire aussi que l'objet phallique est plus facile à confectionner *(figure 8)* que le bibelot vulvaire. Voilà pourquoi nos ancêtres, jusqu'à l'amère victoire du monothéisme, en fabriquèrent tant et tant.

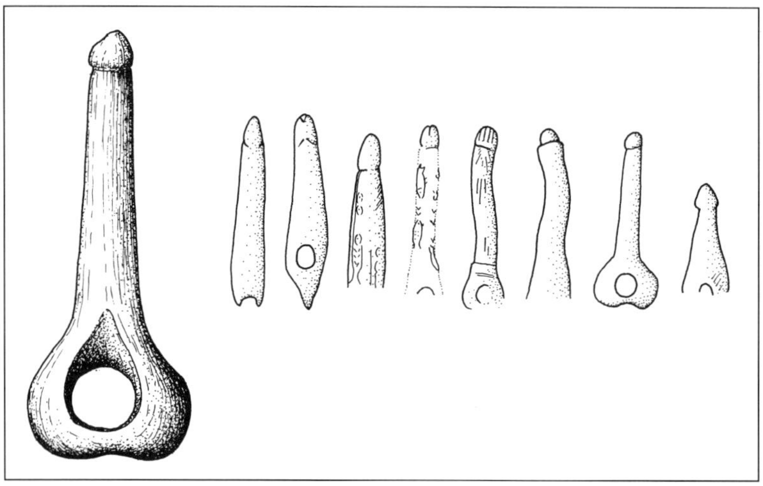

Figure 8
Petits objets phalliques. Paléolithique

Mégalithes, amulettes, bijoux, *ex-voto*, porte-bonheur, grigris conjuratoire, il s'en fit de toutes tailles, de toutes couleurs et de toutes matières. Il s'en peignit partout. À la fois comme propitiation et comme insigne. L'homme masqué qui étend ses bras dominateurs sur son enseigne et sur le bison blessé, au fond du puits de Lascaux *(figure 9)* [10], les hommes armés du Mont Bégo *(figure 10)* [11] portent le phallus dressé comme l'officier porte ses galons, comme un chasseur porte son arme, en sachant, dès le début, que la victoire sur la grosse bête n'est pas assurée, et que le risque persiste toujours, de la blessure, de l'échec, de la mort... de l'impuissance.

La même incertitude demeura, plus tard, après la « révolution néolithique », lorsque l'arme fut retournée contre les congénères, lorsque la domination physique fut imposée aux femmes, et

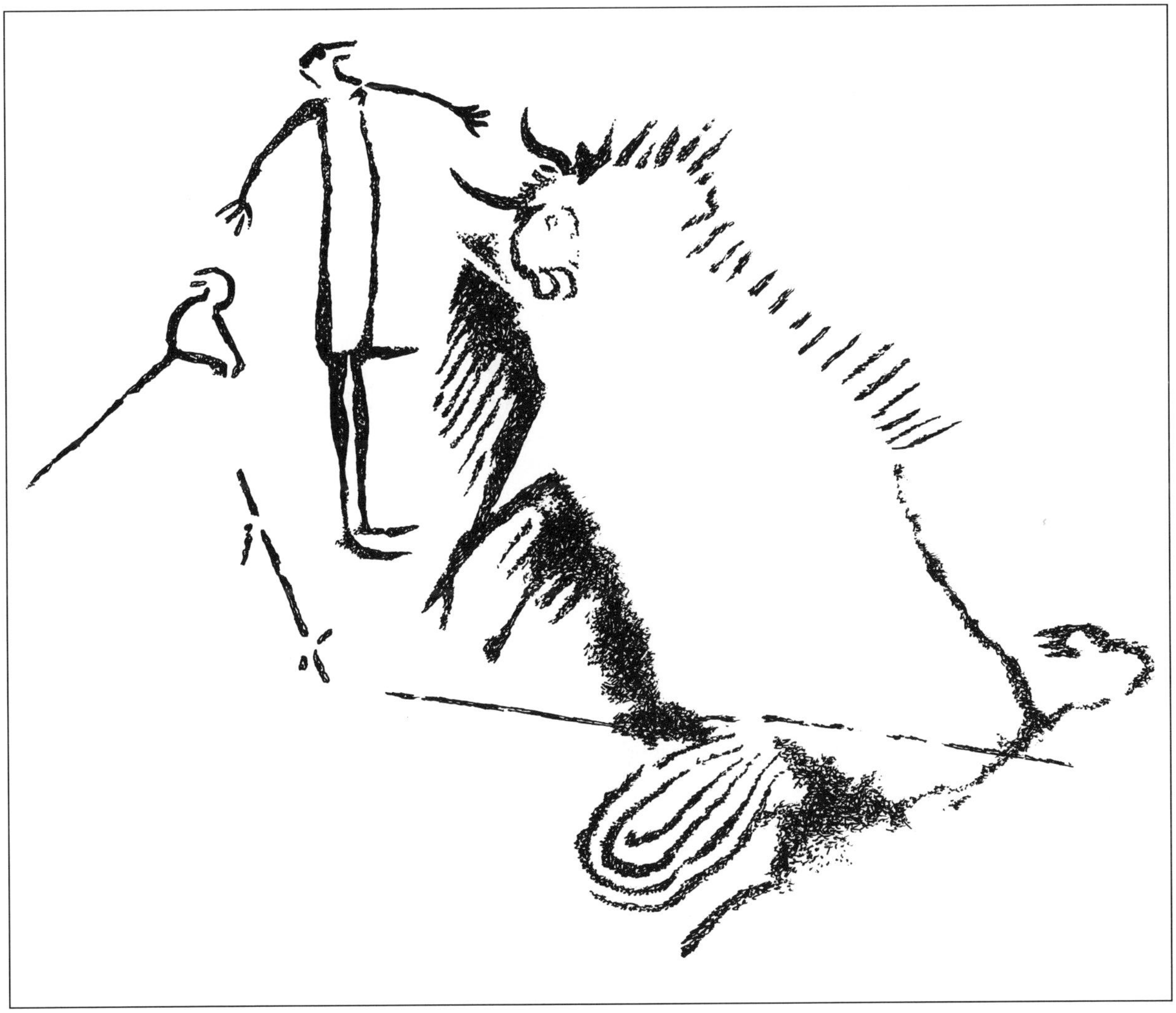

Figure 9
Lascaux. Le chasseur victorieux

10. Cette image est enfin devenue lisible, quand Louis-René Nougier a judicieusement fait remarquer qu'il faut la contempler *au fond du puits*, et non depuis sa margelle. L'homme qui bande n'est ni blessé ni mourant, il fait le fier et son geste, sous son grand nez, me fait toujours penser aux attitudes du général de Gaulle, *les Grottes préhistoriques ornées de France, d'Espagne et d'Italie*, *op. cit.*, pp. 64, 72-73.

11. Marcireau (*op. cit.*, p. 224) croit les voir se livrer, probablement à tort, à une joute érective de type extrême-oriental.

lorsque le mâle tenta d'identifier le pouvoir de son bras, dressable sur commande, et son pouvoir viril de pénétration dans la femme. Ce n'était, bien sûr, qu'un exorcisme. Le plus vaillant guerrier n'a jamais pu commander le redressement du « bras viril » le plus avantageux *(figure 11)*. Plus d'un Rodomont s'est retrouvé penaud au lit, comme les autres, le jour où l'inspiration ne suivait pas l'envie, et l'entraînement militaire n'a jamais fortifié contre les trahisons de la physiologie érectile.

Figure 10
Guerriers ithyphalliques. Le Mont Bégo

POUR RÉSOUDRE LE PROBLÈME. COMMENT CHOISIR ?

Que faisaient nos ancêtres analphabètes, quand ils tentaient de remédier à la panne, ou de la conjurer ? Ils ne nous ont évidemment laissé ni récits ni recettes. Peut-être se bardaient-ils de talismans. Peut-être récitaient-ils des incantations propitiatoires. Peut-être se livraient-ils à des cérémonies d'exorcisme, un sorcier-magicien-chamane tentant de lever le maléfice... Nous ne le saurons jamais, et il serait bien imprudent de projeter sur l'humanité naissante l'image que nous donnent les actuelles cultures rudimentaires [12].

Car l'homme primitif mythologique de Darwin, de Robertson Smith, de Freud [13]... et des « romans

Figure 11
Colonnes antiques. Le phallus dressé comme le bras

12. Je m'amuse toujours de voir nos plus enragés croque-curés intellectuels ou universitaires révérer dévotieusement le pouvoir des chamanes (ils adorent le mot !) préhistoriques-tiers-mondistes.

13. Le seul que connaissent, en fait, bien des gens « cultivés » qui n'ont jamais mis le nez dans un ouvrage de paléoanthropologie, fussent-ils, journalistes, tribuns politiques, et même enseignants, de ceux qui ont en charge l'opinion.

préhistoriques » – ceux-ci ayant le mérite de l'affabulation avouée – est né d'un autre mythe. La légende qui ferait des « primitifs » nos contemporains le portrait de nos ancêtres occidentaux industrialisés. Comme les « peuplades » d'Afrique équatoriale et tropicale, comme les insulaires du Pacifique, Canaques Papous et autres Tobriandais, comme les Mohicans et comme les Hurons, les premiers égyptiens, mésopotamiens, persans, européens, hindous, japonais, mexicains, péruviens, etc., auraient tous vécu en système tribal « à l'âge de pierre ». Avec tout ce qu'implique, dans la tête des Occidentaux actuels, le mot tribu : réalités ethnologiques, mais surtout imaginations « folkloriques ».

Cette « tribu originaire » est commandée par un vieux chef plein de sagesse et d'expérience, tout naturellement polygame. Son pouvoir est partagé, éventuellement, par le conseil des Anciens et un ou quelques prêtres, sorciers, au contact avec les forces de l'au-delà. Bison, panthère, cheval ou cerf, un animal ou plusieurs totems protège(nt) la tribu et ses clans. Il(s) intercède(nt) pour eux avec les autres Forces. La consommation bouchère courante du totem est interdite, *tabou*. D'autres tabous, bien plus nombreux, concernent l'établissement du mariage et les pratiques sexuelles. Les jeunes bénéficient, à nubilité, d'une initiation les mettant au courant des choses du sexe. D'ailleurs des fêtes périodiques exaltent la sexualité et se terminent en joyeuses orgies, complétant l'éducation des gamins. Les mariages sont conclus suivant les conseils éclairés des aînés. Ces sociétés proches de la nature vivent au rythme des saisons – saluées par chants et danses consacrés. Bien qu'un peu anthropophages elles consomment une alimentation saine et leur artisanat plein de charme... exotique ne pollue pas l'environnement. Chacun y vit heureux à sa place, à l'abri des compétitions épuisantes et de la corruption par l'argent, etc.

Cette vision romantique voile tout ce qui rendrait la vie tribale effective insupportable aux occidentalisés [14]. L'impossibilité de toute vie personnelle authentique, chaque individu se trouvant pris dans le carcan des obligations traditionnelles : comportement alimentaire, sexuel, social, hégémonique, artistique, etc., tout est régi de façon draconienne et répétitive, brisant toute velléité d'originalité. La cruauté des rites de passage, laissant des marques physiques indélébiles et souvent des mutilations sexuelles irrémédiables. L'écrasement habituel des femmes sous le poids de la polygamie, de la multiparité, de la subordination à l'homme. L'état de conflit permanent avec les tribus voisines rivales. L'inconfort « rustique », la nourriture monotone et déséquilibrée, l'absence d'hygiène et de médecine efficace, la mortinatalité et la faible espérance de vie. La nullité écologique, le rôle néfaste des brûlis et des déboisements, la monoculture stérilisante, les tas de fumier sur les plages, etc.

L'idée que les sociétés « sauvages » offrent aux Européens l'image en miroir de leurs propres ancêtres fut d'abord incrustée par la proximité et le caractère très voyant [15] des peuples négro-africains. Leur rôle universel de modèles sociologiques obligatoires pour les premières étapes de toute société humaine a été induit par des esprits hâtifs, oubliant la faible représentativité (8 %) [16] de ces ethnies au sein des populations mondiales, et l'absence de reliques préhistoriques prouvant le type tribal de toute organisation sociale extra-africaine : les fameux et fréquents « bâtons de commandement » européens n'étaient même pas les sceptres des vieux chefs tribaux, mais des propulseurs ! Par là-dessus les chimères historicistes du marxisme ne firent que conforter le mythe du caractère primitif, *primaire*, des bons sauvages : leurs sociétés n'attendent que les lumières de l'alphabétisation (pourtant déjà amorcée par les missionnaires chrétiens) puis de la science dialectique, pour évoluer sous nos yeux vers une harmonieuse société socialiste et industrieuse... « progressisme » béat, aussi illusoire que le proche avènement de l'égalitarisme social universel, et aussi fourvoyant.

Il faut désormais se rendre à la criante évidence : *le système tribal n'a aucune vertu adaptative*. Il est cristallisé une fois pour toutes, et ne peut que perdurer tel quel, ou disparaître, avec les populations qui lui sont assujetties. La cruelle expérience de cette stagnation se fit aussi bien à l'échelle individuelle, les urbanisés tentant de

---

14. Je ne recommanderai jamais assez la lecture, hautement instructive sur les « merveilles de la vie tribale », de l'excellent livre de Charlène Gourguéchon, *l'Archipel des tabous*, *op. cit.*

15. Populations assurément « tape-à-l'œil », taille souvent grande (pour fournir de beaux esclaves aux Turcs, Égyptiens, Maghrébins, etc.), exubérance gestuelle, vocale, olfactive, etc.

16. « Aujourd'hui la race blanche et la race jaune représentent 92 % de la population mondiale, les 8 % restant étant composés d'autres groupes comme les Noirs et les Boshimans », Desmond Morris, *Magie du corps*, *op. cit.*, p. 7.

vivre indépendants vite récupérés – et taxés – par la tribu natale, qu'à l'échelle socio-politique : inutile de s'étendre sur la faillite économique de l'Afrique noire, depuis si longtemps prévue par des esprits lucides comme Georges Balandier et René Dumont [17].

Si les ancêtres des Occidentaux s'étaient enfermés dans le système tribal *ils n'en seraient jamais sortis*, privant nos contemporains d'ouvrages imprimés illustrés, édités par l'industrie du livre et distribués par les circuits du commerce informatisé. Et ici se pose la question « maudite » mais cruciale, quand il s'agit de « gérer » les comportements, et tout particulièrement le comportement sexuel : un certain type d'humains ne sécrète-t-il pas un certain type d'organisation sociale, de morale culturelle ? Dont il ne peut sortir qu'à l'échelle individuelle, alors englobé de bonne heure dans un environnement socio-culturel différent, suffisamment prégnant pour le métisser, avant d'assimiler ses descendants ? Auquel cas l'unification planétaire de la civilisation, dans le sens occidental-libéral [18]-cartésien-industrialisé-adaptatif, ou dans le sens tiers-mondiste-tribal-artisanal-incantatoire-fixiste ne se fera pas sans pleurs ni sans grincements de dents ni sans effondrement de vastes pans de culture inadaptable...

Les éléments de réponse ne se situent pas au niveau de l'intelligence, également disponible dans les têtes blanches, noires ou jaunes, mais dans un possible phénomène d'empreinte, et dans la nature *du caractère*.

L'empreinte formerait le *sens moral*, toujours développé chez tous les humains, à une éthique particulière, pendant un laps de temps limité (une *période sensible* autour de l'âge de raison ?) et elle inculquerait de façon quasi inamovible les critères de la réglementation culturelle des comportements. Même si ces principes réglementaires, dont le but est la sécurisation, devant la déprogrammation partielle de l'humanité, vont ici ou là *à contre nature*. Ils bravent alors les très probables *universaux* d'origine biologique, et qui confirment l'unicité de l'espèce, déjà prouvée par l'interfécondité. Qui contrecarre ces universaux se condamne à vivre en porte-à-faux avec ses instincts, lourd prix à payer pour s'épargner les angoisses de la liberté... même en prétendant préserver les merveilles de son « identité culturelle » [19].

Quant au caractère, il fournit à chacun la détermination comportementale utilisatrice de l'intelligence. Pour faire éventuellement préférer, et c'est le génie de l'Occident, le défi au fatalisme, le risque au conformisme, la liberté à la routine, l'expérimentation au verbiage, le concret au fabuleux, la méthode à l'illumination, l'intervention rationnelle à l'incantation, l'art à la magie [20]. Voilà pourquoi l'âge de pierre des « Nouveaux Guinéens » ne peut être celui des peintres de Lascaux, des architectes de Stonehenge. Hébrides, Zélande, Calédonie, malgré le retard des ères glaciaires, ce sont « les vieilles » qui furent peuplées d'hommes *modernes*.

Face aux malheurs érotiques, il n'est donc pas indifférent de choisir entre les remèdes fabuleux et les traitements scientifiques. Il n'est pas indifférent de vivre en contrée de mœurs libérales, ou de subir un système moral figé répétitif et répressif, par lui-même créateur de malheurs.

Ces malheurs d'origine sociale, ces erreurs culturelles responsables de peines de sexe « supplémentaires », nous les retrouverons tout au long de ce livre. Mutilations sexuelles infantiles, interdiction des rapports sexuels pré-conjugaux, mariage convenu, interdiction du divorce, lourd châtiment de l'adultère, interdiction de la contraception et de l'avortement, écrasement de la condition féminine, censure culturelle de la fonction érotique... triste refrain.

PREMIERS SECOURS : APHRODISIAQUES ET MAGIES. DÉMONS ET COUTEAUX

Primaires ou demeurées, préhistoriques ou contemporaines, ouvertes sur l'avenir ou répétitives, ces cultures ont quand même un point commun : leur caractère *rudimentaire*, au moins quant à la technicité médicale. Il n'est donc pas impossible que les remèdes apportés aux empêtrements virils des premiers Occidentaux ou Asiatiques aient été comparables à ceux qu'ethno-

17. *L'Afrique noire est mal partie* est paru en 1962.
18. Le socialo-communisme, dramatique tentative pour implanter un néo-tribalisme en Occident, est heureusement en voie d'extinction.
19. Le débat est remarquablement exposé par Jean-François Revel dans *la Connaissance inutile*, *op. cit.*, pp. 17 sq : « *Qu'est-ce que notre civilisation ?* ».
20. On peut lire sur le sujet la très classique *Théorie de la pauvreté de masse*, *op. cit.*, de J.-K. Galbraith.

graphes et historiens nous ont décrits, que nous voyons encore solliciter en contrée exotique. Alors qu'ils furent préconisés « chez nous » jusqu'au Moyen Âge, et jusqu'au siècle des Lumières... traînant encore maintenant, bien sûr, dans les recettes des charlatans, guérisseurs, et petits annonceurs des petites revues illustrées.

Pour ne pas éparpiller le sujet, on doit donc ici regrouper, n'y revenant plus tard qu'en cas de besoin, tous procédés, à la surface du globe, relevant de l'irrationnel, ou de l'empirique plus ou moins naïf. Externes ou internes, ce ne sont évidemment, le plus souvent, que remèdes de bonne femme. Mais comme il faudra le répéter régulièrement, le caractère « miraculeux » de l'érection, l'allure « diabolique » de ses pannes, expliquent que ces remèdes fabuleux aient si longtemps semblé les seuls possibles, quand la médecine progressivement scientifique trouvait des traitements réellement efficaces pour les maladies atteignant peu l'érotique.

LES MOYENS INTERNES

Bus, mangés, les *aphrodisiaques* sont censés aussi bien réveiller l'appétit charnel que donner les moyens érectifs de le satisfaire. Diverses qualités expliqueraient leurs vertus supposées. Elles reposent souvent sur la *magie sympathique*, tirant profit de la *signature* dont Oswald Croll (?) aurait établi la théorie [21] : *similia similibus curantur* [22].

1. Aphrodisiaques animaux

a) Les organes génitaux mâles

L'homme inquiet peut manger directement, pour s'incorporer leur « force », soit le membre copulateur, soit les génitoires des animaux les plus réputés pour leurs prouesses coïtales ou la taille de leurs attributs.

La verge des taureaux, des ânes, des cerfs en rut peut ainsi servir d'aliment fortifiant. Bouillis ou frits (sept trempages dans l'huile bouillante, pour le vit d'âne, préconise une recette romaine), les organes érectiles ne fournissent qu'une viande médiocre et dure à mâcher. Aussi d'autres recettes conseillent-elles, par exemple, la réduction en cendres, puis la solution aqueuse. On boit le soluté, ou on s'en enduit le membre défaillant. La seule préparation culinaire savoureuse semble le cocktail antillais confectionné avec la « pine à caret » : le « viatique du grand coqueur » mélange les organes génitaux de tortues de mer (cinq mâles et neuf femelles) séchés-pilés, avec noix de muscade, noix de cajou, deux jaunes d'œuf et un zeste de citron [23]... à boire bien frais ?

Voisins de la verge, et bien développés chez les mâles les plus valeureux, les testicules ont vite été reconnus comme sources d'énergie virile. L'effet « sédatif » de la castration fut découvert dès les premiers essais d'élevage et du même coup le principe de l'opothérapie. Les mêmes bêtes « innocentes » se sont fait couper et dévorer les testicules, taureaux, chevaux, ânes, béliers, boucs, porcs, renards, blaireaux, lièvres, belettes, coqs, etc., en attendant les singes du docteur Voronoff... et sans oublier les « frivolités » de mouton (ou autres), fin régal, encore de nos jours, de fines gueules présumées sans problèmes. On peut encore réduire les testicules en poudre, que les anciens Chinois prisaient, dit-on, dans la narine gauche (celle du cœur !).

Un autre animal, à deux pattes sans plumes, a pu aussi fournir ses génitoires en médication *per os*. Dévorer (en brochettes ?) les roustons de ses ennemis tués ou châtrés fournit une double satisfaction au cannibale. Quant aux couilles du grand-père, et même du « Père », elles ont pu être consommées religieusement, après son trépas, par les fils respectueux mangeant leur cher défunt pour ne pas abandonner le corps aux prédateurs. Les estomacs familiaux purent ainsi, parfois, servir de pieux tombeaux, sans qu'il soit besoin de fabuler l'atroce meurtre anthropophagique du « Père », imaginé par la sinistre cervelle de Freud.

Animales ou humaines, la préparation culinaire, malheureusement, détruit la majeure partie des hormones actives, et les quantités ingérées avaient peu de chances d'être suffisantes.

À défaut de manger directement l'organe viril du mort, peu appétissant, ses ornements pileux ont pu faire lever l'espoir de faire lever le vit. Les

21. Dans son immortel ouvrage *Basylica chimica*, cité par Camperosi, *les Baumes de l'amour*, *op. cit.*, p. 85.

22. Le principe, en théorie, n'est pas insensé. S'il a fondé la très folklorique homéopathie, il est aussi à la base de la vaccination.

23. Michel Lenois, *Guide pratique des aphrodisiaques*, *op. cit.*, p. 44.

fossoyeurs et croque-morts ont ainsi pu faire commerce, au Moyen Âge, de poils sexuels de (prétendus ?) cadavres.

b) Les animaux semble-verge

Leur « signature » fait espérer leurs effets favorables.

• **Le lézard**, par sa morphologie, par son ventre bombé demi-mou, souvent par sa taille, évoque la verge et son corps spongieux ventral turgide. On peut le consommer grillé, ou réduit en poudre. Le meilleur serait d'une espèce africaine, bien commercialisée à Alexandrie, et que l'on vendait encore au XIXe siècle, réduit en poudre, dans les pharmacies de Marseille : le *scincus officinalis*. Son éventuelle efficacité est peut être due à son régime alimentaire : cet insectivore se régale (sans dommages pour lui) de cantharides.

• **L'holoturie** est une échinoderme cylindrique d'une vingtaine de centimètres de long, *qui durcit quand on la tripote*. Merveilleuse analogie ! On la pêche en Méditerranée, mais aussi dans les mers orientales ; les Chinois la faisaient bouillir, puis sécher, avant de l'introduire en cuisine – évidemment coupée en petits morceaux.

• **La queue des petits crustacés**, écrevisse, langoustine, a pu donner l'espoir de fournir à la « queue » de l'homme une efficace carapace.

c) Les produits animaux propices

Provenant des organes génitaux, ou imitant leurs sécrétions, ou censées inspirer organes et sécrétions viriles, ces nourritures sont plus ou moins ragoûtantes. Mais le principe du *sacrifice* a germé de bonne heure dans la tête des premiers humains. Plus grand est l'agrément escompté, plus grand est accepté le désagrément propitiatoire. Plus le remède est répugnant, plus il est réputé agir. Le sacrifice peut, d'ailleurs, être aussi économique, comme ne manqueront pas de l'expliquer les psychanalystes orthodoxes ou comme, avant eux, ceux qui préconisaient l'introduction de *perles moulues* dans les recettes aphrodisiaques [24].

• *Le sperme* animal contient sûrement de quoi fortifier la production séminale. D'où la réputation de la *laitance* de poisson. La meilleure semence « thérapeutique » doit néanmoins provenir de grandes bêtes – et toujours les mêmes : taureau, cheval, baudet, furent mis à contribution. Tantôt on recueille le sperme sortant du vagin de la femelle après qu'elle ait été couverte. Tantôt on garnit d'une étoffe, avant introduction, le membre du mâle, et on consomme ensuite le précieux éjaculat collecté.

• *L'urine* des mêmes animaux, surtout en période de rut, ou après la saillie, provient elle aussi du membre copulateur, et ses vertus ne sont pas complètement fabulées : elle contient des hormones mâles. Malheureusement il faudrait en boire, à l'état naturel, de fortes quantités...

• *Le fiel*, en raison même de son amertume, a pu être jugé efficace, venant de verrat, sanglier et autres animaux « cochons », mais aussi des serpents semble-vits. L'âcre potion fut cependant moins utilisée que l'onction.

• *Le blanc d'œuf* n'est pas vraiment le sperme des oiseaux, mais son aspect évoque à s'y méprendre la semence humaine, lorsqu'elle sort du vagin après quelques minutes d'« incubation ». Il était plus que tentant d'y voir le restaurant idéal des pertes séminales, et la recharge nourricière de la force virile. Remède à gober cru, au moins à la douzaine... Certains oiseaux, de plus, donnent le spectacle de copulations itératives dont le ressort n'est peut-être pas dans leurs modestes et invisibles génitoires, mais dans la tête. *La cervelle* des pigeons, colombes et autres moineaux aurait donc des vertus, à l'origine de belles hécatombes. Le phosphore contenu dans ces cervelles est peut-être le stimulant efficace...

• *Le miel* est de consommation tout à fait plaisante, coulant comme le sperme mais plus sucré ! Les ours qui s'en pourlèchent lui doivent-ils leur (supposée) toute puissante virilité ? De nos jours beaucoup d'« affaiblis » du sexe mettent leurs espoirs dans la (supposée) toute-puissante *gelée royale*.

• *La corne du rhinocéros*, par sa forme évocatrice, fut aussi à l'origine d'une chasse tellement outrancière que l'espèce est en voie d'extinction, aujourd'hui encore. Réduite en poudre, la protubérance nasale de ces innocents pachydermes continue de se vendre, à prix d'or, aux Orientaux inquiets, émirs pétroliers, nababs hindous, riches

24. Ainsi le « manger royal », remède roboratif fait par les Portugaises des Indes, mêlait à de la viande de chapon des perles broyées, des amandes, du sucre, de l'ambre, et du musc. On s'ennuyait ferme à Goa, entre deux bateaux, et les bonnes bourgeoises transplantées devaient lutter contre la concurrence érotique locale des belles métisses : Camperosi, *ibid.*, p. 70.

commerçants de la diaspora chinoise, etc. Autant de gens que la protection des espèces menacées laisse parfaitement froids – la preuve en est leur goût affirmé pour l'ivoire des éléphants massacrés.

• *Les excréments* semblent fournir la nourriture propitiatoire la plus répugnante, donc la plus efficace... Leur dégustation se heurte cependant à des interdits rhinencéphaliques incontournables. Sauf, exception marine et « gigantesque », *l'ambre gris*. Cette production intestinale des cachalots est prélevée sur la bête dépecée, ou en bordure de plage, au milieu des autres excreta du cétacé, mêlé aux indigestes becs des calmars géants. Réduit en poudre, il entre dans la composition d'aphrodisiaques classiques, dont le *chocolat à l'ambre gris* de Brillat-Savarin. Madame de Pompadour en mangeait...

d) Les aliments semble-vulve

Manger directement une (des) vulve(s) animale(s) est bien difficile, quoique cette consommation de l'organe à conquérir, soumettre, pénétrer, paraisse propitiatoire. Il faudrait les lèvres vulvaires au moins des grandes cétacées pour fournir de consistants biftecks. Force est bien de se rabattre sur de moindres chères [25].

• **La vulve de truie**, très classique plat romain, comporte les modestes grandes lèvres de l'animal, mais aussi la devanture de son bas-ventre, avec ses mamelles si possible allaitantes. Rôti ou bouilli, ce mets de choix figure dans tout festin sérieux.

• **L'exsudat vaginal** humectant la vulve des grandes femelles réputées lubriques, juments, vaches, truies, est une sève d'amour « sûrement » efficace. On le recueille pendant leurs chaleurs. Provenant des ardentes cavales, il produit le précieux *hippomane*.

• **Les coquillages** ressemblent doublement à la vulve. Ils offrent à l'œil leur configuration charnue élastique, complexe et humide, huîtres creuses aux bords velus, huîtres plates aux succulentes nymphes de Belon, clitoris corallin des coquilles saint-Jacques, des praires, valves écrins des moules, des coques, etc. Ils offrent à la narine leur fumet salin océanique, si proche de l'*odor di femmina*. De quoi doublement inciter à la consommation des fruits de mer, douzaine après douzaine, ceux qui désirent ravigoter leur force de pénétration dans le coquillage féminin.

• **Les aliments marins** prennent vite l'odeur « de marée » qui stigmatise les vulves mal tenues. Mais avant les progrès de l'hygiène moderne les relents de poissonnerie devaient « parfumer » l'entrecuisse de plus d'une... Les poissons les plus divers ont eu une réputation bandative, en particulier *les raies*, et *les requins*, dont l'aileron pointant fut-est consommé par ceux qui désirent raffermir leur propre pointe phallique. Le *garum* des anciens était confectionné, comme l'actuel *nuoc-mam* des asiatiques, avec des poissons fermentés. C'est un épice servi avec les plats présumés « ravigotants », assaisonnement traditionnel de la vulve de truie. Frais ou putréfié, l'éventuel pouvoir stimulant du poisson pourrait venir de sa richesse en phosphore.

2. Aphrodisiaques végétaux

Les premiers sollicités le furent pour leur signature [26].

a) Les végétaux phallomorphes

Ils ne font pas que consoler – très matériellement – les dames au vagin déserté. Ils sont aussi censés fortifier le membre auquel ils ressemblent. On en trouve sur tous les continents, bananes, asperges, panais, carottes, poireaux, raiforts, salsifis, et tout particulièrement ces champignons dont l'extrémité imite le gland masculin, les *morilles* très prisées de Casanova. À consommer crus, cuits, au naturel, en sauce ou à la croque-au-sel, en entrée, en légume ou en dessert... Leur efficacité n'est pas grande, mais ils sont au demeurant d'excellents comestibles – à condition de se préserver de la trompeuse car mortelle *amanite phalloïde*.

À défaut de ressembler directement au phallus, certaines herbes ont pu sembler propices, pour conférer le pouvoir d'intromission sans peine : celles qui ont poussé *à travers une pierre trouée*. Précieuse trouvaille pour les guérisseurs de village.

b) Les végétaux orchidomorphes

Là encore, leur pouvoir supposé provient de leur morphologie, cas typique de signature. Offrant l'image des génitoires masculines, testicules et bourses, ils prodiguent « sûrement » la puissance mâle qui y réside.

---

25. Le clitoris des malheureuses excisées africaines, au lieu d'être grillé en brochettes les joyeux soirs d'initiation, est bêtement jeté aux chiens, aux fourmis, ou aux sangsues du marigot.

26. Littré connaît ce sens ancien (*signature*, 6).

La plante la plus spectaculairement ressemblante, par ses tubercules, fut longtemps la plus prisée : une orchidée, *orchis mascula*. Fort répandue, elle fut connue sous bien des noms, *cynorchis* (testicule de chien), patte de loup, *satirion (figure 12)*, etc. Le pouvoir aphrodisiaque modeste semble pourtant d'autant mieux signalé

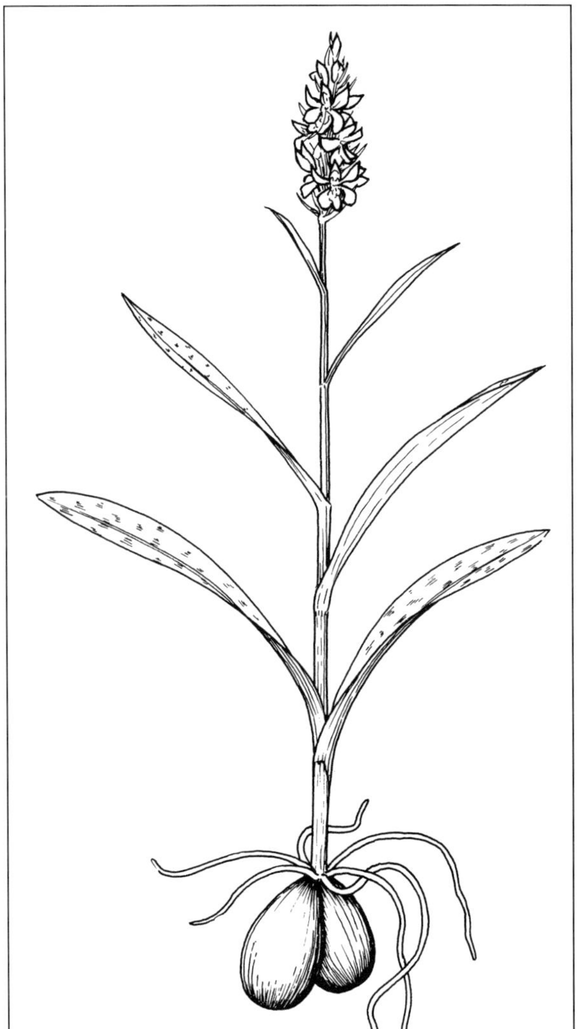

Figure 12
Le satirion (orchis macula)

que la fleur des orchidées présente bien des analogies (pétales, pistil), avec la vulve féminine, ses lèvres et son clitoris. Quant aux racines, elles se consommèrent sous toutes formes et en toutes sauces, en poudre, en suc électuaire (en onguent), sans être aussi goûteuses que les tubercules ramenés par Parmentier du Nouveau Monde. Malheureusement patates et topinambours déçurent les espoirs qu'ils avaient d'abord suscités – l'effet du satirion s'étant depuis longtemps éventé.

D'autres semble-couilles furent sollicités. Ainsi *la truffe, l'oignon, la gousse d'ail*, avec l'inconvénient, pour les deux derniers, de charger l'haleine et la sueur de relents fort peu érogènes. Henri IV en raffolait, et tant pis pour ses belles, d'ailleurs incitées à oublier quelque peu leur toilette périnéale avant la royale visite. Ceux qui, de nos jours, continuent de priser ce genre de nourritures immodestes s'efforcent d'en faire consommer à leur partenaire, l'imprégnation olfactive bilatérale et symétrique permettant d'éviter tout reproche.

La puissance odoriférante, « balsamique », du sperme – la plus intense émanation corporelle « saine » – fait présumer bénéfique l'effet de ces nourritures qui imprègnent durablement et fortement l'atmosphère personnelle – et sont donc présumées imprégner l'intérieur du corps. Outre l'ail et l'oignon, ceci fit le succès du *fenouil*, de l'*anis*, de la *menthe*, de l'*euphorbe*, des baies du *laurier*, des fruits du *chervis*, de la semence du *lin*, des *herbes de la Saint-Jean* comme le *millepertuis* et l'*armoise*, et bien sûr *des épices*. Tous ces simples furent mangés crus, frits, bouillis, en poudre, en infusion, utilisés en inhalation et même fumés, comme l'armoise [27], après le succès du tabac ramené des Amériques.

3. Premières chimies

Animales ou végétales, ou directement minérales, ces premières pharmacies, ces premiers produits ou aliments diététiques, mais aussi ces premiers toxiques étaient soit de découverte empirique, et donc parfois actifs, soit réputés efficaces « par raisonnement ». Ce qui put conduire à leur prescription thérapeutique, mais aussi à la mise en garde contre leur consommation.

27. Triste ersatz, sous l'occupation allemande en France, qui rationna le tabac. Avec l'effet paradoxalement bénéfique de diminuer l'intoxication nicotinique des gros fumeurs, qui n'en bandèrent que mieux !

a) Les flatueux

Le mystère de l'érection fut long à élucider – il ne l'est encore pas tout à fait. La première explication qui vint à l'esprit humain fut celle du gonflement par un souffle, un vent interne identique à celui qui gonfle les étoffes des vêtements, les toiles des tentes [28], des navires, et s'impose comme une force indomptable. Comparable, dans les débats théologaux, à ce vent, cet *esprit, flatus, spiritus*, qui manifeste la puissance divine. Comparable aussi, et beaucoup plus prosaïquement, au vent que le cul émet, lorsqu'il évacue joyeusement les gaz que l'intestin a concoctés. Avant que l'on n'opère les appendicites aiguës, les volvulus du sigmoïde, les occlusions sur bride, la guérison spontanée était quelques (rares) fois possible. Elle était annoncée, après le torturant gonflement de tripes, par le pet salvateur indiquant la fin du tourment ventrier. Il fallait vraiment péter ou mourir [29]. Le vent, c'est la vie !

L'angoisse de la débandade couvre l'homme de sueurs mortelles, et le rend prêt à recourir à n'importe quel moyen de résurrection, qui lui restituera l'« âme » animant son phallus. Ce qui gonfle la tripe ne peut-il gonfler le boyau viril ? D'ailleurs qui n'a émis, après « coup », un pet fanfaron, soupape évacuant le trop-plein d'énergie inflative ?

Tout aliment carminatif fut ainsi tenu érectogène : la *fève*, le *haricot*, le *pois vert* ; le *pois chiche*, qui allie les trois origines supposées du sperme, l'humidité, la chaleur, la ventosité, et se doit de paraître dans tout couscous festif ; l'*artichaut*, plein de véritable semence végétale, émoustillant favori des Suédoises (pour leur mari !) dit Venette ; les boissons gazeuses : *le champagne* des riches, *la bière nouvelle* du commun.

Médications non sans inconvénients. D'abord l'inévitable météorisme et ses ballonnements plus ou moins désagréables. Ensuite et surtout l'émission réitérée de ces gaz qui, lorsqu'ils sont vesses [30], empuantissent l'aura personnelle, y compris sous les draps. Leur odeur sulfureuse n'est rien moins qu'un apéritif d'amour, par incompatibilité rhinencéphalique entre messages olfactifs fécaux-digestifs, et effluves sexuels érogènes. Il ne s'agit pas du même programme éthologique, la verge ne s'érige pas sous l'effet du vent, l'homme ne séduit pas ses congénères par ses trompettades culières, et il fallait une épouse depuis longtemps blasée pour supporter stoïquement de tels gros pets de ménage [31]... Il est vrai – on en reparlera – que tous ces flatueux – sauf la fève interdite aux religieux par Jérôme – étaient aussi, traditionnellement, nourriture monacale ! donc de (supposés) célibataires...

b) Les chauffeurs de périnée

C'est la première apparition, ici, d'une action pharmacodynamique authentique, repérée, même si d'exploitation domestique ou artisanale.

• **Les épices**

Le poivre, le piment, ne brûlent pas que les joues. À bonne dose ils entraînent une incontestable congestion de l'entre-deux. Il n'y a évidemment pas de quoi, là, déclencher une érection provoquée. Et même, paradoxalement, c'est le périnée féminin et, dans les deux sexes, *le périnée postérieur*, qui sont les plus réceptifs.

Les chatouillis d'entrejambe ainsi éveillés furent cependant assez prometteurs pour que les hommes inquiets cherchent secours dans ces condiments. Car le premier emploi des épices avait été l'assaisonnement des mets, et surtout viandes fades au palais ou « défraîchies », en lieux et époques dépourvus de réfrigérateurs. Ce rôle est sollicité sur toute la surface du globe, chez une espèce qui tient à trouver plaisant le goût de sa nourriture, surtout la plus quotidiennement répétitive.

Certains condiments, relevant la saveur des plats, ont pu faire espérer qu'ils aideraient aussi à relever les virilités défaillantes. Ce qui fit la bonne réputation du *céleri* et surtout de la moutarde – le *senevé* déjà utilisé en sinapisme externe pouvait laisser espérer, en usage interne, un pareil effet congestif sur le membre viril. Mais là

28. Les premiers humains à vivre en installation fixe ne couchaient pas dans « des cavernes » mais dans des huttes de branchages, dans des tentes couvertes de peaux animales.

29. Béroalde de Verville conte l'histoire survenue, dit-on, à Gabrielle d'Estrées, maîtresse d'Henri IV. Menée en voyage à Rouen, en 1596, par son royal amant, elle fut brusquement prise de coliques. Le médecin mandé d'urgence à minuit enfila à la hâte un manteau trop court. Apercevant son vit dépasser sous l'habit, la belle « se prit si fort à rire qu'elle fit un pet et en fut guérie » : *le Moyen de parvenir, LXXXIV, Suite* (pp. 307-308 de l'édition Garnier).

30. *L'art du pet* de MDCCLXXVI, pp. 26 et 27, précise les « abominables qualités » de la vesse.

31. « De ménage » signifie, aux XVIe et XVIIe siècles, *de réserve*, mais Rabelais comme Béroalde équivoquent régulièrement avec le gros pet domestique.

encore les remèdes parurent d'autant plus efficaces qu'ils venaient de plus loin, des mystérieuses contrées d'Orient [32]. Il s'en suivit, pour fournir l'Occident en épices exotiques, un des premiers et plus importants circuits commerciaux planétaires.

Poivre gris blanc ou noir, poivre de Cayenne, piments forts ou doux, clou de girofle [33], noix de muscade, gingembre,... et même, dans la foulée, le très oriental *encens* [34], firent la fortune des marchands grâce à leur double usage. Le piment rouge, par sa forme, par sa couleur évocatrice du gland masculin pointé-érigé, exhibait une double signature. Il s'en fit une consommation prodigieuse dans tout le Vieux Monde, en poudre, en sauce, en préparations culinaires de toutes sortes. *Le vin épicé*, rituellement servi en pot de chambre au soir des noces villageoises, fut un très classique remède préventif de l'aiguillette nouée.

Le tout sans efficacité garantie... sinon sur le périprocte. Le canal ano-rectal, ses abords cutanés, sont les plus sensibles à l'effet des épices. Les conséquences sont patentes sur les hémorroïdes : l'abus du piment y déclenche immanquablement une poussée congestive. Les anus arabo-musulmans sont les plus menacés. Là où le cul se torche d'une pierre pour ne pas salir un papier qui aurait porter trois lettres d'une sacro-sainte sourate, là où le Ramadan favorise la torsion, plus ou moins spontanément résolutive, des dolichosigmoïdes, et le subséquent gonflement sous-jacent ; surtout à la fin du jeûne, quand la liesse mystique permet d'ingurgiter force pois chiches épicés... mélange détonnant épanouissant les thromboses hémorroïdaires, à la gloire d'Allah, après les coups de canon rituels.

• **La mandragore**

Plante du sud de l'Italie, d'Espagne, d'Afrique du nord, sa racine biscornue *(figure 13)* a beaucoup échauffé les imaginations antiques et médiévales. Par sa configuration parfois vaguement anthropomorphe (tronc, membres – cuisses, phallus), par la légende qui la faisait naître de la semence des pendus, lors de l'éjaculation réflexe tombant en terre au pied du gibet. Magiciens-magiciennes de tout poil la préconisèrent autant que les médecins, en particulier salernitains. Racines, fruit et suc de feuilles contiennent plusieurs alcaloïdes, dont atropine et hyoscyamine. Ils entraînent, à dose narcotique, plusieurs mouvements physiologiques, sommeil puis délire euphorique, dilatation pupillaire, chaleur sous-cutanée, etc., sans pour autant, hélas !, faire mouvoir tout seul le membre viril – surtout lors de la phase dépressive secondaire.

• **Le ginseng** pourrait être considéré comme « la mandragore orientale », au moins par la signature de sa racine. Bifurquée à la façon de deux cuisses féminines, elle favoriserait les « sécrétions » vaginales et l'énergie femelle *yin*. Et

Figure 13
La mandragore (variété femelle)

32. Il n'y a pas que les épices qui paraissent meilleurs, venant d'Orient. Les plus laïques-rationalistes de notre intelligentsia française « progressiste » sont toujours prêts à « gober » les dernières révélations sur les merveilleux secrets de la « sagesse orientale », comme si le *tao* ou le *zen* dataient d'hier.

33. Recette d'Arnaud de Villeneuve : une once de clous de girofle dans du lait de brebis ou de vache, chaque matin.

34. Dans des « pilules pour renforcer le coït », Camperosi, *op. cit.*, p. 91.

peut-être, du même coup, l'ardeur masculine permettant de profiter des bonnes dispositions de la partenaire. Ce serait de toute façon un tonique reconstituant. On récolte la plante en Chine, en Corée, au Japon – un peu partout en Orient extrême. On consomme la racine sous forme de pastilles, de vin cordial. De façon très classique, sa bonne réputation est surtout occidentale, la faisant plus apparaître dans les vitrines des pharmacies que dans les traités de médecine exotiques.

• **Le yohimbé**

La résine, la décoction d'écorce de cet arbre africain (Gabon, Moyen-Congo, Cameroun) contiennent un alcaloïde vraiment vaso-dilatateur : la *yohimbine*. Pas de quoi ériger un mât de cocagne, mais assez pour chauffer verge et génitoires. Plaisant effet constaté par les utilisateurs de ce *bois-bander*.

La pharmacopée scientifique a reconnu le pouvoir sympathicolytique de la yohimbine – sans en faire une panacée.

La noix vomique est le fruit d'un autre « bois-bander », le vomiquier des Antilles (*Richeria grandis*). Ses éventuels effets stimulants sont dus *à la strychnine*... à n'utiliser qu'à très petites doses !

• **La cantharide**

Ce beau coléoptère aux élytres d'un vert doré recèle dans ses tissus un redoutable toxique, la *cantharidine*. La bête morte séchée croquée comme une « dragée d'amour », ou broyée en poudre provoque, à faible dose, une hypertonie musculaire lisse du périnée et du petit bassin capable d'amorcer l'érection, voire l'avortement. Les utilisateurs ne s'en tenant pas à ces prémisses se mettent en situation de danger grave. L'érection « médicamenteuse » devient incoercible, réalisant un authentique priapisme, tandis que se développe une non moins authentique néphrite hématurique. L'imprudent pisse le sang puis meurt d'anurie, si sa dose a dépassé les cent milligrammes... Le poète Lucrèce, le roi Charles VI, un prince de Conti en seraient morts. Les grenouilles, par contre, friandes de ces « mouches espagnoles », semblent immunisées contre leur poison, ce qui peut avoir de fâcheuses répercussions sur les gourmands de batraciens [35].

• **Les araignées** auraient pu être « la cantharide du pauvre ». Surtout les bien grosses bien noires bien velues semblant, ici encore, d'autant plus efficaces que plus répugnantes... On sait l'effet « stimulant » des morsures de la tarentule. La légende raconte que certaines femmes, croyant empoisonner leur fâcheux mari en mélangeant des araignées à sa nourriture, n'ont réussi qu'à réveiller ses ardeurs charnelles !

c) Les (dangereux) euphorisants

Ni l'alcool, ni le chanvre indien, ni la cocaïne n'ont jamais fait bander personne par action directe, ponctuelle, immédiate. Ils agissent sur les centres et circuits régulateurs du comportement qui empêchent de « faire des bêtises », et qui sont souvent trop sévères chez les timides, « coincés », inquiets chroniques – la faune typique du zoo freudien.

Mais les gens normaux ne sont jamais dépourvus d'une petite appréhension lorsqu'on leur demande de faire leurs preuves, de franchir une haie comportementale, surtout en situation inédite, ou prévue dangereuse. C'est pourquoi l'humanité, depuis qu'elle connaît la mort, les périls et incertitudes de l'avenir, cherche – désespérément – la « potion magique », l'élixir, le médicament qui permettrait de jouir de l'existence sans craindre le lendemain – ou l'heure qui suit.

L'épreuve de l'érection à fournir fut évidemment de ces examens biologiques que les anxieux, de tout temps, tentèrent de passer « à l'aise » grâce à des « antisèches ». Seuls des tranquillisants, calmant les appréhensions érectives sans entraîner de telles modifications de la physiologie ou du comportement qu'ils empêchassent la copulation, furent alors sollicités et exploités. Ce qui évita de considérer aphrodisiaques certains poisons trop stupéfiants. Le malheur veut que ces premiers euphorisants précoïtaux dont l'humanité, empiriquement, a découvert le pouvoir, font payer leur brève efficacité d'effets nuisibles à distance, mettant en péril l'existence elle-même.

• **L'alcool** est le plus vieux et le plus immédiat des anxiolytiques. Il s'en consomma sous toutes formes à la surface du globe dès que fut trouvé « le truc » de la fermentation éthylique.

La bonne réputation de l'alcool tient évidemment à l'optimisme suscité par les premières gorgées bues. Il est vrai qu'alors certains freins tombent, que certaines appréhensions s'envolent.

En matière amoureuse, la première crainte à estomper est celle de l'échec séducteur. Plus d'un

35. Un camp de la Légion étrangère stationné à la limite du Sahara fit en 1861 la douloureuse expérience d'une « épidémie de priapisme » – heureusement résolutif. Les militaires s'étaient régalés de grenouilles « cantharidées ». *New Scientist*, n° 1750, janvier 1991 – écho in *Le Figaro*, 11 janvier 1991.

qui n'osait, à jeun, aborder l'objet de ses désirs, a puisé dans son verre l'audace nécessaire pour au moins faire connaître son admiration. Comptant, là où les femmes sont autorisées à boire, sur un symétrique relâchement du quant-à-soi. Méthode déjà préconisée par Hippocrate, et désormais répandue en toute contrée civilisée ouverte au commerce des spiritueux, porto, whisky et autres martini-gin. Le coup peut réussir et même, dans la foulée, lever la deuxième inquiétude, la plus mordante, celle des caprices du vit, à condition d'en rester au(x) premier(s) verre(s).

Car très vite l'alcool ne se contente pas de donner aux hommes – et aux femmes, comme dit Cavanna – une haleine en pet de sorcière [36]. Il rend agressif, vindicatif (effet bien connu des chefs de bataillon), puis il endort d'abord la physiologie sexuelle avant l'ensemble de l'organisme. L'érection reste timide ou molle, l'éjaculation tarde à venir, tout particulièrement après les abus de bière. Et à la longue l'alcoolisme chronique entraîne les lésions du foie, des nerfs périphériques, qui rendent définitivement impuissant (avant la mort par cirrhose). Sans oublier les troubles du comportement qui font du buveur invétéré un odieux individu querelleur, violent, jaloux, gâchant toute vie de couple.

On a accusé la femme de l'alcoolique de tous les maux : souillon négligée, geignarde, frigide décatie, coquette frivole, mollassonne dépressive, etc. Elle est beaucoup plus souvent la victime du pochard, ne devant son salut qu'au divorce, là où il est possible. Bel effet d'une boisson réputée virilisante !

• **Le chanvre indien** *(cannabis sativa)* est la plus vieille plante à fumer du Vieux Monde. Originaire (le bon !) d'Inde et d'Iran, il est déjà cité (le *nepenthès)* par Homère. Il parvint au Proche-Orient et en Europe sous deux formes : le bhang [37], fait de feuilles séchées à fumer dans la pipe, et le ganja ou *haschich* : c'est l'*herbe*, provenant des fleurs résineuses de la plante. Celui du Nouveau Monde, la *marijuana*, se fume en cigarettes courtes... le joint, sur lequel on peut tirer à plusieurs, au cours des très classiques « drug-parties ». Avant sa désastreuse diffusion au XXe siècle, il était surtout consommé, à petites doses très coûteuses, par de riches blasés, dandys, amateurs de « satanisme » comme Baudelaire.

Le « hasch » procure une ivresse évoluant en cinq stades : euphorie, phase confusionnelle (troubles visuels, auditifs, comportementaux), phase d'anxiété (excitation mnésique), phase dépressive puis sommeil.

C'est pour les effets de sa première phase narcotique que l'herbe s'est acquis une solide réputation d'aphrodisiaque masculin, mais aussi féminin. En fait, comme l'alcool, elle diminue le tonus nerveux central, régulateur des comportements, qui rend prudent-vigilant avant tout passage à l'acte... en particulier sexuel, et en particulier pervers. D'où l'abandon facile au désir de l'instant, l'érection désinhibée, l'éjaculation retardée grâce à la sourdine sensorielle posée par le stupéfiant sur les récepteurs érogènes. Car il s'agit bien d'un stupéfiant, et non d'un médicament miracle contre l'impuissance et l'éjaculation prématurée.

Le toxique est interdit au commerce, à la culture et à l'importation, en France, depuis le décret 53-241 du 27 mars 1933. Malgré toute campagne lénifiante en faveur de sa mise en vente libre – un des chevaux de bataille des soixante-huitards – il convient de rappeler inlassablement ses dangers. Son effet stupéfiant, coupant à la longue du réel et de ses responsabilités. Sa création d'une dépendance, qui rend progressivement incapable d'envisager la moindre des fornications sans joint préalable. Propitiation quasi rituelle dans ces pays d'Orient où l'on coupe le clitoris des femmes, et où les mâles s'échinent à bander interminablement, dans le vain espoir de tirer « quelque chose » du vagin de leurs épouses mutilées. Effet d'accoutumance, qui fait de cette « drogue douce » non seulement le « compagnon toxique » de l'alcool et du tabac, mais surtout le fourrier des stupéfiants les plus dangereux : ceux qui font préférer leurs effets physiologiques à toute autre gratification charnelle, y compris sexuelle-érotique. Les grand(e)s drogué(e)s ne désirent ni ne jouissent plus guère, mais se vendent éventuellement, surtout les femmes, pour pouvoir acheter leur poison : ce sont ces malheureuses en état de manque qui tournent les scènes de sadisme, et surtout de sodomie, qu'une héroïne de porno « qui se respecte » refuse catégoriquement [38].

Le « hasch », enfin, comme tous les aphrodisiaques, n'assure pas la performance sexuelle à jet continu. L'effet dépressif secondaire se manifeste

36. François Cavanna, *Maria*, *op. cit.*, p. 294.
37. C'est ainsi qu'on le nomme dans *les Mille et une nuits*.
38. Brigitte Lahaye, *Moi la scandaleuse*, *op. cit.*, p. 168. La pétulante actrice se serait-elle donc fait doubler pour une scène de vigoureuse sodomie, dans un porno « classique » évoquant les débauches des années 1930 ?

régulièrement, éteignant l'appétit charnel le temps de retrouver la consommation de croisière. Il n'est pas exclu, de plus, que la marijuana ne soit un facteur d'obturation précoce des artères sexuelles, rendant prématurément impuissants ceux qui en attendaient l'érection sur commande.

Le plus grotesque, dans la gloriole qui entoure le « hasch », est bien l'atmosphère bon-enfant-pacifiste-écolo-marginal-inoffensif à cheveux longs qui entoura longtemps les fumeurs d'herbe chroniques de l'Occident. En Égypte, en Perse, la redoutable secte des *Assassins* (haschichins) fit régner la terreur pendant deux siècles [39]. Ses agents, les *fedayins* (déjà !), devaient leur férocité à l'usage du haschich. Car l'herbe ne lève pas que les barrières morales de la répression sexuelle bourgeoise occidentale, mais aussi celles qui font réfléchir avant de tuer ses congénères « à froid ». Ces braves amateurs de paradis artificiels se chargeaient d'expédier leurs ennemis, par l'assassinat politique, au paradis d'Allah. Douce drogue !

d) Les aphrodisiaques minéraux

On a vu que l'effet stimulant du phosphore, stimulation éventuellement sexuelle, fut constaté, de façon empirique, par ces aliments, cervelles, animaux marins, qui en contiennent. Il fallut attendre la chimie organique pour l'y découvrir.

Il fallut attendre l'ère industrielle pour que la chimie mette en circulation la cocaïne, le LSD et autres saloperies – comme les anodines « piqûres d'amour » au calcium. Aux ères artisanales fut parfois utilisée une « poudre à faire bander ». Elle était prélevée sur les pierres phalliques naturelles, ou sculptées. On racla de telles roches en France, par exemple la pierre de Namary, à Vonnais (Ain [40]). Bien d'autres pierres fourniront aussi de la « poudre magique », mais à l'usage des femmes stériles – on en reparlera. À défaut de faire du bien, ce calcium des plus naturels ne semble guère avoir fait de mal.

LES MOYENS EXTERNES

De la confection des parfums ou amulettes à l'usage agressif du couteau, les hommes ne se sont pas torturé que l'imagination, mais parfois aussi le corps, pour éviter ou guérir la honteuse débandade.

1. Les parfums corporels

La nature a agencé de façon simple le pouvoir des *phérormones* [41]. Ces produits volatils sont émis par telle ou telle partie du corps pour frapper l'odorat du (de la) congénère, et stimuler tel ou tel comportement. En ce qui concerne le comportement sexuel, on sait les prouesses dont sont capables les bombyx femelles « en amour », attirant les mâles qui les reniflent à des kilomètres... Bien que leur organe de Jacobson (on en reparlera) ne soit plus guère fonctionnel, l'homme – et la femme – conservent une narine efficace et influente. Bien qu'ils – et elles – ne produisent pas de phérormones proprement dites, les émanations corporelles de chacun, de chacune conservent ainsi un indéniable pouvoir attractif – ou répulsif.

En matière d'émoustillement érotique les stimuli olfactifs doivent, selon l'imparable loi éthologique de la *séquence comportementale*, intervenir *au bon moment*. Lors des premières approches corporelles, c'est *l'émanation globale*, celle que l'on respire autour du (de la partenaire), celle de l'ensemble de la peau et de ses produits, celle de l'haleine, qui rend stimulante l'odeur de femme (l'odeur d'homme). Il faut que les manœuvres conduisant à l'étreinte soient bien engagées pour que la perception précise des odeurs génitales, gland, bourses, vulve et vagin, joue son rôle *captivant* (sur l'attention sensorielle) et *opérant* (sur la physiologie).

Le programme comportemental bien agencé, dans le déroulement d'une étreinte normale entre partenaires normaux, engrène les gestes et la physiologie de façon harmonieuse : quand on en est à se respirer l'entrecuisse, chacun-chacune est déjà dans l'état d'excitation organique et de réceptivité qui rend délectables et agissants les arômes sexuels du (de la) partenaire. *Aucun parfum artificiel ne peut avoir, à ce moment de la gestique amoureuse, l'efficacité « aphrodisiaque »* [42] *des odeurs naturelles, normalement produites par des organes normaux*. Voilà pourquoi il faut répéter inlassablement que *le meilleur aphrodisiaque, c'est la bonne santé*. Ce vieux misogyne de

39. Les XIIe et XIIIe de l'ère chrétienne.
40. Marcireau, *op. cit.*, p. 32.
41. De grâce, n'utilisons jamais l'odieux yanki « phéromone ».
42. « Qui a la propriété d'exciter aux plaisirs de l'amour », *Littré*, 1.

Martial avait raison lorsqu'il disait : « *mulier recte olet, ubi nihil olet* », en clair : « la femme ne sent jamais aussi bon que lorsqu'elle sent... la femme ». Voilà aussi pourquoi l'odeur du sperme n'a jamais provoqué la moindre intumescence masculine [43] ou féminine, puisque sa perception se situe normalement dans l'« après-coup », programme coïtal achevé, lorsque l'excitation a été apaisée.

Malheureusement pour ceux qui ont de la peine à se « mettre en train », le reniflement *ex abrupto* des baumes vulvaires, surtout par une narine « angoissée » par la crainte de l'échec, n'a aucune chance de mettre en route l'érection sur commande. Perçus trop tôt, avant le déclenchement des premières modifications physiologiques de la réaction sexuelle, les arômes d'entrecuisse sont proprement *intempestifs*, déplacés – inconvenants – ou alors franchement provocants, ce qui peut avoir son charme, sur un homme « sans problèmes » [44]. Voilà pourquoi on ne risque guère de trouver dans le commerce « Ma choune » de chez Guerlain, ou « Clitoris » de chez Lancôme – sinon peut-être, un jour, pour remédier à la carence odorifère, chez celles que la privation hormonale a dépouillées de leur fragrance femelle...

De tout temps, les femmes ont su que ce n'est pas ce genre d'odeurs... directes qu'il faut utiliser pour susciter le désir masculin, commettant même parfois l'odieuse ineptie de « désodoriser » vulve et vagin dont on leur a tellement dit – dans la vie courante – que l'émanation est « perturbante ». Elles ont par contre sollicité toutes sortes de parfums pour accroître leur présence olfactive « globale ». Avec un double but : masquer, aux époques d'hygiène rudimentaire, des remugles corporels pas toujours suaves, et surtout, maintenant encore, *marquer d'une touche olfactive personnelle* l'atmosphère que l'on respire autour d'elles (c'est *Ma griffe*, mon *Empreinte*, etc.). Ceci fait le succès physiologique du parfum... favori sur le partenaire... favori, selon les lois simples de la facilitation comportementale.

Une fois attirée l'« attention érotique » d'un homme normal par une émanation alléchante, le passage à la suite du programme, le franchissement de cette haie comportementale invisible (!) qui fait passer des occupations de la vie « sociale » à l'intimité du corps à corps sexuel s'effectue selon l'enchaînement normal. On sait alors, au cours d'une primo-séduction, combien grisante est la perception, à son heure, des senteurs « intimes » enfin livrées, odeurs secrètes des organes qu'on ne laisse pas renifler de près par n'importe qui... Ce qui n'enlève rien au pouvoir excitant *et sécurisant* des arômes sexuels du (de la) partenaire bien éprouvé(e). Et quelle frustration lorsque le rhinencéphale du solliciteur ne peut se mettre sous... la dent que des odeurs de savonnette, voire de désinfectants...

Le problème se pose différemment lorsqu'il faut remédier aux pannes non seulement du désir, mais aussi de l'organe viril. Pour faire franchir à un homme « qui ne demande que ça » la haie physiologique entre la flaccidité et l'érection solide, grâce à l'entrée dans les fosses nasales d'une senteur « magique ». La « bonne phérormone » serait alors celle qui permettrait d'induire la physiologie érective à partir de l'état de repos... angoissé.

Le musc a longtemps eu cette réputation de « sésame ouvre-toi ». Ne serait-ce que par sa provenance de glandes péri-génitales de caprins cornus (signature diabolique !). Outre le chevrotain « signé » (*moschus moschiferus*) de nombreux petits mammifères, de la civette au... putois produisent la cétone utilisée en parfumerie. Elle servit de base à de nombreux parfums, et encore maintenant, quoiqu'on utilise une cétone synthétique. Leur porteuse s'entoure d'une aura indiscutablement sensuelle, sinon immédiatement bandative...

C'est évidemment *porté par l'homme inquiet*, se méfiant de sa virilité comme il redoute la moquerie femelle, que le parfum musqué fut sollicité comme remède. À défaut d'être directement efficace, il peut jouer un classique rôle sécurisant. Les hommes s'en enduisirent hardiment, depuis l'Antiquité, et surtout en Orient, là où l'on se méfie des femmes, là où le parfum masculin traditionnel n'est pas le propre des pédés. Mais nos muscadins n'y répugnaient pas, quand nos contemporains (plus sûrs d'eux ?) préfèrent les moins lourds effluves de « viriles » eaux de toilette... Avec le but manifesté, cette fois – et enfin – de susciter les ardeurs féminines.

---

43. Sauf pour les classiques pervers atteints du « vice du soupeur ».

44. Exemple littéraire « classique » et peut-être autobiographique dans *Un rêve américain* de Norman Mailer : une femme (la bonne) surprise par un homme (son patron) pendant qu'elle se masturbait lui met sous le nez les doigts parfumés de sa main active, *op. cit.*, p. 52-53.

2. Les talismans

Ces objets à porter sur soi relèvent de la magie sympathique. Il est difficile, en effet, de se promener avec vit d'âne, ou de bouc, embaumé-naturalisé, pendant au cou ou à la ceinture. Peut-être le *nerf de bœuf*, tressé avec les trois corps érectiles de l'animal, conférait-il à son porteur, outre le pouvoir dominateur de châtier, quelque assurance sur sa puissance virile. Quant aux bibelots phalliques si prisés de nos antiques, leur pouvoir propitiatoire était manifestement moins sollicité que leur rôle d'amulette porte-bonheur.

Le talisman « garant d'érection » est un classique grigri ; une (des) dent(s) de crocodile (celles du lion procurant plutôt la bravoure au combat) ; un cœur de corneille mâle naturalisé [45], porté sur la poitrine. Et probablement n'importe quel objet éventuellement en peau de zébie, sur lequel sorcier-sorcière aura prononcé l'incantation rituelle.

Le bon saint Éloi pestera contre ces pratiques idolâtres.

3. Les applications locales

Après la potion ou le parfum à faire bander, la pommade bandative est le rêve de tout homme en difficulté. C'est ainsi que certains, reculant devant le cruel sinapisme, ont quand même recouru à la *friction d'orties*, au pouvoir congestif bien connu ; dans l'espoir que le gonflement cutané se transmettrait aux organes « moteurs » du membre viril. L'*onguent* est moins brutal. L'onction, comme l'urtication, peut aussi se pratiquer *sur les reins*. Avant de s'être appris l'éthologie, les humains avaient reconnu l'impatience musculaire qui fait mouvoir la charnière ; pour obéir au tonus de la programmation motrice du coït. Ils localisèrent dans les lombes, au moins masculines [46], le siège du désir charnel, et pensèrent pouvoir agir *in situ*.

Les baumes proposés ne sont rien moins que plaisants. On y retrouve les productions animales déjà proposées en potions ou remèdes solides, qui pouvaient rebuter le consommateur, et les mêmes animaux : le bouc, l'âne, le porc, le sanglier. On emploie leur fiel, leur graisse... au moins utiles comme lubrifiant, et aussi leur moelle osseuse, lubrifiant et semble-sperme propitiatoire.

Si l'érection obtenue était assez solide, elle permettait l'introduction dans le vagin, à son tour généreusement enduit de ces produits fort goûteux... Ils avaient même la réputation supplémentaire de rendre la femme amoureuse ! Il est vrai qu'aux ères d'hygiène rudimentaire, fellation, cunnilinctus et... bains de siège n'étaient guère pratiques courantes.

4. Les eaux et boues thermales

Bouillonnantes et chaudes, certaines sources ont pu faire penser qu'elles étaient une éjaculation tellurique, le sperme des Dieux fécondants. Assurément le bain tiède a toujours favorisé l'épanouissement des organes génitaux externes, complice de la masturbation des adolescents, faisant agréablement flotter les nymphes vulvaires, escamotant charitablement l'émission spermatique solitaire, et prédisposant à l'accouplement les grandes personnes [47]. Parmi les pouvoirs prêtés à ces jaillissements celui de favoriser la virilité – et aussi, comme d'habitude, la fécondité féminine – fut largement sollicité en usage externe ou interne, bains, ablutions, douches, irrigations ou potion.

Toute terre volcanique a donc vu d'innombrables pélerins plonger dans ses eaux chaudes, et même quand elles sentaient le soufre. Le plus souvent, au début, hommes et femmes mêlés, ce qui ne pouvait qu'inciter aux rapprochements charnels.

En Occident les sources les plus fréquentées se situent dans le Massif Central français, et en Italie campanienne. On y accrocha de nombreux *ex-voto* phalliques, souhaits ou remerciements.

Selon le principe qui veut que plus le remède est répugnant plus il est efficace pour favoriser le plaisir, les *bains de boue* furent ici particulièrement prisés. La fange chaude réputée curative fut probablement à l'origine de la pratique des bains de pieds dans les excréments animaux frais émis – tout particulièrement *la bouse de vache* – dans l'espoir que la chaleur des pieds remonterait jusqu'au bas-ventre engourdi...

45. Le cœur de femelle est censé rendre la femme plus amoureuse.

46. Le siège du désir féminin était plutôt situé dans l'ombilic. Cette notion erronée correspondait aux conceptions sexologiques du Moyen Âge.

47. Par contre la réputation de la fornication dans le bain est très surfaite, l'eau pénétrant avec la verge dans le vagin dilue la mouillure physiologique, et rend râpeuse la friction réciproque.

5. Les rites magiques

Etablissant un lien secret, mais connu des initiés, entre les phénomènes les plus divers, la magie n'a pas manqué d'attribuer les maladies à des malveillances directes – les faveurs provenant d'interventions bienveillantes. Interventions des volontés humaines occultes, ou d'entités supra-humaines : tout ce qui peuple le panthéon des systèmes ésotériques, animistes, religieux, etc.

Obsédé du démonisme, le Moyen Âge chrétien croira aux sornettes de la nouure d'aiguillette et prescrira moult remèdes contre ce maléfice – on en reparle *infra*. Les cultures rudimentaires se sont préoccupées, elles aussi, de lever les empêchements attribués aux sorciers et jeteux de sort hostiles. Mais leurs cérémonies semblent plutôt préoccupées de se concilier les « bons esprits », pour fortifier les virilités défaillantes ou menacées.

Les momeries sont les mêmes depuis les débuts de l'humanité. En lieu clos, secret, ou en plein air à la nuit tombée, le(s) plaignant(s) sollicite(nt) la grâce, ici bandative, des esprits, démons, dieux, etc., par l'intermédiaire d'un(e) officiant(e). Prêtre, chamane, sorcier-sorcière, magicien-magicienne agissent tantôt seuls, tantôt en présence du (des) demandeur(s). Pour brûler des herbes odoriférantes, pour psalmodier-fredonner des comptines incantatoires, pour effectuer des élévations de mains, courbettes, prosternations, pas de danse réputés propitiatoires, pour sacrifier, par la flamme ou par le couteau, végétaux ou animaux offerts en paiement du service escompté – c'est le *commerce mystique* sous sa forme élémentaire.

Afin de bien indiquer le but de la manœuvre, l'officiant et éventuellement le(s) participant(s) peuvent s'affubler le bas-ventre d'un phallus artificiel *(figure 14)*, pendant-ballotant ou orgueilleusement pointé vers le ciel.

Selon les phénomènes nerveux bien connus de l'hypnose et des transports collectifs, la cérémonie peut durer assez longtemps, au son des psalmodies et des percussions lancinantes, pour entraîner des états de transe, agitation de la tête et des membres, grincements de dents, pleurs, cris, écume aux lèvres, etc.

De telles implorations n'ont guère marqué les rites monothéistes, mais elles se déroulèrent partout ailleurs. Il n'est pas exclu que l'homme dansant à l'énorme phallus postiche ne soit déjà en train d'intercéder pour la virilité du groupe... ou la sienne. Les *Maîtres fous* filmés en 1958 par Jean Rouch montrent une de ces cérémonies propitiatoires pratiquées dans toute l'Afrique noire, avec guérison miraculeuse d'un impuissant. Et encore de nos jours il ne manque ni de noirs ni de blancs pour s'asperger du sang rouge d'un coq, rouler des yeux blancs et baver dans les messes (noires) du vaudou. Plus d'un en attend la libération de ses « complexes » – de ses inquiétudes quant au sexe. Évidemment sans résultat garanti.

6. Les rites sanglants

Pour clarifier le débat, il faut dire avec fermeté que la circoncision rituelle, la posthectomie totale systématique des nouveau-nés, nourrissons, jeunes garçons normaux est *une injustifiable agression physique*. Coups et blessures sur mineurs devant être interdits et sanctionnés par la loi. Comme les mutilations sexuelles féminines. Malgré toutes les légitimations controuvées *a posteriori*, pour excuser cette atteinte à l'intégrité corporelle d'humains sans défense. Mais il s'agit d'une de ces erreurs culturelles, encore largement répandues de nos jours, qui sont des plus difficiles à combattre puisque fondées sur la culpabilisation métaphysique. Comme les têtes de l'hydre de Lerne, et jusqu'à la sexologie contemporaine, les rationalisations de cette pratique magique-ésotérique repoussent de siècle en siècle, et je m'attacherai fermement à les démentir pour respecter l'intégrité corporelle d'innocents garçonnets.

Le *primum movens* de la circoncision est pourtant tout simple. Le mécanisme implacable de la culpabilisation métaphysique exige que les humains se fassent pardonner par les esprits, les

Figure 14
Phallus artificiel de cérémonie. Ti-n-Lalan (Fezzan)

dieux, etc. (toujours les mêmes) les agréments « immérités » de leur courte existence terrestre. Les esprits sont jaloux, et si on ne leur demande pas la permission de bien manger, bien boire, bien baiser, bien profiter de ses dons et de ses richesses, ils se vengeront. Tôt ou tard. Sur terre ou après la mort : l'esprit de l'orgueilleux se réincarnera dans une bête immonde, se transformera en fantôme geignard et cruel, sera persécuté en Enfer, etc. En *sacrifiant* un petit morceau de son sexe sensible et fragile, en lui infligeant la douleur, en le faisant saigner, *on achète le droit de s'en servir*.

N'est-il donc pas charitable de couper les petits garçons ? Soit tout juste nés, et quasi-inconscients, soit encore trop jeunes pour bien savoir à quoi sert le sexe, et pour connaître le plaisir qu'il éprouve dans l'accouplement ? Une bonne chose de faite, *comme la vaccination*. Quand ils seront grands, ils ne s'en rappelleront plus et diront, bien sûr, merci ! Et s'ils s'en souviennent, tranchés à 7-10 ans, cela les rappellera au devoir d'obéissance envers les aînés. Puis ils deviendront eux-mêmes les porteurs de couteau, pour donner aux jeunes une bonne leçon avant de les admettre dans la confrérie des Grands, des Hommes, des Circoncis.

Mutilation d'origine typiquement africaine, l'ablation systématique du prépuce n'a jamais touché les Asiatiques ni les Amérindiens. Si elle s'est répandue en Occident, c'est par le biais du monothéisme biblique – on en reparle *infra*. Mais elle est manifestement née sur les rives du Niger et du Congo, avant de gagner le Nil et la Palestine.

Dans cette Afrique subsaharienne, les petits sont coupés entre 5 et 8 ans. Dans l'allégresse d'une fête d'Initiation, après qu'on leur ait bourré le crâne avec les légendes de la tribu. Le couteau est manipulé par un professionnel, de préférence un forgeron. Un coup hardi en travers de la peau qui dépasse, ou des incisions plus ou moins « artistiques » épluchent le malheureux repli. Ça fait mal. Ça saigne. Ça met deux ou trois semaines à cicatriser, si l'infection ne s'en mêle pas. Et voilà le petit devenu un homme. Car les enragés coupeurs de prépuce arguent ici de deux justifications « subtiles ». Deux gros mensonges.

• **Premier gros mensonge : les humains viennent au monde pas tout à fait fille ou garçon.**

Ils posséderaient « quelque chose » de l'autre sexe, la fille un clitoris, le garçon un prépuce, organes « parasitaires » qui singent l'un la verge, l'autre le vagin... Grotesque ineptie de la « bisexualité native », qui devient une horreur quand on l'applique aux femmes. Et pourtant cette billevesée qui ferait de tout être humain une créature bisexuelle, cette théorie de savants Cosinus alimente et les spéculations du taoïsme, et les élucubrations du freudisme – qui nous infectent encore.

Les hommes et les femmes, comme les autres mammifères, sont mâles ou femelles, de l'intimité chromosomique du noyau de chacune de leurs cellules jusqu'à la texture de leur peau, de la racine de leurs cheveux jusqu'à leurs orteils [48]. Les intersexuels sont des ratés et tout ce qu'ils demandent *c'est de regagner un sexe où ils puissent se sentir ancrés à l'aise*. Oui, il reste quelques bribes résiduelles abandonnées par la sexuation anatomique de l'embryon. Elles ne sont pas où l'imaginent les imbéciles.

On reparlera des filles, et de leurs malheurs africains. Chez l'homme, les reliquats sont bien cachés : les minuscules petites lentilles des hydatides, dans les bourses, devant la tête de l'épididyme, et le minuscule utricule dissimulé dans la prostate. Faut-il les enlever, pour fabriquer des hommes parfaits, au prix d'interventions chirurgicales inaccessibles aux sauvages ? Ridicule, mon cher Watson.

Quant au prépuce, il n'a rien d'un vagin égaré sur le sexe masculin. C'est un constituant normal de la morphologie virile, grâce auquel le gland au repos ressemble vraiment à un gland, sa base à demi-cachée par sa cupule. Qui l'enlève mutile l'homme d'une formation biologique normale et utile. Malheureusement cette utilité relève de la fonction érotique. Qui défend l'intégrité préputiale se fera taxer, au choix, d'immoralité, de crasse, de criminelle négligence, d'antisémitisme ou de racisme culturel. Le plus souvent par des phallocrates privés d'une partie de leur masculinité, ne connaissant donc pas par eux-mêmes les avantages de cette coulisse naturelle.

• **Deuxième gros mensonge : le prépuce gêne l'érection.**

Quand on l'enlève, on dégage bien le gland qui n'a plus d'obstacle à traverser quand la verge s'allonge... Il est vrai qu'à partir d'un certain degré d'érection l'augmentation de longueur des organes érectiles fait pointer le gland hors du prépuce. Ce mouvement physiologique, ce *décalottage* s'effectue spontanément et *sans la moindre difficulté* chez l'homme normal dont le prépuce coulisse normalement... il n'y pense même pas ! Mais

48. Cf. l'*Abrégé de sexologie*.

comme l'émergence du gland hors du fourreau des hommes entiers indique la disponibilité coïtale de la verge érigée, le circoncis pourrait passer pour un « super-mâle » : la pointe de son sexe est « toujours prête », toujours décalottée [49], dégagée de toute bride, il doit donc bander mieux que les autres... La ridicule mutilation devient ainsi *un geste préventif de l'impuissance !, et même, dans la foulée, de l'éjaculation prématurée...*

Oui, quelques jeunes garçons sont gênés par le phimosis, qui resserre le prépuce et empêche de décalotter facilement. Malformation bénigne qu'il est facile de prévenir par des décalottages précoces, facile de traiter par une plastie cutanée de chirurgie élémentaire *(figure 15). Idem* du frein trop court, qu'on sait inciser depuis très longtemps. Nul ne devrait parvenir à la fin de la puberté encore porteur de son phimosis. *Et qu'on ne parle surtout pas d'hygiène !*

Quand on pense à tout le cérémonial de l'hygiène dentaire des civilisés, l'eau courante chaude et froide, la brosse à dents perfectionnée aseptisée, le dentifrice aux composants vantés par de convaincants biologistes médiatisés, le « waterpic » fortifiant les gencives, les lotions dentaires aux effets thérapeutiques miraculeux contre le tartre ou les caries, le tout inséré dans les rites de toilettage, avec un shampooing spécial pour les cheveux, un savon sophistiqué quasi pour chaque partie du corps, un tampon monté pour nettoyer les oreilles, enfin les produits odoriférants appliqués « en dernière touche », et je ne parle que des hommes, il y a de quoi s'esclaffer quand certains de ces civilisés admettent, voire recommandent la circoncision *au nom de l'hygiène*. Alors qu'un prépuce bien normal bien coulissant se nettoie en quelques secondes (quelle perte de temps !), entre deux doigts savonnés ôtant quotidiennement le sebum excédentaire de la couronne du gland. Alors que la mutilation est née sur les rives de grands fleuves, là où l'on ne manque pas d'eau.

Le prépuce n'est pas une erreur de la nature. Il protège le gland des petits contre le contact urineux des langes, et s'ils souffrent parfois de balanites à colibacilles – bien rarement compliquées d'infection urinaire ascendante – c'est qu'on les a laissé contaminer par des germes étrangers à la famille [50]. Le repli montre plus tard son utilité *en favorisant la physiologie érective*. Au rebours donc des reproches qu'on lui adresse. *Le coulissement du prépuce sur le gland est le plus efficace moyen d'exciter manuellement la seule zone orgasmogène masculine*. Pour conforter une érection naissante, puis ensuite la soutenir, éventuellement jusqu'à l'orgasme, s'il s'agit d'une masturbation.

Bien sûr, la masturbation est utile : pour roder le circuit orgasmique des immatures, pour consoler les trop vilains – trop seuls –, pour soulager celui dont la partenaire est indisponible du vagin... ou si elle a envie de s'amuser. Bien sûr, il faut soutenir l'érection. Pendant les préludes, lorsqu'il faut caresser-chauffer la femme et l'amener, très habituellement, à l'orgasme clitoridien préliminaire. Les stimulations manuelles sont alors bilatérales et symétriques, la verge conservant son volume avantageux sous l'effet des flatteries de la femme. Le prépuce montre ici, très précisément, son rôle bienveillant et irremplaçable : *il est l'intermédiaire naturel de la tendresse érotique de la femme.*

Contrairement à une autre fable « légitimante », la circoncision ne supprime pas le plaisir solitaire, elle rend seulement sa pratique moins commode ; comme elle rendra moins aisée, plus tard, la stimulation érogène par « la main d'une autre ». Les petits circoncis se masturbent autant que les garçons entiers, pressant le gland entre les doigts ou entre les cuisses, au lieu d'exercer le très pratique très spontané mouvement de va et vient antéro-postérieur connu de tous ceux qui ont conservé leur prépuce.

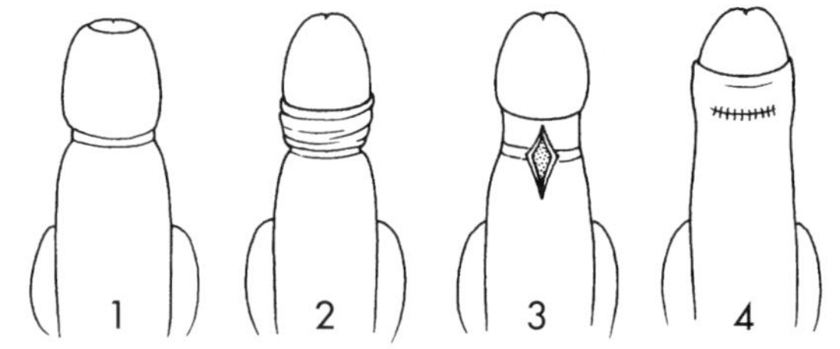

1 : Traction vers l'arrière de l'anneau de striction
2 : Dégagement complet du gland et des éventuelles adhérences
3 : Incision longitudinale de l'anneau cutané
4 : Suture transversale, permettant le libre coulissement du repli

Figure 15
Plastie de prépuce pour phimosis

---

49. Est-ce pour compenser son décalottage rituel de la verge que le bon juif orthodoxe doit toujours garder une calotte sur le crâne ?
50. Cf. Winberg et coll. : *The prepuce, a mistake of nature ?, article cité.*

Et devenus grands, les circoncis ne peuvent mettre « sous la main » de leurs partenaires la coulisse naturelle qui permet de caresser le gland sous un repli bien lubrifié par ses glandes sébacées. Elles doivent exercer des frictions précautionneuses, voire enduire de salive la paume de la main agissante, quand « on se connaît bien ». Encore faut-il qu'elles aient l'envie, le loisir, voire l'autorisation de toucher le gland masculin.

Les pays de circoncision rituelle sont de ceux où les préludes sont d'autant moins pratiqués que la clitoridectomie évite de se fatiguer à caresser la femme avant de l'enfiler. Ils sont aussi de ceux où la femme peut être interdite d'attouchements sur les parties sexuelles masculines (*Deutéronome* XXV, 14 – on en reparle *infra*). Dès la verge raidie, on l'introduit (si besoin salivée !), on l'agite et on éjacule. *Au plus tôt.*

Il faut détruire la fable selon laquelle la circoncision, laissant toujours à l'air la peau du gland, l'oblige à produire une couche cornée protectrice des contacts, et par là même préventive de l'éjaculation prématurée. C'est une ineptie physiologique, parfaitement démentie par la sexologie scientifique contemporaine. Avant la diffusion de « la pilule », et la possibilité d'expérimenter la pratique coïtale avant le mariage, *LA grande maladie érotique des jeunes américains circoncis était justement cette désastreuse éjaculation prématurée.* Parce qu'ils s'étaient trop livrés au petting et qu'ils succombaient à l'excès de bonheur, enfin introduits dans le vagin conjugal. D'ailleurs Kinsey les disculpa, les traitant de mâles « les plus rapides », donc les plus adaptés... Masters et Johnson eurent ainsi des dizaines et des dizaines de clients circoncis, de tous âges, à rééduquer. La mutilation n'avait pas eu d'effet « vaccinant ». Inutile donc de se faire circoncire pour devenir un champion de la retenue orgasmique, bander des heures sans éjaculer, et combler inlassablement les exigences vaginales des partenaires les plus goulues...

L'éjaculation prématurée est d'ailleurs la moindre hantise des afro-orientaux, en contrée de mutilations féminines. Si quelques-uns fument du hasch pour bander longtemps et faire durer le coït, comme les Occidentaux, la plupart des autres se soucie aussi peu de l'orgasme vaginal que de l'orgasme clitoridien... Ils se préoccupent plutôt de prouver leur valeur virile en éjaculant plusieurs fois de suite, et dans les meilleurs délais : la circoncision ne les a pas aguerris contre la perte rapide de semence. Par contre *la mauvaise habitude des orgasmes répétés se paye un jour ou l'autre de troubles fonctionnels de l'érection.*

*
* *

Loin de prévenir contre les empêtrements masculins, la circoncision est donc une occasion de gêne dans l'exercice de la fonction érotique, et pas seulement des Occidentaux « raffinés décadents amollis ». Qu'on ne parle pas ici de couleur de peau, qui rendrait l'ablation du prépuce inutile chez les blancs ou les jaunes, mais opportune chez les noirs. On retrouvera ce curieux racisme à l'envers, fondé sur une mythique nature humaine différente, soutenu par les tiers-mondistes, à l'occasion des mutilations sexuelles féminines. Les plus noirs des prépuces n'ont jamais gêné des millions d'Hindous, d'Antillais, de Brésiliens demeurés entiers, pour leur plus grand agrément, et celui de leurs partenaires.

La peine de sexe du couteau mutilant le prépuce demeure ainsi une souffrance bien inutile et bien imméritée, sur des bambins qui n'ont rien demandé, et dont on pourrait peut-être attendre la majorité légale pour leur proposer l'amputation...

Mais il y eut, il y a encore pire, ici et là. On peut peler complètement le fourreau, qui met des mois à se ré-épithélialiser. On peut fendre l'urètre du méat jusqu'à la racine des bourses, gâterie infligée vers 12-14 ans chez les aborigènes australiens : c'est le *mica*, qui donne à la verge érigée un aspect spatulé aplati élargi des plus disgracieux. On peut arracher un testicule [51]. On peut, comble du ridicule, exciser les mamelons des petits garçons [52] pour qu'ils soient vraiment des hommes... des fois qu'ils développent des seins de nourrice !

Et il y a encore des niais pour évoquer avec envie et nostalgie, dans les conversations mondaines, la libre, fraîche et joyeuse sexualité des primitifs...

51. Ethnies Bedjas, Sidamas, Zindjers, Cafres, etc. Cf. Marcireau, *op. cit.*, p. 206.
52. Ethnie djandjéro d'Éthiopie.

CHAPITRE 2

LES PREMIERS ÉCRIVANTS

Du jour où l'homme a pu transmettre sa parole par un document symbolique survivant à sa présence, et donc à sa mort, document transportable et reproductible, la culture franchit le pas décisif qui permit l'éclosion de la science. La médecine, la vraie, est née avec l'écriture. En commençant, bien sûr, par balbutier, après des millénaires de charlatanisme et d'improvisation empirique.

LES PIONNIERS DU STYLE

À un ou deux siècles de distance, plus de 3 000 ans avant la naissance du palestinien Jésus, deux systèmes d'écriture naissent dans deux civilisations bien différentes.

Vers – 3300, les premiers pictogrammes apparaissent en basse Mésopotamie [1]. Se perfectionnant en cinq siècles l'écriture sumérienne devient cunéiforme. Gros succès et grosse diffusion, par le commerce moyen-oriental, et bien sûr par les joyeuses guerres que se livrent les hardies nations de l'entre-deux-mers (Méditerranée-Golfe persique).

Vers – 3100, les riverains du Nil se mettent eux aussi à faire des dessins signifiants, et de plus en plus abstraits au cours des siècles suivants. Ils ne réussissent guère à diffuser leurs hiéroglyphes compliqués au delà de leur vallée, ce qui contrariera l'expansion de leur civilisation, pourtant la plus brillante de l'époque lorsqu'elle est née puis s'épanouit.

*
* *

Qui nous contera jamais les peines de sexe des Chaldéens, Babyloniens, Hittites et autres Phéniciens ? On peut tout juste constater que leurs divinités sont fortement sexuées ; et dans les deux sens. C'est bien ce que leur reprocheront les prophètes d'Israël.

Nous n'avons guère d'effigies de Mardouk, le Dieu Soleil, réputé bénin. L'ogre Baal Moloch, par contre, n'est guère avenant, mais c'est un sacré mâle, surtout statufié avec un phallus entre les dents. Ce membre serait symbole d'énergie vitale, et il passerait par la bouche pour nourrir le cerveau [2].

Bel anoblissement des forces instinctuelles. Quant à la Grande Déesse, elle y sera honorée avec autant de dévotion pendant des millénaires.

Astarté, Astaroth, Istar *(figure 16)* règne sur la nature belle et diverse, astres, mers [3], fleuves,

1. Aujourd'hui immergé dans le Golfe persique depuis la fonte des derniers grands glaciers, le prolongement de cette Basse-Mésopotamie, entre Tigre et Euphrate, serait, pour certains, le fameux et paisible "Paradis Terrestre". Cf. Reichholf, *op. cit.*, p. 323 sqq.

2. Très freudienne orogénitalité cannibale alimentant la psycho-sexualité inconsciente préœdipienne.

3. Premier exemple historique d'assimilation femme-mer, qui s'épanouira dans la Grèce antique. Les particularités anatomiques et surtout olfactives de la vulve y sont pour beaucoup. Cf. Camperosi, *op. cit.*, p. 111.

Figure 16
Diane d'Ephèse. Hellénisation de la Grande Déesse. Sa poitrine s'orne non de seins multiples, mais de bourses de taureaux châtrés

arbres et fleurs, animaux de toutes sortes, dont le bénéfique serpent. Elle sanctifie et fertilise le monde visible, et serait vraiment une Bonne Mère si elle n'avait pas un côté fort inquiétant, MLF-SCUM [4] châtreuse d'hommes. Ses prêtres devaient, en effet, sacrifier leurs génitoires – sinon leur membre. Très cruelle peine de sexe. Infligée par le Grand-Prêtre, ou par l'intéressé lui-même, au cours des tournées de recrutement organisées par le clergé – et qui scandalisèrent tant les vertueux Romains classiques. Que ces malheureux aient survécu à leur affreuse blessure montre qu'à cette époque, à défaut de savoir pratiquer l'hémostase précise des pédicules vasculaires, il était possible d'obtenir la fermeture puis la cicatrisation de plaies très hémorragiques.

Leur mutilation empêchait assurément les religieux de consommer les fameuses prostituées « sacrées » hébergées dans le temple. C'étaient en fait d'honnêtes campagnardes qui, avant de se marier, se constituaient un petit pécule. Il leur permettait d'acheter leur trousseau... Heureux temps d'avant les MST ! Non moins respectables, certaines matrones locales, ferventes (!) sectatrices d'Astarté, se consacraient à l'initiation amoureuse des adolescents. On retrouva des figurines représentant leur « ministère » *(figure 17)*.

Ne reniant pas la très probable métaphysique « bisexuelle » des paléolithiques, ces proche-orientaux avaient le mérite d'honorer la condition bipartite de notre espèce, mâle et femelle ; dans leurs dieux, leurs sanctuaires, et même dans leur écriture. L'homme y était représenté par le triangle à pointe supérieure de son sexe dressé, la femme par le triangle à pointe inférieure de sa vulve antérieure – velue – très durable symbole féminin. Les deux peuvent se combiner pour une figure « parfaite », le *sceau de Salomon (figure 18)*. Très égalitaire étoile de David, et très paradoxale chez les très puritains patriarches d'Israël.

4. *Society for cutting up men*, fondée dans les sixties par la virulente féministe américaine Valérie Solanas.

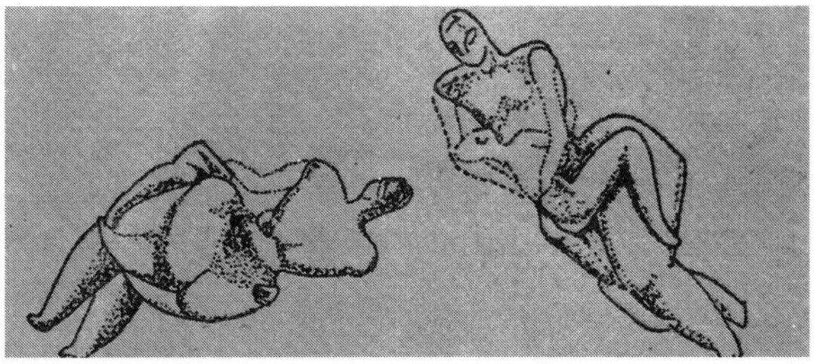

Figure 17
La matrone initiatrice d'Hadjilar

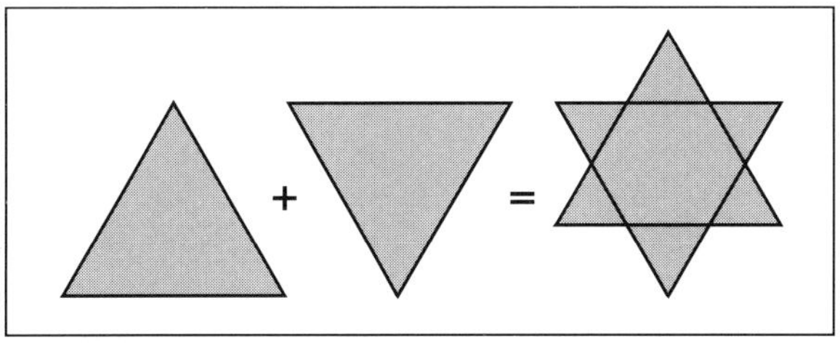

Figure 18
Le sceau de Salomon

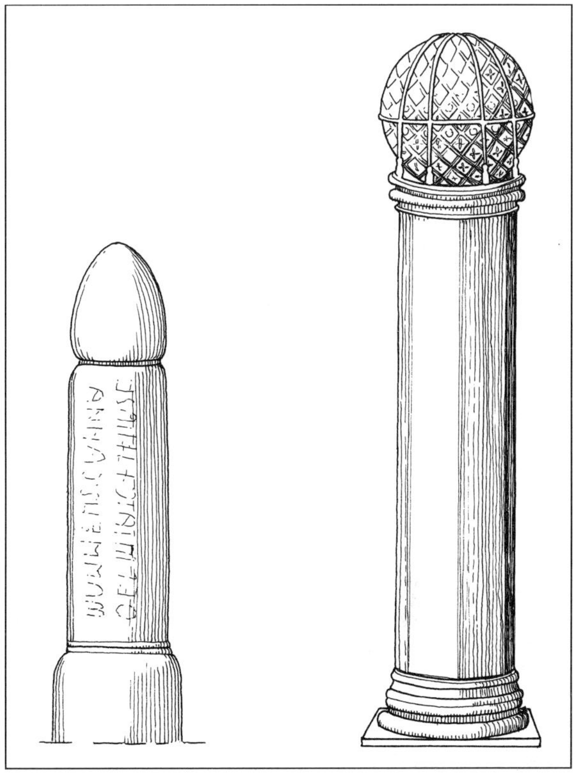

Figure 19
Piliers phalliques, romain et hébreu

Les plus anciens – les plus simples – sanctuaires régionaux, de l'Anatolie à Our [5], montraient à peu près tous les mêmes symboles bisexuels. Au moins une colonne verticale, phallique, la *massebah*, et une construction circulaire, vulvo-vaginale, l'*acherah*. On en fit des modèles réduits, idoles (bien sûr) et amulettes que l'on emboîtait rituellement l'une dans l'autre lors de certaines cérémonies de fécondité, et, très probablement, de propitiation pour la virilité menacée ou malade [6].

Massebah et acherah ont eu d'innombrables descendants. La colonne phallique, pilier, clocher, minaret... la tour creuse comme le vagin, le puits, le bassin... le bénitier, où les chrétiens trempent très « innocemment » la main dans une eau salée comme la mouillure vaginale. Plus élaborés, tous les grands temples antiques – et les premiers naquirent dans cet entre-deux-mers – comporteront ces piliers copiant le phallus érigé *(figure 19)*, tandis que leur architecture s'inspirera de l'anatomie sexuelle féminine. Le portique introducteur était l'image de la vulve, le vestibule figurait le couloir vaginal, tandis que le sanctuaire intérieur – jusqu'au Saint des Saints – représentait l'utérus, moule formateur de toute vie humaine.

Ces tous premiers écrivants se préoccupaient sûrement plus de génération que d'érotisme, et les codes moraux qu'ils nous ont laissés ne glorifient pas l'épouse quotidienne autant que la Grande Déesse. La femme y était – mentalité de commerçants – la propriété du mari, comme sa maison, ses champs et ses animaux. Les rapports sexuels préconjugaux étaient interdits « au béguin », si les filles honnêtes pouvaient louer leur sexe au temple. Le mariage était ensuite considéré comme un inestimable bienfait. En fait, cette « marquetterie » de peuples obéissait probablement à une marquetterie de règlements et de rapports humains réels entre les sexes.

Nous autres intoxiqués par la propagande biblique n'y voyons que féroces soldats perpétuellement honnis par ces sacrés emmerdeurs d'Hébreux. Ce qui nous fait mettre dans le même sac « vieux » idolâtres de l'Est et « jeunes » idolâtres de l'Ouest,

5. Il est plus correct pour notre phonétique d'écrire ainsi l'Ur des cruciverbistes (tant pis pour Victor Hugo !).
6. Plusieurs millénaires plus tard, Masters et Johnson utilisèrent eux aussi des mannequins modèles réduits pour enseigner à leurs patients les postures thérapeutiques.

fidèles de Mardouk, fournisseurs de petits enfants pour le Moloch et sectateurs d'Astarté, Hammourabi le pacifique et le sanguinaire Nabuchodonosor, ancêtre du sinistre Saddam Hussein [7]... Le moins qu'on puisse dire, avec le télescopage du temps, c'est que tous ces belliqueux avaient la bosse de l'agriculture (ils l'inventèrent !), de l'horticulture (les merveilleux jardins suspendus), et celle du négoce, et qu'ils ne nous apparaissent rien moins que bégueules : un bon point pour des proche-orientaux !

*

* *

Sur les bords du Nil, on est très phallocrate, du moins sectateur du phallus.

Certes les Éyptiens antiques avaient eux aussi leur symbole bisexuel, la *croix ansée*, bénéfique, joignant et le fer à cheval vulvaire et la tige phallique *(figure 20)*. Leur panthéon contient au moins deux très grandes déesses, Nout et Isis, constituantes de couples divins. Nout-voûte céleste montre son sexe sans censure, avec sa fente et sa pilosité, formant le delta renversé sumérien : des deux côtés du Sinaï, la stupide coutume du rasage sexuel date très probablement de l'islamisation. Sous ses linges mortuaires, la très belle dame Réi a toujours la millénaire toison bien rangée de ses grandes lèvres jointes et de son pubis [8] – assurément la plus vieille motte féminine qui nous soit parvenue. On peut d'ailleurs remarquer que la pilosité pubienne de ces Égyptiennes antiques montrait volontiers un bord supérieur convexe *(figure 21)* : l'aspect en fleur de lotus hautement symbolique sur les rives du fleuve a manifestement inspiré les sculpteurs de colonne *(figure 22)*.

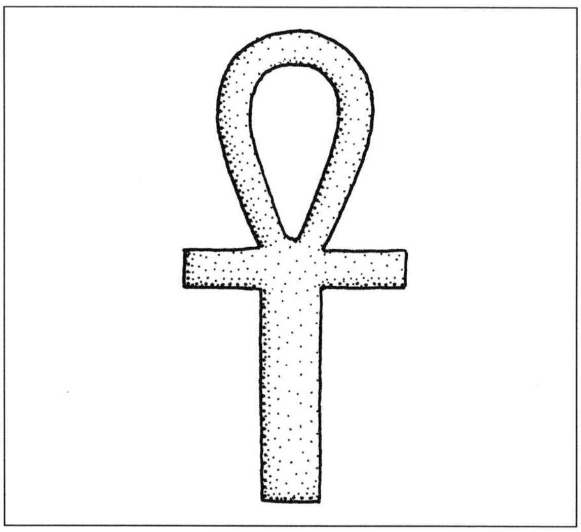

Figure 20
Croix ansée

Mais bien que les embaumeurs aient pris grand soin de la vulve et du vagin des reines défuntes, la liste des organes génitaux féminins ne fait pas partie de la nomenclature anatomique de leur momie. Cette nomenclature, sur le sarcophage ou dans un papyrus proche du corps, inventoriait les organes embaumés, comparés à ceux d'un Dieu. Or même la liste de la déesse Hathor [9] ne comprend pas d'organes génitaux féminins. Parce que le véritable organe sexuel, celui des dieux, celui de Pharaon, c'est le phallus.

Inutile de rappeler tout ce qui rattache la force, la gloire, *le pouvoir divin et terrestre* à la possession d'un phallus redressable. Bien que le mot n'ait pas encore été inventé, *c'est ça, la phallocratie*. Le très ancien dieu Min, admis dans le panthéon égyptien classique, montre fièrement son bras phallique tendu et se coiffe même de la mitre royale du sud, d'autant plus phallique elle aussi qu'on l'emboîtera, après unification des deux royaumes, dans la couronne du nord, complaisant manchon vaginal *(figure 23)*. Outre les piliers phalliques et les obélisques construits au pays natal, des monuments religieux à l'image du phallus étaient érigés en territoire conquis. C'est ce que fit en particulier Sésostris III (– 1887 – 1850) lors de glorieuses expéditions en Nubie et en Palestine – suscitant là l'horreur furibonde des vertueux hébreux.

Le phallus d'Amon-Râ dresse hardiment son gland comme le soleil levant éclaire le monde *(figure 24)*. On sait les mésaventures de l'introuvable phallus d'Osiris coupé en morceaux par son vilain Seth de frère, jusqu'à ce que sa bonne épouse d'Isis ne le lui retrouve, pour le recoller, et souffler dedans. Pour lui réinjecter la vie. Divine fellation, à l'image d'autres, plus humainement terrestres, mais particulièrement prisées en contrée de circoncision – on en reparle *infra*.

Le phallus des pharaons morts était l'objet de soins tout particuliers, parfois momifié à part

7. Ayant fait incendier sept cent trente deux puits de pétrole au Koweït, ce génie du Tiers monde atteignit un des records mondiaux de pollution, réussissant à salir jusqu'aux neiges de l'Himalaya.

8. A.-P. Leca, *la Médecine égyptienne au temps des pharaons*, *op. cit.*, p. 322.

9. À Edfou, à Denderah. Cf. Leca, *ibid.*, p. 151.

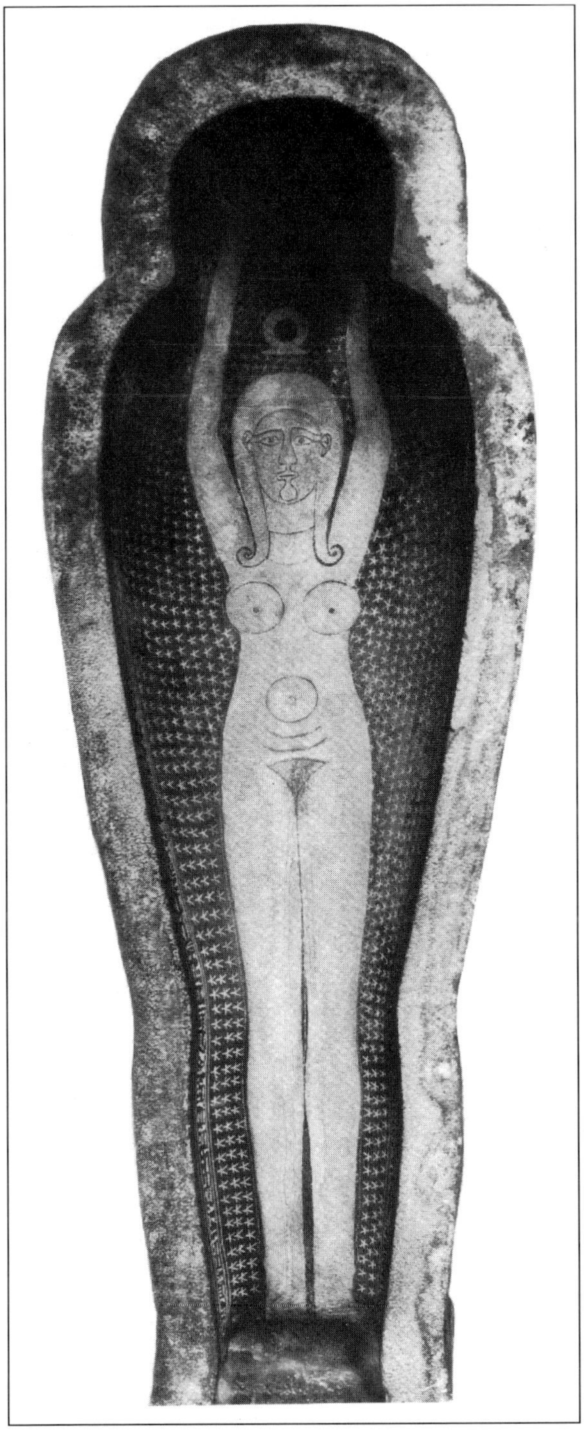

Figure 21
Pilosité féminine en fleur de lotus. Sarcophage de Tiskertis. Avant l'islamisation, les égyptiennes ne se rasaient pas. Toutes n'étaient pas excisées

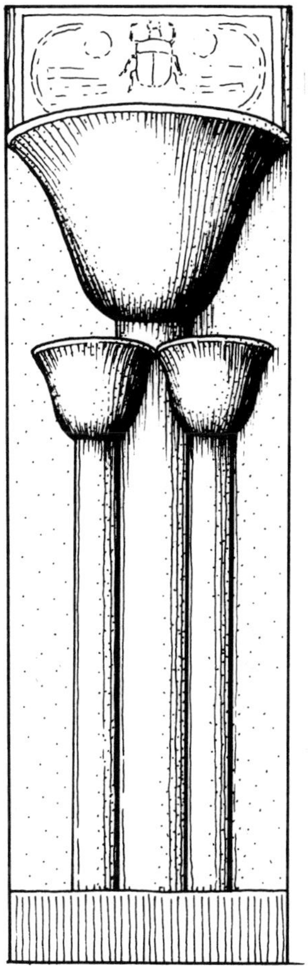

Figure 22
Chapiteaux de piliers en fleur de lotus

– comme on momifia le phallus des taureaux consacrés, dans le tombeau des prêtresses du dieu Apis. De son vivant, Pharaon ne se contentait pas de porter la double coiffe bisexuelle, on ornait son menton, les grands jours, de ce que l'on traite pudiquement de barbe postiche, alors qu'il s'agit, manifestement, du même phallus vivifiant qui inspirait Baal *(figure 25)*. Un phallus circoncis, du moins depuis la Ve dynastie, fondée vers – 2563.

*
* *

La circoncision fut introduite en Égypte à partir de l'Afrique noire, par deux voies. D'une part l'importation d'esclaves « de couleur » [10] pour ramener, en particulier de Nubie, des costauds

10. Les Égyptiens antiques, du moins ceux du Nord quand ils étaient bien nourris, furent de grands gaillards à la peau bistre, rouquins dolicho-céphales sans caractère négroïde.

Figure 23
Dieu Min et coiffures royales phalliques

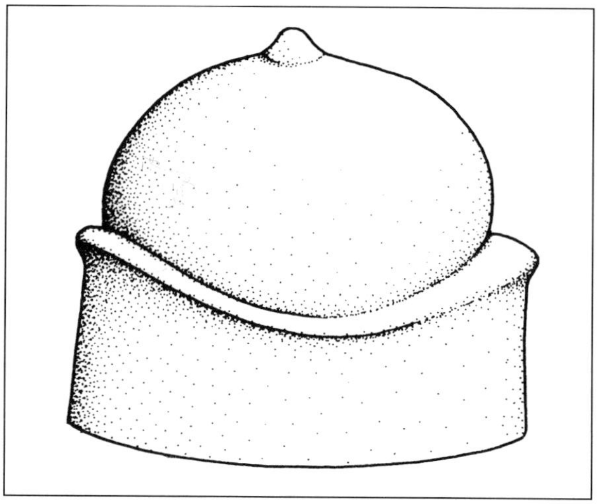

Figure 24
Figuration à triple signification : soleil levant, sein féminin et phallus

Figure 25
Barbe-phallus postiche

servant aussi bien sur les chantiers que dans les palais, et probablement aussi comme rameurs. Ces beaux Nubiens étaient circoncis, le gland toujours découvert, ce qui suscita peut-être l'envie chez des gens très fiers de leur phallus. Mais la voie initiatique-magique est probablement la plus importante.

Toujours férus d'ésotérisme, les prêtres d'Amon-Râ (qui détenaient en fait le véritable pouvoir) se sont informés sur la pratique, sur ses tenants et motivations « métaphysiques » (renaissance après épreuve initiatique, affirmation redoublée de la virilité, etc.). Ils furent ainsi les premiers à l'adopter, avant de l'imposer aux pharaons : tous furent circoncis après la Ve dynastie, œuvre des prêtres d'Héliopolis [11]. La mutilation fut aussi très probablement exigée de Pythagore, quand il sollicita l'admission dans le « sacré collège » des prêtres d'Amon pour y faire un stage d'initiation [12].

11. Drioton et Vandier, *L'Égypte*, *op. cit.*, p. 172.
12. Michel Reclus, *la Circoncision, article cité.*

Avant l'islamisation, la circoncision fut ainsi réservée *aux hommes dominants*, chez qui elle sera considérée signe d'initiation et de pouvoir. Elle tombera en désuétude aux époques tardives, les prêtres demeurant les derniers à se faire mutiler [13]. Il faut d'ailleurs faire remarquer que la posthectomie n'était peut-être pas complète. La façon dont l'opérateur tient son couteau, dans le célèbre tombeau d'Ankh-Ma-Hor (VIe dynastie, – 2500) à Saqqarah, évoque plutôt *une incision dorsale longitudinale (figure 26)*. De façon à laisser une cicatrice, peut-être en V, marque rituelle sans amputation.

Inutile de dire que toute considération d'« hygiène » apparaît ici ridicule, chez un peuple dont toute la vie dépendait du majestueux fleuve sacré et qui, même en dehors des inondations incitant ou contraignant aux trempettes [14], se montrait féru de baignades et bains domestiques. C'est d'ailleurs une constante des plus hautes civilisations que *la trinité nudité-propreté-eau courante*. Et plus les Égyptiens antiques occupaient un haut rang social, plus ils disposaient de serviteurs-esclaves pour les récurer, masser, oindre, des pieds à la tête en passant par le sexe...

Ces grands civilisés, enfin, n'étaient pas de véritables misogynes... excision mise à part, dont il faudra reparler. Mais la condition féminine en Égypte antique n'était pas servile, et des femmes purent monter sur le trône. Image des couples

Figure 26
Circoncision égyptienne. L'incision est peut-être longitudinale

13. Leca, *ibid.*, p. 427.
14. C'est même dans l'eau des cultures inondées que circulaient les cercaires propageant la bilharziose. Ce fléau millénaire a tué des millions d'Égyptiens – on a retrouvé les stigmates de la maladie sur de nombreuses momies.

divins, *dont c'est la première apparition historique*, le couple royal de Pharaon et sa sœur-épouse [15] réalisait une altière et tutélaire dyade égalitaire. Indéniable écho du paléolithique.

*

* *

La médecine égyptienne, la plus vieille du monde, se préoccupa de soigner les femmes autant que les hommes. Celui ou ceux qui rédigèrent le « papyrus Ebers », en bons humanistes, proposent des remèdes pour toutes sortes d'affections, y compris gynécologiques *(figure 27)*. C'est le premier traité de médecine jamais écrit. Il date du début de la XVIIIe dynastie (v. – 1500), mais se nourrit de textes et prescriptions des siècles précédents. Le papyrus Edwin Smith, qui a à peu près le même âge, est un traité de chirurgie – lui aussi le premier.

Figure 27
Corne (égyptienne) à injections vaginales ?

15. Les enfants royaux étaient élevés chaque sexe de son côté : ainsi Pharaon ne pouvait-il développer *l'empreinte de la nichée* préservant de l'inceste sororo-fraternel ceux qui ont passé leur enfance ensemble.

L'exposé repose sur une connaissance anatomique remarquable. Science acquise grâce à la pratique de l'embaumement, et qui permit de faire d'Alexandrie un centre inégalé dans toute l'Antiquité. École de dissection où vinrent s'instruire médecins grecs et surtout romains. Par la faute du monothéisme, il fallut attendre la Renaissance occidentale, des siècles et des siècles plus tard, pour fonder à nouveau sur la souveraine science anatomique, base incontournable, toute connaissance de l'homme – et de la femme – et toute science médicale.

Or malgré cette première floraison d'une médecine qui ne soit pas ésotérique, malgré le phallocentrisme du pouvoir égyptien, aucun des écrits médico-chirurgicaux d'Egypte ne mentionne la symptomatologie ni le traitement des empêtrements érotiques, si ce n'est l'allusion, il y en eut, aux filles qui n'ont pas été coupées.

C'est par la « légende », par les *Histoires* d'Hérodote que nous apprenons qu'un pharaon, Amasis [16], aurait souffert d'impuissance. Souverain tardif (XXVIe dynastie), il régna de – 570 à – 526. Il laissa le souvenir d'un joyeux drille, général noceur, buveur et farceur, mais aussi excellent politique, faisant bénéficier son pays d'une grande prospérité. C'est justement pour raisons stratégiques qu'il conclut mariage avec Ladikè, de Cyrène. Malheureusement dès la première nuit le membre pharaonique refuse d'accomplir son devoir nuptial. On parle de maléfice, on accuse l'étrangère. Elle était innocente et pour prouver sa bonne volonté elle fait vœu à Aphrodite, on lui élève une statue dans sa ville natale [17]. Le royal époux guérit. Il s'agissait d'une très classique impuissance des premières fois, dans un mariage de raison, ici de raison politique...

Bons anatomistes, les Égyptiens antiques n'avaient encore de connaissances physiologiques que rudimentaires – ils croyaient, comme plus tard Hippocrate, que le sperme provenait de la moelle épinière, et leur biologie des comportements en était encore au stade de la magie. Pharaon tombe impuissant, c'est la faute d'un sortilège, et il guérit par l'équivalent d'un pèlerinage à Lourdes...

Dès les prémices de la science médicale, l'espèce de malédiction qui pesa pendant des millénaires sur la pathologie sexuelle fait s'effacer la connaissance objective derrière les racontars, l'occultisme et les envoûtements. Les diableries de l'inconscient freudien ont de fort lointaines racines...

ÉCRIVANTS D'AILLEURS

Pour l'Européen moyen, l'Orient commence au Caire, si ce n'est Agadir. Et il finit quelque part à droite, plus ou moins loin en fonction de la carte. Quant à savoir ce qui sépare les Persans des Arabes, les Chinois des Japonais, le tantrisme du shintoïsme, Rama de Krishna, les Ming des Song, tout cela reste noyé dans un exotisme plus ou moins fabuleux, mêlé d'épices, de supplices chinois, et de raffinements sexuels. Au détriment d'une connaissance qui, plus précise, forme un énorme corpus d'histoire et de cultures. Les mœurs sexuelles de ces exotiques extra-européens *mais aussi extra-africains, notion capitale*, forment ainsi un kaléïdoscope extrêmement divers, où l'on trouve tout et son contraire [18]. Sans justifier, le plus souvent, l'émoustillement salace et envieux des christianisés, stupéfaits que l'on puisse parler du corps sans le haïr, du sexe sans le censurer, du plaisir sans le rejeter.

Ce livre ne saurait s'étendre sur des particularismes comportementaux et réglementaires pouvant alimenter de copieux traités. Lo Duca [19], Van Gulik [20], Théo Lesoualc'h [21], entre autres, peuvent informer plus amplement les désireux de s'instruire.

Il faut dire aussi que la récolte documentaire sur la pathologie sexuelle est maigre, pour des civilisations qui ne connurent ni Galien ni Laennëc, et se préoccupèrent plus de philosophades que de sémiologie clinique. Je me suis donc contenté de rappeler succinctement les principes des morales sexuelles dans lesquelles les Orientaux ont dû pâtir, comme les autres, d'empêtre-

16. Hérodote, liv. II, 162-181.
17. Comme les riches marchands de la bonne ville de Rouen firent élever la *tour de beurre* pour se faire pardonner leurs écarts culinaires pendant le Carême...
18. Évidemment pour la part réglementaire, culturelle, de la morale sexuelle. Là où l'on trouve, d'un règlement à l'autre, cette juxtaposition des contraires que Freud situait stupidement dans l'inconscient biologique.
19. *Histoire de l'érotisme, op. cit.*
20. *La Vie sexuelle dans la Chine ancienne, op. cit.*
21. *Érotique du Japon, op. cit.*

ments érotiques. Comme le dit Camus à propos de l'éloignement dans le temps, la distance fait oublier le malheur. Le sexe, le cœur de ces lointains ont certainement pu souffrir des mêmes misères que ceux des blancs occidentaux. Dans des contextes culturels qui, tout compte fait, étaient encore plus défavorables à leur soulagement.

L'Orient dont il est question ici possède une frontière bien précise : l'Indus. Parce qu'à l'Ouest de ce fleuve chargé d'histoire les pays d'entre-deux-mers et la proche Afrique, héritiers des plus vieilles civilisations, connurent la catastrophe culturelle du rouleau compresseur islamique : cet assommoir de l'esprit, dernier avatar du féroce monothéisme, extermina toute référence morale étrangère au Coran. Et aussi parce que le vaste ensemble géographique que limitent l'Indus à l'Est, l'Himalaya occidental, la Caspienne, le Caucase et la Méditerranée au Nord est celui où règne l'ignominie des mutilations sexuelles infantiles *(figure 28)*. Les autres civilisations du monde, en Occident comme en Orient, et sauf contamination monothéiste, n'ont jamais porté le couteau sacrificiel sur les organes génitaux de leurs petits garçons, et encore moins sur ceux de leurs petites filles.

PEINES HINDOUES

Trois grands systèmes moraux sont nés en Inde, l'hindouisme, le tantrisme et le jaïnisme. Systèmes résolument polythéistes – si ce n'est athées comme le jaïnisme – ils sont remarquablement réfractaires au monothéisme. L'Islam y fut importé par le fer et le feu, engendrant massacres et conflits toujours vivants, faisant perdre à la vaste péninsule ses deux « cornes » pakistanaises. Quant au christianisme, il s'y brisa les dents, suscitant une résistance aussi opiniâtre que louable, quand on pense à ses prétentions universelles et à la longue occupation par la puissance britannique. Les puritains anglais ne convertirent que quelques puritains fanatiques [22].

Les colons trouvaient extrêmement « *shocking* » tout ce qui, dans la statuaire et la littérature des *natives* traitait abondamment, et *coram publico* (sous les yeux des ladies !) du sexe et de l'érotisme. Ils partirent en guerre contre l'obscénité, vite interdite par le gouvernement du vice-roi. Ce qui ne les empêcha pas, en bons chrétiens hypocrites, de se régaler secrètement avec les photos des sculptures de Khajuharo et Konarak, et de faire circuler sous le manteau la traduction anglaise du *Kama Soutra* [23]...

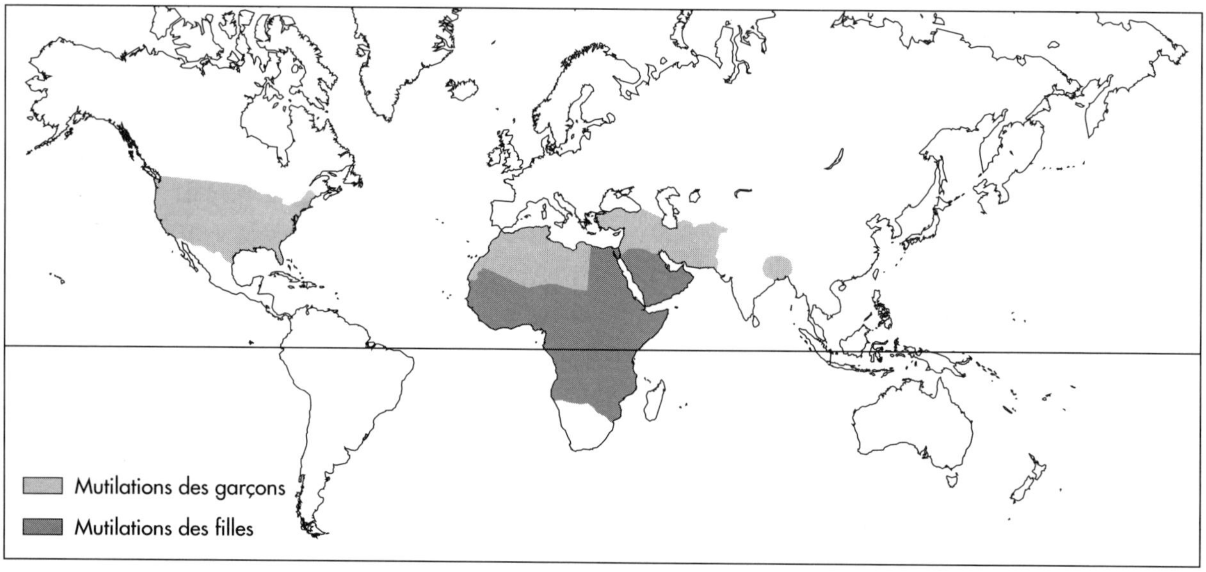

Figure 28
Carte des mutilations sexuelles infantiles

22. Mulk Raj Anand, *Kama kala, op. cit.*, p. 10.

23. Traduction fort plate, souffrant entre autres de l'ignorance grammaticale des genres : transcrit en français, *the yoni* est devenu stupidement *le* yoni, alors que le terme est féminin (il est vrai qu'en excellent français on dit bien *le* con !).

*
* *

L'hindouisme, ou brahmanisme, arriva en Inde avec les Aryens du Caucase vers – 1500. Il a certains points communs avec les religions gréco-romaines antiques, en particulier l'entretien domestique d'un autel sacré, et l'élaboration d'un riche panthéon, commandé plus ou moins rigoureusement par Brahma (Zeus) omnipotent. Les curieux peuvent trouver dans les textes référencés ce qui distingue, ensuite, Krishna, Shiva, Vichnou et autres héros métaphysiques. La mythologie hindoue a proliféré sur place en un assez exténuant foisonnement, avec des sectes toujours vivaces. Établissant des castes infranchissables, conférant un pouvoir moral incontournable aux brahmanes et gourous, appuyé sur la « bible » intangible des lois de Manou, l'hindouisme continue de marquer de sa très forte emprise la vie quotidienne de la péninsule.

Le bouddhisme fut prêché par un très classique illuminé. Il inaugure la *conception virginale* qui aura tant de succès. Sa mère Maya, épouse du prince Suddhodano, vivait dans la chasteté conjugale. Un « providentiel » éléphant blanc (évidemment) lui perça le flanc droit d'un coup de défense, et du même coup la féconda : l'enfant Gauthama sortira aussi par le flanc, laissant à sa princière vierge de mère son précieux hymen. Non moins classiquement ce gosse de riche est un ami des pauvres. Devenu Bouddha il s'élève, vers – 600, contre la dictature des brahmanes et les coûteux sacrifices qu'elle imposait. Il prêche une doctrine à la fois populiste et élitiste, salmigondis unissant le mouvement cosmique et la recherche du Nirvana immuable grâce à la méditation, fondant un ordre monastique où le mépris des choses terrestres n'empêche pas de participer activement à toutes les activités sociales, etc. on peut ainsi être bouddhiste et milliardaire.

Le jaïnisme, héritier des croyances préaryennes, est un athéisme plus qu'une religion. Il croit à la transmigration des âmes, dont le douloureux cheminement de corps en corps peut être stoppé par le sacrifice, l'ascèse, la chasteté, la non-violence et le végétarisme : il ne faut surtout pas supprimer la moindre vie animale... On sait combien cette doctrine de chimériques a fait de bruit dans le monde, malgré son relatif petit nombre d'adeptes, combien de songe-creux croient encore résoudre les conflits humains par l'objection de conscience, et conserver la santé éternelle en ne mangeant que fruits et légumes [24]...

Il n'y a rien de très émoustillant dans toutes ces cogitations.

Les joyeusetés sexuelles du jaïnisme s'apparentent quelque peu à celles des cathares occitans, et ces gens qui circulent un voile sur la bouche pour ne pas happer de moucheron ne sont pas les champions orientaux du baiser sur les lèvres. La pratique est d'ailleurs unanimement décriée par tous les moralistes hindous : les brahmanes pestent contre les répugnantes dernières images des films d'amour occidentaux, *happy end and burning french kiss* ! Quant aux vertus roboratives du régime végétarien, elles sont nulles en ce qui concerne la puissance sexuelle ; bien au contraire la carence en protéines animales prive l'organisme d'aliments énergétiques normaux pour fabriquer des hormones, nourrir les muscles et le système nerveux central. Le légume n'est pas le remède de l'impuissance.

Bien que rivaux, hindouisme et bouddhisme se retrouvent dans leur commune misogynie. Et dans le paradoxe qui leur a fait élaborer des techniques permettant, par l'acte sexuel lui-même, de se libérer de la femme et du désir qu'elle inspire.

L'hindouisme aryen reconnaît dans le désir, *kama*, le moteur de l'univers. Désir sexuel, engendrant le plaisir d'amour, la joie, etc. – proche de la libido freudienne mais moins sinistre. Cet amour est célébré dans les 536 hymnes de l'*Atharva Véda*, guide de la famille heureuse. Famille dont l'homme est le pivot, et où l'on ne badine pas avec la fidélité. Les adultères avaient le nez tranché, ce qui a fait développer de bonne heure la technique reconstitutive de la pyramide nasale par mobilisation d'un lambeau cutané frontal... On sait que les veuves de radjahs étaient immolées, et que les femmes du peuple qui avaient le front de survivre à leur défunt étaient exclues de tout remariage. C'est ainsi que les nonnes catholiques recrutaient du personnel féminin pas cher, en récupérant de jeunes veuves.

La gent femelle est toujours vilipendée par le brahmanisme. Ces créatures sont perverses, paresseuses, ignorantes. Les lois de Manou stipulent que les orifices féminins sont purs au-dessus

24. La nature humaine est *omnivore*. Ceux qui se privent, et privent malheureusement aussi leurs enfants de protéines animales ne sont pas « proches de la nature », mais s'infligent stupidement des maladies de carence. Oubliant que chaque cueillette, chaque moisson est le massacre d'une vie végétale !

de la ceinture, impurs au-dessous. Malgré toute l'utilité – au moins balistique – reconnue à la yoni, le sacré lingam est l'organe sexuel le plus copieusement révéré et statufié en terre hindouiste.

C'est la secte shivaïste qui introduisit de l'érotique délibéré dans la religion. Grâce à ses prescriptions ou *tantras*. Le tantrisme est en partie issu d'une antique religion locale vouée à une très classique Grande Déesse. Cette *Sakti* va devenir l'épouse du dieu Shiva. Comme toute Grande Déesse qui se respecte elle a des aspects peu amènes, Dourga ou Kali exigeant des sacrifices humains, en particulier de petites filles. Et finalement elle incarne le principe femelle origine de tous les maux de l'homme.

Certes le tantrisme voit la dualité mâle-femelle jusque dans le corps humain, Shiva logeant dans la tête (le « lotus » céphalique) et Sakti dans la région sacro-coccygienne (le « lotus »... du cul). Chacun tient sous sa dépendance un des côtés du corps, avec un « vaisseau » particulier de part et d'autre de l'échine, à droite le « bon » vaisseau masculin (*pingala*) à gauche le vilain vaisseau féminin (*ida*). L'union sexuelle permet de faire passer le souffle des deux vaisseaux latéraux dans le vaisseau central (*sushumma*) pour engendrer la félicité. En traitant le mal par le mal.

La femme et le vin sont les poisons de l'homme. En prescrivant de boire (modérément) et de s'accoupler, Shiva se conduit en classique homéopathe. Le poison vainc le poison !

De bons croyants ont pu ainsi organiser de petites fêtes sexuelles – *panchatantras* – entre amis. Le couple des hôtes s'installait au centre du cercle formé par les couples des invités. On mangeait, buvait et copulait très « religieusement ». En utilisant, si besoin, les postures décrites dans le *Kama Soutra*.

Ce trop célèbre traité fut écrit au VIIe siècle – tardivement – par un religieux, Vatsyayana Mallanaga. La légende conte que ce fut à l'instigation de son radjah, pour le divertissement de la cour. Tout le monde a lu ses passages réputés érotiques. Ses descriptions alambiquées de baisers plus farfelus les uns que les autres. Son classement des hommes et des femmes selon la dimension de leurs organes génitaux. Ses catalogues de postures pour équilibristes tout juste bonnes à aggraver les douleurs arthrosiques des princes vieillissants [25]. En fait, tout ce chapitre copulatoire n'est qu'un traité de bilboquet, énumérant mille et une (ou presque !) façons d'enfiler le lingam dans la (the !) yoni *(figure 29)*. Pas de sentiment. Pas de tendresse. Et pas de clitoris. Dans une contrée où les femmes (Dieu merci !) ne sont pas coupées.

Que les femmes aient parfois besoin de jouir autrement que par l'enfilage rituel est envisagé, quand même, par le mini-rival du *Kama Soutra*, l'*Ananga Ranga*. Le clitoris « jeune pousse de plantain » y est nommé. Comme il figure, vilain et conique, dans la vulve losangique ou, encore plus vilaine, triangulaire à pointe inférieure *(figure 30)*, affligeant les Saktis des temples ; il est rare de les voir dotées d'un sexe gracieux *(figure 31)*.

Konarak (XIIe siècle), Kajuraho (Xe siècle), ces sanctuaires de fornication ont ébahi musulmans puritains comme chrétiens inhibés. Mais ce foisonnement de copulations, en fait, n'apparaît rien moins qu'égrillard, ou simplement apéritif. Inutile de dire que les pires déconvenues menacent ceux et celles qui croient pouvoir s'envoyer en l'air en imitant ces images « pieuses » (!). À part quelques couples « latéraux » quasi clandestins on sent toujours chez ces acrobates *(figure 32)* le parti pris théorisant, la volonté d'obéir à un modèle intellectualiste, *la stéréotypie*. Stéréotypie finalement assez proche des attitudes figées hiératiques de l'art égyptien antique. Artistes, contremaîtres, artisans du ciseau obéissent à une même tradition, une même volonté démonstrative, comme le

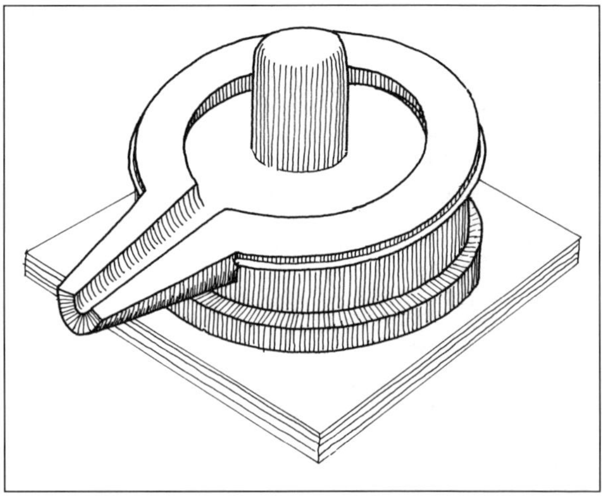

Figure 29
Symboles du linga et de la yoni

25. J'ai participé à une émission télévisée où deux beaux jeunes gens, séduisants et sportifs, ont vainement tenté, dans l'hilarité générale, de réaliser certaines des postures religieusement décrites par Vatsyayana.

faisaient les bâtisseurs des cathédrales chrétiennes. Pour représenter des fornicants quasi toujours *debout*, et ne jouissant quasi jamais, les femmes encore moins que les hommes.

Il est vrai que ces *mithounas* édifiantes statufient cet épisode physiologique du stade en plateau qui, s'il se prolonge indéfiniment, fait perdre de vue la libération orgasmique. Précisément le but recherché par le tantrisme bouddhique.

*
* *

Il fallut mille ans pour que s'apaisent les frictions entre la contestation bouddhiste et l'hindouisme traditionnel des brahmanes. L'infiltration de l'un par l'autre aboutit, en matière de sexualité, à ce très étonnant Vajrayana – *le véhicule de foudre* – qui mélange copulation, fumigation de cervelle et exploitation de la femme.

Pour le bouddhisme, le corps est le « véhicule » [26] obligatoire conduisant à la vérité. Vérité qui procure la félicité suprême, dans la méditation extatique coupée de tout mouvement. L'accouplement prolongé, sans émission externe de sperme, est le moyen (le véhicule !) privilégié pour engendrer le processus de méditation. Bel

Figure 30
Clitoris conique, vulve postérieure triangulaire

Figure 31
Apsara au beau sexe

26. Étonnante, cette manie du bouddhisme pour les véhicules, alors qu'il s'agit d'une doctrine préconisant l'immobilité du néant !

Figure 32
Accouplement contorsionniste

éloge de l'incarnation humaine. À ceci près que la copulation avec une femme authentique, en chair et en os (en yoni !) est assez contradictoire, en face de l'ascétisme exigé du clergé bouddhique, et qu'il s'agit, évidemment, du corps de l'homme.

Le tantrisme, inspiré du tao chinois, l'unit à la doctrine hindouiste des deux courants nerveux véhiculant l'« énergie » le long de la moelle épinière : le courant femelle *lalana* et le courant mâle *rasana*. Tant qu'ils restent séparés l'individu (mâle évidemment) ne peut parvenir à l'extase. Il faut les réunir par la formation du *bindou*. Cet esprit volatil [27] se forme pendant l'accouplement, grâce au mélange de l'énergie masculine avec l'énergie féminine (on retrouve ici les bons vieux yin et yang). Le bon tantrique sait conserver sa trique des heures durant. Il capte l'énergie femelle dans le vagin de sa partenaire aux ordres et grâce à sa technique de *pranayama*, qui permet de retenir son souffle, il retient l'émission externe du sperme. Montant vers les hautes sphères après la réunification des deux canaux spinaux sous l'intercession du bindou, l'énergie virile de la semence rebrousse chemin. Elle parvient au sommet de la tête où elle éclate dans le lotus céphalique. Sa splendeur provoque alors l'« identification » du pratiquant avec... le vide, et aussi (pourquoi pas !) avec la divinité : c'est le *Nirvana* !, les vulgaires diraient : c'est le pied !, les latinistes disent : *coïtus reservatus*.

Ici divergent deux écoles. Les tantristes façon tao tiennent à la présence réelle de la femme. N'importe quelle femme, d'ailleurs. L'important demeure qu'elle soit munie de sa yoni, puisque « l'état de Bouddha habite le sexe de toute femme [28] ». Fût-elle une paria, une intouchable. Il faut donc ménager le cheptel femelle toujours utile (encore plus que celui des vaches sacrées !) et le tantrisme s'éleva contre l'immolation des veuves. Bravo !

L'autre école est purement autochtone, et s'inspire de la vénérable pratique du hata yoga. On sait que cette discipline enseigne très sérieusement 168 postures, 84 asanas « lotus » pour méditer, 84 asanas érotiques pour s'accoupler – de quoi bien s'amuser en famille. De plus les yogis savent

27. Esprit saint ?
28. Van Gulik, *op. cit.*, p. 422.

depuis longtemps retenir leur souffle, donc leur semence. Ils savent aussi aspirer par l'urètre l'eau des récipients témoins. Ils pourraient donc véritablement aspirer les humeurs vaginales – l'énergie féminine. Mais point ne leur est besoin de cet appoint externe. Le yogi bien rodé sait réveiller l'énergie femelle qu'il porte en lui-même, la *koundalini*, le serpent lové sous son coccyx (dans le lotus du cul). Un bon moyen d'animer l'animal dormant consiste à jouer de la flûte pour faire dresser la tête d'un cobra, attraction amusante et même éventuellement rémunérée. Énergie femelle et énergie mâle se réunissent alors pour emprunter un nouveau réseau nerveux asexué, où s'engage la semence non répandue. Elle remonte vers le turban, et l'illumination embrase le cerveau. Voilà une femme d'économisée !

*
* *

On se demande comment un peuple qui paraît posséder une telle somme de prescriptions copulatoires pourrait souffrir de pannes. Du moins les hommes, puisque la femme n'apparaît que de façon... instrumentale. La crainte de l'échec se manifeste pourtant de façon très ancienne, dès l'*Arthava Véda*, qui comporte une hymne pour favoriser la puissance virile. Et point n'est besoin de rappeler que les Indes furent l'antique et célèbre terre de culture *des épices* – des aphrodisiaques : ils arrivèrent par pleines malles grâce aux vaisseaux de la Compagnie... des Indes. Les consommateurs locaux de piment et de curry entendaient bien se garantir contre la mollesse du lingam. Et c'est finalement à cette rubrique de la prévention que toute la gymnastique spiritualo-fornicatrice peut posséder quelque utilité. Puisque la médecine locale « traditionnelle » s'est toujours effacée devant brahmanes et gourous.

Bien sûr *tout est parfaitement farfelu* dans l'anatomo-physiologie védo-tantrique. On ne le dira jamais assez. Ces traités ésotériques, ces mouvements « énergétiques » fabuleux véhiculés au long de trajets corporels imaginaires, ces promesses d'illumination métaphysique, du vertex aux orteils, grâce à la copulation méthodique, grâce à la parcimonieuse économie de la liqueur spermatique, ne peuvent émoustiller, en Occident, que les ignorants et les gogos – on sait qu'ils sont légions ! *Et il faut les désabuser*. Apprendraient-ils par cœur tous leurs tantras et tous leurs asanas qu'ils ne verront jamais un troisième œil s'ouvrir au milieu de leur front pour leur faire contempler la Vérité [29]. Ils n'en sauront pas plus sur le moyen de nourrir les affamés (hindous !) ni même sur des futilités comme l'origine et l'avenir de l'espèce humaine, voire de sa galaxie natale...

La thérapeutique sexologique ne peut (c'est le cas de le dire) retenir des techniques du yoga que les pratiques s'apparentant à ce que l'Occident appelle « relaxation », pour lesquelles il a élaboré lui aussi des méthodes efficaces et documentées. Cela décrispe les inquiets – et les inquiètes, et peut atténuer les troubles purement fonctionnels. Le « cinéma » métaphysico-psychologique adjoint impressionne favorablement les faibles de caractère, et tant mieux si cela leur fait du bien. On sait aussi que l'exercice régulier est le meilleur moyen pour conserver « la forme ». Y compris la forme érotique.

S'appliquer scrupuleusement, tous les jours, à bander le plus longtemps possible, si l'on a des loisirs et une femme objet soumise, garantit contre la rouille de la physiologie érective. Muscles et vaisseaux entraînent ainsi leurs capacités fonctionnelles, et comme le savent tous les « grands baiseurs », à force de prolonger l'érection on finit par la trouver « naturelle » : pousser jusqu'à l'émission spermatique paraît alors un effort – une dépense – inutile. Mais on finit aussi par ne plus très bien savoir ce qu'on est venu faire dans les bras – les cuisses – de cette femme [30]. C'est l'ennui, et non l'extase, qui met fin à la séance, le « champion » allant porter ailleurs l'hommage de sa libation spermatique, ou la répandant bon gré mal gré à une prochaine étreinte.

Car en dehors de quelques doués – de quelques anorexiques de l'orgasme – il n'est pas « bon pour la santé » de garder indéfiniment, jour après jour, et pendant des heures, des érections dont le stade en plateau n'est jamais libéré par le réflexe orgasmique. Il faut bien éjaculer un moment ou l'autre, un jour ou l'autre, avec une femme ou une

29. En Occident aussi, le « troisième œil » a connu sa mode métaphysico-parascientifique. Certains parlaient ainsi d'œil « pinéal », dont l'épiphyse serait le résidu atrophié – nous savons désormais que c'est une très utile horloge biologique.

30. Les inlassables bandeurs des films porno finissent par ne plus pouvoir éjaculer dans le vagin (ou la bouche ou le rectum) de leurs partenaires, cf. Brigitte Lahaye, *op. cit.*, p. 92. Ils doivent se faire jouir à la main, ce qui console le spectateur solitaire de vidéo-cassette.

autre. Sous peine de pâtir de la « maladie des fiancés »[31] et, à la longue, de congestion chronique des bourses, des déférents, des vésicules séminales, et de la pénible prostatite chronique. Et tout ça *pour se priver des bienfaits extemporanés que l'orgasme le plus normalement déclenché prodigue sans autre peine que de bien savoir faire l'amour !*

Ce n'est pas en procrastinant indéfiniment l'orgasme – le vrai – que l'on obtient l'extase, le détachement du temps mesuré, la libération des soucis et angoisses. Et s'il faut pour les obtenir en dehors de l'étreinte sexuelle faire de longs et laborieux exercices musculaires, respiratoires, « nerveux », *le résultat apparaît dérisoire*, égocentrisme stérile, appauvrissant et inopérant, en face des joies *charnelles et affectives* de l'amour, du plaisir partagé...

En fait, en dehors de la classe aisée sachant lire, possédant maison, pièces closes, temps libre, on imagine mal les millions et les millions d'hindous démunis, pauvres paysans, parias, mendiants, exécuter consciencieusement leurs exercices de Kama Soutra, et de Vajrayana. Bien au contraire les perpétuelles grossesses, les perpétuels allaitements – on y reviendra – rendent les porteuses de yoni indisponibles pour les galipettes mystico-érotiques pendant des mois et des mois. *Parce que les merveilleuses techniques de retenue du sperme n'ont guère été divulguées, et adoptées, dans les campagnes*. Et c'est finalement dommage. Car cela aurait évité ces perpétuels appels officiels à la continence, ou à la ligature des déférents, assortie d'un transistor en cadeau, pour convaincre les pères de trois enfants de ne pas aggraver le surcroît de bouches à nourrir.

Nées à l'époque de la domination absolue des aristocrates, toutes les théories contorsionnistes et rétentionnistes n'ont jamais été pratiquées que par les radjahs et leur entourage – une minorité. Plus à titre de passe-temps que d'édification morale. Pendant que le *vulgum pecus* « bricolait » avec les pauvres moyens du bord, au prix d'une prolifération populationnelle envahissante.

Il faut se résigner : comme le paradis népalais des fumeurs de joint, l'érotisme hindou fait partie des mirages de l'Orient. Ses mystères sont éventés, et toutes les photos ont été prises : elles sont chez votre plus proche libraire !

PEINES CHINOISES

Les Chinois écrivent depuis très longtemps. Depuis – 1500 au moins. Ils ont inventé la boussole, la poudre à canon, la pâte à papier et même l'imprimerie avant Gutenberg. Leur pays est trop vaste, leur histoire trop longue pour qu'on puisse, en trois pages, survoler complètement l'évolution de leurs mœurs sexuelles et envisager tous les remèdes qu'ils apportèrent à leurs éventuels tracas – comme les marchands de rillettes du Mans « font la Chine » en huit jours.

Un mélange de traits peu congruents marque cependant avec constance ces mœurs et cette histoire : le pragmatisme et la pudibonderie, le fanatisme et le formalisme, le raffinement et la férocité. Tous traits qui peuvent rendre les Chinois « bizarres » aux yeux des Occidentaux, et ne firent sûrement pas leur bonheur – le bonheur de tous les Chinois – au long de 25 siècles des plus mouvementés.

*
* *

Le plus vieux système moral repéré en Chine, à l'époque yin, édifiait un matriarcat à Grande Déesse sur un très ancien animisme. Il en reste des vestiges chez les Thibétain(e)s polyandres. De là date la part de la femme dans la philosophie du tao : le féminin et le masculin s'équilibrent dans tout l'univers, et même au sein de chaque individu *(figure 33)*. Avec, dans ce tao matriarcal, une petite prime à la féminité. C'est la femme qui initie l'homme à la vie comme à l'amour. Ce sont des femmes qui, dans les traités d'amour classiques, se chargent de répondre aux questions plus ou moins niaises du « Grand Empereur Jaune », pour le... déniaiser.

La fonction érotique faisait partie de ces joies de l'existence, la jouissance sexuelle, la lumière, le bonheur, que symbolisait la couleur rouge – couleur du yin femelle, le blanc étant attribué au yang masculin.

À cette époque fut élaborée la doctrine sexuelle du tao, destinée à un bel avenir, au moins publicitaire, lorsqu'elle inspirera le tantrisme hindou, et jusqu'aux rêvasseries de Freud.

L'accouplement est une recette de santé. Il permet d'agiter le yin dormant de la femme. Transférée à l'homme, l'énergie femelle nourrit sa vitalité,

---

31. Ce que Henry Miller nomme judicieusement « la rage de couilles », les testicules, les déférents enflés, douloureux, intouchables.

Figure 33
Symbole du Tao

le yang se fortifiant d'autant mieux que l'éjaculation est évitée. L'énergie yang est en effet limitée. D'où le blâme sévère de la masturbation masculine, débilitante dilapidation du sperme, tout comme la redoutable pollution nocturne. C'est une des hantises de la médecine chinoise classique, qui lutte contre cette « spermatorrhée » [32] par le fer des aiguilles, le feu des moxas, l'amertume des potions. En face, l'énergie yin est inépuisable... Ces airs sont connus sur toute la surface du globe, et on les entendra aussi en Occident.

Il faut louer la bienveillance envers la femme de ces fantaisies énergétiques, puisque l'orgasme féminin est stipulé condition nécessaire à la bonne « émergence » du yin pendant la copulation. La masturbation féminine, les olisbos et rinno-tamas consolateurs de harem, les pratiques sapphiques, ne sont pas réprimés, ne pouvant tarir la source du yin : bien des femmes sont en manque d'homme pour cause de polygamie.

Les deux dynasties de Tchou virent en effet au franc patriarcat, solidement justifié par la doctrine de maître Kong (v. – 555 à – 479). Le confucianisme institue les femmes en situation d'infériorité – bien que la classe dominante continue de révérer l'épouse principale – et enseigne les trois dépendances : le père, le mari, le fils aîné. Les seigneurs possèdent de vastes harems, gardés par des eunuques, et les gens aisés installent chez eux trois ou quatre épouses. Et ici voit-on l'utilité toute pragmatique du très spiritualiste (!) tao sexuel.

La pudibonderie traditionnelle empêche toujours le flirt des jeunes gens. Épouses et concubines sont recrutées par des entremetteuses. Les femmes ne se montrent pas nues à leur médecin : il y a pour établir le diagnostic de classiques poupées-statuettes. On ne s'embrasse ni ne se touche en public, même entre époux. Ce qui laissa longtemps croire aux ignorants étrangers que les Chinois ignoraient baisers et caresses : stupidité de diables blancs. Car dans la chambre conjugale tout est permis.

Comment avoir la paix en ménage polygamique ? En ménageant les forces de l'homme, de façon à ce qu'il fasse très régulièrement jouir ses épouses, au cours de la même séance. Ses exercices mystiques assidus l'ont entraîné à l'art de la retenue spermatique – il n'est pas exclu qu'une mini dose d'opium, n'entravant pas l'érection mais détachant suffisamment des stimuli sensitifs externes, ne vienne en aide à sa haute spiritualité. Grâce aux cajoleries de ses chéries, le pic de jade se dresse hardiment vers le ciel. L'un après l'autre, les vallons humides sont visités jusqu'à satisfaction, et le seigneur peut aller se coucher – ou finir sa pipe. Si le besoin s'en est fait sentir, il a arrosé de pluie le dernier calice doré. Mais, pinçant judicieusement le point *P'ing Yi*, un pouce au-dessus du mamelon droit [33], il peut se retenir encore au cours du quatrième round, et faire remonter son sperme jusqu'au cerveau *(figure 34)*. Ainsi ne dilapide-t-il pas son précieux yang.

L'astrologie chinoise venait aussi au secours de ceux qui tenaient à économiser leur dépense spermatique ; elle établissait un calendrier fort compliqué, avec jours bons ou mauvais pour la fornication, les « mauvais jours » étant ceux (bienvenus) du repos pour le mâle.

*
* *

Les premiers manuels du sexe furent rédigés sous la première dynastie Han (établie vers – 220), mais il fallut attendre la dynastie T'ang (+ 618 à + 907) pour que soient largement répandus les livres permettant de cultiver l'art de la chambre à coucher. Ils furent nombreux, et il s'en écrivit jusque sous les Ming (établis en + 1368).

Ces traités de fornication domestique s'inspirent évidemment du tao sexuel et se montrent assez stéréotypés. Stéréotypie formaliste usant

32. C'est une des maladies sexuelles imaginaires dont les malheureux humains se plaindront.
33. Van Gulik, *ibid.*, p. 251.

Figure 34
Voies énergétiques du Tao

ironique *(figure 35)*, respectant la modestie anatomique des organes génitaux externes « célestes ». Une locution chinoise désabusée déplorait presque l'importance démesurée que la vulve, ce petit *pouce carré* [35], pouvait occuper dans la vie humaine... Le clitoris « jaune » est aussi de toute petite taille, ce qui n'empêche pas ce « cœur de la fleur » d'être fonctionnel. Mais si les Chinois n'ont jamais commis l'ignominie de l'excision, ils semblaient redouter fort de voir l'organe grossir, par exemple sous l'influence des phases de la lune, comme en témoigne le « conte de la nonne débauchée », pseudohermaphrodite confondue par la langue cunnilinctique d'un chien [36].

Sous une forme plus enjouée (spirituelle !) de bons conseils d'instruction érotique étaient fournis par le célèbre *Livre de la fille de candeur* (+ 200).Cette personne avisée prodiguait son enseignement en compagnie de ses acolytes, la *fille aux cheveux de jais* et la *fille choisie*. Trinité futée toujours des mêmes périphrases pour nommer les parties délicates : *pic* ou *tige de jade* (la verge), *porte de jade, cordes de la lyre* (les lèvres vulvaires), *précieuse porte, grotte de cinabre, fosse dorée* (la vulve et le vagin), *terrasse du joyau* (le clitoris – aussi la *langue de poulet*), *nuages* (mouillure vaginale), etc. Néanmoins souci poétique louable pour des locuteurs monosyllabiques – tout au rebours de notre expéditif monosyllabisme érotique con-cul-cas-vit [34]. Et non moins louable souci de munir les jeunes mariés d'indications pratiques plus documentées que nos pudibonds conseils de père et mère de famille bourgeoise, à la veille des noces chrétiennes.

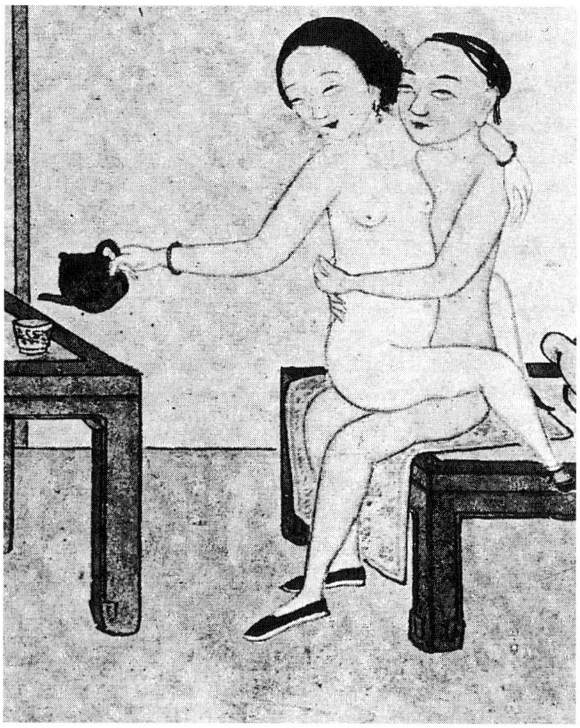

Figure 35
On prend le thé en même temps

Ces livres de recettes étaient souvent illustrés, ce qui permettait d'avoir des modèles pour les nombreuses postures préconisées, aux noms plus alambiqués les uns que les autres. Leur effet apéritif n'en était pas méprisé, anticipant sans fausse honte sur les revues érotiques BCBG disponibles en Occident à la fin du XXe siècle, après des siècles de censure cafarde.

À nos yeux contemporains, ces illustrations paraissent d'un réalisme assez peu égrillard voire

34. Du latin : *conculcavit* ! Matière de bréviaire, aurait dit Rabelais.
35. Van Gulik, p. 116.
36. Van Gulik, p. 205.

instruisant « l'empereur jaune », représentant fort béjaune de la gent masculine.

C'est beaucoup plus tard, sous les Ming, que furent écrits les plus célèbres romans érotiques chinois, ceux dont les Occidentaux ont entendu parler : le *King Ping Mei* (XVe siècle), et le *Jeou Pou Touan* de Li You (1660).

À cette époque le tao « mystique » était tombé en désuétude, et les aventures du riche pharmacien, comme du jeune lettré, ne sentent plus que la bourgeoisie aisée. C'en était d'ailleurs fini, après bien des péripéties, de la grande tradition chinoise de la chambre à coucher.

*
* *

Le bouddhisme parasita la vieille Chine impériale sans trop changer les mœurs copulatoires intimes, puisque ses tantras sexuels ne faisaient que corroborer la doctrine tao. Avec moins de sollicitude pour la jouissance féminine : on ne demande à la femme que de mouiller du vagin, suffisamment pour que ses humeurs puissent être aspirées...

Le coup porté aux femmes fut bien plus terrible, quand s'instaura au Xe siècle la hideuse pratique du bandage des pieds – on en reparlera.

Autre vague antiféminine : la chape de pudibonderie qui s'établit pendant la domination mongole (1279-1367). On cache les femmes, et un regain de bigoterie puritaine touche aussi bien le confucianisme que le bouddhisme et le taoïsme. Comme d'habitude après les restaurations, le rétablissement des Ming (1368) ne fit que réactiver le moralisme national, et jusqu'à nos jours la censure la plus féroce frigorifia toute culture érotique chinoise.

Inutile de s'appesantir sur les horreurs du communisme, tout particulièrement chinois. Mais il faut quand même remarquer l'impudence que fut la confiscation de la bénéfique couleur rouge par les étendards marxistes, et combien perfide fut le retour des mauvais démons puritains chinois : la hantise de la masturbation et de la perte du sperme, la répression de toute privauté charnelle en public, la persécution obsessionnelle du flirt, etc. En 1950 une obscure petite secte taoïste attardée fut même exterminée par le maoïsme conquérant [37].

Les Chinois encasernés dans les villes et les champs ne pratiquent plus que *la misérable fonction érotique qui fut de tout temps celle de la majorité des illettrés*, paysans, coolies, peuple des jonques. Celle des pays jaunes et surpeuplés. La chasteté forcée, la prostitution à trois sous, le mariage convenu, les accouplements hâtifs surveillés par l'entourage et catastrophiquement fécondants – surpopulation que le maoïsme finit par combattre, après avoir nié ses dangers.

Le noble art de la retenue spermatique, excellent remède contre les familles nombreuses, ne fut jamais réservé qu'à une minorité citadine cultivée. Dans les campagnes et dans les banlieues, on pratiquait plutôt l'avortement et l'*infanticide* (l'abandon dans la rue). En attendant la séparation des sexes et des couples, et l'écrasement de toute vie individuelle sous la poigne du fanatisme marxiste. Celui qui prétendait, dans le délire commun à toutes les doctrines *de salut*, idéologiques ou religieuses, *forger le nouvel homme* – la nouvelle femme. Ceux qui ne se servent de leur sexe que sur autorisation du Parti. A la fin des années 1980, le PC chinois, après des lustres de puritanisme furibond, s'est vu dans la nécessité de confier à la ligue de la Jeunesse la diffusion – encore très prudente – d'une information sexuelle minima. Ne serait-ce que pour empêcher certains brillants étudiants de s'émasculer au couteau, "pour se consacrer entièrement à leurs études".

Fabuleuses délices de l'érotisme asiatique !

*
* *

La Chine a toujours connu une véritable médecine. Avec des praticiens qui n'étaient pas des gourous crasseux, et se considéraient comme des professionnels de santé. Leurs clients aisés les payaient... tant qu'ils n'étaient pas malades. Salutaire convention !

Il s'agit certes d'une médecine empirique, traditionnelle, mais ni plus ni moins rudimentaire que celle d'Hippocrate, et qui faisait grand emploi des simples. D'où un considérable développement de la pharmacopée. Enrichissant les apothicaires... comme le héros du *King Ping Mei*. Il exista cependant des traités théoriques, comme le tardif (IIIe siècle, le nôtre) Pao-Pou-Tzou, si « sérieux » qu'il fonda la médecine japonaise professionnelle.

37. Van Gulik, p. 125.

Le flétrissement de la puissance sexuelle masculine, *yin Wei* [38], est entré dans l'histoire avec le prince Toan, de la première dynastie Han (v. – 200). Encore plus redoutable, la médecine chinoise décrit *l'involution progressive de la verge*, jusqu'à disparition externe, montée au cerveau... et mort. Encore une maladie imaginaire, ou tout simplement le cancer du gland ?

Très rare en Occident, cet épithélioma de la verge représente 20 % des cancers masculins asiatiques. Et il survient toujours, triomphe des amputeurs de prépuce, *sous un phimosis*. Un phimosis de 40 ans d'âge !, ayant encrassé le gland de smegma.

Les Asiatiques xanthodermes n'ont jamais coupé leurs petits enfants... ceux qu'ils ne jetaient pas aux cochons. Probité remarquable en Chine, où l'on se délectait fort, par ailleurs, de supplices adorablement raffinés et de savants découpages en mille morceaux. Même dans les contrées contaminées par l'islam, par exemple en Annam chez les Beni Cham, la circoncision n'était que simulacre, effectuée avec un couteau en bois [39].

Les Chinois ont donc toujours conservé leur prépuce, mais ils apparaissent bien négligents du décalottage. Comme quoi toutes les mères rurales n'avaient pas pour leurs garçons les attentions d'hygiène, voire plus, des nounous (amah) citadines pour gosses de riches [40]. Comme quoi l'hydrothérapie savonneuse de la verge était insuffisamment répandue, malgré le barbotage dans les rizières et le développement des célèbres maisons de bains de style siamois [41]. Comme quoi de nombreux chinois mouraient vierges ; n'ayant jamais eu l'occasion, pour les bloqués du prépuce, d'exposer leur gland trop serré à la pénétration intravaginale, qui décoince plus ou moins douloureusement, et oblige à prendre des mesures chirurgicales. Quarante ans sans décalotter, il faut le faire !

L'impuissance ne conduit pas à la mort aussi vite que le cancer, mais elle n'en était pas moins redoutée. En particulier de ces vieux riches qui peuplaient leur gynécée de tendrons. Et se bourraient d'aphrodisiaques de toute sorte. Dans un pays dont la cuisine est par principe fortement épicée (pour faire passer le goût du plat !) et dont les pharmaciens étaient quelque peu... épiciers. On sait ainsi la voracité chinoise pour la corne de rhinocéros, et l'extermination qui s'en suivit.

Des remèdes plus classiques étaient proposés dans les pharmacies honnêtes, selon des recettes fournies par les médecins ; dont ceux rédacteurs des manuels du sexe, qu'on pourrait déjà traiter de sexologues, comme Maître Tong Hsuan. Trois préparations magistrales étaient particulièrement réputées. Deux recettes bandatives, la *potion de poulet chauve*, *la potion de corne de daim*, et cette *pommade à faire grossir le pénis* dont les constituants étaient mélangés à l'extrait du foie d'un chien blanc tué au cours du premier quartier de lune [42]...

Bien sûr, on peut louer, dans l'art de la chambre à coucher, les vertus préventives, envers l'impuissance fonctionnelle, de la pratique coïtale régulière avec entraînement érectif prolongé. Les médecins chinois classiques, et *a fortiori* taoïstes, comme le célèbre Soen-Sse-Mo, insistaient sur l'effet bienfaisant des exercices coïtaux scrupuleux à partir de la quarantaine. Il faut aussi saluer l'intuition physiologique de la concurrence sensitive, entre plaisir et douleur, qui évite l'éjaculation prématurée. Se pinçant hardiment tel ou tel point de la surface cutanée on fait refluer les sensations érogènes et on garde intacte la fierté de la tige de jade. Ces points étaient aussi sollicités par la pose de moxas, de façon moins convaincante puisque l'éjaculation prématurée ne peut se corriger, par des manœuvres sensitives, que de façon extemporanée. Mais *la compression de l'urètre*, l'authentique *squeezing*, était déjà préconisée depuis longtemps en Chine [43]. En fait, l'appoint le plus pittoresque de la médecine chinoise fut évidemment la pratique *de l'acupuncture.*

La technique aurait derrière elle quarante siècles, disent ses adeptes. Elle consiste à piquer la peau avec de fines aiguilles, de pierre, d'os, de

38. On remarquera qu'en vieux chinois, comme en vieux français, le sexe, *yin*, était à la fois un terme global et la désignation de la féminité.

39. Que ne fait-on de même, aux petits juifs d'Occident !

40. Cf. Lucien Bodard, *Monsieur le Consul*, *op. cit.*, p. 42.

41. Encore aujourd'hui, malgré les lumières du marxisme-léninisme, un Chinois sur deux ne se lave pas les dents : Mikaïloff, *op. cit.*, p. 180

42. Van Gulik, pp. 175-176. Constituants végétaux : *boschinakia glabra, schizandra sinensis, cuscuta japonica, polygala japonica, cridium japonicum, plantago major, salicorne.* Les botanistes occidentaux ne manifestent guère d'enthousiasme quant aux vertus bandatoires de ces simples.

43. Van Gulik, p. 251.

bois, puis de métal, en or pour les riches, en acier inoxydable pour les Occidentaux. On les enfonce en suivant des *méridiens*, qui sont la transposition, sur le corps humain, des forces énergétiques de l'univers (pas moins !). Le taoïsme corrobore la théorie, le corps étant lié à l'énergie yin de la Terre, tandis que le cosmos, le Ciel, dépendrait du yang.

Il existe des méridiens pour tous les organes et fonctions. L'appareil génito-urinaire dépend du *méridien des reins*, situé entre le méridien de la rate et celui du foie. Il commence au bord interne de la plante du pied, remonte le long de la face interne de la jambe puis de la cuisse, se poursuit sur la face antérieure du ventre et du thorax, à deux travers de doigt de la ligne médiane, se terminant sous la clavicule *(figure 36)*. Il y a aussi des points « érotiques » dans la paume de la main et au pli du coude. La stimulation régulière du méridien guérit (évidemment !) tous troubles urinaires et sexuels...

À défaut de faire du bien, la pratique ne fait guère de mal. Elle peut soulager les appréhensions de certains malades fonctionnels, elle peut laisser croire aux fatigués du sexe qu'elle ramènera leur appétit. Comme le Yoga, cela « vient de l'Orient mystérieux » : les aiguilles *(figure 37)* ont certainement un pouvoir magique... au moins sur les gens impressionnables. Tant mieux pour ceux qu'elles aident. Tant qu'elles ne les privent pas de la vulgaire médecine organique occidentale.

PEINES JAPONAISES

Les Chinois ont appris aux Nippons à écrire. Ils leur ont aussi appris la médecine... et l'astrologie. Avant de leur infliger le bouddhisme, d'ailleurs vite japonisé. Ils leur ont heureusement laissé sécréter leur propre mythologie. Ce *shinto* polythéiste-panthéiste aux rituels aussi peu encombrants, finalement, que la religion d'État romaine. Si Freud, monomythomaniaque de l'universel Œdipe, avait bien connu la mythologie japonaise, elle l'eût beaucoup gêné au moment de sécréter ses élucubrations psychosexuelles.

L'inceste théologal fait certes partie des mythes, mais entre frère et sœur. Izanama et sa sœur Izanagui copulent joyeusement, instruits par un couple de bergeronnettes, pour faire surgir de l'océan les îles filles de l'Archipel et toute la création. Il y a bien un dieu du soleil mais, sacrilège, lèse-majesté phallique, c'est une déesse, la grande Amaterassou. Enfin, comble de l'antifreudisme, la vue du sexe de la femme ne répand pas la terreur, mais une saine gaieté [44] *(figure 38)*.

Amaterassou était partie pleurer dans une grotte, privant le monde du soleil, la disparition d'une de ses chères servantes. Cette fidèle tisseuse s'était blessé le sexe lors d'une espièglerie outrancière du divin frère Souzanovo. Avec un de ses

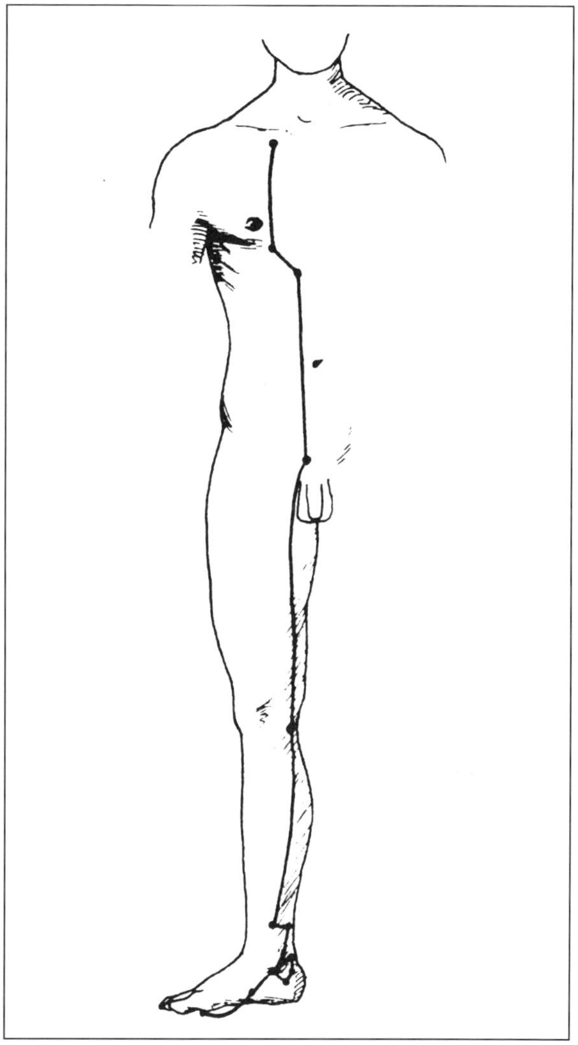

Figure 36
Méridien des reins

44. Je n'ai évidemment rien compris à l'ambivalence des sentiments. Il doit s'agir d'un *rire jaune* plein d'angoisse !

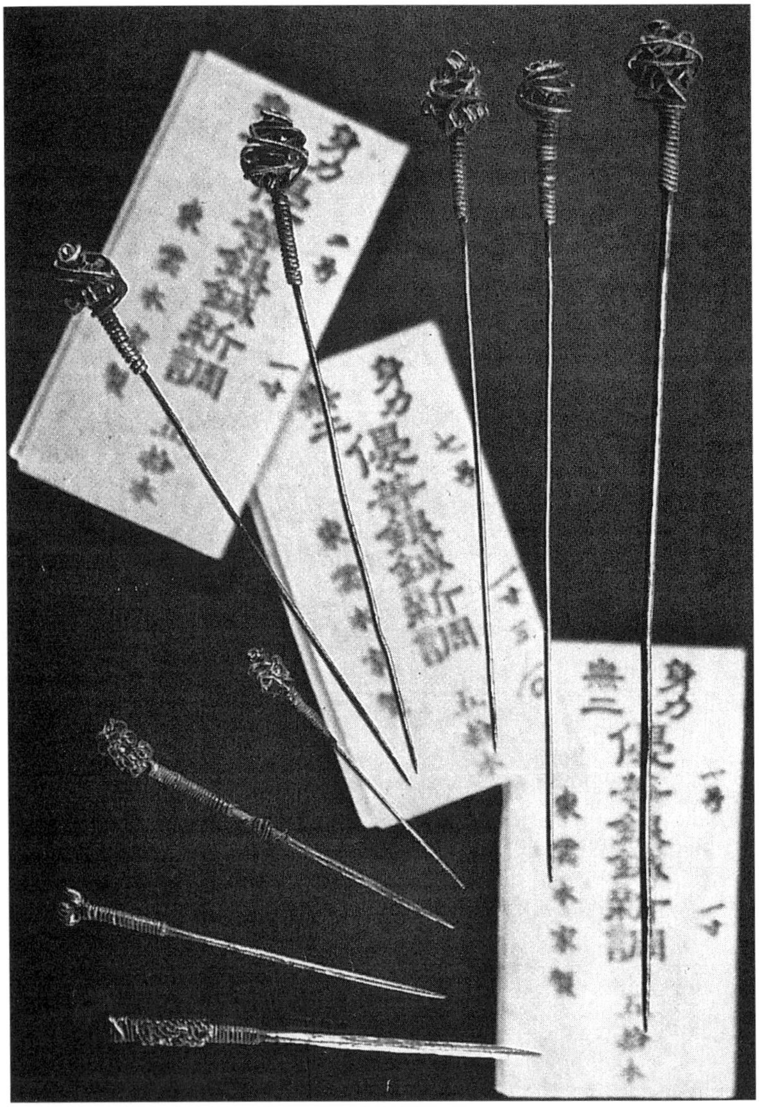

Figure 37
Aiguilles d'acupuncture

fuseaux (comme la belle au bois dormant !). Elle en mourut [45], provoquant le chagrin de sa maîtresse. L'univers serait resté dans le noir si des centaines de génies *Kami* n'étaient allés demander l'aide de la grande rivale d'Amaterassou, la déesse du ciel Ama-No-Ouzoumé. Ils disposèrent un miroir devant l'entrée de la grotte, et demandèrent à cette auguste personne de bien vouloir danser. Elle exécuta un superbe numéro de strip-tease sacré, finissant par exposer largement sa vulve de déesse aux assistants. Sublime spectacle, qui fit éclater d'un rire béat tous les génies présents [46]. Intriguée par cette bruyante allégresse, Amatérassou mit la tête à la fenêtre. Le miroir lui renvoya sa resplendissante image, qu'elle prit pour la vue d'une concurrente. Vexée, elle ne put s'empêcher de sortir, et de répandre à nouveau sur le monde les bienfaits de ses rayons solaires... Comme on aimerait que les mythes, qui ont si souvent ligoté la liberté humaine, soient toujours de ce style réjouissant !

45. Les amateurs de littérature galante évoqueront ici l'étrange blessure de l'héroïne du *Malheureux petit voyage*, de Gabriel Soulages (ignoré du Robert).

46. La Baubo des grecs antiques déclenche une même gaieté en offrant le même spectacle à Déméter cherchant sa fille.

Figure 38
La prêtresse d'Isé Saïko-jo s'exhibe au garde du sanctuaire, Takiguchi-No-Musha

Le shinto n'impose aucune entrave dogmatique, et ne demande que quelques cérémonies et sacrifices symboliques... on se croirait vraiment à Rome.

C'est ainsi à la joyeuse bimbeloterie sexuelle romaine que fait penser la profusion d'objets phalliques et vulvaires servant de porte-bonheur, colifichets, amusettes. Cousin nippon du gallo-romain au bardocucullus *(figure 39)*, un petit personnage phallique est le héros d'une des plus vieilles bandes dessinées du monde *(figure 40)* – il aura une nombreuse progéniture *(figure 41)*. Des masques de théâtre portaient un nez phallique [47], et c'est une mitre résolument phallique que certains danseurs sacrés se mettent toujours sur la tête, pendant le festival de Gamagori *(figure 42)*.

Si le phallus est ainsi gagnant quant au nombre d'images, d'*ex-voto*, d'objets du culte, toujours portés en procession, les représentations vulvaires, d'une louable réalisme, prolifèrent de façon extraordinaire. On peut même voir en statuette l'affreux misogyne Bouddha, avec sa tête phallisée, méditer devant la porte d'or de la vulve *(figure 43)*, et la grande déesse Kannon, importée avec le bouddhisme [48], est régulièrement statufiée montrant sa fente vulvaire et son clitoris *(figure 44)*, comme Ama-No-Ouzoumé – comme Baubo.

Pour qui considère de l'extérieur cette imagerie traditionnelle, pour qui a entendu parler de ces bains mixtes où hommes et femmes barbotent nus dans l'eau tiède, le Japon serait donc bien un de ces paradis orientaux du sexe qui ont toujours fait saliver d'envie les christianisés. Encore un rêve.

Au moins deux Japons, si ce n'est trois, s'opposent quant au sexe.

---

47. Ceux qui ont lu, en son temps, *le Tour du monde en 80 jours* (chapitre XXIII), ont appris l'existence de cette troupe d'acteurs, les *long nez-long nez*, dont l'appendice postiche était évidemment phallique, détail ignoré des petits lecteurs de 1873 – et même probablement de Jules Verne.

48. Elle est la nipponisation de la déesse hindoue Avalokitesvara. Lesoualc'h, p. 34.

Le Japon des campagnes, pendant des siècles, semble bien avoir bénéficié d'un assez grand libéralisme érotique, frais et joyeux [49]. Quand les bagarres entre féodaux et les razzias de samouraïs laissaient les paysans en paix. Au milieu des autels phalliques et des chapelles vouées aux déesses de fécondité, ornées d'*ex-voto* explicites : qu'ils remercient pour la guérison d'une peine de sexe ou qu'ils l'implorent, leur réalisme est quasi paléolithique *(figure 45)*. On faisait l'amour de bonne heure, et les jeunes filles nubiles étaient vite déflorées, soit par un prêtre (doux ministère !) soit par les jeunes gens du village. On se donnait du bon temps avant de se marier, quitte à avorter ou à recourir à l'infanticide, si commun « dans ces pays » en cas de grossesse indésirable.

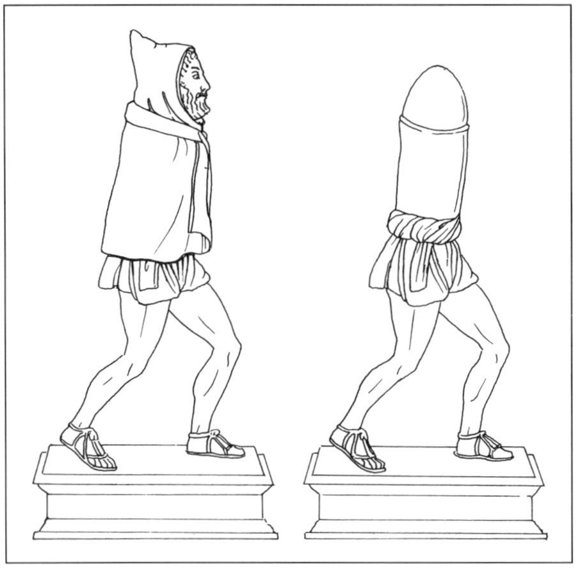

Figure 39
L'homme au bardocucullus

« La chasteté pèse aux femmes », dit un poème du recueil *Manyo-Shou* daté du IXe siècle (le nôtre), et les épouses devaient avoir « leur ration » de contentement charnel. Jusqu'au VIIIe siècle, de très classiques cérémonies agrestes de fécondité incitaient aussi les ruraux à forniquer de conserve en plein air. Plus original, le jeu de *dobinsagué* était une joute d'érection. Deux camps de jeunes hommes s'affrontaient (des coqs de village !), encouragés par les leurs, mais houspillés par les supporters de leurs adversaires. Le sexe à l'air, ils devaient garder leur érection le plus longtemps possible, et la victoire revenait au camp dont un membre avait débandé le dernier.

Dans ces contrées sans carême ni vigiles de fête, les seules restrictions furent apportées par les considérations ésotériques de l'astrologie chinoise. Introduite sous forme d'Almanachs, dans les années + 600, on a vu qu'elle indiquait les jours fastes ou néfastes pour la copulation, au grand dam des bons nippons agacés par ces prescriptions étrangères.

Figure 40
Le petit poucet phallus

49. J'avais préfacé, pour l'éphémère Librairie Trismégiste, un recueil de fort plaisantes « histoires de cul » du Japon rural, *Le Rire dans la sexualité japonaise*, de Howard S. Levy. Le texte figure désormais dans mes *Fausses nouvelles et histoires vraies*, éditions du Panthéon, 1993.

Figure 41
Bande dessinée érotique. La guerre des sexes

Figure 42
Masque à mitre phallique de prêtre pendant le festival d'art sacré de Gamagori

Figure 43
Bouddha (?) phallique en méditation devant la Porte d'or de la vulve (à double clitoris)

À l'autre bout de l'échelle sociale, la Cour impériale profitait manifestement de ces mœurs « dissolues » que les puritains révolutionnaires ont toujours imputées à crime aux aristocrates. On y lisait beaucoup les livres érotiques, on se régalait de leurs illustrations, et on organisait même des concours d'estampes (japonaises !). Les Nippons ont toujours eu la fibre compétitive.

Ces fameuses estampes sont une tradition plus que millénaire. Les premières restaient encore dans le style chinois prosaïque, mais rapidement se dégagea une facture japonaise, avec ses écoles, ses maîtres, ses élèves. La production originale ne prit fin qu'avec l'ère Meïji (1868), lorsqu'il fallut éviter de choquer les intrus étrangers suivant le

Figure 44
La déesse Kannon

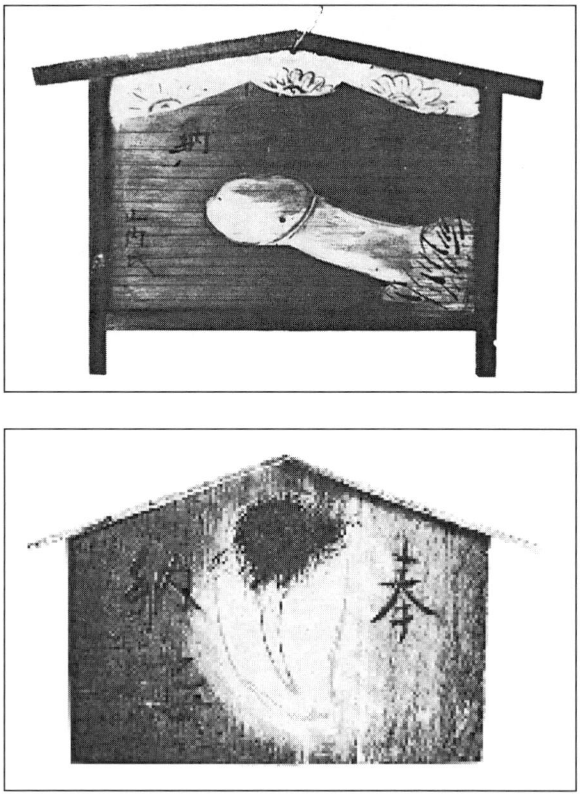

Figure 45
Ex-voto (émas) phallique et vulvaire

Commodore Peary après 1854. De même les cultes phalliques ruraux furent-ils supprimés en 1872... dommage, car ils n'empêchaient pas la scolarisation.

Hokoussaï (1760-1849), Outamaro (1754-1806) sont connus même des Occidentaux. Célèbres ou non, les artistes s'en sont donné à cœur joie pour figurer de vigoureux accouplements, cunnilinctus, mains de bonheur (mais pas de fellations !). Avec une fougue, une force graphique uniques au monde. Comme sont très singulières trois particularités troublantes, alors même qu'il ne s'agit, le plus souvent, que des galipettes d'un pourrait-on dire fort sage couple d'hétérosexuels adultes.

Première singularité : le port de copieux vêtements. Ces messieurs et ces dames exposent largement leur entrecuisse dénudé, mais restent revêtus, au moins du tronc, n'ayant rien ôté, en plus, de leurs coiffures emberlificotées avec peignes, bigoudis, rubans, nœuds-nœuds, etc. *(figure 46)*. Frappant contraste, qui semble émoustiller des gens pour qui la nudité ne servirait qu'à l'hygiène hydrothérapique : d'où la tranquillité des baignades mixtes. En fait, l'explication semble toute bête : il fait froid en hiver au Japon, et les « pièces d'amour » étaient très probablement insuffisamment chauffées, par les radins proprios de bordel. Ayant dénoué leur traditionnel obi, les copulantes gardent ainsi leur pesant mais bien chaud kimono, ce qui les contraint à rester quasi toujours allongées. Le plus classique manuel du sexe, *Le Guide de l'oreiller* (1660), indique certes 48 positions, mais les femmes n'y jouent guère les Andromaque – nous sommes loin des contorsionnistes hindous.

Deuxième singularité : la taille faramineuse des organes copulatoires *(figure 47)*. Des phallus gigantesques par la longueur et le calibre, parcourus de veines, de nodosités impressionnantes. Des fentes vulvaires aussi grandes que le ventre, d'où sortent en bouillonnement quasi volcanique capuchon et nymphes aux replis extravagants – hommage hyperréaliste unique au monde à ces attributs spécifiquement féminins. Un tel gigantisme est surprenant quand on connaît l'habituelle discrétion anatomique des nippons et surtout nippones « moyens » quant aux parties génitales.

Figure 46
L'amour avec des bigoudis

Figure 47
Gigantisme génital

Chez un de ces peuples xanthodermes dont les signes secondaires de la différenciation sexuelle, en particulier pileux, sont parmi les moins accusés de la surface du globe – d'où la facilité du travesti. Tout ceci écrit sans offense ! C'est même justement cette – relative – absence de contraste qui rend chastes les bains communautaires, hommes, femmes, enfants... domestiques.

En fait, comme tous leurs frères et sœurs humains les Japonais en amour, en proie aux répercussions subjectives de la réaction sexuelle, ont l'attention accaparée par les messages érogènes de leur entre-deux. L'importance croissante du retentissement sensitif délectable envahit progressivement le paysage mental, ce qui donne à tous les humains en route vers l'orgasme l'impression que leurs organes jouissant grandissent... à plaisir. Ces peintures emphatiques de l'œuvre de chair seraient donc un reflet de l'« âme ». Fine psychologie extrême orientale.

Troisième singularité : l'identité des copulants. Inutile d'insister sur la « parfaite tenue » des participants masculins, hommes dignes, propres, bien habillés, bien coiffés – difficile à dire, le plus souvent, s'ils sont aristocrates, riches paysans ou bourgeois – le « travailleur ouvrier » n'y figurant pas. En face d'eux, les femmes aussi bien mises jouissent avec intensité et pâmoison sans rien perdre de leur dignité. S'agit-il donc, comme dans les images chinoises, de leurs chères épouses ? Sûrement pas.

La classe moyenne japonaise, bourgeois, commerçants, libéraux, fonctionnaires, etc., a toujours tenu ses femmes en stricte sujétion. On ne s'envoie pas en l'air à la maison, et les épouses les plus huppées de la haute bourgeoisie ont pu tenir la frigidité pour un signe de distinction. On ne les baise que pour assurer la descendance. Comme elles ne savent, en plus, ni flatter les hôtes, ni chanter, ni jouer du chamissen, ni tenir une conversation choisie, des hôtesses rémunérées spécialement dressées-instruites agrémentaient, agrémentent toujours les réunions d'honorables nippons, en repas d'affaires ou en réception d'amis-d'associés *(figure 48)*. Et pas de privautés sur ces *geishas*, sinon en payant un gros supplément – à des tarifs de prince russe [50].

Les femmes en amour des estampes érotiques, belles et jeunes, voluptueuses et épanouies, bien habillées et bien maquillées, toujours si bien coiffées qu'elles ne peuvent ni trop gigoter ni pratiquer la fellation [51], ne sont pas les héroïnes de romans conjugalo-sentimentaux se livrant enfin à l'ardeur de leurs convoitises charnelles. Ce sont des putains, des courtisanes, des *oïranes*.

Troublant et unique phénomène, que ces prostituées *qui jouissent avec leur client*. Ramassées enfants-adolescentes un peu partout, et bien sûr dans les campagnes, elles passent leur vie dans les bordels des grandes villes, maisons de thé, *maisons vertes*. Proprement dressées à la jouissance masculine, mais aussi féminine, instruites dans l'art de la copulation par l'observation *in vivo* (grâce à des trous dans les cloisons) et les manuels théoriques, elles formaient une catégorie très particulière de professionnelles du plaisir partagé. Ne s'abandonnant pas à tout venant, mais ayant leur pratique régulière, voire un amant unique, avec lequel elles entretenaient des rapports sentimentaux fort classiques... à l'image, toutes proportions gardées, et la liberté en moins, des cocottes du second Empire, ou des grues de la Belle Époque. Délectable symbole de désir et d'amour partagé entre civilisés bien tenus de la

Figure 48
Honorables geishas

50. Ou de premier ministre, ce qui provoqua un beau scandale en 1989.

51. On peut s'amuser de l'identité de situation d'une putain bretonne, travaillant mi-couchée pour ne pas gâter sa coiffe amidonnée, dans le film de Joël Séria, *Les Galettes de Pont-Aven* (1975).

bouche et des dents, *le baiser (figure 49)* abonde dans les estampes japonaises.

Des hommes de tous états, pourvu qu'ils puissent payer (ce qui exclut évidemment les malheureux travailleurs-paysans) formaient la clientèle fixe des honorables maisons de prostitution, dont on était sûr que le docile « cheptel » ne sortirait pas. Ces établissements atteignirent leur apogée pendant l'ère Edo, sous les Togoukawa (1603-1868) – bien entendu l'institution s'éteignit avec l'avènement de l'ère Meïji. Le quartier réservé de Tokyo, Yochiwara, avait pu compter, à sa grande époque, très exactement 5 072 oïranes. De quoi satisfaire l'appétit de plaisir, et le pouvoir érotique, de nombreux honorables clients. Mais certainement pas de tous ceux qui ne jouissaient que chichement dans leur domestique.

Les fleurs de raffinement charnel des maisons vertes ne doivent pas nous éblouir. À côté des coûteuses poules de luxe pour l'élite il exista, il existe un Japon de la prostitution « commune », toujours active et prospère, celui des filles pas cher, celui des modernes « grands magasins » sexuels où l'on propose toutes sortes de prestations, celui des strip-teases se terminant par l'écarquillement vulvaire de l'« artiste » – sans la noblesse de la divine Ama-No-Ouzoumé !

Japon héritier de celui qui choqua tant François Xavier : débarqué en 1549 il en dénonça illico les trois grands crimes : *sodomie, idolâtrie, avortement*. Il faut d'ailleurs saluer, là aussi, une remarquable résistance au terrorisme pleurnichard du christianisme [52] : elle permet, *hic et nunc*, des spectacles érotiques « sacrilèges », prêtres catholiques progressivement débauchés, nonnes jouant les effeuilleuses [53], etc. Quant au bouddhisme, devenu *zen* il fut phagocyté par la culture nippone résolument polythéiste, qui tempéra son stupide ascétisme. Là comme ailleurs les bonzes interdits de femmes se livraient joyeusement à l'homosexualité et même sollicitaient des putains pour leurs couvents *(figure 50)*.

Pendant ce temps le Japon de la « bonne société » a respecté sans faille un moralisme puritain et même pudibond : à l'heure où j'écris demeure le ridicule interdit, tombé en Europe en 1969, concernant l'apparition des poils sexuels sur les films et photographies en vente libre. Avec le résultat habituel, censurés le cinéma et les revues érotiques d'Occident, de favoriser les

Figure 49
Baiser sur la bouche

52. Mendes Pinto, qui a suivi François Xavier au Japon, nous conte ses débats avec les bonzes hostiles à la religion révélée du dieu fait homme. On s'amusera de voir qu'il ne nous fournit pas – soi-disant par incompétence – les arguments utilisés par le missionnaire contre des objections finalement fort sensées, *Pérégrination*, *op. cit.*, chap. 213.

53. Lesoualc'h, p. 226.

Figure 50
Le bonze et la putain

documents culturels et les spectacles sado-masochistes, autant que la pédophilie photographique des petites filles – et Dieu (!) sait, pourtant, combien discrète se montre la pilosité pubienne des grandes filles japonaises... Le tout reposant sur une profonde misogynie, dont on reparlera.

Les humbles épouses ont toujours été les humbles servantes du maître de maison, même longtemps après la réforme du Code de la famille en 1946, sous l'influence des vainqueurs américains. Et avant d'être mariées, les honnêtes jeunes filles n'avaient aucune liberté ni de sexe ni de cœur. Les pères tombés amoureux de leur oïrane ne toléraient pas une telle licence chez leurs filles, et à la fameuse époque Edo, qu'on a pu trouver si « hédoniste », les couples de jeunes gens aux amours non agrées par la famille préféraient le fréquent et très classique *double suicide* à la séparation – d'ailleurs s'ils avaient « fauté » ils étaient de toute façon mis à mort. Tristes amours jaunes !

Le mariage convenu tombe à peine en désuétude, qui avait toujours interdit l'union avec un étranger : elle demeure fortement blâmée. Ce sont les vilains longs nez d'occidentaux « caucasiens » qui se font traiter de racistes, alors que les marieuses japonaises ont si bien préservé la race que les nippones portent toujours, dans les rues de l'archipel et en tout lieu fréquenté par l'honorable tourisme japonais, le même visage que les belles pâmées de Yochiwara...

*
* *

Suprêmement déshonorante humiliation, pour un fier sujet du Mikado, que l'impossibilité de relever son sabre phallique... La médecine japonaise traditionnelle ne s'est guère distinguée dans le souci de remédier scientifiquement aux pannes érectives. Pourtant l'athérome des artères sexuelles a dû toucher de toute antiquité ces nippons qui se délectent d'épices, de nourritures dangereuses et bien trop salées : des poisons pour le système cardio-vasculaire, pour la physiologie de l'érection.

La médecine chinoise s'introduisit au Japon au VIIIe siècle, avec le Pao-Pou-Tzou, qui datait déjà de cinq siècles... Tamba Yassouyori, premier médecin japonais signalé, s'en inspira pour écrire son propre traité, le *Ichinho*. Un copieux chapitre y était consacré à l'activité érotique. Il donnait des directives de totale soumission à l'époux, mais aussi des conseils contraceptifs, toujours utiles dans un archipel exigu. Quant aux pannes d'érection, il devait proposer de les soigner avec les classiques remèdes de la médecine chinoise, potions, aiguilles, moxas.

Non moins classiquement les Japonais usèrent des aphrodisiaques, des condiments, avec une prédilection pour la peau de poisson, la bave de renard (!), et les lézards d'eau. Desséchés, ils étaient vendus deux par deux (comme les gendarmes de nos épiceries), grillés, pilés, et mis en potions. On en trouvait chez tous les apothicaires. En particulier ceux des quartiers réservés, qui vendaient aussi tout ce qu'on l'on demande actuellement aux sex-shops, des revues « cochonnes » illustrées aux gadgets les plus variés.

L'ingéniosité japonaise s'est ainsi signalée par la confection de « bricoles » et accessoires érotiques *(figure 51)*, parfois fort judicieux. Pour les femmes de très classiques boules birmanes, des olisbos de toute taille, parfois doubles... on en reparlera.

Le plus intéressant concerne les messieurs qui utilisaient, déjà, des préservatifs en forme de calotte creuse, à se poser sur le gland, et des lacets et anneaux favorisant l'érection : les Japonais connaissaient donc l'efficacité du garrot veineux. Une lanière confectionnée avec la tige d'une plante ligneuse, le *zuiki*, pouvait se lacer autour de la verge comme une bande molletière *(figure 52)*. Des anneaux formés de grains de chapelet (!) serraient la verge soit à sa base, soit derrière le gland. Dans les deux cas le piège sur le sang veineux remédiait aux érections instables, tandis que le surcroît de volume introduit comblait les vagins distendus.

Pour les cas « désespérés », faute d'avoir inventé les prothèses internes, les sex-apothicaires japonais proposaient des « corsets externes ». Ces sortes de gaines, en forme de phallus creux, évidées du bout, étaient confectionnées en écailles de tortue, ou en jade *(figure 53)*. Tiédi, lubrifié puis disposé autour de la verge défaillante, l'engin permettait l'introduction vaginale. Au chaud, la verge pouvait gagner quelques degrés d'érection, la partenaire était au moins mécaniquement pénétrée, et le gland débordant de l'extrémité antérieure pouvait recevoir de suffisants messages sensibles pour procurer l'orgasme. Tout le monde (!) était ainsi contenté, sans tous les tracas et frais de la chirurgie de l'impuissance...

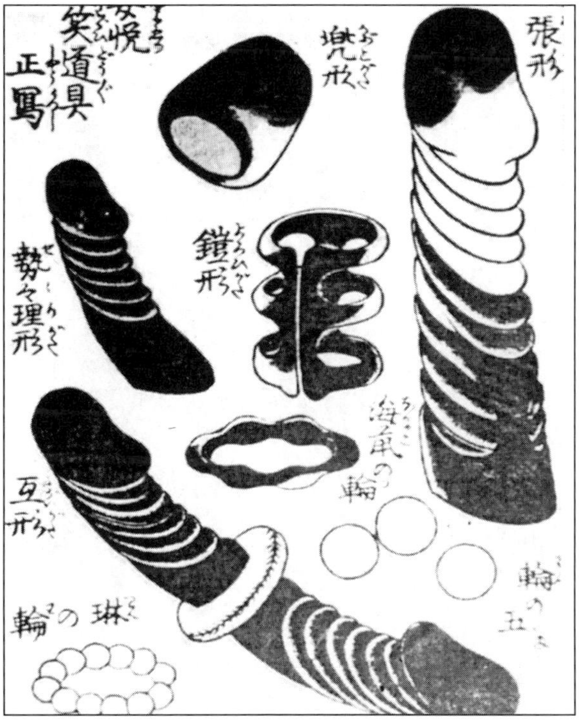

Figure 51
Gadgets érotiques japonais. Olisbos simple et double. Gaine péripénienne. Anneaux. Boules birmanes. Préservatif distal

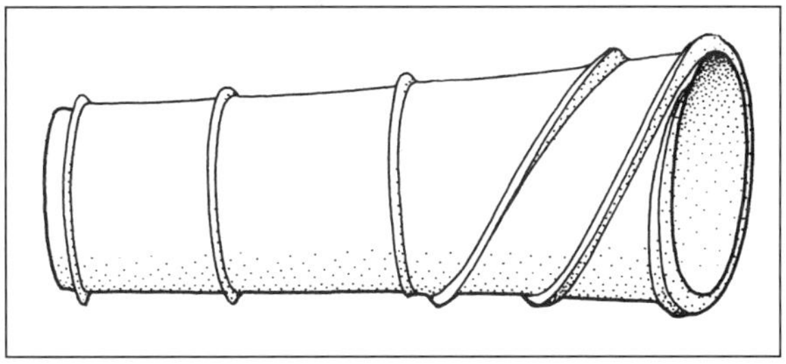

Figure 53
Etui péripénien en jade

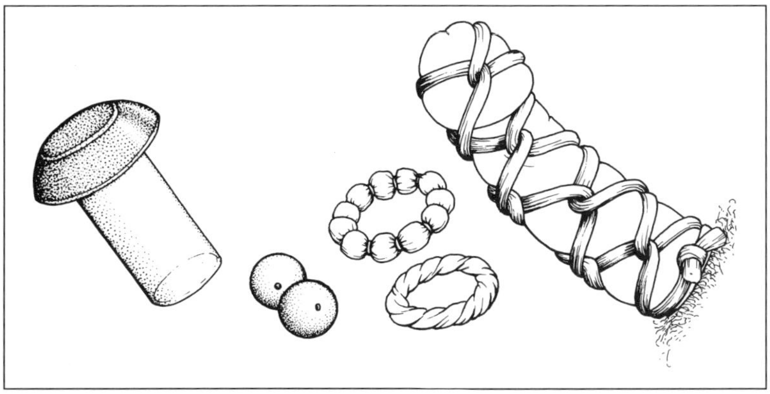

Figure 52
Gadgets érotiques japonais. Lacets de zuiki

ÉCRIVANTS CLASSIQUES

Un beau jour se produisit le miracle grec. Le premier au monde, un peuple comprit que l'intelligence humaine pouvait non seulement rendre compte de ce monde, mais avoir prise sur lui. Qu'elle pouvait servir à autre chose que de fabuler mythes et cosmogonies ésotériques, à autre chose que d'embaumer les pharaons défunts, à autre chose que

D'élever à ces dieux, de toute vie jaloux,
Les sinistres autels de hideux sacrifices.

Du langage propre aux humains, du verbe organisateur de la pensée, du λογος naquit la logique. L'arme consciente du raisonnement put s'appliquer en premier lieu à la rationalité du monde objectif, concret, visible, palpable, *mesurable*. La *mesure*, cet autre propre de l'homme, devint – το μετριον – la vertu par excellence. Son contraire, la démesure,υδρις, était reconnue l'universel agent de la provocation et du malheur.

Un degré important fut franchi lorsque les Grecs à la langue fleurie la transcrivirent grâce à un alphabet fidèle et complet, comportant enfin des voyelles – vers – 800. Le parler harmonieux des Hellènes, leur écriture précise, élégante et racée, se séparaient ainsi des inscriptions hérissées de consonnes de l'Orient, des langages gutturaux proférés par les *barbares* – ceux qui bafouillent.

Ainsi naissait, aux rives nord de la Méditerranée, une culture dont le flambeau, repris en mains – non sans péripéties – par Rome, éclaira et pacifia le monde occidental pendant plus de mille ans. Jusqu'à la catastrophe planétaire, oui, planétaire, qui fit s'effondrer l'Empire romain, hélas christianisé. Il fallut ensuite mille ans pour que la Renaissance permît enfin à l'Occident de renouer avec les racines de sa civilisation. *La seule qui fut jamais capable d'améliorer véritablement le sort des humains*, de les faire vivre mieux, plus longtemps, et plus instruits sur leur condition, sur l'univers dans lequel ils vivent. Car elle est *la seule* capable de se juger, et de corriger ses erreurs. Hors de la civilisation occidentale, *pas de progrès*.

Certes les Grecs bavards se montrent fort friands d'histoires, de légendes, et leur mythologie n'a rien à envier, quant au nombre de dieux, quant à leurs avatars, à tout ce que le « démon » religieux a fait imaginer sur le reste du globe. Ce n'est pas parce qu'ils sont Grecs, parce que leurs noms, leurs aventures, nous sont familiers qu'Œdipe, Hercule, Sisyphe, Atrée, ont valeur exemplaire universelle, pour explorer les arcanes des motivations instinctuelles humaines. Ils ne témoignent, là comme ailleurs, que de la richesse inépuisable de l'imaginaire néocortical, de sa possibilité de raconter n'importe quoi.

Mais il faut remarquer qu'en face du fouillis théologique oriental le panthéon grec aime l'ordre et la hiérarchie, des trois grands Zeus-Poseïdon-Pluton aux demi-dieux, des radieux Olympiens aux multiples divinités rurales. Aux étages inférieurs c'est un véritable panthéisme qui sacralise sources et cours d'eau, forêts, collines et aquilons. Merveilles poétiques que ces nymphes, dryades, naïades, oréades, faunes, égypans, sylphes et sylphides, émanations *d'une nature aimée*. Le grand Zeus lui-même ne dédaigne pas, se métamorphosant pour assouvir ses amours, d'honorer de sa personne les éléments et le règne animal. Vertu pacificatrice que ce pouvoir assimilateur du polythéisme. Il permettra, Rome ayant pris le dessus politique, d'unifier sans heurts croyances et dévotions, de la grande à la petite mythologie, des cultes officiels aux dévotions locales.

Ces mythes, ces cultes faisaient une large place à la sexualité, procréatrice comme érotique. Et voilà peut-être le deuxième miracle grec. Encore tout imprégnés de censures judéo-chrétiennes, nous ne pouvons l'exprimer, hélas !, qu'en tournure négative, mais il pourrait s'énoncer : *l'honneur d'un homme n'est pas perdu lorsqu'il s'abandonne au plaisir*, sa dignité demeure dans tous les faits et gestes de l'amour.

Les Grecs n'établissaient pas de corrélation entre l'estime que mérite la valeur morale d'un être humain, et la rigueur avec laquelle il réprime sa biologie érotique. Ils ne jugeaient pas le courage, la droiture, le dévouement, la compétence, la sagesse à l'aune de la chasteté et du mépris de la chair. Ces premiers éthologistes avaient compris la « sectorisation » de l'éthogramme humain, et le peu de rapports qu'ont entre elles les motivations, les réalisations et les gratifications des trois grands programmes. Même les Romains, plus chatouilleux du moralisme et si besoin d'une austérité toute militaire, n'ont jamais prétendu que la *virtus romana* reposait – et bien au contraire – sur le refus de se servir des organes générateurs.

Révérant des dieux dont les aventures amoureuses animaient le mythe, nos Antiques amoureux des joies terrestres furent aussi des amoureux de l'amour. Et pour bien faire l'amour, il faut plaire, offrir au désir de l'autre un corps séduisant. *La beauté est un bienfait de la nature* – de la vie, et celle du corps ne peut que refléter celle de l'âme. Des exercices de la palestre aux thermes romains, des jeux Olympiques aux prescriptions impériales d'hygiène urbaine, l'antiquité occidentale permettait aux hommes libres d'entretenir et conserver en bon état ce corps qui est notre bien le plus inaliénable.

Mens sana in corpore sano s'est d'abord dit, en grec, καλος καγαθος, idéal humaniste qui trouvait naturel de joindre les deux excellences, celle du dehors et celle du dedans. Que l'Occident ne s'y est-il tenu !

Lugubre vainqueur du paganisme, le christianisme n'a pu faire disparaître le latin ni le grec, ni les *humanités* classiques. En s'efforçant évidemment, selon sa sale marotte, d'en « expurger » tout ce qui touchait au sexe, et surtout dans l'instruction scolaire des petits chrétiens. Si bien que des générations et des générations d'enseignés n'ont jamais su à quel point la sexualité, sous ses deux aspects, génésique et hédonique, tenait une place importante – celle qui lui est due – dans les préoccupations et la vie, officielle comme quotidienne, des humains antiques. Sans cette hypocrisie, ce *mauvais esprit*, fils de la censure chrétienne, qui faisait lire en cachette les classiques non expurgés, cacher leurs images « obscènes », et reléguer aux *Enfers* des bibliothèques les ouvrages qui « bravaient l'honnêteté ». D'ailleurs pendant très longtemps, jusqu'à au moins la pesante *Psychopathia sexualis* de Krafft-Ebing (et surtout Moll), les descriptions d'actes « lubriques » s'écrivaient en latin.

C'est en latin que s'écrivent encore la (en français) fellation, le *cunnilinctus* (et non cunilingus, barbarisme favori des sexologues incultes), et toute la kyrielle des *penem in anum introducere, vulvam lambere, suctustupratio, irrumatio, pedicatio, et caetera, et caetera*. Latin de cuisine, latin d'Église. Mais aussi grec « français » de phallus, clitoris [54], hymen, nymphe, périnée, orgasme, prostate – parce que les premiers médecins établis à Rome étaient Grecs [55] et latin « français » de verge, testicule, vulve, vagin : les mots de nos anciens, polis par des siècles d'usage, sont toujours dans notre bouche quand il faut parler dignement de plaisir et d'amour.

L'occidental moyen continue de vivre dans l'idée pernicieuse, imposée par l'agit-prop chrétienne, d'une Antiquité qui a eu ses grands hommes et ses grands philosophes, mais qui fut corrompue par son coupable hédonisme sexuel, et la débauche générale introduite par les empereurs. Oubliant que ce fameux Empire, malgré les ragots de Suétone [56], ne fut pas miné par la luxure, mais tint debout pendant cinq siècles.

Ce régime « décadent » avait certes ses défauts, l'arbitraire impérial, l'esclavage, la cruauté du cirque [57], la concussion, la vénalité, défauts sans lien direct avec le prétendu laxisme des mœurs sexuelles-érotiques. Il conserve à son actif un demi-millénaire de *pax romana* en Méditerranée, d'*administration*, d'alphabétisation, d'urbanisation, d'irrigation, d'établissement des communications... *haute civilisation* qui prit fin pour des raisons socio-politiques sans rapports avec « la sexualité débridée ». Il faut plutôt incriminer l'activité concertée des chrétiens, barbares au dehors et réfractaires au dedans, l'égocentrisme et l'aveuglement de citoyens devenus farouchement allocataires, préférant laisser s'enrôler et devenir généraux les barbares de tout poil [58], le pouvoir discrétionnaire de quelques milliers de fonctionnaires, le népotisme, le clientélisme généralisé... ce n'est plus la même histoire.

UN SEXE PROTÉGÉ DES DIEUX

La vie sexuelle des Antiques était très religieusement assistée. Par des *dieux tutélaires*, de ceux qui accompagnaient l'existence terrestre du bon *civis romanus* et de sa bonne épouse.

54. Lorsque j'entends un(e) consultant(e) prononcer *clitori* (sans s) je présume, me trompant rarement, qu'il (elle) n'est pas très à l'aise avec l'organe.

55. Cf. Achard, *la Communication à Rome*, *op. cit.*, p. 159.

56. Ce cancanier, prototype des journalistes pour feuilles de chou à scandales, exaspérait déjà l'empereur Hadrien, qui mit fin à ses fonctions officielles de bibliothécaire.

57. Nos contemporains jouent les vertueux pacifiques à propos de la mort donnée en spectacle, ce qui ne les empêche pas d'assister aux corridas, aux meurtrières courses d'automobiles, et aux boucheries que sont certains matches de boxe.

58. À la fin du quatrième siècle, la plupart des légions, surtout en Orient, étaient commandées par des généraux barbares.

Oui, la religion n'est qu'une superstition. Oui, les anciens et surtout les Romains étaient terriblement superstitieux. Mais tout homme est superstitieux, qui craint pour sa virilité. Toute femme est superstitieuse, qui craint pour son pouvoir de séduction, pour le désir, l'attachement qu'elle peut susciter. Tous les « psychologues » sont d'accord avec les éthologistes. Il n'y a meilleur tranquillisant, pour s'abandonner à la physiologie et aux plaisirs de l'« amour physique », que de les savoir sous bonne garde. Toute cette part de la mythologie antique qui plaçait la fonction érotique sous la propitiation de divinités bienveillantes constituait *une merveilleuse prophylaxie des « pannes » de sexe*. De celles, fonctionnelles, qui naissent de l'inquiétude et du manque de confiance en soi.

On sait combien le christianisme, *à l'exact opposé*, lia le plaisir, le sexe, à la faute, ajoutant aux inquiétudes physiologiques la paralysante culpabilisation. Comment pardonner à cette religion de cloportes dont l'œil de Dieu guette chacun et chacune jusqu'au lit, jusque dans son entrecuisse, pour pourchasser le moindre « péché de la chair » [59]...

Le sentiment du péché n'atteignait guère l'homme libre d'Athènes ou de Rome quand il se livrait aux joies précisément de la chair. Masculins ou féminins, ses dieux l'encourageaient favorablement... au lieu de l'inhiber.

*

* *

Quatre déesses, au moins, veillaient sur la sexualité païenne.

Aphrodite-Vénus en premier lieu. Fille de la mer, de l'humeur salée qui baigne le sexe de la femme. Elle préside à l'attrait des sexes l'un pour l'autre, et à l'heureux déroulement voluptueux de leur étreinte. Malgré son nom, qui parraine désormais pour nous les plaisirs charnels, son fils Eros enflammait les cœurs de sentiments amoureux, puisque l'attachement affectif durable suit le bon échange *érotique* – éthologie élémentaire massacrée par le judéo-christianisme.

Sous divers noms latins, Vénus possédait de nombreuses attributions. *Virginiensis* détache la ceinture de la femme. *Volupia* incite à la jouissance. *Stimula* excite le désir masculin. *Strinia* procure la force nécessaire au déduit, etc. Sans oublier la Vénus *callipyge*, celle aux belles fesses. Cet indice sexuel typiquement féminin, pôle attractif du plus irrépressible désir masculin pour la chair femelle, était largement honoré des Grecs. Des *concours pyg(u)ésiaques*, à Athènes [60], donnaient la palme aux plus harmonieuses beautés fessières [61].

Sous la régence de Vénus des divinités mineures aidaient les protagonistes du jeu d'amour, de *Pertunda* qui facilitait la rupture de l'hymen chez les vierges, à *Divaricatrix* qui enseignait l'art d'écarter les cuisses de façon provocante, et *Casinia* qui protégeait les rendez-vous galants en ville.

Déméter-Cérès, incarnation occidentale de la grande déesse de l'Agriculture, n'était pas aussi féroce castratrice que son avatar proche-oriental. Elle présidait aux célèbres mystères d'Eleusis, ouverts aux femmes, et dont pas grand-chose n'a transpiré – probablement en raison de l'innocuité de cérémonies dont la clandestinité faisait tout l'attrait, et aussi pour cause d'analphabétisme féminin...

Sa légende comporte un épisode singulier. Partie à la recherche de sa fille Perséphone enlevée par Pluton [62], elle est généreusement accueillie par le roi Kéléos d'Éleusis – elle lui accordera plus tard ses divines faveurs en récompense. Incapable de surmonter l'angoisse de la disparition de sa chère enfant, elle va jusqu'à refuser une potion somnifère. Pour la dérider, une servante nommée

59. Il ne manque évidemment pas de philosophes de salon pour expliquer que « c'est meilleur quand c'est défendu »... psychologie de bazar pour fans de Georges Bataille.

60. Parfois pompeusement nommés *Mystères pygésiaques*. C'est à la célébration de ces « mystères » que le « vieil » Eumolpe convie une jeune fille, au chapitre 140 du *Satiricon* de Pétrone. Sans doute la belle était-elle incitée (pour ne pas fatiguer le prétendu podagre) à se disposer selon cette posture qu'on peut appeler celle *de l'Arétin* (à cause de son VIe sonnet, la femme assise sur l'homme étendu, et lui montrant son cul), mais qui n'a pas attendu l'invention de l'écriture pour réjouir l'œil masculin.

61. Nos contemporaines désirant cultiver leurs beautés culières peuvent suivre les conseils de Catherine Tingherian, *Pour avoir de jolies fesses*, *op. cit.*

62. Il aurait surgi du lac *Pergusa*, près d'Enna, en Sicile. D'odieux bétonneurs, hélas !, ont emprisonné dans une piste de course d'automobiles ce charmant lac où Perséphone jouait dans les roseaux avec ses compagnes. Impardonnable sacrilège.

Baubo s'accroupit, écarte les cuisses et lui montre son sexe. Ce spectacle réjouissant [63] détend Déméter, qui se met à rire et veut bien prendre son médicament.

Baubo, la petite bonne femme qui exhibe sa vulve *(figure 54)*, fut figurée en statuette, en effigie, en amulette – et probablement arborée pendant les mystères d'Éleusis. Les Grecs classiques [64] – et probablement plus les artisans du ciseau que les grands artistes – sculptaient ainsi à part ce sexe fendu qu'ils se refusaient à représenter sur les statues féminines « en pied » – je leur ai assez reproché dans *Le Sexe de la femme* [65] cette fâcheuse misogynie partielle, sur de splendides corps de déesses, pour ne pas reprendre ici le débat.

Héra-Junon protège plutôt la carrière procréatrice des femmes, mais sans jamais oublier le versant érotique de la vie des épouses *(figure 56)*. *Fluonia*, elle veille sur les règles et leur bon établissement chez les jeunes filles. *Pronuba* préside au mariage. *Populonia* protège la fécondation. *Lucinia* veille sur une heureuse grossesse. *Sospita* libère les femmes enceintes. Des services qu'on ne saurait demander à la Sainte Vierge Marie !

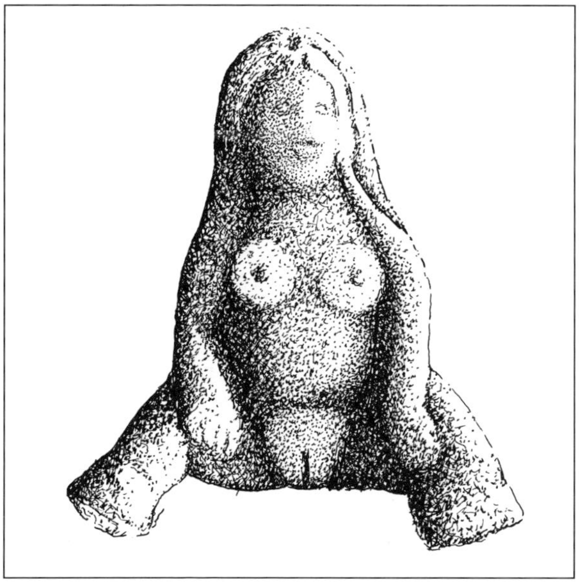

Figure 54
Baubo

Bien d'autres divinités « obstétricales » entourent la mise au monde. Même Vénus sous le nom de *Myrtia*, et les dieux *Nixi*, accroupis comme les parturientes, et *Stimula*, et *Prorsa*, et *Postverta*, et ceux qui favorisent l'allaitement, et le premier élevage.

La *Bona Dea*, la bonne déesse, enfin, typiquement italique, était honorée par toutes les femmes du Latium, en particulier dans les cérémonies qu'elles organisaient entre elles. La déesse assurait principalement la fécondité. Comme la Vénus *libera* ; comme *Fauna*, l'épouse de Faunus, et Cérès *legifera* (qui régente la vie), et Cybèle, et Artagatis, et Matuta...

Figure 55
Statuette des Cyclades

63. Sauf pour Freud, terrorisé par cette « tête de Méduse ». On a vu que les génies japonais s'en réjouissaient aussi.

64. L'art des Cyclades, plus « paléolithique » et plus réaliste, figurait la vulve en bonne place (et même largement), quitte à négliger la face *(figure 55)*.

65. On peut cependant toujours penser que les statues en pierre claire étaient peintes du triangle sombre sur le bosquet sacré du mont de Vénus – mais les grecques antiques s'épilaient très souvent.

Figure 56
Junon capitoline

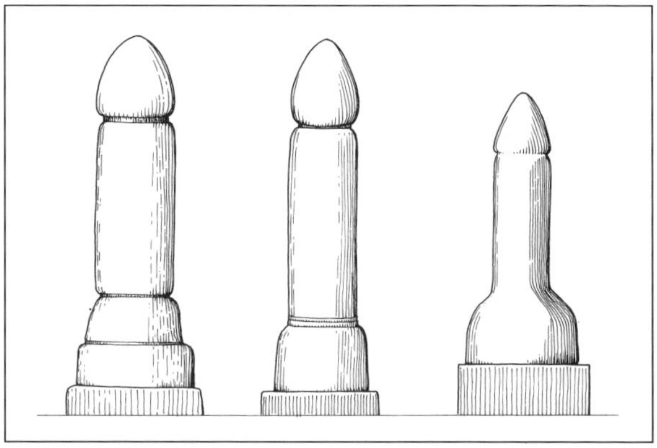

Figure 57
Bornes phalliques

*
* *

Les dieux tutélaires masculins ne sont pas en reste, pour aider les humains à jouir heureusement de leur fonction érotique.

En premier lieu Janus, protecteur, sous le nom de *Consivius*, des unions charnelles et de la conception. *Liber*, compagnon de Libera, favorise la fécondité virile. Sur les époux veillent *Hymeneaus* et *Jugatinus*, qui les incite à l'étreinte.

Quant à Priape, il est omniprésent dans toute la vie antique, publique et privée. Nos anciens n'avaient pas peur de voir représenté le phallus en érection. Pour des figurations de toutes tailles. Des amulettes « de poche » aux colonnes votives et aux bornes cadastrales *(figure 57)*. Ils n'avaient pas peur de le voir apparaître à table, puisque les boulangers romains confectionnaient des petits pains en forme de phallus – et aussi à l'image de la vulve *(figure 58)*.

On connaît l'histoire de ce fruit clandestin des frasques d'Aphrodite avec Dyonisios, doté par Héra courroucée (elle joue ici les fées Carabosse) d'un phallus démesuré. Élevé secrètement à Lampsaque [66], et devenu la coqueluche des dames, il suscite la jalousie des hommes qui le bannissent. Ils sont punis, non de « priapisme », mais d'impuissance. Ils recouvrent leur virilité après avoir consacré un culte au Dieu offensé.

Priape devient ainsi le grand protecteur de la puissance sexuelle virile. Dans la vie domestique il est figuré sous la forme d'un petit bonhomme à gros phallus, le *Mutus Tutinus*. *Mutinus* il est invoqué pour favoriser l'heureux développement viril des adolescents. Mais ses apparitions les plus spectaculaires sont en plein air, puisque son effigie, peinte en rouge minium, sert au bornage des propriétés terriennes. Protecteur des champs, des bergers, des troupeaux, des ruches, il joue ainsi les épouvantails pour éloigner voleurs et prédateurs.

Souvent héritières de vieilles cérémonies de fécondité, des fêtes publiques célébraient en général joyeusement la sexualité antique.

Les plus spectaculaires, les *Grandes Dyonisies* avaient lieu le 12 mars. On y promenait un phallus gigantesque, accompagné d'un porc ou d'un bouc destiné au sacrifice. Les officiants se déguisaient en satyres, avec un Silène monté sur son âne. Certains prêtres, les *Ithyphalles*, se harnachaient d'un volumineux postiche en cuir. Parmi les femmes, certaines, à demi-nues, jouaient les

66. Ou Πιτυοεσσα, devenue Lamasaki, en Turquie.

bacchantes, tandis que des jeunes filles portaient les corbeilles consacrées. On y trouvait des offrandes champêtres (fruits, fleurs, gâteaux au miel) et des figurines phalliques munies, comme un petit oiseau, de deux ailes et de deux pattes *(figure 59)*.

À Rome aussi, une procession annuelle allait chercher l'effigie « monumentale » du phallus, dans son temple du Quirinal. Les dames célébrantes le portaient dans le sanctuaire de *Vénus Érynnè*, près de la Porte Colline. On mettait en contact le phallus géant avec la statuette de la déesse, entourée de symboles vulvaire *(figures 60,61)*. Après quoi on le ramenait dans son propre sanctuaire, toujours en grande pompe. Dans les campagnes, des rites semblables célébraient, au printemps, le dieu *Liber* phallique et sa *Libera*, ou *Flora*.

Des statuettes phalliques se trouvaient également dans les corbeilles que femmes et jeunes filles portaient au cours des Thesmophories d'Athènes. On en accrochait à des branches d'olivier, à côté de glands et de figues [67], au cours des Targilies en l'honneur d'Apollon.

Figure 58
Petits pains vulvaires et phalliques

Figure 59
Phallus oiseaux

67. Très classiques « signatures » des organes sexuels masculins et féminins.

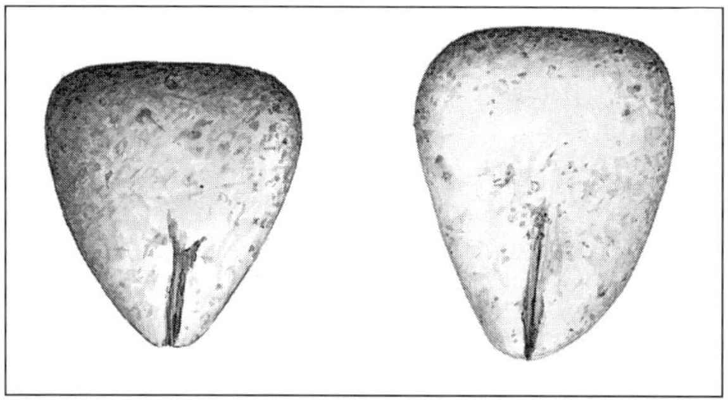

Figure 60
Vulves votives romaines (en pierre)

Figure 61
Ex voto gaulois

Le Priape tutélaire et toujours « bon enfant » avait cependant, ici et là, une exigence assez cruelle. Vexé par un âne qui s'était prétendu mieux monté que lui, il l'avait tué, et annuellement un sacrifice faisait mettre à mort un âne. Des femmes officiaient, et parfois la principale prêtresse s'introduisait dans le vagin le phallus coupé de la victime. On aurait trouvé trace, en Turquie, de ce sauvage rite « féministe » bien avant le culte de Priape, le membre coupé pouvant même provenir d'hommes sacrifiés. Brr...

À la maison, le culte de Priape était plus aimable. À Rome un joli petit *Mutus Tutinus* figurait dans les autels domestiques, à côté des lares et des pénates. Il représentait la vigueur virile du maître de maison. Le matin quelques romaines particulièrement pieuses ornaient le petit Priape d'une couronne par hommage nocturne du Pater Familias. L'affreux Théodose, interdisant les cultes païens à la fin du IVe siècle (+ 391),fit bannir toutes les statuettes domestiques, y compris évidemment ces Priapes si choquants dans une maison chrétienne.

Comme on le verra, l'hommage de l'épouse « fêtée » au Priape de la maison témoigne de cet *érotisme conjugal*, fondateur du couple durable, dont l'Antiquité occidentale et surtout romaine offre le premier et le bon exemple. Les plus riches possédaient même une pièce consacrée, le *venereum*. Elle permettait de s'ébattre confortablement, au milieu d'images murales, de statuettes, illustrant les plaisirs charnels, et y incitant : les *libidines* [68]. Un esclave particulier pouvait être chargé de garder les portes pendant les joutes amoureuses des maîtres, les préservant des importuns [69]... ces heureux temps ne connaissaient pas le téléphone.

Les couronnes dont les épouses pieuses baguaient les priapes domestiques étaient probablement inspirées par ces *anneaux* (de cuir, de crin) dont certaines d'entre elles baguaient le vérètre du maître de maison. Parce qu'il était trop long ? Parce qu'elles pâtissaient de prolapsus utérin ? Ces périssables objets d'« hygiène » nous sont surtout connus par ouï-dire.

*
* *

Pour perfectionner leur culture vénérienne, les Antiques pouvaient consulter des écrits didac-

68. Aujourd'hui, les images murales des *pin-up* sont plutôt, et malheureusement, destinées à agrémenter les plaisirs masculins solitaires.

69. Les Grecs devaient aussi poster des serviteurs aux portes de leur chambre d'amour, comme ces esclaves phrygiens qui, d'après Martial, se tripotaient pendant qu'Andromaque chevauchait Hector (*Épigrammes*, XI, CIV).

tiques – comme les anciens Chinois et Japonais. Certains étaient l'œuvre de courtisanes. Trois nous ont laissé leur nom. Astyanassa, « servante d'Hélène », la première à établir un répertoire de postures. Philaenis de Samos. Et Éléphantis : ses descriptions, en vers dits léonins, se trouvaient dans le venereum de Tibère, à Capri, avec de nombreux et parfois fort coûteux *libidines* [70].

Avant Ovide et son célèbre *Ars amatoria*, d'autres hommes se préoccupèrent de fournir à leurs contemporains des informations « proto-sexologiques ». Polycratès d'Athènes, Sotadès de Maronée, et surtout ce Paxamos, cité par Suidas, dont le Δωδεκαμηχανον, le *Livre des douze postures*, fut popularisé par la courtisane Cyrène [71]. Douze postures, voilà qui correspond autant à la biologie humaine qu'au sens grec de la mesure. À l'opposé des excentricités du *Kama Soutra*.

Seule l'œuvre d'Ovidius Naso nous est parvenue. Elle est assez mince au plan proprement sexologique. Certes Ovide est un honnête homme. Il tient à faire jouir sa partenaire de lit : *Odi concubitus qui non utrumque resolvunt* [72], et il sait la clitoriser : *Invenient digiti quod agant in partibus illis* [73]. Il donne quelques conseils posturaux, faisant l'éloge de « la paresseuse », rendant hommage aux fesses que les maternités n'affaissent point comme la peau du ventre, et critiquant la tradition selon laquelle Andromaque chevauchait Hector : elle aurait été bien trop grande [74] ! Mais c'est un mondain, un homme à femmes indiquant comment « faire du gringue [75] » et draguer au cirque [76]. Et c'est surtout un littéraire. Ce n'est pas la dernière fois que les littérateurs occuperont le terrain sexologique...

Le reste de ces textes, quand il n'a pas été détruit, brûlé, occulté par les chrétiens, servit hélas ! à chauffer les hammams d'Alexandrie. Comme le reste de l'inestimable bibliothèque, ils ne contribuaient pas à l'édification morale des bons musulmans, et pouvaient être brûlés ! On verra par qui et comment fut commis l'attentat, l'année vingtième de l'Hégire [77] (+ 640). Allah seul est grand.

*

* *

Pour rattraper ces ravages culturels du monothéisme, un brave professeur de philosophie de la faculté d'Iena, conservateur de la bibliothèque aulique de Cobourg, occupa sa retraite à répertorier et classer tous les passages « obscènes » des classiques gréco-latins. Beau travail de documentaliste.

Les *Apophoreta* de ce Friedrich Karl Forberg (1770-1848) furent présentés comme un *second service*, en complément de la parution de l'*Hermaphroditus* du Panormitain [78] : un recueil de centons érotiques. On les traita même de *Manuel d'érotologie classique*, selon le titre qu'Alcide Bonneau donna à sa traduction française de 1882 [79]. Si l'on peut rendre hommage à l'esprit méthodique et curieux de ce très sérieux et très germanique lettré, on ne peut que s'amuser de sa très partielle et très « bourgeoise » conception de la fonction érotique.

Le cher professeur divise son exposé en huit rubriques dépeignant méthodiquement les (coupables !) pratiques des anciens : fututîon, pédication, irrumation, masturbation, cunnilinctus, tribadisme, bestialité, postures spinthriques (pas moins de 90 !). Comme si l'on était, à vie, cunnilingue ou masturbatrice. Sans qu'il s'agisse là des préludes manuels et buccaux « classiques » (c'est le cas de le dire) de la « fututîon ». Forberg s'était laissé influencer par les sobriquets que Martial infligeait à ses têtes de turc [80]. Et il ne fit pas peu – même sans le vouloir – pour ancrer la réputation d'irrémédiable « immoralité » de l'antiquité

70. Suétone, *Tibère*, XLIII. De ce récit graveleux date la dénomination de « spinthries » (*spinthria*) pour désigner les participants des amours pluralistes.

71. Aristophane, *les Grenouilles*, v. 1325-1328.

72. II, 683 : « je hais ces étreintes qui n'assouvissent pas les deux partenaires ».

73. II, 707 : « les doigts trouveront bien quoi faire en ces endroits ».

74. III, 770 sq. Il a tort : les grandes femmes peuvent parfaitement pratiquer la posture d'Andromaque. Martial le savait, qui reprend l'anecdote à son compte : *Hectoreo quotiens sederat uxor equo, les Épigrammes*, XI, CIV : *In uxorem*.

75. II, 64 sq.

76. I, 135 sq.

77. Canfora, *la Véritable histoire de la bibliothèque d'Alexandrie, op. cit.*, pp. 97 sq.

78. Surnom d'Antonio Beccadelli.

79. Mon exemplaire de référence fut édité par le regretté Éric Losfeld, dans sa collection *Arcanes*, en 1953.

80. Par exemple Coracinus le cunnilingue, *Épigrammes*, IV, XLIII.

gréco-romaine. Alors même qu'il possède peu d'éléments de jugement, par flagrante et parfois touchante inexpérience.

Friedrich Karl n'a évidemment jamais pratiqué le broute-minou. Dans l'entrecuisse féminin qui sent mauvais, cet acte « monstrueux » pourrait peut-être se faire absoudre pour honorer une vulve bien sèche – *persiccam* – alors que les débauchés romains s'y délectaient d'humidités suspectes (sang des règles, sperme du précédent utilisateur !). Longtemps tenu pour expert sexologique par les érudits privilégiés qui pouvaient consulter son texte, il accrédita maintes fariboles. Sur le clitoris des tribades, si long qu'il pénétrait dans le vagin de leurs victimes [81] – tarte à la crème que reprendront inlassablement les textes érotiques stéréotypés ; sur les orgies lesbiennes, voire urolagniques (miction de concert sur la statue de la *Bona Dea*) au cours des « mystères » féminins – encore une tarte à la crème ; etc.

On peut lui pardonner. D'abord pour son courage. Et pour son amour de la femme. Il comprend la dilection que sa beauté fessière inspirait aux Grecs antiques [82], et il préfère son pubis couvert de sa toison naturelle que « veuf de ses poils » [83]. Paroles d'humaniste.

*

* *

Plus immédiatement réjouissants que toutes les préciosités et « curiosités » littéraires [84], des spectacles directement érotiques pouvaient « donner des idées » aux citoyens qui en manquaient. Ancêtres du théâtre cochon de la Havane [85] et de nos actuelles productions classées X, les *Atellanes* montraient *in naturalibus* des hommes et des femmes qui s'accouplaient tout en effectuant d'amusantes acrobaties *(figure 62)*. Atella était une ville du pays des Osques (*Osci*), réputés lubriques. Leur capitale, Capoue, est restée célèbre par son atmosphère de libéralisme érotique. Implantées à Rome, ces Atellanes firent les délices des citoyens impériaux, et de certains de leurs empereurs.

Figure 62
Atellane

L'HYGIÈNE GRECQUE

Nos antiques tenaient donc à leur bonne santé sexuelle. Au moins les prétextes externes de leurs empêtrements furent-ils ainsi réduits. Ils ne furent évidemment pas exempts de pannes. Les ont-elles conduits chez un médecin ? Nous n'en avons guère de témoignages.

La Grèce antique peut s'honorer d'avoir fait naître, avec Hippocrate, le premier esprit vraiment *médical*. Fondant sa discipline non sur des racontars ésotériques, mais sur *l'examen des malades et de leurs symptômes*. Avec une grille interprétative, une *sémiologie* établie d'après une théorie pour la première fois scientifique, fruit de l'observation raisonnée, de la réflexion, et non de la « révélation ».

Bien entendu, j'en ai longuement débattu dans *Le Sexe de la femme*, comme tous les esprits cultivés de son temps (il vécut de – 460 à – 377), Hippocrate trop confiant dans le pouvoir du

81. Il cite cependant une scène de véritable tribadisme – friction clitoridienne réciproque sur les cuisses entrecroisées – décrite par la mythique Aloisia Sigea (*Dialogues*, II), en fait Nicolas Chorier, qui écrit ce livre érotique à la fin du XVIIe siècle.

82. p. 59 sq de l'édition Arcanes.

83. Dans une note de son chapitre II, *De Paedicatione*, p. 54 de l'édition Arcanes.

84. Là encore, c'est un nom latin, *curiosa*, qui désigna longtemps les publications de textes érotiques, antiques ou non.

85. Ce célèbre rendez-vous des marins du monde entier fut évidemment fermé par le vertueux Fidel Castro.

verbe et du raisonnement « logique » manque de confrontation expérimentale avec la réalité matérielle. Déjà dépourvu de solides bases anatomiques, il ne soumet pas vraiment à l'épreuve les explications néocorticales qui lui semblent suffire à rendre compte de la pathologie. Nul ne peut plus croire à sa théorie *des quatre humeurs* (sang, phlegme, bile jaune, bile noire) correspondant aux quatre éléments (air, terre, eau, feu). Nul ne peut plus se fier à des procédés thérapeutiques dont la plupart, il est vrai, sont du domaine « hygiéno-diététique » plus que de la médication ; avec une pharmacopée des plus conformistes pour l'époque. D'ailleurs quelque peu sceptique envers ses propres traitements, Hippocrate faisait largement confiance à la *vis medicatrix* (comme dirent ses élèves romains) de la nature.

Il faut cependant demeurer durablement reconnaissant envers cet humaniste. Pour son premier essai de classification nosologique de la pathologie médicale. Pour son premier établissement de ce *rapport thérapeutique* dont il avait défini, en bon éthologiste (lui aussi) les particularités : l'apport de la plus grande compétence professionnelle, de la plus grande bienveillance sans apitoiement, et l'assurance du secret, contre une honnête rémunération : toute peine mérite salaire !

*
* *

Les théories d'Hippocrate sur la sexualité, comme celles d'Aristote, influencèrent les conceptions occidentales *pendant des siècles* : jusqu'à la Renaissance. Certains points de la « sexologie » hippocratique étaient certes judicieux : elle préconisait déjà l'exercice érotique régulier, qui « fait du bien aux femmes », humidifie leur matrice et favorise l'écoulement menstruel [86]. Heureuse philogynie. Mais le reste est beaucoup plus vaseux.

En conformité avec sa théorie des humeurs, Hippocrate fait provenir le sperme de l'ensemble du corps : il écrème la partie la plus forte des liquides vitaux. Ainsi s'explique le fâcheux état de faiblesse où sombrent les hommes après l'éjaculation (!) – comme l'épileptique sombre dans le coma. Hippocrate, comme tant de « théoriciens » et de moralistes de tous temps et de toutes latitudes semble obsédé par la perte énergétique secondaire aux émissions séminales : elle peut conduire à la terrible *consomption dorsale*. Maladie imaginaire (une de plus). Maladie uniquement masculine : toujours le faible yang en face de l'inépuisable yin !

L'écrémage spermatique, dit-il, s'effectue sous l'effet de la chaleur dégagée par le coït. L'humeur se fluidifie et gagne les organes génitaux externes. Le trajet est assez compliqué. Le plus gros contingent spermatique part du cerveau, et se rend à la moelle épinière grâce aux veines qui se trouvent derrière l'oreille. À partir de la moelle, le fluide parvient aux reins (toujours par des veines), puis aux testicules et enfin à la verge. Un canal distinct du conduit urinaire projette le sperme au-dehors.

Hippocrate explique l'impuissance des eunuques par la section des canaux unissant les testicules à la verge. Quant aux malheureux essorillés, quant à ceux dont les veines rétroauriculaires sont coupées, leur sperme sera toujours « chiche et infécond ». On s'explique mal l'obnubilation d'Hippocrate pour ces fameuses veines. Il leur attribue même un rôle chronobiologique déterminant lorsque, passant de l'état infantile à l'état pubère, elles laissent enfin s'écouler le sperme et le sang des règles...

Les considérations hippocratiques sur l'orgasme ne sont pas claires non plus. Certes la femme peut jouir (on a vu que c'est bon pour sa santé). Mais Hippocrate la voit jouir sous l'effet de l'aspersion spermatique, *erreur qui a empoisonné pendant des siècles et empoisonne encore les idées des naturalistes comme des honnêtes gens*. Il use d'une comparaison hardie : comme lorsqu'on jette du vin sur une flamme, la projection de sperme dans le vagin fait d'abord flamber la volupté de la femme, puis éteint son désir ; ou encore comme l'eau froide que l'on verse sur l'eau bouillante, mettant fin à l'ébullition. Mais Hippocrate reconnaît aussi, et fort justement, que la femme peut éprouver l'orgasme (vaginal évidemment) avant l'homme.

Orgasme ou pas, la femme éprouve la jouissance dès la pénétration, et tout le temps du coït. Deuxième et fâcheuse erreur, par confusion entre la satisfaction éthique de s'accoupler et la physiologie des gratifications proprement érogènes. Bêtise qui laisse croire à bien des mâles que les femmes sont transportées de joie à peine leur glorieux phallus a-t-il comblé leur vacuité vaginale. Évidemment (!) si la femme jouit ainsi plus longtemps que l'homme, elle ne peut jouir que moins fort, puisque l'issue du sperme se fait chez elle de façon moins brusque, par un trouble moins

86. *De la génération*, IV, 3.

violent... Hippocrate n'a vu ni « grand frisson » vaginal, ni orgasme clitoridien.

Hippocrate commet enfin une troisième erreur, concernant la physiologie sexuelle féminine. Mais cette bévue, au rebours des deux autres, aura un effet bénéfique sur les rapports entre les sexes. *Certifiée par Hippocrate, l'émission orgasmique de la semence féminine va devenir une nécessité procréatrice orientant dans un sens favorable aux femmes toutes les conceptions « sexologiques » occidentales au moins jusqu'à la Renaissance. Felix culpa !*

Puisqu'il faut un homme et une femme pour faire un enfant, Hippocrate comme tous ceux qui, avant lui, ont dû reconnaître la participation féminine à la formation de l'embryon, conclut à l'existence d'une *éjaculation féminine*, en miroir de l'émission masculine.

Comme l'homme, dit-il, la femme éjacule un « sperme » formé à partir de l'ensemble du corps, et comme celle du mâle sa semence contient de quoi faire aussi bien des filles que des garçons. L'émission se produit dans la matrice, mais peut aussi fluer au-dehors, comme chacun peut le constater pendant le déduit. Quel honneur, pour les humblement fonctionnelles productions lubrifiantes de la vulve et du vagin ! Non seulement Hippocrate tient la femme sèche pour malportante [87], torturée par des spasmes de matrice, mais il exige qu'elle mouille bien, autant pour jouir que pour procréer. En contradiction, évidemment, avec ce que nous savons désormais sur la belle indépendance de l'ovulation par rapport à l'orgasme.

C'est ainsi que les appétits procréateurs des civilisés occidentaux, fussent-ils des plus phallocrates, vont devoir, pendant presque vingt siècles, passer sous les fourches caudines de la jouissance féminine. Avec, bien sûr, des réticences, des correctifs, des « négligences », et aussi, on le verra, la contradiction aristotélicienne. L'idée n'en demeurera pas moins fortement ancrée, jusque dans le populaire, et parviendra jusqu'aux élucubrations freudiennes sur l'inconscient féminin : la femme doit jouir pour faire un enfant, *sa jouissance est procréatrice*. La fable prend évidemment appui sur un andromimétisme niais qui fait projeter, sur la femme, le lien physiologique entre l'orgasme et l'émission de sperme fécondant.

*
* *

Une des plus grandes faiblesses de la médecine hippocratique résidait dans sa très insuffisante documentation anatomique. Or malgré leur critique de l'humorisme universel d'Hippocrate, les premiers anatomistes sérieux n'ont pas contredit ses vues sur la *seminatio muliebris*.

Rivaux mais liés, Hérophile et Érasistrate, cent ans après Hippocrate, fondèrent à Alexandrie ce qu'on a pu appeler la *médecine anatomique*. L'Égypte, avec ses officines d'embaumement, offrait en effet aux esprits curieux – aux esprits scientifiques – une excellente occasion de connaître, par la pratique quotidienne, la configuration des organes qui se cachent sous la peau, en particulier celle du ventre. Hérophile et Érasistrate décrivent les ovaires, et les appellent διδυμοι, *comme les testicules*. L'appellation vécut jusqu'à Ambroise Paré, et ne fit pas peu pour confirmer la nécessité génératrice de l'éjaculation féminine.

En ce domaine crucial des rapports générateurs entre l'homme et la femme, les anatomistes authentifiaient les spéculations de l'hippocratisme théorique. En fait, et comme de tout temps, la pensée *médicale* d'Hippocrate se trouva surtout concurrencée par les curés et par les intellectuels.

*
* *

Les temples d'Esculape furent dans toute l'Antiquité vénérés et fréquentés comme tous ces lieux de pèlerinage dont on attend la guérison miraculeuse. À ceci près qu'ils possédaient une organisation et une méthode très particulières.

Le principal temple grec s'élevait à Épidaure. Il fut supplanté, à l'époque impériale, par le grand Asclepieion de Pergame. Les pèlerins devaient commencer – c'est fort banal – par verser l'aumône réglementaire qui disposerait favorablement le Dieu à leur égard. Après quoi ils étaient admis à passer la nuit dans le saint dortoir. Le Dieu les visitait dans leurs songes. Ceux qui souffraient d'insomnie pouvaient d'ailleurs voir passer quelque serpent inoffensif, incarnation d'Asklépios, que les prêtres lâchaient pour fortifier la foi des visiteurs.

Le lendemain, les prêtres onirologues interprétaient les rêves du malade, qui les éclairaient sur le diagnostic et le traitement à prescrire. La confiance en Asklépios aidait beaucoup à la guérison.

87. Au lit comme au bridge, que Dieu nous préserve des femmes sèches !

Nul doute que bon nombre des ancêtres de ceux qui firent la réputation de l'oniromancien installé 19, Berggasse, repartaient ragaillardis quant à leurs facultés viriles... au moins jusqu'au prochain pèlerinage.

*

* *

Le philosophe fait partie de la scène culturelle grecque antique comme l'intellectuel de gauche dans les deux premiers tiers du XXe siècle occidental. Comme maître à penser, postulant la totale régence morale de ses concitoyens. Et tant pis si la réalité vient démonter les grandioses considérations de sa fertile cervelle. Tous les philosophes, il est vrai, ne furent pas des songe-creux, en particulier, à propos de biologie, cet Épicure, diffusé à Rome par Lucrèce, qui avait eu des prémonitions sur la constitution corpusculaire de la matière, sur la constitution cellulaire des tissus vivants. Mais les Romains tinrent Lucrèce pour un poète, alors qu'on vénéra longtemps Aristote comme un savant.

Le propos d'Aristote (– 384 à – 322) n'est pas mince. Outre la logique, la morale, l'astrologie, la physique et la... métaphysique, il se propose de rédiger une vaste *Histoire naturelle*, au moins des animaux. Leur reproduction n'est pas le moindre de ses centres d'intérêt, et il a compris que les humains sont là tributaires de leur plus essentielle animalité. Trois de ses ouvrages, *la Génération des animaux (G.A.), les Parties des animaux (P.A.), l'Histoire des animaux (H.A.)*, vont exercer une influence considérable sur la « paléosexologie ». Tous trois sont d'une affreuse misogynie – constante et universelle chez les philosophes. Mais c'est grâce à des arguments théoriques qu'Aristote part en guerre contre les vues hippocratiques sur la génération et sur la physiologie orgasmique féminine.

D'abord, dit-il, le sperme ne provient pas de tout le corps. C'est une matière résiduelle utile, uniquement produite par la « cuisson » – coction diront les cuistres – *du sang*. Au passage, il faut noter que les yeux, de toutes les parties de la tête, sont celles qui produisent le plus de sperme : à preuve, ils changent d'aspect pendant le coït, et ceux qui abusent des plaisirs charnels ont les yeux cernés [88]. Ensuite la nature du sperme est double : air chaud gazeux (πνευμα) et eau.

Outre ses diverses imperfections, la femme ne peut opérer une coction suffisante du sang, pour fabriquer du sperme directement fonctionnel [89]. Le sang féminin insuffisamment cuit (concentré) a besoin d'un vaste réservoir : c'est l'utérus. Quand la femme n'est pas fécondée, le sang mal élaboré de ses règles flue au-dehors. Le rôle de la semence masculine est de faire coaguler le sang mal cuit contenu dans l'utérus, ce qui permet la formation de l'embryon. Le rôle du sperme masculin est aussi comparable à celui de la présure qui fait coaguler le lait : d'ailleurs le lait et le sang menstruel sont de même nature [90].

Il est donc stupide de penser que la femme puisse émettre du sperme, et qu'il puisse apparaître à l'extérieur au cours de l'accouplement. La nature ne fait *rien de superflu*, et il serait ridicule que le ventre de la femme réaspire vers l'intérieur le sperme qu'il a émis. C'est dans l'utérus que se trouve la « matière fécondable » féminine : l'émission fluide qui sourd des organes féminins, vulve et vagin, au cours du coït, n'est qu'une production locale ne participant pas à la conception.

*

* *

Aristote n'était pas un savant, au sens où nous l'entendons, mais ce n'était pas un imbécile. Il avait, hélas ! – si l'on peut dire, raison, quand il disjoignait jouissance féminine et fécondation. Sa position, correspondant à la réalité, servit d'argument à des controverses qui durèrent des siècles *(figure 63)* : jusqu'à la découverte du rôle exact des spermatozoïdes et de l'ovule. L'expérience commune ne pouvait que la confirmer, mais on verra comment elle pouvait être contrebalancée par le puissant andromimétisme cautionné par Hippocrate.

Aristote professe d'innombrables erreurs dues, là encore, à l'absence de vérification anatomophysiologique : le peu de fécondité de la première décharge spermatique, l'imprégnation générale du corps féminin, jusqu'à l'haleine, par les produits odoriférants introduits dans le vagin, la croyance à l'utérus double de la femme, le déterminisme farfelu du volume plus ou moins grand des seins, selon la plus ou moins grande abondance de l'humidité produite par l'adolescente avant

88. *G.A.*, II, 7.
89. *G.A.*, I, 20.
90. *La Génération des animaux*, II, 4.

a

b

Figure 63
Hippocrate (a) et Aristote (b). La femme émet – ou non – un sperme prolifique

l'apparition des règles – les petites filles qui mouillent beaucoup sont épuisées par leur leucorrhée, mais elles auront de gros seins [91], etc.

On peut cependant créditer Aristote d'observations pertinentes. Il reconnaît des manifestations extragénitales à l'orgasme (même s'il s'agit d'une mythique « suspension du souffle »). Il connaît la différence qui existe, dans la physiologie de l'érection masculine, entre l'allongement et le gonflement, même s'il croit que l'agent érectif est l'air [92]. Cette théorisation « pneumatique » de l'érection phallique aura d'ailleurs la vie dure, au moins jusqu'à de Graaf ; on a vu *supra* qu'elle assura la brillante carrière aphrodisiaque des flatueux.

Aristote a même quelques lueurs endocrinologiques. Il relève le rôle symptomatique des caractères sexuels secondaires indiquant la maturité génésique : de même que les eunuques n'ont pas de barbe, les femmes inféconds n'ont pas de poil au pubis [93]... louable souci documentaire d'un chaste, en une époque où l'épilation était à la mode – mais peut-être les Macédoniennes, loin des élégances attiques, conservaient-elles leur toison. Il note aussi la possible croissance post-ménopausique du poil au menton : chez les prêtresses d'Athéna, en Carie, l'apparition d'une barbe annonçait un malheur aux Pédasiens [94] !

Tout humaniste, enfin, ne peut être que touché par l'éloge qu'Aristote fait de la main [95]. Hommage à ce merveilleux outil biologique, tellement déterminant dans l'établissement de la frontière entre l'homme et la bête – organe devenu partie intégrante de l'exercice de la sexualité spécifique, génésique comme érotique, des caresses de l'étreinte à la délivrance obstétricale.

*
* *

Les Grecs furent des plus zélés géographes de cette frontière qui nous sépare des animaux. Cette séparation entre le domaine de l'intelligence, subtile, novatrice, adaptative, et celui des stéréotypes, indispensables, mais intangibles et répétitifs de l'instinct. Même si leurs penseurs ont élucubré à tort et à travers, sombrant souvent dans le sophisme, les Grecs antiques ont jeté les bases de la connaissance scientifique, *logique*,

91. *L'Histoire des animaux*, VII, 1.
92. *Les Parties des animaux*, Livre IV, X (p. 143 de l'édition des Belles Lettres).
93. *G.A.*, II, 7.
94. *L'Histoire des animaux*, III, 2, et aussi Hérodote, I, 175.
95. *Les Parties des animaux*, IV.

celle qui est née du λογος. Sans eux toutes nos -logies, y compris la sexologie, ne seraient pas venues au monde. Et l'esprit médical né en Grèce, progressivement diffusé dans le monde méditerranéen, demeure à l'origine de la médecine occidentale. La seule qui ait inventé le scanner et la transplantation d'organes.

LA SANTÉ ROMAINE

Grecs furent les premiers véritables médecins à s'installer à Rome. Surtout après la prise de Corinthe (– 146), lorsque l'Attique soumise devint *provincia romana*. Ces cosmopolites ne furent pas accueillis avec une unanime bienveillance. Il fallut attendre Asclépiade (– 124 à – 40), ami et médecin de Cicéron, pour qu'on ne les suspecte plus de perversité, de « rouerie grecque ». Alors que les Romains n'avaient guère à s'enorgueillir de leurs traditions médicales indigènes.

Certes la santé physique était fort en honneur dans la Ville. Depuis « toujours », à côté des dieux tutélaires, existaient les *dieux salutaires*. Les plus grands dieux eux-mêmes étaient *dieux médecins*. Jupiter *sauveur des hommes*, père secourable *(juvans pater)*. Mars qui protège contre les attaques des maladies. Minerve, *Minerva medica*, patronne des médecins. *Apollo medicus*. Et Esculape, bien sûr, à qui un temple-hôpital-dortoir en forme de bateau fut construit dans l'île tibérine [96].

Fille d'Esculape, mère de notre *hygiène*, Hygieia la grecque veillait sur la santé romaine, avec ses consœurs *Salus* et *Valetudo*. Une divinité protégeait chaque partie du corps, Vénus évidemment pour les organes de l'amour, et Priape demeurant spécialement chargé de la virilité, et *Uterina* pour le sein maternel. D'autres préservaient particulièrement contre chaque maladie, qui transmirent leur pouvoir, de St-Guy à St-Genou, aux « grands patrons » médiévaux.

Chaque personne était sous la protection de son *genius* particulier, moins pudibond que l'ange gardien. Comme le δαιμων bienveillant des Hellènes, il présidait au sort de chacun et veillait au bon exercice de toute fonction corporelle.

La santé de la nature, et aussi l'hygiène publique, grand souci des Romains, étaient ellesmêmes protégées par ceux que Penso a malicieusement nommés des *dieux écologistes* [97]. En premier lieu ce *Faunus*, statufié mi-homme mi-bouc, cornu, barbu, lippu, le pied fourchu mais bien inoffensif *(figure 64)*.

Faunes et aegypans étaient les compagnons et serviteurs de celui qui, dans toute l'Antiquité, incarna la force instinctive de la nature ; *le grand Pan*. Il était généralement statufié fort digne, mais évidemment le vérètre en majesté *(figure 65)*. Par leur exécration des forces biologiques – de la chair sexuée – les chrétiens lui offrirent une belle carrière de Démon, et l'enlaidirent ignoblement *(figure 66)*.

Figure 64
Faunus

96. En ce lieu consacré se succédèrent régulièrement des établissements de santé. En dernier lieu une maternité, où naquit un des premiers centres sexologiques italiens, sous l'impulsion du Pr Romano Forleo.
97. *Op. cit.*, p. 43.

La médecine officielle, à Rome, fut ainsi longtemps une médecine *théurgique*, sacerdotale, puisque la maladie apparaissait comme un châtiment, ou une négligence, de la part des si nombreux dieux habituellement si bienveillants envers la *valetudo*. Sous l'égide des prêtres s'effectuaient les *cérémonies salutaires*, invocation, prière, supplication, procession. Ce culte de santé publique prévoyait des sacrifices, honorifiques, expiatoires, ou divinatoires. Sacrifices tantôt non sanglants (vin, blé, herbes aromatiques), tantôt sanglants [98] : grand sacrifice triple d'un porc, d'un mouton et d'un taureau, ou petit sacrifice individuel, coq, poule, plats favoris d'Esculape (de ses prêtres !).

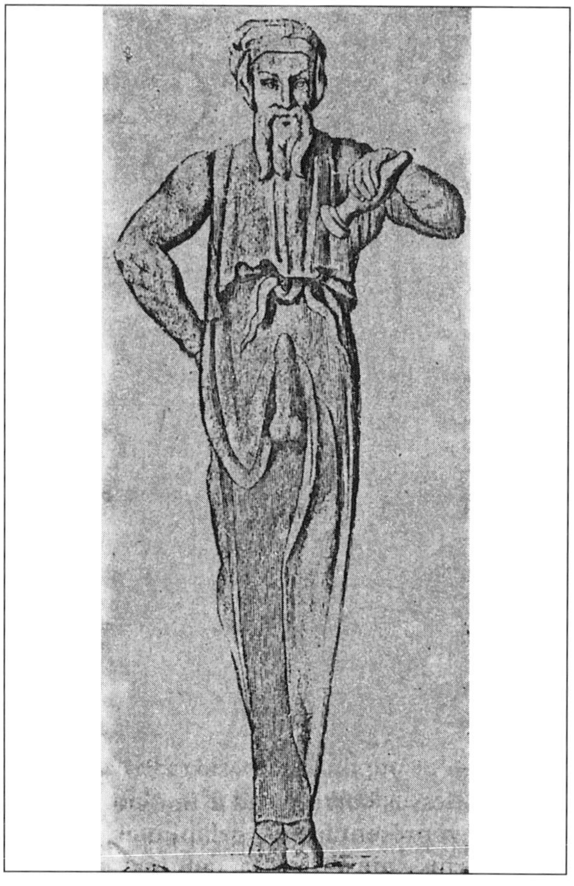

Figure 65
Pan en majesté

Le sacrifice romain, accompagné d'un vœu, constituait un véritable pacte avec la divinité. La prière exaucée, la guérison obtenue, une offrande de remerciement était offerte *ex voto*, accompagnée souvent d'un commémoratif affiché dans le temple *(figure 67)*.

Les entrailles des animaux sacrifiés étaient habituellement interrogées par des prêtres spécialistes : augures, haruspices. L'aspect des organes, en particulier celui du foie, fournissait des indications divinatoires sur le proche avenir... et quelques notions anatomiques de base. Cicéron, qui fut lui-même augure lors de son *cursus honorum* [99], tourna en dérision cette superstition. Pourtant, les autres pratiques médicales de la vieille Rome n'étaient guère plus scientifiques.

*
* *

Les Latins du Latium, eux aussi, ont eu leur médecine magique. Comme ailleurs elle usait d'incantations, récitations, momeries, philtres et potions exécutés, concoctés, délivrés par des sorcières. Peut-être plus qu'ailleurs en Occident cette magie fournit une grande profusion d'*amulettes*, poupées, statuettes, bijoux, osselets, bricoles en tout genre. Nombre d'entre elles représentaient les organes génitaux.

Figure 66
Démon chrétien

98. Il y eut peut-être des sacrifices humains (condamnés, prisonniers). Leur éventualité fut interdite en – 97 sous le consulat de Cornelius Lentulus et Licinius Crassus.

99. C'était un *homo novus*, soit un « *self made vir* » !

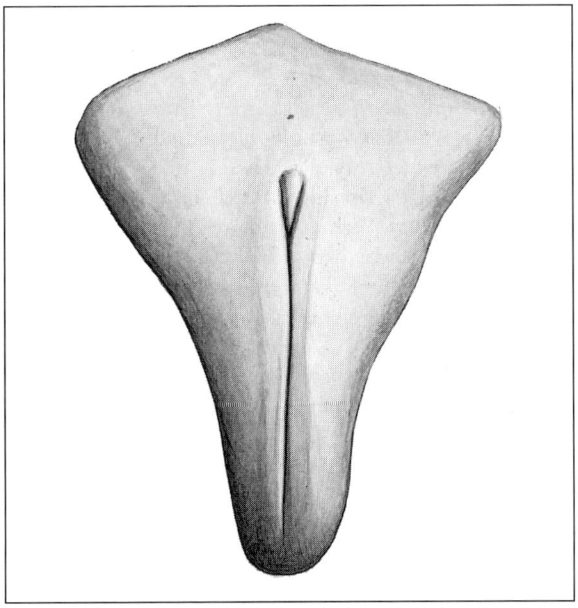

Figure 67
Ex voto vulvaire. Manifestement d'après un moulage de cire *in vivo*

Or s'ils étaient – et leurs descendants le sont restés – fort superstitieux, les Romains n'appréciaient que leurs propres sorciers et magiciens. Avec la pouillerie orientale qui refluait régulièrement sur la Ville, les mages et astrologues proliféraient. Il fallut s'en débarrasser à plusieurs reprises. Caïus Cornelius Ipalus chassa les magiciens chaldéens. En – 32, sous Octave-Antoine Lépide on expulse magiciens et astrologues. Sous Tibère (+ 16) on doit bannir encore ceux qui s'étaient réinstallés : deux sont mis à mort ; par la même occasion on se débarrasse aussi de druides gaulois. Victoire de la bonne médecine romaine.

Une autre tradition de médecine locale s'exerçait dans les grandes maisonnées, en particulier rurales. Le *pater familias* possédait son armoire à pharmacie, et soignait ses gens avec des remèdes, simples et coutumiers. Un esclave « officier de santé », éventuellement affranchi, pouvait être chargé des soins ordinaires de cette médecine patriarcale.

L'exercice *pragmatique* d'une médecine « de terrain » est bien dans l'esprit romain de l'efficacité directe, opposé aussi bien aux sorcelleries orientales qu'aux cogitations grecques. C'est ainsi qu'une chirurgie élémentaire, pratiquée par les médecins autochtones, savait nettoyer, bander, suturer les plaies, réduire les luxations, contenir les fractures, et même pratiquer des embryotomies, *des césariennes* [100] : la lex *Regia* (VIIe siècle), interdisait d'enterrer une femme enceinte près du terme sans que l'on n'ait extrait son fruit.

Les médecins militaires qui accompagnaient les légionnaires connaissaient tous ces gestes ; et même *les ligatures artérielles*, ensuite dramatiquement oubliées jusqu'à Ambroise Paré.

Cette efficacité sur ses chers légionnaires, comme le sérieux enfin affiché par les praticiens de son temps incitèrent sûrement Jules César à octroyer enfin aux médecins le droit de cité, comme aux autres professions libérales [101]. Celse lui donna raison.

*
* *

Aulus Cornelius Celsius fut le contemporain d'Auguste. Il est le père de la médecine *rationnelle*. Celle qui attribue les maladies à des causes précises, et non à la vindicte des dieux. Étiologies multiples, libérées du carcan réductionniste des *a priori* humoraux de l'hippocratisme. Diagnostic étiologique découlant de l'examen des malades et de la bonne connaissance de l'anatomie.

Celse préconise l'instruction anatomique des médecins sur le cadavre, et éventuellement le voyage à Alexandrie, où l'école fondée par Hérophile et Érasistrate subsistait. Ici faut-il redire que notre vocabulaire anatomique, quand il n'est pas grec passé par Rome, demeure en grande partie latin, ou issu du latin. Ne serait-ce que pour les organes génitaux : *pénis, verge, testicules, scrotum, déférents, vulve, vestibule, vagin, utérus,*

100. Le terme vient de *caeso*, couper, inciser (le corps de la mère), et non de Jules César, qui suivit sagement la filière génitale maternelle.

101. Suétone, *César*, XLII. Il faut noter que ce génie politique avait parfaitement compris le danger que représentait, à terme, le gouvernement du monde méditerranéen par la seule Ville. Ne serait-ce que pour recruter des légionnaires indéfectiblement fidèles et loyaux, il envisageait d'octroyer le droit de cité aux Transpadouans, ces rudes montagnards des pentes alpines. Ce fut une des raisons de son assassinat : on n'allait tout de même pas intégrer de tels sauvages, et les faire bénéficier des allocations ! Les Français connaissent très bien ces grands et vaillants Transpadouans, qui leur fournirent tant de maçons, et dont descend mon ami François Cavanna. Que n'ont-ils pu défendre Rome contre les barbares !

ovaires... et même vit (*veretrum*). Et même con (*cunnus*)...Comme le dit Rufus d'Éphèse dans son répertoire *Du Nom des parties du corps : naturalia non sunt turpia*. Et la première pharmacopée fut publiée en latin : dans le *De Arte medica* de Celse (v – 10).

Cet inventaire ne compte pas moins de 600 plantes, dont 54 figurent toujours dans notre *Codex*. Parmi elles la mandragore et l'opium, qui servait d'anesthésique pour les premières véritables interventions chirurgicales [102], pratiquées après lavage des mains... Le catalogue des médicaments fut complété par Dioscoride, par Pline le Jeune, enfin par le grand Galien.

Claudius Galenus (+ 131 - + 201) est né à Pergame, dans cette Asie mineure si fertile en esprits éminents, fécondés par le génie romain. Comme bien des médecins, comme tous les gens cultivés de son temps, et même comme beaucoup de professionnels artisans, techniciens [103] ce Γαληνος parlait et écrivait aussi bien en grec qu'en latin. Contrairement à la fable, il ne s'opposa pas à Hippocrate. Au contraire il reprit sa théorie des humeurs, comme celle du sperme féminin, qu'il confirmait par le rôle anatomique évident des trompes (« de Fallope » pour nous), joignant les « testicules » des femmes à l'utérus.

D'abord attaché aux gladiateurs, il devint le médecin personnel de Marc Aurèle, puis des trois empereurs suivants. Il fut un fervent *organiciste*. S'élevant contre toutes les sectes alors à la mode, dogmatistes, pneumatistes, éclectistes, etc. Et même les méthodistes dont certains cependant, comme Soranos (on va le retrouver) n'étaient pas des charlatans.

Ce génie de la médecine recommande vivement l'étude anatomique sur les cadavres ou, à défaut, sur les singes (ce qui est mieux que les truies), et préconise l'institution du médecin de famille – comme en Chine. Dernier venu des grands médecins antiques, sa doctrine resta influente jusqu'à la Renaissance. On eût pu trouver pire guide, pour traverser la nuit médiévale.

*

* *

Les premiers pas de la médecine occidentale, celle qui devait découvrir les vaccins et les antibiotiques, ne l'ont guère portée, il faut le reconnaître une fois de plus, vers le soulagement des peines de sexe, ne seraient-elles que masculines.

La seule maladie sexuelle qui préoccupe Hippocrate, on l'a vu, est la redoutable « consomption dorsale ». L'épuisement... médullaire par la perte répétée de sperme. L'« excès sexuel » peut être considéré comme la plus inepte des maladies imaginaires que s'efforceront de soigner les « sexologues moralisateurs » [104]. À son tour, le cher homme authentifie un des mythes les plus nuisibles, fournissant un formidable argument à la répression de la fonction érotique. L'affreuse maladie atteignait « évidemment » les jeunes mariés, et les vieillards lubriques. Seuls la chasteté complète, les bains froids et le grand air pouvaient sauver l'incontinent de la mort dans le marasme total, perdant ses forces avec son sperme. La fable, qui convenait si bien aux moralistes puritains et trouvait appui sur le remords de la masturbation, vécut jusqu'au moins la moitié du XXe siècle – on en reparlera.

Aristote, pour sa part, cite l'inévitable masturbation des adolescents, aux coctions spermatiques débordantes. Mais s'il ne tient pas de propos répressifs il met en garde contre la douleur que la pratique selon lui, mêle au plaisir [105].

Ni Celse ni Galien ne traitent particulièrement de l'impuissance. La pharmacopée gréco-romaine officielle ne comporte aucun aphrodisiaque... ce qui est peut-être un bien. Galien connaît la cantharide, mais pour son seul emploi anodin : comme vésicatoire. C'est le littérateur Ovide [106], le naturaliste Pline [107] qui citent les produits classiques, oignons, œufs, miel, anis, pomme de pin. À juste titre, Naso se méfie d'ailleurs du satirion.

En bons organicistes, Celse et Galien s'intéressent néanmoins aux affections courantes de la verge et du prépuce. Ils citent l'herpès récidivant,

102. Celse préconise la suture de la plupart des organes blessés... sauf l'intestin grêle. Omission fatale pour Henri III, dont l'entourage, pourtant grand amateur de broderie, aurait pu suturer les perforations, avant de réintégrer catastrophiquement les anses blessées par son assassin.

103. Cf. Achard, *op. cit.*, pp. 159-160.

104. Il y en aura encore d'autres, dont la masturbation et la nymphomanie.

105. *L'Histoire des animaux (H.A.)*, VII, 1. Avait-il le prépuce trop serré ?

106. *Ars amatoria*, II, 415-424.

107. *Histoire naturelle*, XX, 9.

et même le priapisme [108]. Celse connaît la brièveté du frein, et son traitement par section transversale. Il connaît aussi le phimosis *(figure 68)*, et comme tous les antiques manifeste *un indéniable dégoût devant la circoncision.*

Aristote avait déjà noté que la peau du prépuce ne repousse pas quand on l'a coupée [109]. À la mutilation Celse préfère ainsi le décollement des adhérences, les « légères » scarifications, et finalement *la plastie cutanée, en V*, comme il l'a peut-être vu faire à Alexandrie. Quant à ceux qui regrettaient leur circoncision la chirurgie romaine proposait *la reconstitution du prépuce.* La technique était bien au point sous Domitien, dit Elie Reclus [110]. Elle devait comporter une incision circulaire sur la cicatrice d'amputation du prépuce, puis un décollement du fourreau, permettant de recouvrir le gland par mobilisation vers le bas – la cicatrisation de la face profonde du lambeau devait être assez longue. Les opérés furent appelés *recutiti*, ceux qui ont recouvré leur peau – Ambroise Paré s'en souviendra.

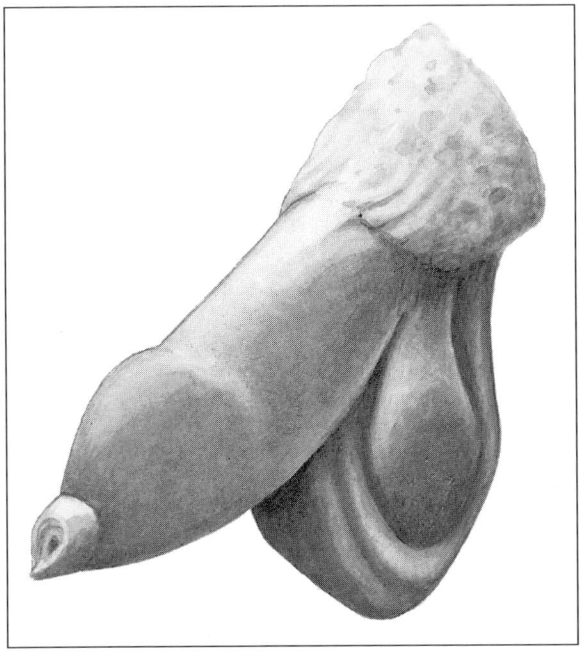

Figure 68
Phimosis romain

Si les Latins répugnaient aux mutilations sexuelles, ils ne furent pas insensibles aux vieux arguments hippocratiques dénonçant l'affaiblissement musculaire par l'excessive dépense spermatique. La spoliation leur paraissait même atteindre les performances vocales. Ils pratiquèrent ainsi *l'infibulation*, le cadenassage du gland par un anneau introduit devant lui dans le prépuce. Pour préserver la vigueur des athlètes et l'organe des chanteurs. L'érection en était fortement entravée, et encore plus toute tentative d'intromission vaginale. La pose de l'anneau se faisait très officiellement sous l'œil du questeur chargé des théâtres. Bien évidemment, ces beaux messieurs, alors comme aujourd'hui, ne manquaient pas d'admiratrices [111]. Elles possédaient chez elles tout ce qu'il fallait, grâce à des esclaves experts, pour débaguer l'oiseau.

*
* *

C'est finalement aux entités divines ou occultes que les Romains superstitieux confiaient leurs déboires érectifs.

La prolifération des Priape relève d'un indéniable souci conjuratoire. Les adultes en portaient sur eux *(figure 69)* et les nourrices en accrochaient au cou des poupons, comme porte-bonheur – l'amulette vulvaire est beaucoup plus rare *(figure 70)*. Avant le coucher ou au moment de passer à l'acte, l'invocation au Priape domestique possédait un excellent effet propitiatoire [112].

En cas de malheur, les sacrifices à Priape lui demandent la restauration virile. Si la prière est exaucée, on accroche un *ex voto* explicite et décoratif *(figure 71)*. Parties à la recherche des tombeaux des apôtres, des fouilles entreprises sous Pie XII dans les caves du Vatican (sous Saint-Pierre de Rome) n'ont pas retrouvé les saints cadavres, mais sont tombées sur une galerie bourrée de statuettes érotiques et d'*ex voto* phalliques.

108. On retrouvera ce « drame érectif » au chapitre des injections intra-caverneuses.

109. *H.A.*, I, 12.

110. *La Circoncision, article cité.*

111. Il est vraiment drôle d'imaginer nos actuelles vedettes du stade et du hit-parade baguées du prépuce... et leurs clubs de minettes munis d'outils *ad hoc* pour les délivrer.

112. Comment ne pas évoquer, en contre-pied, le lugubre « venereum chrétien » (!),la sinistre chambre conjugale ornée du Christ en croix, le buis bénit, le Sacré-Coeur bien saignant, la réfrigérante Vierge Marie !

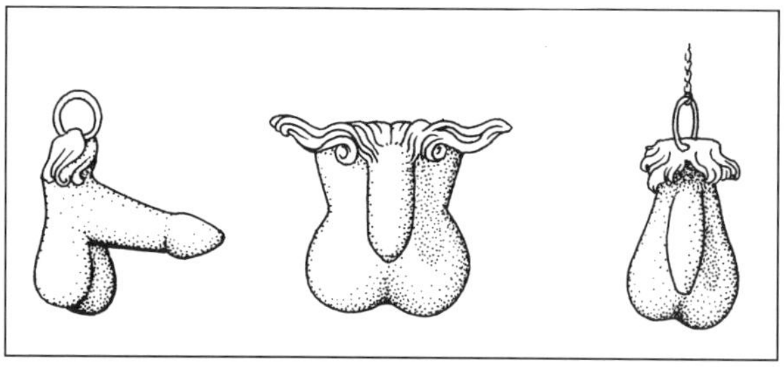

Figure 69
Amulettes et talismans phalliques

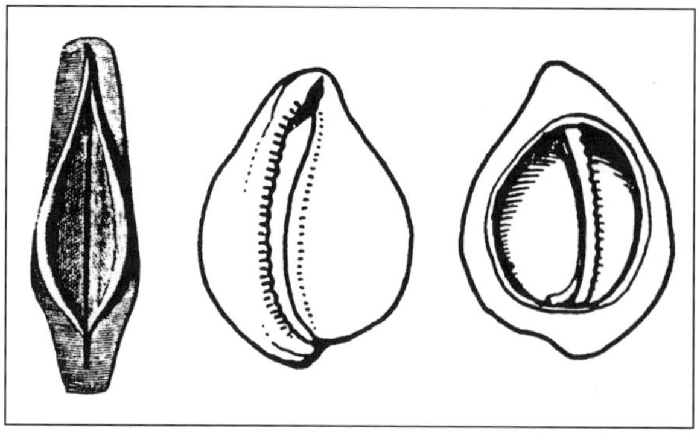

Figure 70
Amulette vulvaire romaine, cyprée paléolithique

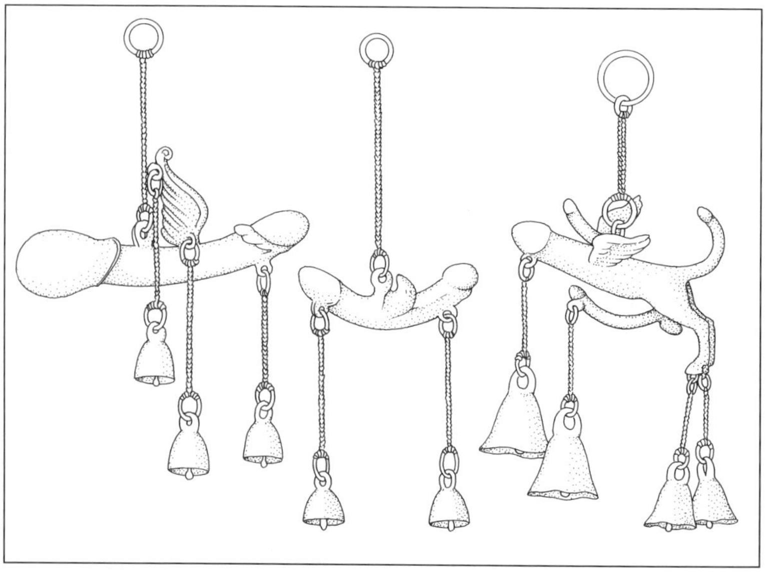

Figure 71
Phallus votifs

Impossible de conserver de telles horreurs dans le musée papal. Ces pièces pittoresques furent vendues à des amateurs, échappant à l'admiration des foules pieuses...

Un témoignage des pratiques magiques nous est enfin rapporté par Pétrone, à la fin de ce qui nous est resté de son Satiricon [113]. Le héros tombé amoureux d'une belle Circé reste coi devant ses charmes. Un essai du membre fautif avec cette sale petite gouape de Giton reste sans effet. Pas plus que le vin arrosant oignons et coquillages. À défaut de couper le coupable, Encolpe va trouver une sorcière qui utilise toute sa panoplie. Elle lui introduit dans l'anus (compression classique des veines pelvi-périnéales) un postiche de cuir enduit d'une huile « médicale » mêlée à du poivre et à des graines d'ortie pilés. La même pommade est appliquée sur les cuisses du malade. Sur les génitoires

113. Chap. CXXVII à CXL.

est étendue une autre préparation, faite de suc de cresson et d'orchidée – de satirion. Après quoi la sorcière pratique une bonne fouettée d'orties, du nombril jusqu'aux pieds. Encolpe s'enfuit sous ces mauvais traitements. Il guérira en regardant les exploits de son ami Eumolpe avec une jeune dévergondée dont il caresse le frère « bien élevé ». Vieux procédé éprouvé du « théâtre cochon ».

Le ressuscité bénit Hermès *psychopompe*, celui qui ramène les âmes. Malgré la science d'Asclépiade, Celse, Galien, Rufus, allons-nous authentifier ici une impuissance pompeusement qualifiée « psychogène » [114] ? Non car Pétrone et son héros envisagent la situation avec un salutaire humour. Celui qui manquera si souvent, encore dix-sept siècles plus tard [115], aux pontifiants sexo-psycho-marchands de vent.

---

114. Il faut dire une fois pour toutes que le terme « psychogène » signifie *qui engendre l'esprit*. Plus d'un ignorant, à la fin du XXe siècle, emploie le terme à tort et à travers : aucune impuissance n'a jamais engendré l'esprit de personne.
115. L'auteur du *Satiricon* vivait probablement au IIIe siècle. Cf. ma préface pour l'ouvrage, dans l'édition de Jean-Claude Lattès.

CHAPITRE 3

ET LES FEMMES D'ALORS, ET D'AILLEURS ?

Les exaspérants chantres de l'érotisme exotique, du temps et de l'espace, s'obstinent à masquer le sort commun majoritaire, pendant si longtemps, et quasi partout, de la moitié femelle de l'espèce. Accepter docilement l'accouplement, plusieurs fois porter grossesse, accoucher, allaiter, élever la progéniture, nourrir et servir l'homme puis mourir sénile, flétrie, avachie, édentée à dix lustres – si l'on n'est pas morte en couches.

Ô extase charnelle des pays chauds, là où le soleil ruisselle généreusement sur les peaux d'ambre, ou d'ébène. Sensuelle Afrique ! Suaves amours jaunes ! « Connais-tu le pays où les seins orangés... ». Les délices, les voluptés ne furent, ne sont toujours, et le plus souvent, qu'à sens unique. Organisées par et pour les hommes, grâce à des femmes assujetties.

Que cette soumission sexuelle ne soit pas naturelle pour des primates est une criante évidence. Mais l'espèce partiellement déprogrammée a laissé la moitié la plus grande, la plus vigoureuse, retourner contre les plus faibles, les plus petites, celles que les groisses et la marmaille empêchent de courir chasser guerroyer, la puissance musculaire dont elle use envers les ennemis extra- et bien sûr intraspécifiques. Pour s'assurer, par la soumission, de deux bienfaits vitaux et irremplaçables. Premier bienfait : la disponibilité de ce corps féminin dont les formes et les odeurs sont indélébilement inscrits dans les programmes imagés de l'hypothalamus viril et dont le vagin, situé au bon endroit, n'a aucun rival pour l'assouvissement, du phallus comme des reins. Deuxième bienfait : l'accès à ce ventre fécond d'où sort la progéniture, assurance de pouvoir et de survie.

Ce mauvais traitement fut inauguré au néolithique [1] quand fut atteint un seuil critique de prolifération humaine, quand les voisins commencèrent à devenir des étrangers, des rivaux, quand il a fallu défendre demeure, champs, troupeaux, provisions, objets de valeur, femmes et enfants. Certes, les femmes furent défendues, protégées comme biens précieux, *comme possession*, comme monnaie d'échange puisque l'inceste intranucléaire ne fait pas partie des conduites valorisantes programmées par le code génétique humain. Ces inestimables objets furent ainsi marchandés comme denrées de troc.

Qui se préoccupe de faire jouir le mobilier, qui se préoccupe de lui demander son avis ? Pendant trop longtemps, et trop souvent, la sexualité féminine fut méprisée en tant qu'expérience subjective d'une personne humaine. Qu'il s'agisse de la mise « en service » de la cavité copulatoire, qu'il s'agisse de l'agrément que sa porteuse pouvait tirer de son usage, qu'il s'agisse des souffrances de la parturition et de tous ces tracas spécifiquement féminins.

1. Datation simplifiée. Le changement ne fut pas immédiat, et les préhistoriens parlent désormais d'une période intermédiaire, *mésolithique*.

DES PEINES QUI N'ARRIVENT QU'AU SEXE DES FEMMES

Tant qu'il n'est pas malade, le sexe de l'homme ne procure que plaisirs – outre l'ornement – à son propriétaire. Ce n'est pas une maladie de se faire déflorer, ce n'est pas une maladie d'accoucher. Et pourtant ces éventualités *normales* d'une vie de femme ne s'accomplissent à peu près jamais sans douleur. Une douleur qui siège précisément, à l'entrée du vagin – ou à sa sortie ! – *dans cette zone sensible qui doit, aussi, délivrer les messages érogènes*, alors si plaisants, de l'intromission du sexe de l'homme convoité. Ce ne sont évidemment pas les mêmes récepteurs qui transmettent la sensation – en dépit des facéties de Groddeck. Mais allez expliquer ces subtilités physiologiques à une femme inquiète, à une femme qui souffre. Il y a là de quoi redouter l'épreuve, même si les femmes normales y parviennent sans héroïsme exceptionnel. Comme elles doivent assumer les tracas menstruels... et ceux qui suivent leur cessation.

PREMIER SOUCI : COMMENT PERDRE SA FLEUR SANS PEINE ?

1. Le franchissement de l'hymen : une épreuve obligatoire

À l'entrée du vagin, un repli muqueux, reliquat d'une membrane embryonnaire complète, s'oppose – faiblement – à la première pénétration du « corps étranger » phallique dans le canal. Le rôle biologique de l'hymen apparaît mince. Il protège peu le vagin infantile contre l'infestation microbienne. Son faible obstacle mécanique ne s'oppose que de façon rarissime au premier coït : il ne constitue pas une redoutable « haie » que seuls pourraient franchir les mâles les plus doués par la sélection naturelle. Encore faut-il, cependant, que le vagin, inutilisable pendant plus de deux lustres, se soit suffisamment développé pour devenir « opérationnel ».

La moitié féminine de l'espèce doit ainsi subir ce double aléa biologique : son organe d'accouplement n'est fonctionnel que vers le milieu de la deuxième décennie de l'existence, et cette entrée en fonction s'accompagne de douleurs, certes supportables mais inévitables.

La peine de sexe de la défloration est le passage obligé pour toute femelle humaine suivant son destin biologique complet. L'organe qui doit devenir, avec le temps et un (de) bon(s) partenaire(s), la source de suréminentes voluptés charnelles, *commence par faire mal*. Éventualité dont sont préservés les hommes : le gland de la verge, orgasmogène dès la première enfance, garde indéfectiblement sa fonction quand le grand garçon est en âge de s'accoupler. Et tant que l'homme n'est pas malade, on l'a dit *supra*, son sexe ne le fait pas souffrir.

À vrai dire, la douleur elle-même de la rupture de l'hymen, comme celle de la chute des dents de lait, ou des multiples plaies et bosses des jeux enfantins, fait partie de ces « bobos » qu'une grande fille peut surmonter, surtout dans des circonstances favorables. Et sous l'emprise de ce puissant *instinct d'accouplement* qui meut l'un vers l'autre, l'un dans l'autre, le corps de l'homme, et de la femme. S'il y a drame, il est émotionnel, et surtout, hélas ! social.

L'émotion est inévitable, même dans le contexte amoureux normal. Puisque les « sentiments » sont au rendez-vous. Puisqu'il va se passer quelque chose de déplaisant dans une région stratégique mais le plus souvent inexplorée : les agréables tripotages clitoridiens ont rarement fait pénétrer les doigts dans la cavité vaginale. Du jour où les mères ont parlé à leurs filles, du jour où les filles ont parlé entre elles, peu de jeunes humaines n'ont pas été informées des « ennuis » de la désagréable première intromission. Le rôle des bonnes mères, des bonnes informatrices, est évidemment de dire la vérité : ça fait mal, mais on n'en meurt pas [2], et ça passe vite. Malheureusement l'esprit « ancien combattant » fait volontiers hypertrophier des épreuves que l'on a surmontées « glorieusement ». *Il n'y a pas d'attitude plus nuisible, envers les jeunes, que de grossir les peines et souffrances du franchissement d'étapes obligatoires, qu'elles soient biologiques ou culturelles.* Cette « montée en épingle » des épouvantables « traumatismes » est une des tares qu'il faudra inlassablement reprocher au freudisme. Mais bien avant le charlatan viennois trop de femmes victimes-complices de systèmes phallocratiques ont noirci la douleur de la défloration, pour appuyer leur mise en garde envers une péripétie physiologique trop souvent assortie de risques sociaux, eux parfois vraiment mortels.

---

2. L'hémophilie n'atteint que les hommes. La mort par hémorragie hyménéale incoercible de « jeunes filles hémophiliques » n'est qu'un ridicule roman noir.

Avant de savoir faire de respectueux examens gynécologiques non « traumatisants », les hommes savaient bien que le doigt peut suffire à indiquer si l'hymen est « toujours là ». Mais une exploration trop poussée peut détruire la membrane, si fragile, et pourtant si précieuse. On verra, à plusieurs endroits de ce livre, les tragi-comiques modalités des examens imposés à celles que l'on suspectait de n'être plus vierges, ou qui revendiquaient, au contraire, leur état de *virgo intacta*. Aussi les fanatiques de virginité se fièrent-ils à un symptôme jugé plus fiable : *l'écoulement sanguin*.

Les quelques gouttes de sang que fait sourdre habituellement l'effraction de l'hymen coûtent moins à l'organisme que la plus banale hémorragie menstruelle, que la moindre coupure au doigt. Mais leur survenue *à cet endroit et à ce moment* ne leur a fait que trop souvent revêtir une importance monstrueusement outrée. Là où la femme, marchandise de plaisir et de reproduction, n'avait, n'a de valeur que « neuve », n'ayant jamais servi.

En matière de sexualité la jalousie est un phénomène imparable, quoiqu'en aient pensé les « révolutionnaires sexuels », partouzards et « communautaristes » [3]. Chaque partenaire d'étreinte marque l'autre de ses baisers, de ses caresses, de ses odeurs, parfois de ses griffes et suçons. On sait, dans notre civilisation libérale, combien les femmes « possessives » adorent, pour plus de sûreté, marquer encore leur homme de leur parfum, de leur rouge à lèvres, sans compter les colifichets... Ces marques, le (la) partenaire rival(e), ne saurait les percevoir sans dégoût ni haine. Mais tout peut s'effacer, se nettoyer, et finalement la gent féminine a cette malchance, avec l'hymen, de porter la seule marque anatomique témoignant du « passage », ou non, d'un précédent « utilisateur ».

Toutes les civilisations mettant les femmes sous la coupe dominatrice des hommes seront obsédées par la preuve de virginité exigée lors d'un mariage indissoluble – au moins pour la femme. Le mâle acquéreur d'une vierge « authentique » sait qu'aucun autre n'a introduit son phallus là il où ne saurait tolérer concurrence, qu'aucun autre n'a déposé une semence capable d'*adultérer* sa lignée. Double garantie, érotique et procréatrice, assurée par le « scellé » de l'hymen.

C'est évidemment *la haine* envers cet autre, ce rival, qui fait haïr son activité sexuelle, taxée de répugnante cochonnerie, puante luxure. À quoi la culpabilisation monothéiste, biblique, de l'activité sexuelle personnelle ajoutera son poids de réprobation. Que ce soit par l'acquéreur ou par un concurrent, la vierge n'a pas subi *la souillure* d'un sexe d'homme bandant-pénétrant-éjaculant. Elle est *intacte, immaculée*. Ce que *le costume blanc de mariée* symbolise.

On verra, au long du livre, combien le malheureux repli hyménéal, absent ou présent « quand il ne faudrait pas », a entraîné de malheurs entre les hommes et les femmes – surtout pour les femmes. Seules les civilisations libérales, respectant la liberté corporelle des femmes, n'y ont pas attaché plus d'importance qu'il n'en mérite, dédramatisant la défloration. Partout ailleurs les risques encourus par celles qui n'arrivaient – n'arrivent – pas vierges au mariage sont allées – vont encore – du simple mais infamant renvoi *jusqu'à la mort*, infligée par les familles atteintes dans leur « honneur ». Les monothéismes se sont particulièrement illustrés dans cet antiféminisme éventuellement meurtrier, dans l'exhibition triomphale et « salvatrice » du linge taché de sang virginal. Abominable et imméritée peine de sexe, au début même de la vie de femme adulte.

On verra aussi, pour adoucir ou éviter l'épreuve, combien fut mise à profit l'imagination humaine – et surtout féminine. Je résume succinctement, ci-dessous, les moyens utilisés, avant d'y revenir quand il faudra les développer.

2. Le contournement de l'épreuve

Il consiste soit à employer des procédés « garantis » laissant croire à l'acquéreur qu'il a bien acheté une vierge, soit à « désarmer » les pressants assauts érotiques des solliciteurs préconjugaux :

a) La simulation de l'effraction hyménéale, pour être parfaite, doit combiner le resserrement de l'orifice « trop » perméable, et l'écoulement d'un liquide sanglant, ou imitant le sang. Les astringents, les vessies s'ouvrant devant la poussée phallique et répandant une liqueur bien rouge seront « perfidement » et universellement mis à contribution ;

b) La procrastination. Quelle que soit la puissance de son instinct d'accouplement, le mâle

3. Vingt-cinq ans après mai 68, le *Rapport Spira* constate qu'il n'y a toujours qu'une infime minorité de Français à pratiquer l'échangisme : *op. cit.*, p. 130.

Figure 72
Maraichinage (sous le parapluie)

surtout jeune et surtout en contrée phallocratique ne résistera pas à la complaisante qui le fera éjaculer sans qu'il pénètre dans son sacro-saint vagin. Celles qui doivent à tout prix conserver leur hymen apprennent de bonne heure à désarmer l'homme. Par des voies « classiques », *la main, la bouche, la fente vulvaire et l'anus.* Le bassin méditerranéen, surtout sur sa rive sud, et surtout depuis son infestation par le monothéisme, est le lieu favori de ces pratiques « préservatrices » lorsqu'elles sont préconjugales. *Ce sont aussi des procédés contraceptifs, parmi les plus anciens et les plus pratiqués si bien qu'on les retrouvera en tout temps et en tout lieu.*

Leur – relative – désuétude, en Occident, suivit tout simplement la diffusion de la contraception féminine : la pilule a tué le *petting.*

• *Le désarmement manuel* : faire éjaculer à la main l'homme trop pressant permet de « s'en débarrasser » au plus vite. Ce n'est pas le moyen « idéal » en contrée phallocratique. D'abord parce que l'homme peut aussi bien « se faire ça tout seul ». Et aussi parce que cet homme est habituellement circoncis, ce qui rend malaisée la manœuvre sous la main d'une débutante. Le procédé fait plutôt partie des « gâteries » préconjugales là où les femmes sont relativement libres, et les hommes entiers ; pour faire passer cette particulière peine de sexe de ceux qui n'ont pas encore tout à fait le droit de s'en servir.

En Occident la masturbation des « fiancés » possède ses deux classiques. En France le *maraichinage*, assouvissement manuel réciproque des couples de « promis », dissimulés sous le parapluie *(figure 72)*, dans les provinces catholiques de l'Ouest (Poitou, Vendée) [4]. Aux USA le *petting* dont ont bénéficié quand même des générations de circoncis, dans l'auto de papa ou lors des fameuses « surprises-parties » – ils préféraient habituellement la technique buccale...

• *La fellation* procure un plaisir éventuellement orgasmique plus goûteux que la masturbation, dans la mesure où il faut une (un !) partenaire pour le déclencher. C'est un délicieux prélude. C'est aussi un assouvissement « gracieux » procuré par celles dont le vagin est indisponible (grosses règles, fin de grossesse, affections variées, etc.). Avec une femme « disponible » ses inconvénients sont de « démobiliser » l'homme un bon moment s'il a éjaculé, et de ne pas faire jouir l'officiante si on ne lui « fait rien » avant, pendant ou après. C'est évidemment là le dernier souci de ceux pour qui la femme n'est qu'une dispensatrice de plaisir, et qui repartent soulagés en « parties ».

• *Le coït intercrural* comprime la verge entre les cuisses bien serrées, au contact de la chaude et humide fente vulvaire. Le procédé permet des mouvements imitant le coït, et peut stimuler le clitoris. Il est très dangereux, le sperme émis dans les parages du Saint Lieu pouvant trouver le chemin du vagin, et déclencher une très classique grossesse virginale.

• *La sodomisation* est un procédé beaucoup plus sûr. Offrant « quand même » la pénétration dans le corps féminin, et des mouvements de type coïtal, elle utilise le vieux « rival » du vagin : le canal ano-rectal. *Bien qu'elle soit un « péché véniel »* [5], *elle n'a que des inconvénients, au plan*

4. Cf. Marcel Baudouin, *le Maraichinage, op. cit.*
5. Pour le médecin, le sexologue et l'éthologiste. Par contre c'est pour la Bible une des plus grandes abominations, tirant son nom de Sodome, la ville maudite détruite par le feu de Dieu.

érotique comme au plan médical. Et autant le dire ici une fois pour toutes :

– *À l'état isolé, la sodomisation n'a jamais fait jouir la moindre femme.*

Les homosexuels masculins qui se laissent sodomiser se masturbent ou se font masturber conjointement, et ceux qui sodomisent les femmes, et sont assez « polis » pour vouloir les faire jouir aussi, leur caressent alors le clitoris.

L'anus et ses abords sont « chatouilleux » et peuvent apprécier la « feuille de rose » [6] comme le (petit) doigt – ce que nos classiques appelaient *donner le postillon* [7]. Mais au-delà *le canal anal ne possède aucun substratum physiologique érogène, a fortiori orgasmogène.* Il est revêtu d'une muqueuse digestive bien honnête, mais dépourvue du moindre récepteur délivrant du plaisir érotique. Elle fait fondre les suppositoires, mais les femmes « enculées » ne fondent pas de jouissance.

– *L'introduction de la verge dans le canal ano-rectal fait courir deux sortes de dangers,* des dangers mécaniques et des dangers infectieux.

Au contraire du vagin, l'orifice anal est *sec* – sauf ano-rectite suintante – et on n'y fait pas facilement pénétrer, *dans le mauvais sens,* un corps étranger de la taille de la verge sans *faire mal,* ou sans lubrifiant complémentaire. Surtout si la femme est excitée, ce qui contracte son vigoureux sphincter anal, comme les autres muscles du périnée. Plus ou moins facilement passé le goulet sphinctérien, on fait encore mal en butant contre *le cap ano-rectal,* ce coude qui fait remonter vers l'arrière, vers le sacrum, le conduit digestif d'abord oblique vers l'avant *(cf. figure 1),* cap que s'efforcent de franchir en douceur ceux qui introduisent les instruments de l'endoscopie. *C'est là que se produisent les perforations,* à tout le moins les possibles érosions d'une paroi muqueuse et musculaire lisse mince et fragile [8], dont le saignement n'est plus celui de la défloration, mais une bien banale hémorragie digestive.

Irrité, à la longue, par des sodomisations répétées, on sait ce qu'il arrive au rectum des enculés pas toujours mondains : la congestion hémorroïdaire, la rectite chronique et surtout, horreur, l'affaiblissement du sphincter anal : les gaz intestinaux, puis les matières un peu molles s'échappent sans contrôle... délices parfumées de Sodome...

Le risque infectieux menace les deux participants. Le canal ano-rectal est normalement vide, mais chez les constipées (comme le sont tant de femmes) une possible cybale oblige au refoulement le glorieux vainqueur de l'anus. Encombré ou non, le passage contient toujours la flore microbienne normale de l'intestin, colibacilles et entérocoques. Ils guettent l'intrus. Son précieux urètre risque de s'infecter. Son précieux membre s'enduit de mucus colique, garni de flore anale. S'il l'introduit ensuite, pour « se finir », dans le vagin de sa partenaire, elle souffrira volontiers de ces vaginites à coliformes qui traînent interminablement tant qu'on n'a pas supprimé la réinfestation régulière. Quant au virus du SIDA, on sait que le canal ano-rectal est un de ses repaires favoris. Voilà ce qui devrait inciter les amoureux du rectum, malgré le peu de risques gravidiques, à se garnir d'un préservatif...

Évidemment, d'innombrables femmes se sont fait sodomiser sans en mourir. Et sous bien d'autres prétextes que la préservation, de l'hymen ou de l'engrossement. Comme « rattrapage » du délabrement vaginal multigravidique [9], dans lequel le mari flotte « sans trop savoir où il est ». Ou comme « rattrapage » d'autres maris trop portés sur les jeunes gens, cas typique de l'Antiquité... classique [10]. Comme « piment érotique » : on s'amuse à « autre chose ». Comme « totale offrande du corps », envers ceux qui ne semblent pas satisfaits tant qu'ils ne se sont pas servis de « tous les trous » de leur partenaire (en exceptant, on l'espère, les narines et les conduits auditifs !). Comme « exploration de tous les possibles corporels », en particulier par ceux et celles qui ont de mauvaises lectures, pornographie niaise stéréotypée, manifestes contestataires-antinormatifs, etc.

---

6. Nom érotique classique de l'*anilinctus*.

7. Je me suis fort diverti à faire le résumé d'une communication scientifique sur la contamination hétérosexuelle de la région péri-anale par des végétations vénériennes (les très classiques « crêtes de coq »). Les très sérieux britanniques auteurs découvraient, en 1991, que les hétérosexuels se touchaient les abords de l'anus au cours des rapports, et que la présence de végétations n'était pas le stigmate de la sodomisation (Sonnex et al., *article cité*).

8. Ne le savent que trop les chirurgiens pratiquant la section et la suture de ce fragile boyau culier. N'en déplaise aux sexologues « de la tête ».

9. Motivation classique en pays maghrébin. Cf. S. Naamane-Guessous, *Au-delà de toute pudeur, la Sexualité féminine au Maroc, op. cit.*, p. 246.

10. Martial se conduit là en odieux hypocrite : quand sa femme lui refuse son cul il l'accuse de pruderie (*Épigrammes*, XI, CIV), quand elle l'offre, il la rabroue en prétextant gracieusement qu'elle n'aura jamais que deux cons (*ibid.*, XI, XLIII).

Il n'en reste pas moins que les innocents lecteurs ou lectrices ne devraient pas trouver dans des ouvrages sexologiques la fable parfois authentifiée de l'« orgasme sodomitique ». Dans les milieux de la prostitution, qui savent bien ce qu'est « le spécial », la sodomie n'est jamais considérée que pour ce qu'elle est : un affront à la féminité. Et pour les femelles désobéissantes (au souteneur) *une brimade*.

c) La tricherie chirurgicale

Du jour où se sont répandus « les miracles » de la chirurgie plastique, et de l'anesthésie générale, il apparut « charitable », à certains praticiens, de refaire une membrane pseudo-hyménéale à celles qui les en suppliaient. Le procédé consiste habituellement, après avivement, à suturer entre eux les résidus de l'hymen, *les caroncules myrtiformes* – mais si elles ne sont pas assez volumineuses il faut bien se résoudre à pratiquer une incision transversale de la muqueuse, décoller puis suturer pour constituer un repli nettement marqué. *Parfaite ineptie chirurgicale*. Méthode odieuse, *chirurgie de la honte* utilisée non pour soulager, mais *pour faire souffrir*, déclencher des douleurs, faire saigner lors de la rupture de l'obstacle artificiellement créé...

Les chirurgiens qui ont (coupablement) faibli devant la demande n'ont d'ailleurs pas été sollicités par des occidentales majeures et vaccinées. Mais par ces malheureuses musulmanes récupérées par leurs familles maghrébines ou orientales après s'être « un peu amusées » en Occident – à moins qu'elles n'aient cédé sur place à un « vil séducteur » qui veut « se marier avec une vierge, comme les autres », et les plaque après s'en être diverti [11]. On sait ce qu'elles risquent, si elles ne savent pas simuler la virginité... Elles peuvent même simuler la nulliparité, grâce à une césarienne à la cicatrice pubienne invisible, pratiquée dans les premiers mois de grossesse d'une vierge victime du coït intercrural. Encore faut-il qu'elles soient autorisées par l'acquéreur à conserver leur frondaison vénusienne [12]...

La solution d'avenir n'est évidemment pas dans l'extension de la réfection hyménéale remboursée par la Sécurité sociale, mais bien dans la laïcisation des mœurs en pays arabo-musulman – nous ne la voyons point poindre, hélas !

3. L'aménagement

Puisqu'il faut, d'une façon ou d'une autre, « en passer par là », autant que ce soit aux moindres frais, émotionnels ou douloureux :

a) Le recours au « spécialiste » a fait investir du « devoir de défloration » un homme particulier du groupe, en général tribal : prêtre ou dominant. Là où les futurs maris manifestent peu de jalousie, et désirent s'éviter une « corvée ». Le caractère « officiel » du personnage pouvait donner à la « cérémonie » un caractère d'anonymat peut-être sécurisant. Là encore la jeune fille subissait son destin, au lieu d'en décider. L'éventualité demeure fort rare, et le fameux « droit de cuissage » a nourri plus les imaginations que l'histoire réelle [13].

En contrée libérale certains hommes ont pu se faire une réputation de « déflorateurs experts ». Celles dont le « fiancé » était peu entreprenant, ou qui voulaient se sentir « libres de courir » ont pu recourir à leurs services...

b) Le recours au rite : le sacrifice de l'hymen, soit avant le mariage, soit chez toute fille paraissant nubile, a pu faire l'objet d'une intervention rituelle. La membrane pouvait être incisée avec un couteau, ou rompue avec un phallus artificiel : instrument manipulable, ou membre en place sur une statue. Officiait un prêtre ou une prêtresse, qui maniait l'objet ou aidait la jeune fille à s'« asseoir » sur le pal déflorateur. Là encore, et bien que Mendès Pinto ait encore vu une idole de ce genre au Siam en 1546 [14], la légende a grossi la réalité. À Rome, des jeunes mariées ont pu s'asseoir tout habillées sur un dieu Priape... le temps d'une prière propitiatoire et sans effraction corporelle.

c) La dilatation préventive : ce fut, pendant assez longtemps, une coutume chinoise. Mère ou amah (nourrice) dilatait l'orifice vaginal des filles, et de très bonne heure. Elles arrivaient nubiles sans savoir qu'elles avaient possédé un hymen – avant de devenir mères à leur tour. Béate ignorance ? Cela se discute...

L'intervention de la jeune fille elle-même est la solution la plus responsable. Il faudra attendre pour cela nos moyens et nos mœurs de la fin du

11. Naamane-Guessous, p. 201.
12. Cf. *la Première fois*, *op. cit.*, p. 310.
13. On en trouve trace jusque dans les *Nozze di Figaro* de Mozart et da Ponte.
14. *Pérégrination*, *op. cit.*, p. 547.

XXe siècle. Mais la pratique se répand, de garnir le vagin nubile de tampons menstruels. Après quelques introductions un peu pénibles, l'orifice « prête » progressivement et le premier rapport se passera « sans trop de bobo », avec un partenaire libéral et prévenu. Si besoin, le médecin peut fournir à la jeune fille des bougies de diamètre croissant, jusqu'à ce que le tampon passe sans difficultés ; il permet alors de se baigner en mer ou piscine les « jours difficiles ».

4. Le prétexte de l'épreuve

La crainte de la défloration est responsable d'une pathologie bien particulière, et dans les deux sexes.

a) Chez la femme le vaginisme, la crispation douloureuse des muscles périnéaux, rend impossible la pénétration vaginale. On peut ainsi rester vierge pendant vingt ans de mariage, voire toute sa vie. Repoussant l'homme, ou fuyant les occasions de rencontre au lit. La maladie fut correctement décrite au milieu du XIXe siècle. Après que l'on ait parlé, pendant des siècles, de « femmes barrées ».

L'obstacle hyménéal de ces femmes, en fait, n'est presque jamais mécanique. Les rarissimes hymens vraiment résistants amènent à consulter une jeune fille qui s'est « courageusement » livrée à plusieurs infructueuses tentatives de pénétration. Elle n'a pas développé de vaginisme. De même d'innombrables femmes ont hélas ! subi à la fois le viol et la défloration, « tombant » éventuellement frigides un certain temps, mais pas vaginiques.

Le déterminisme du vaginisme est endogène, reposant sur un fonds caractériel particulier, et probablement aussi sur un métabolisme perturbé de certains électrolytes (calcium, magnésium). Ni l'anatomie ni l'entourage « traumatisant » n'en sont responsables. *Une jeune fille normale ne développera jamais la phobie de la pénétration intravaginale* – si elle a « le droit » de redouter quelque peu une épreuve désagréable, et d'aménager sa survenue.

Les vaginiques viennent en général consulter le jour où elles risquent de perdre leur partenaire, ou leur mari désireux d'avoir des enfants. La thérapeutique sexologique peut désormais leur venir en aide.

b) Chez l'homme le devoir de défloration, au soir des noces, est une cause très classique d'impuissance fonctionnelle. Panne d'érection *de la première fois*, avec une fiancée que l'on n'a jamais touchée ou même, comme en pays de mariage convenu, *que l'on n'a jamais vue*. C'est une des désastreuses conséquences des morales interdisant les rapports préconjugaux, tout particulièrement celles issues de la Bible. Un homme normal a peu de chances de développer l'« érection du siècle » avec une parfaite inconnue, surtout s'il doit la déflorer et fournir la preuve sanglante de son exploit bandatoire. L'épreuve peut déclencher une véritable panique chez des maghrébins à moitié occidentalisés.

En pays libéral la même appréhension touche certains amoureux timides, peu sûrs d'eux. Ils redoutent aussi bien de faire mal à leur chérie, que de ne pas se montrer « à la hauteur » ; ils échouent... ou procrastinent. C'est bien pourquoi certaines vierges... sages ne préviennent pas le garçon, pour qu'il reste en possession de tous ses moyens.

DEUXIÈME SOUCI : COMMENT S'ACCOMMODER D'UN SEXE QUI SAIGNE QUATRE JOURS PAR MOIS

Indiquant la nubilité, les règles peuvent être la fierté de celle qui se sait enfin « une grande ». Je ne rappellerai pas tout ce que les sociétés rudimentaires mais aussi civilisées monothéistes ont pu échafauder de « fromage mythologique » autour des premières règles, puis des suivantes. Autour de cet écoulement de sang, ce liquide tabou inquiétant, en cet endroit tabou inquiétant lui aussi pour les cœurs faibles. Toujours est-il que l'« héroïne » a pu se sentir excédée par l'attention malsaine dont elle était l'objet, tout en se sentant dépossédée d'une partie de sa liberté : du jour où la société avait « mis la main » sur ses facultés génératrices enfin apparues.

L'inconvénient purement organique est habituellement mineur pendant les années qui précèdent la défloration. La congestion pelvienne de fin de cycle entraîne pesanteur, endolorissement supportables ; toutes les jeunes filles ne sont pas obligées de se coucher quatre jours par mois, torturées par leurs abominables douleurs menstruelles. Elles font néanmoins l'expérience décevante de l'impossibilité où se trouve leur vagin de retenir leur sang – leurs pertes – et un jour le sperme éjaculé de leur partenaire. D'où la nécessité de *se garnir*, de se mettre entre les cuisses linges ou « pattes » peu gracieux – on sait, les urologues savent le désarroi des hommes quand leur sexe

« coule tout seul » [15]... D'où la nécessité, un jour, de prévoir l'issue incontrôlable de la semence répandue, pour ne pas mouiller-salir le lieu de l'action...

Déflorée et pourvue d'un partenaire fixe, la femme peut évidemment lui faire assumer ses quatre jours de saignement vaginal. À deux conditions. Qu'il soit suffisamment affectueux et solidaire pour supporter quatre jours de chasteté ; ou de contentement unilatéral, manuel ou buccal ; ou d'intromissions vaginales précautionneuses (pour ne pas faire souffrir un petit bassin congestionné), et entourées de précautions « hygiéniques » : pour protéger la literie, pour nettoyer la verge passée au rouge. Les bons couples surmontent tout ça, éventuellement avec humour. Encore faut-il, deuxième condition, que l'homme ne fasse pas partie de ces phobiques et/ou demeurés auquel le sang, et tout particulièrement le sang menstruel inspire la panique.

Ce sont paradoxalement *les plus fervents de sang virginal* qui se proclament les plus rebutés par les règles, africains, monothéistes musulmans ou judaïques auxquels il est interdit de « connaître » la femme lorsqu'elle menstrue. Encore une des « excuses » de la polygamie : pour pouvoir disposer en tout temps d'une femme que ne pollue pas son « impureté » cataméniale [16]. Comme s'il ne suffisait pas que la femme soit brimée dans sa valeur sociale et dans sa morphologie « trouée », il faut qu'on l'accuse d'émettre tous les mois un liquide abject...

Et pourtant le sang des règles est inoffensif, il ne transmet à lui tout seul ni la lèpre ni la syphilis ni le SIDA [17], il ne porte pas malheur et il ne sent pas mauvais – son exhalaison un peu fade ne devenant malodorante que s'il croupit trop longtemps sur la garniture. Maléfique dans les philtres des sorcières, ce sang sortant des organes de l'amour a d'ailleurs pu jouer un rôle propitiatoire, faire espérer le « retour d'affection », introduit subrepticement dans la boisson ou la nourriture d'un inconstant...

Là encore les civilisées bénéficiant de l'« hygiène moderne » ont pu banaliser, minimiser des tracas de toilette autrefois et ailleurs si souvent préoccupants. Ces soins de propreté furent aussi, il est vrai, une bonne excuse pour disposer de bidets et injecteurs dont l'usage contraceptif était interdit par la religion. Le double usage, contraceptif et « hygiénique » fut identiquement celui des éponges (retenues par un fil) que nos antiques s'introduisaient dans le fond vaginal. Tampons « historiques » à l'usage des épouses prévoyantes mais aussi, évidemment, des prostituées ne tenant pas à perdre quatre jours de recettes.

Il n'en reste pas moins que ses règles peuvent parfois gêner la carrière amoureuse d'une femme parfaitement « libérée » lorsqu'elles surviennent, sont survenues au mauvais moment. Lorsqu'il faudrait, *pour la première fois*, céder au désir d'un homme désiré. L'intimité érotique ne peut s'établir, d'emblée, par l'ablation du tampon – la dissimulation de la serviette – l'installation d'une alèse puis l'annonce d'un flux coloré qui n'est pas entièrement dû à l'émoi... Il faudra remettre la cérémonie, en espérant qu'il s'agit d'un homme de cœur, qu'il ne se vexera pas, se croyant évincé, et qu'une proche occasion, plus favorable, ramènera la chaleur, la poésie... et l'homme convoité. Les femmes avisées savent ainsi organiser leurs rendez-vous, mais la discordance chronobiologique entre le désir, le cycle ovarien, le comportement séducteur masculin, et le moment propice, fut responsable – et le sera encore – de bien des occasions manquées.

TROISIÈME SOUCI : COMMENT, SANS TROP DE PEINE, ACCOUCHER, PRÉSERVER SON SEX-APPEAL, SON PÉRINÉE, SON FONCTIONNEMENT ET SON APPÉTIT ÉROTIQUES

L'appareil génital des femelles mammifères fonctionne en va-et-vient [18]. Si bien que l'enfant doit passer là où est passé le père. Que sont les pauvres 35 millimètres du diamètre phallique, en

15. C'est la fameuse « spermatorrhée », antique ou orientale, correspondant très certainement à l'urétrite chronique.

16. Pour ne pas polluer le Ramadan avec leur sang impur, j'ai des clientes maghrébines qui prennent alors la pilule de façon continue. Comme quoi la science favorise la religion !

17. Il faut que la femme soit infectée, ce qui ne put se prouver qu'avec le développement de la microbiologie. Encore au Moyen Âge et aux siècles classiques le sang menstruel était considéré infectant *en soi*.

18. Comme la sexualité féminine serait plus facile à vivre si l'enfant, selon une des « théories sexuelles infantiles » chères à Freud, sortait par le nombril, du côté opposé à celui par lequel son germe est entré !

face des 11 centimètres de la tête fœtale... Ce goulet vaginal, qui peut poser tant de problèmes au moment d'introduire un sexe d'homme « standard », doit livrer passage à un « corps étranger » autrement plus large. Bien sûr le ramollissement gravidique des tissus périnéaux les rend plus malléables, et les parois vaginales sont « beurrées » de productions épithéliales accrues : l'homme qui s'introduit dans le vagin en toute fin de grossesse ne sait plus très bien où il est... Mais enfin le forcement du diaphragme des releveurs puis de l'orifice vaginal par le fœtus, tête première ou dernière, entraîne une distension *qui ne peut être indolore sans anesthésie*.

Cet écartèlement, il faut régulièrement le dire, *atteint ces zones de l'entrée vaginale dont le franchissement puis la stimulation par la verge du partenaire procurent tant de satisfaction érogène pendant l'étreinte*. La femme doit ainsi se résigner à souffrir, accouchant, de ce qui lui procure tant de plaisir, coïtant. On sait les serments d'ivrogne que beaucoup alors profèrent, jurant que leur homme « ne les touchera plus »... Heureusement que l'instinct, un jour ou l'autre, retend les ressorts du désir et de l'accouplement. Ces ressorts se sont progressivement détendus au long de la gestation.

Les trois-quatre premiers mois n'ont guère d'autres inconvénients que les éventuelles et inconstantes nausées. Mais l'inflation abdominale *(figure 73)* des derniers mois rend impraticables les postures coïtales « ordinaires », avec une femme déformée, à l'appétit orgasmique « en veilleuse » ou éteint. Bien que pouvant toujours prêter sa main complaisante ou son vagin –

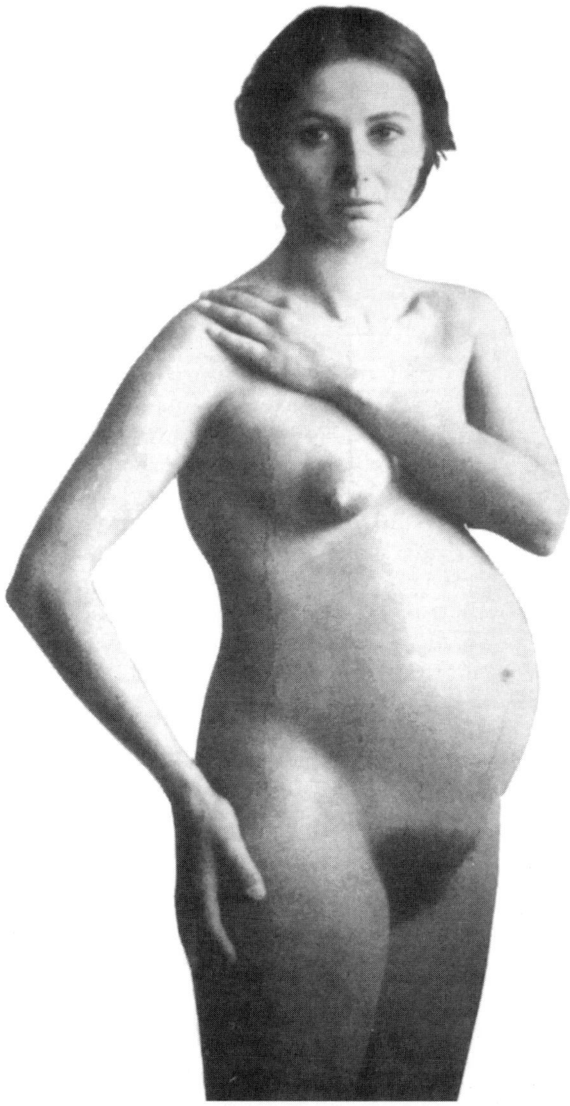

Figure 73
La belle au gros ventre

tendant le cul – à l'heureux futur père, elle se sent « hors circuit érotique ». Elle sait qu'elle ne retrouvera son corps désirable et désirant qu'après avoir franchi l'épreuve douloureuse de la gésine.

La douleur, qui s'oublie un jour ou l'autre, n'est malheureusement pas la seule peine engendrée par la parturition. Les séquelles de la gravidité *obèrent trop souvent la fonction érotique féminine, et sont alors directement à l'origine de nombreuses peines de sexe*. Ces perturbations génésiques du fonctionnement érotique sont de deux ordres, organiques et « psychologiques ».

1. **Les dégâts organiques immédiats** ne sont que trop connus, *les déchirures du périnée, les fistules vésico-vaginales*. Rançons de l'ignorance, de l'abandon des femmes en couches aux matrones... ou à elles-mêmes (ce qui fut parfois mieux !), elles ont estropié à vie d'innombrables femmes jeunes, dans ces joyeux pays « exotiques », dans ce « bon vieux temps » où survivre à l'accouchement était déjà un heureux événement.

Il faut avoir vu (je l'ai encore vu et recousu, dont je n'étais pas responsable !) ce que l'on appelle un « périnée complet », la terrible déchirure du vagin, de la cloison recto-vaginale, du sphincter de l'anus, de la paroi du canal anal, obligeant à une longue et minutieuse suture, pour frémir rétrospectivement sur le sort de celles qui n'ont pas connu la « chirurgie moderne ». Sur le pipi et le caca qui leur sortaient à vie par le vagin. Dès le(s) premier(s) accouchement(s), le(s) plus malaisé(s), puisque les tissus de la jeune femme sont au mieux de leur tonicité. *Ces organes massacrés, ce sont ceux de l'amour*. Il fallut régulièrement le répéter aux imbéciles écolo-soixante-huitards qui s'insurgeaient contre la « médicalisation intrusive » de la naissance, et portaient des badges *Love* sur leurs habits (crasseux).

D'ailleurs la « modernité » possède elle-même ses inconvénients. Lorsque l'accoucheur ne peut s'empêcher, pour hâter l'expulsion, d'inciser le périnée. Cette *épisiotomie* est assurément parfois tout à fait nécessaire, pour éviter la prolongation dangereuse (pour l'enfant ou pour les tissus maternels) de la traversée du passage périnéal par la tête fœtale. Mais elle n'est trop souvent qu'un geste de routine (pour pouvoir aller dîner en ville à l'heure !). *Bien des épisiotomies pourraient être évitées, avec un peu de patience*.

Certes nos accoucheurs « modernes » ne sont pas les « bouchers » auxquels on trop souvent confié les femmes dans les campagnes reculées et des temps... pas très reculés. Ils savent bien recoudre ce qu'ils ont bien coupé. Mais sur des tissus œdématiés, contus, et de plus ouverts par le ciseau les plus habiles sutures avec les meilleurs fils ne sont pas garanties de cicatrisation complète, indolore et esthétique... Couper systématiquement est prendre à chaque fois le risque d'une cicatrisation lente, pénible, longtemps douloureuse. Sans compter *la balafre périnéale* qui demeurera à vie, gâchant inutilement un paysage qui aurait pu rester intact.

2. **Dans les premières semaines,** les premiers mois qui suivent la naissance, le « canal copulateur » ne reprend que petit à petit son « agréable » calibre et son « agréable » sensibilité. Le mal n'est pas grand, si la pénétration est indolore. Si les cicatrices des déchirures orificielles, des épisiotomies, ne font pas souffrir l'entrée. Si le fond ne demeure pas endolori. Si le ligament large [19] n'a pas été déchiré, s'il ne reste pas engorgé de varices. Les séquelles douloureuses de l'accouchement sont des causes très classiques de *dyspareunie*, de refroidissement érotique.

3. **À distance la répétition des accouchements,** le prolongement excessif de l'expulsion usent le périnée « des accoucheurs », qui ne joue plus son rôle mécanique de soutien des organes pelviens. Le *prolapsus génital* est une infirmité dont sont préservées les quadrupèdes : leurs organes générateurs, réintégrant le ventre, ne pèsent pas sur le périnée, qui reprend rapidement son tonus après la mise bas, tandis que l'orifice vaginal se referme jusqu'à la prochaine saison des amours.

a) Les stigmates ordinaires des accouchements *(figure 74)* sont si fréquents qu'ils constituent presque la règle chez les tri-quadripares. Affaissement de la paroi vaginale antérieure, béance de l'orifice, cicatrices de déchirures ou d'épisiotomie plus ou moins bien reprisées... cela se décèle au premier coup d'œil, déparant une contrée qui fut si riante et si convoitée.

---

19. Repli péritonéal contenant vaisseaux et nerfs de l'utérus. Sa déchirure obstétricale, *syndrome de Masters et Allen*, a fait pour la première fois connaître le nom de celui qui allait devenir un des classiques de la sexologie scientifique.

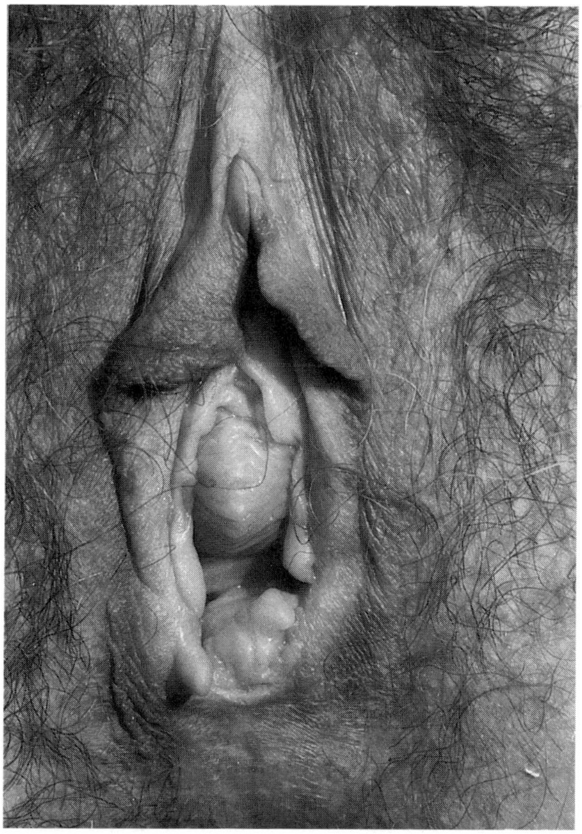

Figure 74
Stigmates ordinaires... trop ordinaires. Amorce de cystocèle et de rectocèle. Déchirure du bord droit de l'entrée vaginale, avec bourgeon cicatriciel. Nymphes intactes : une chance !

b) Le stigmate majeur, la « descente d'organes » afflige les pauvres bipèdes humaines, qui voient se dérouler les parois de leur « canal d'amour ». Leur vessie et leur canal anal finissent par former « une boule » qui sort de l'orifice vaginal. La situation peut s'aggraver de l'incontinence d'effort qui fait émettre du pipi à la moindre toux [20], parfumant l'entre-deux, la culotte, de relents urineux. Le partenaire voit aussi les dégâts, il les sent quand il « ne sent plus rien » dans le pauvre vagin délabré... il peut même sentir le pipi dans l'entrecuisse d'une femme de 35 ans... délices érotiques de la multiparité... *croissez et multipliez-vous !*

c) Les stigmates généraux ne sont que trop connus. Ils atteignent la femme dans son attrait érotique même. Gonflés-dégonflés, outres à lait puis asséchés ses seins gardent rarement *ce qui en faisait des appas*, leur profil, leur fermeté et leur situation aguichante. La lactation est l'ennemie de la vénusté – la nature est une marâtre pour les mamelles féminines : le sein de la nourrice fait lever le chapeau de monsieur Prud'homme, il ne fait pas lever le vérètre. Quant au ventre, qui fut si attirant, gracieusement bombé au-dessus du buisson vénusien, il subit l'épreuve de la distension cutanée et musculaire. Il est possible, par une gymnastique appropriée, de redonner du tonus et du galbe aux muscles abdominaux – là où les lumières de la kinésithérapie, du sport, parviennent jusqu'aux femmes. Par contre il n'y a aucun remède préventif, aucun remède médical curatif contre les *vergetures*, ces griffures blanches ou rouges qui déshonorent jusqu'aux ventres les plus jeunes. Et dès la première grossesse. En fonction d'une loi biologique imparable, qui est celle de l'hérédité : selon que votre mère vous a donné de bons ou mauvais gènes, la peau de votre ventre sortira de la maternité indemne ou balafré.

Surmenées-comprimées par le fardeau fœtal, les veines du petit bassin font refluer leur pression dans celles des membres inférieurs – ellesmêmes fatiguées par le surcroît de poids corporel à porter-mouvoir. Les *varices* dégradent parfois affreusement ces mollets qui furent eux aussi des appas si séduisants, ces cuisses, chemin du sexe, qui furent si convoitées. Et sans remède, avant qu'on ne sache les opérer.

Il n'est pas jusqu'aux dents, jusqu'aux cheveux, que les grossesses multiples ne finissent par atteindre. Par carences vitaminiques et métaboliques. La denture cariée dégarnie, la chevelure sèche ternie des anciennes ou exotiques « mères de famille nombreuse », des « mammas », excusaient le retour aux affriolants tendrons.

4. Les dégâts « psychologiques »

Ils ne sont que trop connus eux aussi. *La crainte d'une grossesse inopportune fut pour d'innombrables femmes la cause directe de leur frigidité, de l'extinction de leur désir comme de leur plaisir.* Déjà pour toutes les considérations « économico-sociales » défavorables à une nouvelle naissance, et par crainte de voir son charme corporel encore diminué. Mais aussi par peur de franchir à nouveau des épreuves douloureuses et

20. Voire, mais très rarement, au cours de l'accouplement, et alors à quatre pattes, *more ferarum.*

périlleuses – *le péril pouvant être directement mortel là où l'on ne transige pas avec les grossesses illégitimes.* Périls et dangers non moins redoutables quand la femme a décidé de recourir à l'*avortement artisanal*, qui a à son passif des millions de femmes mortes jeunes.

Il faut convenir que ces considérations psychologiques ont toujours atteint, pour leur part, les hommes honnêtes, là où la limitation des naissances contrevenait à la morale officielle, à la loi politique et/ou religieuse. De quoi mettre une sourdine au désir, décourager l'érection, faire éjaculer trop tôt ou trop tard. De quoi perturber toute vie de couple.

QUATRIÈME SOUCI : L'HORRIBLE MÉTAMORPHOSE

Après avoir plus ou moins « empoisonné » la vie, les règles se font bien regretter quand elles disparaissent. *La ménopause*, la cessation des « mois », est un avatar biologique dont sont préservées les femelles animales – alors que l'andropause, en face, n'atteint que de façon partielle et tardive les mâles de l'espèce.

Les ovaires humains ne sont pas programmés pour fonctionner au-delà de la cinquième décennie. Voilà qui n'était guère angoissant pour la majorité des femelles, quand leur espérance de vie ne dépassait pas les huit à neuf lustres. Un certain nombre d'entre elles, néanmoins, franchissait cet *âge critique*. Non sans inconvénients, *bouffées de chaleur*, vertiges, douleurs mammaires, etc. Deux ou trois ans plus tard leur hypophyse les laissait en paix. Mais elles n'étaient plus la même.

Dans les bons cas, gardant tonus et autorité, elle rattrapait sur le plan social ce qu'elle avait perdu en fonctions sexuelles. C'est ainsi que l'on devient *une matrone*, impressionnante par son « grand âge », et à laquelle on confie non seulement la surveillance des jeunes femmes, mais aussi toutes ces « besognes » qui entourent la maternité. Considérable privilège, les matrones furent partout et pour longtemps les seules à s'occuper des femmes grosses, des accouchements, des gamines à « initier » – voire à mutiler, odieuse revanche...

Dans les mauvais cas ridée, rabougrie, brèche-dent, la voix cassée, les articulations raidies, la femme commençait précocement sa carrière de vieillarde. Méchante car aigrie elle était devenue une « fée Carabosse », *une sorcière*. Affreux spectre. Épouvantail qui terrorisait les jeunes, à l'idée de devenir un jour, inéluctablement, cette sinistre caricature de féminité. Quand les hommes du même âge devenaient de grands chefs, de vieux sages...

D'une façon ou d'une autre la quinquagénaire ancienne ou exotique, ayant perdu sa fonction génésique, perdait vite sa fonction érotique. Perdue pour le désir masculin, ses « sens » éteints, son vagin déshabité séchait « sur place », son circuit orgasmique était désaffecté. Sa vie de femelle, de femme, d'amoureuse était terminée. Elle l'est encore dans toutes ces contrées où la mauvaise alimentation, les mauvaises conditions d'existence, l'absence de compensation médicale des troubles de la ménopause ne laisse pas longue espérance de vie érotique aux noires jaunes ou bistres, pourtant si ravissantes à quinze ans...

*
* *

Il n'y a pas de bonne fonction érotique féminine sans bonne contraception, sans bonne législation de l'interruption de grossesse, sans bonne obstétrique, sans bonne gynécologie. Ce sera un des refrains de ce livre, pour décerner le brevet d'humanisme à tous ceux, médecins, accoucheurs, législateurs, qui ont transformé en joie la « malédiction » de la gésine, qui ont donné aux femmes la maîtrise de leur destin procréateur – donc érotique, qui leur ont permis de rester femmes plus longtemps.

CINQUIÈME SOUCI. UNE PEINE SANS ÉQUIVALENT : LE FORCEMENT SEXUEL DE L'ENTRÉE CORPORELLE

Il s'agit ici de pathologie du comportement. Car *le viol*, en dépit des mythes féministes ou freudiens n'est le désir inconscient ni des hommes ni des femmes normaux. Si la femme cède c'est par terreur, par *désarroi* devant un comportement « surprenant ». Et qui l'agresse est un immature, un pervers... ou une bande de voyous, comme le furent bien des troupes d'assaut. Ce livre ne traite pas de pathologie comportementale, mais il ne peut « scotomiser » le viol dont le risque menace les femmes les plus *normales* [21] – et la seule moitié féminine de l'espèce.

---

21. Il existe cependant un profil caractériel particulier, chez certaines nunuches qui se mettent étourdiment dans des situations provocatrices dangereuses : elles sont de classiques *victimes récidivistes*.

L'horrible particularité du viol consiste dans le forcement de *l'intimité sexuelle*, vaginale, de celles que l'on peut pénétrer sans leur consentement, à qui l'on impose l'accouplement dans la violence – et non dans le programme sexuel de courtisation-séduction. Cette étreinte qui est si ardemment souhaitée quand le désir y pousse devient un cauchemar, ce canal vaginal qui fait partie de l'intérieur corporel le plus précieux et le plus personnel doit subir l'intrusion d'un inconnu brutal – ou d'un agresseur jusque là éconduit, repoussé, détesté ou répugnant.

Bien sûr c'est *à son corps défendant* que la femme subit le viol. Mais hormis le cas des malheureuses fillettes et des malheureuses vieillardes (cela arrive !) les dégâts somatiques sont relativement modérés. Ils touchent plus la face giflée, bourrée de coups de poing, le cou serré, les membres meurtris, les cuisses griffées que le sexe lui-même, chez la femme déflorée [22].

C'est la dépossession de soi-même, de sa liberté, de son quant-à-soi humain, le massacre de sa pudeur [23], l'envahissement de cette cavité corporelle sensible dont on n'accorde la *faveur* qu'au(x) partenaire(s) agréé(s), qui bouleversent le plus la victime. Elle est devenue un objet femelle troué dont le violeur s'est servi comme d'un méprisable instrument masturbatoire. Voilà qui n'arrive pas aux hommes : il faut les conditions très particulières du confinement carcéral homosexuel pour qu'ils subissent le viol sodomitique – et encore ce n'est pas leur sexe qui est en cause...

Les vagues soulevées par la tourmente du viol sont souvent longues à s'apaiser. Il y a deux remèdes au viol. Le premier, le remède social *préventif* consiste évidemment à élaborer une civilisation où les femmes sont protégées, d'abord par l'assouvissement sexuel normal des hommes ambiants : c'est l'exaspération de la privation qui pousse à l'acte immatures et agressifs [24]. Le deuxième est le seul curatif : la respectueuse et tendre « remise sur les rails » de la fonction érotique féminine, par un homme amoureux normal, gentil, caressant et patient. C'est ainsi que le « traumatisme » ne restera pas indélébile.

UNE QUESTION POUR TOUS LES HOMMES : COMMENT VIVRE AVEC LA FONCTION ÉROTIQUE FÉMININE ?

De la part des hommes si longtemps prédominants, et si friands de leur propre jouissance, la jouissance des femmes, les peines que pourraient susciter leur éventuelle frustration érotique ont entraîné trois types d'attitudes. Trois réponses à ce « problème » que posaient les « faibles » aux « forts ». *Peut-être. Jamais. Ensemble.* Trois types de morale sexuelle incompatibles. Aucun œcuménisme planétaire ne pourra les réconcilier.

PREMIÈRE RÉPONSE : LA SEULE DÉVOTION, OU LES FEMMES COUPÉES EN DEUX

L'homme qui jouit émet sa semence prolifique. Il sert l'espèce en savourant son plaisir. Heureux agencement naturel. Des esprits raisonneurs, on sait lesquels, ont pensé que la génération rendait nécessaire la même disposition chez les femmes. On sait qu'il n'en est rien. On en a largement profité. Demandant aux femmes dévotion passive, ou active, selon un système virocentrique tellement répandu que point n'est besoin d'en dresser la carte.

1. La dévotion passive

Soumises aux organisations sociales échafaudées par les hommes, les femmes durent offrir conjointement et « sans rechigner » leurs services vaginaux comme leurs services utérins. Au conjoint propriétaire protecteur nourrisseur utilisateur. Qu'elles puissent éprouver quelque agrément à prêter leur cavité copulatoire, pour les consoler des douleurs de l'enfantement, est une probabilité sans grand intérêt. L'important demeure qu'elles offrent l'asile chaud et humide de leur entrecuisse, et la confection régulière de rejetons.

---

22. Je parle ici en expert appelé à voir des violeurs, et leurs victimes.

23. Toutes ces défenses de l'intimité corporelle, *individuelle*, pudeur et réserve, que méprisent les idéologies égalitaristes-communautaristes, *celles dont s'inspiraient les mouvements féministes dans les années 60-70* : leurs campagnes quasi-paranoïaques contre le viol avaient des fondements bien paradoxaux...

24. Cf. la *Pathologie Sexuelle*.

Mais plus on les engrosse, plus elles pondent ponctuellement, tous les ans, plus elles allaitent, et plus elles perdent l'attrait qui faisait bander pour elles : leur peau lisse, leurs seins dressés, leur ventre ferme, leurs fesses rondes. Le trou providentiel est toujours là, disponible tant que la femme n'est pas trop volumineuse, mais son environnement se dégrade tandis qu'il n'offre plus, progressivement avachi, les mêmes qualités de moelleux encerclement. Dépitante dégradation de la marchandise. Mais remédiable.

Le premier remède est tout simple. Quand une femme est usée, on en achète une autre. Dents neuves, seins neufs, ventre neuf, vagin neuf : c'est dire le prix des vierges, et la dureté des châtiments encourus par celles qui deviennent invendables, ayant perdu leurs précieux scellés. D'où la sévérité du gardiennage des filles nubiles, qui passent de la surveillance paternelle, fraternelle, à celle du mari acheteur. Il la range, avec l'autre, puis les autres, dans le harem qui fait le bonheur du joyeux polygame. Pourvu qu'il soit suffisamment nanti, il pourra régulièrement renouveler son stock, au fur et à mesure de son amortissement. Et tant pis s'il confisque les femmes dont les hommes de peu seront privés, tant pis si certaines idiotes préfèrent le suicide [25] à l'achat par un vieillard friqué. Et tant pis si l'hôtelier ne peut calmer les sens de toutes ses pensionnaires. C'est déjà beau si on ne leur a rien coupé.

Le deuxième remède est finalement aussi simple, et souvent moins coûteux là où les prêtres, la loi, n'autorisent qu'une seule épouse. La femme du dedans est acquise pour son utérus, au dehors certaines femmes se spécialisent dans la location du vagin frais.

2. La dévotion active. Putains, eunuques et consolateurs

Le canal vaginal des femmes adultes est perméable en permanence. Même pendant les règles, pour ceux qui n'ont pas peur du sang. Et il n'a pas besoin du rut pour s'ouvrir. Il suffit que sa porteuse soit disposée à l'offrir, ce qui peut se négocier.

Le *service sexuel féminin*, le plus vieux métier qui ait rapporté de l'argent aux femmes, pallie les peines phalliques de ceux qui n'ont pas de vagin disponible, ou dont le(s) vagin(s) domestique(s) a (ont) perdu charme, valeur, tonus. L'engagement dans la profession est le plus souvent contraint (misère, orphelinage), mais il peut être réfléchi. Ce qui différencie habituellement les putains de bas étage, à bas prix, des bas quartiers, et les courtisanes, voire poules de luxe, tenant le haut du pavé : elles se font payer à des tarifs parfois ruineux et parviennent, dans les meilleurs cas, à « se ranger » avant d'avoir été atteintes par la désastreuse vieillesse. Car on ne se défait pas facilement de la condition putassière, exceptionnellement temporaire... par exemple là où la Grande Déesse – voire Iaveh – faisait tenir bordel sacré par les honnêtes jeunes filles désirant constituer leur trousseau.

L'étendue de la dévotion à l'homme est évidemment fonction du prix. L'orgasme masculin est assuré, entouré de fioritures, gâteries, délicatesses dont le tarif dépend du rang de la prestatrice, du temps passé, etc. Les dépenses les plus coûteuses sont provoquées par celles qui se font entretenir au mois ou à l'année.

L'orgasme féminin reste seul en dehors de la transaction. C'est même ordinairement une faute professionnelle, surtout pour les travailleuses à la chaîne, qui peuvent « éponger » quatre à six clients par heure [26]. Il n'y a que les plus niais des romanciers russes pour croire qu'on s'engage en putasserie par goût de la fornication. Il n'y a que les plus huppées des grues pour condescendre parfois à éprouver – quand elles ne la simulent pas – la jouissance charnelle en l'honneur du locataire. On a vu que c'était le cas particulier des « oïranes » japonaises.

Risquent encore moins de succomber à l'orgasme toutes ces femmes qui ne touchent l'homme que pour le faire jouir à la main. Mais ne se laissent pas toucher, restant le plus souvent incomplètement dénudées. Très antique tradition des « masseuses », de l'ancien Orient jusqu'à Rome [27],

25. Méthode maghrébine : avaler de l'eau de Javel. Méthode chinoise : passer la tête entre les rayons d'une roue d'une voiture en marche.

26. Une célèbre putain recrutée par l'armée des USA pendant la guerre du Pacifique se « faisait » ses dix petits « marines » à l'heure.

27. Martial dépeint ainsi une *tractatrix*, *Épigrammes*, III,82. Bien des siècles plus tard, Masters et Johnson demanderont à leurs rééduqués de laisser leur partenaire les faire jouir à la main, en attendant le jour où le coït « réglementaire » sera enfin autorisé.

jusqu'aux « maisons de bains » siamoises [28], et jusqu'aux actuels Éros-Centers japonais. Rien ne vaut, certes, la main d'un(e) autre, et jouir par celle de la femme aimée-aimante, indisponible ou espiègle, met du piment sur le pain de ménage. Mais payer une main mercenaire pour éprouver ce que l'on peut se faire tout seul, voilà qui établit un bien mauvais marché... au moins pour les hommes qui veulent du poétique dans leurs ébats.

Mercenaires ou domestiques, les femmes-utérus pour les enfants et les femmes-vagin pour le plaisir ont constitué, constituent encore, en ces temps et en ces lieux où leur assouvissement orgasmique n'est qu'un épiphénomène, *la majorité des femmes adultes*. Toutes nées en possession de ces organes et de cet appareillage neuro-endocrinien leur permettant de désirer comme d'éprouver les sensations érogènes ce furent – ce sont donc, aussi, des femmes-clitoris. Qui ont, comme la majorité des femelles de l'espèce, expérimenté et maturé pendant l'enfance leur physiologie orgasmique grâce à leurs tripotages clitoridiens. Ayant donc besoin, comme toute femme adulte normale, de la sollicitude clitoridienne de leur partenaire avant de parvenir au paradis de l'extase vaginale ; au moins le temps, les mois, les années nécessaires à l'établissement du réflexe orgasmique parti du cul-de-sac postérieur – si ce n'est du « point G ».

Il paraît difficile de « savoir tout ça » – qui n'est pourtant pas très compliqué – là où les femmes ne comptent pas, là où l'on ne perd pas de temps à les écouter, à inspecter leur entre-deux, à apprendre comment ça marche. Là où l'on casse les jeunes à coups de grossesses, et où l'on ne baise plus que très occasionnellement les plus âgées, doyennes du gynécée, du harem.

Ces femmes sont mal baisées, négligées. Négligence finalement salutaire pour leur intégrité anatomique, puisqu'on ne perd pas de temps à les « vacciner » contre leurs velléités de jouissance. Mais *délaissement érotique qui est, qui fut la principale peine de sexe* des femmes assujetties.

*
* *

Point n'est besoin de raconter une mille et deuxième fois les manœuvres, ruses, complots, putasseries, assassinats, empoisonnements qui permirent parfois, à certaines, de devenir *la favorite*. Celle qui règne sur les sens, et les décisions du maître. Et tant pis pour les autres. Toutes celles qui, délivrées de grossesse, n'avaient que deux solutions pour assouvir leur appétit orgasmique de femmes normales, n'aurait-il exigé qu'une satisfaction mensuelle... voire trimestrielle, pendant trente ou quarante ans de vie adulte.

La première solution est celle du consolateur en chair et en os, celle de l'*autre homme*, désiré-désirant. Elle fut – elle est en ces temps et en ces lieux la plus dangereuse. Centré sur le pouvoir masculin, sur son droit de possession des femmes, l'appareil religieux-social légal organise une répression féroce de l'adultère. Exposition publique, mutilation des coupables (nez, organes génitaux), et bien sûr mise à mort. La prévention est assurée grâce à la claustration, ou au gardiennage. Par des vieilles, des duègnes, ou *des hommes châtrés*.

La confection d'eunuques est une des conséquences inéluctables de la transformation des femmes en biens meubles, possédés, surveillés. Leur castration délibérée a privé des millions d'hommes (il y en eut plus que de prêtres de Cybèle !) de leur virilité, de leur fonction érotique, de leur descendance. Peine de sexe infligée peu avant la puberté, sur d'innocents garçonnets qui n'avaient « rien demandé ». Et surtout pas qu'on leur tranche les génitoires à vif, évidemment sans la moindre anesthésie – combien sont morts d'hémorragie, d'infection ? Le couteau a pu être remplacé par la ligature progressivement resserrée de la racine des bourses, comme on fait aux ânes, ce qui expose à moins de déboires « chirurgicaux ». Mais le résultat demeure le même.

Le malheureux ne devient jamais un homme véritable, garde sa voix grêle, sa verge minuscule, et n'a jamais besoin de se raser. Si par hasard son membre se raidit comme le petit doigt, il est inutilisable pour pénétrer dans un corps de femme. Il ne visitera pas le vagin des recluses du sérail.

La deuxième solution ratifie la défaite. C'est celle du plaisir orgasmique des femmes sans homme(s). Les délaissées, négligées, privées du vrai grand bon assouvissement que donnent les caresses et l'étreinte de l'homme, se résignent aux expédients et aux consolateurs artificiels. Les plaisirs du seul clitoris, et les postiches. Et le plus souvent solitairement.

On a exagéré l'étendue des « ravages du saphisme » dans les harems. Toujours le mirage du « voluptueux Orient », des lascives odalisques, style bain turc en commun, belles et jeunes oisives se toilettant, s'épilant, se parfumant les unes les

28. Elles firent fortune avec les GIs, pendant la guerre du Viêt-nam.

autres et se livrant inévitablement à d'effrénés jeux érotiques, masturbations mutuelles et têtes-bêches à deux, trois ou plus... comme dans les films classés X. D'abord parce que *la réclusion ne suffit pas à déclencher le passage à l'homosexualité* de celles-ceux que leur appareillage génétique a faits hétérosexuels, comme plus de 95 % des humains.

Ne passent aux actes entreprenants que les vrais homosexuels génétiques – ici les vraies lesbiennes, rarement recrutées par les garnisseurs de sérail-gynécée. Ne cèdent que les indécis-indécises, eux et elles aussi très minoritaires. Et qui peuvent, à la rigueur, par gentillesse, prêter une main officieuse à la compagne de captivité ; voire, et surtout pour s'amuser, user de ces olisbos doubles *(figure 75)*, dont l'efficacité érotique était sûrement moindre que le divertissement gymnastique. Ensuite, et quitte à beaucoup décevoir ceux qu'émoustillent encore les contes orientaux, parce que les collections de femmes enséraillées, style Constantinople-Kapourthala-Pékin se composaient très vite de matrones avachies et de vieilles aigries. *Mutatis mutandis*, et les gosses en moins, la même population que celle d'un couvent catholique, avec ses novices godiches, ses bourriques femmes à poigne, et ses pitoyables gâteuses. L'apothéose de l'érotisme !

En cas de fringale insatisfaite, l'auto-érotisme clitoridien, renouant avec la pratique du soulagement infantile-adolescent fut, avec l'usage des postiches, l'universel remède des délaissées. La jouissance du clitoris n'est pas négligeable, elle a « calmé » et calmera encore les femmes en tous temps et en tous lieux. Mais, solitaire, elle a les inconvénients de ces plaisirs que l'on ne partage pas, elle n'assouvit ni le besoin de tendresse, ni l'instinct d'accouplement, ni les aspirations érogènes du vagin. Surtout chez les femmes largement « visitées », au moins dans les premiers temps de leur « acquisition », et ensuite privées du « ramonage » apaisant.

Les rédacteurs catholiques des manuels de confession sont les seuls à croire qu'une femme puisse, sans luxation de l'épaule, se caresser le fond du vagin assez efficacement pour parvenir à l'orgasme. En l'absence de phallus véridique, en chair et en os (!), force est bien de recourir au simili.

Le puritanisme monothéiste fit détruire et disparaître ces milliers et ces milliers de semble-verge qui se répandirent des Colonnes d'Hercule aux rives du Japon. Ils furent évidemment remplacés, pendant les siècles judéo-chrétiens, par l'ersatz de simulacre toujours fourni par les objets complaisants, cierges, tiges et manches divers, fers à friser, légumes et fruits charitables, du scorsonaire à la banane, etc.

Objets du culte, et alors souvent démesurément grossis, ou amulettes modèles réduits, les phallus artificiels eurent peut-être, au départ, une fonction religieuse magique. Les plus fonctionnels d'entre eux, surtout commodément maniables, se sont depuis toujours proposés pour consoler le torturant vide [29] du vagin déshabité.

Figure 75
Olisbos doubles du paléolithique

29. Je me suis toujours diverti de l'humour involontaire du très cher Rouvière, commençant sa description anatomique par « *Quand il est vide*, le vagin... »

L'ingéniosité humaine s'est brillamment illustrée dans la fabrication de ces imitations de la nature, de l'artisanat à la petite industrie. Et même l'ingéniosité féminine, en dépit de Freud la confinant dans le tissage du cache-sexe. Les antiques milésiennes eurent la réputation des meilleures manufactrices : elles proposaient un ολισβος en cuivre long de 21 centimètres (huit pouces), tandis que les dames d'Hispanie confectionnaient des engins en cuir (de Cordoue ?). Mais les hommes industrieux en fabriquèrent le plus gros stock. Paradoxe, d'ailleurs, en atmosphère phallocratique, que ce souci humanitaire de certains mâles de fournir aux femmes négligées l'imitation complaisante de ce dont d'autres « collègues » masculins les privaient. Ils en firent de toutes tailles, de toutes couleurs, de toutes matières. En bois, en bronze, en ivoire, en verre (à Murano !), en caoutchouc, et désormais en matière plastique.

Figure 76
Olisbos de talon (en place)

Certains bénéficièrent de perfectionnements et accessoires (des lacets) qui permettaient le harnachement d'une complice pour satisfaire l'instinct d'accouplement. D'autres pouvaient se fixer au talon, la femme s'aidant d'une courroie passant derrière son cou *(figure 76)*, gâterie japonaise (*hari-gata*) offerte à l'épouse fidèle par le mari partant en voyage... Des engins creux pouvaient recevoir un liquide chaud, eau, thé, lait, urine... munis d'un réservoir élastique d'autres projetaient le liquide au bon moment. Grâce aux merveilles de l'électronique les derniers modèles sont chauffants, vibrants, garnis d'un gland rotatif repassant consciencieusement le cul-de-sac postérieur – encore une spécialité japonaise.

Pour celles qui désirent des sensations à la fois subtiles et prolongées fut inventé le très raffiné *rinno-tama (figure 77)*. Conçu d'abord, paraît-il, en Birmanie, l'appareil se compose de deux boules creuses d'ivoire, de la taille d'une balle de ping-pong. L'une d'elles contient une goutte de mercure – ou une mouche, c'est celle que l'on introduit dans le fond du vagin. L'autre cale la première. Le moindre mouvement du corps – ou de la mouche – fait vibrer la boule au contact du cul-de-sac postérieur, qu'elle titille délicatement. L'usage de l'instrument est recommandé sur un hamac ou un fauteuil à bascule, mais il peut être gardé pendant les tâches ménagères, ou le bercement (avec le pied) d'un moïse.

Ces consolateurs étaient – sont gardés à portée de la main, de façon en général discrète, à côté du lit des solitaires, sous la natte, dans les coffres du sérail, dans la table de nuit – là où Henry Miller a trouvé celui de sa « chaste » belle-mère [30]. Et jusque dans la cellule des nonnes – dixit l'Arétin [31]. C'est probablement là que le respectable *fascinum* [32] devint godemichet : *gaudemihi* [33]. Mais les Antiques le laissaient sans honte – certainement (!) par hygiène – dans la salle d'eau de toute demeure grecque ou romaine de bon rang. Tandis que les méticuleuses japonaises rangeaient les « précieux objets », parfois par paire, surtout les plus ouvragés, dans de luxueux écrins de jade ou de nacre : merveilles de l'artisanat oriental !

Banalisés dans presque tout l'Occident depuis la fin des sixties, proposés par petites annonces *(figure 78)* à des prix avantageux, parfois prescrits – inconsidérément – par certains « sexologues » pour traiter les anorgasmies primaires, les modèles actuels sont quasiment vendus « à la botte » dans les sex-shops. Peut-être pour finir, dans la sciure, en occasions de fin d'année... L'image du saint Priape ! Profanation !

30. *Sexus, op. cit.*, p. 310.
31. *La Vie des nonnes*, in *Les Ragionamenti.*
32. Maurice Rat le traduit par *fêne* dans sa version française du *Satiricon*, éd. Garnier.
33. *Fais-moi du bien.*

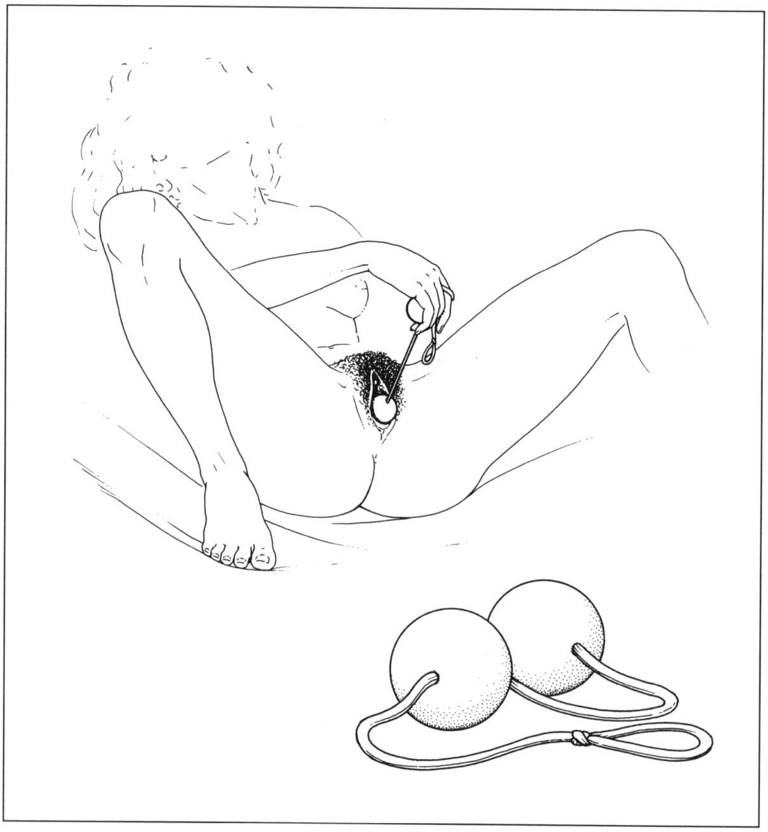

Figure 77
Rinno-tama

DEUXIÈME RÉPONSE : L'EXCLUSION, OU LES FEMMES COUPÉES TOUT COURT

Le clitoris n'est pas une diabolique invention de la lubricité féminine, ni la dernière découverte de la sexologie contemporaine. C'est un don de la nature aux femelles mammifères, de la souris à la baleine, pour signaler agréablement l'entrée du canal copulatoire, et procurer une « gratification sensitive subjective » pendant que se déroule l'accouplement perpétuant l'espèce.

Comme les autres bêtes à sang chaud, la femelle de l'homme a besoin, elle aussi, de sa balise localisatrice, et du plaisir engageant qu'elle procure. À ceci près que le signal topographique est parti en avant du jour où les dites femelles humaines ont tenu debout sur leurs pieds. Il a quitté le voisinage immédiat de l'orifice vaginal, entraînant avec lui ces grandes et petites lèvres qui font du sexe de la femme cette longue et élégante vallée, garnie de gracieuses efflorescences charnelles qu'elle est la seule à posséder [34].

Voilà donc le clitoris montrant son nez au bas du ventre, à l'entrée de la fissure ombreuse. Sa nouvelle situation le rend insensible à la stimulation phallique pendant la copulation. Mais il est resté un voluptueux bouton d'électricité érogène, capable de provoquer *à lui tout seul* la sommation orgasmique. Il suffit de le cajoler avec la langue [35], méthode animale éprouvée, ou avec la main, qui est le propre de l'homme. D'ailleurs un doigt suffit. L'index ou le médius que la petite fille utilise pour faire marcher sa chatouille jusqu'à ce qu'elle jouisse, avec serrements de fesses, petite suée, gros soupirs et feu aux joues.

---

34. Serinant ces notions évidentes de phylogénétique humaine depuis mes premiers ouvrages publiés (1967), j'ai dû attendre l'année 1991 pour les voir enfin exposées (en anglais canadien) par une paléo-anthropologiste : Becky A. Sigmon, *Evolutionary changes in the reproductive system and mating strategies after hominoids became upright bipeds*, in Coppens et Senut, *Origines de la bipédie, op. cit.*, p. 267-273.

35. En bon français latin *cunnilinctus*.

LE RAM-BOW

Le coup du Bélier !
26 cm de long pour 6 cm de diamètre ! Un membre vraiment énorme. Introduire avec précaution et activer le variateur de vitesse. C'est là que vous comprendrez réellement le sens de son surnom !

Réf. 05404 – Ram-Bow : 195 F

LE VA ET VIENT

Aucun vibromasseur n'a jamais aussi bien porté son nom. En effet, grâce à une technologie particulière, le "Va et vient" imite à la perfection les mouvements d'avant en arrière d'un pénis de bon calibre. Un va et vient réglable, des vibrations pour varier le plaisir. Un bijou !

Longueur : 19 cm – Ø : 37 mm
Réf. 05325 – Le "Va et vient" : 249 F

L'ETALON BRULANT

Très près de la vérité humaine, il vibrera, frémira, fouillera au rythme de vos fantasmes, sans jamais se fatiguer. Ce n'est pas pour rien qu'il est numéro un des ventes. C'est le rêve devenu réalité pour la femme au foyer.

Longueur : 19,5 cm – Ø : 39 mm
Réf. 05330 – Flexible Bully : 185 F

Figure 78
Petites annonces pour phallus postiches

Comme la femelle humaine n'est pas « coïtable » avant le milieu de sa deuxième décennie, il lui faut bien établir à temps, devoir éthologique, les connexions nerveuses épigénétiques de son circuit orgasmique de récompense. Il n'est livré à la naissance qu'en pointillé, mais toutes les fillettes normales, pourvues d'organes et de... parents normaux, se tripotent normalement pour roder le moteur de la machinerie érogène. Les ponts synaptiques bien installés, le clitoris demeure fonctionnel... jusqu'à la mort. Quant au vagin, il se branchera sur le circuit réflexe en temps convenable, avec un partenaire convenable et pendant longtemps, si ce n'est toujours, après une clitorisation convenable.

Tout cela n'est « pas très sorcier », et il faut être aussi borné que les mariebonapartistes pour n'y rien comprendre. Comme toutes les « femmes primitives » sont venues au monde avec leur clitoris, les « hommes primitifs » curieux, bavards et tripoteurs ont compris sans émission télévisée de sexologie *(figure 79)*. Certains n'ont que trop bien compris.

Du triste jour, néolithique, où trop d'hommes ont réduit trop de femmes en sujétion, il est apparu à certains « astucieux » qu'en les privant de toute possibilité de jouissance, ils tiendraient mieux en main leurs femmes-utérus et leurs femmes-vagin. Les femmes-clitoris leur faisant horreur – toutes des salopes, tout le temps à se tripoter et à se faire tripoter par n'importe qui – ils s'appliquèrent à les faire disparaître de la surface terrestre. Heureusement pas partout, mais là où s'exerce la triste manie du charcutage sexuel des enfants, dans cette zone maudite, du Niger à l'Indus, où l'on n'échappe pas à la mutilation. Tristes vallées de l'Afrique tropicale, du Nil, de la Mésopotamie.

Couper le clitoris des fillettes les empêche d'abord de se livrer aux cochonneries de la masturbation, ensuite de jouir du vagin qui ne sait plus où brancher son réflexe, enfin de se livrer à l'adultère « pour le plaisir », puisque leur sexe, bien vacciné, ne leur sert plus qu'à l'enfilage marital, et à l'expulsion des rejetons. Triple bienfait. Plus on coupe le clitoris de bonne heure, par exemple à la naissance, et plus on prévient efficacement l'établissement du circuit orgasmique. Plus on le coupe tard, à neuf, douze, quinze ans, plus on fait mal, et plus on intimide les femelles : c'est par le couteau et par la terreur qu'il faut mater cette engeance.

J'ai raconté en long et en large, dans *Le Sexe de la femme*, dans *La Fonction érotique*, et je ne m'y étendrai pas ici, les horreurs de la clitoridectomie. Parfois aggravée d'*infibulation*, la suture à vif des grandes lèvres cruentées sur leur bord libre. La peur au ventre, les adultes qui vous renversent et vous paralysent les cuisses ouvertes devant l'immonde sacrificatrice, la lame qui tranche l'organe hypersensible *(figure 80)*, le sang, les cris (le bâton entre les dents), les pleurs, le flageolement des jambes libérées, les semaines de douloureuse cicatrisation – et parfois la rétention urinaire réflexe, l'infection, le tétanos, la mort. Ce Grand Guignol bien réel [36] qui vous

36. « Le film ethnographique met notre sensibilité à rude épreuve », se contente de dire Georges Balandier, qui est vraiment trop bon. *Afrique ambiguë*, *op. cit.*, p. 130.

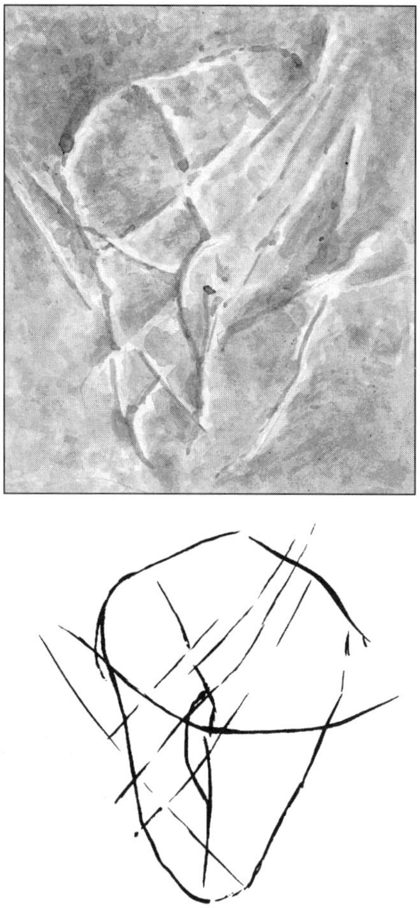

Figure 79
Figuration paléolithique du capuchon

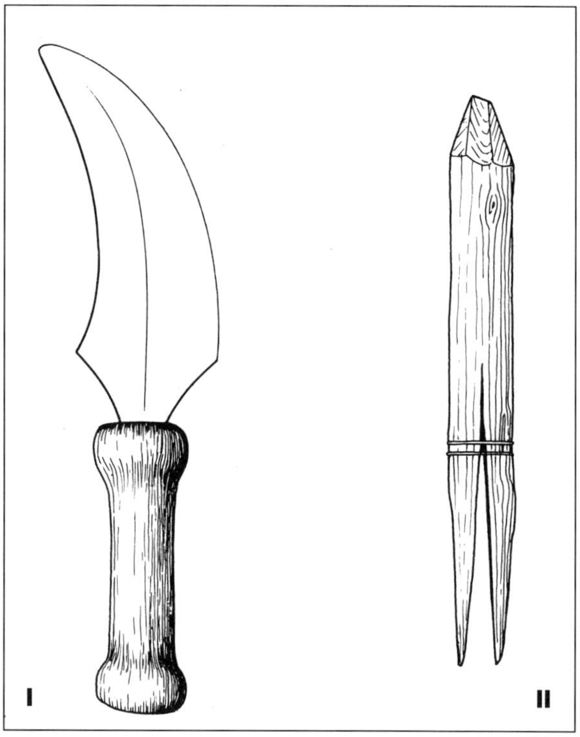

Figure 80
Instruments d'excision. I : couteau. II : pince

inflige, malheureuse Guinéenne, Malienne, Éthiopienne, Soudanaise, la pire peine de sexe que l'on puisse cauchemarder : se faire priver, à la pulpeuse amorce de sa vie de femme, de toute possibilité de jouissance érotique féminine, *ne plus avoir de sexe que pour obéir et souffrir.* Et qui plus est, parfois, au milieu des impudentes réjouissances de la tribu en fête : « bravo, on vous a coupé votre sale clitoris, vous voilà enfin des grandes filles, bonnes à marier ! ».

Il faut quand même, pour enfoncer le clou, réfuter encore et encore les arguments glaireux de ceux qui veulent « comprendre », excuser, pardonner, *et pourquoi pas justifier, autoriser* cette infamie.

1. Le clitoris est un résidu mâle déparant et gênant la sexualité féminine

NON ! Toujours la vieille stupidité du bisexualisme natif « guéri » par l'excision clitoridienne, la circoncision préputiale, l'ablation des mamelons masculins. Ni les juments ni les lionnes ni les éléphantes ne sont bisexuelles. Et pourtant elles ont un clitoris. *Idem* de la femme.

La nature n'a pas garni les embryons féminins d'un tubercule génital pour qu'il ressemble à celui de l'homme, s'allonge, entoure l'urètre, fasse pipi et devienne capable, bien gonflé, de pénétrer dans le vagin des autres femmes. *Mais pour qu'il signale et gratifie la zone copulatoire.* Seul le gland, dans les deux sexes, possède des récepteurs et une fonction orgasmogène identiques. Mais avec quelle différence de taille ! Celui des femmes est ainsi une merveille de miniaturisation biologique, géniale anticipation sur les puces de l'électronique. Il y a d'autres exemples de cette miniaturisation, concernant des formations anatomiques au fonctionnement décisif : les îlots neuronaux directeurs de l'hypothalamus, les lobes de l'hypophyse, le corpuscule carotidien, etc., personne ne s'aviserait de les mépriser, ou de les extirper... sous prétexte qu'ils sont trop petits !

Les grandes lèvres proviennent de la même ébauche embryonnaire que le scrotum : pourquoi ne les enlève-t-on pas, elles aussi ? Et pourquoi n'enlève-t-on pas le clitoris des chiennes et des chattes ? Pour leur éviter la torturante bisexualité...

Quant à déparer... Le capuchon et les nymphes sont les plus originales et les plus délicates gracieusetés anatomiques du corps féminin. Qui n'a pas vu une vulve « déclitoridée » ignore à quel point la mutilation défigure ignoblement un organe que seuls les imbéciles trouvent laid... après usage [37].

Les tiers-mondistes niais, et les phallocrates africains ont trouvé dans le freudisme un allié de taille. La « bisexualité native » fait en effet partie des dogmes psychanalytiques orthodoxes. Les premières manifestations de la « psychosexualité » infantile féminine seraient ainsi en rapport avec le clitoris « masculin », et quand elles deviennent grandes les femmes doivent effectuer le « transfert érogène » du clitoris au vagin vraiment féminin. La zélée disciple Marie Bonaparte enjoindra aux adultes une véritable « excision psychique », laissant de côté leur clitoris avec leurs poupées cassées ; que de braves africains coupent le clitoris des petites filles repose sur une profonde sagesse : empêchées de se « fixer » sur leur clitoris elles passeront « directement » à la « psychosexualité » vaginale adulte... Je reviendrai sur ces inepties parfaitement antibiologiques (ce qui est le propre du freudisme).

2. Le clitoris des négresses est très volumineux, il gêne la miction si ce n'est la pénétration, voire l'accouchement

RISIBLE ET RACISTE. Bien que la fable du clitoris « prémingent » ait pu influencer jusqu'aux très sérieux administrateurs coloniaux [38]. Les noires ont le poil sexuel crépu, et la pigmentation foncée teinte les grandes lèvres, le capuchon et les nymphes jusqu'à la ligne de Berry-Hart. Sinon, qu'il s'agisse des dimensions absolues ou relatives des différents constituants de la vulve, le sexe des noires et celui des blanches fournissent des données anthropologiques identiques *(figure 81)*. Quand on laisse leur clitoris aux négresses, elles pissent, copulent et accouchent comme n'importe quelle Suédoise.

3. L'excision clitoridienne n'entraîne pas la frigidité

SI ! Les femmes mutilées ne sont pas « débarrassées » d'une saillie parasitaire qui les empêchait de jouir du trou vaginal. C'est ce malheureux trou qui ne peut bénéficier ni de la maturation physiologique de l'orgasme par le clitoris enfantin-adolescent, ni de la mise en état de réceptivité optima par la clitorisation des préludes. Le clitoris amputé, le vagin restera muet sauf peut-être chez celles, mutilées le plus tard, à quatorze-quinze ans, qui ont rodé leur circuit orgasmique et parviendront parfois à quelques

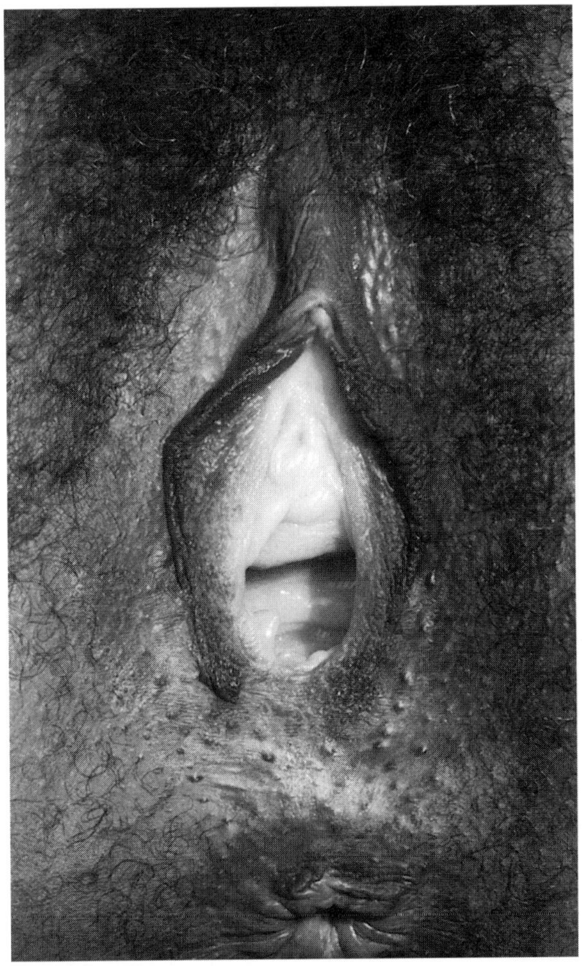

Figure 81
Vulve de femme noire. Les proportions anatomiques sont strictement identiques aux vulves des femmes de race blanche

37. Je n'alourdis pas mon texte avec les réfutations qu'il faut opposer aussi bien à Léonard de Vinci et Freud, qui trouvaient les organes génitaux externes désespérément laids, qu'à Georges Bataille, pape de l'érotisme mondain nécrophilique dans les années 50, et qui éprouvait l'horreur de la mort devant la vulve et la verge. Tout cela se trouve dans *la Fonction érotique*, dans *la Statue de Freud*.

38. Cf. Vergiat, *les Rites secrets des primitifs de l'Oubangui, op. cit.*

orgasmes vaginaux. Voilà qui est à démontrer. Comme il faut réfuter ces fables invraisemblables de la persistance d'une sensibilité érogène sur la cicatrice d'amputation, *alors que les récepteurs sont partis avec le gland clitoridien*. Expérimentation clinique à réaliser quand il existera des centres de pathologie sexuelle en Afrique noire. Ce jour d'hui nous en sommes encore loin.

4. Les Africaines, les Moyen-Orientales sont plus motivées, gratifiées, par la maternité que par l'érotisme

GROTESQUE. Surtout dans la bouche, comme je l'ai entendu, de l'évêque catholique d'Abidjan. Lequel n'a jamais eu de femme dans son lit, n'a jamais touché un clitoris, n'a jamais pénétré dans un vagin... et n'a jamais eu d'enfants à élever. Du moins peut-on le penser...

Autant dire que les unijambistes sont plus concernées par le tricot que par la course à pied. La plupart de ces femmes sont devenues aussi insensibles aux sensations érogènes que les aveugles le sont aux couleurs. Qu'elles le regrettent, comme la belle Kesso Barry, qu'elles pleurent leur clitoris jeté aux fourmis rouges [39] n'est que trop compréhensible *(figure 82)*, puisque les dégâts commis par la mutilation *sont irrémédiables*. Et l'accouchement n'est pas le remède de la frigidité.

Les impulsions instinctuelles des humains les poussent à l'accouplement, aux gratifications érogènes, et que la machinerie ainsi agencée aboutisse à la reproduction n'a pas mis dans l'hypothalamus l'image du nourrisson pour émoustiller l'entre-deux. La femme qui convoite un homme a envie de faire l'amour avec lui, pas de « gagner bébé ». À moins d'attendre l'enfant phalliqueétron comme la pallation de son complexe de castration, selon les élucubrations de Freud qui n'a que trop pataugé dans la tête et... le sexe des femmes – du moins « en esprit »...

5. L'excision clitoridienne est une coutume respectable, qui atteste par le marquage l'appartenance au groupe, à la tribu

ODIEUX. *Il n'y a pas de bonne coutume, qui fasse des infirmes*. Y compris la circoncision, qui ne fait pas partie (pas encore ?) de nos prescriptions religieuses occidentales. Qui veut encore défendre le bandage des pieds chinois ? Et de combien de coutumes la salubre laïcité de nos mœurs nous a-t-elle débarrassés... alors que chez nous l'accès à la maturité adulte n'est heureusement pas sanctionnée par une perte corporelle, œil ou petit doigt.

Figure 82
La belle Guinéenne. Ce superbe timbre gravé en 1938 par Decaris illustre parfaitement l'aveuglement de l'Occident devant les mœurs africaines effectives. Selon le modèle européen, un couple jeune et beau, la femme parée d'un pulpeux sex-appeal, l'homme plein d'une virile détermination, est représenté avec son fils (aîné ?), lui aussi empreint d'une énergique dignité.
En réalité la belle peuhle qui a servi de modèle était mariée à un grand chef coutumier polygame. Elle avait été excisée. Elle fut toute sa vie jalouse des autres épouses du chef. Elle eut deux filles, qui furent mutilées à leur tour. L'une d'elles devint mannequin de mode en France. Dans *Kesso* elle exprime son amertume, celle de sa mère, et le gâchis de leur vie érotique.

Puisqu'il faudrait légitimer le marquage par le rite de passage, que n'ont pas fait les « géniaux » contestataires occidentaux pour édulcorer les examens « de passage », certificat, brevet, bachot, etc., qui n'entraînaient de « traumatisme » que moral – si le bizutage pouvait infliger quelques sévices... temporaires. S'il faut vraiment une marque corporelle, ne suffit-il donc pas des tatouages, scarifications, dents taillées ou arrachées, etc., qui au moins ne lèsent pas la fonction érotique ? Ne peut-on se contenter de ces signes visibles pour montrer son appartenance à la

39. *Kesso*, par Kesso Barry, princesse peuhle, *op. cit.*, pp. 112, 116.

tribu ? Et cette appartenance est-elle tellement souhaitable ? Que n'aura-t-on pas entendu, avant et après 68, sur la société oppressive, et l'étouffement par la famille, dont il fallait se délivrer d'urgence par la révolution culturelle !

Mais ce qui est bon pour les Occidentaux « en lutte », la libération de toute attache clanique paralysante, devient un grave « traumatisme » pour les malheureuses Africaines détribalisées. Alors qu'il faut le redire inlassablement, le salut de ces pays à sociétés rigides, figées, passe précisément par *la sortie du système tribal.* Pour restaurer la liberté individuelle, la responsabilité, la possibilité d'élaborer son destin personnel.

Ces propos, ceux que je tiens régulièrement contre les mutilations sexuelles dans tous mes ouvrages, sont évidemment taxés de *racisme culturel* par des gens qui pratiquent un curieux antiracisme. Celui qui ferait dire, à la limite : *le clitoris, c'est bon pour les blanches, mais c'est mauvais pour les négresses – pour les bédouines.* Malheureusement pour ce beau raisonnement, la programmation génétique humaine fournit toujours un clitoris aux femmes de toute race – toute ethnie ! – et toute couleur. Pour structurer la fonction érotique dont les humains ont tous besoin.

Allez donc dire aux Noires des Antilles, des États-Unis, du Brésil, que la clitoridectomie va épanouir leur « sexualité interne », et qu'elles devraient faire couper leurs filles [40] ! Avec le caractère entier qu'on leur connaît, elles auront vite fait de vous rabrouer.

Le procès est jugé : on coupe le clitoris des petites Africaines, des petites Orientales, pour les empêcher de jouir. Point à la ligne.

Le résultat sur la fonction érotique est donc acquis. Par contre les conséquences de la mutilation sur la paix des ménages ne sont pas toujours celles escomptées. *Comme chaque fois qu'un sexe s'en prend à l'autre.* Deux punitions, au moins, se sont abattues sur les pays coupeurs de femmes.

a) Première punition

L'aggravation de l'intoxication cannabique. Elle sanctionne les Moyens-Orientaux, de l'Égypte à l'Irak. Les civilisés des villes se sont mis à prendre goût au mariage d'inclination, et même à chérir leur(s) épouse(s). Ce qui incite à exercer son *pouvoir érotique* – on en reparlera – et à partager le plaisir. En vain avec une femme complètement désérotisée, privée de clitoris, et dont le vagin ne procure parfois que quelques vagues chaleurs. Peut-être, en la « limant » pendant plusieurs substantiels quarts d'heure va-t-on pouvoir en tirer un petit bout d'orgasme. Mais il faut pour cela bander très longtemps, se bourrer de piment, et fumer scrupuleusement un bon joint de hasch avant de copuler. Pour évidemment échouer. On ne tire de la dame que des soupirs de lassitude. Mais on s'intoxique copieusement, avec l'espoir que la prochaine fois ça ira mieux...

b) Deuxième punition

Le dévergondage des femmes. Elle atteint l'Afrique noire, mais a désormais des conséquences à l'échelle mondiale. On croyait bien, en empêchant les femelles de jouir, tenir les filles sages et se garder contre le cocuage. *C'est le contraire qui se produisit.* Une femme normale, entière, introduit normalement de l'érotique dans ses liens sexuels normaux. C'est-à-dire que désirant jouir, sachant qu'elle va se montrer non seulement nue mais jouissant, elle va livrer le plus intime de son corps *et le plus secret de sa physiologie.* C'est une des raisons pour ne pas faire l'amour avec n'importe qui. *Les putains s'en foutent, puisqu'elles ne jouissent pas avec leurs clients. Les femmes excisées sont dans le même cas.*

Omar, Mohamed, Hamani, Alfred, Antonio, c'est tout pareil. Avec l'homme, on fait gigue-gigue. C'est de la gymnastique amusante, et le moussu est bien content. Que de discours pré-, para- et postcolonialistes avons-nous entendus sur la facilité et la docilité des négresses ! Sur la « garniture de lit » [41] qu'on offre régulièrement aux visiteurs, aux fonctionnaires en tournée, aux fils de la maison. Ah ! C'était le bon temps, dans ces pays chauds !... Alors que, venant d'un autre bord, combien de discours féministes avons-nous subis sur la merveilleuse liberté sexuelle des femmes Africaines, imposant aux « mecs » leurs décisions et passades souveraines ! Facilité, libertinage reposant tout simplement sur le peu d'importance que ces femmes déconnectées de

---

40. Il y a eu des drames de ce genre. Des petites Africaines vivant en France, en Angleterre, envoyées en vacances dans la famille d'origine, et revenues coupées grâce aux « bons soins » de zélées grands-mères.

41. On m'a imputé à crime d'avoir évoqué, dans la *Lettre ouverte aux mal baisants*, le lit garni de « viande noire ». Mais je voulais ainsi stigmatiser le discours si longtemps tenu sur place, non injurier ces Africaines que je plains et que souvent j'admire pour leur impressionnante beauté.

l'érotisme attachaient – attachent – à leurs « prestations » intra-vaginales. « Il en a tellement envie, eh bien d'accord, et voilà pour lui ! ».

En ces terres d'hygiène publique rudimentaire – surtout depuis le départ des médecins de brousse – le résultat du dévergondage est bien connu : *la prolifération des MST*. La syphilis, qu'on sait maintenant assez bien soigner. La gonococcie, qui bouche les trompes comme les déférents, ce qui dépeuple certaines contrées [42]. *Et désormais le SIDA*. Les délices de l'érotisme africain ont tellement séduit l'Afrika Korps de Fidel Castro qu'il a dû évacuer l'Angola, rapatriant des sidatisés dans les Antilles. Les convulsions pré- et postindépendance des pays d'Afrique ont aussi essaimé des séro-positifs dans tout l'Occident. Tandis que sur place la maladie va bientôt concurrencer les bonnes vieilles endémies, paludisme, maladie du sommeil [43]. Je le redis obstinément : l'avenir de l'Afrique noire n'est pas rose !

Le plus triste reste à dire. Qui s'empare des gamines, qui tranche les clitoris, qui martyrise les nymphes, qui coud les grandes lèvres ? *Des femmes*. Des femmes elles-mêmes mutilées, frustrées, qui ont souffert sous le couteau et le brandissent à leur tour [44]. *Vengeance !* Tant que les mères n'auront pas été convaincues, tant que les vieilles tortionnaires ne risqueront pas dix ans d'emprisonnement ferme pour la moindre gamine estropiée [45], le « problème » de l'excision ne sera pas résolu.

TROISIÈME RÉPONSE : LE PARTAGE

Les mâles et les femelles des mammifères, primates inclus, vivent en bonne intelligence pour remplir leurs devoirs biologiques. Recevant en retour les gratifications auxquelles « ils ont droit ». La soumission des femelles humaines, il faut le redire inlassablement, n'est pas inscrite au programme génétique de l'espèce, et leur privation de tout ou partie des nourritures terrestres a toujours eu des conséquences néfastes pour l'ensemble des bipèdes. Voilà pourquoi les plus costauds ont soit concédé, soit depuis toujours admis le partage – question de latitude. La concession peut être seulement partielle.

1. Le partage du plaisir

« Que me fait ton amour
Pourvu que tu jouisses [46]. »

Plus les « phallocrates » exercent de pouvoir dominateur sur les femmes, et plus ils se privent d'un pouvoir des plus précieux : *le pouvoir érotique*. Celui qui permet de faire parvenir le (la) partenaire à l'orgasme. Gratification sans égale que de pouvoir faire jouir l'autre, de le (la) *voir jouir*, avec, en retour, l'activation stimulante (l'émoustillement !) de sa propre physiologie érogène. À condition, évidemment, que le (la) partenaire vaille la peine : de leur pouvoir érotique les putains se foutent, sauf à le monnayer. Par contre celui que les femmes les plus soumises exercent sur le possesseur est une de leurs armes les plus anciennes contre la sujétion. Très classique et légitime revanche. Inutile de rappeler combien les femmes normales tiennent à leur pouvoir érotique sur leur homme de cœur.

Primates curieux et bricoleurs, les premiers hommes – au masculin – n'ont pas attendu les ouvrages de sexologie pour savoir comment faire fonctionner le clitoris et le vagin, pour faire jouir les femmes, et jouir en retour des bienfaits physiologiques de ce « dévouement ». On peut voir ici combien l'obstination dans le mauvais esprit de ceux que l'on a appelés les « intellectuels de gauche » leur fit atteindre parfois de réjouissants sommets de stupidité, faisant par exemple dire à Simone de Beauvoir que le plaisir clitoridien était *infligé* par l'homme à la femme [47] ! Pensait-il ainsi, cet artiste paléolithique de la Madeleine qui dessina sur une pendeloque un charmant clitoris

42. Cf. Anne Retel-Laurentin, *Infécondité en Afrique noire, op. cit.*

43. Ces maladies restent les principales meurtrières par infection. Mais que le SIDA, en Afrique noire, touche autant de femmes que d'hommes met dans l'extase le clan homosexuel européen, qui tente ainsi de se disculper de sa responsabilité dans l'introduction de la maladie en Occident. Il pavoise à chaque statistique de l'OMS.

44. J'imagine la joie mauvaise de la salope qui a excisé, en 1985 ! la pauvre gamine de cette anglo-yéménite séquestrée dans la famille qui l'avait achetée : Zana Muhsen, *Vendues !*, *op. cit.*, p. 214. Elle avait aussi fait subir à la mère une « épisiotomie » qui suppura pendant des mois.

45. Il a fallu attendre janvier 1993 pour qu'une Gambienne écope enfin, en France, cinq ans de prison ferme pour avoir fait exciser *deux* de ses gamines.

46. Guillaume Apollinaire, *Épithalame*, in *Julie ou la rose* (Poésies libres).

47. *Le Deuxième sexe*, *op. cit.*, II, p. 156.

en étoile *(figure 83)*, démontrant la finesse « sexologique » et l'humour de nos ancêtres ?

Clitoridien ou vaginal, le plaisir féminin fait partie de ce « cinéma » érotique dont les hommes normaux quand il est réel, incarné par la femme aimée, sont à la fois friands et tributaires pour assouvir tout le versant charnel de leur lien à la partenaire. Il y a longtemps qu'ils connaissent cette merveilleuse transformation de la femme en amour, ses soupirs, ses mouvements involontaires, ses roucoulements – ses cris ! et la surprenante beauté qui transfigure ses traits après l'apaisement.

Si l'homme n'était pas gratifié au plus fort de sa virilité par sa capacité à déclencher l'orgasme de sa partenaire, *les femmes ne s'ingénieraient pas à le simuler*, soit pour faire gentiment plaisir, soit pour mieux se gausser du benêt qui s'imagine les avoir fait jouir [48]. À vrai dire, celui qui « pratique » régulièrement une femme sait quand il a réussi, quand il l'a laissée en plan, et quand elle fait semblant. Bien que l'heure ne soit pas à l'observation clinique, tout homme finit par connaître ces signes réflexes confirmés par Masters et Johnson, et que l'on ne peut feindre : la rougeur des joues et du cou, le durcissement des mamelons, la petite suée chaude, voire les contractions cadencées des muscles périnéaux, accompagnant coups de fesses et coups de reins...

Ce bouleversant spectacle physiologique, les coupeurs de femmes en sont privés, comme en sont privés les maladroits qui « ne savent pas se servir » d'une femme entière. Avec, un jour ou l'autre, la panne de sexe punitive de l'impuissance, de l'éjaculation retardée : après vingt-trente ans passés sur une femme qu'ils n'ont jamais fait « fonctionner » correctement, certains niais s'étonnent de la faiblesse de leurs ressorts bandatifs ! À la première attaque de l'athérome, les voilà déballonnés et penauds.

Vertu pacificatrice du plaisir sexuel, de l'amour, on peut penser que cette nécessité du partage du plaisir a joué un rôle déterminant, là où les hommes ne se sont jamais mobilisés contre les femmes, et les ont toujours acceptées comme partenaires humaines de « poids » égal, au moins quant au sexe. Mais quitte à rester, par ailleurs, les seuls maîtres, uniques centres de désir et de

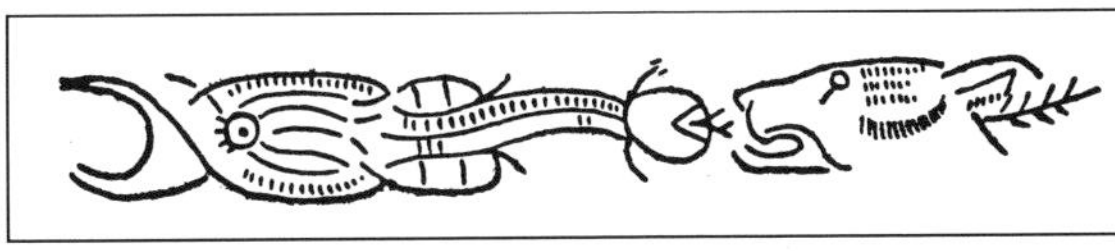

Figure 83
Figuration bisexuée, avec un clitoris étoilé. La Madeleine (paléolithique)

décision, il s'est trouvé des hommes pour se considérer, quand même, dépossédés d'une part de leur virilité par l'accouplement avec une froide femme-objet. Ils ont donc consenti à se mettre, au lit, à l'école des femmes – de leur physiologie. Ces partageux partiels sont repérables de tous temps et sous tous les climats.

Les caresses préliminaires, les baisers des préludes, l'hommage aux seins, et dans la foulée l'orgasme clitoridien, ce n'est pas très difficile ; il suffit d'être adroit de la bouche et de ses dix doigts. Le vagin, lui, demande plus d'efforts. D'abord et presque toujours une clitorisation « catalytique ». Alors que tous les hommes normaux le savent, il est étonnant de voir combien de romanciers, littérateurs érotiques, *Kama Soutra* compris, et plus tard cinéastes sautent ce premier chapitre des bonnes manières coïtales – il est vrai, pour l'Occident, que le freudisme est passé par là. Ensuite la proposition d'un « article sérieux ». Les verges trop courtes pilonnent mal le cul-de-sac postérieur, les verges trop graciles ne se font pas assez sentir au bord interne des muscles pubo-coccygiens. Le canal demande un solide comblement, celui qui fait dire, ô paroles de lait et de miel : « je te sens bien » ! Il demande, enfin, une présence temporelle suffisante pour lui assurer le nombre d'allées et venues nécessaires au déclenchement du réflexe : la physiologie orgasmique s'apparente « tout bêtement » au fonctionnement des condensateurs électriques.

Bander longtemps, c'est affaire de maîtrise comme d'entraînement. La nature a doté l'homme des fibres nerveuses inhibitrices, cortico-thalamiques [49], nécessaires à la retenue virile. Quant à l'entraînement, le meilleur se pratique sur le chantier, par la copulation effective permettant de régler mouvements et sensations *sur la physiologie*

48. Dans *le Pur et l'impur*, Colette raconte ainsi les exploits érotiques purement sonores d'une Charlotte qui, dans une partouze mondaine, feint l'extase pour rendre fier son jeune amant. Dans une séquence désormais classique du film de Rob Reiner *Quand Harry rencontre Sally*, l'héroïne émet dans une salle de restaurant les manifestations vocales d'un orgasme très réussi...

49. Entre la circonvolution frontale ascendante et le thalamus, point d'arrivée de toutes les sensations corporelles. Ces fibres permettent pendant un certain temps, évidemment limité, de surmonter plaisir ou douleur.

de la partenaire. Biologie *adaptative*, typiquement humaine, plus enrichissante que tous les procédés style hindouisme et compagnie, négligeant les réactions féminines.

La fourniture d'une marchandise phallique de taille convenable dépend évidemment de la dotation anatomique individuelle. Et de sa congruence avec les dimensions cavitaires de la consommatrice. Les meilleurs sentiments ne compensent pas obligatoirement les mauvaises proportions.

Il est étonnant ici, une fois de plus, de constater la réputation flatteuse des « exotiques », auprès des Occidentaux, quant à la taille de leur phallus. Nègres, Arabes, Papous, sauvages de toutes couleurs, avec leur « sexualité débridée », sont « si près de la bête » (!) qu'ils bénéficieraient naturellement de membres gigantesques. De quoi « complexer » [50] les pauvres blancs. De quoi allécher les madames Européennes partant dans les « pays chauds » faire une cure de zobi – ou de bangala. L'anthropologie ne confirme guère ces « fantasmes » (!). D'abord parce que les Occidentaux blancs, de façon statistiquement globale, n'ont rien à envier aux bistres, bruns ou noirs. Ils atteignent majoritairement les dimensions standard de l'érection,15 centimètres de long,35 millimètres de large, qui conviennent à la majorité des utilisatrices. D'ailleurs les dimensions au repos ne signifient pas grand-chose, bien des grands outils flaccides ne gagnent guère en longueur ni calibre lorsqu'ils raidissent. Et puis il y a de petits noirs et de grands blancs, des Pygmées et des Vikings.

La dimension du membre est ainsi un attribut personnel qu'on ne découvre qu'au déculottage, et à l'usage [51]. Certes les facteurs ethniques ne sont pas complètement négligeables, et tant qu'à faire il faut reconnaître que certains Orientaux extrêmes sont les moins gâtés par la nature, en dépit du « chiqué » des estampes japonaises – l'important demeure que leurs petites dames s'en contentent. Pour consoler les mesquins, on peut leur dire que les plus grosses machines sont les plus difficiles à mettre en train, et que plus le coup de pompe initial de l'érection doit fournir un gros débit, plus la tuyauterie est vulnérable à l'encalaminage par l'athérome.

Il ne suffit donc pas de vivre sous les Tropiques, ou d'avoir la peau sombre, pour battre les records anthropologiques de dimensions phalliques. Records d'ailleurs inutiles. Venette dira un jour que si le vit dépasse les huit doigts accolés, il est « meilleur pour la montre que pour la monte ». Si les dames sont frustrées par la taille mégot, ou allumette, la taille salami, quand son admission est possible, n'apporte guère de bénéfice supplémentaire ; sinon pour celle dont les intérieurs ont été ravagés par des accouchements aussi nombreux qu'artisanaux.

C'est précisément dans les fameux pays chauds que les femmes accouchent le plus souvent, et le plus mal. C'est aussi là que malgré leurs fabuleux engins exotiques, certains « féministes » se sont ingéniés à fournir à leur partenaire un peu plus que ce dont la nature les avait pourvus.

Il n'existe, hélas !, aucun remède anodin palliant cette peine de sexe humiliante de n'« en avoir qu'un petit » [52]. Encore cette appréciation demeure-t-elle souvent fabuleuse elle aussi, de la part d'hommes inquiets, empêtrés, n'en ayant jamais vu d'autres et croyant que « les vrais mâles » possèdent un outil bien supérieur au leur. Ce n'est pas en utilisant les mirifiques appareils de sex-shop prétendant faire grossir le bras viril qu'ils développeront leur sentiment... s'ils ne se font pas d'ecchymose. Force est donc, si la femme l'accepte, de recourir à des artifices souvent plutôt, eux aussi, exotiques.

On a déjà évoqué les étuis péripéniens palliant les faiblesses d'érection des vieux Japonais, et pourquoi pas les insuffisances dimensionnelles des jeunes. Les Îliens du Pacifique [53] ont depuis toujours utilisé, dès leur jeunesse, un artifice moins encombrant mais héroïque, pour se confectionner un efficace racloir à vagin. L'*incrustation*, sous la peau du fourreau, de petits cailloux. Disposés en gracieuses rangées, ils garantissaient à la fortunée partenaire une friction « râpeuse » venant à bout (dit-on) des plus obstinées insen-

---

50. J'emploie par dérision ce terme stupide, bâtard stropiat de Freud et d'Adler.

51. Je rappelle, pour ceux qui ne se rappellent plus *la Fonction érotique*, la cotation progressive des bananes par les dames Antillaises : « Allez vous wabiller jeune homme – Comme vous voudouez, mon bon seigneu – Oueye oueye Mamma – Tant pis si j'en couève »... Ce calibrage me paraît plein de sous-entendus fruitiers.

52. « À la grosseur du sentiment
Ne va pas mesurer ma force...
La qualité vaut mieux, dit-on,
Que la quantité, fût-ce énorme... »
Paul Verlaine : *Triolets à une vertu, pour s'excuser du peu*.

53. Polynésie, Bornéo, Sumatra.

sibles. On peut aussi penser que l'horrible *mica* des Australiens, aplatissant et élargissant la verge, est en partie destinée à émouvoir les releveurs des aborigènes multipares distendues du bas-vagin.

Encore plus proche du gant frictionnel des athlètes, le *guesquel* des Andins était confectionné en crins de mulet. Sur un anneau placé derrière la couronne du gland en érection était fixée une espèce de brosse confectionnée avec ces crins, longs d'un bon doigt, et introduite dans la femme, la pointe en avant. Blaise Cendrars, qui décrit le guesquel des Patagons [54], dit que l'instrument était si efficace qu'après l'orgasme la femme restait « épuisée, râlante, rassasiée, satisfaite, comblée, étourdie de bonheur, bête à pleurer, n'en pouvant plus »... À côté de ces exploits dignes d'Ushuaïa [55], bien fades paraissent les condoms occidentaux munis d'aigrettes ou de gouvernails de fusée...

*

* *

L'orgasme vaginal existe donc, et on l'a ressenti sous tous les climats, et de tout temps. Mais sans être de ces farouches féministes ennemies de la « colonisation vaginale », toutes les femmes n'ont pas été également admises à l'éprouver dans les bras masculins. Idem, évidemment, de l'orgasme clitoridien. Reste à savoir, évidemment, quelles femmes ces messieurs consentaient à faire bénéficier de leur sollicitude, pour qu'elles gratifient, en retour, leur si flatteur pouvoir érotique : les bonnes, ou les mauvaises ?

La femme bonne, les bonnes, sont celles du foyer. Celles qui font des enfants. La mansuétude du phallocrate mono ou polygame la (les) fait jouir « pour avoir la paix ». Système éprouvé à la surface du globe, et réputé garanti contre le cocuage.

On peut rappeler l'organisation érotico-domestique des Chinois tétragynes. En s'amusant, une fois de plus, du pragmatisme céleste quand il s'agit de physiologie amoureuse. On en trouve deux beaux exemples dans le *Jeou Pou Touan*. Marié à une prude, qui ne se laisse même pas voir le sexe en plein jour, un jeune époux parvient à l'émoustiller grâce à l'album des trente-six peintures érotiques de Tchao-Tsé-Ngan [56]. Le voilà tranquille à la maison. Et on nous donne d'intéressantes précisions sur le nombre de percussions nécessaires au cul-de-sac vaginal postérieur chinois : deux cents à trois cents coups pour une bourgeoise ordinaire [57]. Le Saint Esprit en fournit-il autant à la Sainte Vierge ?

Les mauvaises femmes sont les illégitimes : les maîtresses, les putains. Celles qui ne font pas d'enfants et gardent leur corps « bandant » [58]. Celles que l'on peut fièrement faire jouir sans qu'elles en profitent, après, pour prendre de grands airs. Voilà pourquoi il peut être dangereux de faire jouir une épouse : elle devient collante et prétentieuse. *Idem*, évidemment, avec les maîtresses qu'on avait seulement fait jouir pour s'amuser : on peut avoir de la peine, ensuite, à s'en débarrasser, bêtement cramponnées à l'homme qui avait eu la politesse de les faire fonctionner. La putain serait la bonne solution. Encore faut-il trouver de ces rares catins qui consentent, moyennant finances, à jouir avec le payeur. Ce sont les plus chères, celles qu'il faut finir par entretenir, pour éliminer la concurrence et ménager leur physiologie. Au prix supplémentaire d'une double vie, entre une « bonne » épouse froide et une « mauvaise » femme foraine qui jouit : dichotomie qui sera le mode de vie sexuelle si fréquent, si frustrant et si déchirant des christianisés.

Les Japonais avaient évidemment cru trouver un bon système, avec leurs oïranes bouclées dans les quartiers réservés. On payait l'institution pour disposer de femmes sensuelles et amoureuses, pour les faire jouir et en jouir. Mais elles ne voyaient pas l'ombre d'un quart de yen, prisonnières privées de toute liberté, cloîtrées comme des nonnes. Comme les femmes domestiques des villes, mises hors circuit érotique. Redoutable misogynie, à la maison comme au bordel. Même les paysans, qui faisaient quelques efforts érotiques en faveur de leurs payses, les tenaient – à l'instar des « grossiers » innuites – suffisamment assujetties pour prêter fille ou épouse aux hôtes de passage. C'est que, dit Théo Lesoualc'h qui s'y

54. Dans *le Plan de l'aiguille*, *op. cit.*, CINQUIÈME PARTIE.
55. Célèbre émission télévisée, consacrée aux records les plus spectaculaires.
56. Édition J.-J. Pauvert, p. 38. Le peintre vécut de 1254 à 1322.
57. *Ibid.*, p. 244. Une veuve, voulant mettre la barre très haut, réclame plus de deux mille coups !
58. Les oïranes utilisaient un bon vieux procédé contraceptif : le *misugami*, une boule de papier de soie huilé faisant tampon spermicide au fond du vagin.

connaît, « bien qu'elle ne porte sur son visage aucune trace visible de son appartenance au monde démoniaque, la femme dans sa féminité reste, au Japon, un objet majeur de crainte » [59].

Cette peur nippone des femmes s'exprime dans tous ces contes peuplés de fantômes à l'apparence féminine, de cadavres habillés dévorant les hommes, de femmes au vagin denté [60], d'amours bestiales horribles avec blaireau, serpent, chien, cheval, loup, singe – sans oublier la pieuvre d'Hokoussaï. La cruelle *renarde* semble l'archétype de toutes ces femelles fausses et dangereuses, qui ne demandent qu'à retourner à l'état bestial. Méfiance !

Il ne faut pas croire que les braves Chinois faisant jouir leurs bobonnes étaient finalement plus féministes que les Japonais traîneurs de sabre. Soi-disant pour s'émoustiller, mais aussi dans un but de brimade et de paralysie, ils adoptèrent au Xe siècle la charmante coutume d'atrophier les pieds féminins. Voilà une peine liée au sexe qui ternit fâcheusement le radieux érotisme oriental.

La pratique aurait été prônée par le deuxième souverain de la dynastie T'ang, Li-You (937-978). Un roi poète, nous dit-on ! Certainement un tordu, fétichiste du pied mâtiné de sadique. Par sa faute, on esquinta *pendant mille ans* les pieds de toute Chinoise « de bonne famille ». Dès le berceau, par des bandages qui transformaient le squelette en pied bot équin *(figure 84)*. Impossible de marcher autrement qu'en boitillant, sur des chaussures minuscules *(figure 85)*. Pas question de « cavaler ». Pas question de danser, ce qui entraîna le déclin de l'art chorégraphique chinois [61]. Seules les paysannes gardaient leurs grands pieds (plats ?), comme l'amah de Lucien Bodard.

Laisser toucher ou même voir ses hideux moignons [62] était impensable. La femme, à la rigueur sa servante, était la seule à dévêtir et nettoyer les pauvres appendices de ses membres inférieurs. Le simple fait de porter la main sur les cache-misère brodés devint une faveur si rare, réservée au seul partenaire sexuel, et encore « pas tout de suite », qu'elle émoustilla les Chinois pendant dix siècles *(figure 86)*. Le tabou était si fort que les images érotiques classiques ne représentaient jamais nus les pieds des femmes, si leur sexe pouvait exposer tous ses détails. « Prendre son pied » avec une femme finit ainsi par s'apparenter à l'exercice d'un fétichisme déplorable.

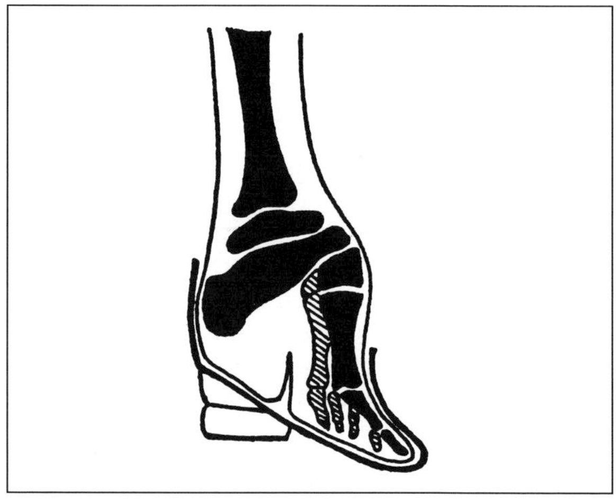

Figure 84
Pied bot équin de Chinoise bandée

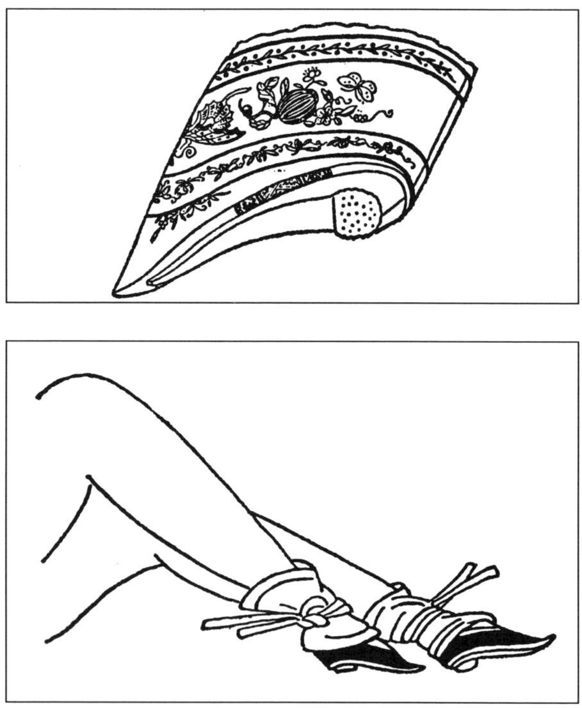

Figure 85
Soulier et jambières pour pieds atrophiés

59. *Op. cit.*, p. 181.
60. Celles de l'île de Monoko Nouchiri : Lesoualc'h, p. 182.
61. Van Gulik, p. 281.
62. Il y a de poignants documents au Musée de l'Homme à Paris.

Figure 86
Le pied chinois

Il fallut attendre le début du XXe siècle, les premières convulsions révolutionnaires fondant la République chinoise, pour envisager l'arrêt d'une coutume aussi odieuse. L'épanouissement du pied féminin fut hélas à peu près la seule « libération » que les Célestes obtinrent, sombrant du confucianisme au communisme. La complète extinction actuelle de cette pratique barbare devrait néanmoins faire réfléchir ceux qui n'osent pas lutter contre les mutilations sexuelles infantiles, dans le Tiers monde comme en Occident.

*
* *

Le bonheur de l'homme n'est pas dans l'assujettissement de la femme ; son humiliation, sa frustration, sa mutilation. Mais dans le partage avec des femmes libres de leur corps, de leurs mouvements, libres de désirer, choisir, décider. Libres d'aimer au sein des nécessités comportementales réciproques du lien sexuel.

2. Le partage de la vie

« Les Romains n'avaient pas relégué la femme
dans la solitude et le silence du gynécée ;
ils l'admettaient dans leur théâtre, à leurs fêtes,
à leurs repas ; partout une place d'honneur
lui était réservée ; chacun lui cédait le pas ;
les consuls et le licteur se rangeaient
sur son passage [63]. »

Le couple humain est la merveille de la surface terrestre. Appariant le mâle et la femelle les plus accomplis, ceux du genre animal qui couronne l'évolution. Pour former cette dyade complète et connivente, possédant les deux sexes joints au bénéfice mutuel des deux individus, et de leur espèce. Tout concourt à le former : la nature – la biologie. La raison. Et le respect de chaque *personne* humaine, au sein d'un égalitarisme sans pareil, qui épanouit la chair comme le sentiment.

Les préhistoriens tendent désormais à penser que ce fut le style de vie sexuelle érotique effective des premiers humains. Tirant conséquence de l'identique respect, l'identique glorification de la virilité comme de la féminité dont les paléolithiques nous ont laissé le témoignage. On sait combien les choses se sont gâtées ensuite au détriment des deux moitiés de l'humanité, la sujétion de l'une faisant le malheur de l'autre. Le couple s'éloigna dans la mythologie, sans nourrir le bonheur quotidien.

*
* *

Il fallut attendre le « miracle grec » pour voir le fil historique de la vie de couple réelle, effective, redescendre du ciel sur terre. Certes avec des lenteurs, des réserves et bien des errements conceptuels.

Le gynécée est grec. Mais aussi l'hymen, et le θαλαμος (thalamos). L'hymen qui se trouve à l'entrée de la « chambre vaginale » de la femelle humaine, mais qui signifie aussi LE mariage, *l'hyménée*. Le thalamos qui est la chambre nuptiale, où dort et s'aime le couple, au cœur de la maison, la pièce la plus intime et la mieux protégée. Et encore au féminin θαλαμη *le creux*, la cavité où la femme loge l'homme : chantée par l'*épithalame*.

Toute l'Odyssée est le chant du *retour* [64]. Du retour *au bonheur*, après la guerre, après le

---

63. Werner, *la Vie à Rome aux temps antiques*, *op. cit.*, p. 14.
64. Νοστος. On dit que d'autres νοστοι se sont perdus, qui racontaient le retour d'autres rescapés de la guerre de Troie, certains moins chanceux qu'Ulysse : on sait ce qui est arrivé à Agamemnon.

malheur. Du retour *au foyer*. Du retour auprès de l'*épouse*. Dans ses bras. Dans son lit, exterminés les rivaux. Dans ses cuisses, où Ulysse avait cueilli son hymen de jeune mariée. Dans cette chambre qu'il avait édifiée première à l'intérieur de l'enceinte de sa maison, *autour d'un rejet d'olivier qui devint un des montants du lit conjugal* [65]. Admirable enracinement du couple humain dans la Terre mère, dans la substance, la vie de notre planète : chanté par un des plus vénérables textes primordiaux *de notre civilisation*.

Bien sûr le vieil Homère, avec ses histoires de belles déesses, de reine enlevée, d'amour conjugal vanté par Achille même [66], avec sa guerre de monogames contre l'Oriental troyen polygame, ne paraît guère « dans le vent » des pédés distingués qui nous semblent, avec le recul des siècles, représenter la fine fleur de l'Attique pensante, le parangon de la sexualité grecque en action. L'importance culturelle, la fréquence de l'homosexualité grecque antique paraissent avoir été démesurément grossies – ce n'est guère le lieu d'en discuter ici, où l'on se préoccupe surtout des peines de sexe des humains normaux du comportement. Toujours est-il que les dramaturges, plus près du goût normal majoritaire, tels Aristophane, ne manquent pas l'occasion, des *Acharniens* à l'*Assemblée des femmes*, de ridiculiser les embrenés du vit.

Comment comprendre le ressort « dramatique » de la grève du lit décrétée par Lysistrata, si tous les guerriers antiques n'étaient pas hétéros bien réglementaires avant d'enfiler leur compagnon de tente ? Ce ne sont pas leurs gitons, mais leurs braves et bonnes épouses que les maris spartiates comme athéniens tiennent à récupérer. Remarquons, d'ailleurs, la précision érotique d'Aristophane, au sein de la liberté d'expression régnant dans le théâtre d'alors. Le héraut lacédémonien se plaint de ce que les femmes ne se laissent plus toucher le bouton [67], et ses copines font à Lysistrata serment (les genoux faibles !) de ne plus lever les pieds au plafond, se privant de bien sentir la pénétration virile [68]. Voilà des femmes qui ont un clitoris et un vagin...

Il est non moins vrai que la société grecque, démocrate sur l'agora, se sentait néanmoins aristocratique, celle *des meilleurs* (αριστοι) ; au-dessus des esclaves et *métèques*. Tandis que les philosophes se voulaient bien au dessus du bas peuple ; au-dessus de ces commerçantes, maraîchères, poissonnières, épicières, mercières compagnes de Lysistrata, comme de leurs époux amateurs de vagin. Et ces graves messieurs ne tenaient pas la femme en grande estime. Ils inauguraient *cette interminable série de penseurs misogynes* qui, d'Aristote à l'affreux Michel Foucault en passant, entre autres, par Schopenhauer et Nietzsche, fustigent la femelle, son attrait captieux et fatal – alors que l'amour des hommes (des éphèbes) est si poétique, sain et revigorant !

Contrairement à sa réputation, Platon détonne dans ce concert antiféminin. Il envisage, le premier, dans *la République* [69], de considérer les femmes comme des « citoyens » à part entière, et de les instruire. Il va plus loin dans *Les Lois*, proposant de leur confier des postes de responsabilité importante, surveillance, inspection, *magistrature*. Il admet, là aussi le premier, *le mariage d'inclination*. Il ira même jusqu'à réprouver l'homosexualité [70]. L'amour « platonique » ne serait donc pas ce que l'on en dit si souvent. Aristote ne manquera pas, dans sa *Politique* [71], de critiquer cette faiblesse féministe de son maître.

Le Stagyrite va émettre ces « fortes pensées » qui fourniront, pour près de vingt siècles, des arguments *ex cathedra* aux contempteurs de la gent femelle. *Le tout premier écart de la nature est la naissance d'une femelle au lieu d'un mâle* [72]. *Dans la génération le mâle fournit la forme et le principe du mouvement, la femelle le corps et la matière* [73]. *La femelle est comme un mâle mutilé* [74]. *Le mâle est actif, la femelle passive* [75]. *La femme est plus compatissante que l'homme, plus sujette aux larmes, elle est aussi*

65. L'*Odyssée*, liv. XXIII, 190-205.
66. L'*Iliade*, IX, 338 sq.
67. *Lysistrata*, vers 1004. Il faut féliciter M.-J. Alfonsi, dans l'édition Garnier, d'être le seul traducteur « officiel » donnant à μυρτον son sens exact.
68. Vers 229-230.
69. *La République*, III, V.
70. *Les Lois*, VIII, 841.
71. *Politique*, II.
72. *De la génération des animaux, (G.A.)*, IV, 3.
73. *G.A.*, I, 20.
74. *G.A.*, II, 2.
75. *G.A.*, I, 21.

plus jalouse et plus portée à se plaindre de son sort ; elle distribue plus facilement les injures et les coups [76]. *La femme cède également plus que l'homme au découragement et au désespoir ; elle est plus effrontée et plus menteuse ; elle est plus facile à tromper et oublie moins vite* [77], *etc.*

Aristote est aussi ce diabolique raisonneur qui a parfaitement compris la disjonction entre orgasme féminin et fécondation, avec les conséquences qui s'ensuivirent à l'encontre de la sensualité féminine. Il faut cependant lui concéder que ses propos ne sont pas ceux d'un homosexuel à qui la féminité répugne. Il admet la nécessité biologique des femelles pour sauvegarder les espèces bisexuées [78]. Il constate leurs appétits érotiques, jument et vache en tête [79] : les humeurs vaginales des juments en chaleur, semblables à celles des truies, ne fournissent-elles pas cet *hippomane* dont on peut faire d'efficaces aphrodisiaques... Aristote est plutôt de ces régents austères décrivant les inévitables embrasements amoureux des humains sans en ressentir l'ardeur, et prônant la modération. C'est ainsi qu'il recommande de « tenir serrées » les filles à l'époque de la puberté, l'exercice charnel précoce en faisant d'irrécupérables dévergondées [80]...

Certains poètes eux-mêmes furent atteints par les dernières vagues de la misogynie néolithique. Tels Hésiode se plaignant de Pandore « mère de la race des femmes » autant que les théologiens chrétiens se plaindront d'Ève [81]. Stigmatisant à mots couverts ce qu'un certain esprit hellénique reprochera tant au sexe creux de la femme, « piège profond et sans issue » [82]. Ce n'est plus le thalamos, mais le barathre !

L'enfermement prophylactique fut-il donc le destin de la femme grecque antique ? Sûrement pas. Certes obéissant à Dracon puis Solon elle demeure sous la tutelle de ses trois « maîtres » (κυριοι), le père, l'époux, le fils. Les deux premiers ont décidé entre eux du contrat de mariage. Mais elle n'a pas épousé un inconnu, les familles tenant compte des affinités entre jeunes gens. Elle a apporté sa dot, *qu'elle récupère si elle divorce*, éventuellement à son instigation. Et pour installer un gynécée, il faut déjà posséder certains « moyens ». Ceux qui manquent aux petites gens, aux demeures exiguës et aux petits revenus. *Plus de la moitié des citoyens grecs antiques travaillent* [83], considérable différence avec les citoyens romains. Les « moins favorisés », comme on dit pudiquement, vivaient certainement en « ménage » égalitaire, où les Lysistrata et les Xanthippe faisaient manifestement la loi. Quant aux femmes aisées, elles étaient tout sauf prisonnières.

Le gynécée ne fait vivre rien de comparable à la réclusion des Chinoises aux pieds mutilés, à la claustration dans le harem musulman. L'épouse grecque menait chez elle sa vie personnelle, entourée de servantes – d'esclaves – maîtresse de maison (δεσποινα) régnant sur enfants, intendante et nourrices. Ce qui ne l'empêchait pas de sortir, fréquentant les commerçants et rendant visite à ses amies, à ses voisines.

Si elle ne participait pas aux brailleries politicardes, si elle ne pouvait paraître sur la scène tragique [84], elle avait sa place dans la vie publique et assistait aux spectacles. Jeune fille, elle courait, dansait, sautait, luttait au stade, lançait le disque et le javelot ; et même nue, surtout spartiate – c'est peut-être d'ailleurs cette fréquente apparition des jeunes nudités féminines qui instaura le rasage pubien « démobilisateur » [85]. De l'enfance à l'âge adulte toute sa vie possédait *un rôle consacré* dans les cérémonies officielles. Sans compter ces confréries féminines qui, à Éleusis et autres lieux, faisaient contrepoids aux monopoles masculins.

Bien sûr il lui fallait éventuellement supporter une « pallaque » domestique, concubine réchauf-

---

76. Aristote a-t-il été frappé par une mégère qu'il aurait délaissée au profit de ses chères études ?
77. *Histoire des animaux (H.A.)*, IX, 1. S'il est légitime d'envisager une caractériologie comparative de l'homme et de la femme, nous savons désormais qu'elle doit être établie avec la plus extrême prudence, gage de sa scientificité.
78. *G.A.*, IV, 3.
79. *H.A.*, VI, 18.
80. *H.A.*, VII, 1.
81. *Théogonie*,569 sq.
82. *Les Travaux et les jours*,32 sq.
83. Claude Mossé, *la Femme dans la Grèce antique*, *op. cit.*, p. 50.
84. Les rôles féminins du théâtre antique étaient tenus par des hommes travestis, sauf ceux des Atellanes, évidemment...
85. Toutes les grandes filles, ensuite, ne se rasaient pas. Sinon Aristophane n'aurait pas envisagé, dans *les Thesmophories*, un rasage punitif – comme il s'en est tant commis, par la suite, dans les vengeances entre femmes (v. 545-546).

fant la sensualité d'un époux aux désirs « amortis » – entorse pas très glorieuse à la monogamie officielle [86]. Bien sûr elle restait souvent seule, son homme pérorant sur l'agora, s'offrant les charmes cultivés d'une hétaïre-poule de luxe, badant en bon méditerranéen dans les rues, au port [87], au tribunal, ou même travaillant... sinon les Milésiennes n'auraient jamais confectionné ni vendu le moindre olisbos consolateur.

Bien sûr il lui manquait l'instruction, les droits politiques, la pratique professionnelle libérale, l'autonomie financière. Statut globalement hybride, mais qui avait des côtés positifs, humanistes.

Car enfin la beauté divine de son corps statufié exposait partout sa triomphante nudité, même si, hélas !, privée de son sexe « dérangeant ». Mais en dépit du vilain Aristote *sa morphologie fondait un canon esthétique*. Elle avait pu servir de modèle aux plus glorieux sculpteurs. Le plus souvent, son mari couchait dans son lit [88]. Et bien qu'encore rudimentaires la contraception et l'interruption de grossesse [89] l'empêchaient d'être surchargée de marmaille, donc flétrie-délaissée moins tôt que ces Orientales et Exotiques qui n'auront connu qu'une seule saison d'amours.

Ainsi la Grecque antique restait-elle *une femme*.

*
* *

Enfin Rome permit de rendre au couple humain toute sa dignité. Et pas seulement pour les patriciens. Esclaves mises à part, les femmes du « peuple romain », délurées, volubiles, coquettes, pomponnées, n'étaient rien moins que des bobonnes « au pied ».

Certes à Rome aussi les philosophes étaient misogynes – ils le sont de naissance ! La législation n'était guère féministe elle non plus. Mais les mœurs publiques et la vie quotidienne rattrapaient les duretés de la loi concernant l'avortement, l'adultère, les droits politiques – le viol demeurant un crime.

Le mariage par *usucaption* – après un an de concubinage sans trois nuits passées dehors ! et celui par *coemption* laissent l'épouse au pouvoir du mari de façon toute théorique. Quant au sacrement de *confarréation* [90], son caractère de grande solennité, devant dix témoins et *le souverain pontife*, pas moins, montrait toute l'importance de l'épouse. Celle qui venait, *conservant ses biens propres et sa dot* [91], régir la maison, gérer le patrimoine, gouverner la progéniture et les domestiques, honorer les pénates, partager la couche du maître et *s'associer à tous ses droits*. De la municipalité au palais impérial, *ubi tu Caïus, ego Caïa (figure 87)*. Dans la joie comme dans la peine. D'ailleurs c'est un austère anneau *de fer*, offert le jour des fiançailles, que portaient les époux, pour leur montrer que la solidarité mêlait désormais leurs deux vies [92], éventuellement jusqu'à l'ultime sacrifice commun : *Paete, non dolet !* Et que personne ne touche à la femme de César !

Dans toute *domus* de bonne famille, la *domina* siégeait dans l'*atrium*. Au centre de la maison, dans ce vivoir « tous usages » qui servait aussi bien aux réunions de famille, aux repas, à la réception des amis, à la vie quotidienne et aux cultes domestiques. Autour du *foyer* des Dieux lares se trouvaient les portraits des ascendants, le coffre des registres, de l'argent du ménage... et des précieux fuseaux. Là aussi pouvait se dresser le lit conjugal *(figure 88)*, à défaut de *venereum* ou de chambre particulière.

Les couples romains *couchaient ensemble* [93], et pas seulement pour dormir, mais aussi pour mener le premier exemple historique de mariage pleinement érotisé *(figure 89)*. Pour ces impériaux comme pour nous, l'expression *coucher avec* possédait son double sens, ce qui amusait bien les potaches latinistes quand il fallait traduire *concubitus*. L'austérité romaine restait à la porte de la chambre conjugale – du *venereum*. La

86. Ces concubines étaient recrutées parmi les jeunes filles pauvres. Leur destin n'était pas des plus réjouissants.

87. Quoique redoutant la mer aux mille traîtrises, les Grecs avaient édifié une civilisation surtout portuaire. Le génie des Romains fut de relier par voie de terre ce que les Grecs avaient réuni par voie maritime.

88. Plus à Athènes qu'à Sparte, où les visites conjugales à l'épouse devaient s'entourer de secret. On sait que c'est pour certains un émoustillement...

89. Les Lacédémoniennes, expertes dans le « saut contraceptif », pratiquaient un « vigoureux » eugénisme.

90. Une galette de blé, *far*, était consommée en commun.

91. Un million de sesterces dans la classe des sénateurs !

92. *Le peuple considérait généralement que l'union de l'homme et de la femme constituait le mélange de deux vies*, Werner, p. 14.

93. La pratique est évidente pour un érudit comme J.-P. Néraudeau, *le Mystère du jardin romain, op. cit.*

Figure 87
Couple romain

tendresse charnelle lie ces couples qui nous ont légué tant et tant de leurs portraits... et ces charmants petits foyers domestiques couronnés d'offrandes à Priape. Après s'être peu à peu écrit en grec, l'*amour conjugal* se conjugue en latin. Avec l'officialisation d'authentiques *mariages d'amour*. Célèbre fut celui de Mécène, chaque jour pestant contre le caractère de sa femme Terentia, chaque jour le voyant prêt à divorcer, et chaque jour à nouveau subjugué par la beauté de son épouse.

Cette beauté des femmes, pour demeurer longtemps efficace, captivante, *érotique*, n'exige qu'un secret : la bonne santé, dont *la bonne santé gynécologique*. Celle qui permet à la femelle humaine de conserver son charme sans atteinte ravageuse par l'âge et la multiparité. Qui lui offre donc *hygiène, contrôle des naissances et bonne obstétrique*. Là sont les fondements, il faut le répéter, du bonheur érotique féminin... et masculin.

*
* *

C'est à Éphèse que naquit, vers 80, le premier gynécologue digne de ce nom. Soranos étudia à Alexandrie et adhéra au courant *méthodique*. Il exerça à Rome sous Trajan et Hadrien et fit aussi probablement un petit séjour professionnel en Aquitaine. En bon natif de l'Ionie, mais bilingue comme tous les esprits éminents de son temps, c'est en grec qu'il écrivit ses *Maladies des femmes*, au début du IIe siècle.

La gynécologie, avant lui, n'avait guère fait d'étincelles. Du papyrus de Kahoum (– 2000) à ceux de Pétri (– 1850) puis d'Ebers (– 1550), d'Hippocrate à l'école de Cnide, les médecins qui s'intéressaient à la femme semblaient curieusement et presque uniquement obsédés par la fixation de l'utérus. Cet animal autonome (!) dit le papyrus d'Ebers, n'aspire qu'à s'agiter en tout sens, monter et descendre dans le corps féminin. Tantôt pour lui écraser le périnée, tantôt pour lui comprimer le diaphragme, ou lui suffoquer la gorge. D'où la nécessité de l'arrimer.

Quand l'utérus est vraiment trop descendu, provoquant le pitoyable prolapsus génital, force est bien de le repousser mécaniquement : par un de ces *pessaires* pleins que les médecins ont prescrit « de toute antiquité ». Par contre voulant agir médicalement sur la matrice demeurée à l'intérieur du corps, il fallut, pour « toucher » son seul point accessible, son col tapi au fond du vagin, inventer un instrument adapté à la conformation creuse des femmes.

Le *speculum* fut d'abord un simple tuyau, avant de permettre, par son jeu de valves, d'écarteurs, d'explorer la cavité vaginale et le col utérin *(figure 90)*. Dans son état rudimentaire il faisait parvenir à l'utérus ces *fumigations* que les dames antiques s'administraient, les cuisses écartées au-dessus d'un brasero où mijotaient les ingrédients les plus divers. Certaines fumées repoussaient l'utérus, d'autres l'incitaient à descendre... Les produits les plus aromatiques, résine, ail, térébenthine, cresson, rue, etc., indiquaient, de plus, les bonnes reproductrices : si leur odeur passait dans l'haleine !

Soranos n'a guère de peine à réfuter ces billevesées. Mais il ne faut évidemment pas attendre de cet antique une scientificité à toute épreuve. Vit-il donc si peu de vierges qu'il conteste – comme tant d'autres après lui – l'existence de l'hymen ? De même patauge-t-il entre les uretères et les trompes, à la recherche des conduits séminaux de la femme. Cela ne l'empêche pas de fournir une bonne description de l'anatomie vulvo-vaginale. Même s'il englobe sous un terme identique νυμφη et le capuchon clitoridien et les... nymphes. Au moins le clitoris existe-t-il, fondateur personnel

Figure 88
Couple romain au lit (avec le chien de la maison)

Figure 89
Erotisme conjugal à Rome

« historique » de la fonction érotique, et même s'il ne s'appelle pas comme nous le nommons, avec un rien de pédantisme, en croyant faire du bon grec.

Soranos appelle *didymes* – comme les testicules – les ovaires dont il reconnaît le rôle fournisseur de « semence ». Il adhère à la *felix culpa* d'Hippocrate, indiquant qu'en l'absence de désir féminin il n'y a ni émission de semence ni conception [94]. Il reprend même l'argument captieux, si sollicité ensuite, du désir « inconscient » de la femme engrossée après un viol...

Cet humaniste mérite cependant la reconnaissance des femmes, pour avoir parfaitement compris, et admis, ce qu'elles demandent à la science médicale : *gérer leur fécondité, et accoucher sans dommage*. Et il leur propose pour la première fois un recueil des moyens qu'il estimait efficaces, pour atteindre ces deux objectifs.

La grossesse inopportune fut et reste le poison de la vie érotique des femmes – et même de leur vie tout court. Les hommes ont compris depuis très longtemps qu'en jetant leur semence à terre ou sur le ventre de la partenaire ils évitaient la conception. Mais le coït interrompu gâche le plaisir de ces messieurs (il gâche évidemment aussi celui de la femme...) et là où ils voulaient vraiment limiter les naissances, ils se sont quand même préoccupés de méthodes à usage féminin. À elles de s'en accommoder !

Dès les papyrus égyptiens on trouve trace d'un souci contraceptif. Puisque la semence de l'homme entre par le vagin, c'est là qu'on a d'abord cherché à la détruire. En prescrivant des onguents, des tampons, des pessaires, des *magdaléons* enduits de produits réputés spermicides. En fait, les femmes se sont mis tout et n'importe quoi. Des mixtures faites de miel, natron et gomme, un mélange d'épines d'acacia et de miel (méthodes égyptiennes), ou plomb + encens + huile d'olive

94. *Maladies des femmes*, I, 12.

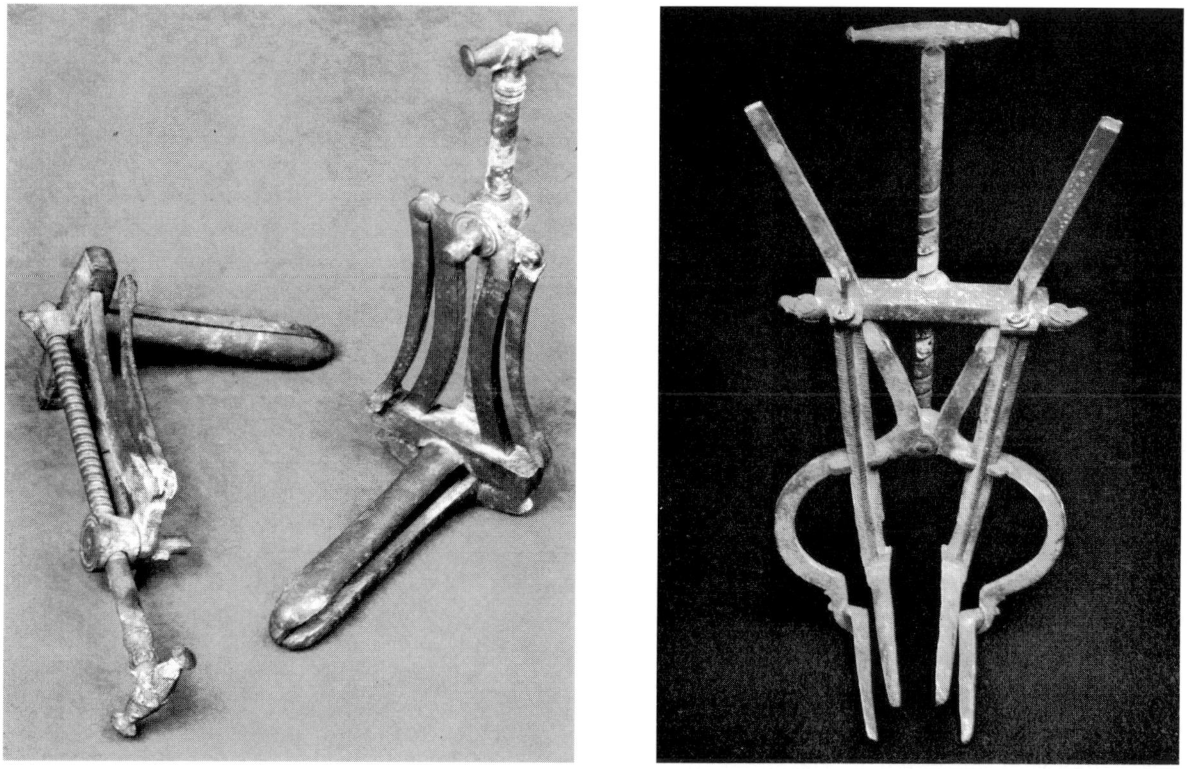

Figure 90
Speculums antiques

(méthode aristotélicienne), ou du poivre, ou du jus de citron, ou même de l'excrément de crocodile, méthode préconisée par le papyrus de Pétri...

Soranos énumère un nombre impressionnant de procédés contraceptifs [95]. Des moyens mécaniques : bloquer la respiration, se lever dès l'éjaculation, éternuer accroupie, s'irriguer le vagin d'eau froide... De nombreux spermicides, en partie repris de ses prédécesseurs : la « vieille » huile d'olive, le miel, la résine, le suc de baumier, le blanc de céruse, l'alun liquide. Les tampons de laine imprégnés d'écorce de pin et de « sumac des tanneurs » pilés dans du vin, enduits d'argile « de Cimolos », etc. La *peau de grenade* semble très prisée, mélangée à la noix de galle, à l'alun, au gingembre. La chair de figues sèches mêlée au salpêtre... Des contraceptifs oraux : le baume de Cyrène (à base de pivoine ?), la graine de rue, l'opoponax, la graine de giroflée, le myrte, la myrrhe, dans du vin poivré, ou du vinaigre miellé... Et bien sûr tous les produits qui sont aussi abortifs, de l'urine de mule à l'eau de forgeron en passant par l'absinthe et l'aloès.

Hippocrate avait tenu, cela ne se sait pas assez, des propos bien contradictoires sur l'avortement. Cette vieille barbe s'était interdit de prescrire des abortifs, mais dans *La Nature de l'enfant* [96] il reconnaît avoir recommandé à une chanteuse qui ne voulait pas tomber enceinte le fameux *saut des Lacédémoniennes* : répété et vigoureux, il faisait buter les talons sur les fesses. Hippocrate fit ainsi expulser à sa chanteuse du « sperme de six jours ». Sa patiente n'avait évidemment qu'une leucorrhée témoin d'un entretien médiocre des lieux. Et le grave praticien d'inspecter soigneusement ce contenu vaginal rassis...

Prudent, Soranos expose les arguments de ceux qui acceptent l'avortement lorsque l'accouchement semble dangereux, mais le refusent lorsqu'il s'agit d'une grossesse adultère ou lorsque la femme veut préserver sa beauté... On sent de quel

95. *Ibid.*, I, 20.
96. *De la nature de l'enfant*, XIII, 2.

côté il penche, lui qui reconnaît combien les grossesses répétées épuisent la femme [97]. Ce qui lui permet, au passage, de constater combien les vierges demeurent en meilleur état que les multipares.

Il donne aussi des conseils abortifs. Mais il répugne aux potions dangereuses autant qu'à l'agression instrumentale – qui tua tant de femmes. Il recommande plutôt la saignée, les cahots d'une voiture, les bains de siège, les tampons imprégnés d'abortif : myrte, giroflée, lupin, feuille de rue, de laurier, les ovules soufre-absinthe-giroflée, etc., et toutes sortes de cataplasmes. Si tout cela échoue, il faudra bien recourir aux abortifs oraux, dont il ne faut pas se cacher les risques. On sait ce qu'il en a coûté en vies féminines, *et jusqu'à nos jours*, certaines préférant mourir *et même mourant*, plutôt que de porter un embryon détesté.

Mais on mourait aussi, et fréquemment, en couches. Soranos se montre ainsi le premier obstétricien sérieux, et il est malheureux que son texte nous soit là parvenu mutilé. Toujours est-il que ce bon médecin, comme plus tard Ambroise Paré et Mauriceau, s'insurge contre l'amateurisme artisanal et souvent meurtrier des matrones ignares. Il s'applique à fournir aux femmes qui accouchent les autres ces *directives professionnelles* qui, de l'hypnose aux manœuvres d'extraction feront un jour de l'obstétrique une discipline véritablement médicale, scientifique. Pour le plus grand bien des enfants, des femmes... et des hommes. Car bien que ces messieurs n'aient pas à subir cette peine de sexe si amère qui fait souffrir, invalide, meurtrit les femmes *dans les organes mêmes de l'étreinte et du plaisir*, ils sont atteints en retour, et surtout vivant en couple, par les déboires obstétricaux.

Il faut le répéter inlassablement : combien de femmes ont eu leur vie érotique gâchée, ruinée par le flétrissement prématuré dû aux grossesses réitérées, par les conséquences désastreuses des gésines sabotées, les déchirures, les infections, les fistules, les prolapsus, les incontinences urinaires, les dyspareunies martyrisantes ? Les joies de la maternité n'ont été que trop souvent et trop cher payées. Tant que les femmes n'ont pas eu la possibilité de décider elles-mêmes de leur destin procréatif, et d'accoucher correctement.

*
* *

Les Romaines impériales, et leurs voisines civilisées sont donc bien les premières à bénéficier – avec les moyens de l'époque – des procédés leur permettant de gérer leur fécondité, de limiter leur progéniture, de conserver leur attrait. Pour préserver le lien érotique de leur couple. Car ces épouses « complètes » étaient les partenaires valorisantes dont avaient besoin leurs Romains de maris. Oui, ils usaient des danseuses, des esclaves et des putes. Mais le créneau sexuel-érotique haut de gamme était tenu par les dames de la Ville, que la frigidité ne semble guère atteindre. Dans cette Rome où ni Phryné ni Aspasie n'auraient pu tenir boutique. Et qu'on ne nous bassine pas, une fois de plus, avec les ravages de l'homosexualité dans cette Antiquité décadente : la pédérastie n'avait pas bonne réputation à Rome, et la législation impériale, après la républicaine, la réprima avec constance [98]. Le fait que les Romaines conservaient soigneusement leur « sex-appeal » n'est pas étranger à cette prédominance de la femme.

Le souci de demeurer d'aguichantes femelles humaines était évidemment favorisé par toutes les commodités de l'hygiène publique et privée. Les thermes et bains domestiques. Les nourrices, servantes et/ou esclaves nourrisseuses au sein qui permettaient de ménager ses appas mammaires. Les soins corporels minutieux, toilette, massage, manucure, pédicure, coiffure, etc. Ce pomponnage allait-il jusqu'à l'épilation pubienne suivant la stupide mode orientale trop répandue chez les Grecques ? Probablement pas. Puisque les épilateurs publics comme les épilatrices (*ustriculae*) des maisons de bains œuvraient principalement *sur des hommes* [99], *des efféminés* [100]. Voit-on Livie ou Faustine au hammam, usant de la pince et de la résine ?

On vit par contre des romaines devenir médecins, comme Æmilia Hilario, tante d'Ausone – une élève de Soranos. On les voit aussi entreprendre une émancipation *sans précédent*. Que leur

97. *Maladies des femmes*, I, 13.

98. Cf. Albert Gauthier, *la Sodomie dans le droit canonique médiéval*, in *l'Erotisme au Moyen Âge* (sous la direction de Roy), *op. cit.*, pp. 114-115. Les peines allaient du simple fouet à la mise à mort.

99. Cf. par exemple Suétone, *Domitien*,22, et Martial, *Épigrammes*, III, XLIII et X, LXV.

100. Jusqu'aux sixties de notre siècle il en allait de même : seules les « tantes » allaient dans les instituts de beauté demander une épilation génitale – ce que les idiotes victimes de slips de bain anti-éthologiques appellent maintenant « se faire faire le maillot ». C'était une classique occasion de rigolade pour les esthéticiennes.

reprochera donc Juvénal, au milieu d'invectives outrancières, dans sa fameuse *Sixième satire* ? D'affronter les incommodités maritimes par amour pour un bel homme, d'apprendre le grec, d'avoir des amants [101], de fréquenter les athlètes les artistes et les astrologues, de se livrer au sport, dont l'escrime, de connaître les classiques, de se pomponner, de prendre des bains de Tibre, de pratiquer la contraception et l'interruption de grossesse... Ce vieux pédé [102] *leur reproche tout simplement leur liberté*.

Les chrétiens reprendront cette litanie, cette tarte à la crème de la « luxure dévastatrice », qui continue de nous donner des indigestions. La Rome impériale n'était pas parfaite, et nous ne supporterions pas certains de ses défauts – je l'ai déjà dit. Mais dans quelle société idéale, sans violence, sans vénalité [103], sans putains, sans adultère, sans arbitraire du pouvoir, sans injustices, sans « défavorisés » les humains avaient-ils, *ont-ils* déjà vécu ?

Rome trahie, à moitié détrônée par Byzance, rendue vulnérable par son égocentrisme aveugle d'enfant gâtée, minée par les religions orientales – en dernier lieu, et victorieuse, la chrétienne – mollement défendue par des légions de plus en plus exotiques, fut livrée sans coup férir aux envahisseurs barbares. Avec elle périt cette civilisation antique de l'Occident qui, la première, avait mis au monde un *art de vivre* au sein duquel le lien entre l'homme et la femme put s'épanouir à nouveau, retrouvant son parfum originaire. Celui de la complétude sexuelle apaisante, conférée par *l'égalité dans la différenciation*. Avant de sombrer hélas ! dans l'obscurantisme biblique.

Les cloportes des catacombes l'emportèrent sur les radieux enfants de lumière. Les pouilleux et les maléficiés prirent leur sale revanche sur les καλοικαγαθοι, sur les femmes fières de leur nudité de déesse. Les briseurs de pierre cassèrent les Phidias et les Praxitèle, les frontons et les péristyles [104]. L'enthousiasme sacré, les hymnes dionysiaques, les temples accordés au soleil, au vent salubre, aux paysages marins, cédèrent la place aux larmes, aux pénitences, aux contritions, aux sournoises cérémonies chuchotées à voix basse dans les cryptes obscures et fétides [105] peuplées de peaux mal lavées. Le patronage poisseux s'imposa contre la dignité individuelle, contre la prise en charge du destin personnel. La *virtus romana*, courage et droiture [106], céda la place à la piètre vertu de pisse-froid abstinents. Aux carrefours le hideux crucifié remplaça les joyeux priapes. La célébration du bonheur terrestre fut submergée par la haine du plaisir. Pour mille ans – et plus – d'injuste châtiment.

Rustres et chrétiens [107], les Germains qui saccagèrent la Ville l'an de malheur 410 avaient quand même une vertu occidentale. Monogames et bien que peu portés sur la galanterie, ils vivaient en bonne intelligence avec leurs épouses, n'ayant jamais réduit leurs grandes blondes en servitude [108].

---

101. Juvénal se fout de nous, quand il prétend que les esclaves châtrés après la puberté demeuraient de vigoureux fouteurs. Leurs érections ne survivaient évidemment pas longtemps à la perte de leurs génitoires « lourdes de deux livres » (!) (v. 400-404).

102. Il recommande vivement le seul remède au mariage : coucher avec un giton (v. 34).

103. Les évêques chrétiens étaient si vertueux *qu'eux aussi achetaient leur charge à coup de serterces et de concussion*.

104. Le cher saint Martin s'illustra dans cette ignoble besogne. Cf. Robert Turcan, *Dieux cassés et Dieux cachés*, in *Historia : les Barbares et la chute de Rome*, n° 8, p. 39 sq., 1990.

105. Quand on construisit de vastes basiliques, ce fut toujours *au détriment des temples antiques*, en volant leurs pierres, ou en baroquisant leur architecture.

106. « Les Romains sont, semble-t-il, très souvent bien accueillis par les populations étrangères, en raison de leur civilisation supérieure, mais aussi de leur loyauté », Achard, *op. cit.* p. 257.

107. Il n'y a pas de « raffinement » chrétien.

108. Tacite fait l'éloge du statut monogamique des femmes germaines, *Germania*, XVIII.

DEUXIÈME PARTIE

LA MARCHE BROUILLONNE DE LA SEXOLOGIE OCCIDENTALE : DES HAUTS ET DES BAS

CHAPITRE 4

L'INFESTATION DE LA CIVILISATION D'OCCIDENT PAR LE MONOTHÉISME : LE SEXE COUPABLE, ET COUPÉ

« *Les Israélites furent les premiers à mettre fin aux cultes sexuels, et à faire la guerre aux peuples qui les pratiquaient* [1]. »

LE RÈGNE DU PÈRE TERRIBLE

Progressivement colligé en quatre lointains siècles (de – 600 à – 200) rien que pour son premier, « Ancien » testament, il ne faut pas s'étonner du disparate de ce ramassis de textes qu'on appelle bien improprement LE Livre, LA Bible. Il ne faut pas s'étonner, non plus, de sa vétusté, le rendant totalement anachronique comme guide moral de civilisés industrialisés du XXe siècle. Comment prendre au sérieux ceux qui continuent d'y voir la source infaillible de leur réglementation comportementale ?

Outre son total manque d'humour [2] ce fatras baroque de contes et légendes, chroniques et ragots, cantiques, stances et bergeries, supplications, imprécations, vaticinations, prescriptions hygiéniques, culinaires, agricoles ou meurtrières, ne possède qu'un seul lien pour joindre ses membres composites. Une innovation catastrophique dans l'histoire de l'humanité : *le fanatisme religieux*. L'intolérance armée envers quiconque ne révère par Iaveh (*Deutéronome*, XIII), avec mise à mort punitive d'hommes, de femmes, d'enfants et même bétail.

Le Dieu mâle unique dont les Hébreux furent les « inventeurs », les sectateurs et les propagandistes, le Dieu d'Abraham, de Moïse et des lévites apparaît vraiment comme une lubie métaphysique [3]. Selon un anthropocentrisme patriarcal dévastateur, ultime conséquence du virocentrisme institué au néolithique. Singularité s'opposant aussi bien à la Grande Déesse, exigeante mais jamais vraiment seule, qu'au polythéisme – au panthéisme – formant le fonds religieux « naïf », spontané, de la plupart des humains.

Loin d'être ce prodigieux progrès moral tant vanté – tout athée qu'il se déclarât – par Sigmund Freud, loin d'aider les humains à vivre « confortablement » en supportant l'idée de mourir, la religion du Père omnipotent et vindicatif s'ingénie, par une très féroce *haine de la nature*, à mettre l'homme en porte à faux avec ses instincts.

Plus précisément, et selon un mécanisme cher lui aussi à Freud, l'Ancien Testament offre un superbe exemple *d'ambivalence* des sentiments et des comportements, entre les rois et les prophètes, entre Dieu et son peuple.

Côté rois, on réalise largement les trois programmes éthologiques. On festoye, on sacrifie le bœuf gras, on honore le jus de la treille. On possède femmes, concubines, servantes soumises – un vrai harem. On engrosse tout le monde pour avoir une nombreuse progéniture, bénédiction du Très-

1. Marcireau, *op. cit.*, p. 123.
2. Ces Hébreux pontifiants ne racontent aucune bonne histoire juive.
3. Il y eut, certes, le court épisode historique du Dieu unique révéré par Akhnaton. Il est ridicule d'imaginer, comme le fit Freud, que Moïse ait pu rencontrer, à 150 ans de distance, des rescapés de ce culte complètement anéanti. Akhnaton est mort en – 1350, l'exode est de – 1204. Et Abraham était déjà monothéiste cinq siècles avant l'exode. Cf. Bucaille, *les Momies des pharaons*, *op. cit.*, p. 125.

Haut. On possède terres, demeures, richesses et puissance, sur clans (« tribus »[4]) et ennemis. On fait la guerre à tous les voisins passés par l'épée, exterminés au nom de Iaveh. On confisque leurs biens, on colle leurs filles et femmes au harem : « une captive, deux captives par tête de guerrier »[5]. Le tout pour une gloire terrestre relativement courte puisque entre le « sacre » de Saül (– 1010) et la mort de Salomon, fils de David (– 932) il n'y a pas un siècle écoulé : les voisins se sont rebiffés ! On a aussi malheureusement quelques défaillances d'orthodoxie, puisqu'à l'occasion on vénère les ignobles idoles, Baal, Astaroth... abominations dénoncées par les porte-parole de l'Unique.

Côté prophètes, on ne rigole pas. Mais on cause – on gueule – beaucoup. Si l'on a pu reprocher aux penseurs grecs une confiance « naïve » dans le verbe, ces vaticinateurs Orientaux poussent fort loin l'outrance langagière, depuis le verbiage vertigineux concurrençant le réel – *c'est ça, la révélation* – jusqu'au prêche homicide. Ces illuminés ne cessent évidemment de pousser à la Guerre Sainte contre idolâtres et polythéistes – c'est-à-dire le restant du monde civilisé. Mais ils fustigent avec autant de hargne le peuple juif et ses rois opulents. Ce ne sont qu'anathèmes contre la richesse, la luxure, le pouvoir, éloges nostalgiques de la société pastorale égalitaire, du vertueux berger nomade, menant une exemplaire existence frugale sous la tente dans le désert – à la rigueur dans les oasis. Et d'appeler sur les pécheurs la punition du Tout-Puissant – qui ne manquait pas de faire sentir son terrible ressentiment, écrasements militaires, occupations, déportations, colonisations, dispersions.

Pourtant ce peuple hébreu, que l'Éternel s'ingéniait à tourmenter et accabler d'épreuves, était le peuple « bien aimé » de son Dieu. *Suprême ambivalence, suprême incohérence de l'Ancien Testament.* Allant de malheurs en malheurs à cause de sa foi extravagante, ce peuple *élu* s'enorgueillissait même de préserver sa pureté de fidèle serviteur de Iaveh au point que son sang – sa race – ne devait pas se mêler, par des mariages impies, à ceux des méprisables incroyants. Refusant de se métisser, de se fondre dans le creuset des populations circonvoisines, même et surtout après la Diaspora, les Hébreux et leurs descendants s'offrirent comme une cible flagrante et provocatrice pour leurs ennemis. Bien châtié par son Dieu (qui l'aime « bien » !), fustigé par ses prophètes, attaqué par les antisémites pour ses particularismes soigneusement entretenus, le judaïsme offre ainsi le spectacle tragi-comique de l'*Heautontimorouménos, le bourreau de soi-même*, dont se moquera un jour Térence.

Les rédacteurs-législateurs « mosaïques », du *Deutéronome* au *Lévitique*, ne sont pas moins « draconiens » (!) que les prophètes contre toute forme d'idolâtrie, mais aussi et surtout de « dévergondage sexuel », la mort étant le châtiment « standard ». Pour les luxurieux, débauchés, adultères, violeurs, homosexuels, sodomites, fornicateurs animaliers, etc. Et après eux le Talmud qui, rédigé au long de plusieurs siècles par les savants rabbis, constitue le Code de droit judaïque civil et canonique, ne sera pas plus tolérant. Les docteurs de la foi vont se mettre à cerner les fautes humaines, les *péchés*, avec une obsession paranoïaque.

Avec la Bible est en effet venue au monde la notion désastreuse de péché. Cette faute morale qui, même en intention, dans « le cœur de l'homme », même sans conséquence objective fâcheuse[6], offense Dieu qui la voit – il sonde les reins et les cœurs – et la punira. Selon un code moral qu'on pourrait traiter de controuvé, si Iaveh en personne n'avait *révélé Sa Loi à ses prophètes et ses patriarches*, Abraham en premier et Moïse au sommet – du Sinaï. Cette (mauvaise) conscience de la faute, cette *culpabilisation* s'en prend, dans son insensée détestation de la nature, à tout le fonds instinctuel humain.

Personne n'a jamais contesté, sinon naïf ou cynique, que les déterminismes pulsionnels humains ne doivent être aménagés, endigués, *adaptés*, selon le génie propre à l'espèce. Et pour son plus grand bien[7]. Mais enfin ces instincts sont les ressorts de l'existence humaine, *de sa présence au monde*, en chair et en os, et les déclarer nuisibles, au nom de l'« esprit », est proprement *insensé*. Alors que le monothéisme mâle, faisant de Dieu un père vindicatif-répressif, faisant des humains de sales gosses sournois et désobéissants, pose en principe *la malignité irrémédiable des*

4. Ce terme de tribu, pour les subdivisions ethniques des Hébreux (comme, d'ailleurs, pour « nos ancêtres les Gaulois »), a beaucoup. fait pour édifier la fable du *stade tribal obligatoire* de l'évolution sociale humaine.

5. *Juges*, V, 30. D'après Éléna Cassin, le texte littéral serait : « *un vagin, deux vagins à chacun par tête* », in *la Première fois*, *op. cit.*, p. 250.

6. Le « peseur d'âme » de la mythologie égyptienne ne s'en tenait qu'aux actions effectives.

7. Que l'on se reporte à mon *Éthologie humaine*.

instincts « naturels » – sauf à les mater sévèrement. Et comme, sous peine de disparaître, l'humanité ne peut renier en bloc son animalité, *elle ne peut échapper à la culpabilisation que par le malheur ou l'hypocrisie.*

Cette odieuse alternative sera le destin sexuel de tous les civilisés monothéistes jusqu'aux temps laïques du XXe siècle, elle va empoisonner leur fonction érotique pendant des générations et des générations.

*

* *

À côté du programme sexuel, les autres aspirations humaines sont évidemment, dans la Bible, l'occasion de paradoxes qui démontrent obstinément son ambivalence « incorrigible ». Il est ainsi incohérent, de la part des prophètes, de vilipender les rois, gorgés d'orgueil et d'or, quant à leur puissance, leurs palais [8], leurs conquêtes domaniales (et féminines !), tout en annonçant la venue d'un prochain Messie, qui sera lui-même Roi donc patriarche, et qui assurera à nouveau la puissance et la gloire d'Israël sur ses ennemis terrassés.

Il est aussi des accommodements avec le prêt à intérêt, ce qui fera des Juifs, pendant des siècles, les seuls bailleurs de fonds d'une chrétienté paralysée par l'interdiction du profit. Quant à la haine de la ripaille, quant à la répression des appétits alimentaires, elle n'est que ridicule quand elle interdit de déguster des crustacés, stupide quand elle défend de consommer du sang [9]. Cette phobie du sang-nourriture [10] fera de l'égorgement rituel la seule façon de manger « saintement », *cacher*, une viande contenant, après cuisson, les mêmes éléments protéiques que les globules... Elle est surtout odieusement nuisible quand elle interdit la viande de porc ce qui, favorisant l'élevage dévastateur des féroces brouteurs caprins et ovins va contribuer, avec le désastre agricole de l'islamisation, à la désertification de la Méditerranée orientale et méridionale, cultures et forêt originaire.

C'est dans le domaine du sexe, *de la chair*, que le Divin Esprit fait commettre à ses dévots les plus acrobatiques contorsions dogmatiques. À commencer par l'édification *d'une phallocratie qui ne peut supporter le culte du phallus, ni même son image.*

La puissance génésique, celle qui caractérise *le père*, engrosseur de femelles, fait reposer le système social sur la glorieuse érection du membre viril. C'est elle qui permet de projeter cette semence dont sortiront d'innombrables rejetons, *obligation morale de croître et se multiplier*. La sainte procréation, à tout prix, fait évidemment copuler Adam avec ses filles, ses filles et ses fils entre eux, comme les descendants de Noë – et Loth avec ses filles [11], litanie de l'inceste, reconnu ou occulte, serinée par l'Ancien Testament. On peut encore constater, frisant l'inceste, que l'endogamie judaïque « est toujours debout », préservant la race et récusant le mariage avec les « goyes ». Le *lévirat* enjoint même à l'homme survivant de son frère mort sans descendance d'engrosser sa belle-sœur, contrat moral qu'Onan, jetant sa semence à terre au lieu de féconder Thamar, se refusa de remplir. Ce forfait lui valut d'être foudroyé par l'Éternel.

Sans recourir à ces extrêmes pour assurer leur descendance, les patriarches « ordinaires » *ont droit à quatre épouses*, finira par admettre le Talmud [12], alors que le Lévitique [13], comme le fera l'Évangile avait répudié ces infâmes mœurs de Cananéens. *Ceux qui adorent les images du phallus.*

Quand le judaïsme interdit la représentation de son Dieu phallocratique, *c'est pour ne pas confectionner d'image de la chair sexuée, fût-elle mâle.* Si l'idole présumée est une image du phallus – *et le prétendu veau d'or n'en fut-il pas une ?* – n'est-il pas incohérent de l'interdire, quand sur le phallus érigé fonctionnel reposent les fondements de l'ordre social ? Et à vrai dire l'histoire hébraïque ne manque pas de symboles phalliques, ni de reproductions figurées du membre viril.

L'universel *triangle à pointe supérieure* entre dans la composition du sceau de Salomon, et la chrétienté lui fera un triomphe, l'installant dans toutes ses églises pour représenter le Dieu de l'Ancien Testament. Au centre de rayons...

---

8. Celui de David fut construit avec des cèdres du Liban. Déjà le désastreux déboisement !

9. *Lévitique*, XVII, 12.

10. La Cène faisant boire le sang (cacher ?) du Christ prouve une fois de plus combien le Nouveau Testament contredit l'Ancien.

11. *Genèse*, XIX, 30-37.

12. Gilbert Dupé, *la Sexualité et l'érotisme dans les religions, op. cit.*, p. 45. Ils pouvaient en particulier se marier avec deux épouses, sœurs l'un de l'autre, pratique courante à l'époque : *Ézéchiel*, XXIII, 1-4.

13. XVIII, 18.

solaires ? spermatiques ? *(figures 91 et 92)*. Marcireau, qui voit du phallique partout n'hésite pas à faire du candélabre à sept branches l'image de sept phallus érigés reposant sur le symbole vulvaire d'un calice en forme de fleur d'amandier *(figure 93)*. Mais il y a mieux. Deux superbes colonnes phalliques, d'airain, surmontées d'un superbe gland (circoncis !) ornaient l'entrée du tabernacle dans le célèbre et somptueux temple construit par Salomon – celui dont il ne reste plus que le mur « des lamentations » *(figure 19)*. Et dans le Temple *se trouvaient certainement des statuettes phalliques*.

Sous le nom de *Mipheletzeth*, une divinité hébraïque tenant du Min égyptien et du Priape anatolien avait la faveur de bien des dévots... bien des dévotes, dans le beau monde. Rival, au même titre que la Grande Déesse, de Iaveh en personne qu'il concurrençait sur le terrain... du phallus. De nombreuses représentations en or (maudit !) lui furent consacrées [14]. Et quand il en manquait (confisquées par les lévites ?), ces dames en confectionnaient *avec leurs propres bijoux* ! Horreur, abomination dont se rendit coupable, entre autres, la grand-mère du roi Asa [15], Maacah, fille d'Absalon : son pieux petit fils la destitua du titre de Grande Dame [16].

Il est évident que certains de ces simulacres – ceux de bois ou de cuir qu'Asa put brûler – ont servi de très classique olisbos aux épouses et concubines délaissées des harems royaux [17]. Infamie et scandale du désir charnel féminin !

Figure 91
Bernin : l'extase de Sainte Thérèse, toute pénétrée des divins rayons

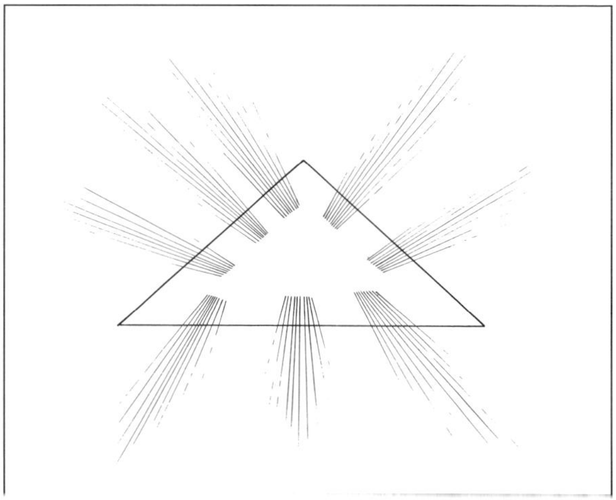

Figure 92
Le triangle et les rayons de Iaveh

Figure 93
Chandelier à sept branches. Sept phallus ?

14. *Ézéchiel*, VII, 20.
15. Celui des mots croisés !
16. I, *Rois*, XV, 13.
17. *Ézéchiel*, XVI, 17-18.

Celui même que Iaveh avait maudit dès l'expulsion d'Ève du Paradis [18].

Si le procréatif est son commandement, l'érotique, en effet, offense la vue et la narine du Très-Haut. Certes, dans un capharnaüm aussi profus que la Bible on trouve « à boire et à manger », et il ne manque pas de bons apôtres pour mettre *Le Cantique des cantiques* sous le nez des vilains mécréants. C'est un épithalame fort désordonné et manifestement interpolé. On peut déjà trouver quelque peu « suspect » son éloge ardent de la beauté masculine de l'époux... On se demande surtout pourquoi Salomon aurait célébré les charmes de cette Sulamite – Abisag – que l'on avait fourré dans le lit de papa David pour le réchauffer – d'ailleurs sans qu'il y touche. Son prétendu « érotisme brûlant » n'est qu'un très banal baratin oriental, pour introduire une recrue de plus au harem (IV, 8-9). On sait ce qu'il advient, après les trois à cinq grossesses en un lustre qui suivent les noces [19], des seins « comme deux faons jumeaux » (IV, 5) et des très parfumés « conduits » de la parturition (IV, 13) : des mamelles en besace et un périnée délabré.

Certes, on fornique dans les récits bibliques, dans des passages qui furent longtemps, pour les petits chrétiens, les seules lectures accessibles faisant allusion (voilée : « il la connut ») à la copulation charnelle. La Sainte Bible ne figure-t-elle pas dans tous les foyers [20] ? On y « connaît » des femmes de toute espèce, épouses, concubines, servantes, prostituées. Une femme honnête peut même se déguiser en putain, comme Thamar voulant se faire engrosser par Juda qui n'avait pas rempli son devoir de lévirat [21]. Il y eut aussi dans le grand Temple de Jérusalem, *comme dans toute institution orientale du genre* « qui se respectait », des prostituées sacrées [22], des déflorateurs de vierges, et même des prostitués mâles, pour les dames en manque ou les visiteurs à « goûts spéciaux » [23], en particulier sous les Maccabées. Une homosexualité toute orientale se pratique aussi bien entre le vieux Saül et le jeune David qu'entre le même David et le beau Jonathan [24]. Le prude Joseph refusa probablement à ses frères d'être (mal) traité comme les plus petits l'étaient par les aînés : ils le vendirent ! Quant aux « faiblesses » des petits pâtres hébreux pour leurs chèvres et brebis, elles paraissent fort communes, et bien moins scandaleuses, évidemment, que l'abominable bestialité féminine.

Mais dans le même temps le Livre est bien celui de l'exécration de la chair fraîche et joyeuse. La pudeur est naturelle aux humains, mais l'Ancien Testament va « en rajouter », faisant de la nudité un péché – une honte [25]. De la tête – qui doit rester toujours couverte – jusqu'aux pieds, pseudonyme commun des organes génitaux, le bon Juif ne veut pas voir son corps, au rebours des Gentils impudiques, et la Bible inaugure une bégueulerie qui va recouvrir de son lugubre drap l'Occident pendant des siècles et des siècles.

Les formes charnelles génératrices de désir doivent être dissimulées sous d'amples vêtements, et le Talmud recommande de ne pas marcher derrière une femme, fût-elle l'épouse légitime, pour ne pas éveiller la concupiscence à la vue de son cul, même habillé [26] : le *péché d'intention* n'est pas une totale invention du recensé Jésus. De fait toutes nos *Histoires Saintes* sont peuplées d'hommes et de femmes au corps noyé sous ces affreux vêtements informes qui sont une offense à la nature humaine. Et tout le monde peut encore voir aujourd'hui les sémillants costumes dont s'affublent les juifs intégristes, dont ils affublent leurs innocents gamins.

Inutile de préciser que la nudité domestique, y compris celle des ébats conjugaux, demeure illicite. Les ébats eux-mêmes ne sont guère évoqués dans leur détail – toujours le voile pudique, mais on sent qu'ils devaient être si fades qu'on excuse rois et héros de perpétuellement courir la gueuse et lorgner leurs jeunes belles-sœurs. Adultères, prostitutions, accouplements pour le plaisir [27],

---

18. *Genèse*, III, 16.
19. « Je vais multiplier tes souffrances et tes grossesses », *Genèse*, III, 16.
20. Et même dans les chambres de maintes chaînes d'hôtellerie internationale.
21. *Genèse*, XXXVIII, 12-90.
22. I, *Rois*, XIV, 24.
23. Dupé, p. 39.
24. Une association de pédés chrétiens s'appelle ainsi *David et Jonathan*.
25. *Genèse*, III, 7 – *Lévitique*, XVIII, 6-19.
26. Dupé, p. 44.
27. Le Talmud conçoit que l'on désire éviter la conception, et préconise des éponges, *mokh*, pour les mineures entre 11 et 12 ans, pour les femmes enceintes (!) ou allaitantes. Cf. Netter et Rozenbaum, *Histoire illustrée de la contraception*, *op. cit.*, p. 296.

impudicités en tous genres obstinément vitupérés par les prophètes. Tandis que l'homosexualité, interdite par le *Lévitique* [28], valut la foudre aux débauchés, dont les habitants de cette Sodome [29] qui donna son nom « pudique » à l'introduction de la verge dans le canal ano-rectal. Mais les femmes « impudiques » sont elles aussi perpétuellement vouées à la mort par le texte « sacré ».

La misogynie des sectateurs de Iaveh n'a rien à envier à celle de leurs voisins mécréants, de la soumission domestique à la lapidation [30]. Le Talmud prescrit au croyant de remercier Dieu, dans les bénédictions quotidiennes, *de ne pas l'avoir fait naître femme*. C'est par la faute d'Ève, la première des femmes, que l'homme a été chassé du Paradis d'Éden où l'Éternel l'avait fait naître, et hébergé. C'est la femme l'instigatrice du péché de la chair, et il faut s'en méfier dès qu'elle est nubile. C'est-à-dire, pour le Talmud [31], lorsque deux poils ont été vus par plusieurs témoins (!) sur l'éminence [32] de son bas-ventre.

Malgré l'attrait des jeunes faons de ses seins, la moindre impudeur de sa part, et même toute action choquante [33] – le Talmud trouve répréhensible jusqu'aux plats brûlés – lui vaut une lettre de divorce : « retourne chez ta mère ». Et sans pension. Elle doit d'ailleurs s'estimer heureuse de cette répudiation pacifique, puisqu'elle risque la lapidation, jusqu'à ce que mort s'ensuive, si elle ne s'est pas mariée vierge [34], si elle a commis l'adultère, si elle s'est laissé violer en ville sans crier assez fort [35]. Si son adultère n'est pas rigoureusement prouvé, le mari peut demander qu'elle soit soumise à l'épreuve de l'eau, infligée dans le Temple – beaucoup moururent de cette ingestion forcée, que l'on évacua discrètement hors de l'enceinte sacrée [36].

On se demande comment des femmes aussi coincées pouvaient avoir le loisir de se prostituer, reproche sempiternel des maris bibliques et des prophètes leurs porte-voix. Les accusant même d'aller jusqu'en Égypte chercher des hommes aux énormes membres [37]. Et s'il s'agit d'un membre d'âne, la bête et la femme seront toutes deux mises à mort [38].

Jusque dans le lit conjugal, l'impureté doit être pourchassée et l'homme qui couche avec une femme réglée sera, comme s'il avait répandu sa semence dans une bête, retranché du sein du peuple élu [39]. Il ne doit même pas se laisser toucher les organes générateurs par une main femelle. Plus précisément l'épouse qui, au cours d'une rixe entre hommes, tente d'aider son cher mari en saisissant l'adversaire aux génitoires *devra avoir la main tranchée, et sans barguigner* : « ton œil ne s'apitoiera pas » [40] ! Les lecteurs ultérieurs concluront unanimement à l'interdiction des attouchements sur le phallus biblique par toute femme, fût-elle l'épouse. Il est vrai que le phallus circoncis n'est pas le plus aisé à manipuler, serait-on animée des meilleures intentions stimulatrices.

La circoncision apparaît le « génial » compromis permettant de concilier d'une part la divine obligation procréatrice, d'autre part sa mise en œuvre copulatoire, *obligatoirement suspecte*, puisque portant vers la femme, et procurant du plaisir. *La transaction est claire*. L'homme se retranche un petit morceau – un petit pourcentage – de son organe de plaisir. Il le fait souffrir, il le fait saigner. *Par ce sacrifice douloureux, il achète le droit de s'en servir sans offenser Dieu*.

Le marché est établi directement entre le croyant et son Dieu. Il s'agit *d'une alliance*, distinguant aux yeux de Iaveh *les seuls humains pouvant copuler sans pécher*, ceux qui ont obéi à Sa loi, à Son *impôt prépuce*. Les autres ne sont que mécréants, gentils, goyim, fornicateurs impurs, *incirconcis*.

---

28. XVIII, 22.
29. *Genèse*, XIX, 24.
30. Ceux qui aiment les détails croustillants peuvent lire la description clinique d'une mise à mort par lapidation dans le livre effrayant de Freidoune Sahebjam, *la Femme lapidée*, *op. cit.* Les pierres sont « ismaélites », mais la mort est la même.
31. Dupé, p. 47. Avis concordant des rabbis Yossé, Raboun, Oschia et Sameï.
32. Évidemment pas nommée « mont de Vénus » !
33. *Deutéronome*, XXIV, 1.
34. *Deutéronome*, XXV, 20-21.
35. *Deutéronome*, XXII, 23-34.
36. Dupé, p. 47.
37. *Ézéchiel*, XVII, 25-29.
38. *Lévitique*, XX, 16.
39. *Lévitique*, XX, 15,18.
40. *Deutéronome*, XXV, 11-12.

C'est bien *un hébreu adulte*, Abraham, qui se fit circoncire le premier, sur ordre exprès de l'Éternel. À quatre-vingt-dix-neuf ans, dit la Genèse [41] (mais on sait la façon toute particulière de compter les années dans l'Ancien Testament). Dans les suites de sa sainte opération, Abraham probablement encore dans la force de l'âge peut engrosser Sarah de son dernier fils Isaac. Le premier né Ismaël et avec lui toute la maisonnée mâle adulte passe au sécateur. Le commandement de Dieu stipulait qu'ensuite *tous les enfants mâles d'Israël soient circoncis au huitième jour*. Pour marquer la race [42], l'alliance, et être sûr que pas un innocent gamin n'échappe au tribut de sa chair sexuelle.

C'est évidemment en Égypte qu'Abraham, vers les – 1700, avait vu des hommes circoncis. Abandonnant (lâchement ?) Canaan atteint par la famine [43] il était parvenu à s'introduire jusque dans l'entourage de Pharaon... grâce à la beauté de son épouse Sarah ! Cet honorable entremetteur avait ainsi fréquenté les gens « de la haute » au prépuce retaillé, qui l'avaient « épaté » par cette curiosité anatomique... en fait, il l'avait subodoré, marque d'initiation ésotérique.

Il faut dire qu'en ces âges farouches l'émasculation des ennemis tués au combat était pratique courante, pour comptabiliser les morts sur le champ de bataille. Le décompte des phallus coupés recoupait celui des mains droites tranchées, et la concordance des deux amas de dépouilles anatomiques donnait un chiffre précis des victimes de la boucherie [44].

Devant un Dieu aussi jaloux, vindicatif et agressif que Iaveh, Abraham conçut le compromis salvateur : *je m'en coupe un bout, et tu me laisses tranquillement jouir du reste*. Ainsi Iaveh, qui avait façonné l'homme *à son image* [45] est-il le seul à conserver son divin prépuce. Ainsi apparaît-il moins exigeant que la Grande Déesse, bête noire des prophètes et lévites, elle qui réclamait la castration bilatérale voire l'émasculation totale de ses sectateurs fanatiques. D'autant qu'un prépuce, c'est moins encombrant à transporter que le membre entier, revenant d'expéditions guerrières : « David abattit deux cents hommes aux Philistins et rapporta leurs prépuces, réclamés par Saül » [46].

La pratique fut longue à s'implanter. Beaucoup renâclaient autant à se faire douloureusement couper une peau sensible qu'à faire souffrir leurs petits garçons. L'anathème fut sur eux. La mutilation devint la Loi incontournable. Toujours après un voyage chez les égyptiens circoncis. Cette fois-ci le voyage « de masse » de la grande déportation dans le delta du Nil. Au retour de l'Exode s'instaura la sévère dictature de Moïse et des prophètes, imposant la divine ablation. Tout juif orthodoxe doit ainsi avoir le gland perpétuellement décalotté... quitte à se mettre (en compensation ?) une calotte sur la tête. La rage mutilatrice s'est ensuite conservée jusqu'à nos jours. Avec une obstination que l'on peut vraiment traiter de coupable. Et quelles que soient ses conséquences sur l'ethnie.

Ces conséquences furent parfois humoristiques. Grecs et Romains antiques abominaient les mutilations sexuelles. Pour éviter les quolibets : « ceux qui vont nu-tête » !, les athlètes juifs participant aux jeux sportifs, en particulier ceux d'Olympie, se confectionnaient un postiche de cire... Aux thermes romains, là où tout le monde se baignait tout nu, certains juifs gardaient leur pagne pour ne pas montrer leur circoncision – et tenter d'échapper ainsi au percepteur : les sectateurs de Iaveh devaient payer une taxe particulière. Martial – cafteur – se moque d'eux [47].

D'autres conséquences furent beaucoup plus dramatiques. L'empereur Hadrien, ayant justement considéré la circoncision comme une mutilation inadmissible en territoire administré par Rome, se heurta à la sanglante rébellion de zélotes. Il s'ensuivit une vigoureuse répression, et le Temple, une première fois dévasté par Titus en + 70 fut à nouveau détruit en + 135. Inutile de rappeler l'horreur de l'holocauste où le fait d'être circoncis mena les juifs « avérés », et les clandestins

41. XVIII, 10-14.

42. On remarquera que même circoncis les métis – pas plus que les Moabites, ou les Ammonites – ne peuvent être admis dans les assemblées du peuple juif : *Deutéronome*, XXIII, 3. Bon vieux racisme biblique... mais les métis devaient être bien rares.

43. *Genèse*, XII, 10-16.

44. Ce qui n'empêchait pas les hagiographes de Pharaon chef des armées d'inscrire, dans leurs comptes rendus, des chiffres faramineux.

45. *Genèse*, I, 26.

46. I, *Samuel*, XVIII, 25-27.

47. Martial, *Épigrammes*, VII, XXXV.

ramassés dans les rafles des nazis, leur verge examinée, avec une pince à cornichons, par le Feldwebel – ou la « souris grise » – de service. L'alliance de vie était le passeport pour la mort.

Bien sûr le bon juif doit conserver le reste de son appareil générateur, verge et testicules – sinon il serait exclu (lui aussi) de l'assemblée [48]. Et il peut ainsi prendre plaisir, en toute bonne conscience, à engendrer les générations et les générations qui béniront le nom du Tout-Puissant.

*
* *

Il faut le répéter : *il n'y a aucune autre motivation à la circoncision systématique des petits garçons que le sacrifice métaphysique.* J'ai dit plus haut, en long et en large, combien grotesques sont les prétextes invoqués pour l'« excuser », voire la légitimer, de l'hygiène (l'hygiène de qui ?) à ses vertus préventives de l'éjaculation prématurée, et même de la mort par cancer, de l'homme comme de sa partenaire. Alors que certains médecins juifs l'avaient tellement accusé, personne n'ose plus incriminer le rôle morbide du prépuce dans le déclenchement du cancer du col utérin – sauf à être porteur d'infections récidivantes à papillomavirus [49]. J'énumère à nouveau ses inconvénients.

D'abord *l'injustifiable souffrance* que l'on inflige à des nourrissons sans défense, et encore de nos jours : le compassionnisme le plus dégoulinant envers les moindres misères infligées aux enfants ne s'étend curieusement pas à cette peine de sexe *totalement imméritée.* Puis les ennuis cutanés et urétraux dont peuvent souffrir les petits mutilés. Ensuite *le préjudice physiologique* chez les hommes adultes qui ont perdu l'intermédiaire naturel de la tendresse érotique féminine. Leur érection est moins facile à entretenir, pendant les jeux et préludes, par ces caresses manuelles coulissantes si faciles à exécuter sur les hommes entiers. Mais la bonne juive respectueuse, craignant Dieu, a-t-elle le droit de toucher le membre de son époux et maître ? Il est vrai que le Deutéronome, qui menace de trancher la main coupable, n'interdit pas de flatter l'homme avec la bouche – il faudra reparler de cette subtile distinction. Enfin le *préjudice moral* dont souffrent certains circoncis, désolés d'avoir perdu une partie d'eux-mêmes sans qu'on leur ait jamais rien demandé, et s'imaginant parfois que leur sexe en a été raccourci – d'autant que la cicatrice de circoncision néonatale n'est jamais du meilleur aspect.

La stupidité de la mutilation préputiale aurait pu rester limitée à une petite ethnie illuminée, quelques excentriques coupant leurs pauvres petits garçons dans leur coin comme les Djandjéros les privent de mamelons. Suivant l'établissement désastreux du monothéisme hébraïque dans le monde occidental comme en Orient, recoupant (!) en Afrique, surtout après islamisation, les mutilations animistes, cette prescription biblique odieuse s'est malheureusement étendue à la surface du globe comme une véritable calamité. Des millions de Juifs, en Palestine comme dans la diaspora, des millions de musulmans, des millions d'Africains et, trois fois hélas !, des millions d'Occidentaux christianisés, aux États-Unis, furent et sont amputés de leur prépuce. Voilà qui a d'importantes répercussions morales au sein même des instances internationales, y compris scientifiques, et il faudra aussi en reparler. Il faut ici prendre conscience de la coupure entre deux « mondes érotiques ». Celui où les hommes sont entiers, et celui où les hommes sont circoncis.

Là où les hommes conservent leur prépuce, les femmes peuvent aisément les caresser pendant les préliminaires de l'étreinte, tandis qu'ils leur rendent la pareille ; aussi bien avec la bouche qu'avec la main, et alors restant en tête-à-tête, continuant, les corps symétriques, à se dévisager et à échanger des baisers. Là où l'absence de prépuce rend moins facile la stimulation du gland, la fellation s'impose d'elle-même comme la méthode privilégiée. À ceci près, et surtout en pays d'excision clitoridienne, que la gâterie charnelle demeure unilatérale ; sans les agréments – la politesse réciproque – du tête-bêche, et dans une atmosphère habituelle de domination virocentrique. « À genoux, femme, c'est l'heure de la pipe ! ». La même sujétion féminine, la même *obsession malsaine de la fellation*, se retrouve du « réveil berbère » au « petting » made in USA [50], en passant par les ratiocinations emberlificotées de Freud.

Les contrées de circoncision sont celles de l'infériorisation de la femme, de son mépris, de son humiliation. L'amputation du prépuce n'est pas

48. *Deutéronome*, XXIII, 2.

49. On trouvera un argumentaire dans *la Fonction érotique*, II, p. 203 sq.

50. La fellation, même depuis que l'on mutile un peu moins de petits Américains, demeure la « gâterie féminine standard », proposée d'emblée en signe de « bonne volonté érotique », comme on peut encore le voir dans deux célèbres films : *Wall Street*, et *Pretty Woman*.

« un détail », mais le révélateur d'une morale sexuelle constamment misogyne. La lutte humaniste contre la circoncision rejoint ainsi celle contre les atteintes à la dignité féminine, des mutilations sexuelles à la minorisation sociale. La tâche n'est pas facile, car elle ne s'en prend pas qu'à des sauvages.

À la fin du XXe siècle, les parfois très civilisés très cultivés (très hygiénisés) sectateurs de Iaveh continuent de faire couper leurs nourrissons. Les rabbins et circonciseurs « qualifiés » (!) continuent d'officier, dans les synagogues, et même dans certaines maternités « cacher » – *exercice illégal de la médecine* – pour mutiler *les jeunes citoyens de nations démocratiques* dont les « services sociaux » sont habilités à dénoncer les préjudices corporels subis par les enfants. *C'est un scandale intolérable, qui ne devrait trouver aucun défenseur occidental, et surtout pas sexologue.*

*
* *

La circoncision est une peine de sexe suffisamment voyante pour occuper le premier rang des méfaits érotiques du judaïsme – il ne faut pas oublier, cependant, sa furibonde répression, au moins réglementaire, de toutes les déviations sexuelles : sur elles s'abattront, pour plusieurs siècles, *le terrorisme des châtiments bibliques* : au feu, les sodomites ! Mais la Bible ne semble guère se préoccuper des empêtrements fonctionnels du peuple hébreu normalement hétérosexuel. Sinon pour nous ressasser la perpétuelle propension des femelles à se prostituer à n'importe qui, et à user de consolateurs infâmes. Si ces dames étaient insatisfaites, délaissées, au moins n'apparaissent-elles pas frigides. Il est vrai que les prophètes furibonds macérés dans la continence avaient autant d'expérience de l'érotisme féminin qu'en auront plus tard les moines médiévaux.

Les patriarches n'avaient-ils donc jamais de problèmes d'érection ? Une seule fois le Livre fait allusion au refroidissement sénile, celui du roi David [51]. Selon la recette de l'*Ecclésiaste* [52] qui fait l'éloge du lit à deux places on met dans la couche royale une jeune vierge bien chaude : cette Abisag la belle Sunamite dont serait fait l'éloge dans *Le Cantique des cantiques*. Malgré cette anticipation du Tao les sens du vieux roi ne se réveillèrent point, manifestement paralysés par un très banal athérome. Il ne « connut » pas Abisag. On n'avait pas encore inventé la papavérine...

L'EXALTATION DU FILS PUCEAU

> « Car voilà que viennent des jours
> où l'on dira : Magnifiques les stériles,
> les ventres qui n'ont pas d'enfants,
> et les seins qui n'ont pas allaité. »
>
> *Luc, XXIII, 29.*

À force de vaticiner la venue du Messie sauveur d'Israël, les prophètes suscitèrent bien des vocations chez bien des illuminés. Hadrien eut à faire avec le dernier, Bar Kochba, qui réussit tellement bien à faire le bonheur de son peuple que l'empereur fit vider la Judée – encore une cruauté romaine ! – de ses habitants : encore une diaspora ! Cent trente ans plus tôt, le fils – présumé – d'un charpentier était né à Bethléem un jour de recensement. Ce Jésus (Ioschoua) se persuada d'être le Messie, l'Oint, le Christ, et il parvint à en persuader un certain nombre d'Hébreux.

La prédication christique, à vrai dire, était bien équivoque. Tantôt le nouveau prophète, pas gêné, se proclamait fils de Dieu – quelle bonne nouvelle ! – et déclarait continuer ses prédécesseurs. Tantôt il choquait son auditoire par ses propos parfaitement contraires aux prescriptions de l'Ancien Testament. *L'Évangile ne fait ainsi qu'ajouter au disparate de la Bible.*

Jésus méprise la conversion – avec son obligatoire circoncision – des Gentils ralliés par scribes et pharisiens [53]. Il interdit le divorce – de façon quelque peu empêtrée, autorisant d'après Matthieu la répudiation des dévergondées [54], mais pas d'après Marc [55]. Il brave le tabou de la consommation du sang en offrant à boire aux participants de la Cène le vin « trans-substantié ». Il

51. I, *Rois*, 1-4.
52. IV, 11.
53. Matthieu, XXIII, 15.
54. V, 31, et XIX, 8-9.
55. X, 4-12.

laisse ses disciples « casser le Sabbat » en cueillant des épis de blé [56]. Il s'oppose aussi, merci et bravo, à la salutaire lapidation d'une femme adultère [57].

Ses extravagances doctrinales peuvent passer au dessus de la tête des gens de peu d'esprit quand il révèle la structure trinitaire du Dieu unique. Il les déçoit par contre profondément quand il prétend à la fois être le Roi des Juifs, et gouverner un Royaume *qui n'est pas de ce monde*. Quel est ce Messie qui ne lève pas les cohortes d'Israël contre les colonisateurs Occidentaux détestés ? La mauvaise foi des Pharisiens est donc réelle, quand ils l'accusent devant Pilate de prêcher la sédition armée.

Le brave Romain, un peu excédé par ces chicaïas d'Orientaux, finit par leur livrer, *volens-nolens* un hurluberlu de plus qui se prenait pour le Messie : qu'ils se débrouillent entre eux, *de minimis non curat prœtor*. Les Juifs s'étaient ainsi débarrassés d'un quasi collabo [58], démobilisant la guérilla, et jetant le trouble sur l'observance du Pentateuque.

Une des nombreuses prédications postchristiques, le *manichéisme* fondé par Mani (216-277) et largement diffusé par son évêque Fauste de Milève avait donc certainement raison quand il déclarait interpolé le fameux passage de Matthieu : « *ne croyez pas que je sois venu défaire la Loi ou les Prophètes* » [59]. Manichéen converti au christianisme originaire, Augustin dut dépenser beaucoup d'énergie pour établir *le lien très artificiel* entre Ancien et Nouveau Testament. C'est par la faute de ce lien, en grande partie par la faute d'Augustin, que les prescriptions mutilatrices de l'Ancien Testament ont fait couper des millions de petits chrétiens.

Il ne faut donc pas s'étonner des débuts difficiles de la secte, ni des interminables conflits qui, pendant cinq siècles, vont faire s'exterminer réciproquement les différents clans christiques... au nom de la charité chrétienne ! Jésus si doux, si pacifique, n'avait-il pas dit « *ne croyez pas que je sois venu mettre la paix sur la terre ; je ne suis pas venu mettre la paix mais le sabre. Car je suis venu diviser l'homme d'avec son père, la fille d'avec sa mère, la bru d'avec sa belle-mère, et que l'homme ait pour ennemis les gens de sa maison* » [60].

Dès ses débuts, le christianisme se montre une religion particulièrement féroce à l'égard des incroyants, et bien sûr de ses renégats, hérétiques, schismatiques, apostats, excommuniés, etc.

Paul dresse une liste impressionnante des pécheurs, de chair et d'esprit, que Dieu juge dignes de la mort : un véritable édit de proscription [61] : *tuons l'infidèle* ! Baignant dans la papelardise du christianisme vatican institué, nous n'avons que trop oublié ces massacres pour un iota, ou pour un véritable faux prophète : outre les ariens [62], les manichéens (dont venait Augustin), les monophysites, les pneumotomaques, les encratistes, les donatistes, les nestoriens, les iconoclastes, en attendant Cathares et Vaudois, l'établissement de l'orthodoxie fit des millions de victimes, en total « oubli » des vertus chrétiennes de charité, de pardon des offenses et d'amour du prochain... que l'orthodoxie déclarait vouloir répandre.

L'Empire n'avait jamais fait de guerre de religion à qui que ce soit, le propre du paganisme polythéiste étant au contraire *l'intégration pacificatrice des croyances foraines*. Tant qu'elle ne troublait pas l'ordre public, une religion pouvait devenir *licita* : ainsi du culte d'Isis, ou du judaïsme « ordinaire » – auquel on n'inflige que l'impôt. Le monothéisme chrétien, à l'inverse, se montre particulièrement *insoluble, et imbuvable*. Le conflit était obligatoire : « *bien loin que l'on puisse dire que la nouvelle religion a infusé une sève nouvelle à l'organisme vieilli, on pourrait dire qu'elle l'a saigné à blanc* » [63].

Tout du christianisme s'oppose au paganisme. Déjà, et dès le départ, la férocité d'une religion *de salut* envers ceux qui ne seront pas « sauvés ». Il fallait avoir spécialement outragé les dieux pour pâtir des grands châtiments des Enfers, enseignait la mythologie « officielle ». Mais progressivement acquis à la libre pensée les Cicéron, Juvénal,

---

56. Matthieu, XII, 1-5.
57. Jean, VIII, 3-11.
58. Il ne s'opposait pas au payement de l'impôt aux Romains, Matthieu XXII, 20-21.
59. V, 17.
60. Matthieu, X, 34-36.
61. *Romains*, I, 21-32.
62. Ce qu'étaient les barbares d'Alaric, qui s'emparèrent de Rome.
63. Georges Sorel, *la Ruine du monde antique*, in Rougier, *op. cit.*, pp. 19-20.

Lucrèce [64], Pline, Tacite avaient renoncé aux fariboles de l'immortalité de l'âme. Ils se délivraient, du même coup, de la crainte d'une éternité de souffrances *post mortem : « un châtiment éternel implique une éternelle méchanceté de la divinité* [65] ». D'autant que Jésus, en contradiction avec l'égalitarisme des « enfants de Dieu », ne manquait pas de rappeler que les damnés formeraient le plus gros contingent des humains : *il y a beaucoup d'appelés, mais peu d'élus* [66].

Après les tourments de l'existence terrestre, la sagesse humaine est d'accepter la mort comme un repos bien mérité [67], sans qu'un Dieu cruel n'inflige un tourment sans fin pour un seul péché... mortel [68]. Le christianisme ne reconnaît le *libre arbitre* de chacun que pour mieux pouvoir le condamner s'il a désobéi. Odieux terrorisme de la part d'un Dieu décrit « infiniment bon », et qui posait aux « penseurs métaphysiques » le problème de l'origine du mal.

Il fallut rendre responsable du mal « l'ennemi de Dieu », le Démon, Satan, qui fit désobéir Ève qui fit désobéir Adam... Mais comment ce Diable rebelle avait-il pu sortir, comme le reste de la création, de la main du Dieu Bon ? Paradoxe angoissant que le manichéisme résoudra « lumineusement » en faisant du Diable l'égal de Dieu dans la création : lui seul était responsable des malheurs humains, en particulier la malédiction de porter un sexe... Il est vrai que la thèse de l'orthodoxie chrétienne était emberlificotée : elle enseignait que Dieu, désirant rattraper sa grosse bêtise de la mise au monde du Mal, s'était scindé (puisqu'il est en trois personnes !) pour se déléguer lui-même en partie. Sous la forme de ce Fils rachetant à la fois la bévue paternelle et les fautes des hommes... *mais pas toutes, hélas !* – quel manque de charité !

Le christianisme raffinait ainsi sur le vieux courant du « Dieu sauveur ressuscité », camelote orientale vendue par les sectateurs d'Atys, Adonis, Tammouz, Osiris, Mithra, etc. Certaines de leurs boutiques métaphysiques étaient ouvertes à Rome, elles aussi choquant le bon sens romain, surtout quand il fallait se plonger dans le bain de sang de Mithra, ou d'Atys [69], quand il fallait révérer des prêtres châtrés. Mais Paul avait eu le coup de génie publicitaire de renoncer à la circoncision – on va en reparler – et il suffisait de se faire asperger d'un peu d'eau pour être admis dans la nouvelle secte. Ainsi était-on lavé du *péché originel*. Cette lubie chrétienne des plus grotesques et des plus malfaisantes fait de l'espèce humaine une « race coupable » : car elle avait, au Paradis, par le traîtreux intermédiaire de la Femme, écouté le Démon et goûté au fruit de l'arbre de la Connaissance, réservé au seul Créateur *(figure 94)*. Ainsi fut punie la *libido sciendi, la vilaine convoitise pour le savoir*.

L'aspersion aqueuse ne suffisait évidemment pas à elle seule, puisque le baptisé devait ensuite, pour faire partie du petit nombre des élus, répudier tous les agréments terrestres, renoncer aux biens de ce monde, sacrifier les plaisirs de la vie au nom de la mort. Enfin mort, si son jugement par Dieu avait été favorable, s'il s'était bien privé, il était admis au Paradis parmi l'aristocratie des bienheureux ; un jour il ressusciterait dans la chair d'un corps glorieux, à l'image de Jésus qu'on avait vu (mais oui !) parlant et mangeant bien après sa crucifixion.

D'ailleurs il n'y avait pas de temps à perdre : la fin du monde était proche, refrain favori du Christ et des apôtres : « hâtez-vous de tout bazarder, le Jugement dernier est pour la semaine prochaine » [70]. Jean l'illuminé écrivait dans son *Apocalypse* le deuxième épisode d'un terrifiant film de science-fiction : *Le Retour du Fils vengeur*, annoncé par la fracassante trompette de l'ange, avant la descente en Enfer de la majorité du genre humain. Pour une éternité de souffrance.

Outre ce grotesque marché de dupes du sacrifice métaphysique, le christianisme choquait délibérément, par son égalitarisme grossier faisant du

---

64. *Je dois chasser cette peur de l'Achéron qui trouble la vie de l'homme, l'obscurcit des couleurs de la mort, et gâte tout plaisir : De Natura rerum*, III, 36-40.

65. Olympiodore, in Rougier, *op. cit.*, p. 121 – à propos de Matthieu, XXV, 46.

66. Matthieu, XXII, 14.

67. « Comme la mort (pour la prendre exactement) est le vrai but de notre vie, je me suis, depuis quelques années, tellement familiarisé avec cette véritable et excellente amie de l'homme que son visage, non seulement n'a plus rien d'effrayant pour moi, mais m'est très apaisant et consolateur », Wolfgang Amédée Mozart, lettre à son père du 4 avril 1787.

68. Les damnés iront au châtiment éternel : Matthieu, XXV, 46.

69. Le « rachat par le sang » était vraiment une mode métaphysique d'époque. Faisant boire un coup de rouge (de blanc ?) à ses disciples Jésus ne manqua pas de leur dire que c'était son sang. Dinette vampirique.

70. *Cette génération ne passera pas que tout ne soit arrivé*, Luc XXI, 32, Matthieu XXIV, 34.

balayeur l'égal de l'architecte [71], par son mépris – sa haine – de l'art, conduisant des dizaines de Polyeucte à briser de précieuses « idoles » de marbre, par son refus du service militaire [72], *vital pour la défense de l'Empire.* Mais ce maintien de la civilisation occidentale est le moindre souci du christianisme : *l'Église est œcuménique, et n'est liée à aucune forme de civilisation particulière* [73].

Figure 94
Adam, Eve, le Diable et la Mort

On comprend que la propagation, dans l'Empire, d'une telle lubie, ait pris beaucoup de temps. Contrairement à ce que la propagande chrétienne laisse croire *a posteriori*, la morale païenne résista pendant des siècles *sans la moindre difficulté.* Pendant ces siècles qui *ne sont pas une décadence*, mais au contraire sous les Antonins, sous Hadrien, sous Marc Aurèle une apothéose de la puissance, de la culture, de la *sagesse* romaines.

Excédés par la stupidité de ces *ennemis du genre humain*, les empereurs Claude [74], Néron, Domitien faisaient occasionnellement œuvre de salubrité publique en les chassant de Rome, ou en en livrant quelques-uns aux fauves (délices du martyre !), dans des « fournées » d'opiniâtres et propagateurs de religions extravagantes *ejusdem farinae.* Punition, à nos yeux, cruelle, mais paraissant normale à cette époque où l'on savait périr pour ses convictions, à commencer par l'amour de la patrie. D'ailleurs les fameuses persécutions ne durèrent, au plus sévère, que quelques jours sous Marc Aurèle et Commode, quelques mois sous Dioclétien (303-304). Là encore la « pub » prochrétienne, relayée au XXe siècle par une imbuvable mythologie, d'abord romancée [75] puis cinématographique – celle des « peplums » [76] – donne une vision parfaitement tendancieuse des méchants Romains exterminant les agneaux chrétiens [77].

Le temps de se refaire une santé dans les catacombes les religionnaires reprennent leur lent travail de sape. En s'en prenant à l'un des points

71. La haine du riche, qui entre difficilement dans « le royaume des cieux » (Matthieu, XIX, 23-24) reprend l'air connu des Prophètes contre les puissants. Le refrain est encore entonné de nos jours.

72. Oui, je sais que les militaires rançonnaient les civils, mais si les « vertueux » chrétiens s'étaient faits soldats de l'Empire ils auraient pu « moraliser » la troupe, alors même que les barbares christianisés n'avaient aucun remords à porter les armes.

73. Rougier, *op. cit.*, p. 136.

74. Suétone, *Claude*, XXV.

75. À la Belle Époque, à la suite de Sienkewicz (*Quo vadis*,1896) lui-même suiveur de Bulwer Lytton (*Les Derniers jours de Pompéi*,1834) sévit cette mode littéraire antiromaine, très lue dans les milieux cathos (le couvent de ma grand-tante en fourmillait) et qui gomma désastreusement la vérité historique sur l'Empire, en dépit des historiens du XIXe siècle.

76. J'avoue qu'elle m'est insupportable. Au lieu de renier les vertus de notre Antiquité, combien il serait plus enrichissant de mettre en scène des films montrant éventuellement ses faiblesses, mais aussi ses grandeurs, et *en les débarrassant enfin de toute référence au christianisme* avant la naissance du Nazaréen.

77. Le nombre des martyrs, dans toute l'étendue de l'Empire romain, en l'espace de trois siècles, n'a pas égalé celui des protestants exécutés sous un seul règne et dans la province des Pays-Bas où, selon Grotius, plus de 100 000 sujets de Charles Quint périrent sous la main des bourreaux. Rougier, *op. cit.*, p. 23.

faibles de la morale antique. Non pas l'esclavage, tellement conforme, à l'époque, à la « nature des choses » que Paul l'avalisait parfaitement [78]. Mais au mépris de l'homme libre pour le travail manuel.

C'est dans les ports que ce Saül dit Paul, infatigable propagandiste commença ses prêches, et c'est par les marins, les pêcheurs, les débardeurs, les ouvriers des chantiers navals que l'évangile pénétra, puis se répandit dans le milieu des « travailleurs », conducteurs de voiture, artisans, cordonniers, foulons, cardeurs et tous ces hommes de peine, esclaves ou affranchis, dont avait besoin une grande *domus* romaine. Les plus toxiques furent ceux qui s'occupaient des enfants, jouaient avec eux, leur racontaient mille sornettes. Domesticité « mâle et femelle » qui gobait dans la promesse de l'au-delà bienheureux la compensation de sa condition modeste. Selon la prédiction de Jésus, et selon un processus comportemental bien connu [79], certains gosses de riches prirent fait et cause pour les humbles, les opprimés, les « victimes » de la *dura lex romana*, et se convertirent bruyamment. Ils périrent dans l'arène sous les yeux de leurs parents consternés. Bel effet d'une religion d'amour.

Le christianisme usa ainsi des *simpliciores* comme de troupes de choc. Et derrière eux les pègreleux, maléficiés, mendigots, simples d'esprit, bonniches godiches et vieilles couennes pleurnichardes. Leur victoire serait celle du pauvre sur le riche, du petit sur le grand, du benêt sur le sensé [80], du fabulant sur le méthodique, de l'ignorant sur l'érudit, des femmes en deuil sur les jeunes beautés nues, du totalitarisme monothéiste sur la tolérance païenne, de la hantise de la mort sur la joie de vivre : *La Grande Purge !*

Les empereurs, devenus incapables de maîtriser à la fois la menace externe des Barbares et au-dedans l'infiltration chrétienne, se rallièrent bon gré mal gré à la nouvelle doctrine faute de pouvoir l'extirper. Julien l'Apostat tenta vainement, de 361 à 363, de relever le paganisme. Ses successeurs capitulèrent. Théodose fut le dernier « empereur de tout l'Empire », avant la scission Rome-Byzance. Son édit est de 380. Il fit avaler à l'Occident la pilule amère d'une morale parfaitement contraire à son génie. Parfaitement contraire aux motivations comportementales normales des humains normaux – si l'on tient pour *malsains* l'envie [81], la jalousie, la honte de soi-même, le repentir de vivre et la peur du plaisir.

* * *

Inutile de s'appesantir sur la haine chrétienne envers la richesse et le pouvoir. Le Nouveau Testament prit parti pour les prophètes contre les rois : *divites dimisit inanes, et pauperes implevit bonis*, chante le *Magnificat*, refrain de la salutaire redistribution des richesses, dont on ne connaît malheureusement que trop la parfaite inanité économique [82]... C'est en matière de programme sexuel que le christianisme atteint l'apothéose de l'aberration morale, à tel point que bien des « simples par l'esprit » se persuadèrent que le péché originel avait été la consommation de l'« acte de chair » par Adam et Ève...

Renonçant à la circoncision – que Jésus avait réglementairement subie au huitième jour et qui fut longtemps fêtée [83], Paul le converti facilitait la conversion des Grecs et des Romains au « nouveau judaïsme » [84]. Mais il ne faut pas croire que ce bon apôtre (!) agissait par humanisme envers l'intégrité physique de ses congénères. Il avait parfaitement compris le petit commerce métaphysique des juifs coupeurs de prépuce, abandonnant une petite partie pour jouir du principal. La marque physique était vraiment *un sacrifice trop facile*. D'ailleurs certains des premiers Pères de l'Église ont administré la preuve que le sacrifice cutané pouvait se rattraper. S'étant courageusement fait

78. La religion de Jésus, qui fit tant pour consoler l'esclave de sa misère morale, ne fit rien pour l'affranchir. Rougier, *op. cit.*, p. 53.

79. La crise d'originalité adolescente, qui n'a rien à voir avec les œdiperies freudiennes.

80. *Nous autres, nous prêchons un Christ crucifié, embûche pour les juifs et stupidité pour les nations... car la stupidité de Dieu est plus sage que les hommes*, Paul I, Corinthiens, I, 23-25.

81. Péché capital, paraît-il. Pourtant, sans la haine envieuse des riches le christianisme aurait eu de la peine à recruter ses premiers fidèles.

82. Et aussi l'angoissant problème : que vont devenir les anciens bons gentils pauvres, quand ils seront transformés en affreux riches ?

83. Alors que peintres et sculpteurs chrétiens montrent toujours le divin enfant en possession de son prépuce *(figure 95)*. Il est vrai que Jésus ressuscitant a retrouvé son intégrité anatomique, comme papa Dieu le Père, leur prépuce demeurant ainsi dans les siècles des siècles.

84. I, Corinthiens, VII, 18-19.

Figure 95
Le prépuce du petit Jésus. Giovanni Cariani, *Vierge à l'enfant avec donateur,* 1520

circoncire, ils parvinrent ensuite, grâce à de pieuses et persévérantes tractions sur le fourreau cicatrisé, *à reconstituer un pli voilant partiellement le gland.* Ils donnaient le saint exemple d'une méthode dont peuvent toujours profiter, de nos jours, les circoncis malgré eux.

La circoncision selon la chair était donc une formalité ponctuelle et hypocrite. Suivant la parole de Jérémie [85] reprenant le Deutéronome [86], il vaut mieux *circoncire son cœur* des désirs charnels, brimer son sexe jour après jour par la sainte continence. Ainsi Paul prescrit-il la *circoncision selon l'esprit* [87], c'est-à-dire la plus invraisemblable répression sexuelle-érotique jamais formulée.

Il ne faut jamais oublier que l'Évangile fut prêché par un puceau, fils d'une prétendue pucelle [88] mariée à un prétendu puceau. Marie toujours vierge est devenue mère par l'intercession du Saint-Esprit [89], article de foi. Cette énorme ineptie de « sainte famille » *tournant le dos à toute la biologie sexuelle humaine* est évidemment une escroquerie. Là encore, le christianisme reprenait une faribole orientale, celle de la *naissance virginale* du prophète, qui avait déjà mis au monde le Bouddha.

La critique historique admet désormais « sans problème » que Jésus eut plusieurs frères [90]. Deux d'entre eux, le Jacques et le Jude auteurs d'Épitres figurant dans le *Nouveau Testament* fondèrent, à Jérusalem, le « khalifat » de Jésus après sa mort. Ce nonobstant l'Église fondée par Pierre et Paul répandit avec rigueur dans le reste du monde méditerranéen *le dogme des trois puceaux.* Pour vanter la filiation selon l'esprit [91], en proposant un modèle ridicule à la vie de chrétien.

Le bon mariage, c'est le *mariage virginal,* celui de Marie et Joseph, qui ne se sont jamais touchés ni regardés nus [92]... et n'eurent donc pas besoin de la chaste chemise copulatoire qui porta, au Moyen Âge, le nom du charpentier *(figure 96).* Il

85. IV, 4.
86. X, 16.
87. Romains, II, 25-29.
88. À croire Sébastien Rouillard, elle aurait été examinée par le grand Sanhédrin de Jérusalem. Confirmée sa virginité, son fils a pu être mis au rang des Sacrificateurs. Cf. Darmon, *le Tribunal de l'impuissance, op. cit.*, p. 161.
89. Selon certains syncrétistes, le Saint-Esprit, féminin en araméen, serait la part femelle de la Trinité, ce qui lui ferait rejoindre les triades père-mère-enfant de la mythologie égyptienne.
90. Quand j'allais au catéchisme, on nous chapitrait interminablement sur le fait que, lorsque Matthieu (XII, 47) parle des frères de Jésus, il s'agit, bien sûr, de ses cousins !
91. Joseph descendant de David n'ayant jamais (dit-on) fécondé sa femme, c'est encore une escroquerie que prétendre Jésus fils de David (Matthieu I, 16 et XXVII, 9).
92. N'osant dénuder ni toucher sa fiancée, ni espionner ses garnitures menstruelles, comment cet empêtré de pisse-froid de Joseph a-t-il pu s'apercevoir qu'elle était grosse (Matthieu, I, 18-25) ?

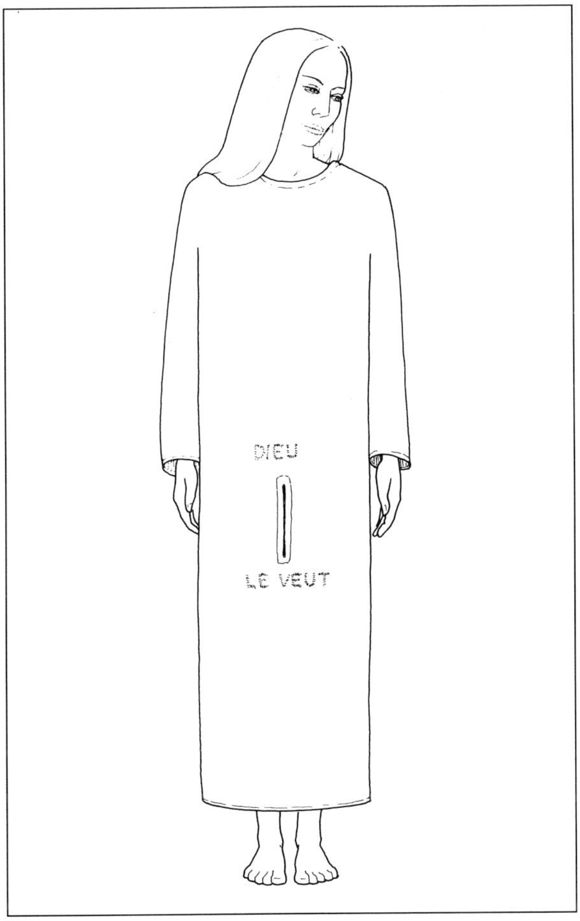

Figure 96
Chemise de Saint-Joseph

faut dire que les prédicateurs chrétiens de la première génération assuraient la fin du monde pour la semaine prochaine : il valait donc mieux se préparer au Jugement dernier que copuler et engendrer une race condamnée, d'où l'éloge des stériles par Luc. « Il est bon, pour l'homme, de ne pas s'attacher de femme » [93], et Jésus demeura vierge comme doivent le demeurer les prêtres de son culte. Il fut aussi méritoire, pour les jeunes filles tout juste converties avant leur mariage, de se refuser à leurs époux : ainsi rejoignaient-elles, martyrisées, la glorieuse cohorte des vierges mariées, comme Marie.

La Parousie tardant à survenir, il fallut bien envisager de calmer les ardeurs charnelles des chrétiens : « mieux vaut se marier que brûler » [94]. Le mariage institué en sacrement est ainsi un médicament, *un remède à la concupiscence*, pour éviter de recourir à la prostitution. Donc *l'engendrement n'est pas son but premier*. L'Église qui interdit le divorce même en cas d'adultère l'interdit pareillement en cas de stérilité – tout en s'opposant, un jour, aux techniques de fécondation artificielle qui pourtant pourraient mettre au monde de nouveaux petits chrétiens. Mais le procédé comporte au moins une masturbation masculine, et *l'Église va traiter de péché (mortel) tout ce qui, dans la vie sexuelle-érotique, n'est pas la copulation vagino-pénienne d'époux légitimes ne s'opposant pas à la procréation.*

Péchés mortels – donc l'éternité de l'Enfer, bigre ! – la masturbation, et tous les orgasmes d'origine manuelle, buccale... anale, etc. même procurés par le (la) conjoint(e). Péché mortel le coït interrompu et toute espèce de contraception, mécanique ou chimique, tampons, ovules, spermicides, irrigations, etc. Péchés mortels l'avortement, l'adultère, les rapports sexuels entre célibataires même fiancés, et même en esprit, c'est le célèbre *péché d'intention* [95]. Les fiancés eux-mêmes ne doivent pas se réjouir d'avance du coït conjugal et de ses plaisirs. *Le christianisme introduisit la faute dans le moindre plaisir érotique*, ne se contentant pas de promettre l'Enfer mais aggravant la culpabilisation par *l'odieux chantage aux souffrances du Christ*. Le « Sauveur » a voulu racheter l'espèce coupable par sa mort, et *chacun de nos péchés a ajouté à ses douleurs d'agonisant*. Dans la chambre conjugale, au-dessus du lit, l'image du crucifié bien pantelant bien saignant incite au perpétuel repentir plus qu'à la gaudriole.

Même au sein de l'union consacrée par le sacrement le désir sexuel mit longtemps à se dédouaner. Venant « du monde » et non du Père [96], il apparut peccamineux jusqu'à au moins Grégoire le Grand (VIe siècle), Saint Thomas – et Abélard. Thomas dut se référer à Aristote pour légitimer le plaisir pris dans l'acte d'engendrer.

Quant aux organes génitaux externes, Augustin reniant son manichéisme n'y vit plus l'œuvre du

93. I, Corinthiens, VII, 9.
94. I, Corinthiens, VII, 9.
95. Matthieu, V, 28.
96. Première épître de Jean, II, 15-16.

Démon, mais pensa qu'après la résurrection de la chair les femmes renaîtraient probablement avec une autre configuration anatomique [97]. Elles seraient débarrassées de cette fente tentatrice qui avait fait reculer le ciseau des sculpteurs grecs [98], et l'avait lui-même attiré dans ses griffes, *inter faeces et urinam*, du temps de sa « folle jeunesse » [99]. Le christianisme reprenant à son compte la pesante pruderie hébraïque, les femmes baptisées n'avaient évidemment aucune occasion de montrer, *coram publico*, leur *rima pudendi*. Alors même qu'elles devaient couvrir leurs cheveux à l'office. Quant à leurs seins, pas question de les mettre en valeur, soigneusement cachés sous les amples vêtements dissimulant leurs formes : ces protubérances ne sont que sinistres pièges du péché : « non pas deux petits fumiers couverts de neige, mais deux livres de chair qui coûtent bien cher à ces friquètes qui en font parade » [100].

Même entre époux chrétiens, le remède à la concupiscence est resté interdit, pendant des siècles, au cours des règles, et les jours de fête carillonnée, et leurs vigiles, et le vendredi, et le dimanche, et pendant le Carême : il ne restait *pas cent jours par an* pour prendre son médicament. Et encore pas sous toutes ses formes : les accouplements « bestiaux », *more ferarum* (*more canino*) étaient eux aussi péchés.

Bien sûr le christianisme interdit l'inceste, un peu gêné aux entournures par les filles de Loth, et par les deux garçons d'Ève : ont-ils engrossé leur mère, ou leurs sœurs ? Toutes les interdictions mosaïques sont reprises par l'Église, condamnant sans nuances perversions et déviations sexuelles, de l'homosexualité [101] à la zoophilie qui lui servit de prétexte pour brûler des milliers de sorcières. L'accusation de *sodomie* en vint à faire condamner tout et n'importe quoi qui n'est pas le fameux coït réglementaire entre époux avec libre émission de la semence dans le vase naturel. Entre hommes, entre homme et femme... et même entre femmes ! Le châtiment demeure d'ailleurs le même : le bûcher.

La religion du doux Jésus, comme celle de Iaveh, comme celle d'Allah, n'hésitera jamais à s'imposer et à se faire respecter par le feu et l'épée – c'est le propre des monothéismes. Lyncheurs et casseurs de temples, de statues, les chrétiens se montrèrent *d'enragés pyromanes*, brûlant hérétiques, schismatiques, sorciers et sorcières, tableaux livres et bibliothèques, promettant avec une joie mauvaise *l'éternité du feu* à tous les recalés du salut.

*

* *

Il faudrait quand même que nos contemporains réalisent l'énorme hiatus entre la considération distinguée dont ils honorent l'*establishment* chrétien, pape, évêques, braves pratiquants, et le fonds doctrinal du christianisme.

La morale chrétienne, qui a pollué l'Occident de ses lubies orientales archaïques et parasitaires est *une morale pathogène*.

Pathogène pour le développement de l'économie, de l'instruction, de la recherche scientifique. Puisque la *libido sciendi*, la passion du savoir, comme le prêt à intérêt furent des péchés pendant dix siècles.

Pathogène pour le contrôle du volume populationnel, surchargeant de marmaille obligatoire les pays les plus demeurés.

Pathogène pour la fonction érotique. De tous les systèmes élaborés par le néocortex raisonneur, le christianisme possède le triste privilège de *fonder la valeur morale sur la négation, la censure ou l'écrasement de l'épanouissement érotique de la sexualité humaine*. Demeurent interdits, à l'heure où j'écris, la masturbation, les orgasmes extracoïtaux, les rapports extraconjugaux ou préconjugaux, le retrait, le condom [102], le diaphragme, les pilules, le stérilet, les gelées spermicides, l'interruption de grossesse, le divorce. Tout ce qui permet d'aménager la fécondité, de tamponner les péripéties érotico-sentimentales d'une vie de septuagénaire, et d'obéir sans risques ni contraintes injustifiés aux motivations biologiques normales de la sexualité humaine normale. Celle qui comporte ses propres balises, favorables à l'espèce comme à la dignité humaine, mais conserve ses besoins inexpugnables.

97. Il s'appuyait sur Matthieu XXII, 30 : les corps glorieux n'auront pas plus de sexe que les anges.

98. *La Cité de Dieu*, XXII, 17.

99. Il vécut en concubinage onze ans.

100. Le Père de Barry (Lyon,1658), cité in Darmon, *le Tribunal de l'impuissance, op. cit.*, p. 230.

101. Bien des mauvais esprits (dont le cher marquis de Sade) n'ont pas manqué de trouver « suspect » le très cher lien entre Jésus et Jean l'Apôtre.

102. Seul procédé actuellement disponible pour prévenir le SIDA. En 1990, une réunion vaticane consacrée à cette prévention fut troublé par un prêtre qui se déclara atteint par la maladie, et qui regrettait bien de ne pas avoir utilisé de préservatif !

Troubles de l'érection, de l'éjaculation, de l'orgasme, de l'appétit érotique, il n'est pas un tourment de la physiologie érotique dont le code moral chrétien ne possède, à la rubrique *éthologique*, sa part de responsabilité causale. Même si les christianisés *bafouent désormais, jour après jour, les interdits sexuels de la religion dont ils se réclament par conformisme.*

Il faudra bien que l'Occident, renonçant à vivre dans le paradoxe, se guérisse un jour *d'une morale qui l'a rendu malade*, corps et âme, cœur et sexe.

LE SEXE D'ISMAËL : LES DÉBOIRES DU VOISIN, ET DES VOISINES

Existe-t-il un érotisme arabe ? Ou même un érotisme musulman ? Ceux qui répondent oui confondent l'érotisme et l'éjaculation.

De même que les christianisés ne peuvent échapper à bien des rigueurs morales de l'Ancien Testament, les Européens ne peuvent échapper au voisinage avec des mœurs sexuelles *qui font vivre à leur porte, et même chez eux*, des hommes et des femmes empêtrés dans un puritanisme répressif tout droit sorti, lui aussi, de l'Ancien Testament. Puritanisme aggravé de coutumes du plus bel orientalisme.

Le fameux « entre-deux mers » d'Orient, berceau de l'écriture, était resté peuplé d'idolâtres – au sens biblique – pendant toute l'Antiquité. Voilà qui ne gêna guère les Romains quand ils administrèrent ces contrées exotiques. La *pax romana* les assagit dans la mesure du possible, matant le zèle des Juifs, et n'essuyant d'échec que devant la puissance diffuse mais pesante de l'Empire perse. L'Évangile ne s'y infiltra guère. Paul avait fait un bide à Éphèse. La grande religion monothéiste locale, toujours virulente, demeurait celle de Moïse.

La puissance de Rome faiblissant, le pouvoir mou de Byzance, pôle oriental de l'Empire, contint mal les visées expansionnistes des Perses. L'Asie mineure, la Syrie, la Palestine, la Mésopotamie, l'Égypte étaient de moins en moins bien « tenues » par des fonctionnaires et des légions dont le sens civique s'effilochait. La région tomba comme un fruit mûr – après néanmoins de sévères bagarres – dans la main des Arabes. Ils étaient partis en guerre sainte sous des drapeaux verts, pour imposer la religion de Mahomet et son sacré livre, le Coran.

*
* *

Le nouveau prophète était né à la Mecque, 570 ans après Jésus, dans la puissante « tribu » des Coreïchites. Il descendait directement, dit-on, d'Abraham. Par l'intermédiaire d'Ismaël. Ce fils de la servante Agar avait trouvé refuge à la Mecque après avoir été chassé de la maison paternelle. Fort dévot, il avait construit la Kaaba – la maison de Dieu – autour d'une grosse pierre noire : une météorite classiquement phallique [103], toujours interdite au regard polluant des roumis.

Mahomet vivait saintement aux crochets de sa première épouse Khadija [104], une riche entrepreneuse de transports, lorsqu'il entendit des voix – plus précisément celle de l'archange Gabriel – et sur ses quarante ans il se déclara prophète, directement envoyé par Dieu.

À peu de choses près, ses homélies reprenaient l'Ancien Testament. Le Dieu unique, les patriarches, les prophètes, Abraham, Moïse, Jonas et Jacob, la lutte à mort contre les infidèles (les roumis) et les idolâtres [105]. Et aussi les châtiments bibliques, l'obsessionnelle pudibonderie sous voile et burnous, le délirant Carême (Ramadan), les grotesques interdits alimentaires contre le porc et le sang [106], aggravés de l'interdit sur le vin [107], etc.

Comme l'écrit J.-Cl. Barreau, l'Islam n'est pas « la troisième » religion révélée. *Elle redit celle d'Abraham, vingt-sept siècles après* [108]. Jésus et

103. Dupé, p. 59 sq.
104. Morte Khadija, il épousa ensuite douze femmes en douze ans.
105. Sourate II, 186 sq.
106. Sourate, II, 168.
107. Sourate, V, 92.
108. *De l'Islam en général et du monde moderne en particulier, op. cit.*, p. 30. Cet ouvrage, qui ne fait qu'exposer des évidences, offensa les gouvernements arabes. Pour leur complaire, le gouvernement (socialiste) français, *laïque et républicain*, révoqua son auteur de sa fonction officielle.

sa mère Myriam sont « avalés ». Le Nazaréen remis au rang des simples prophètes mais honoré par Dieu a été « rappelé au Ciel » – une « ascension » clandestine ? C'est le corps d'un sosie qu'on a crucifié [109] sous les yeux bernés des Juifs et des Romains. Que les chrétiens se rassurent : le petit Jésus et sa maman mènent désormais une vie paisible, et ne manquent pas d'eau courante [110]. Mahomet entonnait néanmoins, avec une belle obstination, une des rengaines les plus imbuvables de l'Évangile : le proche Jugement dernier, sa menace imparable sur les pécheurs, et l'éternité de souffrance pour les condamnés [111].

Encore plus insupportable que Jésus pour la vie socio-économique et pour la paix civile, l'illuminé s'enfuit de la bonne ville de La Mecque, pour ne pas se faire appréhender à son tour. Il se réfugia à Médine. 622 ans après la naissance du Nazaréen. L'an premier de l'Islam, *l'Hégire*. C'est là, entouré d'un cercle d'apôtres, qu'il commença à rédiger, sous la dictée divine, LE Livre de Dieu, *le Coran*. Le devoir de rédaction dura vingt trois ans. C'est aussi là qu'il put lever ses troupes, et propager sa foi *manu militari*. Réoccupant un jour la ville dont il s'était chassé lui-même... Vengeance !

Selon un des paradoxes favoris du monothéisme, cette « nouvelle » foi, *l'islam*, préconisant *l'abandon* dans la main de Dieu dut s'imposer par le fer et le feu. Et beaucoup plus vite que le christianisme. La Mecque fut prise en 638. Les Perses, si coriaces devant Grecs et Romains, furent battus en 633 et 642, islamisés à leur tour, comme le seront les Turcs, et le monde arabe – à l'exception de quelques rares maronites. Le rouleau compresseur musulman ne fut pas seulement militaire, poussant, comme on sait, jusqu'en Méditerranée (jusqu'au Poitou !), jusqu'en Afrique, jusqu'en Inde et en Insulinde. Il fut aussi culturel, au sens le plus large, imposant *langue*, *écriture*, *religion*, écrasant et détruisant, sauf notable exception, tout particularisme local.

*

* *

Le Coran était le moteur et l'instrument de cet impérialisme ravageur et totalitaire.

S'il est une notion tout à fait étrangère à l'Islam orthodoxe, celui qu'on appelle sunnite (mais les schismatiques chiites, désormais, « en rajoutent »), c'est bien celle de *laïcité*. Le Coran, texte sacré, *intangible*, parole de Dieu [112], doit gérer tout de la vie humaine, religieuse, politique, sociale, morale, etc. Aucune législation civile ne peut s'imposer contre la Loi religieuse. Aucun accommodement n'est possible avec des considérations morales différentes, induites, par exemple, par les progrès scientifiques (occidentaux évidemment). Aucune critique du Prophète n'est admissible, aucune critique de son texte n'est envisageable [113], *surtout si l'on ne parle pas arabe* – étant donc incapable de saisir le sens exact du Livre [114]. On conçoit les inextricables difficultés de ceux, frottés à l'Occident, qui tentent de sortir leur pays islamisé d'un obscurantisme bigot datant de quatorze siècles. La « lumière » de l'Islam, en effet, ne permet guère d'avancer dans le noir.

Le texte coranique est un recueil dépourvu de chronologie, colligé par l'apôtre chéri Abou Bakr en commençant par les sourates les plus longues pour terminer par les plus courtes. C'est une rabâchante litanie sur la gloire et la puissance du Dieu unique, les bienfaits dont il comblera les croyants et les calamités qui accableront les infidèles (air connu). Il reste par contre d'une grande discrétion cosmogonique et dogmatique, ne demandant au musulman que les *cinq piliers de l'islam* : la profession de foi, les prières quotidiennes, l'aumône aux croyants, le jeûne du Ramadan, et le pèlerinage à La Mecque – de quoi séduire plus d'un christianisé lassé de théologie emberlificotée, de confessions et de pénitences... C'est par contre un sain manuel de phallocratie.

---

109. Sourate, IV, 156-157. D'après Régis Blachère, qui a traduit le Coran en 1966 (éd. Maisonneuve et Larose, p. 128), ce sosie se serait appelé Serge...

110. Sourate, XXIII, 52.

111. Sourate, XXIII, 103, S. XXV, 28-29, S. XXX, 10, etc.

112. À l'idée qu'un morceau de papier traînant ait pu porter quelques caractères d'un verset sacré, le bon musulman ne s'en torchera jamais le cul, préférant, riche, le coton, et usant ordinairement de pierres et cailloux. Ceci complique la vie ano-rectale du croyant arabo-musulman, prédisposé aux hémorroïdes par sa consommation de piment, et son fréquent dolicho-sigmoïde martyrisé par le Ramadan.

113. À l'heure où j'écris, l'écrivain Salman Rushdie est toujours sous le coup *d'une condamnation à mort* décrétée par l'Imam Khomeini. Cet impie a osé offenser l'islam avec son livre *les Versets sataniques*... Merveilleuse tolérance de l'humanisme musulman.

114. Interdiction qui rappelle celle, formulée par les freudiens, à l'encontre des impudents qui osent critiquer les théories du Père fondateur sans avoir été eux-mêmes analysés !

À part les romains et romanisés, les peuples auxquels on imposa le Coran étaient de braves polygames, baisant joyeusement les tendrons jusqu'à ce qu'ils les transforment en multipares avachies, et reprenant alors de la viande fraîche. Comme le Talmud, le Coran prêcha plutôt la modération « officielle » quant au nombre de conjointes... simultanées. Mahomet exigea même, d'après les *Hadiths* (faits et gestes du Prophète), que son cousin et gendre Ali n'impose pas une seconde épouse à sa fifille chérie [115]. La polygamie à deux ou trois femmes, à la limite quatre, fut un accommodement circonstanciel lorsque, après une piquette militaire subie en 625 le nombre des partisans mâles armés du Prophète fut trop largement dépassé par celui des femelles disponibles [116]. En fait « comme tout le monde » le musulman préfère ne s'« occuper » que d'une femme à la fois, monogamie diachronique favorisée par l'extrême facilité de la répudiation. La femme musulmane vit « comme un oiseau sur la branche », nullement sécurisée par un mariage révocable à la moindre peccadille. Tantôt vendue [117], séquestrée, privée des plus élémentaires libertés, tantôt mise à la porte pour débarrasser le plancher, elle n'est jamais maîtresse de son destin. Répudiée privée de l'instruction élémentaire lui permettant de gagner sa vie elle devient une épave sociale, comptant sur la charité des « avunculaires ».

On nous fait régulièrement admirer d'autres merveilles féministes du Coran. Les filles ont droit à une part d'héritage égale à la moitié de celle des frères [118]. La femme répudiée devrait être logée à la maison [119]. Les adultères doivent être simplement emprisonnées jusqu'à leur fin [120]. Évidemment cette fin peut être hâtée par une lapidation « de nettoyage », selon la salubre coutume biblique. Ou par une mise à mort très classique à l'arme blanche, « crime d'honneur » exécuté par les hommes en charge morale des femmes, mari, père ou frères lorsqu'il s'agit d'une fille dévergondée ayant dilapidé son capital de virginité : à l'homme de juger. *Les hommes sont supérieurs aux femmes, parce que Dieu leur a donné la prééminence sur elles... Les maris qui ont à souffrir de leur désobéissance peuvent les punir, et même les frapper* [121].

L'amour [122], au sens où nous l'entendons, est totalement absent du Coran. Les hommes n'y sont d'ailleurs pas encouragés aux exploits copulatoires. Mahomet ne précise pas les limites de la « débauche » virile, mais il incite fermement à ne pas s'y livrer [123] et reprend les malédictions bibliques contre les sodomites [124], condamnation de la bougrerie qui en étonnera beaucoup. Par contre la sodomisation des femmes, procédé contraceptif des plus courants [125], ne paraît qu'un péché véniel pour l'islam.

Bien entendu toute image non seulement de Dieu mais aussi des corps humains à sa ressemblance étant proscrite par la religion d'Abraham, il est hors de question de s'abandonner à l'art figuratif. Des portraits jusqu'aux images licencieuses d'hommes et de femmes nus se livrant à l'accouplement et autres choses semblables. On ne doit dessiner que de chastes arabesques.

Pour leur part, les femmes musulmanes n'ont guère l'occasion de succomber à la fameuse débauche. Déjà paniquées par les châtiments punissant l'adultère, elles sont protégées contre la tentation par l'obligation de sortir voilée, évitant même de trop agiter les pieds [126]. À la maison, l'obéissance à tous les désirs de l'époux doit être totale, rêve chéri par les phallocrates de toutes les nations... Ces dames, heureusement, ne restent pas longtemps une occasion de pécher pour qui les croise dans la rue. Leurs seins vite effondrés doivent allaiter les enfants deux ans [127], leur ventre se couvre rapidement de gracieuses vergetures

115. Naamane-Guessous, p. 122.
116. Sourate, IV, 3.
117. Comme ces deux anglo-yéménites vendues par leur père pendant des « vacances de rêve » en Orient... en 1980. Cf. Zana Muhsen, *Vendues !, op. cit.*
118. Sourate, IV, 12.
119. Sourate, LXV, 6.
120. Sourate, IV, 19.
121. Sourate, IV, 38. Cent coups de fouet pour la femme débauchée, la moitié si c'est une esclave (IV, 30).
122. En arabe *ischq*. Cf. Lo Duca, *Histoire de l'érotisme, op. cit.*, p. 305.
123. Sourate, IV, 28.
124. Sourate, XXIX, 27-28.
125. Naamane-Guessous, p. 117.
126. Sourate, XXIV, 32.
127. Sourate, II, 233.

sous l'effet de la multiparité, quant au visage, ridé, édenté dès la quarantaine, il peut éventuellement alors se montrer sans voile et sans risque.

Pas étonnant que le Paradis promette aux croyants la possession éternelle non de leurs bobonnes, mais de houris aux seins fermes et au périnée toujours neuf, leur hymen repoussant chaque matin. Quand on sait l'extase « paradisiaque » dont bénéficie la vierge qu'on déflore, on mesure tout le souci musulman de la jouissance féminine [128]. D'autant que l'excision clitoridienne persiste comme une pieuse coutume en bien des lieux éclairés par l'islam.

Partout où les mutilations féminines se commettaient, de Damas à Dakar, du Caire à Khartoum, l'islam a entériné la pratique. On lit dans les *Hadiths* que Mahomet préconisait « charitablement » une clitoridectomie partielle... belle hypocrisie, puisque le gland récepteur, « en forme de noyau de cerise » est la partie visée avec précision. Inutile de revenir sur le caractère humaniste de cette transformation de fillettes en infirmes érotiques. Ô voluptueuses orientales !... Tout le haschich consommé par les hommes n'a jamais fait jouir la moindre femme excisée, si ce n'est infibulée. Les exégètes officiels du Coran se lavant les mains de toutes ces peines de sexe, puisque le texte sacré *n'a jamais directement commandé* les mutilations sexuelles des filles, ni même des garçons...

Arabes et Juifs ont au moins un sentiment en commun : la haine du prépuce. L'Ancien Testament entériné par le Coran prescrit évidemment la sainte mutilation. Mais, ô gloire éternelle d'Allah, *Mahomet était né sans prépuce !* Dieu lui avait épargné la souffrance sous la main du sacrificateur, tout en marquant Sa volonté de ne pas voir un répugnant repli sur le gland d'un croyant. La divine opération demeure donc nécessaire, mais au lieu de la commettre sournoisement, comme les Juifs, sur un nourrisson, on l'effectue à l'âge de raison, entre cinq et sept ans, au milieu de la liesse des autres mâles. L'évènement est marqué par ripailles, méchoui ou couscous dans lequel peut cuire la viande préputiale sacrifiée.

On connaît les méfaits érotiques de l'amputation, et la prédominance des flagorneries buccales féminines sur les malaisées manœuvres manuelles encourageant l'érection. Et bien que les Berbères ne soient pas de vrais Arabes, mais de ces ethnies intégrées-soumises par les péninsulaires [129], ce sont eux qui donnèrent son nom consacré à l'onction matinale du phallus marital, pour lui procurer un réveil en douceur.

Sans que ce soit une véritable mutilation, *le rasage génital des femmes et des hommes* est une brimade sexuelle quasi partout effectuée en terre d'Islam. En particulier là où l'on trouve « bain maure » ou hammam : l'épilation y est un passetemps coutumier.

Les organes génitaux sont *mastour*, inconvenants. Hors du hammam il ne faut les montrer à personne, même pour pisser entre hommes, même pour accoucher entre femmes, et leurs ablutions rituelles doivent s'effectuer en secret. Épilés-rasés ils sont moins « voyants », moins offensants pour l'œil d'Allah. Quant aux femmes rasées, privées des indices pileux ornant leur maturité sexuelle, elles offrent à qui les lorgne « quand même » la vue du sexe d'une petite fille assujettie et bien docile – *d'une mineure sexuelle, et sociale.* J'enrage quand je vois des Occidentales, par ces mœurs de hammam, attenter à leur toison de grandes filles en s'imaginant, les sottes, rendre leur sexe plus attrayant [130]...

*

* *

On se demande comment cette décoction de puritanisme, de pudibonderie, de misogynie, reprenant les mœurs locales les plus cruelles [131], a laissé accréditer les mythes de l'« érotisme arabe », de la « science amoureuse arabe ». À

128. Madame Naamane-Guessous, qui est vraiment trop. bonne, nous cite des « auteurs érotiques arabes » soucieux du plaisir des femmes... Ces Zayk Zarruk, Al Ghazali, Ibn Agiba Aboul Tabbas, etc., probablement frottés à l'Occident, n'ont pas pris la plume avant le (notre) XVIIIe siècle et n'ont aucune référence coranique. Nous ne connaissons, en Occident, que leur prédécesseur, le fameux cheik Nefzaoui, et son *Jardin parfumé* de 1410. Ce tunisien me paraît bien suspect d'occidentalisme, et j'aimerais savoir combien d'actuels maghrébins connaissent son nom... *Op. cit.*, p. 230 sq.

129. Comme les Palestiniens, les Phéniciens, les Syriens, les Puniques, les Égyptiens, les Kabyles, etc.

130. Par contre, quand je vois une Maghrébine ayant conservé sa toison, je me réjouis de la savoir sur le chemin de l'émancipation.

131. L'antique coutume égyptienne de l'émasculation des ennemis morts au combat s'étendit de l'Arabie au Maghreb. Pendant la guerre d'Algérie (1954-1962) bien des « petits gars » du contingent tués en embuscade, bien des fermiers massacrés dans leur maison furent retrouvés la verge et les bourses dans la bouche. Merveilles de la « guerre de libération »...

cause des *Mille et une nuits* ? Ces histoires de commis voyageurs syro-libanais qui trouvent leur prétexte dans l'assassinat quotidien d'une femme par le sultan Chariar et n'envisagent de jouissance charnelle que pour l'homme, avec vierges et jouvencelles [132] ? À cause de l'excision clitoridienne, de la circoncision, du rasage génital, du mariage coutumier entre inconnus ou cousins obligés [133] ? À cause de l'obsession de la virginité qui fait guetter par la mère le bruit que fait l'adolescente en pissant [134], qui peut désormais faire exiger un certificat médical *avec photo de l'intéressée* avant la conclusion de l'arrangement matrimonial entre les parents [135] ? À cause du linge sanglant exposé au lendemain des noces sous les yeux des invités ? À cause de la lapidation ou de l'émasculation des adultères ? À cause de la glorieuse pratique des deux ou trois éjaculations consécutives dans le minimum de temps, surmenant la physiologie masculine sans assouvir la partenaire ? À cause du flétrissement multiparique des épouses privées de contraception, le Coran interdisant aussi l'avortement ? À cause du voile, de la djellabah – du tchador et du masque faisant disparaître la beauté féminine de la scène sociale ? À cause de la très intégriste ségrégation sexuelle des Saoudiennes, Yéménites, Lybiennes, etc., qui empêche de voir des femmes au restaurant, au café, au cinéma, dans les réceptions et même au volant d'une voiture ? À cause du harem peuplé de têtes de linotte gardées par des hommes châtrés ? À cause du triste sort des femmes répudiées dépourvues de ressources ? À cause de l'interdiction de tout reflet culturel de la fonction érotique, artistique – littérature, sculptures, peintures, dessins – et même humblement informatif ou journalistique, le tout tombant sous la loi du silence qui censure les actes *hchouma* ? Même pas question de laisser entrer en pays « très croyant » les plus innocentes revues féminines montrant des femmes en soutien-gorge et petite culotte...

Encore un trompeur mirage exotique : on a pris pour érotisme arabe, « sexologues » arabes, des phénomènes et des médecins proprement *marginaux, excentriques*. Aux deux bouts de l'empire conquis par les guerriers du Prophète.

*
* *

À l'est, les Perses islamisés sans trop de peine possédaient une tradition médicale et une belle originalité culturelle.

La tradition médicale était venue *directement de l'Occident*. À la suite des démêlés théologaux du « cinquième siècle chrétien ». Le Troisième Concile d'Éphèse (+ 431) avait destitué Nestorius patriarche de Constantinople. Ses disciples, les nestoriens, furent persécutés, bannis, exilés – toujours au nom du dieu d'Amour. Ils se réfugièrent en Perse. Ils y apportèrent la civilisation hellénique, un jour rejoints par les platoniciens que le pieux Justinien avait chassés d'Athènes. Une stupidité intégriste du même genre privera la France de milliers de lettrés, médecins, artisans, après la révocation de l'Édit de Nantes...

La médecine antique fit ainsi souche, en Orient, et s'épanouit au point que les califes, conquise la Perse, décidèrent d'attirer en leur nouvelle capitale, Bagdad, médecins et lettrés. Ils firent traduire en arabe (par des Juifs !) les traités grecs, on les apprit dans les écoles de médecine nouvellement fondées. C'est ainsi que cette médecine « arabe » fut illustrée *par des médecins persans* : Rhazès (né en + 850), Haly Abbas, et surtout Ibn Sina, dit Avicenne (980-1037). Son *Canon* inspira toute la médecine du Moyen Âge, surtout après que Gérard de Crémone l'eût traduit en latin à la fin du XIIe siècle.

Au plan religieux aussi les Perses n'avaient pas tardé à vouloir « marquer leur différence ».

Tirant prétexte de la carte forcée d'Abou Bakr pour établir la succession de Mahomet, ils profitèrent des démêlés de la Sainte petite Famille pour constituer un schisme. Révérant le gendre Ali comme une sorte de deuxième Christ, sacrifié-sanctifié par une Passion toujours célébrée. Et avec l'idée géniale de séparer l'Église et l'État. *Le chef spirituel, l'Imam, ne peut exercer le pouvoir politique*. Ô paradoxes des révolutions islamiques de la fin du XXe siècle !

Voilà donc les chiites libérés de l'obéissance et des pèlerinages à La Mecque, « Rome » de l'orthodoxie sunnite, pour continuer de cultiver leur jardin. Comme leurs vieux ennemis Grecs et

132. Seule note « humoristique » se rapportant à la vie sexuelle arabe, plus d'une histoire raconte la trompeuse bonne fortune d'un homme, qui ne sert qu'à épouser temporairement une femme répudiée que son époux veut récupérer : la formalité est exigée par le Coran (Sourate, II, 230).

133. 70 % des mariages marocains actuels sont encore des mariages convenus. Naamane-Guessous, p. 72.

134. Les vierges font *pss*, quand la femme déflorée fait *pchch* ! Naamane -Guessous, p. 189.

135. Naamane-Guessous, p. 190.

Romains, les Perses avaient une riche tradition d'art figuratif. Reprenant dès la fin du VIIe siècle leur « identité culturelle », ils lui firent connaître une belle floraison pendant nos X^e-XIIe siècles. Revenant à leur plume pour écrire des poèmes, à leurs pinceaux pour peindre miniatures et tableautins. Illustrant incidemment l'amour entre l'homme et la femme (les Iraniennes ne furent jamais mutilées), ses délices et ses postures.

Nous manquons désastreusement, en Occident, de traductions accessibles et fiables de cette littérature persane « renaissante », de Firdousi (*Le Livre des rois*), de Gorgani (*Le Roman de Wis et Ramin*), de Nezami (*Khosrow et Chirine*), de Keykaous ben Eskander (*Le Livre des conseils*), d'Omar Khayyam (*Le Livre du jour nouveau*), d'Azraghi de Hérat (*De la mentule et de la vulve*)...de tous ces ouvrages que cite Lo Duca [136], nous mettant l'eau à la bouche sans que nous puissions vraiment savoir si, enfin, érotisme peut rimer avec exotisme.

Par contre, combien nous a-t-on mis sous les yeux de « dessins cochons » plus ou moins adroits *(figure 97)*, plus ou moins échauffants, plus ou moins authentiques, réputés illustrer les merveilles de l'érotisme arabe. Tromperie sur la marchandise : c'est de l'érotisme persan. Ou hindo-pakistanais, qui rejoint les préoccupations mystico-équilibristes d'outre Indus. Mais n'a plus rien à voir avec la Sunna.

Quant à l'originalité culturelle en pays chiite, elle s'éteignit vite, avant de succomber, à la fin du XXe siècle, à un mouvement de « renouveau » (!) intégriste qui lui fit renier ses origines *en revendiquant le pouvoir politique* !

*
* *

À l'ouest la conquête arabe avait atteint des terres, certaines christianisées, mais toutes encore pétries de culture païenne. En Andalousie, patrie de Sénèque. Et au proche Maroc. C'est ainsi dans la tradition des Hippocrate et des Aristote qu'Averroès (1126-1198) put philosopher à Cordoue. Et former des élèves, dont certains furent médecins. Ils étudiaient évidemment les traités d'Avicenne et c'est à Tolède que Gérard de Crémone vint apprendre l'arabe pour traduire le Canon. Un certain nombre de ces médecins « andalous » étaient juifs, inaugurant la longue lignée de médecins israélites dont Maïmonide (1135-1204) sera l'archétype, un moment supporté par les musulmans d'Espagne.

Les fameux médecins arabes, dont le Moyen Âge chrétien va tenter d'utiliser les lumières « sexologiques » pour pallier son ignorance crasse, sont

Figure 97
Accouplement à la persane : dans le nombril ?

136. *Histoire de l'érotisme, op. cit.*, p. 299. Il cite une seule traduction, celle d'Henri Massé pour *Le Roman de Wis et Ramin*, Paris, 1959.

en effet des « excentriques » : des gens « du couchant », de Cordoue, de Grenade. Ces Samau'al ibn Yahya (mort en 1180), At-Tifashi (mort en 1253), Ibn Falita (XIVe siècle) se sont effectivement penchés sur la physiologie sexuelle, masculine et même féminine. On les retrouvera au chapitre suivant, car ils semblent avoir intéressé plus d'érudits occidentaux que musulmans... En terre d'Islam, la seule peine de sexe officielle est celle des phallocrates, et c'est évidemment la crainte de l'impuissance.

Il n'est pas un aphrodisiaque « classique » dont on n'use chez les ismaélites. Avec un copieux usage du piment et du haschich. Curatif, préventif et sécurisant. Une autre sécurisation très classique elle aussi consiste à multiplier les engrossements pour prouver à tous que l'on bande et que l'on éjacule. Et tant pis pour les femmes ruinées, pour la surpopulation ravageuse. Rien donc de très original, et il n'y a pas de « secret bandatoire » de la médecine arabe, ou persane.

Il faut quand même signaler la deuxième référence littéraire au traitement de l'impuissance fonctionnelle par un spectacle « classé X » – la première étant celle d'Encolpe dans le *Satiricon*. Le traité d'Azraghi de Hérat comporte un catalogue postural. Pour requinquer le prince seldjoukide Togan-Shah en panne d'érection, Azraghi fait exécuter ces postures par un jeune couple, que l'empêtré observe derrière un paravent de son harem. Et il guérit : Allah est grand ! Joli conte oriental.

La triste vérité, c'est que le mode de vie préconisé et répandu par le Coran, comme celui engendré par l'Évangile *est pathogène, en lui-même, pour la fonction érotique*. Méprisant la femme tout en exigeant de l'homme d'exténuants devoirs de virilité : *pas de couple authentique en terre d'Islam*. Morale pathogène aussi pour l'ensemble de la société, enlisée dans un immobilisme fataliste ennemi de tout progrès. Dieu sait tout, a tout prévu, il n'y a qu'à se laisser guider par sa parole : *Mektoub*.

Aucun autre savoir ne peut se poser en rival du Coran, et c'est bien sur l'ordre exprès du Khalife de Bagdad que la grande bibliothèque d'Alexandrie brûla dans les fours des hammams, en 641. Paroles du Khalife Omar : « si le contenu des livres est en accord avec celui d'Allah, nous pouvons nous en passer, puisque dans ce cas le Livre d'Allah est plus que suffisant. S'ils contiennent au contraire quelque chose de différent par rapport au Livre d'Allah, il n'est aucun besoin de les garder. Agis et détruis ». Ainsi disparurent d'innombrables trésors de la culture antique [137].

Pathogène enfin pour la plus élémentaire organisation économique des moyens de subsistance : par « évaporation » de l'agriculture et déséquilibre de l'élevage. Fondé par et pour de petits commerçants et artisans, levant quand besoin est une cavalerie de prédateurs, l'islam méprise le fellah et le salissant travail de la glèbe, tandis qu'élevant moutons et chèvres il interdit stupidement d'élever le porc. Ainsi disparurent les greniers à blé de la Méditerranée orientale et méridionale, et ses forêts. Religion née dans le désert, l'islam ne fit qu'étendre le désert [138], sur la terre nourricière comme dans les esprits.

Chu le petit royaume arabe d'Andalousie, éteinte la flamme culturelle de la Perse, les lueurs de l'islam demeurent de la couleur de la pierre de la Kaabah. Une lumière noire qui n'éclaire que le fanatisme, paralysant la pensée mais armant le bras guerrier. Croyant maîtriser le réel, résoudre les problèmes humains par l'incantation, la prosternation et la vocifération, à l'ombre des minarets.

Baptisés (!) intégrismes, des mouvements à visées politiques s'appuyant sur une recrudescence de l'obscurantisme coranique laissent croire aux niais qu'il existe un islam tolérant et adaptable. Alors que l'infiltration progressive des islamisés dans les sociétés occidentales finit par poser aux Européens des problèmes *de mœurs quotidiennes* : Ramadan, prière pendant les heures de travail, port public du voile (même par de jeunes écolières), polygamie (entérinée par les « couvertures » sociales), mariage convenu, confiscation des enfants de mariages mixtes par les pères maghrébins, etc., autant de pratiques inassimilables en pays laïque où les sexes ont des droits égaux.

Il est presque comique de voir l'Église catholique, qui fit périr nos ancêtres dans les batailles des Croisades – ceux qui n'étaient pas morts en chemin – oublier ses prêches contre les infidèles barbaresques, et respecter ce renouveau de la Foi. *Par solidarité, par complicité monothéiste*. Car l'Église médiévale n'avait rien à envier, en matière d'intolérance, de censure de l'esprit, de dictature morale, *de répression sexuelle*, à l'emprise des cheiks et des imams.

---

137. Canfora, *op. cit.*, p. 111.
138. J.-Cl. Barreau, *op. cit.*, p. 110.

*
* *

Vingt-huit siècles après la circoncision d'Abraham, 1 096 ans après la naissance de Jésus, 474 ans après l'Hégire, la première des Croisades avait montré de façon spectaculaire les ravages de l'extension du monothéisme. Sa contamination du monde méditerranéen, premier civilisé, par le totalitarisme et le fanatisme. *Les « fils d'Abraham » n'ont jamais fait que s'entre-déchirer au nom de leur religion* : chrétiens contre musulmans, musulmans et chrétiens contre juifs, musulmans sunnites contre chiites, catholiques contre orthodoxes orientaux et bientôt protestants [139]. Quant au « bénéfice culturel » du monothéisme biblique, de ce culte du dieu mâle unique, on pourrait le résumer en disant que le judaïsme c'est l'exclusion, le christianisme c'est le deuil, et l'islam c'est la nuit...

Sans le « miracle » de la Renaissance, la science occidentale – la science tout court – n'aurait jamais pu prendre son essor.

139. L'ignoble guerre civile que se livrèrent les ex-yougoslaves, serbes orthodoxes, croates catholiques, musulmans bosniaques, suffirait à faire taire les panégyristes du monothéisme.

CHAPITRE 5

ENTRE DIEU ET DIABLE : ARCER ET JOUIR POUR ENGENDRER DES CHRÉTIENS : *VIA ANGUSTA*

« *Adulter est in suam uxorem amator ardentior*[1]. »
Jérôme

La cassure évolutive que le triomphe conjoint des barbares et du christianisme infligea à l'Occident plongea l'Europe – le bassin méditerranéen, dans un catastrophique recul de civilisation.

Parce qu'ils savent seuls lire et écrire, les clercs et moines chrétiens du haut Moyen Âge se trouvent – malgré eux – dépositaires de la culture païenne que le christianisme avait tellement combattue et vilipendée. De son grec, de son latin – langue du culte – et de ses livres. Leur rôle historique ressemble à celui de ces petits fonctionnaires, seuls en place, qui assurèrent l'administration des pays communistes le temps qu'ils redeviennent civilisés. Il n'a rien de glorieux. Bien des textes suspects ou scabreux n'eurent pas droit au parchemin des copistes[2], et les condamnations « ponctuelles » déboucheront un jour sur le sinistre catalogue, l'*Index*, des livres interdits.

Par un de ces *aggiornamenti* dont elle usera et abusera plus tard, l'Église des premiers Pères (Clément, Origène, Eusèbe, Augustin, etc.) prétendit un beau jour que les philosophes grecs, Hésiode, Socrate, Platon, etc., avaient édifié leurs considérations morales en pillant Moïse et les prophètes[3]. La connaissance de leurs œuvres était donc utile, et on pouvait à nouveau les diffuser – en faire copie. Le ralliement aux « bons » auteurs antiques fut effectif à la fin du IVe siècle. Il n'éteignit pas du premier coup cette haine de la *libido sciendi*, du savoir « profane » qui brûle rageusement dans le cœur des monothéistes.

Encore en 415 de hardis zélotes chrétiens massacrèrent Hypathie à Alexandrie. Fille d'un célèbre géomètre, Théon, cette néoplatonicienne avait le triple tort d'être femme, belle, et savante. Cyrille[4], le salaud qui avait attisé, par son *Odium theologicum*, la furie des assassins, fut canonisé. Alléluia !

Alexandrie perdit ses derniers philosophes, qui se réfugièrent à Athènes. En 519 Justinien[5], ce saint homme, ferma leur école. Quelques « éclairés » demeurèrent à Byzance, dont le rôle ne fut pas négligeable pour entretenir la tradition. Sinon c'est, en Occident, la fin définitive de toute production culturelle continuant l'antique. Dix siècles de ténèbres que n'éclaira guère l'autodafé de la bibliothèque alexandrine. *Aucun des manuscrits sur lesquels nous étudions les Antiques n'est antérieur au IXe siècle*. Et pour que quelques laïcs puissent les lire il fallut attendre, en Europe,

1. *Pèche en adultère, qui prend à son épouse un trop ardent plaisir*. Cet affreux Jérôme (347-420), véritable Père la pudeur, s'était fait une spécialité de la conversion-catéchisation des dames distinguées, et du recrutement de leurs jeunes filles pour le couvent. Déjà confesseur mondain !

2. Bien qu'il s'agisse d'un ouvrage d'imagination, et situé un peu tard, au XIVe siècle, *Le Nom de la rose* d'Umberto Eco évoque bien ces débats monachaux entre « lettrés » où la *libido sciendi* des uns a pu s'opposer à la volonté de censure des autres.

3. Rougier, p. 129.

4. Patriarche d'Alexandrie, 380-444.

5. Empereur romain d'Orient de 527 à 565.

la résurrection de l'école par Charlemagne et Alcuin. En 790. Pauvre Occident. Pauvre médecine.

*
* *

La religion du Christ avait mis cinq siècles pour passer de secte subversive à *religio licita*, puis religion dominante, puis religion d'État, enfin religion subordonnant l'État à son Église ; en commençant par l'affreux Théodose, un beau jour excommunié pour avoir massacré un peu trop de Thessaloniens. Bien fait ! Vainqueur, l'intolérance que le christianisme avait héritée du judaïsme put se donner libre cours, pour exercer son totalitarisme moral, selon les préceptes de son fondateur : *Je suis le chemin, la vérité, la vie. Personne ne va au Père que par moi* [6]. *Qui n'est pas avec moi est contre moi* [7].

La tâche de subordination morale de l'Occident était énorme, à la mesure de la voracité chrétienne. Il fallut à nouveau plusieurs siècles pour extirper toute trace du paganisme, et immiscer la nouvelle morale, par l'intermédiaire des prêches et de la confession, dans les misères quotidiennes, et l'intimité biologique des baptisés. Non sans détours, compromissions, et parfois difficiles ajustements doctrinaux, lorsque le contenu du dogme évangélique, précisé par les Conciles, bravait la nature humaine de façon grossière et insoutenable. C'est ainsi que la louable *mortification*, la lutte ascétique contre les ressorts vitaux n'a jamais entraîné, de la part de l'Église, la condamnation de l'art culinaire [8]. De même que les appétits hiérarchiques du clergé ne seront jamais brimés pour eux-mêmes, ne serait-ce que pour solidement structurer l'institution ecclésiale, dominant l'État.

C'est dans le domaine sexuel que l'extravagance répressive proprement obsessionnelle, *essence même de la « moralité » chrétienne*, va devoir effectuer un considérable *aggiornamento*. Lorsqu'il faudra, par la force des choses, face au parangon de vie chrétienne, style Jésus-Marie-Joseph chastes puceaux guidant le sacrifice des Vierges et des Martyrs, accepter la nécessité de propager l'espèce. En attendant la Parousie qui tarde à trompetter.

Au mariage virginal, modèle désormais exceptionnel [9], va succéder le mariage chrétien fécond, *prolifique*, pour « peupler la Terre ». Augustin va préciser les trois bienfaits du mariage : l'engendrement d'enfants (*proles*), la lutte contre la fornication (*fides et peccati remedium*) et la stabilité indissoluble (*sacramentum*).

Il est assez savoureux que cette théologie de la nuptialité vertueuse soit codifiée par Augustin. Ce Protée de la morale avait d'abord mené une vie très païenne, gardant onze ans une maîtresse en concubinage, puis il se convertit au manichéisme, qu'il renia quelques années plus tard, pour enfin se faire chrétien. Ainsi put-il réfuter la nature démoniaque de toute sexualité, comme le prêchait Mani, et saluer dans le mécanisme de la reproduction humaine une institution divine.

On a compris que le *peccati remedium* demeure une concession aux impératifs biologiques, pour éviter un mal pire. Mais il ne faut pas souiller le *sacramentum* par une complaisance pécheresse aux blandices de la chair. L'incontournable futution engage désormais le chrétien comme la chrétienne sur le chemin périlleux où l'obéissance à Dieu [10] doit éviter de tomber dans les pièges du Diable, l'abandon luxurieux au plaisir. C'est le pari impossible qui va empoisonner la vie sexuelle des fidèles pendant des siècles et des siècles. Quant à la fertilité, la « prolifération », si elle demeure un objectif louable, elle n'apparaît qu'au troisième plan, après le *remedium* et le *sacramentum*. Alors que la stérilité était considérée malédiction divine envers les femmes par l'Ancien Testament, elle n'est plus un prétexte pour renvoyer son épouse. Le christianisme put ainsi se vanter de ne pas autoriser la répudiation d'une femme bréhaigne. *Son mariage est indissoluble, s'il a été consommé.*

C'est précisément *l'infernale indissolubilité du mariage*, plaie de la morale imposée par l'Église [11], qui va faire se pencher théologiens, prêtres, clercs, *tous mâles*, *tous vierges*, sur une

6. Jean, XIV, 6.
7. Matthieu XII, 30.
8. M.-O. Métral, *le Mariage*, *op. cit.*, p. 184.
9. Il est toujours possible, les deux époux faisant vœu de chasteté à l'intérieur du lien conjugal. Cf. le merveilleux film de Bertolucci, *Mon Dieu comment suis-je tombée si bas* ?
10. Sur la célèbre « chemise de Saint-Joseph », au dessus de la fente du tissu donnant accès au sexe de la femme se trouvait souvent brodée la devise *Dieu le veut (figure 96)*.
11. On sait qu'on a pu opposer Marc à Matthieu, en ce qui concerne la répudiation de la femme adultère.

physiologie et un comportement qui leur sont non seulement étrangers, mais même *interdits*. Aucun de ces implacables régents des mœurs sexuelles de leurs congénères n'a approché une femme, touché amoureusement son visage, ses seins, son sexe, ses fesses, aucun n'a respiré ses odeurs, partagé sa couche, ses plaisirs, ses tracas purement féminins. Aucun n'a couché, adulte, à côté d'un nourrisson braillard. Aucun n'a nourri une famille nombreuse.

Des aveugles indiquent leur chemin à ceux qui voient.

INTER FEMORA SPECTAT OCULUS DEI

Marier à n'importe quel âge, tôt (12 ans pour les filles,14 ans pour les garçons) ou tard (30 ans), deux puceaux élevés dans la crainte du péché et la terreur de la damnation éternelle, mal lavés et quasi jamais dénudés, privés de la plus élémentaire information sexuelle, rigoureusement empêchés d'accomplir les moindres explorations corporelles, attouchements, baisers « impurs », visions « impudiques » avant le *vos conjugo* du prêtre, interdits de contraception [12], interdits de divorce si l'accord de la chair, comme celui des caractères, ne suit pas le sacrement, sévèrement punis en cas d'adultère, *c'est accumuler les fautes culturelles*. Pour faire du mariage chrétien une des pires inepties morales jamais élucubrées par le mauvais esprit.

Ce mauvais esprit, c'est celui de ces prêtres, moines, évêques, patriarches, papes, à la fois obnubilés par leur propre lutte contre la concupiscence et tellement ignorants des processus comportementaux normaux qu'ils s'imaginaient la copulation réalisable *ex abrupto* dès la mise en présence charnelle d'un homme et d'une femme adultes, fussent-ils de parfaits étrangers. Leurs fantasmes masturbatoires, leurs « pensées coupables », leurs « délectations moroses », leurs rêves érotiques de fornication immédiate avec une créature femelle consentante n'avaient évidemment aucun rapport avec la fonction érotique réelle des humains normaux. Ces frustrés vont pourtant édicter les règlements de vie sexuelle auxquels les chrétiens vont devoir se soumettre.

Mutilations sexuelles exceptées, on peut dire que toutes les circonstances externes sont réalisées par le Droit Canon pour empêtrer les humains dans les troubles fonctionnels de leur physiologie érotique. Et dès leur éprouvante, voire redoutable nuit de noces, lorsqu'ils craindront tellement qu'on ait noué l'aiguillette du jeune marié.

La nature humaine finit toujours par regimber devant les règlements contraires à sa biologie. Devant la loi inique du mariage à la fois indissoluble et imposé avant toute adaptation réciproque. Les mal mariés tentèrent donc de défaire leur *sacramentum*. Ils ne le purent que devant une autorité ecclésiastique. *Puisqu'il n'existait plus de législation civile du mariage*. Il fallut d'ailleurs plusieurs siècles pour que l'Église envisage non le divorce, pratique païenne odieuse condamnée par deux Conciles [13], mais *l'annulation*. Et pour des raisons strictement limitées.

Déçus, lassés, en guerre, bernés, trompés, battus, les conjoints mécontents, malheureux, désunis, malades, étaient (sont) toujours incités à pratiquer la *cohabitation fraternelle*. À l'image (prétendue) des saints Marie et Joseph, toujours liés malgré leur chasteté.

Pour déclarer nul le sacrement, l'évêque de Rennes Hincmar avait été le premier, au IXe siècle, à envisager des motifs acceptables par le droit canon : erreur sur la personne, consanguinité, rapt, bigamie. Autant d'*empêchements dirimants* au mariage, qui légitimaient l'annulation s'ils avaient été méconnus ou bravés. L'église gallicane, depuis quelques siècles préparait le terrain qui permettrait aussi l'annulation *en cas de non consommation*. L'impuissance coïtale, masculine comme féminine, va donc devenir objet de disputation juridique et cléricale.

La *Constitution* de Justinien (533) rendait sa liberté à l'épouse si le mariage n'avait pas été consommé au bout de trois ans de cohabitation. Elle devait prouver sa virginité persistante, et déjà une femme avait ainsi été démariée par le patriarche de Constantinople au IVe siècle [14]. Le Concile de Verberie (752) soumet la plaignante soi-disant toujours vierge – malgré les dires maritaux – à l'*épreuve de la croix*, une sorte de courte-paille pratiquée sur l'autel de l'église paroissiale : le conjoint qui tire le billet marqué d'une croix dit

12. Cette interdiction sera clairement formulée dans les *Décrétales* de Raymond de Penafort, en 1230.
13. Vannes, 461, Agde, 506 : les chrétiens divorçant selon la loi païenne sont excommuniés.
14. Darmon, *Le Tribunal de l'impuissance*, *op. cit.*, p. 160.

vrai... Une autre probation, encore acceptée par Honorius (pape de 1216 à 1227) faisait appel au témoignage de sept chrétiens, parents, voisins ou amis. C'est la *septima manus*. Si ces braves paroissiens jurent que le mariage n'a pas été consommé, il peut être dissous par l'évêque.

Grégoire IX, pape de 1227 à 1241, rallie officiellement la papauté à l'annulation pour non-consommation. Mais renouant avec les patriarches de Constantinople et Innocent III (pape de 1198 à 1226), auteur des *Litterae de frigidis et maleficiatis*, l'Église va le plus souvent demander une expertise des parties génitales.

*
* *

La virginité de la femme témoigne, de façon simple, de l'impuissance masculine : il sera donc fait appel à un examen, *de visu et de tactu*, pratiqué par des matrones. Grégoire VIII recommande aux évêques d'en prendre sept, « prudentes et honnêtes ». Et c'est bien déshonnêtement – pour l'époque – que Beaufort cardinal d'Angleterre et le comte de Warwick demandèrent à *deux hommes* – médecins il est vrai – d'examiner la nature de Jeanne d'Arc... tirant prétexte d'une indisposition de ventre de la prisonnière.

Le recrutement des matrones, comme l'établissement de leurs rapports, ne nous sont guère connus. Mais leurs certificats ne devaient pas être plus brillamment rédigés que ceux de leurs descendantes et consœurs, dont se moquera Venette. La contre-expertise de Jeanne par deux praticiens était finalement légitime, puisque les déclarations des femmes qui l'avaient « visitée », y compris l'épouse du Régent Bedford, ne reposaient sur aucune notion biologique précise.

Comme on le verra, l'anatomie concernant la « partie honteuse » n'est alors que charabia et pataugement. Il faudra même attendre des siècles pour que l'hymen soit reconnu et correctement décrit. Les matrones déclarent ainsi la femme non pas exactement *vierge* mais *impuissante*. Elle ne peut « connaître » l'homme, puisqu'elle est atteinte d'un des deux empêchements reconnus : l'*arctitude* et la *clausure*.

L'arctitude ou « étroitesse » devait correspondre à notre vaginisme : la contracture réflexe du « diaphragme » périnéal rendant la femme douloureusement impénétrable. Quant à la clausure, la « clôture », on peut penser qu'elle était parfois due à un hymen particulièrement résistant – il est fort rare. On parle alors d'obstruction par des « excroissances charnues »... peut-être des cloisons sagittales, ou des diaphragmes vaginaux, comme nous en voyons encore. Rien de tout cela n'est évidemment fiable, et à l'ignorance crasse des matrones devait se joindre une bonne part de comédie de la part des plaignantes.

Reconnues *barrées*, closes ou trop serrées de la nature, les femmes étaient démariées, mais pas toujours autorisées à prendre nouvel époux, si leur impuissance était déclarée *naturelle perpétuelle* (cf. *infra*).

Jeanne d'Arc était-elle ainsi barrée ? À l'époque de son examen (1431) la nosographie des obturations du canal copulateur n'avait guère progressé depuis la médecine médiévale. Guillaume de Cauda et Guillaume des Jardins la trouvèrent d'une étroitesse « impraticable » [15]. Il semble qu'elle ait été, de plus, quasi dépourvue de pilosité pubienne – et personne ne l'a vue menstruant, alors que ses geôliers de Rouen la surveillaient par un judas lorsqu'elle effectuait ses besoins naturels. Son cas serait peut-être, en fait, le premier *testicule non masculinisant* de l'histoire de la médecine [16].

L'impuissance masculine sera toujours plus difficile à objectiver de façon directe. C'est relativement tardivement que le chirurgien Guy de Chauliac préconisera les premiers « congrès » devant témoins. C'est aussi tardivement que l'on examinera l'homme lui-même. Les premières annulations de mariage consécutives au rapport de deux médecins et d'un chirurgien permettant d'incriminer l'époux datent de 1385. Ainsi furent démariés Jean Carré et Jeanne la Houdourone, de Lagny [17]. Force fut bien, et pendant longtemps, de s'en remettre aux dires des conjoints, à l'épreuve de la croix, et à la *septima manus*. Sans pour autant entraver la verve catégorisante et décrétante des puceaux trônant au tribunal ecclésiastique.

---

15. Venette, *Traité de l'amour conjugal*, *op. cit.*, PREMIÈRE PARTIE, Chap. II, art. III, *Des défauts des parties naturelles de la femme.*

16. C'est l'hypothèse de P. Rentchnik. Cf. bibliographie. Cet état intersexuel donne à des hommes génétiques, XY, l'apparence de femmes, non réglées et stériles. Il pose le problème de sa révélation à l'intéressé(e), à son entourage, et éventuellement aux juges arbitres des compétitions sportives...

17. Jacquart (D.) et Thomasset (C.), *Sexualité et savoir médical au Moyen Âge*, *op. cit.*, p. 234.

Trois sortes d'impuissances sont cléricalement reconnues : naturelles, accidentelles, surnaturelles (par maléfice) [18].

1. L'impuissance naturelle

Elle peut être constitutionnelle, ou respective. Constitutionnelle, elle dépend soit de l'anatomie, soit du tempérament. Les *hommes frigides* sont bien conformés, mais n'arcent point. Au contraire ceux traités d'« eunuques » sont affligés d'une morphologie défectueuse, tant de la verge que des dintiers. Microphallus, atrophie testiculaire, et même, on le verra, ectopie bilatérale. Il faut remarquer combien l'Église médiévale sera cruelle envers ces hommes sans génitoires, supposés honteusement débauchés (sodomites passifs ?). Alors qu'elle exigera définitivement – après avoir accepté certains castrats dont Origène, Père de l'Église – l'intégrité complète des parties viriles de tous les candidats à l'ordination, du simple moine au souverain pontife [19].

Respective, l'impuissance naturelle est liée à un(e) partenaire précis(e). Sa première acception fut d'abord anatomique : trop gros ventres, disproportion des organes copulatoires, vérètre trop gros ou trop petit. Ce qui autorisera parfois le démariage d'un homme capable avec une veuve, mais pas avec une vierge. Les siècles passant, l'impuissance relative aura évidemment tendance à s'étendre à toute incompatibilité physiologique, caractérielle, comportementale – à toutes les causes que la sexologie actuelle nomme *relationnelles*. Elle fera ainsi les beaux jours des plaidoyers en cour ecclésiastique.

Un cas typique et spectaculaire fut celui de Philippe Auguste, totalement rebuté en approchant, au soir de ses noces, en 1193, son épouse convenue Ingeborge de Danemark. Il la répudia le lendemain. L'affaire fit grand bruit, et le pape Innocent III jeta l'interdit sur la France en 1200. Le roi s'était prétendu ensorcelé (changeant de rubrique étiologique !) et jurait ne pas avoir touché cette femme étrangère. Or aucune annulation n'était possible si le mariage avait été consommé, ne fût-ce qu'une seule fois. *Dieu l'avait vu !*

2. L'impuissance accidentelle

Elle résulte d'une blessure, d'un accident, d'une intervention chirurgicale, d'une maladie atteignant les capacités copulatoires. Impuissance *organique* typique, elle ne posait aux médecins médiévaux que le problème de leur propre incapacité... Tandis que le problème de l'annulation était traité de la façon habituelle : si l'accident est antérieur au mariage, il peut « dirimer » le *sacramentum*. Consommé, le mariage ne sera jamais annulé ; même avec un(e) impotent(e) *(figure 98)*.

3. L'impuissance surnaturelle

Elle est le reflet, dans les juridictions ecclésiastiques, de toutes les vieilles croyances à la magie, aux sortilèges, et au Diable. Dans le *Décret* (dit *Décrétales*,1140) de Gratien [20], le canon *Si per sortarias* authentifie le *maléfice* responsable de la froideur masculine.

Ce maléfice c'est celui, vieux comme la magie, ici pratiqué par un suppôt de Satan, qui *noue l'aiguillette* [21] du jeune marié. Tantôt pour la seule nuit de noces, tantôt pour sa seule épouse, tantôt pour toutes les femmes. C'est affaire de dosage dans la malédiction.

Instruit de la pratique, n'importe quel malveillant, n'importe quel sorcier peut nouer l'aiguillette. Mais il y a des j'teux de sort spécialisés. Des *fasciniers* en vieux français [22]. Les procédés sont nombreux, et je ne cite que les plus courants, pour les personnes intéressées :

- refermer un canif sur le passage du cortège nuptial ;
- nouer progressivement, en trois fois, un lien de ficelle, de cuir, de laine, de soie, etc., en prononçant à chaque fois le nom des mariés. En variante, à chacun des serrages du nœud, faire une croix en récitant la formule *Ribald, Nobal, Varnabi* [23] ;

---

18. Darmon, *le Tribunal de l'impuissance (T.I.), op. cit.*, p. 29 sq.
19. Un concile local de 1640, interdisant la prêtrise aux eunuques, récapitulait toutes les interdiction précédentes. Quoi qu'on dise, il y a sûrement eu quelque chose de vrai dans l'examen des *coleos* du cardinal tout juste élu pape par le Consistoire. Depuis le scandale de la papesse Jeanne, ayant pris le nom de Jean VIII en 855.
20. Moine de Bologne, spécialiste de droit canon. Sa compilation de 1140 fit autorité jusqu'en 1918...
21. C'est le cordon qui lie le haut de chausses au pourpoint. Dans un contexte différent, on ne peut s'empêcher de penser à la braguette coincée du héros dans l'excellent film de Melvin Frank, *A Touch of class* (1973).
22. Marcireau, p. 215.
23. Darmon, *le Tribunal de l'impuissance*, p. 41.

Figure 98

L'impuissance devant la juridiction ecclésiastique

Nature de l'impuissance			*Cause*	*Empêche et dirime*	*Remariage permis*
naturelle	respective	temporaire	âge	non	–
		perpétuelle	caractéristique de l'homme et de la femme	oui	sous condition
	de l'homme	relative	caractéristique de la femme	oui	sous condition
		perpétuelle	frigidité	oui	non
	de la femme	relative	caractéristique de l'homme	oui	sous condition
		perpétuelle	arctitude	oui	non
accidentelle antérieure au mariage, de cause :	violente		castration	oui	non
	occulte	temporaire (moins de trois ans)	maléfice	non	–
		perpétuelle personnelle	maléfice	oui/non	(oui)
		perpétuelle personnelle	maléfice	oui/non	non
accidentelle postérieure au mariage consommé, de cause :	violente		castration...	non	–
	occulte	perpétuelle	maléfice	non	–
		temporaire	maléfice	non	–

• écrire le nom des futurs époux sur un billet qui est noué à la verge d'un loup (mort, je suppose !) ;

• lier ensemble un poil de vit et un poil de con pendant que le prêtre prononce la formule sacramentelle *ego vos conjugo* ;

• introduire des fragments desséchés d'organes sexuels de loup dans l'assiette des mariés ;

• séparer une noix en deux, et cacher les deux moitiés de coque sous le lit nuptial ;

• invoquer directement Satan et formuler sa requête [24].

Les signes classiques du maléfice seront décrits par saint Thomas : la femme prend soudain peur devant la taille du membre, une aversion réciproque paralyse brusquement les deux époux au moment de copuler, l'érection s'affaisse dès l'essai de pénétration. Tous symptômes survenant électivement avec la conjointe !

Non seulement le bon peuple crédule mais l'Église elle-même, et même Ambroise Paré, ignorant la pathologie comportementale, ont cru à ces diableries. Ce dont Venette se gaussera un jour.

Il faut dire que le mariage pouvant être annulé ou maintenu selon que l'incapacité « primaire » était jugée définitive ou temporaire, certains se déclarant maléficiés ont fait activement rechercher le noueur coupable. Portant éventuellement

24. Est-il, de nos jours, accessible au Minitel ?

les soupçons sur tel ou tel(le) censé(e) leur vouloir du mal. Il s'est évidemment trouvé des malheureux, un peu trop travaillés par la « question » ou un peu dérangés de la cervelle, pour *avouer leur forfait*. Mort le sorcier, brûlée la sorcière, le vit pouvait-il renaître ? On occit un certain nombre de suspects, thérapeutique simple et de bon goût. Ce fut là, à peu près, le seul remède envisagé par les officiaux.

L'Église n'avait évidemment pas à prescrire de traitement, et se contentait de constater l'état de fait, habituellement jugé irrémédiable. Au cas même où ce traitement paraissait possible, elle n'ordonnait pas son obligatoire application.

C'est ainsi que la fameuse « clausure », lorsqu'elle était due à une membrane obturante, semblait curable aux chirurgiens, de l'arabe Aboulcasis (935-1013) au montpelliérain Guy de Chauliac. Une incision au bon endroit, un pessaire « bien beurré » pendant quelques jours pour maintenir l'orifice perméable, et la femme pouvait enfin copuler. Personne ne pouvait cependant contraindre l'« impuissante » à l'opération, décréta l'Église. Même pas le mari. Il avait épousé une femme barrée, et devait supporter son infirmité, ou demander l'annulation. Et tant pis pour les sentiments ! Il est vrai, il faudra le redire, que le christianisme avait complètement évacué l'amour du mariage, sacrement trop sérieux pour reposer sur les vanités des périssables attachements terrestres.

LA DOUBLE IMPUISSANCE DES MÉDECINS

Sur les ruines de la médecine antique, la médecine médiévale édifia progressivement un impressionnant édifice théorique. À peu près entièrement intellectualiste et scolastique. Il la laissa complètement désemparée devant les grands fléaux médiévaux, la peste, la lèpre, la gangrène des blessures... Non moins désemparée devant les plaignants du sexe, qu'ils voulussent remédier à leur incapacité copulatoire ou à leur absence de progéniture – l'une et l'autre semblant longtemps relever d'une pathologie identique.

Il fallut d'ailleurs attendre le XIIIe siècle pour voir s'instituer une véritable médecine laïque. Elle succédait à la médecine monastique, seule survivante dans l'Occident déculturé. Les moines « officiers de santé » ont aussi longtemps prescrit herbes et potions, et paré au plus pressé de la traumatologie. Jusqu'à ce qu'on leur interdise de salir leurs mains « consacrées » au contact du sang et des viscères. La chirurgie sera aussi interdite à tous les clercs, fussent-ils « médecins », et pratiquement réservée aux barbiers.

« Hommes de main », les chirurgiens seront donc, pendant des siècles, subordonnés aux médecins, seuls détenteurs d'une « sapience » médicale qui tenait plus de la philosophie moralisante que de la science. C'est ainsi que les plus renommés penseurs médicaux du Moyen Âge, Albert le Grand (1193-1280, *figure 99*) et Pierre d'Espagne (1220-1277) étaient le premier théologien, le deuxième philosophe finissant pape (Jean XXI). Thomas d'Aquin (1228-1274), dominicain sanctifié, ne manqua pas lui non plus de mettre son grain de sel théologique dans les conceptions médicales sur la reproduction humaine.

Les chirurgiens autorisés à patauger dans la vile matière du corps peuvent quand même se glorifier, Italiens et Français, d'avoir remis en honneur la première science de l'homme, l'anatomie. Mais ce renouveau sera longtemps balbutiant.

La sexualité sous toutes ses formes préoccupe évidemment les esprits érudits. Ceux qui s'intéressent à la médecine recopient Hippocrate, Galien, Celse, Soranos. Isidore de Séville, comme Freud le fera plus tard, croit rendre compte de l'humain avec les jeux de mots dont il peuple ses *Étymologies* (v 610) : l'homme (*vir*) possède la force (*vis*), la femme (*mulier*) est affligée de faiblesse (*mollities*) et sa vulve (*vulva*) mélange (*volvat*) les deux semences nécessaires à l'engendrement...

Constantin l'Africain (1015-1087) traduit les « arabes » : Ali ibn Abbas, disciple d'Avicenne (*Pantegni*) et Ibn al Jazza (*De coïtu*). Gérard de Crémone apprend spécialement l'arabe pour traduire la *Chirurgie* d'Alboucasis (de 985) et le *Canon* d'Avicenne (de 1010). Au XIIe siècle Averroès (1126-1198) remet enfin Aristote « en circulation ».

On a vu que tous ces « arabes » sont de Cordoue, de Grenade, de Tétouan, et que leur médecine n'est ni vraiment d'origine arabe, ni même entièrement persane, puisqu'elle a été importée de Grande Grèce. Par les nestoriens bannis après le stupide Troisième Concile d'Éphèse (431).

*
* *

Trois centres culturels sont les plus férus de connaissance médicale : Salerne, Bologne, Montpellier.

À Salerne, une école célèbre attire médecins chrétiens et arabes, du VIIIe au XIIe siècle. C'est là que se fera connaître Constantin l'Africain. De Salerne sortira, au XIIe siècle, l'*Antidotaire* de Nicolas, qui guidera la pharmacopée pour des siècles. L'école ne publie pas moins de trois traités d'anatomie entre 1100 et 1150 : *Anatomia cophonis*, *Secunda demonstratio salernitana*, et *Anatomia magistri Nicolai physici*. Ses descriptions savantes n'ont qu'un tort : celui de transposer à l'homme *l'anatomie du cochon* ! Parmi ses adeptes, une femme probablement médecin sinon accoucheuse, Trotula, écrira néanmoins, au milieu du XIe siècle, un précieux *Liber de passionibus mulierum*. Elle y traite avec réalisme et pragmatisme des petites misères gynécologiques et donne des conseils d'hygiène élémentaire, voire de beauté féminine : soins des cheveux, des dents, de la peau, fards, etc. [25].

À Bologne, à la fin XIIIe siècle, on pratiquera les premières autopsies officielles – payées par les étudiants. Ce qui donne une connaissance plus précise du corps humain. Perfectionnant Guillaume de Saliceto (sa *Chirurgie* est de 1275), Mondino de Luzzi (1270-1323) écrit en 1316 une *Anatomia* qui servira de référence pendant deux siècles.

En France aussi on anatomise, et on opère. Médecin de Philippe VI, Guy de Vigevano publie en 1314 une *Anatomie* où il ne craint pas de contredire Hippocrate : *les veines rétro-auriculaires n'ont aucun rôle dans la génération* – ce qui est la stricte vérité. Mais c'est surtout à Montpellier que deux chirurgiens font briller la faculté fondée en 1150. Henri de Mondeville, avec sa *Chirurgia* de 1306 puis Guy de Chauliac avec sa *Grande Chirurgie* de 1363. Ce ne sont que premier pas.

Figure 99
Albert le Grand

25. Cf. Jacquart, p. 167 sq.

Alors même qu'elle dispose de peu de matériel pour son étude – l'Église s'opposant à toute autre dissection que celle des suppliciés – l'anatomie médicale souffre considérablement d'un vocabulaire confus. Elle parle en même temps latin, arabe, vieux français, etc. Elle pâtit aussi beaucoup du vice scolastique inhérent à toute connaissance médiévale. Les « anatomies » publiques sont exécutées par des barbiers : ils sont « priés » de montrer non ce qui se présente spontanément et progressivement sous leur scalpel, mais ce qu'un médecin lit *ex cathedra (figure 100)* : une description livresque !

En matière d'anatomie sexuelle, terminologie comme exposés souffrent d'*a priori* à la fois finalistes et moralisateurs. Un des plus paralysants est la « rage » de vouloir conformer à un modèle unitaire l'anatomie des deux sexes. La femme invagine (c'est le cas de le dire) au-dedans d'elle-même ce que l'homme, « modèle évident », porte au-dehors. Son vagin *doit* être l'équivalent du membre viril, son col utérin *doit* être l'homologue du gland de la verge, et ses glandes génitales *doivent* être des testicules. Déformation unitariste que l'on retrouvera au XXe siècle dans une certaine scolastique sexologique frottée de freudisme lorsque, cette fois, le clitoris *devra* être l'équivalent du phallus, le fascia d'Halban *devra* être l'équivalent du corps spongieux, les glandes de Skène *devront* être la prostate féminine. Encore et toujours l'influence pernicieuse du monothéisme, *le refus d'une vérité binaire*.

L'anatomie masculine, pourtant facile à examiner, et par des mâles, comporte sa part de fables. Avicenne décrit *trois conduits* et trois orifices (!) à la verge, un pour l'urine, un pour le sperme, un troisième pour la liqueur de l'excitation sexuelle – la « rosée du désir ». Plus proche de nous, Guillaume de Saliceto ne verra plus que deux orifices au membre masculin... quand nos contemporains ne nous montrent chichement qu'un seul et unique méat. Dégénérescence ?

Les organes générateurs de la femme sont aussi mal nommés que mal décrits. Responsables de la semence féminine, les deux « testicules » sont reliés à la matrice par des conduits qui semblent être tantôt les ligaments utéro-ovariens, tantôt les uretères... mais pas encore les trompes « baptisées » plus tard par Fallope. La matrice humaine est à l'image de celle de la truie, avec sept cavités, et des « poils » (villosités) destinés à retenir la semence. Elle possède des veines – voire des nerfs – qui la relient directement aux seins : elles véhiculent évidemment la semence féminine, transformée en lait après l'accouchement...

Figure 100
Anatomie publique. Mondino di Luzzi ?

Au-delà, le vocabulaire est encore plus défaillant. La *matrice* peut désigner l'ensemble utérus-vagin-vulve. Le tout peut aussi se couvrir de la très mystérieuse étiquette *amarry*. Plus couramment le vagin s'appelle *col de la matrice*, mais le terme peut aussi désigner l'orifice vaginal. Quant au col utérin, il échappe à la description autonome. Comme l'hymen échappe à l'œil de la plupart des chirurgiens-anatomistes : ils décrivent des cloisons pathologiques, ou des formations veineuses. Mondino de Luzzi est le seul à parler d'une membrane « virginale », sans lui donner son nom, et il sera longtemps le seul à la voir. Lacune scientifique fâcheuse, en ces siècles où les preuves objectives de la virginité mettaient en jeu tout le destin d'au moins un homme et une femme.

La *partie honteuse* est le gracieux vocable désignant couramment la vulve et ses formations. *Vulve* est utilisé, mais aussi pourquoi pas le con (*cunnus* dit Henri de Mondeville), la fente, le *pudendum*. Clitoris et nymphes sont « aperçus », comme on dit dans la marine, mais à une époque où la « matrice » est considérée comme l'organe tressautant seul responsable de la jouissance féminine la fonction érogène du clitoris paraît méconnue de la plupart des textes – sauf du *Conciliator* de Petro d'Abano [26].

Souvent l'ensemble capuchon + petites lèvres [27] s'appelle *nymphe*, et se trouve chargé du noble rôle d'un prépuce féminin protégeant le « col de la matrice » (le vagin) de l'entrée d'air quand la femme est assise. On sait la poche utérine vorace, aspirant sperme, ventosités et fumigations... Quand le clitoris est désigné pour lui-même, *landica* et même *tentigo*, ce qui pourrait faire allusion à sa véritable physiologie [28], le voilà accomplissant la tâche de filtrer l'air « trop frais » : son excroissance charnue médiane fonctionne évidemment (!) à l'entrée de la « matrice » comme le fait « sûrement » la luette à l'entrée de la gorge...

Ce dédain tout virocentrique de la physiologie clitoridienne aboutit tout naturellement, chez les « classiques » médiévaux, à ne parler de l'organe que dans cette circonstance qui semble avoir obnubilé tous les auteurs médicaux, de l'Antiquité au XXe siècle : *son « horrible » hypertrophie*. Cette phobie quasi inusable du « trop gros » clitoris, si elle arme le bras des exciseuses, fait au Moyen Âge comme aux âges précédents – et suivants – envisager avec la plus grande sérénité la salutaire clitoridectomie : par Avicenne, Alboucasis, Constantin l'Africain, Gérard de Crémone, etc. On espère qu'ils n'ont agi que sur des maléficiés, intersexuels, pseudo-hermaphrodites... mais on ne sait jamais. Et pas de commentaires sur l'atroce douleur, sur la perte d'un organe de plaisir, ni sur le triste état de la matrice désormais exposée aux courants d'air...

*
* *

La physiologie sexuelle – au sens large – n'est guère mieux élucidée que l'anatomie par les médecins médiévaux. Ils pataugent entre le procréatif et l'érotique, manifestement comme leurs clients et clientes. Mais ceci n'a pas que des conséquences néfastes pour les femmes. En particulier lorsqu'on se préoccupe de leur « éjaculation » et même, par delà la demande louable de progéniture, de leurs possibilités contraceptives. Ce qui fera tenir aux médecins des discours parfois différents de la hiérarchie religieuse.

C'est ainsi que nombreux sont les auteurs dénonçant les méfaits de la continence masculine, en ces temps où chasteté et célibat sont la loi pour les hommes régentant les mœurs, des curaillons au pape. Certes le plaisir sexuel a toujours très mauvaise réputation mais Galien l'avait déjà dit, la jouissance aide à surmonter le dégoût de recourir à des organes honteux [29], Guillaume d'Auxerre le répétera : l'homme de bien supporte le plaisir sexuel pour faire des enfants, comme il faut endurer la douceur du miel pour se nourrir... Et qu'il s'agisse des « Arabes » Avicenne, Ishaq ibn Imran (*de Melancholia*) ou de leurs traducteurs, comme Constantin l'Africain, et jusqu'à Arnaud de Villeneuve (*Speculum medicinae*), tous s'accordent à déplorer les méfaits de l'abstinence : elle entraîne mélancolie, lourdeurs, renfrognement, alors que le coït purge les vapeurs spermatiques, guérit les passions, donne de l'audace. *Thérapeutique refusée aux clercs et moines*.

Souvent entrés dans les ordres sans grande vocation mystique, ces hommes jeunes qui font partie des régulièrement nourris sont torturés par la continence, par leurs irrépressibles érections spontanées. Leurs pollutions nocturnes, leurs émissions diurnes de liquide urétral, uniformément qualifiées de *gonorrhée*, sont réputées débilitantes, comme leurs irrépressibles masturbations, qui dilapident le sperme. C'était l'époque où l'on croyait encore qu'une perte spermatique équivalait à *quarante fois* une perte de sang [30].

Bien entendu, quand ces frustrés se plaignent de leurs maux au médecin, le praticien ne doit pas incriminer leur chasteté. Si le jeûne et les flagellations ne suffisent pas à calmer la nature, on peut recourir à la saignée. Mais sans la faire suivre de restaurants comme œufs, vin, bouillons, viandes, fromages gras, aggravant le régime conventuel si venteux et si flatueux, haricots, pois, fèves et choux – Jérôme avait déjà mis en garde contre les fèves. Les théologiens Vincentius Hispanius, Antoine de Florence enjoignent au médecin bon chrétien de s'occuper uniquement d'une diététique « déflative ». Arnaud de Villeneuve conseille

---

26. *Conciliator differentiarum philosophorum*, écrit v. 1310. Cf. Jacquart, p. 65.
27. On peut regretter que des érudites comme D. Jacquart et C. Thomasset écrivent régulièrement *lèvres* pour *petites lèvres*, dans le même temps qu'elles déplorent l'imprécision des anatomistes médiévaux.
28. *Adhuc ardens rigidae tentigine vulvae*, Juvénal, *Satire VI*, v. 129.
29. Jacquart, p. 111.
30. Camperosi, p. 20.

lentilles au vinaigre, laitue, fromages salés et autres *anaphrodisiaques*.

Déjà les Antiques s'étaient souciés de trouver un remède aux impulsions vénériennes « excessives », ou tout simplement intempestives. C'est ainsi que les vierges athéniennes, comme les vestales romaines, dormaient sur un sommier formé des branches entrelacées de l'*agnus castus* : ses émanations étaient censées assagir les songes. Le christianisme augmenta de façon « foudroyante » le nombre des privés de sexe (du sexe d'en face). Pour calmer moines, moinesses et autres chastes par vœu, et leur éviter la consultation médicale, il fut recommandé de leur servir aneth, laitue, rue, pourpier, roquette, cultivés dans le jardin du couvent. Pour calmer clercs et laïques, on utilisa aussi *le camphre* (vieille prescription salernitaine), le ver luisant (grillé ?), et *la menthe*, par ailleurs conseillée aux éjaculateurs trop pressés... sans garantie.

Les facultés viriles, bandatives et éjaculatoires relèvent toujours – outre la chaleur et l'humidité – de la ventosité. Celle que la matrice aspire. Par rapport à l'Antiquité, *nil novi* en matière d'impuissance, en matière de prescriptions aphrodisiaques. Pierre d'Espagne, dans son *Trésor des pauvres*, Avicenne, Constantin, Arnaud de Villeneuve, etc., recommandent ces « produits » qui figurent sur la liste millénaire dressée dans la première partie de ce livre. Avec une très ridicule prédilection pour le pois chiche. Et quasi aucun remède sur la partie en cause. Maïmonide, reprenant le *de Coïtu* de Constantin pour ses coreligionnaires, préconise seul *des onguents révulsifs*... sur le coccyx et le périnée postérieur. Ainsi l'homme parviendrait-il à satisfaire plusieurs femmes, ce qui semble faire admettre, par ce talmudiste cordouan, la polygamie juive à quatre épouses autorisée par le texte traditionnel.

Les chirurgiens connaissent aussi le traitement du phimosis. Non par la circoncision, mais par une incision « plastique ». Arnaud de Villeneuve l'a vue pratiquer à Bologne, et Guy de Chauliac reprendra la méthode. C'est lui qui recommandera l'observation d'un « congrès » conjugal par une matrone lorsque le mari, ou la femme, sont suspectés d'« impuissance » [31]. Matrone chargée de faire rapport au médecin.

Il faut aussi féliciter Arnaud de Villeneuve, tout chirurgien qu'il fût, et dans ces siècles aux conceptions physiologiques toutes mécanistes, d'avoir, dans son *Speculum medicinae*, reconnu le rôle du cerveau dans le comportement sexuel et le fonctionnement érotique. Même s'il parle, à tort, du « ventricule médian », il évoque les images influençant le corps [32], c'est-à-dire les stimuli sensoriels et les schémas déclenchants de l'éthologie. Il leur attribue même le pouvoir, si la femme adultère pense à son époux pendant la copulation coupable, de faire ressembler l'enfant au cocu ! Il reconnaît aussi les difficultés d'érection liées à une partenaire peu reluisante : il ajoute la teigneuse, la fétide, l'immonde, à la liste déjà dressée par Avicenne, et où figurent la femme réglée, la vieille, l'acariâtre, l'immature, la rancie [33] et... la vierge. Belle prémonition de la nosographie comportementale contemporaine.

L'éjaculation prématurée ne semble pas totalement ignorée de la médecine médiévale, qui a pu prescrire des « retardants » comme la menthe. C'est dans *La Rose anglaise* de Jean de Gaddesden [34] que l'on peut trouver allusion directe à ce manque de retenue. D'une part pour conseiller le « truc classique » des éjaculateurs précipités, la pratique d'un deuxième rapport le plus vite possible après l'échec (pour la femme) du premier round : la partenaire stimulera l'homme *si virga tarde erigatur post primum coïtum* [35]. Mais surtout et bien mieux pour recommander, pour la première fois dans la littérature « scientifique », que la femme agisse *sur l'homme couché sur le dos*. Élémentaire, mon cher Masters... Mais diablement osé, à une époque où la posture d'Andromaque était non seulement interdite, mais réputée dangereuse : le sperme féminin n'allait-il pas pénétrer dans l'organe de l'homme ? Le malheureux n'allait-il pas « tomber enceint » ? Un conte en vers allemand, *Les Peines du moine*, se moque d'un enfroqué, dépucelé *muliere incumbante* par une drôlesse : il craint de bientôt accoucher [36]...

La bonne posture, pour le clergé comme pour les philosophes médicaux est celle « du missionnaire » – des théologiens – puisqu'elle met dans le bon axe les deux pôles présumés de l'ardeur copulatoire : les reins pour l'homme, le nombril pour la femme. Ainsi la fécondation est-elle au mieux

31. J.-Cl Bologne, *la Naissance interdite*, *op. cit.*, p. 85.
32. Jacquart, p. 119.
33. Bologne, p. 192.
34. *Praxis medica rosa anglica dicta*, v. 1320.
35. Bologne, p. 193.
36. Jacquart, p. 106.

favorisée : l'accouplement pour le simple plaisir n'est-il pas dénoncé par Jérôme, par Gratien, comme apparenté à la fornication, voire à l'adultère ? La posture *more ferarum* (quadrupède) pourtant reconnue par les Antiques la plus fécondante, devient la plus coupable pour Albert le Grand, encore pire que les positions latérales, assises ou debout... Les théologiens comme les médecins semblent néanmoins assez indulgents envers les acrobaties conjugales, pourvu qu'elles honorent le « vas debitus » et déclenchent la « sémination prolifique » des deux époux.

*
* *

Le sperme féminin, par sa très hypothétique biologie, va alimenter toutes les disputations médiévales sur la conception, qu'elles soient théologiques, philosophiques ou médicales. Le Moyen Âge sera là résolument hippocratique, suivant Galien et Avicenne : *stérilité et frigidité vont devenir synonymes*. Quelle chance pour les femmes chrétiennes ! À ceci près que les débats sont menés par des clercs sans la moindre expérience personnelle *déclarée* des femmes. Fussent-ils médecins. D'ailleurs même laïques, ceux qui apprennent la médecine dans les livres et sur les truies, n'examinent jamais par eux-mêmes une femme vivante.

Les femmes grosses, les femmes malades sont invitées à explorer elles-mêmes leur matrice. Le médecin ne verra pas directement la chair, il ne la touchera pas, usant si besoin d'artifices, miroir (matrical) ou sonde, tampon, canule, guidés par la patiente. Les matrones seules peuvent porter l'œil et la main sur le corps féminin, et sur ses parties honteuses. Peu importe leur « savoir » nul ou dangereux, elles au moins ne seront pas induites en tentation charnelle [37], risque constamment encouru par médecins et chirurgiens approchant les femmes.

La misogynie la plus monothéiste continue de régner officiellement au Moyen Âge. Certes le système féodal avait ceci de bon que les hautes dames, les reines, les régentes, les abbesses pouvaient tenir pouvoir influent et rang social imposant. Mais la femme fille d'Ève, fille de Vénus demeure l'ennemie du mâle chrétien [38]. Les prédicateurs vitupèrent son arsenal de séduction, parure, coiffure, vêture, affiquets, etc., autant de pièges du Démon, de ces démons que les païens révéraient comme Dieux. On blâme sa coquetterie, son usage pernicieux du miroir *(figure 101)*. Or cette créature tentatrice, impure, exclue des charges civiles officielles comme de la prêtrise, est indispensable à la propagation du genre humain. Et pour la féconder, il faut la faire jouir, *lui faire émettre sa semence féminine*.

Jusqu'à la remise en honneur des théories d'Aristote, et jusqu'à la Contre-Réforme, il ne manquera certes pas d'esprits sceptiques, arguant de l'engrossement des femmes non consentantes, forcées, violées. Averroès, en bon aristotélicien, doutait de l'existence du sperme féminin ; et tenait les ovaires (testicules !) des femmes pour l'équivalent des seins masculins atrophiés. Mais c'était « un musulman crédule ». Il avait répandu sottement la fable d'une de ses voisines tombée enceinte sans copulation : sa matrice aurait aspiré, dans l'eau d'un hammam, le sperme (viril) qu'un précé-

Figure 101
Sirène avec peigne et miroir (XVIe siècle)

37. Le fait que Jeanne d'Arc, avant sa captivité, ne consentait à dormir qu'entourée *de femmes jeunes*, apparut à plus d'un plus que suspect.

38. Encore au XIVe siècle, les béguins de saint François pouvaient (dit-on) coucher dans le même lit qu'une femme *sans y toucher* pour montrer leur mépris de la chair femelle.

dent utilisateur y avait abandonné, succombant au délicieux attrait de la masturbation dans l'eau tiède [39]... Les théologiens chrétiens qui se moquent de lui ont une théorie lumineuse pour expliquer la fécondation des femmes prétendant ne pas avoir joui.

On sait que Dieu a donné l'esprit à l'homme, et même à la femme. Mais il coexiste malheureusement avec la chair, qui conserve ses appétits bestiaux, lubriques, poussant à la perpétuelle fututation. C'est ainsi que si l'esprit de la femme violée se rebelle, son corps « naturel » consent à la copulation, et s'en réjouit : d'où sémination ! *Freud ne dira pas autre chose*, avec sa libido faisant jouir *inconsciemment* les femmes violées, prises entre leur volonté de raison et leur volonté de nature [40]. Albert de Beauvais, Guillaume de Conches [41] pensent même que si les putains ne conçoivent pas, c'est évidemment parce qu'elles ne jouissent point dans l'exercice de leur commerce.

Le sperme féminin existe donc, mais quel est-il ? Et quelle est sa couleur ? Albert le Grand (*De Animalibus*), qui en tient pour le blanc, patauge entre l'exsudat vaginal normal, la leucorrhée pathologique (des filles sales, des religieuses ?), la glaire d'ovulation, la mouillure vaginale de l'excitation ou des rêves érotiques. Son élève Thomas d'Aquin, et la majorité des autres « penseurs » en tiennent pour le rouge : la semence des femmes provient du sang menstruel, stocké dans un réservoir, aussi mythique que « mystique », la *stacio sanguinis* [42]. Quand la femme ressent l'orgasme, ses testicules-ovaires filtrent cette semence, qui se rend dans la matrice et nourrit ensuite l'embryon avant de se transformer en lait après l'accouchement. Le sperme viril formera les parties blanches du futur petit chrétien, cerveau, os, cartilages, nerfs, aponévroses, ligaments, etc. Le sperme de sa maman formera son foie et autres parties charnues. Si, hélas !, la femme n'est pas fécondée, son sang menstruel sera éliminé, et cette superfluité devenue venimeuse peut causer bien des dégâts.

On sait déjà que la femme menstruant trouble les miroirs, mais il n'est pas impossible que son sang impur ne transmette toutes sortes de maladies, y compris la lèpre. Pourquoi les femelles humaines sont-elles soumises à ce répugnant flux périodique ? Parce qu'elles ne peuvent, au rebours des (autres) bêtes, se débarrasser de leurs humeurs superflues sous forme de pelage, cornes ou griffes [43]. Il suffit déjà des malaises qui surviennent lorsque les femmes ne peuvent, d'une façon ou d'une autre, évacuer leur semence.

La continence est plus difficile à supporter par la femme, créature à la fois plus lubrique et plus débile que l'homme. L'herboristerie monastique s'est préoccupée très tôt de fournir aux nonnes des emménagogues les aidant à se purger les humeurs rentrées. À l'usage des femmes « du monde » furent aussi prescrits des anaphrodisiaques. Pour calmer soit les femmes grosses risquant de gâter leur fruit par la copulation, soit les épouses de militaires, marchands, marins demeurant longtemps solitaires. On leur demande de porter une émeraude, ou de boire des extraits de véronique, de bétoine, dilués dans un vin... consolateur. Voilà qui est moins cruel que la ceinture de chasteté.

Le gonflement spermatique excessif de la matrice est à l'origine d'une maladie promise à un bel avenir : la très redoutable *hystérie*. Un fumée venue de l'utérus monte au diaphragme, qu'elle oppresse, la gorge suffoque, et l'agitation désordonnée du corps reflète les mouvements anarchiques de l'orgasme. Albert le Grand accuse même la continence d'engendrer des gonflements de ventre, voire la formation de môles dans l'utérus [44].

Prévenir la terrible maladie hystérique n'est pas aisé, surtout chez les jeunes filles chrétiennes à la virginité « tabou ». Surtout en ces périodes d'ignorance « officielle » de la masturbation clitoridienne. Sans doute les clercs en eurent-ils quelques notions, Avicenne aidant, puisque les soulagements féminins solitaires ne seront que modérément blâmés, voire considérés utiles. Albert le Grand leur reconnaît le double pouvoir d'évacuer le sperme féminin sous pression et de préserver la chasteté. Quant aux femmes adultes menacées de suffocation, leur masturbation ne peut être « que » vaginale. Soit, pensent certains prêtres, avec le(s) doigt(s), soit avec les éternels consolateurs phallomorphes dont on trouve une bonne liste dans le *Brevarium practice* [45] – un

39. Jacquart, p. 92.
40. Bologne, p. 253.
41. Dans son *Dragmaticon philosophiae*, cf. Jacquart, p. 88.
42. Bologne, p. 49.
43. Jacquart, p. 101.
44. Jacquart, p. 211.
45. Jacquart, p. 210.

ouvrage qui aurait été écrit dans un couvent. Nous savons que les nonnes, jusqu'à au moins l'Arétin, ne répugnaient pas à l'usage de ces ersatz, quitte à leur laisser endommager un hymen destiné à Notre Seigneur Jésus Christ...

Bien sûr, dans le même temps, la hiérarchie non frottée de médecine condamnait sévèrement l'usage de l'olisbos, la *machina mulierum*. Les canons pénitentiaux du VIIe siècle punissent la coupable de trois ans de pénitence, dont un au pain et à l'eau. Le même péché préoccupe encore au XIIe siècle Burckhardt, évêque de Worms [46]. Première inconséquence. Mais qui réveille de vieilles malédictions. Les mauvais esprits insinuent que le crucifix, modèle réduit, figure le TAU symbolique de la verge et des bourses *(figure 102)* qui servit à mainte cérémonie religieuse de fécondité. En particulier à Byblos [47] : l'officiant introduisait l'engin dans le vagin d'une femme consacrée. Le geste sacrilège exécuté avec la croix chrétienne fit frémir d'horreur bien des exorcistes, dont ceux qui jugèrent Claire de Sazilli, une des « possédées » de Loudun [48].

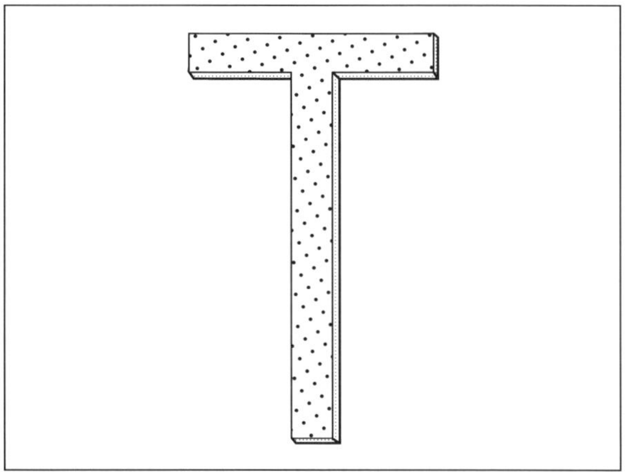

Figure 102
Le Tau

Une deuxième inconséquence provient de ce que les clercs médicastres imaginaient intarissable le flux spermatique féminin (comme les Orientaux !) alors qu'ils s'érigeaient contre toute pollution spermatique masculine. Éternelle sottise de croire que le sperme éjaculé au-dehors coûte « plus cher » à l'organisme que celui projeté dans le vagin...

Guérir médicalement l'hystérie déclarée ne pouvait donc s'envisager que par l'expulsion purgative de la semence féminine accumulée. Faute d'homme disponible, force est bien de recourir au soulagement direct des parties engorgées. Par des calmants appliqués en friction sur les parties honteuses, ou introduits dans le vagin. Arnaud de Villeneuve préconise un onguent à base d'huile de lys, laurier et nard, *fortement agité*. Le branle local est assurément le meilleur élément de la thérapeutique, et à moins de faire pratiquer par la main de la malade l'attouchement salvateur [49] il faut recourir aux doigts infirmiers d'une matrone. Celle-ci pratique tout bonnement ce qu'on appellera un jour *massage gynécologique*. Avec les bienfaits – et les inconvénients – de la méthode. Albert le Grand pose un subtil *distinguo* entre la *manus polluans* et la *manus medicans*, l'une n'ayant pas le même effet vénérien que l'autre. On sait, en fait, que la technique débouche obligatoirement sur l'attachement... sentimental envers qui procure le « charitable » orgasme ; ce qui la fit abandonner par la médecine officielle au milieu du XXe siècle.

Reste un remède, et le plus simple : *le mariage*. Encore faut-il que le médicament soit efficace, apaisant la concupiscence féminine. Et c'est ici que les recettes « sexologiques » des autorités médiévales tournent parfois au franc comique.

Ce n'est pas dans l'Évangile ni même dans l'Ancien Testament que les médecins vont trouver des exposés didactiques sur la fonction érotique féminine, du style « manuel des fiancés » à l'orientale. Force est bien, en cette époque de savoir livresque, de recourir aux textes pré- ou extrachrétiens : Aristote, Galien, et ces prétendus arabes nourris des Antiques, en particulier de Rufus d'Éphèse [50]. Cuisant paradoxe, quand il s'agit, à travers la *seminatio* féminine, d'engendrer un futur baptisé.

La culmination vénéréique de la femme, « tout le monde » le sait depuis Aristote, se manifeste

46. Marcireau, p. 65.

47. Constantin supprima ce culte obscène.

48. Marcireau, p. 57. Ce blasphème émoustille toujours bigots et cathos. On le voit (presque) commis par une gamine « possédée » dans le film de W.-P. Blatty tiré de son roman *l'Exorciste*, *op. cit.*

49. On s'amusera de voir un « psy » préconiser, dans le film de Claude Faraldo, *Flagrant désir*, la masturbation didactique et thérapeutique d'une jeune hystérique par sa propre mère... vieille méthode pratiquée aux Indes pour endormir les fillettes énervées par l'orage...

50. Jacquart, p. 169.

par un signe certain : les yeux chavirent et changent de couleur. Mais comment déclencher cet intéressant phénomène ? À l'évidence instruits de la déception subie par ceux qui n'ont pas vu l'orgasme féminin survenir dès la glorieuse pénétration du vérètre, les auteurs ont toujours la même peine à concevoir la physiologie orgasmique bifocale des femmes. Même si les « Arabes » cités, en fait Perses, Puniques, Andalous, n'habitent pas en contrée de clitoridectomie.

Le plus ancien, Qustâ ibn Lûqâ [51] (v. 820-912), décrit l'état lamentable des femmes hystériques sevrées de plaisir. Pour les faire jouir, il ne faut pas hésiter à les lutiner, les caresser, sur les seins, sur les organes génitaux. Et là, précisément, où ?

Avicenne est péremptoire. Les seins et la « région pubienne » avant l'accouplement. Et ensuite la région périnéale, entre l'anus et la vulve : c'est le point sensible des femmes (!), et habilement frotté, il assure leur pâmoison. Samau'al ibn Yahyâ, juif islamisé mort en 1180, semble plus précis. Dans son *Livre de conversation avec les amis à propos des rapports intimes des amants dans le domaine de la science et de la sexualité* (ouf !) il semble bien connaître le clitoris (la « région pubienne » d'Avicenne). Mais son plaisir de médiocre qualité ne convient qu'à celles dont le « col de la matrice » est trop étroit, ou blessé. Ce qui a pu les conduire aux rapports lesbiens – l'auteur brosse d'ailleurs un tableau de ces femmes hyperactives, cultivées, indépendantes, quasi masculines, qui ne recherchent pas le commerce des hommes.

Plus tardifs At Tifashi (1184-1253) préconise lui aussi l'excitation des seins féminins, Ibn Falita (première moitié du XIVe siècle) connaît plusieurs postures coïtales ; il déplore l'éjaculation prématurée et recommande vivement de tirer sur les cheveux de la femme pour la mieux faire jouir...

*

* *

Le lecteur chrétien, pour qui les tétins sont surtout des tétines nourrissantes, qui a été mis en garde contre les « attouchements impudiques » et qui craint la condamnation morale des positions interdites, a de quoi rester pantois devant ces textes « sarrazins ». Mais combien, chrétiens *et aussi musulmans*, en ces temps de manuscrits rares et chers, avaient donc accès à ces fleurs de savoir ? Combien pouvaient, médecins, en faire bénéficier leurs plaignants [52] ? *Pour la plus grande partie du bon peuple, et même des clercs, ces subtilités universitaires et/ou exotiques demeurèrent lettre morte.*

Les bons mires de campagne durent donner des conseils aussi vagues que prudents, pour inciter leurs clients à donner « du contentement » à leurs ménagères inquiètes de ne point « prendre ». Mais l'ordonnance n'était pas obligatoirement une « révélation ». Chacun, chacune devait certes faire son expérience tout(e) seul(e) avec sa (son) partenaire, *mais les plus délurés y sont toujours parvenus*, depuis que l'humanité a développé sa fonction érotique.

La « gaillardise » de la culture populaire du Moyen Âge semble amplement prouver la bonne santé instinctuelle, en Occident, de gens qui ne vivaient ni très bien ni très longtemps, mais qui, faisant l'amour, n'avaient pas besoin de lire le grec ou l'arabe. Le plus gênant, pour eux, était assurément ce *communautarisme du coucher* qui mettait dans la même chambre, dans le même lit, les parents et la progéniture des petitement logés. Mais un accommodement domestique comme *les lits clos bretons* témoigne de la possibilité de réaliser cette intimité de l'étreinte dont les humains ont toujours eu besoin.

On peut ainsi penser, au moins jusqu'à la Contre-Réforme, que bourgeoises et vilaines avaient relativement peu de soucis érotiques, et se débrouillaient dans leur ménage sans trop s'étendre sur leurs ébats quand elles allaient à confesse. Les prêtres étaient d'ailleurs eux aussi incités à la plus grande prudence pour ne pas fournir en matière d'érotique comme en matière de contraception une connaissance « dangereuse », incitation à explorer, donc à pécher. Certes il était reconnu que la bonne épouse chrétienne devait « *seminare* » pour procréer. Mais dans le même temps il fallait pourchasser toute forme de luxure à l'intérieur même du mariage, copulations les jours interdits, ou « sodomies » diverses, actes « contre-nature » puisque s'opposant à l'engendrement. À trop parler, le prêtre pouvait révéler des recettes interdites.

---

51. J'adopte les orthographes fournies par Jacquart, pp. 170-174.

52. Sans trop d'amertume, je dois constater combien l'information sexologique est difficile à diffuser : en notre siècle informatisé j'ai animé (peut-être maladroitement !) des dizaines d'enseignements postuniversitaires sans avoir l'impression que la semence didactique avait efficacement levé...

Car la grande affaire sexuelle, pour les femmes, comme pour leurs confesseurs, *c'était la maternité*, redoutée ou ardemment souhaitée. Et dans un cas comme dans l'autre les médecins se trouvaient en position inconfortable. Toute leur sapience demeurait de peu de secours pour faire engroisser les femmes stériles, eussent-elles joui du plus goûteux soulas charnel. Alors que leurs prescriptions contraceptives sentaient quelque peu le soufre : elles disparurent des traités médicaux avec la diffusion des livres imprimés au XVIe siècle. L'*Index librorum prohibitorum*, issu en 1564 du Concile de Trente, finit ainsi par censurer, entre autres, toute information sur le contrôle des naissances.

Cet ouvrage ne traitant pas des pannes d'engendrement, je n'insiste pas sur la façon dont les médecins d'époque « traitaient » la stérilité féminine. Sinon pour rappeler les légendes pseudo-scientifiques sur la « perméabilité venteuse » du corps féminin et sur les mouvements de ludion de la matrice, fort sensible aux odeurs. On soumettait encore les femmes stériles à l'épreuve des produits odoriférants introduits dans le vagin et dont le fumet devait « parfumer » l'haleine. Classique (!) diagnostic de l'obturation des trompes par la marjolaine, le thym, le serpolet, le girofle, ou, plus facile à utiliser, la gousse d'ail, n'exigeant pas le recours aux manœuvres certainement acrobatiques de la fumigation sur le siège *ad hoc (figure 103)*, après introduction du spéculum « d'époque ».

On soumettait aussi cette matrice baladeuse à l'attrait des produits aromatiques l'incitant à descendre vers l'orifice du vagin pour mieux capter la semence virile. Plus d'une malheureuse a dû se griller au moins les poils vulvaires en s'exposant avant la copulation au chaudron devant insuffler son vagin de fumées d'aloès, de myrrhe, de castoreum, de spic « celtique » (le meilleur !), etc. Dans le même temps qu'on espérait inciter ladite matrice à « lâcher » foie ou diaphragme en présentant à la narine les émanations « répulsives » d'une lampe à huile éteinte, d'un chandelier, voire d'excréments... charmants préludes amoureux ! Les mêmes produits rebutants ou aguichants peuvent, d'ailleurs, faire mouvoir la matrice en sens inverse, montant de la partie honteuse jusque vers l'estomac, en intervertissant les portes d'entrée. Procédé contraceptif « évident ».

On s'amusera de lire sous la plume de ces médecins, *même clercs* (mais ils étaient finalement les plus intéressés...) des conseils *ut mulier non concipiat*. Alors que la contraception était combattue sans relâche par les autorités chrétiennes, d'Augustin à Burckhardt et au Concile de Trente. Il faut dire que ces procédés, considérés *agissant contre nature* par des théologiens incapables de concevoir la légitimité de la fonction érotique, relevaient des maléfices de sorciers et autres suppôts de Satan. Tous responsables d'impuissance, stérilité, castration, avortement, tous dénoncés par le sinistre *Marteau des sorcières*, et qui seront condamnés, au XVe siècle, par la bulle d'Innocent VIII (1432-1492) *Summis desirantes affectibus*.

Figure 103
Chaise obstétricale et lampe à fumigation
(Ambroise Paré)

Il faut dire aussi que même les Avicenne, Trotula, Albert le Grand ou Pierre d'Espagne (qui fournit 26 recettes contraceptives) ne font que reprendre les antiques procédés « foireux » traînant depuis « toujours » dans les racontars extra-scientifiques. Les herbes (laitue, camphre, saule, poire...), les spermicides (semence de chou, extraits de menthe, de jusquiame, de rue, de coloquinte, etc.), les potions à base de menstrues, de placenta (signatures d'expulsion), les talismans (testicule gauche de belette, parties anatomiques diverses de mulet ou de bardot – animaux stériles, pierres froides, topazes, émeraudes, etc.) et pourquoi pas, dit Pierre d'Espagne, *manger une abeille*, ouvrière elle aussi stérile [53] !

Les plus efficaces sont évidemment les vieux trucs du retrait, du coït réservé (sans éjaculation virile), du coït intercrural, et bien sûr de la sodomie. Tous procédés sur lesquels nous n'avons guère de témoignages d'époque. Sinon, ô ironie, par le biais d'une littérature vantant à l'occasion les mérites « contraceptifs » des clercs : *ceux qui ont le plus grand intérêt à ne pas engrosser les femmes qui leur cèdent* ! Eux seuls semblent connaître quelques spermicides utiles, telles cette « herbe » attachée par une ficelle de lin que Pierre Clergue, de Montaillou, introduisait dans le vagin de sa maîtresse Béatrice [54], ou la plus fiable (et si grisante !) éponge vinaigrée [55].

Bien sûr l'échec d'un arsenal contraceptif sans la moindre fiabilité conduisit comme d'habitude des millions de femmes à l'avortement. Là encore selon des méthodes artisanales trop souvent très dangereuses, qu'elles soient mécaniques ou chimiques. Certains Juifs (évidemment !) connaissaient ainsi des potions abortives qu'ils vendaient à Paris dans l'enclos du Temple, où le commerce échappait aux règlements royaux [56].

Risquant leur vie, les avortées n'encourraient par contre qu'une condamnation morale nuancée, jusqu'à la Contre-Réforme. L'avortement n'est l'assassinat d'une personne humaine *que lorsque Dieu lui a envoyé son âme* ! Or cette *animation* n'est pas contemporaine de la fécondation. Les débats théologico-médicaux du Moyen Âge finirent par admettre que l'embryon mâle n'est animé qu'au 40ᵉ jour, l'embryon femelle attendant le 80ᵉ... Aristote est passé par là. Avant cette date, expulser le fruit de la copulation n'est pas un véritable homicide... Ce qui pourrait démobiliser les irréductibles adversaires contemporains de l'IVG.

LES REMÈDES DE FORTUNE. MAGIES ET PÈLERINAGES

Dépourvus de médecins, ou déçus par des médecins dépourvus de moyens efficaces, les hommes et les femmes malheureux du sexe s'en remettent toujours aux « bonnes vieilles » recettes ésotériques. Celles du Moyen Âge venaient pour une bonne part d'un lointain passé, et une bonne part d'entre elles, magies, pèlerinages, furent sollicitées durant toute l'ère chrétienne, jusqu'à l'aube du XXᵉ siècle.

L'aiguillette nouée relevant évidemment d'un sortilège, le contre-charme doit pouvoir y remédier. Les procédés préventifs s'utilisent le jour des noces – ou sa veille. Voici une liste – non limitative – des procédés les plus réputés :

- utiliser les capacités hydrauliques de l'engin de ménage du futur pour pisser par trois fois dans l'anneau conjugal (avant bénédiction !), ou dans le trou de la serrure de l'église de la célébration ;
- enduire de graisse de loup la serrure de la chambre conjugale ;
- porter un talisman : un anneau contenant l'œil droit d'une belette, ou simplement du sel, dans la poche, dans une chaussure ;
- faire bénir plusieurs anneaux ;
- faire coucher par terre les futurs tout nus. L'époux baise le gros orteil gauche de la mariée. Chacun des deux fait un signe de croix, avec les talons, puis avec les mains ;
- percer un tonneau de vin blanc encore intact, et faire passer le premier jet dans l'alliance de l'épouse ;
- ne passer l'alliance qu'à la dernière phalange de la mariée ;
- écrire sur un billet *Omnia ossa mea*, au moment du coucher, et l'attacher sur la cuisse droite de l'époux, sur un autre billet écrire *Quis similis* et l'attacher sur la cuisse gauche de l'épouse ;
- si l'on découvre sous le lit une noix maléfique coupée en deux, recoller ses deux moitiés, la casser et la manger... etc.

Deux moyens simples évitent ces manigances :

- se marier secrètement, éventuellement *de nuit*, ce que l'Assemblée de Melun dut interdire encore en 1579 [57] ;

53. Bologne, p. 162.
54. Cf. Leroy-Ladurie, *Montaillou, village occitan*, *op. cit.*, p. 248.
55. Bologne, p. 235.
56. Bologne, p. 44. C'est bien le Temple des Templiers.
57. Darmon, *le Tribunal de l'impuissance*, p. 45.

• pratiquer tout bonnement le(s) premier(s) acte(s) de chair *avant* la dangereuse nuit de noces. Méthode d'une efficacité éthologique éprouvée, fût-elle interdite par toutes les religions bibliques. Certains promis pressés purent ainsi solliciter l'indulgence des confesseurs, déclarant avoir utilisé ce procédé naturel pour conjurer les maléfices du fascinier...

Nouée l'aiguillette, la levée curative du sortilège est moins aisée. On connaît le remède radical qui consiste à faire avouer l'agent maléfique, et si besoin le griller à feu vif. Encore faut-il que l'on découvre le (la) coupable.

On peut plus simplement, dit un « promoteur de l'officialité de Châteaudun » enfermer les deux époux dans un grenier, les lier à un pilier tout nus face à face, les fouetter un bon coup, puis les détacher et leur faire passer la nuit ensemble, chacun muni d'un quignon de pain et d'une chopine de vin [58]...

Le mari, d'ailleurs, peut ne pas se plaindre de son impuissance domestique, quand il est victime consentante d'une ensorceleuse foraine. La malheureuse épouse que la défaveur maritale « incompréhensible » incite à soupçonner une diablerie possède quelques contre-charmes :

• faire boire à l'époux un peu de son sang menstruel ;

• lui faire manger un gâteau contenant, outre du sang menstruel, des poils provenant de tout son corps ;

• mettre dans sa nourriture le cœur d'une poule « étouffé » dans le vagin ; ou la poudre de trois poissons étouffés l'un dans la bouche, l'autre entre les seins, le troisième dans le vagin ;

• lui servir du pain dont la pâte aura été pétrie, par une amie, sur les fesses nues de la délaissée ;

• mettre une image du mari dans le feu, ou sur une fourmilière.

Les soupçons peuvent se porter sur une femme précise, qui a manigancé le sortilège réservant à son seul usage le vit de l'époux : l'épouse frustrée peut combattre le charme en dérobant (adroitement !) un peu de la merde de la drôlesse, qu'elle introduit dans les chausses du maléficié... Infaillible !

* * *

Restent, pour les désespérés pouvant se payer le voyage, les pèlerinages. Mais alors que les femmes stériles n'ont que l'embarras du choix « touristique », les hommes en panne ont rarement entendu parler de guérison miraculeuse de leur infirmité. Il exista pourtant, jusqu'au XIXe siècle, un lieu consacré connu au moins des Italiens. Dans un petit village des environs de Naples, Isernia [59].

La guérison était obtenue dans les suites d'une procession des reliques des saints Côme et Damien – patrons des chirurgiens – le 17 septembre de chaque année. Une description détaillée des cérémonies fut faite au roi d'Angleterre par son ambassadeur, sir William Hamilton... le célèbre mari.

Le pèlerinage durait trois jours, pendant lesquels se tenait une foire aux indulgences (*pardonanze*). Les marchands s'installaient autour d'une petite chapelle consacrée à saint Côme, sur une colline entre deux rivières. Ils vendaient la réplique en cire des organes dont les pèlerins souhaitaient la guérison. Têtes bras et jambes, mais surtout membres virils « dévotement » façonnés. Les pèlerins les confiaient au chanoine qui se tenait dans le vestibule de la chapelle, et encaissait leurs oboles. Les *ex-voto* étaient ensuite accrochés dans le sanctuaire... comme au Japon !

Parfois venus de très loin, les hommes et les femmes passaient deux nuits dans l'ermitage et les deux églises voisines (celle des Capucins et celle des Cordeliers). Mais sans mélange des sexes ! Le jour dit, les femmes du village, mariées ou pucelles, mais aussi filles de joie voisines, chaque groupe vêtu d'un habit particulier, portaient en cortège les précieuses reliques. Les pèlerins chantaient derrière, en procession, invoquant les saints Côme et Damien pour leur membre défaillant. La guérison était, paraît-il, d'autant plus rapide et complète que l'offrande avait été plus généreuse...

Hélas !, le 26 janvier 1805 un terrible tremblement de terre dévasta la région de Naples. Mille cinq cents personnes périrent, et le village d'Isernia, ses églises, sa chapelle, ses reliques et ses *ex-voto* phalliques disparurent. Avec les espoirs des hommes en peine. Revanche de Priape sur les sectateurs du puceau ?

58. Darmon, p. 47. Procédé efficace dans le film de Daniel Vigne : *Le retour de Martin guerre*.
59. Marcireau, p. 147 sq.

*
* *

Que les femmes fassent pèlerinage pour réveiller leurs ardeurs charnelles, voilà qui n'est pas dans les spécialités thérapeutiques de Lourdes ou de Fatima [60]. Même si la Vierge Marie a tressailli d'émotion vénéréicque lorsque le Saint-Esprit la féconda, elle ne semble guère savoir stimuler les extases orgasmiques des chrétiennes trop froides au déduit.

C'est leur stérilité que les dévotes demandaient aux saints comme aux « génies du lieu » de guérir. Pour que, leur sexe enfin fécond, elles puissent ajouter le doux titre de mère à celui d'épouse. Là encore je me contente d'évoquer le problème, car ses solutions boiteuses montrent que la morale sexuelle du christianisme régnant dut là s'accommoder de très païennes superstitions.

La Sainte Mère du Christ, miraculeusement engrossée, fut évidemment sollicitée, et par du beau monde. Au moins trois reines de France, Louise de Lorraine, Catherine de Médicis, Anne d'Autriche implorèrent la Sainte Vierge pour pouvoir enfin donner un héritier au royaume. Pourtant, selon Froissart [61], elles avaient été vues nues par les dames de la Cour aptes à juger leur saine constitution poulinière – une sorte d'examen prénuptial pour la dynastie. Henri III accompagna sa royale épouse à pied pour faire pèlerinage à quasi toutes les Notre-Dame qui avaient en France une église consacrée. Il fit même reconstruire, en 1580, les bains « païens » mais « fécondants » de Bourbon l'Archambault. C'est à Chartres que se rendit Anne d'Autriche... pour se faire dire par une femme du peuple que son pèlerinage était vain : le chanoine qui faisait les enfants était mort depuis trois ans [62] ! Ce genre de facétie circulait à propos de tous les lieux fréquentés par les bréhaignes : ainsi le pilier qui rendait les femmes fécondes dans l'église Sainte Foy de Conques (dans le Rouergue) était-il probablement, lui aussi, un vaillant chanoine [63].

Les « eaux » réputées pour favoriser l'engendrement étaient d'antique renommée. En Suisse, à Bade. Et surtout en Italie : à Pouzzoles (près de Naples) ; à San Filippo (près de Sienne) ; à La Poretta (près de Florence) ; à La Villa (près de Lucques). Les baignades et étuves voisinaient avec de confortables lits, dans lesquels pouvaient se glisser de vigoureux étalons, plus aptes que les vieux maris à féconder les belles pèlerines. D'où la réputation de diablerie de ces sources déjà fréquentées par les païens, et qui devaient doublement sentir le soufre [64] *(figure 104)*. Les Barbares en avaient détruit beaucoup, et le clergé chrétien les poursuivait de sa vieille vindicte contre les thermes et autres lieux de débauche romaine. Pourtant les « saints » dont il autorisait le culte « fécondant » étaient pour le moins suspects. Mais comme il s'agissait de la « bonne cause » de l'engendrement le christianisme médiéval préféra

Figure 104
La soufrière de Pouzzoles (XIVe siècle)

60. On s'amusera, dans le livre de Pierre Magnan, *le Mystère de Séraphin Monge* (*op. cit.*, II, p. 302) de la guérison « miraculeuse » d'une « femme barrée » sur la tombe d'un « saint ».
61. Bologne, p. 67.
62. Bologne, p. 111.
63. Marcireau, p. 160.
64. Une délégation de médecins de l'école de Salerne fit en 1392 une visite « de jalousie » aux bains de Pouzzoles ; au retour, leur expédition se noya corps et biens. Cf. Bologne, p. 122.

couvrir des cultes incrustés de longue date, et « sanctifier » des intercesseurs qui ne faisaient aucun mal à la Doctrine. Les naïves idoles des campagnes gauloises étaient moins subversives que les Vénus de marbre.

Partout, en France et en Europe (comme ailleurs) d'antiques sanctuaires faisaient solliciter la bienveillance fertilisante de divinités phalliques. La politique des premiers évêques fut donc, lorsque c'était possible sans scandale, d'assimiler ces génies locaux. Ce qui aboutit à faire révérer des saints à l'étrange nom de baptême [65].

Saint Greluchon, à Bourges, était un authentique Priape romain, proposé aux pèlerin(e)s par les moines du couvent de Bourg-Dieu [66]. Grelichon, ou Guerlichon, il portait le nom local de la verge des petits garçons : la *guerliche*. Saint Gilles rendait efficaces les eschilles, qui sont les deux sonnettes des bourses viriles. Tous les saints Guignolé, Guignolet [67], Guénolé, Guingalais, Vennolé, Gunolo, etc., permettent d'engendrer : *gignere*.

Saint Phal(le), Phallier, ne cache guère son étymologie, même devenu saint Velu. Encore plus malicieux les « saints » Biroutin, Grenouillard, Gourgandin... Saint Druon était *dru* comme la verge érigée. Saint Pothin, premier évêque de Lyon, vit son nom révéré comme Photin, Fotin, puis carrément Foutin. Foutre est aussi *guigner*, ce qui fit solliciter saint Guignefort, ou *fanfrelucher*, d'où saint Freluchot.

Les vénérables membres virils des saints ont pu constituer de précieuses – et efficaces – reliques. Ainsi dit-on de saint Gilles (Cotentin), saint Arnault (Saint Aubin dans le Bourbonnais), saint Barthélémy... Leur vit condamné vivant à la continence fit ainsi une fructueuse carrière *post mortem*.

À défaut des saints restes on vénère bien des substituts. Hormis l'intromission sacrilège, les solliciteuses n'hésitent devant aucune manœuvre. Tantôt elles boivent la raclure de la statue du saint (très antique procédé), mélangée à l'eau d'une fontaine consacrée. Tantôt elles se couchent sur la statue, ou glissent sur son ventre. Tantôt elles apposent directement ventre et pubis sur la Sainte Verge – ailleurs elles se contentent de la toucher, après avoir levé le tablier qui la cache – par exemple pour saint Arnault. Le contact thérapeutique est souvent facilité par la situation de la statue, couchée sur le dos, éventuellement le vit pointant. Même de pierre, le membre vénéré finissait par s'user, tant et si bien que le clergé avait fini par installer un phallus amovible dans un trou de la statue. Il était progressivement poussé par derrière, puis changé, pour compenser l'érosion provoquée par les dévotes.

Tout ceci relève de la plus franche tradition priapique. De quoi choquer les vertueux intégristes. Les Réformés ne se firent pas faute de dénoncer ces vilenies papistes [68]. C'est ainsi qu'après le Concile de Trente (1545-1563) furent supprimés la plupart de ces pèlerinages pittoresques qui, à défaut d'être efficaces, mettaient un peu de joyeux paganisme dans la vie des chrétiens.

LES REMÈDES HUMANISTES. *LA FIN'AMORS* ET LE *ROMAN DE LA ROSE*

La plus courante peine de sexe dont puisse pâtir la femme, en temps et contrée virocentriques, demeure constamment de n'être point frigide, mais mal baisée. En terre chrétienne, où le refroidissement des culs-bénits tenait lieu de moralité officielle, publique et privée, se divulguait quasi sous le manteau un savoir érotique féminin, nourri de Trotula et autres « païennes ». Il enseignait ces notions élémentaires d'anatomie et physiologie érogènes féminines qui permettaient, à celles qui possédaient le caractère suffisant, de « dresser » leur partenaire, et d'« ouvrir les yeux » de celles à qui elles voulaient du bien. Ces textes, ces *Secrets des femmes* régalent les érudits du XXe siècle, mais n'atteignirent guère que quelques matrones, entremetteuses, femmes marginales ou excentriques, ayant accès à la lecture... et aux manuscrits.

En système féodal les seules femmes pouvant influer, du haut de la hiérarchie sociale, sur mœurs et culture, étaient les aristocrates prépondérantes. En terre d'Aquitaine, de Montpellier à Bordeaux, là où la romanité avait pris racine sans trop souffrir de la barbarie, les dames de haut

65. Bologne en a compté 85 en 140 lieux, *la Naissance interdite*, p. 114.
66. Marcireau, p. 166.
67. Le saint Guignolet de Landevenec aurait été le premier abbé du lieu, en 480.
68. Par exemple Pierre Viret, cité par Bologne, p. 114.

lignage furent à l'origine d'un mouvement poétique et surtout *moral* d'une grande originalité et d'un grand rayonnement.

Ce que le XIXe siècle a fautivement nommé, à la suite de Gaston Paris, *amour courtois* se disait, en langue d'oc, *fin'amors* : l'amour parachevé, le pur amour [69]. Pour la première fois depuis l'antiquité, et même de façon beaucoup plus éclatante que dans les timides historiettes grecques ou les mondanités d'Ovide se voit exalté cet amour hétérosexuel, *normosexuel*, entre l'homme et la femme, qui est l'épanouissement de la condition humaine.

Il ne s'agit pas moins que de restaurer et magnifier le lien érotico-affectif que les romains impériaux avaient connu dans le mariage *et que le christianisme avait évacué de l'union conjugale*. Encore au XIIIe siècle Thomas, en classique pisse-froid théologal, confirmait la tradition des Pères Fondateurs, professant la plus grande méfiance à l'encontre de l'amour. Ce sentiment inspiré par la vanité comme par la matérialité charnelle attire toute l'*intentio* de l'âme [70], la distrayant de la dévotion à Dieu comme du souci du salut... D'ailleurs, pensait Thomas, les organes génitaux avaient été infligés à l'homme – et à la femme – après l'exil du Paradis. Pour les punir...

Mariées à de vigoureux fiers-à-bras les grandes dames d'Aquitaine n'attendaient évidemment pas grand chose d'étreintes conjugales destinées à les féconder en purgeant les génitoires seigneuriales. Aristocrates désirant et pouvant se délivrer de la majeure partie des servitudes féminines d'époque, gestation, maladie, vieillesse [71], elles utilisèrent leurs loisirs – les Croisades leur en laissaient – à dresser des hommes de cœur... et de corps. Comme d'habitude, le progrès évolutif provenait de l'élite, et non de la « mobilisation populaire » – tant pis pour le charabia marxisant des militantes du MLF.

On ne peut évoquer les croisades sans rappeler, ici, qu'elles avaient été le prétexte pour imposer en Occident l'ignominie des *ceintures de chasteté (figure 105)* et surtout, semble-t-il en ce pays d'oc et dans la proche Italie du Nord. Que les phallocrates partant exterminer le Sarrazin soient

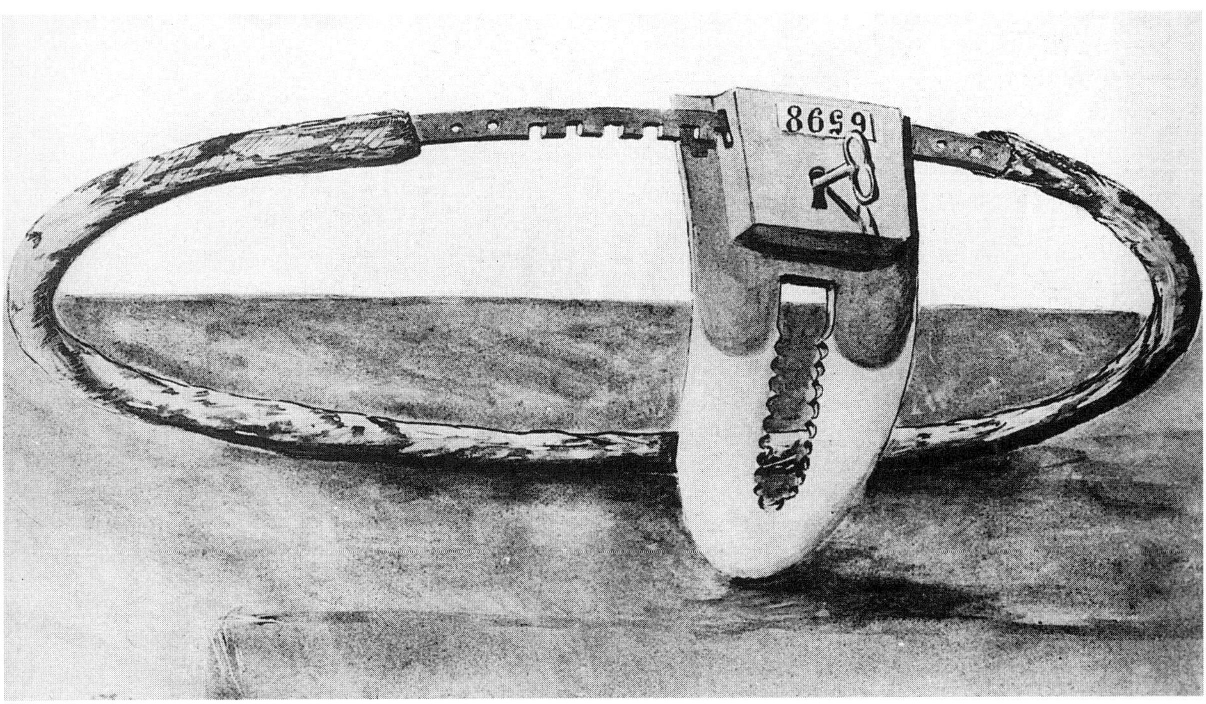

Figure 105
Ceinture de chasteté

69. J. Brault in *Roy*, *op. cit.*, p. 26.
70. Jacquart, p. 120.
71. Brault, p. 30.

inquiets sur la fidélité de leurs épouses ne nous apparaît que trop légitime. De là à ce que tous les croisés aient imposé à des chrétiennes ce carcan répugnant, il y a un pas que trop de racontars littéraires ont franchi étourdiment. Le caractère odieusement spectaculaire de la pratique ne doit pas nous cacher son extrême rareté. Il est vrai que les littérateurs se sont aussi considérablement fourvoyés sur la nature de la *fin'amors*.

L'historique de ce siècle et demi d'amour « courtois », illustré par tant et tant de gentes dames, de chevaliers servants et de galants troubadours, emplit de nombreux ouvrages d'érudition. À ceci près que la plupart sont restés à la surface du sujet.

Il faut désormais savoir que ces brillants débats de cour d'amour, ces célébrations lyriques de la dame adorée mais jamais possédée ne sont que la partie visible de l'iceberg « courtois ». Permettant de ranger au musée des élucubrations stériles toutes les ratiocinations intellectualistes sur ce pur, ce merveilleux amour occitan aussi passionné que *désincarné*. Tant pis pour ceux qui en tiennent pour l'amour « de tête », débarrassé des odeurs du sexe : *cet amour était charnellement consommé*. Il n'excluait que l'éjaculation intra-vaginale.

Émettre la semence dans le sein de la femme était assurément la seule « prouesse » sexuelle concevable pour la majorité des mâles constituant la noblesse d'épée. Émission survenant au terme d'une joute copulatoire probablement fort « cavalière ». C'est cette aspersion fécondante et prématurée que les grandes dames vont interdire à leurs amants. Pour éviter bien sûr la naissance intempestive de bâtards, mais surtout pour tirer de leurs partenaires le maximum de services érotiques avant que l'éjaculation ne les démobilise. C'est pourquoi elles leur autorisaient « tout le reste ». Ce qui ne se sait pas assez.

Parmi les quatre devoirs requis de l'homme « courtois » : servir, flatter, honorer, dissimuler (*celar*) [72], le maintien du secret fut si bien respecté qu'il fallut attendre les exégètes contemporains pour savoir ce qui se passait réellement entre amants. Mais l'aveuglement devant ce qui se célébrait à mots couverts provint longtemps du virocentrisme culturel « officiel », incapable de se représenter tout ce qu'un homme et une femme pouvaient se faire « en plus » de l'éjaculation intra-vaginale.

Quatre grades sont successivement attribués au servant d'amour : *fenhedor* (soupirant), *precador* (suppliant), *entendedor* (amant agréé), enfin *drut* (amant charnel) [73]. C'est au troisième stade que l'on atteint l'intimité corporelle de la dame, au cours de la célèbre épreuve de l'*asag (figure 106)*.

Il faut être singulièrement naïf pour croire que pendant cette nuit *seul à seule, nu à nue*, les participants passaient leur temps à dormir, ou à se regarder dans le blanc des yeux. Deux épisodes *actifs* ritualisaient l'épreuve de « bonne tenue » masculine.

Premier épisode : *jazer et remirar*. Se coucher près de l'aimée, et se repaître les yeux de ses beautés charnelles. On regarde, mais on ne touche pas. La dame évoluait-elle alors comme un mannequin présentatrice de mode pour se faire admirer « sous toutes les coutures » ? Se contentait-elle de gésir immobile ? C'est de toute façon sur son ordre que l'on passait à la suite du programme, si l'amant avait su maîtriser ses ardeurs.

Deuxième épisode : *tener, abrassar, baizar, manejar*. C'est-à-dire, et tout simplement, exécuter ces gestes qui, *dans la séquence comportementale normale de l'accouplement*, correspondent à la phase des préludes. Premier acte omis par tous les « machos », balourds, égoïstes, soudards... violeurs, qui constituent le gros lot des mauvais hommes. Préludes charnels ignorés de l'Évangile,

Figure 106
Asag

72. Brault, p. 27.
73. Jacquart, p. 132.

et que le clergé tenait pour suspects, s'ils retardaient par trop l'intromission prolifique. Phase préliminaire qui procure normalement à la femme l'orgasme clitoridien.

Il semble maintenant évident que *baizar* et *manejar*, baiser et caresser, jouer de la bouche et des mains, devait déboucher sur l'assouvissement clitoridien de la belle comtesse. Voilà qui dressait à la stimulation des zones érogènes secondaires féminines (ventre, seins, cuisses, croupe, etc.), puis primaires (le clitoris, et peut-être aussi le vagin) des messieurs plus familiarisés avec rênes et lances qu'avec luths et rebecs. Recevaient-ils, en récompense, d'assouvissantes caresses ? Peut-être pas avant le stade suivant de leur apprentissage amoureux.

*
* *

Le *guerredon*, don de la personne, couronnait le parcours initiatique du chevalier servant. Ayant su faire jouir sa Dame par ses caresses et ses baisers, il était sacré *drut* (ses facultés bandatives paraissant évidentes...), et se voyait autorisé à pénétrer dans le corps féminin. Mais pas à y jouir. Là encore, il s'agit d'un très classique *coït réservé*, c'est-à-dire que le membre viril procure à la belle moult extases vaginales, sans que la semence ne jaillisse... inconsidérément. Ainsi l'amant devait-il cultiver la *retenue physiologique de l'orgasme masculin* bien connue des adeptes du tantrisme.

Orgasme clitoridien, orgasme vaginal, maîtrise des sensations érogènes, le parfait serviteur d'amour, en ces siècles virocentriques, avait donc appris à se conformer très éthologiquement, et avec quel luxe de raffinements, à la fonction érotique bifocale des femmes.

Après sept siècles de morale chrétienne officielle, il ne fallut pas moins que toute l'« emphase » de l'amour courtois pour qu'une élite cultivée retrouve le chemin naturel de la biologie érotique des hommes et des femmes. On doit ainsi rendre hommage au courage des nobles dames, à la dignité et au sens du secret de leurs amants, nobles ou roturiers. Au plan de l'honneur comme à celui... de la médecine. Car tout compte fait cet enseignement comportemental progressif, jusques et y compris la procrastination de l'éjaculation intravaginale, *n'est-il pas le précurseur de la thérapeutique sexologique ?*

N'ayant pas le droit de répandre une semence adultérante dans le cul-de-sac postérieur de sa dame, le bon drut finissait quand même par recevoir gratification d'un orgasme : mais *hors vaissel* – en dehors du vaisseau (du vase) féminin. Soit par coït interrompu ; soit grâce à la main de l'aimée, ce qui est beaucoup moins frustrant [74].

Certaines précisions sur le guerredon sont fournies par le « célèbre » livre d'André le Chapelain, *la Fleur d'amour ou l'art d'aimer honnêtement*, dit *De Amore* (v. 1210). Ce chapelain était peut-être l'aumônier (et plus...) de la comtesse Marie de Champagne. S'il n'était pas provençal il semble ne rien ignorer de la *fin'amors*. Mais la langue d'oc n'était peut-être pas la seule à véhiculer [75] une information érotique et contraceptive fort utile à qui voulait faire jouir les femmes sans risques – ce qui demeure le souci « éternel » du pouvoir érotique masculin.

De Amore expose longuement un débat sur « savoir quel est le meilleur amant », du chevalier ou du clerc. Voilà qui ne manque pas de piquant, à une époque où les clercs faisaient vœu de célibat et ignoraient tout de la vie de couple, au contact quotidien de la féminité. Alors que Le Chapelain leur attribue la coupe du meilleur amant. Et à juste titre.

Seuls frottés de culture, seuls capables de raffinement, ceux d'entre eux qui pouvaient approcher régulièrement les femmes retrouvaient la pente naturelle du comportement sexuel humain. Attrait pour l'autre intraspécifique, sélection, séduction, union charnelle, échange du plaisir et des sentiments... Avec des femmes qui ne pouvaient être la leur. Mais se trouvaient parfois libres, veuves, ou nonnes, y compris de haut rang. La pratique « courtoise » du coït réservé ou interrompu était probablement cet amour « honnête » connu de tous les « initiés », qui ne compromettait ni n'engrossait celles qui, nobles dames, abbesses, prieures, avaient des bontés pour leur aumônier, leur chapelain, ou leur confesseur. De façon plus discrète que toutes ces paysannes qui passaient, par la force des choses, et de notoriété publique, dans le lit du curé, quitte à porter ses bâtards.

Quand l'Église condamna la *fin'amors*, en 1277, elle mit un point final à la sanglante répression de

74. Jacquart, p. 141.
75. Le *De Amore* a été traduit en français par Drouart la Vache en 1290.

la culture qui avait fleuri en Languedoc – à Montségur avait péri, en 1244, à peu près tout ce qu'il restait d'« albigeois ». Certes l'hérésie des cathares en avait été un fruit vénéneux. Mais au lieu de les massacrer, *toujours au nom du Dieu d'amour*, il eût mieux valu laisser s'éteindre ces chimériques. Ces « purs » qui avaient décidé de ne plus se reproduire pour ne plus copuler... sinon au compte-gouttes, avaient très certainement adopté, eux aussi, *à moins qu'ils ne l'aient inspirée*, la pratique du coït non fécondant, *interruptus* ou *reservatus*. Ce que l'Église ne peut tolérer, et qu'elle condamne depuis toujours, et encore au XXe siècle. Pour des raisons n'ayant rien de commun avec l'éthologie.

*

* *

On fait volontiers du *Roman de la rose* un pendant « nordique » des écrits « courtois ». Certes on peut le considérer comme un parcours initiatique, menant l'homme à faire épanouir la rose de la femme aimée, symbolisme érotique vieux comme les jardins de Perse. Cette interprétation est relativement optimiste, l'étreinte demeurant, sous la plume de Jean de Meung, une possession très intrusive. Martin le Franc lui reprochera de se comporter comme un ivrogne plein de cervoise envers « le bouton et le rosier tendre » [76]. Critique quelque peu excessive, envers un auteur qui osait enfin blâmer la chasteté stérile du clergé chrétien, qui osait souhaiter la fin du joug insensé imposé par le mariage indissoluble [77]. Là n'était pas, d'ailleurs, le principal intérêt du livre.

Le XIIIe siècle voyait resurgir plusieurs courants de pensée humaniste, voulant se délivrer de la dogmatique religieuse qui paralysait l'Occident depuis des siècles. C'est ainsi un averroïsme athée qui inspira le roman de Guillaume de Loris et Jean de Meung. Il osera enfin reprocher au christianisme régnant d'être un obstacle à la connaissance scientifique, comme d'exercer son odieux chantage répressif, obscurantiste, au nom d'une survie *post mortem* pour le moins fabuleuse. Et l'attaque venait enfin d'intellectuels laïques, passant outre aux réfutations de Thomas d'Aquin envers l'athéisme. Un mouvement irrépressible finit par proposer l'étude raisonnée du réel par les têtes pensantes.

À la fin du Moyen Âge, le courant qui amènera la Renaissance tirait profit de la fissuration patente du moralisme chrétien, en particulier sexuel. Les curés baisaient leur bonne, ou allaient au bordel [78]. Les prêtres distingués se faisaient octroyer les faveurs distinguées des aristocrates et des bonnes bourgeoises. Le bon peuple n'en faisait qu'à sa tête – à son sexe. Tous en contradiction avec l'ascétisme répressif prôné par la religion régnante – régnant depuis le Vatican où l'orthodoxie de la chasteté n'était pas plus respectée que l'« orthodoxie » des partenaires érotiques.

Le malheur voulut que cette « licence » du clergé catholique, ce divorce de la morale prêchée et de la réalité sexuelle vécue aient inspiré non le retour complet aux Antiques, *culture, science et morale*, mais le rigorisme bilatéral et symétrique de la Réforme et du Concile de Trente.

Certes un adoucissement doctrinal spectaculaire sortit du Concile de Trente : *l'invention du Purgatoire*. Si l'âme n'était chargée que de péchés mineurs, véniels, sa condamnation *post-mortem* pouvait n'être que temporaire, selon un barème fixé par le souverain juge. Les conciliaires pensaient-ils à leurs propres frasques ? Ils semèrent quand même, avec leur Purgatoire, un sacré doute dans la tête de ceux (ils avaient raison !) qui ne pouvaient concevoir une éternité coupée en tranches temporelles. Un évêque espagnol trop bruyamment rétif fut brûlé par la Sainte Inquisition. Le nouvel article de foi, sous ses apparences « humanitaires », possédait de plus un considérable avantage financier. Les bons chrétiens pouvaient abréger les souffrances des âmes du Purgatoire, y compris préventivement la leur, en achetant au clergé des *Indulgences*. Leur prix variait selon l'autorité et la renommée des vendeurs, selon les « moyens » des acheteurs. Ce trafic mystique finit par faire coter les indulgences comme des actions boursières !

L'indulgence du Concile demeura limitée à cet *aggiornamento*. Il ne fit, par ailleurs, que renforcer l'ordre moral, la censure, et la persécution de tout ce qui pouvait rappeler le paganisme.

---

76. Jacquart, p. 154.
77. Cf. Jean-Charles Payen, *le Moyen Âge*, in *la Première fois*, *op. cit.*, p. 181.
78. Cf. J. Rossiaud, *la Prostitution médiévale*, *op. cit.*

Quant à Luther, il mit certes fin (en terre réformée) au scandaleux trafic des indulgences, et il fit presque obligation aux prêtres de prendre femme, comme on prend médecine. Mais il ne changea rien aux principes fondamentaux du monothéisme, supprimant même la dévotion aux saintes, à Marie, qui édulcorait quelque peu le virocentrisme biblique. Il ne changea rien à la révélation christique, ni à la nécessité de faire son salut métaphysique.

Le christianisme « global » sortait revigoré de sa « crise de foi », serrant un peu plus fort sa poigne de fer sur la morale occidentale. Mais il était devenu bicéphale.

Cette haineuse scission permit aux chrétiens, après avoir exterminé les infidèles et brûlé les juifs, de s'exterminer et brûler à nouveau entre eux, comme aux temps héroïques de l'évangélisation européenne [79]. Avec le perfectionnement des armes à feu, le christianisme put ainsi aboutir au plus grand massacre historique ayant encore ravagé l'Europe : l'abominable boucherie de la Guerre de Trente Ans. Toujours au nom du doux Jésus.

79. Faut-il rappeler que les adversaires de la Guerre de Sécession chantaient les mêmes cantiques, que les mêmes prières et les mêmes goupillons bénissaient les canons de tous les belligérants pendant la Guerre de 14 ?

CHAPITRE 6

COMPRENDRE POUR REMÉDIER. PREMIERS ESPOIRS DÉÇUS, ET POUR LONGTEMPS

De la Renaissance à la Restauration française de 1815 se renouvelle l'évolution morale en deux temps qui a marqué le Moyen Âge. À une première époque de rigorisme chrétien étouffant et figé, à peine tempéré par l'invention du Purgatoire, succède un mouvement de plus en plus accentué pour secouer le carcan de la doctrine religieuse, et fonder les valeurs éthiques – comme les mœurs quotidiennes – en dehors de la métaphysique biblique.

Les mœurs sexuelles suivent ce chemin, qui va du Concile de Trente à l'essor officiel de la franc-maçonnerie. Mais avec, comme d'habitude, ce temps de retard, cette réticence frileuse du sexe devant les bouleversements spectaculaires de l'avant-scène culturelle. Si bien que les routines moralisatrices de l'époque répressive perdurent – heureusement tempérées par le pragmatisme paysan [1] – pendant que l'intelligentsia encyclopédiste, libérale sinon libertaire s'efforce, même si parfois maladroitement, de répandre les lumières de l'émancipation.

Beaucoup (mais peu en France) s'inspirent de la franc-maçonnerie, reconnue voire honorée en Angleterre, en Autriche. Son humanisme est encore quelque peu virocentrique, comme on peut s'en rendre compte dans *la Flûte enchantée* de Mozart où l'incarnation du Mal est féminine... le même Mozart qui adhérera au mouvement réclamant enfin que l'on cesse de pratiquer la castration d'innocents petits garçons pour les faire chanter sur scène ou à la tribune de la Sixtine.

À la charnière de ces deux temps, le règne de Louis XIV est plein de contradictions quant à la morale régnante. Le rigorisme officiel de Colbert, puis de Louvois, suivant celui d'Anne d'Autriche, fera révoquer l'Édit de Nantes (un crime + une faute !), tandis que la Cour et la vie privée du Roi-Soleil débordent d'aventures galantes et de filles fourrées chaque soir dans le lit du Souverain. Paradoxe donc que la persécution des vertueux jansénistes, des honnêtes camisards...

Après l'adoucissement officiel des mœurs sous la Régence, les deux derniers règnes prérévolutionnaires, le Directoire puis le Consulat semblent enfin de rafraîchissantes oasis, où l'« innocente » érotisation de la vie quotidienne, ne serait-elle que vestimentaire, s'imprègne du touchant sentimentalisme qui annonce le romantisme. C'est l'atmosphère que l'on respire dans les (bien longs et bien laborieux !) récits de Restif de la Bretonne.

Progrès moral considérable, l'Assemblée législative vote le 20 septembre 1792 la première loi française sur le divorce. Elle admet déjà la séparation de consentement mutuel, en particulier pour incompatibilité d'humeur.

Néanmoins deux « vertus » ont tempéré ce « relâchement ». D'une part celle, glaciale, des authentiques révolutionnaires, que Baudelaire a seul vus voluptueux : aux moments les plus sanguinaires de leur « épopée » on faisait la guerre (civile) et pas l'amour, dans une atmosphère de haine et d'insécurité quotidiennes. Et pendant que l'on « se vautre dans la luxure » à Paris les Blancs de province, appuyés sur le clergé plus

1. À cette époque les populations européennes sont majoritairement rurales.

papiste que jamais révèrent la plus rancie des vertus catholiques. Après l'Empire somme toute tolérant pour les mœurs sexuelles et conservant le divorce, la Restauration se chargera de remettre l'ordre – son ordre – dans ce méli-mélo. La France se remet à l'heure – pudibonde – de la lugubre morale chrétienne, vaticane ou réformée, qui règne toujours en Europe.

Il faut dire que la vague répressive de la Contre-Réforme, autant que le puritanisme huguenot, trouvèrent une alliée de taille : *la diffusion des maladies vénériennes* (comme la Jean-Paul-deux-latrie s'appuya, à la fin du XXe siècle, sur la diffusion du SIDA).

La chaude-pisse ramenée du Pacifique était plus douloureuse que menaçante pour la vie, alors que la vérole se montra d'emblée une tueuse redoutable. Transmise aux Européens par le vagin des Amérindiennes – des Caraïbes – la syphilis envahit le Vieux Continent après la dispersion du corps expéditionnaire cosmopolite que Charles VIII avait malencontreusement traîné en Italie (à Naples !) en 1495. Date fatale !

Cinq siècles plus tard, nous avons peine à imaginer le « bonheur » d'une Antiquité et d'un Moyen Âge indemnes de maladies à transmission sexuelle [2]. Divine surprise pour ceux qui prêchaient la répression sexuelle depuis quinze siècles de christianisme : l'inconduite, la luxure trouvaient enfin dans la maladie, la mort, précédant la damnation, une juste punition...

Le seul bienfait – si l'on peut dire – résultant de l'apparition des maladies vénériennes fut la recherche médicale de moyens préventifs de leur transmission qui se trouvèrent *ipso facto* d'efficaces procédés contraceptifs. Les Antiques avaient usé, paraît-il, de vessies de porc contre les « échauffements » bénins de leur temps [3]. La vérole, beaucoup plus grave, fit inventer les premiers préservatifs masculins, et Fallope fut le premier à en parler. Il préconisait, dans son *De Morbo gallico*, paru en 1654, deux ans après sa mort, une étoffe de lin. Les préservatifs ultérieurs furent plus pratiques. Tous ont pu rendre, sous le prétexte « hypocrite » de la prévention antivénérienne, de signalés services contraceptifs facilitant la fonction érotique des hommes – et des femmes.

*
*   *

Situant dans la période du christianisme revigoré sa très précieuse étude *Le Mythe de la procréation à l'âge baroque* [4], le très érudit Pierre Darmon lui a donné un titre contestable. Il a cédé au fâcheux conformisme d'une certaine critique d'art, reprise par une mode toute puissante à la fin du XXe siècle. Ce n'est pas parce que l'architecture puis la peinture italiennes du XVIIe siècle sombrent dans le mauvais goût, le trompe-l'œil, le disparate et le maniérisme, annonçant les églises tarabiscotées du XVIIIe siècle, que le baroque dépare deux siècles d'art européen. Comme il a déparé d'autres âges de décadence baroque, à Pompeï ou en Grèce hellénistique. Le clacissisme règne souverainement dans le théâtre français, chez les architectes et les musiciens de Versailles, il fonde la science compositionnelle des contrapuntistes allemands. Traiter de baroques Rameau Bach et Mansart relève de la plus fétide subversion culturelle, dans le but odieux de déstabiliser les assises classiques de la culture occidentale.

Baroque, cet âge peut cependant le paraître, considéré dans l'ensemble de son paysage culturel. Car *une grande faille le fissure*. Tandis que se développent irrésistiblement les disciplines scientifiques donnant progressivement prise sur l'objectivité du monde réel, le *système moral demeure figé sur les insanités du dogme chrétien*. Le grand exode vers l'Italie (Florence, Venise, Rome) des milliers d'intellectuels grecs fuyant l'islamisation après la prise de Constantinople par les Turcs, en 1453, ramena en Occident des rescapés de la culture antique *que Byzance avait complètement christianisés*. Ils savaient encore le grec (ancien) et le latin, ils inspirèrent la Renaissance des arts et des techniques, mais leur éthique ne se concevait pas en dehors du monothéisme évangélique le plus « orthodoxe » [5].

L'opposition chrétienne à la vérité scientifique fit ainsi condamner Galilée par le tribunal de l'Inquisition, en 1633, pour avoir des « idées » cosmologiques différentes de celles de la Bible. Dans le domaine des sciences humaines, celles du corps, de ses fonctions, de ses comportements et de ses maladies le disparate d'époque se manifeste aussi de la façon la plus grinçante.

---

2. Du moins les plus dangereuses. Les infections microbiennes et mycotiques banales, les « échauffements », devaient déjà exister.
3. Netter et Rozenbaum, p. 321.
4. Plusieurs fois référencés, les deux ouvrages indispensables de P. Darmon sont indiqués *T.I.* (*le Tribunal de l'impuissance*) et *M.P.* (*le Mythe de la procréation*).
5. Cf. J.-Cl. Barreau, *op. cit.*, p. 99.

L'ÈRE DES ANATOMISTES

Le retour à l'humain porte les Renaissants à inventorier, avec un intérêt renouvelé, la configuration corporelle de l'homme – et de la femme. Les « anatomies » ne sont plus seulement des séances publiques, voire mondaines, où sont découpé(e)s des condamné(e)s à mort. Les esprits curieux reprennent la pratique de la dissection d'une manière plus indépendante et plus rigoureuse que celle de leurs prédécesseurs, bridés par les textes consacrés.

En Italie, comme il se doit pour des Renaissants, mais aussi en France, les anatomistes rivalisent de méticulosité. Manifestement favorisés par la restriction moins sourcilleuse quant à la disponibilité des cadavres « frais ». La municipalité de Bologne va jusqu'à prendre à sa charge, en 1442, les frais d'anatomie jusque là payés par les étudiants en médecine.

Vésale (1514-1610) maître de Fallope (1523-1562), lui-même maître d'Aquapendente (1537-1610) forment avec Eustache (1510-1574) et Jacques Dubois dit Sylvius (1478-1555) ce qu'on a pu appeler *le quintette du XVIe siècle* – Sylvius encourageant un sixième larron, Ambroise Paré (1510-1590) à publier une *Anatomie universelle*. Nous leur devons de superbes ouvrages illustrés, profitant des progrès de la gravure et de l'imprimerie. Avec des images dont n'est jamais absent le souci artistique, en particulier sous le crayon de Calcar, dessinateur de Vésale. Ce n'est donc pas encore l'anatomie pointilleuse et « glacée » de Rouvière ou d'Hovelacque. Mais les anatomistes renaissants ne manquent jamais de nous rappeler qu'il s'agit du corps d'un homme, d'une femme, qui sont d'abord morts avant que le scalpel ne nous permette de connaître les secrets de leurs rouages internes [6]. Ce touchant souci de remise en perspective macabre nous paraît quelque peu naïf, mais il était essentiel dans l'esprit des scientifiques de ce temps.

Aristotéliciens à leur manière, ils sont ainsi pétris de finalisme créationniste. Rien n'est sorti de la main de Dieu (Aristote disait la nature) qui ne soit justifié par son usage dans l'économie humaine. Aucune structure anatomique n'est décrite sans référence à son emploi prévu expressément et précisément par le divin architecte... pensée biblique d'une grande « simplesse » prédarwinienne, ignorant tout des aléas morphologiques de l'évolution. Ce qui conduit le « sextuor » à se montrer plus *explicatif* que « bassement » utilitariste, selon l'esprit qui a fondé notre anatomie chirurgicale. Son « réalisme inspiré » ne lui a cependant fait commettre qu'un nombre limité d'erreurs.

Cette anatomie sexuelle renaissante va demeurer inspiratrice pendant au moins deux siècles, et l'on retrouve à peu de choses près les mêmes considérations chez Mauriceau, Venette, de Graaf et successeurs *(figure 107)*, y compris les bourdes.

Une fois de plus, l'anatomie masculine, parangon de la perfection, jouit d'une description si précise que nous ne lui trouvons guère à reprendre, organes génitaux externes comme internes. C'est l'anatomie sexuelle féminine qui demeure encore, en certains points, *regio incerta*. Et plus ou moins ratée : « ce que l'homme a au-dehors, la femme l'a au-dedans, tant par la providence de nature, que de l'imbécillité d'icelle, qui n'a pas pu expeller et jeter au-dehors les dites parties, comme à l'homme » [7].

Il nc faut pas oublier que ces « parties », pendant très longtemps, n'ont été vues, palpées, décrites, *nommées*, que par d'autres femmes. Les matrones accoucheuses, et expertes « jurées », sans le moindre vernis médical mais seules habilitées, depuis l'ère chrétienne, à examiner celles qui se plaignaient aussi bien d'avoir été forcées que de demeurer pucelles auprès d'un mari incapable. Ces dames avaient au cours des siècles de tradition orale forgé un vocabulaire pittoresque mais des plus fantaisistes. Ainsi trouve-t-on dans le « rapport-type » [8] de bien jolies « perles », *la dame du milieu* pour l'hymen, *les balunaus* pour les grandes lèvres, *les barboles* pour les nymphes, *le liripipion* pour le capuchon, *le barbidant* pour le clitoris, *l'enchenart* pour le vagin, etc., de quoi susciter de passionnantes recherches étymologiques...

Quand les hommes de l'art anatomique s'emparent du passionnant sujet, ils ne se montrent pas des plus brillants.

Ambroise Paré nomme la matrice « amarry », de façon bien absconse. Les ovaires sont encore presque toujours *des testicules*, évidemment plus petits et plus froids que ceux de l'homme [9], et

---

6. *Mutatis mutandis*, Masters et Johnson ont rendu hommage aux volontaires, hommes et femmes, dont ils ont filmé-enregistré la physiologie érotique : ces « cobayes » ont fait don de leur corps à la science de leur vivant.
7. Ambroise Paré, *Livre III de l'Anatomie*, chap. XXXIV.
8. Je l'ai cité intégralement dans *le Sexe de la femme*.
9. Paré, *ibid.*, chap. XXXIII.

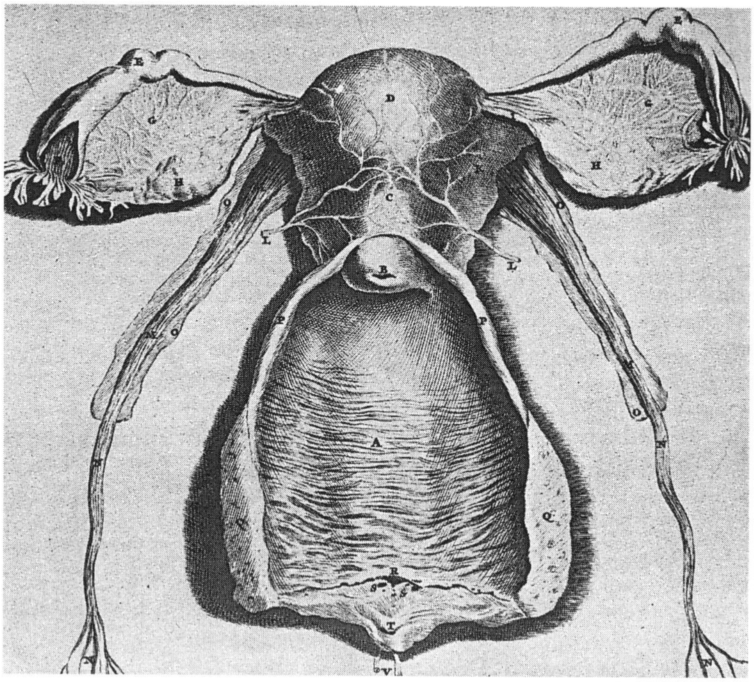

Figure 107
Régnier de Graaf. Organes génitaux internes de la femme

leurs vaisseaux sont *spermatiques (figure 108).* L'évacuation de leur semence n'est guère évidente. Fallope *(figure 109)*, dans ses *Observationes anatomicae* de 1562, désigne justement les trompes qui portent désormais son nom comme vecteurs de cette semence. Sans convaincre tout le monde, le pavillon tubaire paraissant tellement indépendant de la glande ovarienne. Mauriceau, qui appelle vaisseaux déférents les trompes de Fallope, pense plutôt que la semence féminine, particulièrement spiritueuse, passe par les ligaments utéro-ovariens *(figure 110)* – modestes ficelles conjonctives n'ayant jamais rien véhiculé.

Le vagin ne porte toujours pas son nom. C'est encore *le col de la matrice* ou, pour Mauriceau, *le vagina* – un masculin qui contredit le latin – quand Venette, toujours moralisateur, le nomme *conduit de la pudeur* ! Proches de son entrée, les deux grosses glandes périnéales de la femme semblent avoir été décrites en premier par Francisco Piazzoni de Leyde en 1621 dans ses *De Partibus generationi inservientibus Libri Duo* – il s'était inspiré de Duverney, qui avait individualisé lesdites glandes chez la vache. C'est pourtant Caspar Bartholin, de Copenhague (1655-1738) qui leur attachera son nom. Dans son ouvrage *De Ovariis mulierum*, paru en 1677, il ne se contente pas, il est vrai, d'en faire une description anatomique. Il précise leur physiologie et leur attribue la fonction de lubrifier vulve et vagin pendant l'acte vénérien. Nous savons maintenant que la mouillure provient en majeure partie de l'épithelium vaginal, mais ce

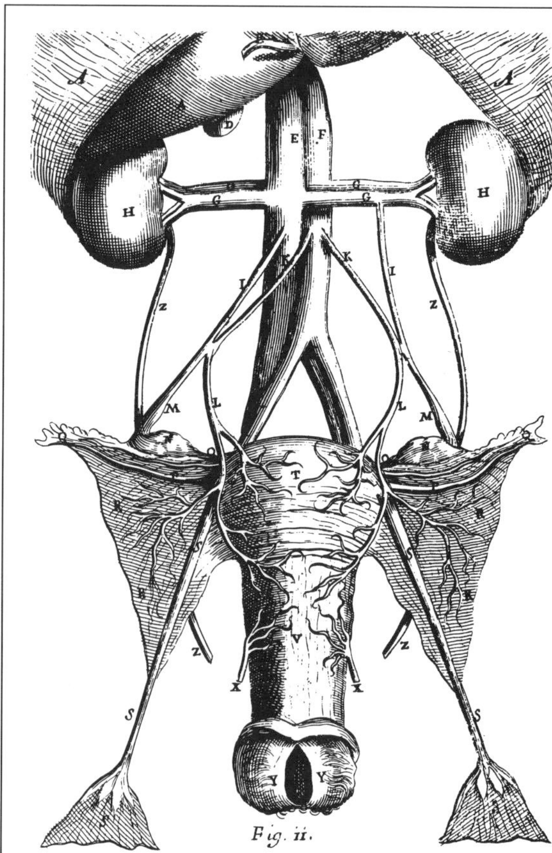

Figure 108
Les vaisseaux spermatiques de la femme Mauriceau)

Figure 109
Gabriel Fallope

savant fut assez sagace pour ne pas tomber dans les pièges d'époque sur le « sperme féminin » : le fluide des glandes vestibulaires n'a qu'un rôle utilitaire, non prolifique. La gloire de Bartholin est immortelle, puisque les malheureuses atteintes d'infection locale doivent désormais souffrir de *bartholinite...*

Reste la malheureuse vulve, qu'il faut se résigner à entendre encore et encore nommer la *partie honteuse* des femmes.

Fournissant une gravure peu engageante *(figure 111)*, Mauriceau s'excuse : « cette figure paraîtra peut-être aux yeux chastes en une posture indécente, mais ils la souffriront s'il leur plaît, puisqu'elle est aussi nécessaire qu'elle est commode. Si on désire une plus particulière connaissance, les plus curieux (!) pourront (si bon leur semble) conférer la copie que je leur en donne sur l'original vivant – puisque ce sont des parties qui se peuvent facilement voir sans dissection » [10]. Et pourtant, alors même qu'il suffit de demander « gentiment » à une femme surmontant (éventuellement !) sa honte de se laisser voir au naturel [11], *deux formations anatomiques de sa nature continuent de poser problème : l'hymen et le clitoris.*

Signe de la virginité en des siècles qui la prisent et la traquent toujours si fort, l'hymen n'a toujours pas droit de cité anatomique – si ce n'est pour désigner une bizarre malformation décrite par Paré et Venette [12] comme une « taie » ou membrane au-dessus du conduit de l'urine (?). Ambroise Paré déclare n'avoir jamais trouvé la moindre membrane à l'entrée de la « partie » sur plusieurs filles mortes (de quoi ?) à l'Hôtel-Dieu de Paris, en l'âge de 3-4-5-12 ans [13]. On peut se demander si le chirurgien alors novice avait bien mené ses autopsies. Toujours est-il qu'il attribue l'hémorragie de la défloration à la rupture de petits vaisseaux orificiels, et d'ailleurs « si la pucelle en âge suffisant est mariée à un homme qui aura la verge proportionnée au col de la matrice, elle n'aura aucune douleur ni flux de sang étant dépucelée » [14]...

10. *Les Maladies des femmes grosses et accouchées*, *op. cit.*, p. 32.
11. Chacun sait que cette inspection des plis et replis secrets est un passe-temps favori des vrais amants : la vulve semble vraiment faite pour inspirer la passion exploratoire. Comme me le disait l'excellent George Legman (cf. *infra*).
12. *Tableau de l'amour conjugal*, PREMIÈRE PARTIE, chap. 1er, art. III.
13. Vingt-quatrième livre, *De la génération*, chap. XLIX.
14. *Ibid.*, chap. XLIX.

Venette et Mauriceau – et bien que ce dernier critique parfois le jugement d'Ambroise Paré à propos d'une sombre histoire de disjonction pubienne – sont tout autant que lui « ennemis » de l'hymen. Ils en tiennent mordicus pour l'étrange conception selon laquelle l'entrée vaginale serait régulièrement garnie de quatre caroncules myrtiformes, parfois augmentées d'une cinquième sous le méat urétral *(figure 112)*. Des « membranes » les rejoignent chez la vierge, les faisant ressembler, dit poétiquement Mauriceau, « à un bouton de rose demi-épanoui ». Traversées lors de la première cohabitation, ces « faibles » membranes se rompent, donc elles saignent... et que les matrones ne tiennent plus tête aux docteurs avec leurs histoires d'hymen ! Alors même que sur ce point précis de la « dame du milieu » c'est elles qui avaient raison.

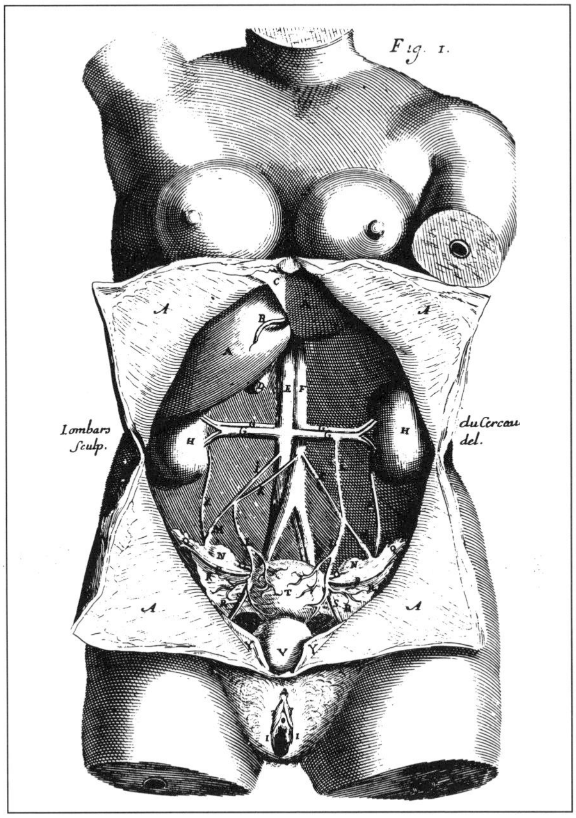

Figure 110
Mauriceau : organes génitaux féminins

Le clitoris a peine à émerger. Ambroise Paré ne l'appelle pas par son nom. Et pourtant ce militaire a accouché de nombreuses femmes ! Après avoir décrit les grandes lèvres comme les « ailes ou lèvres du couronnement de la femme » – la même appellation désignant aussi les lèvres du col utérin dilaté – il retombe dans le confusionnisme qui, sous le terme de « nymphes », décrit en bloc le clitoris, le capuchon et les petites lèvres. Ce sont ces « nymphes » qui « s'allongent et s'accourcissent comme fait la crête d'un coq d'Inde », principalement lorsque les femmes « désirent le coït et que leurs maris veulent approcher » [15]...

Il faut attendre Realdo Colombo, dit Realdus Columbus, pour que le clitoris obtienne la citoyenneté anatomique. Cet élève de Vésale décrit l'organe dans son *De Re anatomica Libri XV* de 1559. Quelques années plus tard Fallope prétend encore être le premier à avoir *découvert* le bibelot... en 1562. Heureusement que les humains n'ont pas attendu cette date pour s'en servir !

C'est le cher Béroalde de Verville qui fait entrer le clitoris, en 1610, dans les lettres françaises [16]. Le

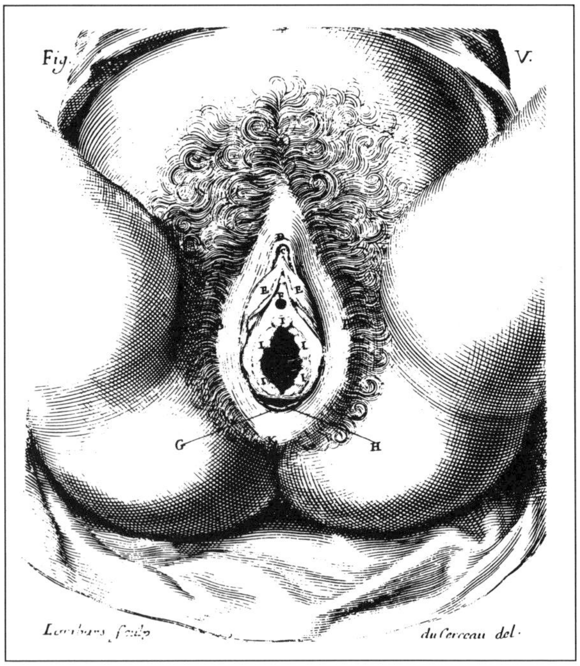

Figure 111
Mauriceau : la partie honteuse des femmes

15. *Troisième livre d'Anatomie*, chap. XXXIV.
16. *Le Moyen de parvenir*, LXXVIII.

chanoine devance même Mauriceau (1668) et Venette (1675), qui donnent enfin leur caution scientifique à son anatomie comme à sa physiologie érogène. Reconnaissance immédiatement suivie des âneries sempiternellement rabâchées sur la « lascivité » de ce rôle hédonique, sur l'affreux clitoris hypertrophié des tribades et des vicieuses qui abusent des chatouillements « excessifs » d'un organe *inutile à la génération* [17]...

Anatomie, physiologie, morale, c'est tout un à cette époque avide d'une compréhension globale de l'humain. Et nous ne faisons pas autrement, quand nous attendons de la biologie des comportements la boussole éthologique nous permettant de retrouver le fil rouge de la morale naturelle, au sein de l'écheveau de toutes les morales « officielles ». Il fut dommage pour cette époque « baroque » que sa morale, indéfectiblement et *a priori* biblique, ait infiltré son poison jusque dans les conceptions des « hommes de l'art ».

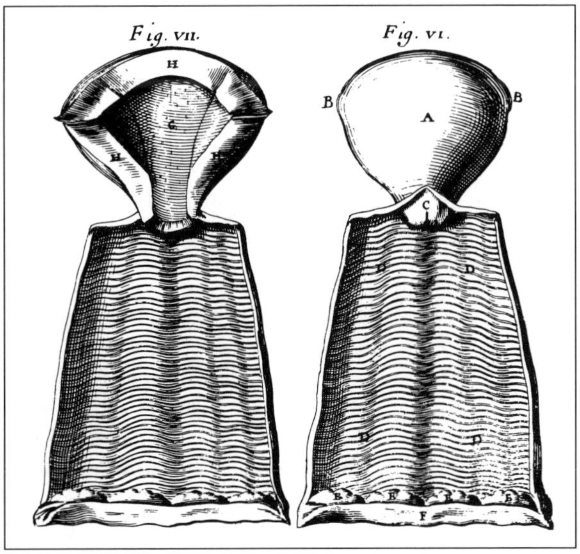

Figure 112
Les quatre caroncules de l'entrée vaginale, selon Mauriceau

BALBUTIEMENTS ET DISPUTATIONS SEXOLOGICO-MORALES. CASUISTES ET MÉDECINS

Requinquée par le Concile de Trente, l'Église catholique continue plus que jamais à s'immiscer dans la vie intime, organique, sexuelle, des baptisés. Succédant aux Augustin, Gratien, Thomas d'Aquin, les experts sexologiques tonsurés vont, jusqu'à la fin du XVIIIe siècle, persister dans leur outrecuidance à décider si et quand les chrétiens succombent au *péché de la chair*. Et si le péché est *véniel*, ne relevant désormais plus que du Purgatoire, ou *mortel*, entraînant (il ne faut jamais l'oublier !) la damnation éternelle.

De Pierre de la Palud à Alfonso de Liguori (1696-1787) en passant par Tommaso de Vio dit Cajetan (1469-1534) [18] et l'« illustre » Thomas Sanchez de Cordoue (1550-1610) dominicains, rédemptoristes et bien sûr jésuites, tous des hommes, tous puceaux, s'appuient sur leur totale (?) inexpérience pour guider confesseurs et confessé(e)s. Leurs textes firent autorité quasiment jusqu'à nos jours, la *Disputatio de sancto matrimonii sacramento* de Thomas Sanchez (1602) comme et surtout la *Théologie morale* d'Alphonse de Liguori (1755). Il est d'ailleurs « amusant » de voir les très réformés puritains des USA reprendre l'accusation globale de *sodomie* portée par ces enragés papistes à l'encontre de tout ce qui n'est pas la copulation vagino-pénienne réglementaire, avec émission de semence dans le « vase » consacré. C'est ainsi que Masters et Johnson n'ont pu faire passer dans leurs écrits les prescriptions d'« applications bucco-génitales » utilisées en rééducation érotique : ils seraient tombés sous le coup de la loi de plusieurs États qui assimilent cunnilinctus et fellation à l'intromission de la verge dans le rectum...

La casuistique fut pratiquée par ces enfroqués-ensoutanés comme un véritable sport cérébral... Il paraît cependant que pour ne pas être entraîné à de coupables délectations libidineuses Sanchez se livrait à ses réflexions sentencieuses peu nourri, et le corps refroidi par bain de pieds..., voire de siège.

D'un fatras de questions et situations plus alambiquées les unes que les autres [19] émergent des considérations parfois surprenantes. Par exemple

17. Venette, PREMIÈRE PARTIE, chap. 1er, art. II et III.
18. Chargé de ramener Martin Luther dans le giron vatican, il resta impuissant à le convaincre.
19. On en trouve un certain nombre dans Léo Taxil, *les Livres secrets des confesseurs*, *op. cit.*

le coït réservé (*amplexus reservatus*) est autorisé... si la femme pas plus que l'homme n'émet sa semence [20]. Cette fameuse semence féminine, Sanchez ne croit pas trop à son pouvoir prolifique, mais son émission aiderait néanmoins à la génération, qu'elle rendrait plus facile. Ainsi la Sainte Vierge Marie dut-elle *seminare* lorsqu'elle fut fécondée par le Saint Esprit. Pour favoriser l'« exaltation charnelle » préparant une heureuse émission mulièbre, Sanchez permet les attouchements manuels et buccaux préliminaires... et même la sodomie *sensu stricto* [21] – mauvaise méthode car sans ablution intermédiaire le passage *in vase posteriore* avant la *seminatio in vase debito* est une cause désormais bien connue de vaginite chronique à germes intestinaux.

Ces messieurs qui n'ont jamais (?) partagé la couche d'une femme, nuit après nuit, s'interrogent avant d'autoriser la copulation le dimanche, les jours de fête et les jours de communion... Sanchez le permet [22]. Merci ! De façon générale le chiffre autorisé de copulations mensuelles est de quatre [23] ! Toutefois la femme ne pèche point si elle cède à l'homme pour un cinquième *concubitus*. Un certain libéralisme semble régner en ce qui concerne les postures copulatoires. Suivant l'avis toujours tenu pertinent (!) de Thomas d'Aquin, la meilleure semble cependant celle où la femme reste sur le ventre, car la moins voluptueuse : elle distrait peu du devoir sacré de procréation...

La masturbation demeure un constant sujet de consultation de la part des réguliers, surtout masculins. Les attouchements solitaires féminins sont en effet une moindre préoccupation casuistique, probablement par exposé moins fréquent du problème... et l'émission du sperme féminin, tout le monde le sait, n'est pas aussi criminelle que celle du sperme viril. Je demeure d'ailleurs persuadé qu'un bon nombre d'extases « mystiques » décrites par Catherine de Sienne, Marie Alacoque, Marie de l'Incarnation, etc., jusqu'à Thérèse de Lisieux, étaient d'innocentes petites séances de sciage pelvi-périnéal : ainsi ces malheureuses esseulées s'« envoyaient »-elles en l'air (au ciel !) sans avoir à s'accuser de la moindre action coupable de leur main *(figure 91)*.

C'est précisément cet usage peccamineux de la main dont demandent régulièrement l'absolution les prêtres solitaires et bien portants, torturés d'érections nocturnes et matinales. Ils n'en obtiennent la sédation qu'au prix « criminel » de la dilapidation séminale. La réponse des sexologues-casuistes est admirable. Si la poussée irruptive de la semence provoque le réveil, il est licite d'en faciliter manuellement et rapidement l'évacuation : sinon elle remonterait sous forme d'« humeur corrompue » pouvant nuire à la santé [24]. Évident plaidoyer *pro domo* d'ecclésiastiques excusant leurs propres complaisances envers leurs propres soulagements.

À part la peine de solitude sexuelle, la casuistique ne connaît guère la pathologie érotique – évidemment submergée par la perpétuelle demande d'humains demandant qu'on lève les barrières religieuses de désirs et fonctionnements des plus normaux. C'est tout juste si Sanchez évoque quelques troubles masculins. *La frigidité*, supprimant cet appétit vénérien « si naturel et si volontiers excité par le démon », *l'atrophie de la verge*, et *l'érection instable* qui retombe brusquement au moment d'accomplir le coït [25]. Le remède est simple : faire célébrer trois messes, puis vaquer tout nus à l'œuvre conjugale ! Les exorcismes, les œuvres de charité, la réception des sacrements possèdent évidemment une vertu auxiliatrice...

*

* *

Face aux prêcheurs tonsurés, les médecins papistes comme réformés rivalisent de rigueur moralisatrice.

Ambroise Paré *(figure 113)*, à vrai dire, ne sera jamais médecin. Né dans les provinces catholiques de l'Ouest, à Laval, il apprend « sur le tas » à l'Hôtel-Dieu de Paris le métier de barbier-chirurgien. Il est « reçu » en 1540. Il a pu observer toutes sortes de malades, et même d'accouchements, ce qui le fera considérer comme un des premiers « hommes-sages-femmes ». Il s'est embarqué pour le Piémont, suivant les campagnes

---

20. L'Église du XXe siècle se rappellera de cette précision pour condamner la méthode Chamson, qui faisait jouir la femme, mais pas l'homme.
21. Dupé, p. 132.
22. Taxil, p. 99.
23. Dupé, p. 128.
24. Taxil, pp. 68-69.
25. Dupé, p. 132.

d'Italie sur le champ de bataille. C'est là qu'au lieu de cautériser stupidement le moignon d'amputation de Monsieur de Rohan blessé au genou il a l'idée simple mais géniale de lier les vaisseaux fémoraux ; ce qui fait de lui un des bienfaiteurs de l'humanité : la technique de ligature artérielle des légionnaires antiques avait été complètement oubliée. Ajoutant la brûlure à la blessure, la cautérisation des moignons décuplait le risque mortel de la gangrène.

Infatigable travailleur, cet esprit universel va publier pas moins de 28 copieux livres traitant d'anatomie, chirurgie, obstétrique, infectiologie, etc. La Faculté s'irrite de l'outrecuidance de ce chirurgien qui se mêle d'avoir des idées en médecine. Mais elle n'ose pas trop inquiéter un très populaire « ami des soldats blessés ».

Figure 113
Ambroise Paré, illustre chirurgien et ami des soldats blessés (1509-1590)

Le *Vingt-quatrième Livre, De la génération*, est édité en 1585. Paré ne manque pas d'occasions de s'y montrer parfait chrétien. « Dieu a permis à ceux qui ne peuvent modérer leur convoitise, et qui sont dépourvus du don de continence, le lit de mariage, afin qu'ils puissent se contenir dans les bornes d'icelui, et ne se point contaminer par une paillardise çà et là vagabonde [26] ».

Paré nous gratifie de deux couplets bien connus. Celui sur l'animalité déplorable de l'accouplement : « la semence attise et allume le désir d'habiter et cause un plaisir si délectable, et principalement à l'émission d'icelle, de crainte que l'homme, de soi brave et fier, ne dédaignât un acte tel que semble l'accouplement charnel, et par ce moyen ne se souciât de perpétuer son nom à la postérité [27] ». Et celui, vieux comme Augustin, sur l'irrémédiable saleté du sexe de la femme : « les parties génitales... sentent un grand plaisir, principalement à l'heure du coït... telle chose a été faite par dame Nature... autrement qui considérerait le conduit du champ de nature humaine, et les immondices qui passent par icelui, et ses deux voisins le boyau cullier et la vessie, jamais l'homme ne voudrait s'accoupler avec la femme [28] ». À la malédiction de porter un sexe peu ragoûtant la condition femelle ajoute les risques et périls de la maternité, dont Paré plaint charitablement les dames : « de l'autre côté, si la femme avait égard au mal qu'elle doit avoir de porter l'enfant neuf mois en son ventre, et l'extrême douleur d'enfanter, jamais ne désirerait avoir compagnie d'homme [29] ».

Le bon chrétien André Dulaurens, anatomiste et premier médecin du roi Henri IV, renchérit sur le « providentiel » aiguillon de la chair, car sinon « avec quel visage cet animal plein de conseil et de raison, que nous appelons Homme, manierait-il les parties honteuses de la femme, souillées de tant d'ordures, qui pour leur saleté ont été mises au plus bas lieu, comme en l'égout et sentine de tout le corps [30] » ?

François Mauriceau (1637-1709) *(figure 114)* lui aussi voit en la matrice l'égout par lequel se purgent toutes les mauvaises humeurs du corps [31]. Cet accoucheur de génie – on va en reparler – paraphrase Ambroise Paré : « outre le désir de

26. Chap. IV.
27. Chap. I.
28. *Ibid.*
29. *Ibid.*
30. *Traité d'anatomie* (v. 1620), traduit du latin en français par Théophile Gelée. Cf. Darmon, *M.P.*, p. 30.
31. *Les Maladies des femmes grosses et accouchées, op. cit.*, p. 53.

Figure 114
François Mauriceau

faire son semblable, qui les y attire naturellement (!) les parties de l'homme et de la femme qui sont destinées à la génération ont été douées d'une chatouilleuse, délectable et naturelle démangeaison, pour les exciter à cette action, sans quoi il aurait été impossible à l'homme, cet animal divin, né pour la contemplation des choses célestes, de se joindre à la femme : car en vérité n'en aurait-il pas été détourné par la saleté, et par la mauvaise odeur de cette partie, qui est le réceptacle de toutes les immondices de son corps ? Pourrait-il s'y résoudre, s'il considérait qu'il lui faut loger ce membre qu'il chérit tant, à un doigt près d'un si puant retrait qu'est *l'anus* ? D'un autre côté si la femme songeait bien aussi aux mille peines et incommodités que lui cause la grossesse, aux douleurs qu'elle en ressent, aux dangers de la vie où elle est en l'accouchement, à quoi on peut ajouter la perte de sa beauté, qui est le don le plus précieux qu'elle ait... certainement elle en serait bien détournée. Mais l'un et l'autre ne font toutes ces réflexions qu'après l'action faite (c'est d'où vient que *post coïtum omne animal triste*) » [32].

Nicolas Venette fut un réformé si honnête qu'on l'élut doyen des agrégés du collège royal de La Rochelle (il y était né en 1632). Il put même conti-

32. *Ibid.*, p. 71.

nuer d'exercer la médecine, bien que religionnaire, sous le « bon » roi Louis le quatorzième. Premier sexologue français il publia d'abord sous un pseudonyme (Salocini, Vénitien), son ouvrage capital *La Génération de l'homme, ou Tableau de l'amour conjugal* (1675). Il le fit précéder d'une *préface* où se manifeste de façon exemplaire le baroquisme moral de l'époque.

À côté de réflexions humanistes de la plus grande justesse, ne serait-ce que la recommandation de ne point infliger le cloître aux enfants qu'on risque de désespérer [33], Venette tient des propos du plus pur moralisme chrétien. Il réfute tout ce qui s'opposerait à la conception, contrevenant « aux décrets de Dieu, aux lois du mariage et à l'intention de l'Église ». Il précise plus loin que « le poil commence à poindre aux parties naturelles (des filles) vers 12-15 ans... quand l'âme peut distinguer le vice de la vertu » [34] (c'est évidemment là que siège le divin tribunal de la morale...). Il demeure persuadé qu'un athée, lisant son livre, « y trouvera de quoi changer de sentiment, reconnaissant clairement Dieu dans le mécanisme de la génération des hommes ». Augustinien donc, mais aussi rousseauiste avant l'heure, il croit même aux bons sauvages, premiers hommes pas encore touchés par la démoniaque concupiscence : « la nudité d'un homme ou d'une femme ne faisait pas plus d'impression sur les âmes que les filles de Lacédémone n'en firent autrefois sur l'esprit du peuple, lorsqu'elles dansaient toutes nues dans un carrefour (?) sans être couvertes que de l'honnêteté publique » [35]. Assimiler les grecs antiques aux « premiers hommes » est d'une grande naïveté, à moins que l'innocence et l'honnêteté ne corresponde, hélas ! mais si justement, à l'heureux âge prébiblique de l'Occident...

*

* *

Certes il s'agit de médecins, mus par le désir de soulager et guérir « leurs semblables ». Mais on les voit perpétuellement osciller entre la répression morale et la constatation de l'irréductibilité du désir charnel, entre la compassion pour les femmes et le virocentrisme le plus « naïf ». La femme, dit Venette, n'est-elle pas « petite, inconstante et faible, alors que l'homme est plus grand, plus vigoureux et plus agissant, doté d'un raisonnement plus fort, et c'est pourquoi l'Écriture veut qu'il soit le maître et seigneur de toute la famille » [36]...

La théorie sexologique montre Ambroise Paré encore partisan du retournement interne, dans le corps de la femme, des organes génitaux masculins. La matrice est « comme le scrotum de l'homme », son col ressemble à la tête de la verge, et le clitoris – du moins « les nymphes » – se dressent comme la verge virile [37]. Venette est plus réaliste et se moque de ce vieil aristotélicisme : « quelle proportion y a-t-il entre la matrice et le gland, entre le membre viril et le clitoris » [38] ?... Il est vrai qu'un certain de Launay écrit encore en 1698 que certains gros clitoris de tribades peuvent véhiculer le sperme : ces ribaudes engrossent leurs victimes lorsqu'il reste suffisamment de résidu prolifique de leur dernière étreinte avec un homme [39].

La physiologie reproductrice paraît encore bien mystérieuse. Paré, Venette et Mauriceau demeurent hippocratiques, ce qui les conduit à recommander l'« émission » orgasmique féminine. Une chance... Croyant ou non à la nécessité d'émettre le sperme féminin, les successeurs des Renaissants, jusqu'au XIXe siècle, vont pourtant demeurer perplexes devant la découverte, fondamentale, des gamètes humains. Or sans bonne connaissance de la reproduction, pas de bonne contraception, pas de bonne fonction érotique.

Louis de Ham, médecin de Dantzig qui les a vus au microscope, décrit les spermatozoïdes en 1677. Le follicule ovarien a été découvert par de Graaf en 1672, profitant des leçons de Sténon. Ils ne récoltent que moquerie ou scandale. Les spermatozoïdes sont bien trop laids pour engendrer un être humain ! N'est-il pas scandaleux, ces animalcules seraient-ils utiles, que Dieu permette qu'il s'en perde des millions à chaque éjaculation ? Il ne s'agit sûrement que de parasites ! Quant à penser que les femmes pondent comme les poules,

33. « Pour avoir embrassé un état auquel ils n'étaient point propres ».
34. PREMIÈRE PARTIE, chap. 1er, art. III.
35. *Préface.*
36. DEUXIÈME PARTIE, chap. VIII.
37. Liv. III, chap. XXXIV.
38. PREMIÈRE PARTIE, chap. 1er, art. III.
39. *Nouveau système concernant la génération, les maladies vénériennes, et le mercure.* Cité in Darmon, *le Mythe de la procréation*, p. 127.

quelle honte ! Et tant pis pour la contraception, comme pour les couples stériles... Voltaire ne se couvrira pas de gloire en ironisant sur les poules blanches d'Europe et les poules noires d'Afrique. Il faudrait aussi admettre que les nonnes elles-mêmes pondent, et pourquoi pas pendant leurs pollutions solitaires [40] ! Quelle abomination !

Spermatozoïdes agissants ou non, Mauriceau se moque à son tour d'Averroès et de la fable du bain spermatique fécondant : « c'est un conte qu'il faut faire à des petits enfants pour les amuser » [41]. Et pourtant l'argument avait été utilisé pour fermer les étuves qui scandalisaient tant le clergé catholique [42]. Allons, il faut le reconnaître : c'est l'*aura seminalis* du sperme, l'émanation « spiritueuse », volatile de la semence virile qui féconde les femmes. D'ailleurs ces créatures féminines ne sont que les dépositaires des graines humaines, le temps d'engendrer : *simples instruments, elles n'appartiennent pas au genre humain* ! Ainsi en a décidé le philosophe allemand Acidalius dans son immortel ouvrage de 1595 : *Mulieres non esse homines* ! Un autre aurait pu dire, devant l'aveuglement général concernant les mécanismes de la reproduction [43] : *oculos habent, sed non vident* !

À côté de gravures parfois d'une grande véracité – quoique toujours empreinte de sentiment « macabre » – il est symptomatique de voir des dessins anatomiques de la plus grande fantaisie. Ainsi par exemple les fœtus dans l'utérus maternel semblent-ils régulièrement des enfants de trois-quatre ans, même dans les ouvrages d'Ambroise Paré qui en avait pourtant vu des centaines, avec leur vilaine grosse tête et leur vilain front bombé, très loin des jolis bambins de son illustrateur *(figure 115)*. On pourrait aussi, avec le célèbre dessin de Léonard de Vinci montrant la coupe sagittale d'un homme et d'une femme accouplés, s'amuser au « jeu des sept erreurs ». En commençant par les voies urinaires masculines, dépourvues de prostate et de vésicules séminales, et l'invraisemblable « tuyau » qui joint l'utérus de la femme à ses seins *(figure 116)*... Trop souvent encore, l'*a priori* prime l'expérience.

La connaissance de la physiologie érotique reste balbutiante. L'érection de la verge a sûrement « à voir » avec le sang. Ainsi pensent Ambroise Paré du « gros sang noir » contenu dans les « ligaments spongieux » [44], comme Jacques Duval [45], comme Pierre Dionis, chirurgien du roi Louis XIV et du Jardin des Plantes [46]. De Graaf réussit, en 1668, à provoquer une érection sur le cadavre, en injectant un liquide dans les artères hypogastriques, grâce à une seringue de son invention. Mais le mécanisme vasculaire paraît (déjà !) grossier. Il doit s'y joindre un continuel apport d'esprits-

Figure 115
Les (trop) jolis jumeaux d'Ambroise Paré

40. Indignation d'un pamphlétaire anonyme de 1675 : *Réponse à la lettre de Monsieur Guillaume de Houppeville* cité in Darmon, *le Mythe de la procréation (M.P.)*, p. 67.
41. Mauriceau, p. 71.
42. Darmon, *M.P.*, p. 128.
43. Une thèse de 1762, soutenue devant la faculté de médecine de Paris par Charles Salin, affirme encore que la génération est un secret de la nature. Cf. Darmon, *M.P.*, p. 13.
44. Liv. III, chap. XXXII.
45. *Traité des hermaphrodites, parties génitales et accouchements*,1612.
46. *Dissertation sur la génération de l'homme*,1698.

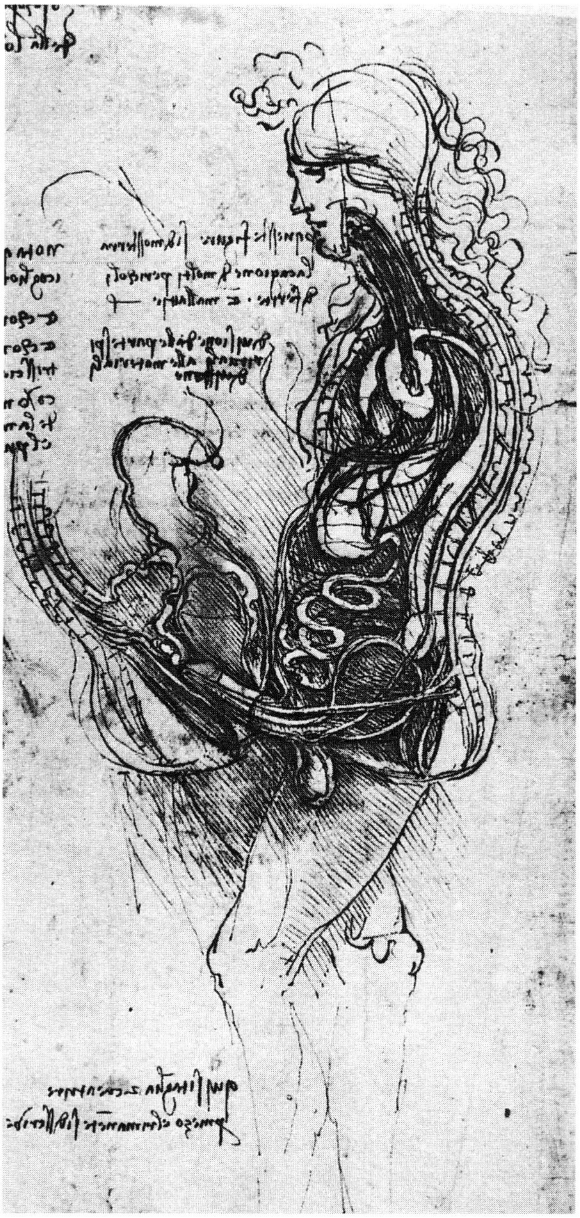

Figure 116
Léonard de Vinci : accouplement. Cherchez les au moins sept erreurs

« flatulents » estiment Paré [47] puis Venette qui, à la suite de Variolo, pressent néanmoins le rôle des muscles périnéaux, en particulier dans l'éjaculation [48]. Le même Variolo estime nécessaire (il avait raison) le blocage du retour veineux pour maintenir le sang dans le membre viril érigé.

La fonction érotique féminine demeure écartelée entre la matrice et le clitoris. L'utérus est toujours le très avide « aspirateur à sperme » responsable des appétits et des comportements sexuels des femmes. La matrice d'une femme est du nombre des choses insatiables dont parle l'Écriture, constate Venette [49]. Toutefois pour que la matrice « frétille » de façon à faire une petite créature de Dieu [50], l'homme ne doit pas entrer « à l'étourdie » dans le « champ de nature humaine ». Paré lui recommande de manier les parties génitales de la femme, et ses petits mamelons, afin qu'elle soit aiguillonnée et titillée [51]. Pour le Révérend Père Sinistrati d'Ameno [52] comme pour Venette le clitoris est bien le siège de la « lascivité » féminine, considérations classiquement assorties – outre le rôle toujours reconnu par Venette de protection de la matrice contre les courants d'air [53] – de réflexions moralisatrices sur celles qui en abusent, seules ou avec d'autres, ou qui l'ont trop gros, etc.

Pourtant il faut que la femme jouisse pour engendrer un chrétien, et les stimulations de la région vulvaire – clitoridienne – sont un devoir auquel se « résignent » les époux désireux de progéniture, quasiment sur ordonnance. C'est bien pourquoi l'illustre professeur hollandais van Swieten (1700-1772), consulté pour la stérilité de l'impératrice Marie Thérèse d'Autriche, prescrira encore : « *Praeterea censeo vulvam sacratissimae majestatis, ante coïtum diutius esse titillandam* ». Il faut croire que l'impérial conjoint titilla plus longtemps qu'auparavant la très respectable vulve de sa très sacrée majesté, puisque la mère de Marie-Antoinette mit au monde seize enfants !

L'excès de chaleur vénérienne peut cependant être nuisible, et bien des esprits moralisateurs n'ont pas admis sans réticences cette nécessité de

47. Liv. XXIV, chap. 1er.
48. PREMIÈRE PARTIE, chap. 1er, art. I.
49. SECONDE PARTIE, chap. IV, art. II.
50. Paré, liv. XXIV, chap. III.
51. *Ibid.*
52. Luigi Maria Sinistrati d'Ameno, *De la sodomie, et particulièrement de la sodomie des femmes, distinguée du tribadisme*, v. 1650. Cf. Darmon, *le Mythe de la procréation*, p. 24.
53. PREMIÈRE PARTIE, chap. 1er, art. II.

la jouissance féminine. Jean Liébaut (1535-1596), dans ses *Trois livres sur les maladies et infirmités des femmes* (v. 1575) ne cesse de conseiller la modération, sous peine d'engendrer des enfants monstrueux, tortus, bossus, boiteux, hernieux, hébétés... C'est le triste cas des femmes de marins des Flandres qui, au retour de leurs maris, transportées d'une insatiable cupidité, les reçoivent trop lubriquement [54]...

Paré mis à part, on remarquera combien sont « érotiquement négligés », dans tous ces textes, les seins des femmes – comme leurs autres zones érogènes secondaires, ne serait-ce que les lèvres (de la face !). C'était le temps des caries négligées, des chicots noirâtres, des allaitements précoces et répétés. L'urine avait eu longtemps la réputation du meilleur dentifrice [55], et il faut attendre Pierre Fauchard (1678-1761), dentiste du roi, pour qu'existent des *chirurgiens-dentistes* – des praticiens qui n'étaient plus de simples arracheurs de dents [56]. Le baiser sur la bouche comme le pelotage mammaire demeurent ainsi réservés aux toutes jeunes femmes, ou à celles autorisées par leur rang social à bénéficier de soins dentaires, et de nourrices mercenaires. Elles ont gardé leurs appas, et ne sont pas devenues trop tôt brèchedents.

Les différentes positions coïtales ne semblent préoccuper que Venette. En bon huguenot, il se moque des casuistes, qui ont vraiment écrit *beaucoup de bagatelles* en matière de sexualité conjugale [57]. Après quoi il critique les postures debout ou assises, qui procurent une « mauvaise aspersion » de la matrice, et la posture d'Andromaque, qui brave l'empire que l'homme doit avoir sur la femme. Pour préconiser le « bon vieux missionnaire », mais aussi les positions *a tergo*, qui préservent le fruit de la femme enceinte. Humaniste et réformé, il conclut qu'après tout on peut baiser sa femme de quelque manière que ce soit, pourvu que la volupté ne soit pas excessive (encore !) et que l'on ne commette pas de faute contre la propagation des hommes [58]. Bon médecin, il est aussi un des rares à ne pas jeter l'anathème sur le sang menstruel, ordinairement beau et pur [59], et ne croit pas aux dangers du coït pendant les règles [60]. Il se montre aussi un étonnant pionner en matière de pathologie sexuelle.

*
* *

La pathologie masculine tient comme d'habitude le devant de la scène dans les ouvrages de ces doctes messieurs.

Les troubles de l'érection paraissent bien compréhensibles à Venette. N'oublions pas que l'homme fatigue plus que la femme. C'est lui qui, dans les rapports conjugaux, « agit presque tout seul, tandis que la femme ne fait que souffrir les caresses d'un homme dans une posture aisée » [61].

Peu de description clinique de l'impotence masculine. Paré propose néanmoins un test, pour confirmer les doléances du malade : tremper la verge dans l'eau froide. Si elle se rétracte, c'est qu'elle possède encore « du ressort ». Demeurant laxe et molle, elle est paralysée [62]. Par contre Venette nous gratifie d'un tableau impressionnant de ce qu'il appelle le *dyspermatisme*. Il est ainsi quasi le seul à dépeindre les troubles de l'éjaculation. Avec pas moins de sept différents cas parmi lesquels, *première nosographique*, se trouvent l'éjaculation molle et l'éjaculation rétrograde [63].

Les causes de ces empêtrements masculins relèvent de trois grandes rubriques d'« époque ».

Première rubrique, celle que l'on pourrait appeler « morale ». On y trouve ressassées les vieilles rengaines sur l'épuisement par la vie dissipée, les excès vénériens, l'abus du plaisir solitaire... Dédouanement moralisateur auquel Venette joint le très étrange « saignement pseudo-menstruel » [64].

---

54. Darmon, *le Mythe de la procréation*, p. 136.
55. Mikhaïloff, p. 22.
56. Quand son chambellan, à son coucher, demandait à Louis XIV « Laquelle, Sire ? » (pour mettre une femme dans ses draps), le roi répondait : « N'importe, pourvu qu'elle passe d'abord au bain et au dentiste » !
57. SECONDE PARTIE, chap. V, art. V.
58. SECONDE PARTIE, chap. VI, art. 1er.
59. PREMIÈRE PARTIE, chap. I, art. IV.
60. SECONDE PARTIE, chap. III, art. V.
61. SECONDE PARTIE, chap. III, art. V.
62. Liv. XXIV, chap. XLIII. Trois siècles plus tard, des sexologues « dans le vent » projetaient encore sur la verge de leurs clients des courants d'air froid, ce qui permettait de leur vendre (très cher) de belles images thermographiques de toutes couleurs.
63. QUATRIÈME PARTIE, chap. 1er.
64. *Ibid.* Peut-être s'agit-il de l'*hématospermie*, symptôme spectaculaire mais d'origine le plus souvent bénigne.

Deuxième rubrique : celle des sortilèges. Homme simple, Paré croit encore aux noueurs d'aiguillette, se référant toujours aux casuistes et à Augustin [65]. Venette tient, au contraire, des propos d'une admirable sagacité. Il a compris le mécanisme des empêtrements fonctionnels liés à la crainte de l'échec, en particulier *chez les esprits faibles*. Il ne croit pas qu'un magicien puisse s'opposer aux violents desseins de la nature : « les belles portent avec elles un philtre et un sortilège bien plus puissants, et c'est contre celui-ci qu'il y a peu de remède » [66].

Il confirme de façon simple sa théorie sur l'inquiétude des faibles de caractère. Un tonnelier employé de son père, nommé Pierre Buriel, aurait dit du mal de lui. Venette menace de lui nouer l'aiguillette et de fait, marié peu de temps après le tonnelier reste coi plus d'un mois auprès de sa jeune épouse. Il parvient heureusement à se faire désempêtrer en trois semaines par son curé... après quoi il peut faire des enfants [67].

Venette traite de superstitions les fameux contre-charmes délivrant l'aiguillette nouée. « L'ellébore et le vin émétique » sont plus efficaces, et il vaut mieux purger les sorciers, illuminés ou charlatans, que les brûler [68]. On sait d'ailleurs que ce sont surtout des sorcières qui rôtirent sur le bûcher, et là encore on retrouvera les sages propos de Venette.

C'est pour la troisième rubrique, celle des causes organiques, que Venette fait montre du meilleur esprit médical. Le chirurgien Ambroise Paré connaissait évidemment les imperfections anatomiques masculines, l'hypospadias, le phimosis et la brièveté du frein. Venette y ajoute le paraphimosis, « renversement du prépuce », accident banal du dépucelage [69]. Tous deux disputent des dimensions fautives du membre viril, trop court ou trop long, ou trop large. Les modèles grande taille ne leur paraissent pas les meilleurs. Venette s'appuie sur Lampride pour accuser les gens aux grandes verges d'être « les plus étourdis et les plus stupides des hommes » [70].

Le chapitre étiologique de l'impuissance organique établi par Venette lui fait honneur. On pourrait presque le faire figurer dans un ouvrage de sexologie contemporaine... sérieux. On y trouve en effet :

- *les causes endocriniennes* : insuffisance ou absence des testicules. Venette sait par contre que l'ectopie, cause certaine d'infertilité, n'est pas cause d'impuissance si l'homme possède vigueur, pilosité et voix grave ;
- *les causes traumatiques* : l'homme a reçu un grand coup (qui a pu sidérer les nerfs érecteurs) ;
- *les causes infectieuses* : une humeur considérable est survenue (qui a pu laisser une prostatite chronique) ;
- *les causes toxiques* : l'alcoolisme [71]. Dénonciation méritoire, en une époque où le bon vin semblait encore favoriser les amours ;
- *les causes neurologiques* : les nerfs qui sortent de l'os sacrum sont « faibles, ou bouchés » ; ou l'homme souffre d'une paralysie des membres inférieurs ;
- *la sénescence* : évidemment le mauvais vieillissement artériel ;
- *les nodosités* : il s'agit de la maladie, *induration plastique des corps caverneux*, responsable de déviations de la verge, à laquelle Lapeyronie a peu après attaché son nom.

Ce François Gigot de Lapeyronie (1678-1747) est né à Montpellier. Chirurgien du roi Louis XV, il fut un bienfaiteur de l'humanité. En faisant reconnaître et honorer sa profession. À sa demande fut créée l'Académie de chirurgie en 1731. Puis les chirurgiens de Paris, enfin séparés de la corporation des barbiers, se virent octroyer les mêmes privilèges que les docteurs de l'Université.

Comme il faut le répéter régulièrement, *les chirurgiens ont toujours plus fait*, pour venir en aide aux malheureux du sexe, que les plus savants discoureurs médicaux. Lapeyronie « vengeait », de plus, le courageux Nicolas Andry, doyen de la faculté de médecine de Paris, qui avait osé demander, en 1710, que les étudiants en médecine prissent des cours de chirurgie : sa réforme avait été abrogée, et ses pairs ne l'avaient pas réélu au décanat [72]...

La lucidité en matière d'étiologie se heurte hélas au manque de moyens thérapeutiques d'époque.

---

65. Liv. XXIV, chap. LXIII.
66. QUATRIÈME PARTIE, chap. III.
67. *Ibid.*
68. *Ibid.*
69. PREMIÈRE PARTIE, chap. III, art. 1er.
70. PREMIÈRE PARTIE, chap. II, art. II.
71. SECONDE PARTIE, chap. VII.
72. Darmon, *le Tribunal de l'impuissance*, p. 187.

Certes les chirurgiens se distinguent, une fois de plus, en proposant des remèdes simples et efficaces contre les imperfections courantes de la verge :

• section transversale des freins trop courts, pour Paré [73] comme pour Venette. Le Rochellais préconise l'hémostase au blanc d'œuf battu. Il recommande un geste chirurgical plus correct que l'incision « artisanale » pratiquée par les matrones italiennes : elles agissaient grâce à l'ongle, conservé long, de leur pouce droit... Louis XVI, atteint de brièveté du frein, mit longtemps à se résoudre à un traitement désormais classique, à ceci près que les chirurgiens pratiquent désormais la suture, en long, de ce qu'ils ont coupé en travers ;

• le phimosis doit être opéré *par des incisions de chirurgie plastique*, comme par les Antiques, et non par la circoncision judéo-islamique. Venette insiste sur la « bienséance » de conserver une couverture au gland [74]. Paré était déjà du même avis. Il avait même préconisé, ô paroles de lait et de miel ! en notre siècle de circoncision galopante, de *reconstituer un prépuce* aux Juifs, Turcs et autres circoncis qui en feraient la demande. Comme les antiques avaient porté secours aux circoncis repentants, les *recutiti*. Il préconise une incision circulaire derrière la couronne du gland, permettant de le recalotter progressivement [75]. La technique n'est pas la meilleure, mais le souci humaniste est des plus louables.

Toujours de bon conseil, Paré comme Venette recommandent aux porteurs de verge trop longue l'usage d'un écusson de cuir, de liège bien cotonné, renouvelé des anneaux antiques, pour ne pas « empaler » le cul-de-sac postérieur de leurs partenaires. Par contre Venette dénonce les remèdes de bonne femme censés allonger les vits trop courts, frictions, onguents, emplâtres, voire la boule qui perce le prépuce et à laquelle on suspend une balle de plomb... A-t-il guéri des maladies de Lapeyronie par les astringents ? Jacques Houllier (?), Louis Guyon [76] ont-ils guéri des verges déviées par le port d'un « canal » de plomb ? Leurs malades ne devaient pas être trop atteints [77].

Le restant de la pathologie érotique masculine inspire à Venette des réflexions dépourvues de tout triomphalisme.

Il connaît les aphrodisiaques – comme tout un chacun – mais ne leur accorde pas grand crédit. Il met en garde contre leurs dangers, en particulier la néphrite hématurique mortelle provoquée par la cantharide [78]. Il les incrimine dans la mort, sinon la folie, du roi Charles VI.

De même qu'il compte sur le charme naturel des femmes pour combattre les maléfices de sorciers, il s'en remet à la plus classique – pour nous – thérapeutique de couple en matière d'impuissance. Avec un réalisme amer : « *si la main d'une belle femme, qui est le plus excellent de tous les remèdes, n'a pas assez de vertu pour guérir la mollesse de la verge d'un homme, les autres remèdes y auront peu de force* » [79].

Ce pessimisme lucide, moins mensonger que les promesses des charlatans, de Mesmer à Freud et Bogomoletz, devra attendre la deuxième moitié du XXe siècle pour être enfin tempéré.

*

* *

Les tourments proprement érotiques de la femme suscitent moins de compassion. Il faut redire que pour le contexte moral et social de l'époque *la grande maladie sexuelle des femmes est la stérilité*. Tandis que, pour elles, les principales peines de sexe proviennent des aléas gravidiques et obstétricaux. La vérole reste limitée aux putains, et à leurs clients, c'est-à-dire une population urbaine très minoritaire.

La conformité anatomique des « parties » féminines semble néanmoins préoccuper ces messieurs médecins et chirurgiens. Avec les fantasmes habituels concernant les nymphes – qui ne servent qu'à l'ornement – et le clitoris – qui ne sert qu'au plaisir mulièbre. Ce que ces dames portent d'« assurément » inutile à la génération, et dont la pathologie morphologique ne suscite que prescriptions sanguinaires.

Paré, qui ne connaît que les nymphes, sait qu'en Afrique l'équivalent des « châtreux » va par les villes en coupant ce que les femmes ont « de

73. Liv. XVII, chap. XXXIII.
74. PREMIÈRE PARTIE, chap. III, art. 1er.
75. Liv. XVII, chap. XXXI.
76. *Le Miroir de la beauté et santé corporelle*,1610.
77. PREMIÈRE PARTIE, chap. III, art. 1er.
78. SECONDE PARTIE, chap. V, art. V.
79. QUATRIÈME PARTIE, chap. 1er.

trop ». C'est-à-dire des « caroncules superflues » qu'on doit leur lier et sectionner pour qu'elles n'en puissent abuser, éventuellement avec les autres femmes – les laides ! Il recommande toutefois que le chirurgien, en nos contrées, n'incise pas trop profondément, par crainte de l'hémorragie ou de l'incontinence urinaire [80]...

Venette n'a pas mieux compris ce qu'on enlève aux filles d'Afrique, et du « pays du prêtre Jean » (l'Éthiopie). Mais il regrette que les femmes françaises affligées de nymphes trop pendantes soient trop honteuses pour les exposer au chirurgien qui pourrait les raboter [81]. Il fait un tableau horrifiant de l'hypertrophie clitoridienne, monstruosité ne se révélant parfois qu'à la saison chaude, mais pouvant atteindre jusqu'aux reines ! Il se résigne à préconiser l'abstention chirurgicale : les tentatives de ligature, ou d'ablation exposent à de fâcheux accidents, qui peuvent mettre en péril non seulement la vie de la malade, mais aussi la réputation du praticien [82]. Que n'a-t-il connu le génial ouvrage, *Armamentaricum chirurgicum*, publié à Ulm en 1653 après la mort de son génial auteur Scultes, dit Scultetus (1596-1645). Ce savant y décrivait sa technique de *réduction du clitoris*, pour laquelle il avait inventé un instrument spécial... encore un bienfaiteur de l'humanité !

Bien que l'hymen n'« existe pas », Paré comme Venette ont connu des cas d'imperforation de l'entrée vaginale, justiciable du bistouri. Le Rochellais préconise même, pour éviter ces douloureux tracas, que les pères de famille fassent examiner leurs filles vers l'âge de neuf ans : le bon âge, ni trop tôt ni trop tard, pour se laisser regarder sans trop de pudeur, et opérer sans trop de difficulté, en cas de besoin [83]... L'impénétrabilité du vagin connaît, pour Venette, d'autres causes : les cicatrices obstétricales hypertrophiques – très classique vaginisme secondaire – et la célèbre *embarrure*. Cette malformation mystérieuse, différente de la médiévale arctitude, serait due à la compression du « canal de la pudeur » par le bord postérieur des pubis – *l'os barré*. Alors peut-être fréquentes, les *femmes barrées* semblent de nos jours avoir disparu... heureuse évolution naturelle.

Les vagins sont en fait plus souvent élargis que rétrécis par les accouchements. Mais les filles « de taille avantageuse et de constitution sanguine », si honnêtes soient-elles, peuvent aussi se trouver affligées d'un canal si large qu'on ne les croit plus vierges. Heureusement le médecin peut venir au secours de ces demoiselles trop ouvertes. Le meilleur traitement est *la décoction de grande consoude* [84]. Cette borraginacée, *consolida symphytum*, était connue comme cicatrisant depuis au moins les légions romaines, et il faut dire que son nom français possède une *signature* (con-soude) irrésistible. D'ailleurs il n'en faut point abuser : un excès de dosage, ou une application trop longue entraînent une telle... soudure que la femme en devient impénétrable. Le simple a conservé sa bonne réputation de soutien *(figure 117)*.

Dernier défaut corporel féminin auquel Venette propose de remédier : *la grosse gorge mollette*. Cette hypertrophie fait soupçonner la fille d'être trop lascive, ou d'aimer trop le vin. Le même gros vin rouge en potion peut heureusement aider à diminuer la poitrine, dans lequel on aura fait bouillir du lierre, de la pervenche, de la myrrhe, du persil et de la ciguë... Encore plus efficaces sont des *formes de plomb* (des moules), dont l'intérieur est humecté d'huile de jusquiame. Résultat esthétique garanti, pourvu que l'application ait lieu trois ou quatre jours après les règles, ou huit jours auparavant [85].

La femme, enfin, peut-elle être frigide ? Comme les hommes ? Le R.P. Sanchez récuse cette morbidité. Il est évident, pour la théologie catholique, que le désir habite perpétuellement les entrailles de la femme, facilement attisé par les tentations du Malin : c'est pourquoi le mariage remédie à cette constante concupiscence. Venette, qui donne la liste classique des aphrodisiaques *ad usum viri*, n'envisage pas de médicamenter les aspirantes mères pour qu'elles émettent mieux leur semence. C'est Ambroise Paré qui donne des recettes pour réchauffer la matrice des femmes froides au déduit : *des onguents locaux* ! La femme s'enduira

80. Liv. III, chap. XXXIV.

81. PREMIÈRE PARTIE, chap. III, art. II. Je rappelle ici la triste anecdote que j'ai citée dans *le Sexe de la femme*, Brantôme relatant l'agression armée contre les nymphes d'une malheureuse surprise par des « gentilshommes » pendant qu'elle pissait dans les latrines du château d'Amboise.

82. QUATRIÈME PARTIE, chap. II.

83. PREMIÈRE PARTIE, chap. III, art. II.

84. *Ibid.*

85. SECONDE PARTIE, chap. II.

le vagin d'ambre, civette et musc, à moins que son partenaire ne lui introduise un membre préalablement enduit de poudre de pyrèthre, ou de poivre mictionné avec du miel[86]...

Le grand nez de Paré n'avait dû renifler que cons mercenaires ou mal tenus, pour ainsi préconiser des ingrédients substitutifs de la bonne odeur de la nature, fut-ce celle de l'homme, qui demeure le meilleur aphrodisiaque. Il est d'ailleurs piquant de voir ici prescrire dans un but prolifique l'onction vaginale précoïtale, manœuvre si dépoétisante qu'elle a rebuté bien des couples au moment d'utiliser, dans un but contraire, et parfois impérieux, les gelées spermicides...

Figure 117
La grande consoude toujours en honneur

L'IMPUISSANCE EN PROCÈS. LE CONGRÈS D'INFAMIE

Comme s'il ne suffisait pas des peines que la mollesse de son membre infligeait à l'homme – et à sa femme – l'infâme interdiction chrétienne du divorce a fait traîner au tribunal ceux dont l'impuissance pouvait justifier l'annulation du mariage. Pendant deux siècles, l'odieuse pratique des congrès publics a fait traiter des hommes malades, ou timides, ou mal mariés, *comme des délinquants*. En leur faisant subir une épreuve, mortelle pour leur fame et honneur, *dont aucun n'est sorti victorieux*. Pour des raisons relevant de l'éthologie la plus élémentaire.

Les lions eux-mêmes n'aiment pas être surpris coïtant. Le versant parasympathique du système nerveux autonome, dont dépend la majeure partie des mouvements physiologiques déterminant l'accouplement (érection, mouillure vaginale, etc.), n'est que trop facilement submergé par l'action de son jumeau-ennemi, l'orthosympathique. Celui dont l'adrénaline, sécrétée plus abondamment en cas de danger, d'alerte, ou même de simple inquiétude, entraîne l'extinction du désir sexuel, l'effondrement de l'érection virile, la disparition de tout plaisir. C'est de la biochimie pour débutants, malheureusement ignorée des ensoutanés d'époque.

Rien qu'à se sentir observé par des importuns, l'homme le plus serein débande. C'est encore pire s'il doit passer un examen d'érection, devant des juges et témoins hostiles. Et c'est pourtant ce qu'on lui a demandé pour tenter de défendre sa virilité suspectée. *Suspecte*, et probablement coupable, car offensant, par son incapacité, le sacrement de mariage institué par Dieu et l'Église. La visite, le congrès public, furent ainsi requis officiellement, éprouvant, dans les deux sens du terme, et l'homme et bien sûr son épouse.

86. Liv. XXIV, chap. LXIII.

La mode de ces exhibitions, après quelques timides propositions médiévales, s'instaure quasi brusquement à partir du XVIe siècle. La diffusion des manuels des confesseurs, grâce à l'imprimerie naissante, semble bien avoir favorisé cette subite « prise de conscience » des pannes du lit chrétien.

Le congrès est une spécialité bien française, et c'est par ouï-dire qu'on en trouve trace en Espagne et en Italie. Il s'effectue en milieu urbain, touchant les « bourgeois », professions libérales, commerçants et artisans. Mais de célèbres procès incriminèrent des aristocrates.

Les plaignantes sont habituellement de toutes jeunes épousées, de 14 à 19 ans [87]. Leur « innocence » – leur inexpérience – et leur faible caractère expliquent que l'on ait pu soupçonner l'influence décisive de leur mère, de leur confesseur [88], dans l'instigation de l'action judiciaire. Il semble toutefois que l'on ait grossi le rôle de l'affreuse belle-mère voulant extirper sa chère enfant des griffes de l'incapable pour récupérer l'hoirie familiale. Ceci permettait de mettre au compte d'une « méchante femme » une procédure dont personne n'était très fier [89].

Puisqu'il s'agit de l'indissoluble mariage chrétien – sauf à ce prix – les mobiles invoqués par la plaignante sont ceux qui accusent l'époux de ne pas souscrire à deux des buts reconnus du sacrement : la procréation, et le remède à la concupiscence. On sait, toutefois, que le mariage chrétien n'a pas besoin d'être prolifique : si l'épouse stérile, au contraire de la juive, ne peut être répudiée, l'époux incapable d'engendrer ne peut être démarié, s'il est de bonne foi et capable d'accomplir l'acte conjugal. C'est pourquoi la demanderesse insiste sur les périls que lui fait courir l'inassouvissement charnel. La voilà *livrée sans défense aux aiguillons de la concupiscence*, ne pouvant recourir *au salutaire remède du devoir conjugal* [90]. Son âme – donc son salut éternel – est en danger. Et parfois aussi son corps : de Bray, Langey, furent accusés d'avoir voulu, avec « des fers », forcer un hymen que leur membre naturel ne pouvait rompre, et ainsi échapper à l'humiliation du constat de la virginité persistante de l'épouse.

Pierre Darmon fait un excellent tableau du déroulement des événements *(figure 118)*.

1. La visite

Elle s'adresse le plus souvent à l'homme, mais l'épouse peut aussi y « avoir droit ». Comme aux temps médiévaux. Pour inspecter sa virginité éventuellement persistante. Les experts et les circonstances ne sont pas identiques.

a) La visite de l'homme

L'homme puissant complet doit *dresser, entrer, mouiller*. Critères que le chirurgien Jacques Guillemeau officialisera en 1649 [91]. Seul le congrès paraît pouvoir déterminer objectivement si l'homme entre et « mouille » (éjacule). La visite a quand même une motivation : faire savoir si l'homme dresse, à tout le moins possède vérètre et génitoires.

Le jury « classique » est composé de médecins et chirurgiens – habituellement deux de chaque discipline, auxquels se joint éventuellement un greffier. Ils « opèrent » au prétoire de l'officialité – là où siège le juge ecclésiastique, *l'official* nommé par l'évêque. Entre huit et dix heures du matin. Ils inspectent, tâtent, soupèsent – trempent dans l'eau froide. « Ils », ce sont les chirurgiens. Ces tâcherons se salissent au contact de la chair, et de ses odeurs. Ils rédigent un rapport, qui servira aux conjectures et dissertations des médecins. Ces messieurs les savants, alors, raisonnent, argumentent, et le juge d'Église va conclure *d'après les dires de ceux qui n'ont rien vu ni palpé*... Un jour, les chirurgiens sexologues prendront leur revanche sur les parleurs de vent...

Les annales juridiques n'ont pas conservé le cas de grave tromperie sur la marchandise virile. Aucun de ces « eunuques » détestés par la mythologie chrétienne n'a été découvert par les chirurgiens inspecteurs. Par contre en ces âges sans médecine scolaire préventive, l'ectopie testiculaire non traitée dans l'enfance laissait vides les bourses d'hommes adultes par ailleurs parfaitement constitués. Bien que stériles, par dégénérescence de la lignée germinale, ils pouvaient néanmoins parfaitement ériger et copuler, puisque la glande endocrine avait assuré leur virilisation hormonale. Ce que l'affaire d'Argenton démontrera amplement (cf. *infra*).

---

87. Darmon, *le Tribunal de l'impuissance (T.I.)*, p. 134.
88. Par exemple celui de Madame de Gesvres, *T.I.*, p. 121.
89. *T.I.*, pp. 127-128.
90. *Le Tribunal de l'impuissance*, pp. 77-78.
91. *Œuvres de chirurgie*, 1649.

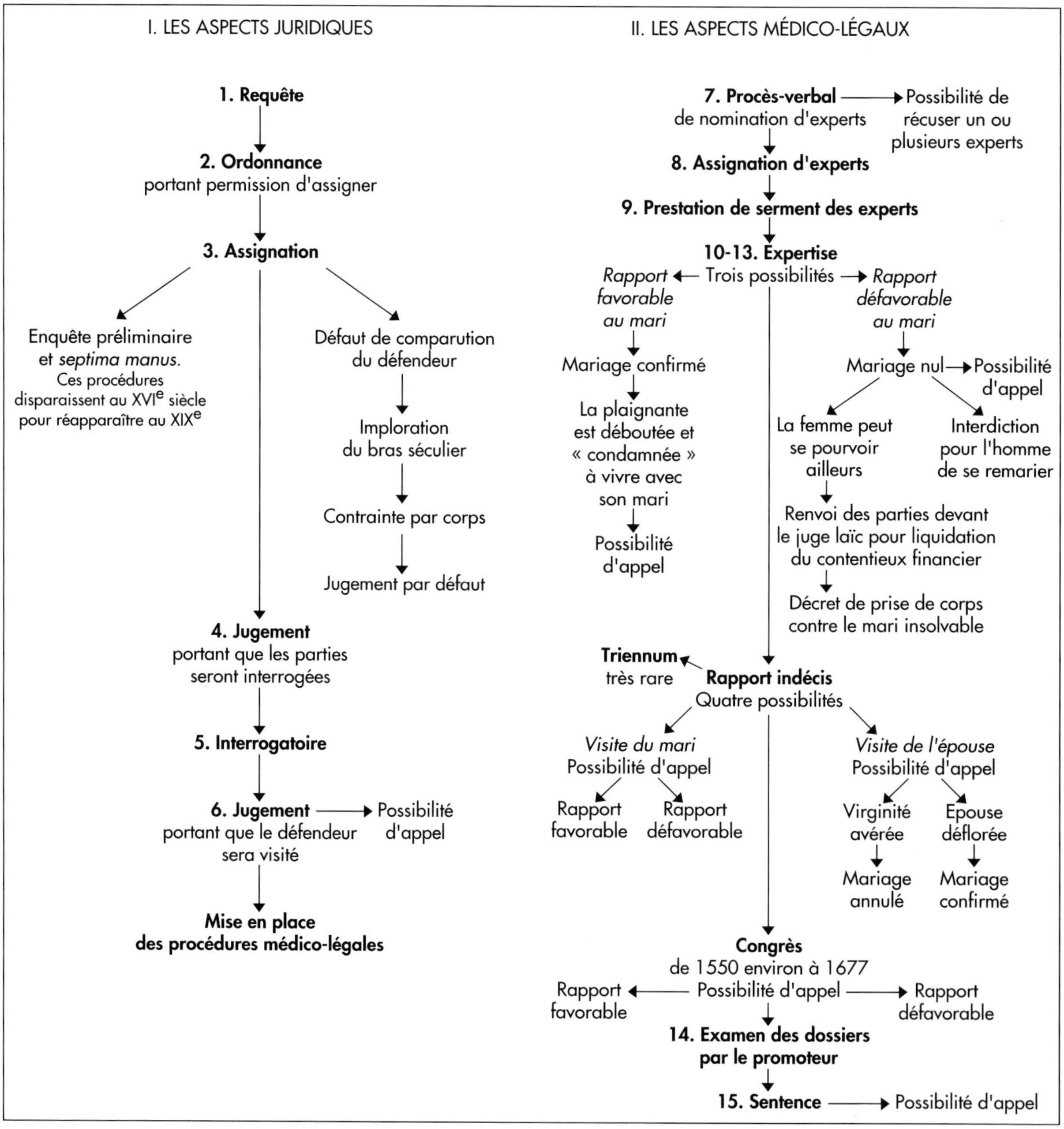

Figure 118
Juridiction médico-légale de l'impuissance au XVIIe siècle

Même bien conformé, l'homme peut, maléficié, ne pas pouvoir arcer dans le lit conjugal, et il avance bien son affaire s'il peut faire montre d'une érection devant les experts. Cette exhibition « obscène » du membre viril érigé semble licite – avec certaines réserves morales – à André Hotman [92] comme à Vincent Tagereau [93] et un siècle plus tard à Le Semelier [94]. Les mêmes cinq experts s'établissent chez l'accusé, de façon à pouvoir éventuellement y passer la nuit. L'homme

92. *Traité de la dissolution du mariage, etc.*, 1581.
93. *Discours sur l'impuissance de l'homme et de la femme, etc.*, 1611.
94. *Conférences ecclésiastiques de Paris sur le mariage*, 1713.

couche dans son lit, censé attendre la survenue spontanée du souffle vénérien gonflant son vérètre. En fait l'action de la main, bien que grave péché mortel, a dû être largement utilisée, parfois soutenue par des « simulacres » – tout simplement de très classiques « gravures lascives ». Lorsqu'il se sent « montrable » il appelle ces messieurs, rarement mais régulièrement, et en vain. Il n'aura d'autre recours que le congrès.

b) La visite de la femme

Elle n'est guère plus glorieuse, et s'effectue dans une atmosphère de franc voyeurisme. Les experts sont encore quatre, mais deux hommes, un médecin et un chirurgien, et deux femmes, matrones « jurées » – sans oublier le représentant de la Justice.

On fait installer la patiente nue, allongée sur le dos (sur une table ?), les cuisses écarquillées, de façon à bien exposer son entre-deux [95]. On l'a auparavant trempée dans un bain tiède destiné à faire disparaître astringents et artifices éventuellement utilisés pour simuler la virginité.

Le chirurgien (évidemment) inspecte, tripote, et use d'instruments, sonde, miroir, phallus artificiel de cire – ou autre matière – lui permettant de connaître le calibre et l'« habitabilité » des parties copulatoires. Rien de commun avec les précautions désormais en usage pour l'examen médico-légal d'un hymen blessé, persistant... ou envolé, et qui proscrivent tout essai de pénétration intra-vaginale, au profit, entre autres, du seul toucher rectal.

Les rapports de cette visite étaient-ils rédigés dans le même galimatias que celui dont usaient les matrones quand elles étaient seules à juger d'une accusation de viol, ou d'impuissance maritale ? Il ne semble pas qu'ils aient jamais été déterminants. Tant le doute demeurait grand sur les critères de virginité, sur la conformation de l'hymen, comme sur les dégâts que *l'expertise elle-même* pouvait créer. Là encore, le congrès a pu sembler le seul recours. Ô combien fallacieux !

2. Le congrès public

Innovation absolue de la justice ecclésiastique chrétienne, cette épreuve copulatoire devant témoins prouve une fois de plus l'aberration des conceptions « sexologiques » de la religion des trois puceaux. Comme s'il suffisait de coucher dans les mêmes draps un homme et une femme pour qu'ils coïtent *signo dato*. Comme si des gens en difficultés – en dispute – dans leur calme domestique pouvaient miraculeusement fonctionner en lieu forain, guettés par des tiers.

Le ressort de ce mythe de la copulation immédiatement et objectivement réalisable est toujours le même : l'obsession de prêtres tourmentés par leur chasteté, par le refoulement de leurs lancinants désirs, dont ils imaginent possible l'accomplissement subit, auraient-ils une femme à leur portée. Et même non consentante, puisque, monstrueuse sottise, ils imposent le congrès public *à des époux conflictuels*. Eût-il réussi son affaire – ce à quoi il ne parvint jamais – que le mari aurait parfois accompli un véritable *viol conjugal*.

C'est chez un logeur professionnel – un étuviste habituellement – que se tient le meeting. Les propositions de congrès à domicile, devant des familiers influençables, ont été récusées. Les experts sont les mêmes, médecins, chirurgiens, matrones, auxquels se joignent les hommes de loi, évidemment nécessaires [96], et éventuellement la famille. Le marquis de Langey eut droit à quinze experts, cinq de chaque sorte.

On installe ces messieurs-dames dans une chambre attenante au lieu du congrès. Au-dehors le bon peuple, les badauds, les gazetiers regardent passer héros et officiels. Les plus curieux peuvent patienter le temps qu'il faut pour être informés du déroulement des opérations, et connaître le résultat de la rencontre.

Avant qu'on ne les couche ensemble, les deux époux sont examinés nus, pour détecter d'éventuels artifices, voire intra-rectaux, et la femme est baignée jusqu'à la ceinture, toujours pour diluer de possibles astringents. Puis on les installe... sur le ring. Les experts se retirent. Si on ne les appelle point, ils viennent voir, de temps à autre, si les époux naturent ou non.

L'issue du match coïtal est immanquablement la même, dans tous les documents historiques. Au bout d'une, deux, voire trois heures de vains efforts, et malgré rodomontades, restaurants et blancs d'œuf, l'époux suspecté d'impuissance

95. On trouve, dans Darmon, *le Tribunal de l'impuissance*, pp. 190-191, le compte rendu lamentable de cette humiliante exhibition par Anne Robert.

96. L'écrivain Romain Gary, voulant faire savoir qu'il n'avait pas dépeint, dans son roman *Au-delà de cette limite votre ticket n'est plus valable* le tableau de sa propre impuissance, dut à la gentille « collaboration » d'une dame bien disposée de pouvoir exécuter le coït *devant huissier*. Il publia le constat. Ce qui n'eut évidemment aucun effet sur la maladie dépressive qui le conduisit au suicide.

confirme l'accusation. Haletant, tremblant, livide, couvert de sueur et de honte, il ne parvient ni à pénétrer, ni à mouiller. Seul de Bray peut montrer un membre bien roide, mais victime d'une éjaculation *ante portas* il répand devant l'orifice idoine une semence jugée trop claire. Il perdit son procès de 1577. Comme le perdirent les autres « congressistes » célèbres, Charles Le Quellenec en 1572, le marquis de Langey en 1659, après deux ans de procédure. Le marquis de Gesvres ne dut qu'au désistement « intéressé » de son épouse, en 1717, d'éviter l'opprobre d'être officiellement déclaré impuissant.

Le cas du pauvre Le Quellenec est particulièrement odieux. Ce gentilhomme « de la religion » avait épousé près de La Rochelle une demoiselle Soubise qui n'avait alors que douze ans, en 1568. Cette cruchette se laisse persuader par sa mère que son mari est impuissant, et la terrible belle-mère poursuit son gendre en annulation.

L'affaire remue la cour et les ministres, la reine de Navarre, l'amiral Coligny et même le futur Henri IV. On autorise la séparation de l'épouse, on la visite, et comme l'examen « gynécologique » n'est pas déterminant, on recourt au congrès. Il a lieu à Blois en 1571, et aboutit au très classique échec de l'époux. On séquestre à nouveau Catherine de Soubise, car l'époux ne s'estime pas vaincu.

Le Quellenec n'a pas le temps de se réhabiliter. Il fait partie des réformés assassinés par les papistes à Paris, le 24 d'août 1572, la nuit de la Saint-Barthélémy. Cette salope de Catherine de Médicis, informée de la mort de cet impuissant célèbre, se rend auprès du cadavre, le fait dénuder, et se rigole avec ses dames de compagnie, en considérant les parties naturelles du malheureux [97]...

Le déshonneur public s'abattait ainsi cruellement, avec l'acharnement des médias et paparazzi du XXe siècle, sur les tristes héros du congrès. Aussi bien l'époux empêché, brocardé, ridiculisé, que l'épouse plaignante, vilipendée pour sa lubricité la rendant incapable de brider ses sens. Scandale et turpitude éclaboussent tout le monde, y compris les organisateurs officiels. Sans compter les démentis cuisants que recevait la chose jugée en si grande pompe, lorsque l'impuissant rendu à un comportement sexuel normal confectionnait ensuite moult enfants à une femme sans acrimonie. L'institution attaquée de toute part, malgré ses apparences d'équité, fut radicalement et fermement supprimée en 1677 par de sages juristes.

3. La déroute de l'institution

Il faut le redire, ce sont bien les hommes d'Église qui avaient été les vigoureux partisans, instigateurs et propagandistes de ces procédures infamantes. La visite est chaudement prescrite, et même pour des religieuses, par le théologien vatican Paolo Zacchia, médecin d'Innocent X, et encore en 1660 [98]. Par le théologien Le Semelier [99]. Par le pieux Philippe Hecquet, médecin des religieuses de Port Royal, qui sera des experts tâtant le vit du marquis de Gesvres. Par le Président Bouhier [100]. Or la visite, en ces temps privés des « examens complémentaires » de la médecine future, a pu faire commettre bien des bévues aux juristes « innocents ». La triste affaire d'Argenton illustre ces insuffisances.

Malgré ses deux testicules en ectopie, le baron d'Argenton, marié en 1595, avait correctement défloré son épouse Magdeleine de la Chastre. Le sang virginal, tachant le « linceul témoin », avait été exhibé à quelques dames proches parentes [101]. Accusé d'impuissance à l'instigation – classique – de sa belle-mère, il est trouvé les bourses « dépourvues de boulettes » par les experts de Sens. Cette quasi-castration est suffisante preuve pour épargner à la pauvre Magdeleine et les horreurs de sa propre visite, et le congrès public, refusé par l'official.

D'Argenton perd son procès en 1600. Un avocat de Melun, Sébastien Rouillard, tente en vain de reprendre sa défense. Le baron meurt en 1604, toujours démarié, toujours jugé impuissant. C'est alors que la médecine décide de vérifier les dires de d'Argenton, qui avait toujours prétendu posséder des testicules, mais au-dedans du corps. L'autopsie publique fait venir bien du beau monde, hommes de l'art comme gentilshommes. Et les chirurgiens trouvent bien deux génitoires internes, bien conformées et bien pleines. Elles permettent de réhabiliter d'Argenton *post mortem*... un peu tard.

---

97. *Le Tribunal de l'impuissance (T.I.)*, p. 108.
98. *Pauli Zacchiae romani totius status ecclesiastici, etc.*
99. *Conférences ecclésiastiques de Paris sur le mariage*. Datées de 1713 par Darmon, *T.I.*, p. 306.
100. *Traité des moyens qui sont en usage en France pour la preuve de l'impuissance de l'homme*, 1734.
101. *T.I.*, p. 39.

La double visite posthume du comte de Coursan, aussi macabre, est encore plus ridicule [102]. Ce gentilhomme parisien a déjà fait trois enfants à sa femme lorsqu'elle l'accuse d'impuissance et porte plainte, en 1675. Elle ne l'emporte pas en Paradis, puisqu'elle meurt avant le procès, le comte ne lui survivant guère. Enragée contre son beau-frère, la dame Jacquinot, sœur de la comtesse, continue la procédure. Elle fait autopsier illico le défunt, sur décision de justice, par deux chirurgiens. Ils ne trouvent d'autre anomalie qu'un banal phimosis. Ce qui ne les empêche pas d'estimer « probablement imparfaite » la puissance virile du sieur de Coursan lorsqu'il était vivant...

Le fils (légitime !) s'indigne et demande une contre-expertise. Trois médecins et chirurgiens de la cour inspectent à nouveau le pauvre corps tailladé par les experts « aux ordres » de la dame Jacquinot. Ils concluent d'ailleurs sur la parfaite aptitude du comte à coïter et engendrer... ce que sa triple paternité avait déjà amplement prouvé.

*
* *

La visite féminine ne couvre de gloire, elle non plus, ni la médecine ni la justice.

Je ne reviendrai pas sur l'incroyable aveuglement des anatomistes français de l'époque, quant à l'existence et la configuration de l'hymen. Du coup, les signes de virginité deviennent bien hasardeux, et sont objets d'interminables disputes. Une fille peut avoir l'orifice béant parce qu'elle se l'est hardiment tripoté toute seule. Une autre ne s'est fait pénétrer que par un « petit engin » et garde l'étroitesse d'une pucelle. Quant à l'aplatissement du poil pubien, ce n'est plus le symptôme assuré du « repassage » par l'activité vénérienne depuis que femmes et filles montent à l'italienne, la jambe antérieure remontée contre l'encolure. On n'ose tenir infaillible, lui non plus, le test auditif (toujours prisé au Maghreb) qui renseigne sur l'état des lieux selon que la fille pisse roide ou large.

Venette, tout en dénonçant les tromperies sur la virginité des filles déflorées n'avait pas hésité à conseiller la fameuse consoude aux pucelles inquiètes. Il « refile » quelques bonnes recettes pour resserrer les parties naturelles des femmes qui sont trop ouvertes : la vapeur d'un peu de vinaigre, où l'on aura jeté un fer rouge ; une décoction astringente de glands, prunelles sauvages, myrrhe, roses de Provins, noix de Chypre [103], etc. Certes le bain réglementaire avant la visite ou le congrès permet de déjouer les artifices des rusées. Mais la visite elle-même peut induire en erreur dans le sens contraire, car *pouvant détruire les signes de virginité*.

Avec leurs doigts, leurs chandelles, leurs simulacres de vit, matrones et chirurgiens exposent, tripotent, écartent, élargissent tant et si bien que s'il existe encore un hymen il risque fort de se déchirer. Non seulement l'époux impuissant a pu être suspecté d'avoir artificiellement rompu l'hymen pour que la visite de l'épouse ne le ridiculise pas, mais les experts eux-mêmes seront accusés, par exemple par Marie de Corbie [104], d'avoir gâté la virginité physique. Comme le déplore Anne Robert, si la femme est arrivée vierge à la visite, elle a peu de chances d'en ressortir intacte [105].

*
* *

Le congrès paraît d'une fiabilité de plus en plus douteuse.

D'abord parce que les hommes ainsi testés ont *tous* échoué, ce qui rend suspecte une épreuve régulièrement insurmontée. Ensuite parce que les hommes jugés et rejugés impuissants après les congrès publics se sont montrés capables, faisant l'amour dans des conditions normales. L'exemple le plus voyant fut celui de Langey suscitant, morte sa femme, pas moins de sept enfants à la dame Diane de Montaut de Navailles. Il ridiculisait tous ceux, juges, experts, belle famille, qui l'avaient considéré impotent pendant les trois ans de son procès.

De nombreuses voix s'élevèrent contre l'institution non seulement obscène mais inefficace. Se retrouvèrent ainsi des médecins, Paré, Venette, Guillemeau, des juristes, Anne Robert, Bignon, des littérateurs comme Boileau, et même des théologiens, Fevret et Sainte-Beuve [106]. Le plus vibrant adversaire de l'épreuve sera l'avocat général Lamoignon. Il se manifeste à plusieurs reprises, et inspire probablement Boileau.

102. *Le Tribunal de l'impuissance*, p. 191 sq.
103. SECONDE PARTIE, chap. II.
104. Qui accusait d'impuissance son époux Estienne de Bray, *le Tribunal de l'impuissance* (*T.I.*), p. 173.
105. *Quatre Livres des arrêts et choses jugées par la Cour*, 1627.
106. *T.I.*, p. 224.

Commence à poindre une opinion franchement *éthologique*, où la *moralité* tient moins compte de l'indécence, du scandale, que de la biologie des comportements. Déjà le marquis de Gesvres, harcelé à domicile par les experts attendant qu'il leur montre une solide érection, avait justement argué du fâcheux effet que la triste mine – la triste main – de ces tristes sires avaient eu sur sa superbe. Ces messieurs lui avaient trouvé le vit trop mou [107]. Une belle femme aurait certainement consolidé son argument.

Les contempteurs du congrès se fondent judicieusement sur des exemples animaux : les grenouilles qui ne s'accouplent que la nuit, les éléphants et même les chameaux qui cachent leurs amours, alors que les chiens, abâtardis au contact de l'homme, coïtent sans vergogne *coram publico*. *Konrad Lorenz ne dira pas autre chose*, ami sincère des chiens mais connaissant leurs faiblesses – dont ce *cynisme* copulatoire que l'on ne peut transposer dans l'espèce humaine.

La pudeur naturelle de la « bête humaine » facile proie des carnassiers quand elle est dépourvue d'arme, tout comme le quant-à-soi individuel des humains dotés de conscience s'opposent à un tel exhibitionnisme... hors pathologie. Les metteurs en scène de la fin du XXe siècle ont fait de l'éthologie sans le savoir, entourant de toutes les précautions environnementales nécessaires les scènes érotiques des films « normaux » ou pornographiques. Le très antique « théâtre cochon », depuis les atellanes, use très vite ses acteurs, dont la plupart des organisateurs de spectacle contemporains exigent qu'ils soient mariés... bien rodés et non conflictuels. Quant à Masters et Johnson, on en reparlera.

C'est donc finalement la sagesse éthologique d'hommes de justice qui prévalut sur l'obscène inquisition physiologique des ensoutanés. Les derniers remous de l'affaire Langey deviennent fangeux. La Cour, n'osant se déjuger, maintient l'annulation du mariage et l'interdiction faite au marquis de se remarier, *puisqu'il a été prouvé impuissant par le congrès*. Malgré la progéniture qu'il a suscitée à la dame de Montault, dont les enfants demeurent bâtards... Mais dans le même temps la Cour donne raison aux plaidoiries de l'avocat général Lamoignon, et interdit désormais, par arrêt du 18 février 1677, *tout recours officiel au congrès*, dans les « causes de mariage » [108].

C'en est fait de ces cruelles exhibitions juridico-religieuses. L'Église, la Sainte-Rote du Vatican reviennent benoîtement, dans les procès d'*annulamento*, au bon vieux « ouï-dire », à la *septima manus* ou, disent les mauvaises langues, aux arguments sonnants et trébuchants de pieuses (saintes !) espèces...

L'annulation du mariage « non consommé » d'une multipare ne serait ainsi qu'une question de tarif...

LA FÉMINITÉ : TOUJOURS EN PEINES, MAIS UN PEU MOINS. MATRONES, ACCOUCHEURS ET EXORCISTES

Qu'il serve ou non à leur procurer du plaisir, le sexe des femmes demeure le passage obligé de la procréation, entrée et sortie. La gésine demeure un risque d'abord vital, avant de mettre en jeu le fonctionnement érogène d'organes à la fois révérés et méprisés – attitude ambivalente qui n'est pas le modèle de notre affectivité, quoiqu'en pensent les freudiens, mais le type même du sentiment malsain. Organes donc révérés pour la fonction génératrice de l'utérus, la « sainte » matrice, et méprisés pour l'aspect, l'odeur, de la « nature », du con, sentine du corps féminin. Même Mauriceau se montre victime de la fable misogyne selon laquelle les organes génitaux externes de la femme servent quasiment d'égout, demeurant entachés d'une irréductible saleté. Bien avant les sottes caillettes du XXe siècle rasant-désodorisant leur sexe pour « faire plus propre », les clientes des étuvistes – tant qu'il y en eut [109] – profitaient du bain pour s'épiler la motte (quand les putains, au contraire, se frisotaient les poils sexuels [110]). Stupidité barbière moins dangereuse pour la santé que les péripéties obstétricales.

107. *T.I.*, p. 200.

108. *Le Tribunal de l'impuissance*, p. 222.

109. Sous l'effet conjoint de la pression religieuse et (comme toujours) de la peur de la contamination vénérienne, les étuves parisiennes, vingt-six en 1292, n'étaient plus que deux au XVIIe siècle. Cf. Mikaïloff, *op. cit.*, pp. 10 et 69.

110. Et même certaines grandes dames pas bégueules, aux dires de Brantôme. Cf. aussi Darmon, *le Mythe de la procréation*, pp. 24-25.

Jusqu'à l'apparition de l'obstétrique médicale, la « notice biographique » d'innombrables femmes s'est terminée par *morte en couches* [111]. Occurrence triste, mais alors *parfaitement banale*. Tuant des femmes de trente ans ou moins. Il est vrai que la vie féminine ne paraissait pas d'un grand prix.

Frédéric Ruysch put apporter la preuve que le sperme viril se retrouvait bien, après l'accouplement, dans les organes génitaux internes féminins par une expérience simple : il ouvre le corps d'une femme adultère surprise en flagrant délit, illico occise et offerte à la science par le cocu [112] – elle a de la semence dans l'utérus et les trompes.

La vie du fœtus est plus précieuse et surtout la vie de son âme. C'est l'époque où la décision d'une césarienne était d'abord motivée par le souci de mettre au jour un rejeton que l'on pourrait baptiser « pour en faire un chrétien ». Il fallait « sauver l'enfant » aux dépens de la mère, car le ventre ouvert n'importe comment, sans anesthésie, n'importe comment recousue, ou pas du tout si le choc et l'hémorragie l'avaient tuée, la femme était laissée agonisante mais « munie des sacrements de l'Église » qui l'aidaient à « passer ». Peu en réchappèrent. Si bien que Paré, malgré le plaidoyer de François Rousset, continua de proscrire la césarienne sur une femme vivante, admettant que l'on tente de sortir l'enfant du ventre d'une morte, pour que l'officiant au couteau puisse le baptiser : un chrétien de plus !

Venette [113] et Mauriceau [114] fustigent les matrones qui ont laissé pendre à Paris, en 1666, une femme enceinte de quatre mois dont elles n'avaient pas reconnu la grossesse. La femme fut disséquée publiquement vers les cuisines du Louvre. Les matrones avaient livré à la mort sans baptême un innocent, le privant ainsi de la félicité éternelle... Par contre, quinze jours après l'accouchement, rien n'empêche d'exécuter une criminelle, supprimant la mère – la nourrice – du nouveau-né. Belle charité chrétienne !

C'est ainsi que le 1er février 1579 Ambroise Paré put disséquer une pendue dont il constata, deux semaines après les couches, la disjonction articulaire des pubis et des sacro-iliaques [115]. Cette laxité lui paraît normale, favorisant l'ouverture du bassin pour livrer meilleur passage à l'enfant. C'est d'ailleurs l'objet d'une polémique. Mauriceau n'a jamais vu se produire une telle distension lors des accouchements normaux – il a parfaitement raison. Et il pense qu'Ambroise Paré s'est laissé abuser ou qu'on a dû laisser tomber le cadavre avant autopsie, aucune femme vivante n'ayant pu tenir debout à l'échelle de la potence avec les os du bassin ainsi disjoints [116]. Belle controverse ! De la part de gens qui, pourtant, furent parmi les pionniers d'une obstétrique enfin scientifique.

Les femmes grosses et accouchées ne relèvent, depuis les siècles chrétiens et barbares (c'est tout un), que de l'*artisanat ignoble* [117] des matrones. Éteintes les lumières de l'obstétrique antique, les Européennes furent abandonnées à des ignorantes, souillons, criminelles, gonflées d'un savoir ésotérique leur permettant seules d'approcher, voir, toucher, les parties naturelles des femmes, longtemps tabou pour le pudique mâle chrétien, fût-il médecin. Leur privilège traditionnel les rendait indispensables en de nombreuses affaires – outre la gésine – qui nécessitaient la « visite » des femmes, même après que certains hommes de l'art y aient été requis par la justice ecclésiastique : procès d'impuissance, contrôle de virginité, viol, enlèvement, défloration « illicite », accusation de bestialité, etc.

Sans autre formation qu'empirique, elles compensaient leur méconnaissance de l'anatomie et de la physiologie par des dictons et des formules toutes faites – à l'image, il est vrai, de la médecine médiévale. Leur célèbre rapport de viol n'est qu'une comptine stéréotypée [118]. Quant à leurs dictons, on peut mesurer leur valeur scientifique à l'aune de celui qui nous est le plus fidèlement transmis : *en ventre plat, enfant il y a*... Inutile de s'appesantir sur les dégâts dont souffrirent tant et tant de survivants des accouchements sabotés, rupture du périnée, fistule vésico-vaginale, incon-

111. Ou des suites de leurs couches, comme la belle Marie-Angélique de Fontanges, *morte à vingt ans* (au couvent de Port-Royal), saignée à blanc par ses métrorragies, quelques semaines après la naissance d'un bâtard de Louis XIV.

112. Darmon, *le Mythe de la procréation*, p. 58.

113. SECONDE PARTIE, chap. 1er, art. III.

114. Liv. I, chap. III, p. 65.

115. Liv. XXIV, chap. XIII.

116. Liv. II, chap. 1er, p. 200.

117. L'expression est de Benoîte Groult : *Ainsi soit-elle*, *op. cit.* Elle ne manque pas de saveur sous la plume d'une vaillante militante féministe.

118. J'ai utilisé, pour *le Sexe de la femme*, le texte publié – et critiqué – par Venette, SECONDE PARTIE, chap. 1er, art. III.

tinence urinaire, prolapsus précoce, infection chronique, enfants estropiés, infirmes cérébraux, etc.

Le massacre des parturientes, comme les délits dont on accusait les accoucheuses – recettes de fausse virginité, avortements, vol ou meurtre d'enfants [119], etc – inquiétèrent plus, semble-t-il, les autorités politiques que la Faculté.

Certes à Paris les sages-femmes devaient officiellement suivre trois ans de formation à l'Hôtel Dieu, subir un examen devant chirurgiens et maîtresses sages-femmes, prêter serment devant des représentants de la faculté de médecine. Ce recrutement de professionnelles qualifiées semble insuffisant. Il existe tellement de clandestines, moins instruites mais moins chères, que l'autorité royale doit régulièrement effectuer rappels à l'ordre et condamnations. Et à la campagne le principal diplôme de sage-femme est un certificat de bonnes vie et mœurs délivré par le curé de village. La bonne moralité apparaît vertu obstétricale si primordiale que l'affreux Louis XIV interdit, par déclaration du 20 février 1680, la fonction de sage-femme à ceux de la religion « dite réformée ». Cinq ans après il révoquera l'Édit de Nantes. Odieux acte d'intolérance... entre chrétiens !

Il fallut attendre très tard l'ouverture de véritables écoles de sages-femmes. En 1725 à Leyde, en 1739 à Édimbourg, en 1748 à Vienne... après que *les médecins eux-mêmes* aient enfin mis la main à la pâte.

*
* *

L'obstétrique scientifique eut non seulement ses pionniers, mais aussi son martyr, le chirurgien Wertt de Hambourg : il fut condamné à mort en 1522 pour avoir, déguisé en matrone, assisté une parturiente [120]. Les grands de ce monde sont les premiers à ne plus tolérer la mort en couches de leurs royales épouses, ni la détérioration érotique de leurs maîtresses. Les péripéties obstétricales de la duchesse d'Orléans, morte en donnant le jour à la Grande Mademoiselle en 1627, comme celles de la reine Henriette d'Angleterre, fille d'Henri IV, qui faillit passer lors d'une dramatique fausse couche, en 1628 [121], font sentir le besoin d'une surveillance correcte des accouchements princiers.

On sait que les chirurgiens, fussent-ils Ambroise Paré, n'étaient pas encore considérés comme des praticiens sérieux lorsqu'ils venaient relayer les matrones incapables. Quant aux médecins, beaucoup trop considéraient encore que « ce n'était pas leur affaire ». C'est pourtant à un médecin, Peter Chamberlain, que Madame Henriette demande de lui sauver la vie. Et à un chirurgien – mais réputé – que Louis XIV demande d'accoucher sa chère Louise de la Vallière, en 1663. Le royal amant, dissimulé, observe la mise au monde [122].

Jules Clément est ainsi non pas le premier homme sage-femme (comme Paré) mais le premier *accoucheur* français. Le Roi-Soleil favorise ensuite la profession et il accorde son privilège, en 1668, à la publication du livre de François Mauriceau, véritable bienfaiteur de l'humanité. Pour une fois, Louis faisait une bonne action.

Une double motivation pousse les médecins à devenir accoucheurs. Une compassion qui n'est pas feinte, et que Mauriceau exprime très bien : « la grossesse est une mer si orageuse, sur laquelle voguent la femme grosse et son enfant, l'espace de neuf mois entiers, et l'accouchement qui en est le seul port, est si plein de dangereux écueils, que très souvent l'un et l'autre, après y être arrivés, et y être débarqués, ont encore besoin de beaucoup d'aide » [123]. Le cher homme a été touché dans sa propre famille. Il raconte, le cœur serré, l'accouchement dramatique d'une sœur bien-aimée, mettant au monde son cinquième enfant à vingt et un ans (!), et mourant d'hémorragie par la faute d'un incapable [124]. La démission des médecins devant les parturientes finit ainsi par apparaître comme une *non-assistance à personne en danger*. D'autant que la *praxis* obstétricale elle-même, deuxième

---

119. On pendit à Paris, en 1660, la sage-femme Constantine, qui aurait fait disparaître plusieurs enfants fruits d'amours illégitimes. Darmon, *le Mythe de la procréation*, p. 207.

112. Darmon, *le Mythe de la procréation*, p. 58.

120. Bologne, *Histoire de la pudeur*, *op. cit.*, p. 106.

121. *Ibid.*, p. 107.

122. Confié à Colbert, l'enfant – un fils – ne vécut que trois ans. Heureusement pour son papa et sa maman, ses trois futurs frères et sœurs survécurent plus longuement.

123. Liv. III, prologue, p. 371.

124. Liv. I, chap. XX, p. 159.

motivation, se montre aux médecins consciencieux comme un gratifiant exercice *relevant de leur profession*. Au moment où l'intervention techniquement rationnelle sur le corps gagnait peu à peu ses lettres de noblesse : la chirurgie triomphera en 1731 avec François de Lapeyronie.

Les matrones semblent avoir cédé assez mollement. Bien qu'elles eussent pour elles la « moralité » traditionnelle et surtout de redoutables Pères la pudeur : ceux qui mirent le frein le plus tenace au développement de l'obstétrique médicale. En 1705 le médecin Philippe Hecquet publie *De l'indécence aux hommes d'accoucher les femmes*. Ce bon apôtre dénonce les attouchements sacrilèges de femmes jeunes par de lubriques chirurgiens – on croirait entendre l'ayatollah Khomeyni. Il conseille aux femmes *de mourir en couches difficiles* plutôt que de se laisser voir et toucher par des hommes [125]... Ce qui ne l'empêche pas d'avoir été un chaud partisan du congrès public.

Une bigoterie si révoltante attire une *Réponse à l'auteur de l'indécence*, en 1718, par l'accoucheur De la Motte, de Valogne. Il se permet d'indiquer que l'accouchement n'est pas une partie de plaisir, mais de souffrances, ce que le cher confrère saurait s'il en avait la moindre expérience professionnelle. Quand d'autres culs-bénits continuent de soutenir les sages-femmes et leurs « petites mains » sans les rendre plus compétentes. En 1785 Madame du Coudray, honnête accoucheuse, revient horrifiée d'une tournée d'inspection dans les provinces françaises. Elle publie, dans l'espoir d'arrêter le massacre, un *Art des accouchements* qui touchera bien peu de ses destinataires rurales, la plupart ne sachant pas lire !

Le mouvement est heureusement irréversible, et le XVIIIe siècle verra triompher les accoucheurs médicaux. En particulier les Français, les Viardel, Portal, Levret, Puzos, Petit, Baudelocque. Ils firent, comme Paré et Mauriceau le leur avaient indiqué, la version des présentations non céphaliques, la suture des périnées déchirés, et des épisiotomies. Levret invente le forceps. La césarienne, quelques fois, n'est plus meurtrière, exécutée selon les directives de François Rousset : son *Traité nouvel de l'hystérotomie* date de 1581. En 1500 Nufer châtreur de porcs de Thüringe, plutôt que laisser sa femme aux mains des « charcutiers » d'époque, autorisation obtenue, avait ainsi exécuté et réussi l'opération, sauvant enfin la mère et l'enfant [126].

Les parturientes meurent donc moins, et elles sortent moins estropiées du corps – du sexe – de leurs accouchements, bien qu'ils soient encore nombreux. C'était l'époque où la ménopause était encore considérée comme une véritable délivrance, mettant fin, comme disait Brantôme, aux intempestives enflures du traître ventre... Mais enfin mieux accouchées les femmes perdent moins d'enfants au berceau, et n'ont pas le devoir immédiat de mettre en route une nouvelle et éprouvante grossesse pour compenser la perte du mort-né. Elles commencent à bénéficier de périodes de vie « extragravidiques ».

On sait ce qu'ont fait, ce que font si couramment les polygames extraeuropéens quand leurs femmes multipares sont devenues imbaisables, les seins ruinés, le ventre balafré de vergetures, le périnée distendu sinon fistuleux : ils en achètent une autre. Aux siècles classiques, XVIIe et XVIIIe, l'Occident commence, en démarche inverse, à revaloriser la femme être humain à part entière. Secouant la tutelle paternelle, *le mariage d'amour* devient la revendication « révolutionnaire » des héros *mais aussi des héroïnes* au théâtre (celui de Molière) et à l'opéra. Les mères se font là les complices de leurs filles, souhaitant ménager un meilleur sort à leurs flammes amoureuses.

À la suite des aristocrates les bourgeoises demandent donc, elles aussi, de ne plus être de simples ventres à pénétrer égoïstement, ou à féconder. Elles ont un cœur, et une tête, qui peuvent donner valeur à l'ensemble de leur personne, y compris le cul ! Sans le panache des comtesses occitanes, mais en dépit des railleries du même Molière, les Précieuses les aideront indubitablement dans cette reconnaissance de leur complète humanité. Mais pas tant que les médecins et accoucheurs humanistes, qui commencèrent par le commencement, c'est-à-dire tout bêtement leur corps de femme, support indispensable de l'esprit.

Ils les aideront à préserver leur beauté, *leur attrait érotique* grâce à une maîtrise de plus en plus efficace de leur fonction génésique. Les préservatifs ne sont pas très commodes, mais ils existent. Ce qui permet d'espacer les gésines, ce qui évite au ventre d'être perpétuellement distendu, ce qui évite aux mamelles d'être de perpétuelles

125. Ainsi mourut Marie de Bourgogne, préférant périr d'un accident plutôt que se montrer à un homme, Darmon, *le Mythe de la procréation*, p. 210.

126. Faut-il répéter aux ignorants, fussent-ils scénaristes de films, que le fameux dilemme obstétrical « sauver la mère ou l'enfant » est actuellement complètement périmé.

outres à lait. Une mention toute spéciale d'humanisme doit être attribuée à Mauriceau qui, après le petit couplet bien-pensant-écolo en faveur de l'allaitement maternel, admet enfin le souci « des femmes de qualité et de la plupart des bourgeoises » de ménager leurs appas mammaires, et de conseiller une bonne nourrice [127].

Certes les médecins ne progressèrent guère dans le traitement des empêtrements érotiques constitués. Mais en rendant les femmes séduisantes plus longtemps ils permirent non seulement les nombreuses frasques des dames galantes de la noblesse, mais aussi, le style de vie bourgeois gagnant du terrain, de renouer avec la tradition romaine de l'amour conjugal. Et c'est vrai qu'on s'habillait souvent à l'antique sur la scène classique, théâtrale ou lyrique [128]. De précieuses années furent ainsi gagnées pour ce qui rend goûteux, gratifiant, le lien charnel et amoureux entre l'homme et la femme.

*

* *

Les dernières convulsions de la misogynie chrétienne militante avaient été pourtant meurtrières. La femme, cette étrangère à la nature humaine, aura encore subi, pendant les XVIe et XVIIe siècles, l'incroyable persécution qui s'abattit sur les sorcières. Au nom d'une « sexologie démoniaque » *proprement délirante.*

La cervelle dérangée par la chasteté de moines paranoïaques va reprendre, au XVe siècle, les fables sur les incubes et succubes qu'Augustin, dans sa rage de renier son passé, avait authentifiées. Cet apostat du paganisme fit des faunes et sylvains de la mythologie antique des créatures diaboliques au service du Mal. Satan lui-même était le « grand bouc » par excellence [129]. Le sexe constituant, pour le moralisme chrétien, la principale occasion de pécher, il est « normal » que les suppôts du Diable, sous forme mâle et femelle, séduisent les malheureux humains du sexe complémentaire. Et par la même occasion fécondent les femmes. Ainsi sont certainement nés Luther et Calvin !

Thomas d'Aquin avait expliqué simplement comment pouvait s'effectuer cette *procréation solitaire*. Dans un premier temps la créature de Satan se fait succube, et sous son apparence féminine séduit un homme auquel elle ravit son sperme. Prenant ensuite l'aspect masculin, elle peut copuler avec une femelle humaine, à laquelle elle injecte la semence dérobée. Élémentaire [130].

C'est assurément l'aspect féminin qui tourneboule le plus les exorcistes. Les succubes-sorcières, par la perpétuelle spoliation de sperme qu'elles imposent à leurs victimes, les conduisent rapidement à la mort pécheresse et à l'Enfer [131]. Évidemment, de temps à autre, ces femelles démoniaques participent à des sabbats où, au milieu d'abominables sacrilèges, elles coïtent avec le bouc satanique en personne. Sans grand plaisir d'ailleurs, son long vit râpeux et poilu, comme celui des matous, ne leur causant que douleur et brûlure, dol et arseure.

Sur l'ordre du bon pape Innocent (!) VIII, deux dominicains de la nouvelle Inquisition, Jakob Sprenger et Heinrich Institutor, se propageront dans les campagnes, surtout germaniques. Pour dépister les sorcières, qui se mettent à pulluler dangereusement. Ils publient un texte de combat, *le Marteau des sorcières, Malleus maleficarum*, en 1488. L'ouvrage permet de reconnaître les sorcières, indique la façon de les interroger, de les confondre, et de s'en débarrasser, les faisant griller sur le bûcher, seul procédé utilisable contre cette vermine.

Il se trouve évidemment, comme pour les noueurs d'aiguillette, de bonnes âmes pour dénoncer des femmes « suspectes », des fofolles pour se targuer de connaître le Diable, et d'innombrables malheureuses pour avouer, sous la torture, tout ce qu'on leur fera dire sur leurs amours sataniques [132].

Venette tient sur le sujet des propos d'une remarquable lucidité. Augustin s'est laissé abuser par « quelques hommes crédules ou quelques femmes superstitieuses et mélancoliques... les sorcières se persuadant d'avoir été au Sabbat, et caressées du Diable, qui avait la partie naturelle hérissée et écaillée et de la semence froide comme

127. Liv. III, chap. XXXVI, p. 529.
128. Jusques à quand les envahisseurs baroques occuperont-ils traîtreusement Versailles ?
129. *La Cité de Dieu*, V, XXIII.
130. Darmon, *le Mythe de la procréation*, p. 130.
131. Tout le monde (!) a lu le très amer *Conte drolatique* de Balzac.
132. Un tableau saisissant de ce genre d'affaire est donné dans le film de James Clavel, *la Vallée perdue*. Le prêtre qui a fait allumer le bûcher y finit rôti lui aussi. Juste punition !

de la glace... ne sont jamais parties du lieu où elles étaient endormies... L'ellébore ou les Petites Maisons [133] sont des remèdes plus proportionnés aux maladies de cervelle des sorcières, que le feu et les tourments dont on s'est servi jusqu'ici [134] ».

Dommage que la haine du sexe, pilier du christianisme, ait réussi à persuader l'Occident que plus la femme était belle, appétissante et tentatrice, plus elle incarnait le Mal. Par sa faute *des milliers* d'innocentes « convaincues » de sorcellerie furent brûlées vives. *Parce qu'elles étaient femmes.* Au nom du Dieu d'amour...

LA COMPENSATION LIBERTINE

Partiellement déprogrammée, l'espèce humaine peut certes se reproduire sans études supérieures de sexologie, mais l'information sexuelle culturelle lui fait gagner bien du temps, lui évite bien des inquiétudes. Or la diffusion du savoir concernant les choses du sexe fut paralysée par la pudibonderie biblique.

Alors que les jeunes antiques étaient élevés dans la franchise païenne, ce que nous appelons l'« information sexuelle » ne franchit plus la bouche cadenassée des parents et aînés, abandonnant les jeunes aux fables et racontars, sinon à l'ignorance totale. Elle ne franchit pas les portes des écoles chrétiennes avant de longs siècles, et encore sous la pression extérieure. Il s'agit de cette « histoire naturelle » qui n'eut pas de cours officiel avant l'école laïque de la fin du XIXe siècle, et attendit encore cent ans pour parler franchement de sexualité [135].

La diffusion de l'imprimerie eut ce bon effet de rendre disponible – à ceux qui savaient lire, de plus en plus nombreux – un savoir longtemps réservé aux clercs médiévaux. D'une « surface » culturelle évidemment moins ambitieuse que celle des aristocrates-artistes de la Renaissance, *l'honnête homme* né au XVIIe siècle put prendre connaissance d'écrits de toutes sortes : savants ou littéraires, théoriques ou pragmatiques. Ainsi pouvait-il rattraper ce que les « humanités » ne lui avaient pas appris, tout particulièrement en matière de sexualité.

Néanmoins on sait combien moralisateurs furent les premiers informateurs laïques, les Paré, les Venette, diffusant cette sexologie balbutiante. Combien les considérations techniques, par exemple celles d'un Mauriceau ne pouvaient toucher que des spécialistes. Combien enfin il parut si longtemps beaucoup plus d'ouvrages, documents, pamphlets, controverses, sur les maladies, dangers et scandales occasionnés par le sexe, érotique ou procréatif, que sur la biologie sexuelle normale, renouvelée d'Aristote. C'est ce qui fit encore le succès de Krafft-Ebing et de Freud.

Même aux mieux intentionnés, il manquait deux dimensions : le charme proprement *érotique*, appétissant, sentant bon la chair et le sexe ; et *l'insertion dans la quotidienneté* de la sexualité en action, tantôt peinante, tantôt et surtout fraîche et joyeuse.

Ce réalisme, cet attrait, l'honnête homme ne pouvait les trouver que dans la littérature « licencieuse », « libertine » – avant de devenir pornographique, qui eut tant de succès, ne serait-ce que par ouï-dire. D'abord parce qu'elle était – est toujours – source d'émoustillement solitaire, pour compenser le triste goût du triste rassis de la triste branlette. Mais aussi parce que, compensant les failles de l'enseignement officiel, elle fut pendant très longtemps – trop longtemps – la principale source d'information sexuelle accessible sans effort intellectuel particulier. Avec tous les risques que font courir les « leçons de choses » prodiguées par des littérateurs sans connaissances scientifiques. Mais enfin si les braves gens ne pouvaient compter sur ces textes pour remédier à leurs éventuels empêtrements physiques, au moins y trouvaient-ils *des histoires de sexe que ne contaminait pas le perpétuel discours moralisateur*. Pour conforter leur normalité.

Ainsi ces livres « maudits » possédaient-ils une certaine valeur thérapeutique, ne fût-elle que prophylactique, *pour cautionner, donc déculpabiliser des comportements tout naturels*, mais sévèrement blâmés par les confesseurs. Quant à leurs illustrations, qui paraissent bien fades si ce n'est malhabiles à nos yeux blasés, elles avaient aussi ce double pouvoir d'émoustillement et de modèle comportemental *(figure 119)*.

---

133. C'étaient les asiles d'aliénés d'époque.
134. QUATRIÈME PARTIE, chap. IV.
135. Dans le délire « pluriculturel » qui atteint la période où j'écris ces lignes (1991) des pères islamistes intégristes ont demandé que leurs filles scolarisées en France non seulement continuent de porter le voile en classe, mais soient dispensées de gymnastique comme de cours d'information sexuelle « blessant leur pudeur de jeunes musulmanes ».

Bien sûr les inquisiteurs de l'Index tenaient à jour leur liste prohibitive, à laquelle échappa Brantôme mais pas l'Arétin, dont furent condamnés les écrits « luxurieux ». Bien sûr le moralisme chrétien *d'État* suivait à la trace toutes ces publications. Avec une sévérité variable. Laxiste sous Henri IV, la censure reprit vigueur sous Louis XIII. Elle fut encore plus stricte sous Louis XIV, Colbert ayant réorganisé et renouvelé le système du *privilège* qui faisait dépendre du chancelier royal l'impression du moindre ouvrage – il est vrai que les livres sans privilège se faisaient imprimer à Rouen, à Lyon, ou en Hollande.

La Régence (toujours elle) assouplit la répression : elle mollit jusqu'à l'« explosion » de la littérature libertine qui précéda la révolution de 1789.

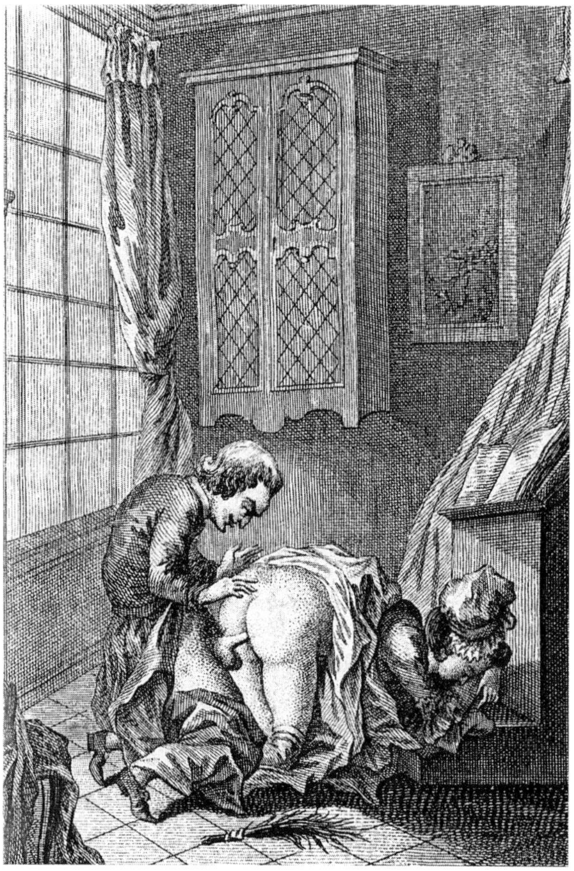

Figure 119
Le prêtre et la pénitente. Les amours du Père Dirrag *(Thérèse philosophe)*

C'est le Premier Consul qui créa, en 1799, *l'Enfer* de la Bibliothèque nationale. Elle recueillit obligatoirement au moins un exemplaire des ouvrages « obscènes » avant destruction des autres. Louable souci de préservation culturelle, de la part du Corse que l'on se complaît à dépeindre borné et répressif. Deux cents ans plus tard, en 1985, la B.N. entreprit la publication commerciale « ordinaire » de son Enfer, livrant à tout citoyen intéressé des textes qui valurent tant de tracas à leurs auteurs, et sans déclencher la déroute de la morale occidentale...

Le libertinage littéraire, à vrai dire, n'eut qu'un seul martyr : Claude Le Petit, qui fut étranglé et brûlé le 1er septembre 1662. Mais son *Heure du berger* ironisait sur les relations peut-être amoureuses entre la reine douairière et le cardinal Mazarin. Anne d'Autriche tenait furieusement à sa réputation de prude. En 1643 elle avait fait détruire les peintures italiennes « licencieuses » du château de Fontainebleau. Ce qui ne l'empêcha pas, a-t-on dit, d'épouser *il caro monsignore. C'est la satire politique et religieuse que la censure poursuivait avec le plus d'âpreté.* La gaillardise n'était qu'un délit mineur : sur neuf cents livres saisis par les douanes, de 1678 à 1701, il n'y a que quinze livres « licencieux » [136].

Certes on condamne au bûcher, en 1623, Théophile de Viau pour avoir fait publier l'année précédente *Le Parnasse des poètes satyriques.* Mais on ne le brûle qu'en effigie. Comme Michel Millot en 1655, auteur présumé de *l'Escole des filles.* Les amis de Théophile de Viau, Berthelot et Collet, échappent l'un à la pendaison, l'autre au bannissement. Théophile survit, après dix-huit mois d'un procès attisé par son ennemi le jésuite Garasse. Bussy Rabutin, dont un exemplaire frelaté de *l'Histoire amoureuse des Gaules* avait choqué Louis XIV, est simplement exilé sur ses terres. Quant aux textes, malgré feu et pilon, ils survivent, circulant *sous le manteau*, et sont toujours parvenus jusqu'à nous. Pour la seule période des règnes de Henri IV et Louis XIII, Bougard en dresse une liste assez impressionnante [137]. Il n'est pas question ici de les passer en revue. Mais on peut en définir les différents genres d'inspiration : gaillardise plus ou moins didactique, chronique de la « vie galante », peinture de la luxure monastique.

Le chef-d'œuvre littéraire du genre gaillard est assurément *le Moyen de parvenir.* Il fut publié en 1610 par Béroalde, joyeux chanoine de Verville

136. R. Bougard, *Érotisme et amour physique dans la littérature française du XVIIe siècle, op. cit.*, p. 10.
137. Bougard, pp. 188-198.

en Normandie. Ses banqueteurs tiennent des propos du plus haut goût, à la fois érotiques et divertissants, qu'on lit encore de nos jours avec le plus extrême agrément. La valeur esthétique des nombreux poèmes « satyriques » est en revanche des plus inégales. Ce qui nous intéresse le plus ici est la thématique « érotologique », fût-elle d'un réalisme douteux.

Un certain nombre d'ouvrages se présente résolument comme didactique. Une novice, un puceau, sont menés à l'*école* du sexe, du libertinage, par de plus âgé(e)s. On leur révèle progressivement « les mystères de l'amour » dont les éducateurs scolaires les avaient tenus à l'écart. *Éducation* en général terriblement phallocratique, réduisant la fonction érotique féminine aux extases vaginales éprouvées évidemment dès les minutes suivant la défloration. Ce genre de mythologie érotique a pu faire bien des dégâts chez ceux qui l'ont crue véridique [138]. La physiologie clitoridienne est néanmoins connue de quelques textes, comme *l'Escole des filles* et *la Secte des anandrynes*, peut-être écrit par Pidansat de Mairobert, censeur royal (!). Cette chronique lesbienne conte les exploits tribadiques de mademoiselle Raucourt, célèbre actrice en son temps (1756-1815). L'ouvrage fut connu du Premier Consul, qui nota *clitoris* dans la marge de son exemplaire [139].

À l'usage des grandes personnes, *l'Académie des dames* ou *les Dialogues* de Nicolas Chorier, publié en 1678 sous un pseudonyme (Luisa Sigea) dépeint un érotisme enfin vraiment savoureux. Le texte reflète aussi cet *égalitarisme urbain* qui commençait à se rétablir entre hommes et femmes chez les bons bourgeois. Dans *les Hermaphrodites* Arthur Thomas (1605) envisage même la possibilité du divorce [140].

Un seul empêtrement sexuel figure de façon réaliste dans ces contes. Il s'agit de cette *impuissance fonctionnelle* qui touche ceux qui sont trop novices ou trop émus, en particulier *la première fois* [141]. Voilà qui est d'une sexologie plus authentique que les fables ridicules et nuisibles de « voluptueuse défloration féminine ». C'est qu'il s'agit de textes écrits par des hommes, qui ont fait l'expérience de cette petite mais fréquente humiliation.

Second thème : la chronique historico-biographique de « filles galantes » – de prostituées. Là encore le récit est trop souvent enjolivé, laissant croire aux cœurs simples que la vie d'une putain est déterminée et meublée par le goût de la luxure... Et qu'elle peut conduire à la fortune. Le mythe de ces femmes menées par le désir, par leur chair érotisée, compensait évidemment la carrière sexuelle uniquement et tristement procréatrice de celles que les lecteurs avaient connues dans leur quotidien.

Apparaît néanmoins dans ces textes le souci réaliste et cuisant des maladies vénériennes, de la douloureuse gonococcie et surtout de la syphilis : elle fit désastreusement mourir jeunes tant et tant de filles... de joie. Mais le sort de celles qui moururent vieilles dans la misère n'est guère plus reluisant.

Troisième thème, très fréquent : la vie érotique de ceux et celles que l'on a enfermés au couvent, au monastère, contre leur gré. Ou qui se sont laissé enfermer béjaunes, sans se rendre compte des spoliations que leur fera endurer la chasteté obligatoire, malgré nourritures débilitantes, bains froids [142] et réveils précoces pour chanter matines. D'ailleurs ceux qui sortent « dans le monde », confesseurs, abbés de cour ou de ruelle n'en sont que plus sujets aux piques du désir

---

138. Je donne un exemple de cette littérature inepte : « *Je tombai sur elle... la douceur de ses cuisses... excitait [mon] plaisir, et j'étais dans une adoration muette en regardant le bosquet de Cythère... Le désir d'amour, ce directeur de la nature, conduisit mon vit au bord de cet abîme de volupté... Je poussai avec vigueur, et elle répéta – Ah dieux ! tu me fais mal ! aie pitié de moi ! – Je lui donnai un dernier coup de reins : je brisai la porte du plaisir en arrachant un cri violent à ma chère Marguerite. Mais bientôt après elle me dit : – Courage, mon ami, courage, je sens un plaisir bien grand ! Ah, Dubois ! ah, mon cher ! ah, ah, ah, mon cher ami ! où suis-je ? Juste ciel, quel plaisir ! quel plai... ai... ai... ai... ai... sir !* ». *Histoire de Marguerite, Enfer de la Bibliothèque nationale*, Vol. 3, pp. 352-354.

139. Introduction, signée J.-H., de l'édition Briffaut, p. XXXVII.

140. Bougard, p. 20

141. Bougard donne plusieurs citations : Gaultier Garguille, *l'Élite des poésies héroïques et gaillardes*, *l'Histoire amoureuse des Gaules*, Pierre Corneille, Mathurin Régnier. *Op. cit.*, pp. 97-103.

142. De nombreux couvents possédaient ainsi, dès le IXe siècle, leurs propres établissements de bains... froids. Pour décrasser les serviteurs-servantes de Dieu, mais aussi calmer leurs cuissons charnelles. Cf. Mikaïloff, *op. cit.*, pp. 7-8.

vénérien auquel ils ont fait vœu de ne pas céder. Lancinante peine de la privation érotique, que déplorait Venette quand il adjurait les bons chrétiens de ne pas frustrer leurs enfants des joies de l'amour. Souffrance de la jeune chair brimée qui finit sûrement, ici ou là, par rompre le frein et passer à l'acte... de chair ou à ses dérivés. On sait que c'est le très ancien remède de l'hystérie, fureur utérine dont semblent avoir été atteintes tant et tant de moniales convulsionnaires, de Loudun à Saint-Médard de Paris...

Jésuites, chartreux, capucins, cordeliers, nonnes encagées emplissent de leurs exploits lubriques les *Vénus dans le cloître* (1682), les *Religieuse en chemise* et autres *Entretiens de la grille*. Exploits solitaire, ou à deux, ou à dix, normaux ou homosexuels. Exploits surestimés par l'imagination des narrateurs tenant à émoustiller le lecteur, mais qui devaient correspondre à une certaine réalité. Réalité hypocrite mainte fois dénoncée : « école vicieuse de la torture érotique, le monastère se profile comme un séminaire dissolu » [143].

*
* *

Reste, *in cauda venenum*, le cauchemardeux cachot où le marquis de Sade raconte ses romans noirs.

Donatien Aldonse avait commencé, comme tout un chacun, par publier une école du libertinage, avec sa *Philosophie dans le boudoir* de 1795. Il souscrit aux règles du genre « initiatique », avec l'inévitable couplet sur l'extase qui transporte illico sur les cimes du plaisir vaginal celle qui se fait vigoureusement déflorer [144]. Mais déjà s'y manifeste la cruauté (envers la mère de l'héroïne) et ce *mauvais esprit* qui fait conseiller la sodomisation comme la plus goûteuse source d'orgasme féminin [145] et le tête-bêche comme divinement voluptueux *puisqu'il dérobe méchamment* la semence à sa divine destination.

C'est aussi très classiquement le pamphlet *Zoloé et ses deux acolytes* (dirigé contre le Corse – Orsec – et Joséphine) qui fit encourir à son responsable la hargne de Bonaparte. Lorsqu'on l'arrête en 1801 comme auteur de *Justine*, c'est le satiriste politique que l'on punit plus que l'écrivain « obscène ». Certes *la Nouvelle Justine, Juliette (les Cent-Vingt Journées de Sodome* ne furent pas publiées de son vivant) mettent en scène beaucoup de fouteries, prétexte désormais à nos yeux futile pour persécuter un écrivain. Mais sans excuser le censeur on ne peut s'empêcher de penser qu'il s'agit de bien méchants textes par leur fonds sinistrement pathologique... proprement sadique.

Les livre de Sade sont à l'érotique ce qu'est l'émétique au Martini *in the rocks*. Son obsession doctrinale, son style d'une plate emphase, ses litanies obscènes, ses perpétuels con-cul-vit-foutre sont tellement stéréotypés, au milieu de ratiocinations philosophiques oiseuses et de meurtreries imbéciles, que bien déçus sont ceux qui vont y chercher l'émoustillement vénérien. Les héros sadiens ne sont d'ailleurs pas uniquement sadiques. Leur pathologie comprend aussi le masochisme, l'homosexualité, la zoophilie, la coprophilie, l'impuissance, et même l'« embarrure », qui obstrue le vagin de la Durand, l'empoisonneuse. J'avoue n'avoir trouvé qu'une seule phrase de Sade sentant l'érotisme vrai, lorsque Juliette dévergonde Honorine, et « rebranle » le clitoris « *de cette belle femme* » [146] ; malgré la situation homosexuelle le récit dotant un personnage de qualités normales et louables y perd quelque peu son irréalisme doctrinaire.

Dommage que, par le jeu de la censure reprenant de plus belle après la Restauration – sous Metternich, sous la reine Victoria – les textes présentant la fonction érotique sous un aspect répugnant circulent mieux que ceux proches de la réalité. Dommage que Sade, poursuivi d'une vindicte stupide, apparaisse comme un martyr pour avoir

---

143. Ferrante Pallavicino, *le Courrier dévalisé* (1644), cité par Camperosi, *op. cit.*, p. 64.

144. « Arrose de ton foutre les plaies dont tu m'as couverte... pousse-le donc au fond de ma matrice... ah ! la douleur cède au plaisir... je suis prête à m'évanouir » p. 185 de l'édition Jean-Jacques Pauvert de 1953.

145. « Que la fille offre à la place du con, indistinctement sa main, sa bouche, ses tétons ou le trou de son cul. Par cette dernière voie elle prendra beaucoup de plaisir, et même *bien davantage qu'ailleurs* », p. 79 de l'édition J.-J. Pauvert. De quoi décontenancer la pauvre novice, à qui Madame de Saint-Ange vient d'apprendre que *le clitoris est le seul siège* de la sensibilité des femmes ! (p. 38).

146. T. III, p. 351 de l'édition historique et héroïque de Jean-Jacques Pauvert (1949). Je suis tout fier de posséder ces cinq volumes dont la reliure (fragile) est illustrée par Prassinos.

écrit des ouvrages à la gloire de la « liberté érotique » et qu'on l'ait même considéré, ô stupidité, comme un « maître de l'amour » !

Dommage enfin que la pathologie comportementale du sadisme apparaisse aux yeux des cagots et pisse-froid tellement représentative des motivations sexuelles naturelles, « normales » [147]. Au point que le lugubre Dr Freud, cent ans plus tard, inclura un grotesque stade « sadico-anal » dans le développement « psycho-sexuel » obligatoire de tous les humains.

Avant notre siècle enfin – et difficilement – laïque le dernier avatar conceptuel de la « philosophie » judéo-chrétienne était parvenu à faire de la sexualité normale, grâce au freudisme, une manifestation psycho-pathologique...

147. S'il parle encore hélas ! de femmes maltraitées ou violées, le *Rapport Spira-Bajos* ne mentionne plus la moindre activité franchement *sadique* ou *masochiste* dans les comportements sexuels des français de 1991. Quel manque d'imagination !

CHAPITRE 7

LES STUPIDITÉS DU XIXe SIÈCLE

Encore un siècle baroque. Nombre de ses « grandes figures », en général tristement barbues, nous ont fait beaucoup de mal, si certaines ont contribué à notre bonheur. Les pionniers d'industrie installent un mode de production irréversible dans la fiabilité et la diffusion économique à grande échelle. Les instruments de chirurgie, les accessoires médicaux, les médicaments sont désormais d'honnêtes « produits manufacturés », obéissant à de strictes normes de fabrication. Les Laennëc, Claude Bernard, Pasteur, Darwin, font faire aux sciences de l'homme un pas de géant. Les Jules Ferry, Jules Grévy répandent les bienfaits de l'instruction laïque gratuite et obligatoire. Tandis que les compositeurs, les poètes, nous comblent de chefs-d'œuvre.

Mais dans le même temps le sinistre christianisme maintient et renforce sa sinistre morale, inspiratrice officielle des têtes gouvernantes en Europe. De sinistres prophètes, de Bakounine à Marx, concoctent de sinistres théories d'extermination intraspécifique, et le sinistre Freud échafaude l'énorme château de cartes de ses sinistres cogitations.

Une fois de plus, tandis que la science progresse, tandis que le touchant « scientisme » à la Jules Verne prédit le proche bonheur universel par la maîtrise technologique de la planète, les responsables moraux se crispent, incapables d'adapter les règles de conduite officielle, comme les philosophies, aux découvertes biologiques ; celles qui sapent leurs *a priori* obsolètes autant que leurs spéculations chimériques. Le marxisme, le freudisme, enfants maudits du XIXe siècle, vont ainsi empoisonner la vie des Occidentaux jusqu'à la fin du siècle suivant. Le nôtre.

Le baroquisme de ce XIXe siècle n'est donc pas atténué par le franchissement de l'an 1900, et sans faire preuve en la matière de la moindre originalité, je le prolongerai jusqu'en 1914. Là où se situe, pour l'Occident, le véritable jalon historique.

LA CRISPATION MÉDICALE

RECTO. PAR LA FORCE DES CHOSES, LA SEXUALITÉ PROCRÉATRICE DES FEMMES CONTINUE DE S'AMÉLIORER

La médecine, au XIXe siècle, devient enfin scientifique. Du stéthoscope aux rayons X et aux dosages humoraux, de la vaccination à l'anesthésie et à la chirurgie aseptique, le diagnostic et le traitement de nombreuses affections deviennent fiables.

Les femmes, sauf exception, ne pratiquent pas encore la médecine. Leur sexe bénéficie, néanmoins, d'un considérable soulagement de sa pathologie propre.

Du Moyen Âge à la fin du XVIIIe siècle, on a vu le souci de préserver non seulement sa vie mais aussi son intégrité corporelle, au cours des péripéties procréatrices, s'étendre des aristocrates aux bourgeoises. Incarnation d'un certain ordre moral, la bourgeoisie, honorable aux siècles médiévaux et classiques, devient au XIXe la cible *d'une formidable haine raciste* de la part des fervents de Marx, Engels et autres adeptes de la vie collectivisée, phalanstérienne, socialiste, communiste, etc. Parce qu'elle échafaude patiemment ce mur *de la vie privée individuelle*, négligé par la noblesse [1], inconnu du populaire. Derrière lui peuvent s'effectuer bien des excès de rigorisme, de pudibonderie, mais à son abri peuvent enfin, et librement s'incarner *les passions*.

Le romantisme remet le cœur en honneur. Face au mariage civique des vertueux révolutionnaires, face au coriace mariage d'intérêt des notaires, face à la frivolité des libertins du XVIIIe siècle, *le mariage d'amour* s'impose lentement, difficilement, mais sûrement, pour devenir la règle cent ans plus tard. Les musiciens se distinguent dans ce « combat », de Schumann à Berlioz, à Liszt (persécuté par le pape), à Wagner, en attendant Strauss (Richard) et Debussy.

Clélia chie, déplorait stupidement le stupide poète (et lord) anglais. Mais Charlotte baise. Et un jour ou l'autre elle accouche. Mieux que les exotiques. De façon éclatante, la « situation sexuelle » privilégiée des Occidentales civilisées industrialisées s'affirme avec les progrès décisifs de l'obstétrique et de la gynécologie. Sans compter ceux de la médecine en général.

Avec le recul du temps, nous avons oublié que si la petite vérole tuait bien du monde avant la vaccination, Jenner, par sa méthode géniale (de 1796), a fait disparaître ces milliers de pauvres visages féminins défigurés par les séquelles de l'éruption. Plus belles plus longtemps les femmes, les *épouses* deviennent de plus en plus *précieuses*. Question de prix, disent les notaires négociateurs de dot. Question de sentiment, disent les maris affectionnés. Question de dignité personnelle, *individuelle*, disent de plus en plus les femelles de l'espèce.

Après la diffusion clandestine mais efficace, au moins en France, de la littérature libertine, tout(e) citoyen(ne) adulte désirant se cultiver ne peut ignorer, au cas où il(elle) ne l'aurait pas trouvé tout(e) seul(e), quels sont les ressorts de la fonction érotique féminine. Bien que le XIXe siècle débutant ne soit guère prodigue en « livres cochons », un texte comme la *Gamiani* de George Sand et Alfred de Musset prouve la parfaite connaissance de ce qui fait jouir les femmes. Les dessins « libres » d'époque *(figures 120, 121)*, dont ceux de Deveria (1800-1857, *figure 122*) tendent aussi à montrer que si l'on ne laissait pas les jeunes filles lire n'importe quoi, leurs soupirants convoitaient sans vergogne non seulement leur petit cœur, mais aussi ce qui se cachait sous leur crinoline. À charge pour eux, devenus maris, de déniaiser les (prétendues) oies blanches « livrées » par les familles bien-pensantes.

Or même dans ces familles commence à se diffuser une littérature médicale ou paramédicale informative, dont *l'Amour conjugal* saisi par monsieur Homais (en 1857) dans les mains du pauvre Justin est le célèbre exemple littéraire [2]. Bien qu'ils soient des plus moralisateurs, ces ouvrages ne laissent pas ignorer à leurs lecteurs « ce que tout homme devrait savoir » [3] – en attendant « ce que toute femme peut exiger ». Si bien qu'on peut se demander comment Freud, à la fin du siècle, a pu édifier sur une « technicité » érotique toute simple et connue de tout le monde (y compris la « scandaleuse » fellation) ses lugubres fantasmagories.

Or pour conserver ses précieux seins, son précieux ventre, ses précieux orgasmes clitoridiens, ses précieux orgasmes vaginaux, son précieux appétit érotique, aurait-elle même attendu plusieurs années de mariage pour savoir « ce que c'est », la plus romantique des *amoureuses* doit leur faire franchir sans encombre les risques et périls de la maternité. Les bourgeois se résignent de moins en moins à perdre leurs femmes en couches, ne seraient-elles que très chères mères de famille. Les femmes se résignent de moins en moins à subir les séquelles anatomo-physiologiques des accouchements traumatisants. Tout particulièrement celles qui gagnent leur vie de façon indépendante et confortable, de plus en plus nombreuses, artistes, comédiennes, chanteuses, danseuses, « poules de luxe », voire femmes de lettres, en attendant infirmières et enseignantes. Elles sont de plus en plus influentes, tirant vers le haut le style de vie féminin [4].

1. « Quel est le mauvais d'être un roi ? C'est de manger seul et de chier en public ». Cf. Robert Merle, *la Volte des vertugadins*, *op. cit.*, p. 413. Les copulations royales elles-mêmes n'étaient pas exemptes de (discrète) surveillance, dans ces châteaux où les courtines protégeaient seules des regards les occupants des lits, les chambres ne possédant pas de porte.

2. *Madame Bovary*, TROISIÈME PARTIE, II, p. 519 de l'édition de La Pléiade.

3. Le titre fera florès.

4. Propos résolument antimarxiste. Les « luttes ouvrières » n'ont jamais rien apporté au bonheur sexuel des femmes.

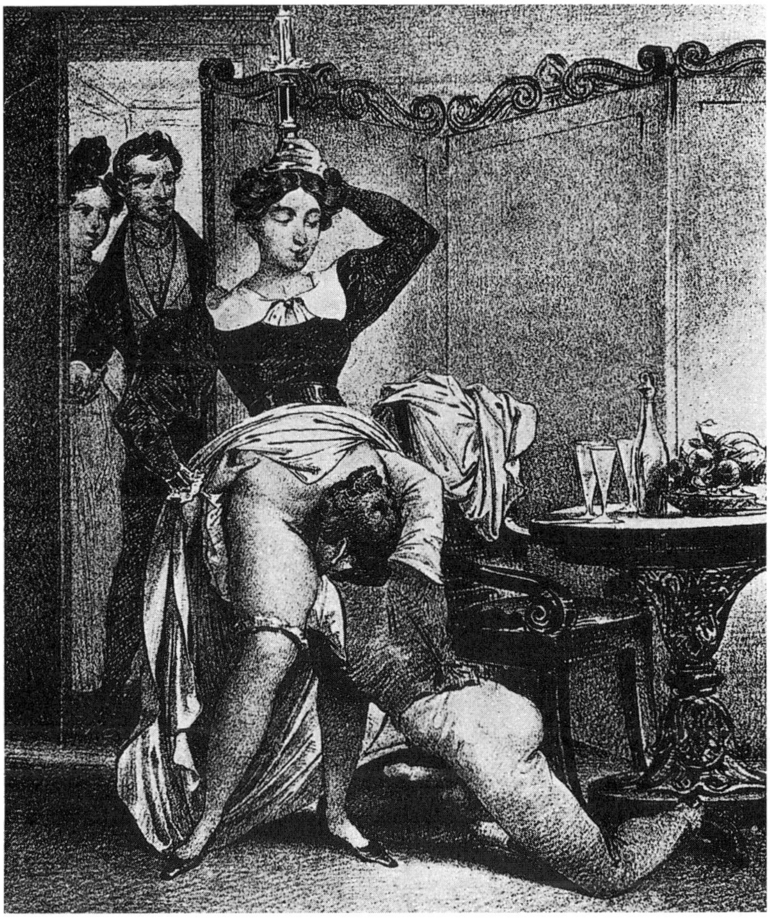

Figure 120
Les domestiques débauchés

Si les « ménagères » maudissent ces « voleuses de maris », elles profitent elles aussi du respect grandissant des médecins envers l'intégrité corporelle des femmes. Soulageant au moins celles des peines de sexe qui sont engendrées par la pathologie organique. Et commençant, surtout, à les prévenir.

Les accoucheurs continuent de perfectionner l'obstétrique et ses instruments, forceps, stéthoscope. Les sages-femmes compétentes sont de plus en plus nombreuses surtout, en France, après le grand tournant de l'instruction laïque. Tout ce monde se lave les mains – se désinfecte, selon les principes *antiseptiques* de Lister. Depuis que Semmelweis (1818-1865) a prouvé en 1847 la transmission épidémique des redoutables fièvres puerpérales [5] dont Pasteur découvrira le germe : le streptocoque [6]. Une authentique médecine gynécologique se développe, s'occupant des « maladies des femmes » même quand elles ne sont pas enceintes. Ses praticiens perfectionnent le speculum. Ils recourent délibérément au si précieux *toucher vaginal*. Sur la femme couchée, comme nous devons le faire désormais lors de tout examen clinique « de routine ». Mais encore parfois sur la femme debout, gardant – pour ménager sa pudeur – robe et cotillons sous lesquels le médecin agenouillé introduit la main...

Le chloroforme est découvert en 1831 par l'américain Guthrie. On l'utilise pour soulager les douleurs d'enfantement des reines – la reine Victoria en 1853 – des « femmes du monde » et parfois des bourgeoises. Les chirurgiens français adoptent les principes d'asepsie en 1874, le matériel chirurgical est stérilisé en 1886 selon la méthode de Poupinel. La césarienne, enfin

5. En 1862, 1 femme sur 19 hospitalisées dans les maternités françaises risquait la mort par fièvre puerpérale. Mikaïloff, p. 153.

6. Le 11 mai 1878 le chirurgien Sédillot propose à l'Académie des Sciences de nommer *microbes* les animalcules responsables des infections.

Figure 121
La mariée débauchée

« propre », sous anesthésie, tue moins de femmes et d'enfants [7], même si la conservation-suture, méthode française d'avenir (celle de Pinard) est plus risquée que l'extériorisation suivie d'hystérectomie en bloc pratiquée par l'italien Porro de Pavie [8].

La chirurgie gynécologique fait ses premiers pas. Sims, médecin de Montgomery, Alabama, guérit pour la première fois des fistules vésico-vaginales, en 1852, avec des fils d'argent ; sur des esclaves, mais c'est enfin gagné. Walter Burnham, de Lowell, Massachusets, réussit les premières hystérectomies en 1853 ; les « hémorroïsses » qui n'ont pas eu la chance d'accéder aux franges du manteau de Jésus [9] vont pouvoir guérir de leurs fibromes... Accoucheurs et chirurgiens européens suivent l'exemple.

Plus grand pays au monde à appliquer la morale chrétienne « réformée », les États-Unis d'Amérique, indépendants et constitués depuis 1787, commencent l'irrésistible ascension culturelle qui les placera en tête du monde occidental. Certes les premiers « Américains », comme les pionniers qui traverseront l'Atlantique, sont de « vigoureux » adeptes de la Bible. Ils donneront à leurs enfants des prénoms hébreux, et ils couperont un jour, hélas, le prépuce de leurs garçons – on en reparlera. Mais ils sont aussi aventuriers d'industrie et de commerce, ainsi préservés d'un puritanisme excessif par leur « vulgarité » pragmatique. Celle qui permet d'envisager la tête froide les mesures contraceptives.

Anglais, pasteur, puis économiste, Thomas Robert Malthus (1766-1834) publie en 1798 son *Essai sur le principe de la population.* Il est le premier à faire prendre conscience aux civilisés de la nécessité *d'adapter le volume populationnel aux ressources économiques.* Ce qui implique *le contrôle des naissances.* Alors que la fonction érotique subissait depuis des millénaires une répression... sans frein, c'est la glorieuse fonction procréatrice dont on dénonce le véritable danger : *celui de la prolifération humaine...sans frein.* À l'époque où, enfin, les progrès médicaux vont permettre de faire vivre plus longtemps les hommes – et les femmes – tandis qu'il meurt moins d'enfants en bas âge. Même si les conflits napoléoniens continuent un temps de faire fonctionner le frein de la guerre, la phtisie actionnant le frein morbide – il n'y eut plus en Europe d'épidémie ravageuse avant la grippe « espagnole » de 1919-1920 [10].

Malthus fut férocement attaqué par ceux dont l'outrecuidance jumelle de confiscateurs de la morale fera régulièrement des « alliés objectifs » : les catholiques, et les marxistes. Mais c'est lui qui avait raison, ce que l'histoire des deux siècles suivants prouvera surabondamment, obligeant jusqu'aux marxistes chinois à réviser la politique populationniste délirante de Mao Tsé-Toung.

La caution du savant économiste se conjugue avec la naissante industrie du caoutchouc pour faire confectionner des procédés contraceptifs mécaniques de grande diffusion. Good Year découvre en 1839 la méthode de vulcanisation. On

---

7. Grâce à l'asepsie, la mortalité opératoire de la chirurgie abdominale passe de 50 % à 20 % entre 1885 et 1900. Mikaïloff, p. 154.

8. 44 % de mortalité pour le Français, 25 % pour l'Italien. Sa méthode fut-elle celle pratiquée par la « sorcière » irlandaise qui ouvre (à vif !) le ventre de Scarlett, dans le livre d'Alexandra Ripley *(Scarlett, op. cit.*, p. 615 de la traduction française) ?

9. Matthieu IX, 20.

10. Elle tua plus d'Européens que la guerre de 14.

Figure 122
Dévéria : Les Amants

fabrique des condoms en latex, enfin pratiques, et des poires à injection vaginale. Les premières capes coiffant le col utérin sont imaginées en 1838 par le médecin allemand F. Wilde, et c'est un autre Allemand, Walter Mensinga, qui invente en 1882 le diaphragme vaginal sous la forme que nous utilisons toujours. Lointains effets bénéfiques de la Réforme luthérienne... Le bidet se répand, qui rendra les procédés féminins plus faciles à utiliser, surtout après la progressive installation de l'eau courante.

Certes il y a là bien des équivoques. Déjà dans la recommandation et la diffusion des préservatifs masculins, qui sont contraceptifs, mais ne peuvent se faire légitimer que pour protéger des infestations vénériennes. Ne serait-ce que pour les militaires, toujours grands consommateurs de putains. Neisser découvre en 1879 le diplocoque responsable de la chaude-pisse, le tréponème de la syphilis attendant 1905 pour être enfin débusqué. Sans antibiotiques ni vaccin, la prophylaxie par le condom reste la meilleure protection, moins sauvage que la prescription de Louis XIV ordonnant qu'on coupe les oreilles des filles publiques trouvées en compagnie de soldats [11]. De même la diffusion du bidet s'effectue-t-elle sous un « label » plus médical que franchement contraceptif. Le *bain de siège* avait longtemps été considéré acte quasi thérapeutique, recommandé aux femmes enceintes [12]...

Bien sûr la mise en place d'une capote anglaise, d'un diaphragme, même de nos jours, n'est pas un geste des plus romantiques. Bien sûr l'aspersion vaginale d'eau froide aussitôt après l'éjaculation dépoétise fortement l'étreinte. Mais enfin la carte forcée de l'engendrement gâchant la vie amoureuse – la vie tout court – n'est plus une fatalité parfois tragique. Sans autres remèdes que le retrait, l'avortement, si ce n'est l'infanticide.

11. Mikaïloff, p. 89. La mesure fut-elle réellement appliquée ?
12. Mikaïloff, p. 145.

Pour le plus grand bien des femmes qui peuvent en profiter, voire en décider elles-mêmes, même si elles sont rares, et plus anglaises-germaniques-américaines que latines, la contraception s'officialise enfin. Malgré, évidemment, l'hostilité farouche de la papauté : à peine apparu sur le marché le condom en lastex, le Vatican condamne à nouveau, en 1842, les contraceptifs mécaniques, et autres. Malgré, aussi, l'hostilité d'une bonne partie du corps médical, celle qui s'estime investie d'un devoir de sauvegarde envers la moralité publique.

VERSO. LE DÉLIRE THÉRAPEUTIQUE CONTRE UNE MALADIE IMAGINAIRE : LA MASTURBATION

L'auto-érotisme – l'excitation individuelle délibérée des zones érogènes, pour en tirer plaisir – joue un double rôle dans l'existence humaine. Au cours des premières années il effectue les connexions épigénétiques du circuit orgasmique, c'est donc une nécessité physiologique chez nous autres primates adroits et curieux mais très immatures de naissance. Plus tard, de l'adolescence à l'extrême vieillesse, c'est une sorte de remède, pour procurer quand même l'orgasme à ceux et celles qui sont trop petits, trop seuls, trop vilains... trop couards. Avec les inconvénients de tout médicament. Le plaisir est assuré, mais sans gymnastique corporelle apaisant « les reins », sans exercice du pouvoir érotique sur le (la) partenaire, sans l'émoi ni la béatitude du partage affectif apaisant le cœur.

La dépréciation subjective inéluctable de l'auto-érotisme adulte tient – tiendra toujours – au désenchantement de la solitude retrouvée « après coup ». Et aussi, chez l'homme, à tous les fantasmes de déperdition énergétique, d'épuisement par spoliation spermatique. C'est l'occasion idéale pour culpabiliser le plaisir sexuel.

La morale antique s'accommodait prosaïquement du procédé. Hermès aurait enseigné le remède à Pan (pas si diaboliquement malin qu'on le prétend !) pour le consoler de la perte de la nymphe Echo. Diogène, ce pingre, le recommandait « cyniquement » pour s'épargner bien des dépenses... au moins comportementales. Aristote, on l'a vu, ne blâme pas les jeunes gens qui se masturbent, se contentant de les mettre en garde contre « les douleurs » provoquées par la méthode... On sait par contre combien le libertinage solitaire a suscité de tracas à la théologie chrétienne, tous les « cas » de conscience qu'il a posés aux clercs frustrés de partenaires. La répression fut ainsi longtemps affaire purement cléricale, ecclésiastique, aucune bruyante campagne « moralisatrice » antimasturbatoire ne s'étant abattue sur les ouailles « séculières » pendant le Moyen Âge ni les siècles classiques.

La dilapidation de semence semble subitement faire horreur à ces bourgeois, notaires, financiers du XIXe siècle, férus d'épargne et de gros sous. Brusquement s'élève un furieux vent répressif, soufflé par des « autorités morales » qui ne sont pas d'Église – si l'immoralité religieuse fait évidemment partie de leurs prétextes.

Le soutien – la justification – de la croisade laïque contre la masturbation fut un ouvrage écrit au siècle précédent par Tissot [13]. Ce suisse comptable des pertes séminales n'était pas banquier, mais médecin, ayant même fait ses études à la faculté de Montpellier. Son ouvrage « de combat » fut d'abord publié en latin, *Tentamen de morbis ex manustupratione*, en complément d'un traité sur... les fièvres biliaires, à Lausanne, en 1758. Deux ans plus tard, en 1760, la traduction française paraît isolément : *L'Onanisme, ou Dissertation physique sur les maladies produites par la masturbation*. C'est LE manuel historique ayant terrorisé des générations de masturbateurs et masturbatrices, des milliers d'hommes et de femmes... normaux.

Le terme *onanisme* fut ainsi consacré par Tissot, et il l'est toujours, alors qu'il ne s'applique pas à son objet. Le péché d'Onan est *le coït interrompu*, avec retrait brusque de la verge au moment de l'éjaculation. Ce qui ne saurait évidemment s'appliquer au plaisir solitaire. Cette émission hors du vase était, pour les théologiens, pour les confesseurs, le plus gros péché, frustrant Dieu d'un possible engendrement humain. Alors que leur propre expérience les incitait à quelques accommodements avec les épanchements séminaux solitaires. Mais comme Freud ira concurrencer Krafft-Ebing, Tissot voulait contrer et surpasser un précédent concurrent.

En 1710 un anglais faisait paraître à Londres *Onania, or the heinous sin of self pollution, and all its frigthful consequences in both sexes, etc*. Ce Bekker entretenait la confusion dès son titre, puisque pour impressionner le lecteur il mettait

13. Simon-Auguste-André-David Tissot : né en 1728 à Grancy (Pays de Vaud), mort en 1797.

dans le même sac l'affreux péché d'Onan et l'« abus de soi-même ». Tissot aura beau jeu d'accuser le manque de sérieux de Bekker, qui désirait surtout vendre un remède reconstituant de sa confection. Il lui emprunte néanmois l'horrible tableau clinique des dégâts commis par la masturbation, laissant tomber toute étude du « véritable » onanisme.

Lorsque Freud, qui ne fut jamais clinicien, publie en 1895 son tableau morbide de la « névrose d'angoisse » [14], on croirait lire le catalogue des symptômes auxquels Bekker, puis Tissot, reconnaissent les effets de la masturbation. En un réquisitoire ne comprenant pas moins de six chefs d'accusation *(figure 123)* :

1) Affaiblissement des facultés intellectuelles, perte de mémoire, obscurcissement des idées, légère démence ; angoisse continuelle, reproches de conscience et larmes ; vertiges, affaiblissement de la vue et de l'ouïe, insomnie et cauchemars ;

2) Perte des forces ; arrêt de la croissance, somnolence, hypochondrie ou hystérie quasi constantes ; tristesse, soupirs, palpitations, suffocations, défaillances ; expectoration de matières calcaires, toux, fièvre lente, consomption ;

3) Douleurs variables, touchant tête, poitrine, estomac, intestins, articulation, engourdissements douloureux de toutes les parties du corps ;

4) Boutons sur le visage, pustules suppurantes sur la figure, dans le nez, sur la poitrine et les cuisses, démangeaisons continuelles, excroissances charnues sur le front ;

5) Perte de l'érection, émission de sperme à la plus légère excitation ou lors de la défécation, écoulement continuel par l'urètre d'une sanie fétide ou d'une mucosité sale, priapisme douloureux, dysurie, brûlures mictionnelles, affaiblissement du jet, tumeurs des testicules, de la verge, de la vessie... impuissance et stérilité. Van Swieten a même soigné un malheureux jeune homme

Figure 123
Déchéance et mort du masturbateur

14. *Uber die Berechtigung von der Neurasthenie, etc.*, trad. franç. in *Névrose, psychose et perversion*, éd. PUF, pp. 17-23.

qui souffrait d'un mouvement continuel de rotation des testicules dans le scrotum [15] ;

6) Troubles intestinaux, constipation, hémorroïdes, diarrhée, émission de glaires fétides par l'anus.

Encore ce funeste tableau omet-il les affreuses « suites de la masturbation chez les femmes ». Leur sexe n'est pas épargné par les conséquences de l'horrible habitude : accès d'hystérie, jaunisse incurable, crampes cruelles de l'estomac et du dos, vives douleurs du nez, pertes blanches, prolapsus génital, ulcérations de l'utérus, hypertrophie et dartres du clitoris, fureurs utérines faisant perdre la pudeur et la raison.

Ces troubles féminins ont été précédés par des signes prémonitoires : perte de l'embonpoint et du coloris facial, teint plombé, yeux ternes, lèvres pâles, dents jaunes, enfin rachitisme. La mort est toujours possible, en particulier chez celles qui se sont introduit des instruments dans la vessie, et succombent après d'atroces souffrances. Celles qui survivent ne trouvent jamais le bonheur dans les bras d'un homme, préférant retourner à leur odieuse manœuvre [16]. Les voilà donc devenues frigides.

Comme tout le monde s'est masturbé, et comme tout le monde a souffert à un moment ou l'autre d'un des symptômes d'un catalogue pathologique couvrant à peu près toute la sémiologie fonctionnelle, on imagine les ravages que ce rapport de cause à effet a pu produire. Dans les têtes faibles du caractère. Et dans celles des moralisateurs professionnels.

Outre la mort, à la menace peut-être excessive, le péril le plus tourmentant concerne l'impuissance et la frigidité : « si vous vous masturbez, vous ne pourrez jamais jouir avec un(e) autre ». Et là Tissot prête le flanc à son tour à la critique de contradicteurs. Il prétend que l'onanisme avant la puberté est exercé *par des monstres des deux sexes* [17], mais les procédés masturbatoires lui semblent *tellement connus de tout le monde* qu'il n'en fournit aucune description. Et s'il connaît le très classique onanisme de dortoir, il accuse stupidement – avant Freud – les domestiques, les valets de chambre, d'enseigner la masturbation aux jeunes gens du meilleur monde [18] – qui sinon seraient évidemment restés innocents... De même fournit-il une longue liste de tous ceux qui accusent la déperdition spermatique de ruiner les forces de l'homme. Il rappelle les morts orgasmiques historiques relatées par Pline le naturaliste [19]. *Après quoi il convient que l'orgasme, l'éjaculation, sont des plus nécessaires à la santé.*

Tissot sombre alors dans l'incohérence grotesque quand il se met à peindre le tableau des maladies *provoquées par la chasteté* : vertiges, épilepsie, tumeurs à l'ombilic, abcès des vésicules séminales, priapisme, etc. [20]. Et quand il prône de soigner, par des procédés *proprement masturbatoires* (fortes frictions des parties génitales [21], « pessaire âcre » faisant abondamment mouiller les femmes – dont une religieuse) ceux et celles que la continence avait conduits à l'hystérie et aux convulsions [22]... la bonne vieille méthode médiévale de la *manus medicans* !

Quant aux traitements que le docteur Tissot préconise pour lutter contre la masturbation, bon air, bon sommeil, bonne alimentation, régime, fortifiants, bains froids, etc., ils apparaissent dérisoires par rapport à l'énormité du mal qu'il faut guérir.

On sait évidemment, et pas d'hier – depuis que l'humanité pratique le soulagement solitaire, qu'il s'agit de périls mythiques. Que la dépense musculaire de la masturbation coûte moins d'énergie que le long rituel comportemental de l'accouplement. Que l'émission spermatique est de même abondance, projetée au-dehors ou dans le vagin (ou dans la bouche, ou dans l'anus, etc.). Que les tripotages n'ont jamais conduit personne à la mort. Que la masturbation fréquente de certains psychopathes n'a pas provoqué leur maladie, témoignant simplement de leur avachissement du jugement de valeur. Que ce n'est pas la masturbation mais l'empêtrement comportemental qui empêche d'aborder l'autre sexe. Que l'auto-érotisme juvénile n'a jamais empêché les adultes de fonctionner avec un(e) partenaire normal(e), rodant au contraire la physiologie orgasmique.

15. Tissot, p. 10 de l'éd. *reprint* Le Sycomore.
16. *Ibid.*, pp. 52-53.
17. p. 73.
18. p. 76.
19. Cornelius Gallius, ancien prêteur. Titus Ætherius, chevalier. Tous deux morts dans l'acte du coït, p. 30.
20. pp. 131-132.
21. Ainsi une veuve de Montpellier, âgée de 40 ans : la friction lui procurait un tremblement convulsif suivi d'une abondante éjaculation ! pp. 130-131.
22. Observation de Zaccutus Lusitanus (?), pp. 131.

La meilleure attitude eût été de traiter ces catalogues calamiteux par le mépris, ou par l'humour, comme le médecin du héros de Jerome K. Jerome persuadé, après la lecture d'un traité de médecine, qu'il souffre de toutes les maladies... sauf l'hydarthrose du genou [23]. Déjà à la fin du XVIIIe siècle le chirurgien anglais John Hunter avait émis une sage opinion : « les livres sur la masturbation ont fait plus de mal que de bien » [24]. Il ne fut guère écouté, puisque le XIXe siècle s'illustre par la lutte furibonde contre l'onanisme, ce « libertinage solitaire nuisible à la santé », comme l'écrira encore Littré, ce farouche laïque, dans son *Dictionnaire* de 1863. On va persécuter les filles autant que les garçons.

*
* *

Tout préoccupé d'économiser la dépense spermatique, Tissot décrit 41 cas d'onanistes masculins, contre 3 cas de femmes masturbatrices... mais bien dramatiques. Un Français établi en Hollande et qui parle sa langue... comme un cochon, Bienville, se charge, en 1771, de dresser un tableau symétrique de l'onanisme féminin. Son livre porte un titre à la fois novateur et ambigu : *la Nymphomanie, ou traité de la fureur utérine*.

La nymphomanie sera ainsi une des nombreuses maladies imaginaires de la sexologie. Il s'agirait d'une « fureur » de l'utérus, portant la femme à de continuels désirs vénériens. Comme l'histoire de la médecine, pas plus que celle des mœurs, ne connaît de véritable observation clinique au sujet de femmes perpétuellement en quête d'accouplement, et capables de jouir « à jet continu » – malgré ce que l'on a raconté de Messaline voire de Marguerite de Valois – on pouvait penser que Bienville avait découvert une maladie jusque là méconnue, et qui aurait atteint non les innocentes nymphes mais plutôt les Bacchantes compagnes de Dionysios... Maladie d'autant plus occulte que pour nos Antiques, comme pour les Exotiques et pour la médecine médiévale les capacités de jouissance des femmes sont inextinguibles : le « sperme » féminin, comme le yin, sont intarissables !

En fait après des descriptions fantaisistes et emberlificotées [25] Bienville lève le masque : *la véritable cause de la maladie est la masturbation* [26]. Et nous retombons dans la routinière dénonciation du plaisir solitaire. Dans les non moins routinières accusations envers domestiques et femmes de chambre [27], celles qui enseignent la funeste habitude, et dans l'effrayant mais rituel répertoire clinique.

La masturbatrice souffre de démangeaisons et tiraillements dans le vagin et la matrice, ses organes génitaux brûlants et secs sont sans cesse ouverts pour recevoir les impressions de l'air, son clitoris est enflé, plus grand que dans une femme sage (air connu), le vagin irrité distille une sanie épaisse et visqueuse, etc. À la phase terminale surviennent des tumeurs, des stéatomes, des hydatides, des abcès. À l'autopsie (évidemment !) existe une phlogose du petit bassin, un ou deux ovaires sont gonflés d'une humeur purulente.

Les signes généraux ne sont pas moins affreux, ces femmes obsédées par des pensées obscènes perpétuelles sont inquiètes, solitaires, tristes, pensives, taciturnes, elles perdent la faim, la soif, le sommeil...

Au moindre de ces symptômes le médecin doit suspecter la vicieuse [28], après quoi « il ne faudra plus épargner ni les reproches, ni les peintures de ce détestable crime dont il faudra lui découvrir et même outrer les conséquences fâcheuses » [29]... Suivent des conseils thérapeutiques toujours aussi dérisoires (saigner, purger, surveiller jusqu'aux pipis, etc.) et des conseils préventifs : éviter les viandes salées, poivrées ou endurcies à la fumée, les vins forts et les liqueurs violentes, le chocolat « composé » (?) et le café fort [30], se méfier des romans, des tableaux voluptueux, des danses luxurieuses, des propos et caresses d'un homme

23. *Trois hommes dans un bateau*, *op. cit.*, p. 11.

24. *A Treatise on veneral disease*, 1788.

25. On apprend que « la glande prostate, qui entoure la matrice, l'arrose avec abondance d'une humeur qui sort sur les côtés de l'urètre... que les glandes de Cowper sont situées entre la vulve et l'anus... que le vagin est parsemé de glandes »... de l'anatomie pour extraterrestres. Édition *reprint* Le Sycomore, p. 50.

26. Chap. VI : Des moyens de guérir dans le premier *(sic)* et le second *(sic)* période, et des soulagements qu'on peut espérer dans le *(sic)* troisième période, p. 83.

27. Triste cas de Julie, p. 116.

28. p. 69.

29. p. 83.

30. pp. 52-53. Deux cents ans plus tard, j'ai aussi incriminé le café, mais comme excitant sympathicomimétique nuisant à la physiologie érotique. . .

séduisant... alors que le mariage est le seul remède de la nymphomanie [31] !

Le plus grand succès de Bienville fut d'imposer son néologisme, reconnu par Littré. Mais toujours dans l'équivoque, puisque le terme continue de faire rêver les puceaux à des femmes « déchaînées », se jetant lubriquement sur tout homme passant à leur portée, et capables d'éprouver orgasme sur orgasme..., c'est de la physiologie-fiction.

Tissot, au contraire, et bien malheureusement, jouit d'une fortune posthume considérable. Il fut consulté tout au long du XIXe siècle – 63 éditions jusqu'en 1905 – traduit en allemand, en anglais, en espagnol (1807), en italien et même en russe (1845). Alors que quelques moralistes épigones ont tenté, çà et là, de diffuser, sans égaler son succès, leurs textes édifiants contre le vice solitaire, le français Garnier parvint seul, en 1883, à surpasser Tissot dans la louche délectation descriptive, dans l'extension du champ de répression, et dans l'ignominie.

*
* *

L'Onanisme, seul et à deux, sous toutes ses formes et leurs conséquences, célébrissime ouvrage du docteur Garnier, est un des textes les plus odieux jamais écrits contre le plaisir sexuel, et la fonction érotique normale. Le plus désespérant, en l'occurrence, vient de ce qu'il s'agit *d'un laïque* accusant jusqu'à « la continence prescrite par l'Église catholique à ses ministres». C'est, dit-il, « une impossibilité physiologique radicale, leur célibat n'est qu'un grossier trompe-l'œil pour les simples et les ignorants... c'est surtout un danger pour la plupart, en entraînant les uns à l'onanisme et en y condamnant ceux qui ne veulent pas enfreindre leur devoir religieux... ce vice est aussi fréquent et commun dans les grands séminaires que dans toute agglomération d'hommes jeunes et vigoureux » [32].

Non moins désespérante cette *sexologie malveillante* qui devient, dans le cadre d'une vaste *Hygiène de la génération* (en dix volumes !) une véritable criminologie. Garnier, au rebours de Tissot, se livre à une description comportementale minutieuse. *Mais il ne dépeint qu'actes délictueux.* Classant dans la catégorie « onanisme » tout ce qu'on peut se faire à un ou à deux et qui n'est pas la copulation vagino-pénienne : c'est-à-dire des manifestations érotiques aussi normales que les caresses manuelles ou buccales sur les seins, le clitoris, la verge du (de la) partenaire, aussi peu nuisibles que l'auto-érotisme, ou d'un « déviationnisme » aussi véniel que la sodomie hétérosexuelle.

« Mettre en contact immédiat les organes du goût par excellence fins et délicats comme les lèvres, la bouche, la langue et le nez... avec des voies d'excrétion aussi impures que le pénis, la vulve et le vagin, n'est-ce pas le comble de l'aberration et de la dépravation humaines ? À y penser de sang-froid, cela donne la nausée et soulève le cœur » [33]. Sous la plume de Garnier les caresses manuelles deviennent *manuélisation*, et l'usage du clitoris *clitorisme*. Actions à la fois morbides et délinquantes. Garnier n'en est pas le seul responsable, mais l'étude de l'onanisme devient pour longtemps *une rubrique de l'enseignement de la médecine légale*. À côté des perversions les plus lugubres et avec des conséquences pathologiques épouvantables.

Garnier reprend le catalogue de Tissot. Les stigmates locaux dont un des plus vilains déforme en ailes de chauves-souris – lugubres ornements des portes de cimetière – les nymphes des masturbatrices [34]. Les maladies de toutes sortes et de tous les organes. Le cancer – dont celui des seins trop sollicités. La tuberculose, cette maladie du siècle. Avec toutes les formes de maladies mentales et nerveuses, démence, hystérie, épilepsie, paralysie, surdité, cécité, encéphalite, méningite... etc., jusqu'au « spleen » des anglais ! [35]. Garnier n'est pas le seul à suspecter l'origine de toutes ces maladies des nerfs, puisqu'il cite une liste édifiante d'aliénistes accusant la masturbation de provoquer *la folie* [36]. Une véritable internationale de la répression, dont la folie des masturbateurs sera le cheval de bataille. À tel point que le danger, devenu lieu commun, sera encore redouté de nos jours...

La détection de la masturbation, infantile, adolescente et adulte, semble une obsession de la médecine du XIXe siècle. À la maison, dans les

31. p. 79.
32. p. 107.
33. p. 463.
34. p. 345.
35. p. 173.
36. Tardieu, Christian, Pinel, Esquirol, Morel, Deslandes, Guislain (Belgique), Holst (Norvège), Ellinger (Würtemberg), Pitchie (Angleterre), Hagenbach, pp. 296-300.

dortoirs, dans les toilettes des écoles où il ne faut pas s'attarder [37]. Si son lit est par trop désordonné, la mère doit inspecter les parties génitales de sa fille : les lèvres suintantes, le clitoris au développement exagéré signent le vice solitaire [38]. Secret voyeur, Garnier est allé épier, jusque dans la chambre de leur petit hôtel de passe de la rue du Rocher, un jeune cocher et sa maîtresse qui se livraient au tête-bêche à jour et heure fixes... sinon, comment ce savant aurait-il pu se faire une idée de l'odieuse pratique [39] ?

On a l'impression, assurément excessive, d'une vaste coalition des parents, éducateurs, enseignants, confesseurs, sous la houlette des médecins, pour espionner les possibles victimes du vice solitaire, le prévenir et pallier ses désastreux effets. Tout semble ainsi suspect de ce qui peut provoquer la pernicieuse habitude. En l'absence même de l'initiation criminelle par des camarades ou des aîné(e)s, il faut se méfier de ce qui pourrait inciter à la découverte spontanée. Ne serait-ce que les mets épicés, ou même les parfums entêtants (musc [40], benjoin, patchouli...), et bien sûr l'oisiveté des filles désœuvrées n'ayant qu'à jouer du piano [41] ou lire des romans, pour passer le temps dans leurs familles aisées [42]. Toujours la haine du riche !

Tant que la répression demeurait morale, se contentant de brandir les menaces de maladies imaginaires, tant que les remèdes ne relevaient que d'une « saine hygiène de vie » agrémentée d'une surveillance impossible à maintenir draconienne mois après mois, le mal infligé aux jeunes cervelles demeurait temporaire et réversible ; sinon pour les âmes faibles, vulnérables à cette dépréciation dramatisée du plaisir sexuel.

Échappant à une persécution terroriste qui semble surtout urbaine et bourgeoise, la majorité des jeunes gens et jeunes filles parvenait au mariage plutôt béjaunes, privés d'information sexuelle-érotique convenable – parfois hâtivement révélée la veille des noces – mais sans dommage corporel. Un certain nombre de jeunes femmes, hélas !, furent irrémédiablement mutilées par une boucherie médico-chirurgicale impardonnable.

*
* *

Empêcher masturbateurs et masturbatrices de se toucher, pour « sauver leur santé », excita l'esprit bricoleur des petits artisans. On fabriqua des étuis disposés la nuit autour de la verge des garçons « malades » *(figure 124)*. Certains munis d'une pointe acérée (celle d'un clou !) piquaient le petit vicieux quand survenait une érection *obligatoirement coupable*, puisqu'on ignorait la physiologie du sommeil paradoxal ; ce pléthysmographe barbare a dû blesser toutes ses victimes. Moins agressif Jalade-Lafon, bandagiste anti-herniaire de son état, confectionna et commercialisa un corset antimasturbatoire. L'appareil, lacé par derrière par l'adulte surveillant responsable, incarcérait les

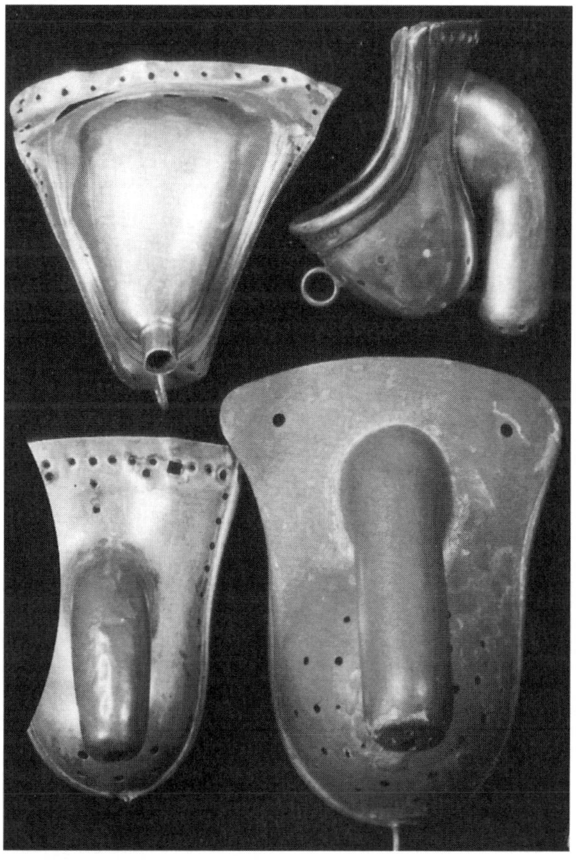

Figure 124
Appareils antimasturbatoires

37. Recommandation de la *Commission d'hygiène des écoles*, 1882. Mikaïloff, p. 129.
38. p. 67.
39. p. 471.
40. Ce vieux classique des aphrodisiaques à renifler.
41. Pour Freud, et André Michel, *op. cit.*, la technique pianistique des femmes s'apparente à la masturbation clitoridienne.
42. p. 334.

organes génitaux externes dans un écusson « inviolable » [43]. Une petite ouverture – comme sur les ceintures de chasteté – laissait passage à l'urine... Encombrant, vite malodorant, s'imprégnant de sueur et de pipi, contraignant à au moins un coûteux bain hebdomadaire (!), le carcan n'assura pas la fortune de son inventeur. Il fallait trouver plus radical, en intervenant sur les parties coupables elles-mêmes.

Pour les assagir on a châtré « des fous ». Mais si « la masturbation est un état intermédiaire entre la folie et la raison » [44] il apparut quand même excessif, aux yeux de phallocrates fiers de leurs génitoires, d'envisager la castration et/ou l'émasculation des masturbateurs. Il eût fallu châtrer trop de monde ! Aussi les tentations interventionnistes à l'encontre de la masturbation masculine demeurèrent-elles velléitaires, réduites à l'état de menaces. Celles qui, d'après Freud, hantent spontanément l'« inconscient » de tous les petits garçons, alors que la prédiction du châtiment fut (demeure souvent hélas) *très consciente et très précise* : « si tu continues à te tripoter, on va te la couper » [45]. Parole terrible... heureusement jamais mise à exécution.

Les masturbateurs échappèrent donc au bistouri, sauf quelques cas « gravissimes » de *spermatorrhée*. Punissant le vice solitaire, cet écoulement continu et involontaire de semence mêlée à du pus, de la sérosité, du sang, etc., demeure une maladie mystérieuse, occidentale comme exotique, ou disparue de nos jours – à moins qu'il ne s'agisse tout bêtement de l'urétrite chronique... On a pu sauver la vie de quelques malheureux menacés d'épuisement complet grâce à la ligature de leurs canaux déférents. La route du sperme était coupée, et les malades ont miraculeusement retrouvé leur embonpoint. On peut d'ailleurs se demander si les chirurgiens (!) n'avaient pas coupé les artères spermatiques par la même occasion, car les opérés cités par Garnier ont guéri grâce, entre autres, à une totale disparition de leur désir sexuel [46].

Respectant le corps des mâles, c'est une honte de la médecine, de la chirurgie du XIXe siècle que d'avoir porté une main criminelle sur le sexe de centaines d'innocentes fillettes et adolescentes, pour les « guérir » de la masturbation. La haine agressive du clitoris, héritée des siècles précédents, demeure une obsession des moralisateurs médicaux tout au long du siècle, jusqu'à Freud inclus, qui l'infusa à ses successeurs jusqu'à plus de la moitié du siècle suivant.

Des praticiens guindés dans leur barbe, leurs favoris, leur monocle, leur gilet et leurs guêtres ont retrouvé toute la hargne des sauvages africains ou moyen-orientaux pour couper le clitoris de malheureuses petites françaises, allemandes, anglaises, américaines, etc. Une fois de plus, cette délicatesse féminine « inutile à la génération » s'attirait la vindicte de phallocrates puritains prétendant agir pour le bien de leurs victimes.

Le « calcul » thérapeutique est simple.Femmes et fillettes se masturbent grâce au clitoris. La masturbation conduit à la folie. *Donc le clitoris rend folle*. La clitoridectomie est ainsi une intervention salvatrice de « psychochirurgie ». N'est-ce « un grand avantage de la femme », s'écrie joyeusement Garnier, que d'« avoir à son service un remède radical à cette funeste habitude : l'excision même de l'organe, inapplicable chez l'homme [47] ? ».

Ce sauvage se délecte à raconter les premiers cas historiques du XIXe siècle. Il cite Levret, accoucheur français « inventeur » de la méthode, poursuivie par son successeur Dubois. Premier cas allemand : De Graefe intervient à Berlin le 20 juin 1822 sur une idiote de 15 ans : sitôt débarrassée de son clitoris, elle développe son intelligence, et trois ans plus tard elle savait lire, écrire et compter [48]. Biett fait opérer le 26 juin 1834 un petite fille qui se masturbait malgré le bandage : gros succès, retour, du sommeil, [49] etc. Aux USA White guérit ainsi une épileptique [50].

Cette « légère » opération est évidemment sans la moindre gravité. Dans les cas simples un coup de ciseau ou de bistouri suffit. « On arrête ensuite

43. Encore qu'une affreuse fillette de sept ans ait réussi à atteindre son clitoris grâce à une longue plume glissée sous l'appareil « avec une habileté infernale ». Réveillé-Parise (?) consulté déjoua le stratagème et la mère redoublant de surveillance parvint à guérir sa malheureuse enfant. Garnier, p. 249.

44. *Ibid.*, p. 219.

45. Ne jamais oublier que Freud, le plus souvent, parle à tort et à travers, et qu'il a nommé « complexe de castration » une menace d'émasculation.

46. Garnier, p. 314.

47. p. 227.

48. p. 350

49. p. 330.

50. p. 351.

l'écoulement de sang avec la glace ou un caustique. Un mois suffit à la guérison » [51]. Garnier conseille même de recourir à l'écraseur, technique « sans effusion de sang » qu'il pratiqua avec succès sur une femme de 48 ans [52]. Toutefois certains clitoris coriaces, volumineux et exubérants ne cèdent qu'à la cautérisation pratiquée *à plusieurs reprises*. Ainsi une femme qui avait réclamé le fer rouge ne fut guérie que quinze jours : « ce n'est pas pendant deux ou trois semaines qu'il faut insister, mais plusieurs mois successifs » [53]. Quel dévouement thérapeutique !

Certes de bonnes âmes « avaient autrefois des scrupules... par crainte de priver la femme de toute sensation voluptueuse dans l'avenir. C'est une erreur » précise Garnier [54]. L'amputation du clitoris laisse « deux autres centres érogènes... pour inciter aux sentiments de l'amour et les développer » [55]. Il s'agit probablement des seins et du vagin. Mais la réflexion ne manque pas de cynisme chez Garnier qui, sans préconiser mammectomie ou colpectomie stigmatise la « manuélisation » des seins et cite avec dégoût une bonne liste de corps étrangers ayant servi à l'onanisme vaginal [56] car, « dans son délire érotique... la femme a recours à tous les objets à sa portée »...

Broca fut de ceux que les scrupules touchèrent sans pour autant renoncer à trancher dans le sexe des fillettes. Il fut sollicité à propos d'une gamine de cinq ans qui se livrait à une masturbation « acharnée » et pleurait quand on l'empêchait, les mains chargées d'entraves, de caresser « son petit Jacques, son petit chat ». Elle était même parvenue à exciter son clitoris en glissant le gros orteil sous la ceinture de chasteté spécialement confectionnée pour elle. M. Moreau (de Tours) ne vit de remède qu'en la clitoridectomie. Broca recula devant « un moyen aussi terrible » et pratiqua une fort ingénieuse (!) opération. Une *infibulation*, à la soudanaise, qui rapprocha les grandes lèvres incisées à leur bord interne pour qu'elles enlisent le clitoris, et le rendent inabordable à l'excitation manuelle. On pourra rendre la liberté au clitoris « à la veille du mariage »...

Broca fait part de son exploit à la Société de Chirurgie le 13 janvier 1864 [57]. Garnier loue une telle habileté chirurgicale et morale. Il est bien le seul car « la critique de cette opération innocente par la Société de Chirurgie a empêché de la renouveler depuis » [58].

Il y avait donc des humanistes dans cette Société Française de Chirurgie. Il y en avait aussi à la Société Royale d'Obstétrique de Londres. Brown, accoucheur londonien bien connu de Garnier [59] atteignit un beau score : cinquante clitoris coupés pour « sauver »... punir de vicieuses petites anglaises. *Shocking* ! Ses honnêtes collègues furent scandalisés par une sauvagerie indigne d'un gentleman. Ils l'exclurent de leur honorable société.

On ne sait ce que sont devenues les victimes de ces tronçonneurs, enlisées dans la pruderie sociale, et médicale, de l'époque. Si elles se sont mariées, si leurs maris se sont plaints d'avoir dans leur lit une femme mutilée, si leur privation d'orgasme clitoridien a obéré tout (probablement) ou partie de leur fonction érotique. Si elles s'en sont plaintes auprès de leur médecin – de leur accoucheur, qui lui-même s'est peut-être interrogé, les a peut-être interrogées sur cette absence de clitoris...

Le coup d'arrêt donné à Paris, à Londres, à la mode extravagante de la clitoridectomie, semble avoir eu un effet immédiat, entraînant le mutisme des publications médico-chirurgicales. Les médecins s'empressèrent d'oublier une si honteuse technique. Wilhelm Stekel, quand même, a encore vu au XXe siècle une clitoridectomie- « thérapeutique » [60], probablement une des dernières. De même se vendit-il jusqu'en 1930 des bandages antimasturbatoires [61]. De même le dictionnaire Vidal des spécialités pharmaceutiques françaises proposait-il encore en 1972 des médications « calmantes » contre l'onanisme. C'était d'ailleurs – s'il en faut – le bon moyen : le moindre

51. p. 350.
52. *Ibid.*
53. p. 349.
54. p. 350.
55. p. 351.
56. Chandelle, bougie, poireau, carotte, rave, épi de céréale ou de graminée, flacon à odeurs, tiges métalliques ou en bois, étuis, cure-dents, épingles, aiguilles à cheveux, etc., p. 401.
57. Jozan, *op. cit.*, pp. 874-878.
58. Garnier, pp. 330-331.
59. p. 350.
60. *La Femme frigide*, *op. cit.*, p. 487.
61. Théodore Tarczylo, préface à *l'Onanisme* de Tissot dans l'édition Le Sycomore, p. 12.

des psychotropes contemporains suffit à éteindre toute ardeur hétéro- ou auto-érotique, sans recourir au bistouri.

Malgré tous ses méfaits, le freudisme aussi a probablement eu, ici, une certaine heureuse influence. À force de mépriser les organes – surtout le clitoris – et de prétendre que *tout se passe dans la tête*, la psychanalyse avait réussi à écarter, pour plus d'un demi-siècle, les organes génitaux en peine – ici en mythique « surchauffe » – de toute tentative chirurgicale. Fût-elle éventuellement et véritablement salutaire.

LA CRISPATION MORALE

Le XIXe siècle n'a pas encore inventé la télévision, mais le développement des transports, des journaux, du télégraphe, l'urbanisation croissante commencent à répandre rapidement l'information, à uniformiser la culture, *la morale publique*. Après le vent libertaire et un peu terrifiant que la révolution de 1789 puis l'Empire avaient soufflé sur l'Europe, cette morale publique était résolument « conservatrice », *réactionnaire*. Restaurant vigoureusement ces principes chrétiens qui se sont emparés de la morale occidentale, catholique à la vaticane ou réformée, à l'anglaise ou à la germanique.

En France une des premières mesures « sociales » de la Restauration sera d'abroger la loi autorisant le divorce. Dans toute l'Europe c'est à qui raffinera de puritanisme, de pudibonderie, de misogynie, de Metternich à Bismarck (les 3 K !) [62], de l'impératrice Eugénie à la reine Victoria. Si le romantisme célèbre tant le cœur, c'est aussi parce qu'il devient difficile de célébrer le cul...

C'en est fini des accommodements locaux entre ouailles et curés, fidèles et révérends. La morale est *officielle*, jusqu'au fin fond des campagnes. Avec des prêtres dont le recrutement dépend de moins en moins de l'obligation, de la contrainte familiale, mais de la conviction... du moins le prétendent-ils. Car leur fameuse « vocation » sert souvent de paravent à la démission comportementale, par *faiblesse caractérielle* devant les risques et périls de l'engagement social, de l'engagement sexuel-amoureux. Il ne faudra plus compter sur ces gens-là pour manifester la moindre charité... chrétienne à l'égard de ce que pécheurs et pécheresses leur confieront en confession. Plus que jamais l'obligatoire sacrement de pénitence consacre la main-mise du clergé romain sur la fonction érotique des chrétiens, faisant guigner sous les draps des conjoints – ou des amoureux – des puceaux ignares et hargneux. Le terrorisme du confesseur de Madame de Rênal est romancé, mais Stendhal se fait l'écho réaliste de l'emprise cléricale sur les femmes... à défaut de « bien tenir » les hommes.

Au Vatican les papes confirment inlassablement les prescriptions restrictives du christianisme. C'est pour eux une obligation professionnelle ! Le Pape et le Collège des cardinaux condamnent formellement, à deux reprises, juin 1842 (Grégoire XVI), 25 mai 1851 (Pie IX), l'usage contraceptif des condoms [63] : c'est *un crime abominable*... même avec des préservatifs en latex ! Le retrait – le péché d'Onan – est encore et encore interdit, et encore le 4 mai 1851 [64].

En 1854 Pie IX (il règne de 1846 à 1878, *figure 125*) officialise par une encyclique la lubie chrétienne de la naissance « immaculée » de Marie, mère de Jésus : elle fut préservée du péché originel pour pouvoir accueillir le Fils de Dieu en son sein [65]. Ainsi aura-t-elle été dispensée de deux obligations des chrétiennes ordinaires : le baptême, et l'accouplement... En 1859, par une *Instruction*, le même virulent pontife maintient les bonnes vieilles prescriptions en matière d'annulation de mariage : recours à la *septima manus*, examen de la femme, « fourniture » de la preuve de l'érection. En 1860 il semble éprouver une joie mauvaise, après un « mollissement » initial, à renier sa parole pour s'opposer au mariage de Franz Liszt avec la princesse Wittgenstein, pourtant divorcée en Russie [66]. Le compositeur, récupéré puis ordonné par l'Église, passera de la virtuosité creuse à la bondieuserie fade... la musique n'y aura rien gagné !

En 1864 le *Syllabus* atteint l'apothéose obscurantiste de la doctrine vaticane. Enfin dans l'encyclique *Arcanum divinae sapientiae* de 1880 Léon XIII condamne une fois de plus le mariage civil et le divorce.

62. *Kirche, Kinder, Küche.*
63. Taxil, p. 204.
64. Taxil, p. 114.
65. De même que Mahomet fut préservé du « péché originel de prépuce »...
66. Guy de Pourtalès, *Franz Liszt*, *op. cit.*, XXI-XXII.

Figure 125
Le pape Pie IX

Le retour en force de l'« ordre moral » excite la verve répressive des ensoutanés. Sous leur plume fleurissent les manuels de morale conjugale qui, à l'instar du *Traité pratique complet des maladies des femmes* du (laïque) docteur Jozan (1870) sont *spécialement destinés aux gens du monde*.

En France, sous le Second Empire, le R.P. Debreyne édite une magistrale *Moechialogie* sous-titrée *Cours de luxure* (!). On n'y apprend pas à forniquer, mais au contraire à s'horrifier de tous les péchés commis contre le Sixième commandement. Le tout bien classé. D'une part la *luxure consommée*, contre la nature (masturbation, sodomie, bestialité) ou suivant la nature (fornication, viol, adultère, inceste), d'autre part la luxure *non consommée* : pensées, désirs, délectations moroses, attouchements, lectures obscènes, expositions impudiques dans les danses, bals et autres spectacles.

Le plus « juteux », dans cet exposé « scientifique », est que le R.P. Debreyne avait aussi été médecin : il cumule ainsi moralisme médical d'« époque » et moralisme clérical. Ce qui nous vaut une description « clinico-morale » des trois degrés de la masturbation féminine : le clitorisme, « mode ordinaire », la masturbation vaginale, par l'intermédiaire de doigts ou instruments, qui indique « une plus grande corruption de l'imagination », enfin « la dernière espèce », la masturbation utérine, qui excite le col de l'organe de façon manuelle (comment, Grands Dieux ?) ou instrumentale. C'est la plus grave, la plus peccamineuse, en raison « du degré de malice des circonstances » [67] (?).

À l'usage des futurs prêtres, qui n'ont pas été médecins, et sont réputés toujours vierges au moment de recevoir l'ordination, l'épiscopat a prévu de fournir un « enseignement sexologique » de base. Ce sont les *Diaconales*, instructions pour les apprentis confesseurs quant aux péchés de la chair. On attend le dernier semestre du Grand Séminaire pour aborder ce sujet épineux. Mais il constitue, catholicisme oblige, le plus gros chapitre abordé par les pénitents. Pour la France le texte de Mgr Bouvier, évêque du Mans de 1833 à 1855 *(figure 126)*, fut un des grands classiques de la formation des prêtres, rédigé quand ce vigoureux prélat était supérieur du Grand Séminaire de sa bonne ville.

Encore au XXe siècle restera en vigueur – au moins jusqu'à l'après-Seconde Guerre – ce traité pénitentiel de 1827. Il permettait d'indiquer aux chrétiens quels péchés sont véniels, quels sont mortels, c'est-à-dire entraînant *la damnation éternelle*, pas moins, en cas de mort sans confession ni pénitence... Il ne faut jamais oublier que la mort est traditionnellement présente dans chaque chambre conjugale catholique, sous la forme du crucifié agonisant, garni du buis bénit de l'année [68]... De quoi attiser les ardeurs érotiques des époux.

Péché véniel se faire des attouchements honnêtes ou voluptueux entre conjoints, se livrer à l'acte conjugal dans le seul but de se procurer du plaisir, copuler pendant les règles, prendre une posture « différente de la naturelle » s'il n'y a pas

Figure 126
Bouvier, évêque du Mans en 1833

67. Taxil, pp. 72-73.
68. Ramené de la fête des Rameaux. . . ceci dit pour les cathos *new look* déritualisés. . .

de danger de répandre la semence hors du vase féminin. En cas de mort sans confession, le pécheur n'ira qu'au Purgatoire...

Péché mortel tout ce qui dilapide la sacrée semence hors du vase consacré, les « classiques » masturbation fellation sodomie coït interrompu, mais aussi l'éjaculation entre les seins, et même les désirs adultères portant, pendant l'acte, sur une autre personne que le conjoint [69]...

*
* *

Les confesseurs sont dressés à exercer sur la gent femelle la plus forte pression. Impressionnées par la soutane, fermement chapitrées dans l'édicule, les bonnes chrétiennes sont ainsi l'agent de la répression cléricale dans le lit conjugal, chargées de son « rendement » procréateur. Pas une goutte de sperme ne doit échapper à leur vagin. Si l'homme pratique le retrait, s'il coiffe un préservatif, la femme doit le réprimander pendant son péché, sinon elle commettrait elle-même, par complicité (omission !), un péché mortel [70]. Si c'est de sa volonté que dépend le lieu de l'éjaculation, *elle doit être dans la disposition de mourir plutôt que s'opposer à la génération* [71].

La vie des filles d'Ève semble vraiment continuer de compter pour peu aux yeux des hommes d'Église. La victime d'un violeur doit ainsi résister et crier, de crainte de passer pour consentante. Et si son agresseur l'assassine, elle devient *martyre de la chasteté* [72]. « Il vaut mille fois mieux mourir que de céder à pareil danger », et prendre des risques provocateurs.

La femme pèche donc mortellement en exposant ses seins nus, ou en les proposant sous une étoffe transparente. Et même en portant, dans les carnavals, des vêtements « étranges et bizarres », voire un masque... Quant à sa propre satisfaction dans l'acte, c'est une exigence tellement contingente que si elle n'est pas survenue après la sémination masculine le R.P. Debreyne, si fort ennemi de la masturbation féminine, interdit à l'épouse le soulagement par ses propres attouchements [73].

En face, quelle complaisance pour les émissions de semence solitaires, quand l'homme peut en être excusé. Certes la « pollution » délibérée demeure péché mortel, et les masturbateurs « tombent dans l'endurcissement, l'hébétement, le dégoût de la vertu et le mépris de la religion » [74]. Mais ces prêtres travaillés par la chasteté innocentent la « distillation urétrale » des autres pour innocenter la leur. Ils donnent des conseils [75] pour ne pas céder à l'éjaculation en cas de réveil matinal « rigide », mais absolvent celui qui ne peut contenir l'impétuosité de la nature : « la sécrétion des humeurs s'est faite dans les vases spermatiques, il faut alors que l'éjaculation survienne, sans quoi le sperme venu des reins se corromprait au détriment de la santé » [76]. Ainsi faut-il se réjouir des bons effets (« purgatifs ») de la pollution involontaire du sommeil comme de la veille. Air (médiéval) bien connu.

La privation obsessionnelle du corps féminin laisse toujours ces frustrés imaginer que la simple vue des organes génitaux d'une femme suffit à déclencher une éjaculation – comme les théologiens du Moyen Âge s'imaginaient que le simple fait de coucher ensemble un homme et une femme devait les conduire à la copulation immédiate. « Ne pèche pas le chirurgien qui, pour guérir une infirmité ou faire un accouchement, touche ou regarde les parties pudiques d'une femme et qui, à cette occasion, éprouve les effets de la masturbation, pourvu cependant qu'il n'y consente pas, s'exposerait-il même au danger du consentement... Mais il serait obligé de renoncer à son art, s'il tombait fréquemment dans ce danger : car la nécessité de son propre salut doit l'emporter sur toutes les autres » [77].

*
* *

La mutilation des fidèles – il peut s'en flatter – n'a jamais été préconisée par le Vatican : pour que leurs sacrifices érotiques soient réellement bien pénibles. Et bien qu'il continue d'utiliser

69. Les sexologues « fantasmothérapeutes » obligent ainsi à pécher mortellement leurs innocents clients chrétiens.
70. Taxil, p. 199.
71. *Ibid.*, p. 201.
72. p. 165.
73. p. 106.
74. p. 175.
75. Élever son esprit vers Dieu, faire le signe de croix, renoncer au plaisir voluptueux, p. 174.
76. *Ibid.*
77. p. 173. Quels dangers encourent les gynécologues !

pour chanter à la Sixtine, jusqu'à la fin du XIXe siècle, les malheureux castrats clandestinement mutilés [78]...

À l'autre bout de l'Europe, chez les schismatiques orthodoxes, apparaît un des avatars « sexuels » les plus consternants du moralisme chrétien. Un mouvement de pénitents comme la chrétienté en sécrète régulièrement se met à passer les bornes « classiques » du fouettage.

La secte des Khlystis (flagellants) recrute, à partir de 1770, de francs délirants qui fondent le parti Skoptzy – parti puisqu'il avoue des prétentions politiques à gouverner la Sainte Russie. Ces illuminés s'étaient persuadés que le sexe des humains était dû à la mauvaise digestion de la pomme d'Ève – du thomisme primaire. Le fruit défendu avait formé les bourses des hommes et les seins des femmes. Comme la fin du monde (le « millenium ») approchait (air connu) les bons croyants devaient se débarrasser des séquelles du péché originel. Les adeptes masculins se faisaient couper les couilles et pourquoi pas, dans la foulée, la verge « clé de l'abîme ». Leurs épouses se faisaient trancher les seins, et aussi pour les plus pieuses le clitoris et les nymphes, salutaire raffinement à l'africaine. Le plus haut degré du mysticisme consistait à se faire infliger des cautérisations cruciformes en divers points de la surface cutanée, ventre, dos, lombes, etc. La vivisection était saintement pratiquée par les prêtres, mêlant des prières à la purification anatomique.

Ces bourreaux d'eux-mêmes dérangeaient le pouvoir, police et patriarches. Malgré leur persécution, ils avaient encore des milliers d'adeptes à la veille de la Seconde Guerre mondiale. Ils avaient réussi à convertir, entre autres, de brillants jeunes gens de la haute société russe. Classique crise christiano-adolescente des fils à papa.

Les métropolites du clergé officiel ne furent pas les moins acharnés à lutter contre la secte. Elle leur faisait une concurrence déloyale en raffinant sur ce qui, au fond, pouvait sembler relever de la plus pure orthodoxie... Car une fois de plus la hiérarchie chrétienne devait, par un laborieux et acrobatique *distinguo*, protéger la condition humaine normale des gens normaux *contre la lettre délirante de l'Evangile*. Jésus n'avait-il pas dit « si ta main droite te scandalise, coupe-la et jette-la loin de toi, car il vaut mieux pour toi perdre un de tes membres et que tout ton corps ne s'en aille pas à la Géhenne » [79]. Paroles imprudentes devant les faibles d'esprit et les petits enfants...

*

* *

L'emprise cléricale sur les mœurs sexuelles des hommes – chirurgiens ou non, princes russes ou non – s'effiloche pourtant irrémédiablement. La gent masculine dominante devient indocile. D'une part les vilains « laïques » ne voulant plus entendre parler de péché militent pour la promotion civique des femmes, leur droit de vote, et le divorce. Artistes et fils de famille de la jeunesse dorée mettent leurs maîtresses sur un pied d'égalité avec eux – ils peuvent braver les réticences parentales pour les marier d'amour. D'autre part les phallocrates cléricaux ont de plus en plus de mal à tenir en mains les phallocrates sociaux, notables, gros bonnets, patrons d'industrie ou d'exploitation agricole.

Ceux-là inaugurent le très hypocrite et très inconséquent christianisme de façade qui sera celui que nous voyons sous nos yeux à la fin du XXe siècle. Ils se laissent morigéner, vilains capitalistes, quand ils font travailler leurs pauvres ouvriers le dimanche, jour du Seigneur. Mais ils sont complices des curés quand ils leur permettent de coincer dans l'obéissance leurs épouses domestiques et leurs filles soumises – vieux système à la japonaise. Après quoi ils s'arrangeront, fussent-ils des plus laids et des plus ventripotents, à satisfaire leurs appétits érotiques auprès de femmes aguichantes, des danseuses de l'Opéra aux putes, des poules de luxe aux « petites femmes », toutes celles qui font le bonheur des notaires de province, des messieurs du Jockey Club et des aristocrates de toute l'Europe.

Parfaitement illustrée par les succès lyriques d'époque, style *la Vie parisienne* ou *la Traviata* la très vieille et très répugnante double morale triomphe au XIXe siècle « chrétien ». Celle qui excuse-glorifie les frasques masculines, et veut condamner les femmes soit au morose enlisement domestique, soit à la condition d'éphémère objet sexuel, opposant dans la même dévalorisation celles avec qui l'on a de fades « rapports conjugaux », et celles que l'on baise en ville *(figure 127)*.

---

78. Les envahisseurs baroques de la musique classique, qui « aiment tant » (!) les petits garçons, regrettent tellement la voix de castrat qu'ils envisageraient, pourquoi pas, de faire châtrer à nouveau des petits trésors doués pour le chant. . .

79. Matthieu, V, 30.

Figure 127
Celles que l'on baise en ville... ou au théâtre

En face du clergé, les moralistes athées sont bien divisés eux aussi quant à la situation morale des femmes. Les paléosocialistes barbus se préoccupent d'abord du sort des sacrosaints travailleurs – celui des travailleuses « suivra ». Quant aux philosophes barbus et/ou moustachus, les Schopenhauer [80], les Nietzsche [81], les Freud, c'est à qui sera le plus misogyne. Sans oublier les chimériques phalanstériens dont les projets de communauté sexuelle mettant toutes les femmes à la disposition de tous les hommes répandent un indélébile parfum oriental de sérail – sinon de bordel.

C'est paradoxalement un homme d'église – mais réformée – le pasteur américain Humphrey Noyes qui fonde une communauté sexuelle, celle des « perfectionnistes » d'Oneïda, en 1849. « Chaque homme de la communauté était théoriquement le mari de toutes les femmes, mais chaque homme n'avait pas le droit d'avoir des enfants avec n'importe quelle femme. . . les principaux membres de la communauté appartenaient aux meilleures familles du comté de Vermont » [82]... Moins « partouzard » mais pas plus viable que les communautés fondées au XXe siècle par les soixante-huitards, son petit groupe est, de plus, vigoureusement attaqué par les puritains. Il est dissous en 1880, et Noyes s'exile au Canada.

C'est grâce aux laïques, grâce à l'école, que la condition féminine majoritaire va pouvoir progressivement et effectivement s'améliorer, pour se rapprocher du sort des femmes dominantes, « en vue ». Jules Ferry secondé par Camille Sée rend obligatoire et gratuite l'instruction des filles en 1880, à la communale comme au lycée. En 1884 est votée la loi Naquet rétablissant le divorce en France – alors qu'il existait aux USA et dans presque toute l'Europe réformée. La femme y gagne en indépendance, sociale, économique, et peut enfin exercer de nombreux métiers qui ne soient pas serviles. Nombreuses seront les institutrices, les secrétaires, les infirmières et les sages-femmes qualifiées. Celles-là seront parmi les premières à tenter d'abolir l'esclavage corporel imposé par les vêtements d'« époque », la crinoline qui paralyse, le corset qui asphyxie, la tournure qui ridiculise. Elles seront les premières à faire (horreur pour certains !) *de la gymnastique*, en attendant d'engendrer de véritables *sportives*.

Néanmoins le souci scientifique d'établir une meilleure connaissance de la féminité biologique n'accompagne que paresseusement l'amélioration de la condition civique des femmes. Il faudra encore bien des péripéties pour que la science s'intéresse de façon correcte à la fonction érotique féminine... quand Jules Verne envisage déjà les voyages sur la Lune.

L'ÉTEIGNOIR FREUDIEN

L'outrecuidance du freudisme, prétendant avoir élucidé l'alpha et l'oméga non seulement de la sexualité mais même de la condition humaine, a impressionné aussi bien les honnêtes gens que bien des scientifiques, même encore de nos jours. Et pourtant cette fumisterie n'a fait que retarder la connaissance, étouffant les efforts scientifiques qui l'avaient précédée. Retardant d'autant le soulagement des peines de sexe.

80. « Les hommes ne demandent aux femmes qu'une seule chose. En échange, elles demandent tout ».
81. « Quand tu vas chez la femme, n'oublie pas ton fouet ! »... en fait c'était pour se faire fouetter lui-même.
82. Havelock Ellis, *l'Art de l'amour*, tome XII des *Études de psychologie sexuelle*, *op. cit.*, pp. 107-109.

LA SEXOLOGIE AU BERCEAU

1. Balbutiements organicistes

Comme d'habitude le traitement des malheurs érotiques arrive en fin de peloton des préoccupations médicales. Tous les médecins ne sont pas d'ignobles coupeurs de filles. Mais les grandes aventures médicales du XIXe siècle, vaccination, microbiologie, lutte anti-tuberculeuse, anesthésie générale, chirurgie aseptique, biochimie, ne laissent guère de loisirs pour s'occuper des frigides et impuissants – pour comprendre ce que ces découvertes pouvaient leur apporter.

Les maladies du sexe c'est d'abord, à l'époque, la blennorragie et la syphilis – voire un certain temps l'« hérédo-syphilis » (!), comme si l'on pouvait hériter génétiquement une maladie infectieuse... Mais le moralisme médical était manifestement ravi de pouvoir incriminer à l'origine des déficiences les plus diverses l'inconduite sexuelle de parents coupables, ce dont Freud ne se privera pas lui non plus. Au sein des manifestations sexuelles de la phtisie, de la tuberculose génito-urinaire, de la syphilis secondaire, des urétrites gonococciques sténosantes, au sein des troubles du comportement engendrés par l'infirmité cérébrale, la paralysie générale (syphilis tertiaire) ou l'hystérie (la voilà qui revient au galop) une pathologie érotique particulière, organique ou fonctionnelle, ne parvient pas à imposer sa spécificité.

L'impuissance, c'est affaire d'infection, de tuberculose, ou de dégénérescence mentale. Exemple démonstratif Frédéric Chopin, miné par la phtisie, souffrira de troubles de l'érection et de l'appétit orgasmique : George Sand s'en plaindra un jour, lassée de mener la vie d'une nonne.

Les urologues dilatent, désinfectent, irriguent, massent la prostate – à juste titre souvent. Les neurologues tentent parfois la toute jeune « électrothérapie », lointaine fille du baquet de Mesmer. Mais ni la liqueur de Dakin ni le courant galvanique, voire faradique, n'aident vraiment les membres mous à se redresser. D'autant que l'impuissance punit la dissipation, la fréquentation des putains, ou la masturbation « excessive » : celle qui débouche sur les épuisantes *pertes séminales insensibles* découvertes et dénoncées par le docteur Jozan [83]. Tant pis pour les débauchés... même s'il s'agit encore d'une maladie imaginaire.

*

* *

La médecine si « préoccupée » de prévenir la masturbation ne se penche guère sur l'insatisfaction érotique féminine, si elle considère toujours le mariage comme un remède aux « rêveries » malsaines des jeunes filles, voire comme une prévention de l'hystérie. C'est la mauvaise qualité de la vie érotique de ses contemporains et contemporaines qui avait poussé le brave pasteur Noyes – disait-il – à fonder sa communauté de perfectionnistes. On y apprenait à faire jouir les femmes par la longue retenue de l'éjaculation... version méthodiste du Tao oriental, de la *fin'amors*, dont les adeptes du révérend n'avaient probablement jamais entendu parler. Cette *carezza* va encore faire flirter un certain temps, jusqu'au XXe siècle, entraînement érotique et morale chrétienne...

Le vaginisme semble la seule pathologie érotique féminine qui intéresse la médecine courante. Parce qu'il empêche le coït comme la grossesse. Il apparaît en 1861 sous son nom nosologique définitif, remplaçant arctitude, clausure et autres embarrures. Dans une communication du docteur Marion Sims, de New York, à la Société royale d'obstétrique de Londres [84].

Bien que le spasme musculaire soit d'emblée incriminé, sans autre barrière qu'un hymen intact mais normal, l'obstacle démange le bistouri des chirurgiens. Non contents d'inciser l'hymen, ils proposent de larges débridements de l'orifice vaginal, avec section bilatérale et symétrique des releveurs de l'anus... évidemment en vain. Ainsi le constate amèrement un docteur Caffe dans une communication à *l'Univers médical* du 31 mai 1866 [85]. Il avait pourtant usé d'un solide couteau à gaine ! La contracture se reproduit dès que la femme est cicatrisée...

Il s'agit donc d'une maladie « nerveuse », chez les femmes délicates et distinguées de la classe élevée, bien trop respectées par leur époux. Jozan fait l'éloge de l'homme du peuple dont la robustesse s'accorde avec une sensibilité moins

83. Dans l'ouvrage immortel *Traité des pertes séminales insensibles (cause fréquente et peu connue d'épuisement prématuré)* qu'il cite dans le titre de son *Traité des maladies des femmes*. Je n'ai hélas ! trouvé aucune trace de ce livre si éclairant. De quoi rendre modeste tout auteur sexologique.

84. Jozan, p. 314.

85. Jozan, p. 320.

maladive chez son épouse. Pas de vaginisme chez la vaillante ouvrière [86] !

Les vaginiques sont donc bien proches des hystériques. À ceci près que si les unes sont trop froides, les autres semblent bien trop chaudes – ou pas assez rafraîchies. Ce qui provoque chez elles ces postures lubriques, ces délires « érotiques » qui font les choux gras des aliénistes et agrémentent les présentations de malades du docteur Charcot. Mais il ne les guérit guère. Pas plus que les autres neurologues distingués.

*

* *

Femmes ou hommes, les humains peinés du sexe déçoivent ainsi ceux qui tentent de leur porter secours. La déception n'étant pas moindre chez les mal, peu ou pas soignés ! La clé des problèmes n'est pas encore trouvée. Ceux qui s'occupent des organes malades manquent de moyens d'investigation comme de moyens thérapeutiques. Ceux qui s'occupent de la tête malade vont bientôt succomber au vertige freudien. La démarche épistémologique correcte, *celle qui part de la biologie sexuelle somatique et comportementale normale*, à peine sortie des limbes, va pendant des lustres traverser une période glaciaire, congelée par la psychanalyse.

2. Une science chrysalide

Les sexologues, au sens où nous l'entendons, ne se connaissent pas encore comme tels. Certains esprits commencent néanmoins à envisager qu'ils pourraient jeter sur la sexualité humaine les lueurs de la science. En commençant par une phénoménologie objective débarrassée d'œillères moralisatrices.

En 1884 paraît à Berlin le somptueux *Das Weib (etc.)* de Ploss et Bartels. Déjà en deux volumes, et très illustré, c'est le premier essai d'*anthropologie sexuelle* authentique. Plus culturel, exotique et anecdotique que globalement biologique, somatique et comportemental. Mais entièrement consacré, enfin et pour la première fois, à la sexualité féminine. Il sera maintes fois réédité, et connu de toute l'Europe savante... sauf des Français... pour cause de guerre de 14.

Un psychiatre allemand, Albert Moll [87] *(figure 128)*, expert près des tribunaux pour les affaires de mœurs, publie travaux sur travaux : sur l'homosexualité, sur le désir sexuel, sur les manifestations sexuelles des enfants, etc.

En 1897 *Das Sexualleben des Kindes* tend à prouver que les enfants éprouvant le plaisir érogène, et le recherchant, ne sont pas d'affreux monstres pourris par le vice. Bien que Moll, on le verra, n'ait rien d'un libéral indulgent aux tripotages masturbatoires, il ose émettre, pour la première fois, l'opinion scientifique selon laquelle ce que l'on appelle très vaguement la « sexualité infantile » n'est pas un phénomène pathologique en soi... du moins après la septième année (!).

En 1898 les *Recherches sur la libido sexuelle (libido sexualis)* consacrent un terme *tout à fait fâcheux*, puisqu'il signifie concupiscence malsaine, *désir coupable*. C'est bien Moll qui utilise le premier ce vocable latin dans le sens où il fera (hélas) florès. Mais il se montre dans son ouvrage un véritable sexologue, reconnaissant deux des grandes motivations biologiques, physiologiques et comportementales, qui gouvernent la vie sexuelle des humains. Ces motivations, il les nomme *instincts*, ce qui rattache enfin l'humanité à ses racines animales.

Figure 128
Albert Moll. Le père de la libido

86. p. 314. C'est évidemment tout à fait faux.
87. 1862-1939. Il est né en Autriche à Lissa.

Le premier, l'instinct « de détumescence » [88], c'est notre *appétit orgasmique*. Cette tendance physiologique à faire aboutir à l'orgasme la tension musculaire, vasculaire, nerveuse, des organes érogènes pelvi-périnéaux des deux sexes. Le deuxième, l'instinct « de contrectation » [89] (traduction française consacrée), c'est notre *instinct d'accouplement*. Celui qui pousse à appréhender, envelopper, puis « engrener » le (la) partenaire sexuel(le). Moll parle alors en véritable éthologiste, ayant compris que cette motivation comportementale, distincte de toutes les âneries que Freud émettra sur l'instinct de plaisir, les pulsions sado-masochistes, etc., explique l'obéissance au schéma moteur coïtal de femmes pourtant anorgasmiques [90]. Ces instincts sont normaux, et Moll dit à juste titre « qu'une personne n'ayant aucun plaisir sexuel ne jouit pas d'une bonne santé » [91].

C'est encore un bon théoricien, qui saura rejeter la notion stupide, mais très en vogue depuis la fin du XIXe siècle, de « bisexualité » [92] – pour expliquer, entre autres, le comportement flottant des indécis. C'est aussi un médecin connaissant la pathologie neurologique, pressentant le rôle des hormones [93] et demandant – horreur pour les freudiens ! – que l'on tienne compte de l'examen gynécologique [94]. On l'embrasserait ainsi, pour avoir le premier distingué les trois rubriques étiologiques des empêtrements sexuels : *organiques, fonctionnels et psychopathologiques* [95]. Pour avoir souhaité que l'étude de la sexualité humaine soit désormais entreprise avec un esprit biologique [96].

Mais il ne faut pas trop lui demander. Il pâtit de deux « travers d'époque ». D'abord une physiologie très vaseuse, qui attribue au sympathique pelvien le centre de l'érection [97], et au remplissage vésical l'érection matinale [98]. Ensuite un moralisme très XIXe siècle. Contre la masturbation. Celle des enfants, qui doit rester objet de surveillance, à tempérer par l'hygiène, la fatigue musculaire, le lever matinal [99]... Celle des adultes, tare quasi universelle, cause évidente de la « psychose » des cas cités [100], et dont il s'étonne qu'elle n'ait pas conduit à l'abrutissement la dame de l'observation 314 [101]. Contre les gouvernantes et bonnes d'enfants, qui pervertissent les mineur(e)s en les incitant à la masturbation et à la débauche [102]. Contre l'aspect et l'odeur des organes génitaux externes féminins, misogynie pré, para, et périfreudienne qui fait du cunnilinctus un acte masochiste, répugnant [103], apparenté à la consommation d'urine et à l'abominable *anilinctus* [104].

Moll doute, il est vrai, que « chez les personnes normales les sensations olfactives jouent, comme chez l'animal, un rôle éminent pour l'excitation sexuelle » [105]. Le cunnilinctus (toujours lui) est ainsi une perversion de l'odorat [106], parfois précoce comme chez le vilain petit garçon qui se délectait de l'odeur vulvaire des fillettes [107]. Quant à la vue des organes génitaux féminins, si elle ne méduse pas Albert Moll comme le pauvre petit Freud, elle n'a « évidemment » pas le même effet attrayant sur l'homme normal que la vue des organes de l'homme sur la femme [108]... D'ailleurs la pudeur n'est-elle pas le plus bel ornement de la femme [109] ?

---

88. *Psychopathia sexualis (P.S.)*, p. 48 de l'édition *reprint* Climats.
89. *Ibid.*, p. 49.
90. *P.S.*, p. 109.
91. p. 747.
92. p. 451.
93. Il évoque les travaux de Steinach, p. 60.
94. p. 777.
95. p. 85.
96. p. 733.
97. p. 39. Ce centre se trouve dans la moëlle sacrée, et dépend du parasympathique.
98. p. 436. Cette érection est due à la levée du frein hypothalamique diurne.
99. p. 778.
100. p. 19.
101. p. 590.
102. p. 580. « Jamais une mercenaire ne pourra prodiguer à un enfant les soins d'une bonne mère ».
103. pp. 228 et 236.
104. p. 248.
105. p. 42.
106. p. 338.
107. p. 613, observation 338.
108. p. 429.
109. p. 27.

Ce moralisateur qui estime que les lectures pornographiques montrent la vie sexuelle par son plus mauvais côté [110] n'est heureusement pas un répressif agressif et borné [111]. C'est un expert responsable, qui conclut son exposé sur la pathologie comportementale par des considérations pragmatiques de médecine légale. *Responsabilité civique parfaitement absente des oeuvres, faits et gestes de Freud.*

Exact contemporain de ce Freud, Albert Moll fut enfin de ceux qui ne se laissèrent pas esbroufer, et adressèrent les reproches parmi les plus judicieux à ses fumeuses théories.

Contre l'ineptie du « complexe d'Œdipe », dont la preuve est loin d'être faite [112]. Contre la prétendue inéluctabilité des désirs incestueux frère-soeur, alors qu'un médecin de génie, Max Marcuse avait trouvé, en 1915 [113], la bonne explication éthologique à la rareté du phénomène : « l'habitude de la vie commune continue pendant l'enfance » [114], ce que j'appellerai l'*empreinte de la nichée* et qui éloigne aussi du mariage les amis d'enfance comme les « enfants du Kibboutz ». Contre la notion freudienne toute imaginaire de l'« érotisme anal » [115]. Contre le substratum sadique du comportement masculin, et en regard le substratum masochiste du comportement féminin [116].

Contre la marotte des psychanalystes à voir des homosexuels partout, et de l'homosexualité refoulée chez tout client récalcitrant [117]. Contre leur autre marotte d'interprétation sexuelle de tous les symboles, « extraordinairement exagérée et même en partie tout à fait fantasque » [118] – c'est ce que j'appellerai le *délire d'interprétation* du freudisme. Contre l'hypertrophie délirante des pulsions sado-masochistes « diffuses », outrées par le freudisme. Moll dégonfle la baudruche en expliquant que l'énorme majorité des « sadiques » et des « masochistes » ne le sont que « par l'esprit », se repaissant d'une littérature à la fois piètre et insane, qu'ils entretiennent par leurs achats et à laquelle au besoin ils participent [119].

Contre les prétentions thérapeutiques de l'analyse freudienne, enfin, puisque Moll n'a jamais vu [120] de malade guéri par le divan.

Malheureusement ces excellentes critiques sont formulées, après l'éclosion du venimeux freudisme, dans un ouvrage qui n'est pas signé Moll, mais Krafft-Ebing.

Moll a été occulté par Freud. Comme le freudisme a réussi à faire oublier la profusion de travaux consacrés à la sexualité pendant les trente ans qui ont précédé la guerre de 14. Parcourant « Krafft-Ebing » et Havelock Ellis je cite au hasard le nom d'auteurs, dont des Français, fort peu lus de nos jours, mais qui fournirent des références sérieuses sinon toutes scientifiques : Ibankov, Gyurkovechky, Féré, Pascal, Schrenck-Notzing, Lacassagne, Simon, Neri, Michea, Moreau, Épaulard, Tardieu, Régis, Tarnowsky, Eulenburg, Bloch, Fürbringen, Gémy, Hammond, Roheleder, Schuchardt, Hotzen, Goering, Casper, Westphal, Merzbach, Nevin, Laupts, Chevalier, Magnan, Waecke, Anjel, Cowan, Jastrowitz, Seitz, Zell, Dessoir, Kraepelin, Gley, Ulrichs, Lydston, Kiernan, Œlzelt, Reibmayr, Sérieux. . .

Impressionnant, non ? De quoi susciter la modestie des petits messieurs qui se propagent mois après mois dans les petits journaux sexologiques contemporains, en se prenant pour des petits génies... Combien savent-ils que la première revue sexologique, le *Jahrbuch für sexual Zwischentufe* fut fondé en 1899 par Magnus Hirschfeld, un précurseur que l'on retrouvera au XXe siècle ?

Le destin s'est vengé de Moll. Car il avait commis une action peu louable. Le *rewriting* complet et persévérant du livre de Krafft-Ebing *Psychopathia Sexualis.*

Phagocytant l'ouvrage de son défunt collègue psychiatre, Moll a ainsi eu le front d'écrire *je* d'un bout à l'autre du texte, comme s'il l'avait complètement rédigé. Sans parvenir à faire passer sa si pertinente critique du freudisme, noyée dans un

110. p. 767. Il n'a pas entièrement tort quand il s'agit de sado-masochisme.
111. Il raconte même une histoire drôle, p. 752.
112. p. 611.
113. *Vom Inzest*. Halle, 1915.
114. p. 611.
115. p. 299.
116. p. 676.
117. p. 437 (observation 230).
118. p. 710.
119. pp. 266-267. Tout ce passage est admirable de lucidité.
120. p. 755. Moi non plus.

livre fait de pièces et de morceaux. Sans parvenir, lui l'« inventeur » de la libido et de la « sexualité infantile », à se faire reconnaître de son vivant, et même après [121].

Moll fut donc victime de son « culot ». Et l'une des deux grandes victimes sexologiques du freudisme. L'autre est Havelock Ellis, dont les premières études ont été rédigées en 1895, mais eurent toutes les peines du monde à parvenir jusqu'à nous. Les Français n'en ont eu vent que bien après la guerre de 14. Il faut dire qu'Havelock Ellis était vraiment un esprit du XXe siècle, et c'est là qu'on le retrouvera.

Figure 129
Krafft-Ebing. L'homme du sexe fou

LA FOLIE S'EMPARE DE LA PATHOLOGIE SEXUELLE

Le baron Richard Freiherr von Krafft-Ebing (1840-1902) fut psychiatre et criminologiste. Il professa à Strasbourg (mais oui, en 1872 !) Graz et Vienne *(figure 129)*. Son livre « authentique » parut d'abord en 1886 et en 110 pages, puis fut réédité en 1895 sous forme, déjà, d'un pavé de 595 pages. Avant tout freudisme. Mais ouvrant au Viennois l'impasse royale où s'engagera désastreusement l'étude de la pathologie sexuelle – de toute la sexualité humaine. Dans l'univers fantasmagorique d'une psychopathologie fabulante et dramatisée.

Le texte dont nous disposons de la *Psychopathia Sexualis*, en particulier la traduction française publiée par Payot en 1931, fut donc complètement refait par Albert Moll. On trouve « à boire et à manger » dans ces 900 pages. À partir de la version de 1895, la publication allemande de 1928 a permis d'incorporer entre autres des notions parfaitement ignorées de Krafft-Ebing, du freudisme à l'activité des glandes endocrines. Et pour les Français la préface d'un psychanalyste huppé de l'époque, Pierre Janet [122]. Le *corpus* initial transparaît cependant, ne serait-ce que par son plan [123].

Les récits que nous y lisons sont d'ailleurs du même noir, uniforme et sinistre. En miroir des « abominations » onanistiques de Garnier, les observations de Krafft-Ebing (et de Moll) illustrent *ad nauseam* cette sexologie du pathologique, du révulsif, qui va régner jusqu'à la Grande Guerre. Ici discours de médecin, ailleurs discours de criminologiste, avec Tardieu, Lasègue, Lombroso, Montegazza, et souvent les deux blâmes liés.

À cette époque, il faut le rappeler sans cesse, n'existent que petits livres bien pensants d'information sexuelle domestique. Mais avant Havelock Ellis, et partiellement Ploss et Bartels, aucune démarche scientifique sérieuse n'a été entreprise, il n'existe aucun traité global « de haute portée» se consacrant *à la sexualité humaine normale*. Les seules études sexologiques publiées ne concernent que pervers et/ou psychopathes – la distinction n'est pas encore faite. Avec exposés en latin (ecclésiastique...) des passages scabreux [124].

Ce ne sont que masturbateurs impénitents, mélancoliques, névropathes, asthmatiques, hystériques, neurasthéniques, débiles, idiots, imbéciles, buveurs, suicidaires, etc., etc., et leurs

121. Son nom ne figure pas dans le désastreux *Dictionnaire de sexologie* publié en 1962 par Jean-Jacques Pauvert. J'avais fait une grosse colère contre ce livre à l'iconographie sinistre, n'ignorant rien, par contre, des invraisemblables « complexes » inventés par Jung. C'est en rédigeant un *Supplément* correcteur, parrainé par Lo Duca, que j'ai fait mon entrée en littérature scientifique.

122. Ce freudien fait de l'éthologie sans le savoir, puisqu'il a compris que « la fréquentation des humains du même sexe est moins coûteuse »... en dépense comportementale, que la séduction hétéro(normo)sexuelle, p. 8.

123. Moi qui critique vigoureusement, en musique, les fétichistes de l'*Urtext*, j'avoue qu'ici la traduction française du texte de 1895, avant la publication des plus célèbres billevesées de Freud, aurait un intérêt historique certain.

124. Krafft-Ebing écrit néanmoins correctement *cunnilinctus*, et non *cunilingus*, comme tant de niais, fussent-ils sexologues.

parents ne valent pas mieux. Leurs cas relèvent de « paradoxie, anesthésie, hyperesthésie ou paresthésie de l'instinct » [125], étiopathogénie à nos yeux dérisoire. Mais Krafft-Ebing – et Moll – *incrustent un durable vocabulaire*, avec entre autres leurs *urolagnie*, *coprolagnie*, mais pas *algolagnie* (malgré Schrenck-Notzing) à laquelle ils préfèrent (à juste titre) sadisme et masochisme. Et une classification nosographique, *la première du genre*, distinguant d'une part les *déviations de but* : sadisme, masochisme, fétichisme, exhibitionnisme, d'autre part les *déviations d'objet* : homosexualité, pédophilie, gérontophilie, zoophilie, auto-érotisme [126].

Que l'auto-érotisme soit considéré comme une déviation d'objet éclaire parfaitement l'angle de vision de Krafft-Ebing. Toute la sexualité humaine, dans son acception érotique, est ainsi envisagée *à travers le prisme de la pathologie comportementale*.

Dès ses premiers stades la fonction érotique est perverse, avec l'auto-érotisme et les inconvenances des touche-pipi [127]. Tous les indices et stimuli déclencheurs du comportement d'identification-sélection du partenaire ne sont qu'espèces de *fétiches*, de la vue à l'odeur. Fétichisme l'attrait masculin « incompréhensible » pour les fesses féminines [128]. Fétichisme l'attrait féminin pour la moustache, pour les nègres, les Indiens, Malais, Marocains... pour l'uniforme [129]. Fétichisme des organes génitaux féminins le cunnilinctus lié de plus, on l'a dit, à la perversion de l'odorat, ou du goût [130]. Urolagnie (bénigne !) l'agrément de voir la partenaire faire pipi [131]. Pathologique le déclenchement de l'érection par la vue d'une femme « voluptueusement excitée » [132]. Chez un auteur qui, il est vrai, ne s'intéresse qu'aux peuples « de haute culture » [133] et récuse – comme psychopathologique – toute autre posture coïtale que le « missionnaire » [134].

Ce sera pourtant, et pour longtemps, le seul genre d'information *scientifique* que l'on pourra lire, en vente libre, à propos de sexe. D'où le succès d'édition qui montrera le chemin à Freud, lui si jaloux de la gloire des autres. Freud comprendra qu'on peut se faire connaître en parlant de sexe, puisque c'est à la mode [135], mais que la pathologie est le manteau sous lequel on peut le mieux vendre, abrité de la censure, ce genre de littérature. Il « fauchera » sans vergogne [136] la libido et la sexualité infantile à Moll. À Krafft-Ebing il fauchera ses déviations et perversions, l'obsession de ses tordus à fantasmer « on bat un enfant » [137]. Et même le virulent soupçon envers les artistes, ces gens pleins de singularités [138] dont l'inspiration trahit dans leurs œuvres sensibilité perverse [139] et « problèmes sexuels ».

Freud, lui au moins, n'aura pas été déçu par la lecture de Krafft-Ebing – je parle des versions d'avant 1900, car la science sexologique n'y peut plus trouver qu'anecdotes.

Il faut en effet déplorer la caution que ce texte a donné à *l'aberrante confusion entre psychopathie démence (débilité) et pathologie du comportement*. Confusion remarquablement tenace, persistant dans l'opinion des plus nombreux à la fin du XXe siècle – de tous ceux qui méprisent ou ignorent l'éthologie. Car il faudra attendre Mac Lean et Lorenz, la conception fonctionnelle tripartite des différents cerveaux, la biologie des comportements, les progrès de la génétique, pour effectuer l'indispensable tri nosographique. Et si l'on s'oriente de plus en plus vers une étiologie constitutionnelle de cette pathologie comportementale, on ne peut plus tenir les homosexuels – pas plus que les autres déviants –

---

125. p. 85.
126. p. 86.
127. pp. 92-95.
128. p. 315.
129. p. 387.
130. p. 314.
131. p. 383.
132. p. 183.
133. p. 107.
134. p. 284.
135. On pourrait en dire autant à propos de beaucoup qui se poussèrent dans la sexologie au cours des *sixties* du siècle suivant.
136. Vergogne, honte, remords, sont les termes corrects que le stupide « complexe » à la freudienne a stupidement remplacés.
137. Au moins neuf observations : 75, 76, 77, 79, 88, 89, 93, 101, 347.
138. L'excentricité de Beethoven va jusqu'à composer en robe de chambre ! p. 639.
139. pp. 267, 271.

pour des « dégénérés » *sensu stricto*, refrain inlassable de Krafft-Ebing [140]. D'ailleurs Moll avait rectifié le tir, constatant que « la plupart des homosexuels ne sont anormaux que dans la direction de l'instinct sexuel » [141].

Krafft-Ebing patauge encore plus quand il envisage le passage d'une déviation à l'autre [142], possibilité toute fabuleuse quand on sait combien cette pathologie est incrustée – si des associations existent. Incrustation si tenace que Krafft-Ebing n'envisage aucun traitement [143] alors que Moll, ne croyant pas à la psychanalyse, croit possible de « trouver un pont » qui mène le pervers, par une « thérapie d'association », à la vie sexuelle normale [144]. En fait, si Moll a « guéri » des homosexuels, il devait s'agir d'indécis un temps « assagis » par le docteur [145].

Déçus furent donc aussi ceux qui croyaient trouver dans Krafft-Ebing la clé de la guérison de tous ces pervers et « déséquilibrés » incroyablement proliférants tout au long du XIXe siècle [146]. Comme ont été déçus ceux qui ont dû s'émoustiller sur du mauvais latin. Et ceux qui ont cru trouver la réponse à leurs ennuis érotiques d'humains « normaux ».

Krafft-Ebing annonce la couleur avec son titre sur le « sexe fou ». Mais de tout temps les troubles ne serait-ce que de l'érection ont entraîné l'angoisse « de la tête », et l'équivoque est déjà telle à son époque que les détraqués de l'entre-deux sont persuadés – comme ils le seront encore plus après Freud – d'être détraqués de la cervelle. Leurs médecins s'en persuadent aussi. Et d'ailleurs, refrain connu, la masturbation « excessive », cette perversion cataloguée, ne rend-elle pas impuissant [147] ? Et toutes ces femmes « fétichistes », homosexuelles franches ou « larvées », ne sont-elles pas de vilaines frigides ? Les pannes physiologiques, quasi irréparables par les techniques médico-chirurgicales d'alors, tombent dans l'enfer de la psychopathologie, dont les spécialistes n'ont guère de recettes pour les sauver.

La déception sera encore plus grande quand Freud traitera de « névrosés » impuissants et frigides, et ne proposera que le divan aux chimères pour soulager leurs peines.

LE TROU NOIR DE LA PSYCHANALYSE

Entièrement fabulée par l'infatigable bouillonnement de cervelle de Freud, coupée de toute vérification objective ne serait-elle que statistique, dénuée donc du moindre critère scientifique, la conception de l'homme – et de la femme – professée par la psychanalyse est une des deux grandes impostures doctrinales du XIXe siècle dont les méfaits se sont fait sentir presque tout au long du siècle suivant.

L'autre imposture, le marxisme, a entraîné, certes, de plus grands dégâts à l'échelle collective, planétaire, faisant exterminer des millions d'humains. Mais à l'échelle individuelle le freudisme ne fut pas en reste de nuisance en Occident. Surtout par son infestation de l'éducation, de l'enseignement, de la justice, des médias informateurs et de la plupart des sciences de l'homme, de la sociologie à la sexologie.

La fausseté du freudisme comme du marxisme provient finalement *du même achoppement devant la biologie des comportements*, et tout particulièrement devant l'existence *du comportement statutaire*. Le marxisme considère l'établissement de la hiérarchie entre humains comme une manifestation *démoniaque* – au sens où l'entendaient les théologiens médiévaux. Quant au freudisme, il omet froidement *la spécificité* de ce comportement, d'abord noyé dans son pansexualisme ravageur, puis annexé par le versant sadique de son « instinct de mort ».

C'est ce pansexualisme obsessionnel du freudisme qui fut précisément le plus toxique pour la compréhension de la sexualité humaine, qu'elle soit normale ou pathologique. Alors que Freud, malgré son peu de passion pour la guérison – cet objectif « vulgaire » – laissa s'établir l'outrecuidante réputation de *sa* psychanalyse à remédier aux divers empêtrements sexuels, *voire d'en être le seul traitement*.

Constamment confronté, au cours de ma carrière sexologique, aux conceptions freudiennes dont l'ineptie – le danger – m'apparurent toujours plus clairement, je fus dans l'obligation, pour les réfuter, de m'attaquer à l'ensemble du

140. Par exemple p. 434.
141. p. 731.
142. p. 701.
143. Nous ne sommes guère plus avancés à la fin du XXe siècle devant la pathologie du comportement sexuel, ne disposant que des antihormones mâles et de contestables techniques de psycho-chirurgie.
144. p. 764.
145. p. 773.
146. Où sont-ils de nos jours ? Encore une pathologie qui s'amenuise...
147. p. 83.

système. Système si l'on peut dire, car la doctrine freudienne est vagabonde, diffuse, confuse, contradictoire, à la limite insaisissable. La prétention du freudisme de détenir l'« omniscience humaine » permet ainsi à ses sectateurs de se réfugier commodément dans le département voisin : vous attaquez Freud comme sexologue, mais vous n'avez rien compris à sa psychologie... vous agressez Freud comme neuro-psychiatre, mais vous n'avez rien compris à sa paléo-anthropologie... vous voulez défendre l'art contre les conceptions de Freud, mais vous n'avez rien compris à sa mythologie, etc.

À ces faux-fuyants se joignent l'intimidation par les deux figures « intouchables » : Freud-découvreur-révolutionnaire, Freud-respectable-vieux-sage, et le méli-mélo des trois grands virages doctrinaux. Au milieu de perpétuels « réajustements » *introduits subrepticement dans de petits articles* et contredisant hardiment les « grands ouvrages » chevaux de bataille de sa théorie, Freud effectua en effet au moins trois tournants à angle droit.

Premier virage : les accusations des enfants contre les grandes personnes séductrices-perverses sont imaginaires, et non réelles – comme Freud l'avait d'abord professé pour expliquer l'hystérie et la *Zwangsneurose* [148]. Deuxième virage : les « instincts du moi » passent sous la coupe de la libido – après en avoir été les antagonistes. Troisième virage : l'instinct de mort possède la même puissance que la libido : la voilà détrônée de son omnipotence première sur la « psychosexualité », les rêves, les complexes, etc.

Tant et si bien que le freudisme attaqué est à la fois Protée et l'hydre de Lerne...

J'ai passé sept ans de ma vie à tenter de prendre, à bras le corps, ce magma confus et je pense avoir trouvé le fil d'Ariane permettant de sortir du labyrinthe où le freudisme enferme ses contradicteurs. Je n'ai donc aucune raison de modifier le plan que j'ai utilisé dans la troisième partie de *la Statue de Freud (figure 130).* Je la résume ici brièvement pour édifier ceux (sûrement très rares !) qui n'auraient pas lu ma copieuse argumentation, avec textes de référence et bibliographie, et leur donner des arguments dans la conversation mondaine. J'ai sérié cinq catégories de reproches.

Figure 130
Les trois âges de Freud. J'ai demandé au dessinateur de figurer, en pendant de l'énigme du sphinx, les trois âges du personnage, l'enfant, le terrible docteur, le noble vieillard

Première catégorie de reproches :
le freudisme s'est enlisé dans sa définition
de la nature humaine.

1. Fourvoiement quant au psychisme

Prétendant révéler les mécanismes du psychisme humain, Freud n'a jamais fait la distinction entre psychologie réflexive et motivations instinctuelles. On ne sait jamais si la « réalité psychique » objet de son étude (!) concerne la

148. C'est ma maladie, pour attaquer Freud de façon œdipienne obsessionnelle, pour me régaler à regarder le sexe des femmes, etc.

notion que possède chacun de son environnement comme de son être biologique grâce à son appareil cognitif, ou les ressorts (désirs) de ses comportements, ou leur expression, ou leur régulation.

Tantôt Freud prétend que l'appareil psychique des humains est du même type que celui des animaux, tantôt il insiste sur leur différence, sans préciser en quoi elle consiste. La biologie moderne le sait : l'humanité possède un néo-cortex puissamment développé, permettant *la pensée réflexive*, instrument forgé par l'évolution pour mieux adapter l'espèce et assurer sa domination planétaire. Ce cerveau des idées qui *parle, compte, juge, mesure, projette, organise la praxis instrumentale sur l'environnement, ce cerveau qui ment (eh oui !)* reste néanmoins au service du vieux cerveau sous-jacent. Ce cerveau « primitif », reptilien-mammifère, incontournable cerveau des instincts, demeure dépositaire des impératifs programmés de la structure biologique humaine.

Les rapports entre les deux cerveaux (pour simplifier, puisque Mac Lean nous a appris la tripartition cérébrale) ont été tissés au cours des millénaires de l'évolution. Cette phylogenèse humaine n'a jamais autorisé le cerveau de la conscience à agir *dans l'instant et sans artifice* pour modifier la nature ou l'intensité (la prégnance) des motivations instinctuelles et des schémas comportementaux qui font vivre l'homme. Et *c'est tant mieux pour lui*, sinon les systèmes de morale abusive, religieuse, idéologique, seraient parvenus à forger, de l'extérieur, leur mythique et dangereux « nouvel homme ». Freud n'avait pas fait une grande découverte en constatant que l'homme n'est pas le maître de son âme. Âme qui pour lui signifiait *Inconscient*, alors qu'il eût fallu dire *affectivité, caractère, fonds instinctuel*.

L'inconscient de Freud, c'est la bouteille à l'encre, et le principal agent de sa mystification. La théorisation de la pensée d'abord inconsciente puis filtrée par le système de la censure préconsciente avant d'arriver à la conscience commettait au moins quatre erreurs.

a) Première erreur

Le système néo-cortical *pense par et pour lui-même*, sans avoir à utiliser du « matériel » (comme disait Freud) inconscient. Ce qu'il y a d'inconscient dans cette pensée, c'est le système d'établissement biologique des connexions permettant facilitation, raccourci, habitude, gain de temps, etc.

b) Deuxième erreur

Le filtre de la censure préconsciente est considéré par Freud comme un système *de type moral, refoulant dans l'inconscient* les informations coupables, traumatisantes. Celles dont l'accumulation provoquerait la terrible *névrose*. Cette *rétention morale* de l'information est parfaitement fabulée. Le système néo-cortical est biologiquement informé de tout ce qui, provenant du système sensitivo-sensoriel, provenant de la mémoire, concourt à situer l'homme dans son biotope, et l'aide à vivre. Les éventuels failles et retards *sont dûs à la maladie organique* : ce n'est pas la censure morale qui refoule les premiers symptômes d'un cancer.

Un certain nombre d'informations sont dérangeantes. Celles qui sont *inopportunes*, contrevenant au programme en cours d'exécution : l'attention s'en détourne chaque fois que leur intensité ne dépasse pas le seuil d'efficacité des zones conscientes (fibres cortico-thalamiques entre autres). Et celles *qui troublent* soit l'affectivité, soit les circuits noétiques établis. Ce *principe de congruence* de Fechner, connu bien avant Freud, explique que le système nerveux central s'efforce soit d'*oublier* ces informations perturbantes, soit de les rattacher au déjà expérimenté. Il leur faut « prouver leur importance », en particulier par leur insistance, pour que l'attention les prenne en considération.

Sinon les informations d'origine interne ou externe non pertinentes passent dans « le bruit de fond » du système cognitif, puis sombrent dans l'oubli. L'homme oublie tous les jours, et à chaque instant. Débarrassant bienheureusement sa mémoire. L'idée freudienne selon laquelle *rien ne serait oublié dans l'inconscient* est parfaitement fabuleuse.

Quant au *sens moral*, c'est une qualité d'abord biologique, empêchant chaque être vivant de « faire des bêtises ». Il possède encore suffisamment d'informations instinctuelles programmées, dans l'espèce humaine, pour faire des asociaux, des suicidaires, *des minoritaires* pathologiques, quel que soit le type de civilisation. La société humaine doit évidemment pallier, par l'éducation comme par l'instruction, toutes les lacunes que la déprogrammation partielle de l'humanité a créées dans la régulation des comportements. Les humains *normalement informés* possèdent alors assez de *jugement* pour savoir faire le tri entre les interdiction culturelles légitimes (ne pas tuer ses adversaires de prime intention...) et celles qui relèvent de systèmes répressifs déraisonnables (ne pas pratiquer le contrôle des naissances...). Ceci leur évite d'être des anxieux chroniques.

Avant Freud il était donc possible de concevoir une *normalité* de la personnalité individuelle équilibrée. Alors que la normalité est un des grands ennemis du freudisme. Pour Freud, nous franchissons plusieurs fois par jour, et par nuit, les limites de la psychopathologie tant notre « situation psychique » est inconfortable.

Le guide moral inventé par Freud, le *surmoi*, est une horrible tarasque, flottant entre l'inconscient et le préconscient, se nourrissant par la mémoire de l'expérience consciente vécue. Ce dragon serait paradoxalement dépositaire de la bienveillance parentale, alors qu'il contribue au mortel encerclement du pauvre petit *moi* qui s'épuise à lutter, de l'autre côté, contre les « motions » pulsionnelles inconvenantes, et inconscientes, du *ça*, tout en devant tenir compte du *principe de réalité...*

Le malheureux *Ich* se trouve ainsi dans une position parfaitement intenable... inévitablement pathogène. D'où l'idée toute freudienne que chaque être humain souffre de sa névrose personnelle... ce qui étend considérablement le champ d'action de la psychanalyse.

Se prétendant athée « militant » mais révérant les grandes religions, et le personnage prestigieux de Moïse (son « modèle inconscient »), Freud n'a pas reconnu LA grande cause du malaise éprouvé par les humains faibles du caractère, leur grand frein comportemental : *la culpabilisation métaphysique*, par crainte consciente de la mort, surtout considérée comme un châtiment. Théoricien fervent de l'angoisse, Freud est passé à côté du ressort de l'angoisse métaphysique, n'y voyant ridiculement que l'expression de SA grande phobie : *l'angoisse de castration...*

c) Troisième erreur

L'inconscient de Freud est un vaste bric-à-brac *stupidement et monstrueusement hostile*. Ce capharnaüm à la Breughel contient des « objets » tout à fait disparates :

- les mécanismes neurobiologiques assurant, pour le plus grand confort de l'individu, le fonctionnement automatique du système nerveux central : vigilance, attention, tri des informations sensorielles, mémorisation élémentaire, etc. ;
- les ressorts des pulsion biologiques – ce qui reste à l'homme d'instincts pour préserver son être au monde, et sur lequel le néo-cortex ne peut avoir barre – heureusement ! Freud pataugeant dans sa théorie des instincts n'a pas reconnu les trois grandes entités programmatiques de l'éthologie humaine, et il fait du moteur instinctuel une « bouilloire », le *ça* nébuleux et magmatiforme, ne connaissant ni la contradiction ni même l'heure qu'il est ;
- le vaste compartiment du « refoulé », cette mémoire maudite que la terrible censure freudienne a renvoyée au cachot. Mais qui tend perpétuellement à ressurgir, « retour du refoulé » perturbant l'existence, de jour comme de nuit, pour rendre les hommes malheureux... jusqu'à ce que la miraculeuse psychanalyse sur le divan ne débusque le matériel censuré, faisant apparaître toutes ses horreurs, toutes ses hontes, sous l'œil impitoyable du « thérapeute ».

Car l'inconscient freudien est un enfer, une vaste et impitoyable machinerie voulant « vivre à la place de l'homme » et ne pensant qu'à lui nuire. Avant 1920 cet inconscient bourré de libido était le responsable des conflits avec le *moi*, conflits générateurs des universelles « névroses » qui torturent le genre humain. Après le virage doctrinal de 1920 [149], il devient carrément *le dépositaire des « pulsions de mort »* qui ne tendent rien moins qu'à la mort de chacun de nous, après souffrances, déchéances et avilissements.

Belle confiance dans l'appareil instinctuel légué par nos ancêtres phylétiques, ne voulant que notre bien, *appartenant au réel et fait pour s'y adapter*, connaissant même l'heure par ses horloges biologiques. Nous lui devons non seulement le maintien de notre existence, mais aussi la joie de vivre, grâce aux gratifications d'accomplissement que nous sommes les seuls à percevoir avec autant d'intensité. Mais Freud, comme tous les braves bourgeois de son temps, avait mal digéré l'évolutionnisme de Darwin, surtout quand il avait fallu « avaler » l'ascendance « des singes ». Le fameux « chaînon intermédiaire » (évidemment introuvable !) fut baptisé pithécanthrope, « homme-singe »... pour Freud c'était l'« homme primitif ». Ce « sauvage » mi-homme mi-bête, avec ses instincts brutaux, lubrique et agressif, faisait horreur aux porteurs de lorgnons... Honteux reniement de ceux qui ont peint Lascaux et Altamira, de ces premiers hommes qui nous ont légué l'intelligence, l'art, et le goût de la liberté.

d) Quatrième erreur

Les propriétés que Freud attribue à l'inconscient sont celles du néocortex langagier.

149. Oui, le XXe siècle est ici bien entamé, mais cet anachronisme montre précisément à quel point les invraisemblables tribulations dogmatiques de la psychanalyse sont d'incongrues hernies du XIXe siècle dans le suivant.

Cette berlue magistrale, cette erreur principielle du freudisme aurait dû faire récuser *ab ovo* les spéculations du Viennois. C'est pourtant avec ces « stupéfiantes » facultés de l'inconscient que les psychanalystes épatent leurs congénères, devant lesquels ils prouvent tout et son contraire à partir de n'importe quoi.

D'après Freud tout « matériel » traité par l'inconscient pourrait se transformer en son contraire, se trouver condensé, amplifié, transposé, déplacé, etc. Cette *identité des contraires*, cette absence de contradiction dans l'inconscient freudien *suffirait à enlever au freudisme la moindre vertu de système scientifique opérationnel* :

– parce qu'il considère que ce fumeux inconscient serait le fondement de la nature humaine – dont on ne saurait nier la validité *biologique*. Or nous vivons, respirons, marchons, proliférons sans « identité des contraires », sans que le « principe de réalité » – ou le surmoi, ou le sens du vent – ne doive perpétuellement alimenter la censure pour s'opposer à des pulsions instinctuelles incohérentes ;

– parce que tous les tours de passe-passe qu'il attribue à l'inconscient aphone *sont le propre du code verbal.*

C'est le néocortex langagier qui jongle avec les mots, les allitérations, consonances, à peu près, paradoxes, mensonges, sophismes, etc. Ce qui permet aux concepts et aux raisonnements de se glisser sans peine dans l'immense et *indifférente* machine à penser, à réfléchir, à parler, du cerveau néocortical. Freud commettait ainsi un contresens absolu. Comme tous ceux qui s'imaginent, *sans expérimentation*, aussi bien *rendre compte* du réel par la seule cogitation que *lui commander*.

C'est précisément parce que son mécanisme est indépendant des « passions » instinctuelles que la pensée logicienne, méthodique, scientifique, a pu mettre au service de ces passions un outil sans précédent dans l'évolution des espèces. Il est extravagant de postuler que les pulsions instinctives, et tout précisément celles liées au sexe, puissent avoir la moindre action directrice sur le fonctionnement même de l'idéation. Freud disait très exactement : *le sexe guide toutes vos idées*. De quoi passer pour un écervelé, sans l'aura de curiosité malsaine qui entourait les choses du sexe, à une époque de répression-clandestinité.

C'était déjà un jeu vain que de croire trouver dans l'« inconscient » la genèse du verbe et son fonctionnement.

Avec sa thèse *stupide* du vocable unique désignant une chose et son contraire dans les langues « primitives », celles qui refléteraient le mode de penser inconscient, Freud se déshonorait complètement comme théoricien. Il est vrai qu'il avait là adhéré aux conceptions farfelues d'un certain Abel. Ce linguiste serait à jamais demeuré inconnu, pour cause de divagation intellectuelle, sans le « coup de projecteur » du freudisme. Véritable cancre de la sémantique, il avait poussé l'absurdité jusqu'à traiter de « primitives » les langues écrites de l'Antiquité moyen-orientale. À la grande indignation des égyptologues, et pour le vif amusement d'Étiemble, qui n'eut aucun mal à dépecer la théorie « abélienne » [150] – à ma grande satisfaction, puisque une fois de plus ma critique radicale du freudisme se trouvait confortée.

La méthode introspective, lorsqu'elle veut déchiffrer les arcanes de nos motivations instinctuelles avec les instruments du seul langage, n'a guère plus d'efficacité que les conversations du Café du Commerce sur les décisions gouvernementales. Et Freud ne se couvre pas de gloire en tenant pour des mécanismes inconscients, qui rendraient compte de nos impérieuses impulsions « secrètes », les jeux de mots, les pataquès, et les pérégrinations de ses « associations libres ». D'autant qu'il se fonde sur les phonétismes, idiotismes, synonymies propres à l'allemand... comme si les « hommes primitifs » (les Papous ? les Néanderthaliens ?) parlaient la langue de Goethe !

Le cerveau des instincts ne « pense » pas beaucoup – quoiqu'il suffise à assurer la régence comportementale des mammifères. Quand il pense, il le fait *sans équivoque*, sans toutes les jongleries de l'inconscient freudien, par un mécanisme simple, *binaire*, jugeant le bon et le mauvais, le comportement correct ou erroné. En suivant les indications des deux grands versants antagonistes et complémentaires du système nerveux autonome, ortho ou parasympathique, aux neuromédiateurs spécifiques. Cette pensée élémentaire est harmonisée, équilibrée par les instances supérieures de ce système neuro-végétatif. Mais pas au point d'engendrer *l'ambivalence des sentiments*.

Ce postulat freudien, corollaire de l'absence de contradiction dans l'inconscient, est encore un

150. Étiemble, *Lignes d'une vie*, *op. cit.*, pp. 275 sq.

contre-sens total quant à la nature des liens interhumains chargés d'affectivité. Loin d'être le mode « ordinaire » des liens affectifs, la situation conflictuelle – relativement rare – conduisant à porter vers le (la) même congénère des affects à la fois positifs et négatifs [151] est toujours ressentie de façon très douloureuse, et malsaine. Mais il est vrai que pour Freud tout désir, toute « libido » – tout amour – est pathogène [152].

Reste à rendre au néocortex l'hommage qu'il mérite. Certes il ment, certes il fabule, certes il élucubre. Mais il nous a dotés de l'intelligence, de la technique, de la science, de l'art. Et c'est sous sa pression évolutive que nous sommes devenus partiellement déprogrammés, ce qui nous accorde une petite marge de liberté. Liberté que l'on chercherait vainement dans les théories freudiennes, tout empreintes d'un implacable, désespérant déterminisme, entre la libido pathogène et l'instinct de mort assassin.

2. Fourvoiement dans la conception du rêve, des actes manqués, de l'humour

Les conceptions de Freud n'ont jamais dépassé le stade infantile, ni l'obsession sexuelle. Le rêve serait ainsi l'*irruption nocturne d'un désir sexuel infantile inconscient et refoulé* [153]. Bien sûr « travaillé » par le vilain inconscient, de façon à le rendre méconnaissable... Encore du roman d'imagination.

Le jeune enfant (à l'âge de l'« Œdipe », à cinq ans) ne sait pas – sinon à ras d'organe – ce qu'est « le sexe », érotique et relationnel. Et le rêve n'est rien moins qu'inconscient. La vigilance externe débranchée, la conscience assiste à la fantasmagorie onirique, et elle s'en souvient souvent. Surtout de ces rêves du petit matin, quand le sommeil dit paradoxal fournit des récits « palpitants ».

Ayant posé un frein à l'hypnologie scientifique Freud, qui ne se prenait pas moins que pour le successeur de Joseph l'oniromancien, a retardé la découverte de deux grandes caractéristiques du rêve :

• À côté des remémoration-classification des faits marquants du (des) jour (s) écoulé (s), la représentation onirique joue le rôle de *reprogrammation des impératifs comportementaux*. Et pas seulement ceux de l'enfant, mais aussi ceux de l'adulte. Et pas seulement les objectifs sexuels, mais aussi alimentaires, statutaires-professionnels, créatifs-artistiques, etc. C'est le cerveau des instincts qui envoie ces images, ces désirs, ces énoncés des *devoirs* comportementaux. Il en indique les grandes lignes. Et l'expérience personnelle ajoute les détails... éventuellement incongrus.

• Le caractère décousu, déconcertant, irréaliste, *fabuleux* voire inquiétant du rêve n'est pas dû au fumeux « travail de l'inconscient » mensonger et hostile, mais *au manque de réafférence sensitivo-sensorielle consciente*. Si bien qu'on peut rêver qu'on vole, qu'on nage sous l'eau sans respirateur, qu'on est chez soi dans une demeure inconnue, qu'on est le violon solo d'un concerto qu'on n'a jamais appris, qu'on fait l'amour à une femme paraissant négligeable à l'état de veille, etc.

Mais contrairement à une idée reçue bien antérieure à Freud, consolante mais mensongère, *le rêve n'est jamais accomplissement satisfaisant*. Il y a quelque chose qui achoppe dans le récit, ou il se termine « avant la fin ». Car de par sa nature le rêve reprogrammateur *retend* les ressorts comportementaux, donc *sans assouvir l'impulsion motivante*. Sans même assouvir l'humble besoin physiologique (faim, presse intra-vésicale, etc.), sauf dans le cas du rêve orgasmique. Mais les rêves érotiques sont les plus décevants de tous. Surtout pour l'homme, qui se réveille désagréablement mouillé par sa pollution nocturne, ayant « déchargé » ses batteries spermatiques au cours d'un scénario régulièrement médiocre et/ou perturbé. Sans avoir partagé ni le plaisir – celui des évacuations automatiques est bien faible – ni l'étreinte.

Enfin, contrairement à ce que professait Freud, ce genre de rêve *réveille*, n'ayant nullement joué le rôle de « gardien du sommeil ». Il n'y a que *les hallucinés* qui ne se réveillent pas, qui ne se

---

151. Exemples classiques : envers un(e) conjoint(e) dont on divorce, envers un père incestueux, envers un enfant toxicomane ou délinquant, envers un(e) ami(e) qui vous a cocufié(e), envers un adversaire politique investi du pouvoir légal, etc.

152. *Tout état amoureux rappelle plutôt les phénomènes psychiques anormaux que les états normaux*, *Observations sur l'amour de transfert* (1915), trad. franc. in *la Technique psychanalytique*, édit. des PUF, p. 127.

153. Version officielle de la *Traumdeutung*, de 1900 à 1924. Après quoi et comme d'habitude, dans son autobiographie *(Selbsdarstellung)* le Maître glisse négligemment que des motivations autres que sexuelles-libidinales peuvent se recontrer dans les rêves... Havelock Ellis s'en est aperçu (cf. *infra*).

savent pas en train de rêver. Le rêveur normal n'est pas un « psychopathe quotidien ».

Celui (celle) dont la langue fourche, qui dit un mot pour un autre, oublie son porte-monnaie à la maison, se trompe de chemin, ceux-là non plus ne sont pas fous. Ils sont distraits – peut-être de nature – préoccupés, soucieux, fatigués... Une fois de plus, croire trouver la clé de l'inconscient tout puissant et malveillant grâce à ces petites bévues relève du délire d'imagination.

Le mot fautif, l'erreur bénigne obéissent, peut-être, à un déterminisme, mais celui de la proximité, de l'à peu près, du court-circuit, de la paresse. Le Minitel recherchant par approximation un nom ou une adresse insuffisamment précisés fournit le modèle simple de ces petites *erreurs de fiche* de la vie quotidienne, et de leur très habituel rattrapage. *Tout le monde peut se tromper*, et l'erreur peut être *n'importe quoi*.

La *négation du hasard* par le freudisme est particulièrement exténuante. Elle est à l'origine de ce délire d'explications « psychologiques », « psychodynamiques » dans lequel s'enlisent ceux qui ont du temps à perdre. D'autant qu'avec les merveilleuses armes freudiennes de l'ambivalence des sentiments et de l'identité des contraires dans l'inconscient n'importe quel bavard peut « révéler » des motifs identiques à des conduites contradictoires, et vice versa, et réciproquement, et ainsi de suite.

3. Fourvoiement dans la conception de l'éthologie humaine

N'ayant rien d'un esprit scientifique Freud, je l'ai dit, confond toujours psychisme, réflexion, affectivité, instincts, comportement, etc. C'est le virtuose du mélange des genres. Même quand il finit par préciser que l'objet de son étude (!) est la *psychosexualité* (?). Ce qui le fait divaguer, et par deux fois, en matière de biologie des comportements.

a) Première divagation : avant 1920 : la dictature obsessionnelle du sexe

C'est le propre des « philosophies » du XIXe siècle que de mal digérer le comportement statutaire, et l'appétit moteur – l'ambition – qui l'anime. Elles l'ignorent, le déplorent, le combattent ou, comme Nietzsche, le surestiment. Même pour un scientifique de la carrure de Darwin il n'y a que deux ressorts biologiques : « la faim et l'amour ». Ce que Freud accepte initialement puis « dépasse », en prétendant que seul l'appétit sexuel guide la « psychosexualité ». C'est-à-dire pas moins que tout ce qui fait vivre l'homme.

Cet appétit il l'appelle, pillant Moll, *libido*. Il l'appelle parfois, plus tard, pulsion de vie, ou Éros. Et dans un grand élan il l'installe à l'origine de toute conduite, alimentaire, familiale, sociale, politique, économique, artistique, scientifique, etc. *Sans jamais, au grand jamais, lui faire perdre son caractère de pulsion sexuelle*. Pour obéir au sacro-saint *principe du plaisir*.

Je n'insiste pas sur le galimatias insensé qui fait passer l'ontogenèse individuelle par des « stades psychosexuels » qui mettraient le « psychisme immatériel » sous la tutelle didactique, « formative » de la biologie si prégnante et si organique du sexe. Le stade « oral » qui ferait de la tétée un acte sexuel – Freud copiant ici un autre farfelu, le pédiatre hongrois Lindner. Le stade « sadique-anal » qui ferait du bambin un agresseur cannibale et un conchieur de mère ravi de recevoir des fessées. Le stade « génital » où enfin, l'enfant cessant d'être un « pervers polymorphe » (!), la libido arriverait au sexe, déjà reconnu et tripoté pendant la tétée. Sexe obligatoirement *phallique*, même chez la petite fille dont le clitoris est un phallus rabougri mais masculin. *Car toute libido est d'essence masculine*. Ce qui n'empêcherait pas chaque être humain d'être bisexuel, et les femmes plus que les hommes (!)...

Ici hélas ! un autre principe, le principe de réalité, guette le pauvre enfant freudien. Une fois la libido fixée sur la zone génitale « directrice » elle chercherait un objet extérieur. Un objet sexuel – mais tous les objets le seraient, nous serions tous des objets sexuels, et réciproquement... Freud ne conçoit pas d'autre lien interhumain que sexuel. Dramatique erreur d'éthologie [154].

Le bambin « génital » n'ayant d'autre objet sexuel à chérir que sa chère maman lui porterait les désirs libidinaux les plus vifs. C'est le *complexe d'Œdipe* qui, suivant le mythe, toujours éclairant pour Freud, a tué son père *pour* épouser sa mère et réaliser le rêve (le fantasme inconscient !) de tout petit mâle humain (!). Hélas le vilain père possesseur de la mère ne l'entendrait pas de cette oreille, et chaque fois que le petit garçon phallique tripote sa quéquette en pensant à

154. On peut voir, sur le schéma élémentaire de mon *Éthologie humaine*, p. 21, plus de 70 liens différenciés entre congénères humains.

maman – ou fait pipi au lit ce qui, pour Freud, est la même chose (ô ineptie !) – la menace terrible tombe : *on va te la couper* [155] !

L'inconscient viendrait alors au secours du malheureux, pour sauver son précieux membre en « sécrétant » un deuxième complexe, *le complexe de castration*. En échange de la conservation physique du phallus il ferait renoncer le garçonnet à ses prétentions sexuelles incestueuses, aux érections, et à la masturbation, pendant la « phase de latence » qui va durer jusqu'à la puberté accomplie. Triste histoire, à ne surtout pas raconter aux enfants !

Et la petite fille ? Serait-elle aussi amoureuse de sa mère, et jalouse de son père ? Oui. Dans le cadre d'un complexe [156] mal défini, mais qui pourrait être celui qui existe, il est vrai, chez le garçon aussi, amoureux de son père pour s'en faire sodomiser, et détestant sa mère castratrice, grâce à la loi magique de l'ambivalence des sentiments : son « Œdipe inverse ». N'a-t-il pas vu, le pauvre, sa mère salope impudique exhiber sa zone génitale pleine de poils autour d'une horrible bouche écarlate dévoratrice ? Médusé fut-il, à la fois terrorisé et émoustillé comme il le fut lorsqu'il entendit – atroce *scène primitive* – cette putain gémir de plaisir ? de douleur ? quand l'ignoble père la pénétrait de son couteau phallique – celui qui lui fait saigner la fente tous les mois...

La gamine obligée de subir cet Œdipe-pseudo-Électre [157] à deux faces effectuerait ainsi un double rétablissement. C'est de son père qu'elle finirait par tomber amoureuse, rivale de sa maman. Et dépourvue de pénis, dévalorisant le ridicule clitoris de son *sexe châtré* légué par cette odieuse mère, elle subirait très tôt son complexe de castration, essayant de faire l'acrobatique (à cinq ans !) *transfert érogène* du clitoris au vagin (à l'utérus). Il ne lui resterait qu'à espérer quand même que son père lui fera un enfant-phallus pour la dédommager.

Devenus grands, garçons et filles chercheront évidemment (!) des partenaires d'accouplement à l'image de papa ou maman. Mais ils seront toujours déçus par leur vie d'adultes. Aucun mari, aucune épouse ne saurait équivaloir les parents tendrement chéris, sur qui plane la vieille malédiction de l'inceste interdit. La copulation reste un comportement animal, pratiqué avec des organes qui répandent des odeurs répugnantes, il souille le corps et même l'« âme » [158]. L'amour adulte n'est qu'un leurre, fixation ambivalente surestimant l'objet, donc jamais satisfaite.

Le désir sexuel des humains serait ainsi à la fois omniprésent et inassouvissable. Irrépressible et dégradant. Peut-être l'apaisement pourrait-il être obtenu, chez les âmes d'élite, par la *sublimation* qui fait passer la libido dans l'activité religieuse, sociale, artistique... ou psychanalytique...

*

* *

Tout ceci n'est qu'un tissu d'inepties.

Les enfants impubères n'ont aucune impulsion instinctuelle de sélection-séduction du partenaire. Les désirs incestueux n'atteignent nullement les jeunes humains, protégés par l'empreinte maternelle – et aussi paternelle. De nos jours comme autrefois le lien sexuel est incompatible avec le lien parental : quand jeunes gens et jeunes filles possèdent les « armes » biologiques, comportementales, rendant efficaces leurs conduites de séduction, ce n'est pas pour partir à la recherche de partenaires ressemblant à papa ou maman ! Rien n'éteint plus le désir sexuel que l'« air de famille ». Quant à penser qu'aux aurores de l'humanité le « père primitif », la « mère primitive », vite usés par les rudesses de l'époque, suscitaient l'enthousiasme érotique de leurs enfants impubères, c'est de la paléo-anthropologie-fiction. Comme d'imaginer que les pères ne pensaient qu'à couper la queue de leurs fils rivaux... Freud a oublié (!) les patriarches hébreux si fiers de leur progéniture mâle !

La preuve par le mythe est nulle et non avenue. À la place d'Œdipe, Freud aurait aussi bien pu s'appuyer sur le conte de *Peau d'âne*, qui fuit l'inceste, ou sur cent autres histoires filles de l'imagination humaine dont elles ne prouvent que la profusion. Et ce terme ridicule de *Komplex* ! Et cette impropriété verbale non moins ridicule qui fait dire *Kastration*, section des bourses, à la place d'*émasculation*, section du phallus... Freud n'était décidément pas un grand anatomiste ! Et c'était un cancre en physiologie.

---

155. Freud n'a-t-il pas vu la menace effectivement réalisée, sur les filles dont le sexe coupé n'est plus qu'une fente cicatricielle ?

156 . Quel charabia ! Alors qu'il n'y a de complexe que sportif, ou minier !

157. Le « complexe d'Électre » est une hérésie, qui valut à ses timides partisans les foudres de *Sigmund Jupiter tonnans*.

158. *Sur le plus général des rabaissements de la vie amoureuse* (1912), trad. franç. in *la Vie sexuelle*, PUF, p. 61.

Seules les « vraies » zones érogènes primaires procurent l'orgasme. On ne peut jouir ni des dents, ni du gosier, ni du pied, ni du rectum. L'orgasme n'a pas d'« équivalent » et la sublimation n'atteint que les tordu(e)s, ou ceux dont l'appétit érotique est déficient. Quant à prétendre que la libido peut faire éprouver aux gens normaux *du plaisir* dans la souffrance masochiste des fessées et des humiliations, c'est rêver en plein jour.

Avec son Œdipe, Freud réussit à se foutre de nous doublement. D'abord en prétendant que ce formidable événement, *au rebours du dogme de la permanence éternelle des impressions psychiques dans l'inconscient*, va être détruit par le non moins formidable complexe de castration. Ensuite en fondant d'énormes pans de sa « philosophie » sur ces deux drames dont il ne doit normalement (si l'on peut dire !) rien rester, *l'un liquidant l'autre* ! Il est vrai que la liquidation n'est pas toujours complète, d'où les myriades de « névroses » qui atteignent les humains, à cause du sexe !

Le sexe, il faut s'y résigner, est « perturbant par lui-même ». Freud entendant vaguement parler d'hormones les appellera *toxines* et fera de la libido une perpétuelle trouble-fête. La sexualité est tellement une maladie que Freud a désigné ses zones érogènes d'après les zones *hystérogènes* qui provoquaient (avec bien du chiqué !) les crises spectaculaires des malades du professeur Charcot.

On aura remarqué, au passage, le triste sort de la sexualité féminine. Si prisés par l'homme du commun amateur de femmes les seins, les fesses, sont quasiment absents des écrits freudiens, sinon pour la tétée et la fessée – hautement érotiques ! Le clitoris, dont Freud méconnaît le rôle biologique exact, ne sert jamais à rien faire de propre. La vulve n'existe pas en tant qu'organe, elle n'est que manque, fente désolante, sentant mauvais, couverte d'une pilosité animale terrorisant les petits enfants, tout juste bonne à inspirer aux femmes leur seule invention artisanale : tissage et tressage de poils, pour cacher la honte fendue de leur *rima pudendi* (à nous, Augustin). Le vagin ne vaut guère mieux, l'homme qui s'y hasarde, bravant le risque du (de la) *vagina dentata* en ressort néanmoins « châtré », ayant perdu sa semence et sa superbe érection, etc., etc.

La preuve de l'infériorité des femmes est d'ailleurs cette absence de phallus : quand elles pissent, leur fente ne peut éteindre le feu, puisqu'il leur faut s'accroupir et qu'elles brûleraient leur sale pilosité ; alors que l'homme, pourvu d'un magnifique robinet mictionnel, peut atteindre les flammes à distance, et ainsi prouver sa domination sur les éléments.

On aura aussi remarqué l'optimisme de ce « libérateur sexuel » qui ne forge (fabule) que drames et interdits autour de l'activité érotique. Qui trouve profondément choquante la fellation [159] et ignore le cunnilinctus. Qui se fait passer pour le théoricien du plaisir, mais ne raconte que des histoires de fous, dans des récits que n'éclaire jamais la joie de la chair, ni même un rayon de soleil réchauffant la joie de vivre. Et qui continue de demander qu'on lutte contre la masturbation infantile, sinon la libido « serait impossible à maîtriser » ! Déconsidérant aussi la masturbation des adultes, solution de facilité méprisable, accompagnée de fantasmes désastreux : ils font apparaître la femme sous un aspect idéalisé, irréaliste et forcément décevant le jour où l'on a affaire à elle « pour de vrai » [160]. De quoi écœurer les fervents propagandistes du fantasme de la fin du XXe siècle [161].

b) Deuxième divagation : la théorisation de la pulsion de mort

Freud est un esprit du XIXe siècle (je l'ai dit et redit) dans ce qu'il a de plus poussiéreux, guindé, pudibond, cogitant à vide. C'est pourquoi l'apparition de l'« instinct de mort », dans un célèbre écrit de 1920 [162] est un parfait anachronisme... quant à sa date.

Très content d'avoir énoncé son principe du plaisir, d'avoir lâché les éléphants sauvages de la libido sur le monde civilisé [163], d'avoir apporté la peste à l'Amérique (où les femmes commandent, horreur !), Freud voulait à la fois se disculper d'être le « démoralisateur de l'Occident » – dont il

159. J'ai toujours pensé que ce fut pour Freud une de ces « envies rentrées » qui gâchent l'existence... à moins que ce ne fût son plat préféré chez les putains.

160. Quand elle pratique la fellation ?

161. Citations classiques : « l'homme heureux n'a pas de fantasmes », *la Création littéraire et le rêve éveillé* (1908), trad. franc. in *Essais de psychanalyse appliquée*, éd. Gallimard, p. 73, et aussi *la Morale sexuelle civilisée*, trad. franc. in *la Vie sexuelle*, PUF, p. 43.

162. *Au-delà du principe du plaisir.*

163. Hannibal ennemi de Rome était un des héros favoris de Freud, avec Moïse et Napoléon.

se considérait le « Prophète » – et, peut-être pour son propre usage, *comprendre pourquoi les humains exécutent tellement d'actes qui ne leur procurent aucun plaisir.*

Le freudisme modèle 1920 oblige la libido à partager son trône avec son égal, contraire et ennemi, le *Todesvertrieb.* Éros et Thanatos. Pulsion de vie et pulsion de mort, agissant concurrement dans toute manifestation humaine. Les freudiens « première manière », ardents supporters du Père fondateur libidinal furent en majorité choqués par ce qu'ils ont considéré comme un virage à angle droit. Pourtant Freud tentait, une fois de plus, de mettre « de l'ordre » (!) dans le magma confus de ses théories.

Grâce à l'instinct de mort il crut pouvoir expliquer pourquoi sadisme et masochisme sont des pulsions « élémentaires » de toute sexualité (!), pourquoi la tétée est cannibale, pourquoi le coït est une agression, pourquoi les sentiments sont ambivalents, pourquoi la souffrance, la maladie, la « névrose » sont *des buts* inconscients, avec la mort au bout, retour à l'état immobile inanimé, « principe du Nirvana ». Tout cela ne serait qu'une question de dosage... en fait et encore une fois une affabulation complète.

C'est l'éthologie qui nous a appris pourquoi les humains – et les animaux – accomplissent des tâches pénibles, s'engagent dans des conduites dangereuses, effectuent des efforts de longue haleine... sans plaisir immédiat : *pour accomplir les programmes comportementaux impérieusement dictés par leur génome.*

Trois grands programmes, correspondant schématiquement à conserver l'individu, propager l'espèce, marquer le statut, guident encore les conduites humaines [164]. L'*incompatibilité de réalisation simultanée* d'impératifs programmatiques distincts est une notion d'éthologie élémentaire. Et dès l'étape humblement physiologique : on ne peut bander et pisser, jouir et marcher, manger et donner des coups de poing, etc. Chaque répertoire programmatique comporte ainsi ses propres appétits, ses stimuli déclenchants, ses propres chaînes de déroulement temporel, ses propres gratifications d'accomplissement. Le tout est codé de façon différente et non congruente.

Chaque être vivant doit accomplir ses devoirs biologiques en temps et en lieu, au besoin guidé par la chronobiologie de son cerveau instinctuel. Qu'il soit récompensé par le plaisir n'est qu'un des deux modes des gratifications d'accomplissement biologiques. Le *plaisir* est évidemment prisé par l'hédonisme propre aux humains : il fonde la gastronomie, et la fonction érotique... Mais *le sentiment du devoir accompli, la satisfaction éthique*, est l'autre mode de gratification, et au moins aussi important. Tous les grands accomplissements biologiques comportent ainsi *un versant sensitif, réceptif, et un versant moteur, actif* [165] – pour obéir aux patrons moteurs du cerveau basal.

On voit combien Freud pataugeait, quel que soit son « stade » théorique.

Quand il faisait de la libido, de la sexualité, le seul moteur poussant à manger, pisser, caguer, parler (pour appeler le partenaire sexuel !), aimer ses parents, faire des alliances politiques, tuer ses ennemis, apprendre la médecine (pour voir des femmes à poils !), devenir savant (par *libido sciendi*), etc. Quand il parlait d'« érotisme extragénital », incommensurable bévue [166]. Quand il ignorait la chronobiologie, faisant des « premières impressions » des phénomènes indestructibles et – bien sûr – traumatisants.

Puis quand il fit de l'appareil musculaire destiné à protéger la vie l'agent agressif de l'instinct de mort. Quand il fabula *le passage perpétuel d'un répertoire comportemental à l'autre, d'un lien à l'autre.* Cette transgression est *le propre de la perversion.* Ce qui fait de l'humanité décrite par Freud une espèce bien malade.

Deuxième catégorie de reproches : la dogmatique freudienne aboutit à une morale à la fois culpabilisante et déséquilibrante.

Il faut ici rappeler combien la réputation de Freud est usurpée, quand on fait de lui le « libérateur des refoulements ».

Freud déteste la nature humaine – comme le christianisme, comme le bouddhisme. Nos instincts sont inconvenants ou mortifères, ils nous poussent à tuer nos semblables, en premier lieu notre père, à coucher avec notre mère, à nous vautrer dans l'excrément, etc. Le but de toute éducation ne devrait donc être que réfréner ces instincts, les *refouler*. La morale freudienne est *une morale du refoulement*, fondant toute civilisation sur la sauvagerie naturelle domptée.

---

164. Cf. le Cinquième chapitre, et pour plus de détails mon *Ethologie humaine.*
165. Exemple simple : accomplir les mouvements du coït, puis ressentir l'orgasme.
166. Freud était très myope.

C'est faire encore du méli-mélo, car si le comportement statutaire intra-spécifique des humains peut déboucher sur la mort des congénères, leur comportement sexuel – pas plus que leur comportement alimentaire – n'exerce de ravages destructeurs – sauf dans les fables apocalyptiques de Freud. D'ailleurs le fonds primate de l'humanité fait préférer naturellement le bluff, l'engueulade, l'« arrangement », à l'immédiate mise à mort des ennemis. Comme le dit Konrad Lorenz *la régulation biologique des comportements est de la même nature que leur surgissement.* Malgré les carnages guerriers tragiques à l'échelle individuelle, malgré l'usage dégradant d'organes dont l'animalité rebutait tant Freud, au plan global l'espèce humaine est actuellement plutôt menacée par la surpopulation que par l'extermination.

Il faudrait donc, si l'on adhère à la mauvaiseté freudienne des instincts, refouler les désirs « œdipiens », refouler le penchant à la masturbation, au pipi au lit, à la constipation, à l'exhibitionnisme, au voyeurisme des petits enfants, etc. En utilisant des procédés sévères allant jusqu'à menacer les petits voyous de *perdre l'amour de leurs parents* s'ils ne sont pas sages – sans compter la perte du prépuce, émasculation (*Kastration*) réduite assurant la soumission des jeunes mâles aux Pères.

Mais le refoulement rend malade. C'est même *le mécanisme de la névrose.* Freud se coince lui-même. Côté face il accuse la « morale sexuelle civilisée » de réprimer cruellement les aspirations libidinales. Selon son langage outrancier il fait un *traumatisme* de toute réprimande, toute contrariété infantile, toute punition. Traumatisme évidemment indélébile ! Côté pile il prêche le refoulement de la sauvagerie instinctuelle. La conclusion en est bien sûr le *Malaise dans la civilisation* qui débouche sur l'impossibilité de vivre la condition humaine, théorie inusable des conversations de salon, devant whisky et petits fours...

Troisième catégorie de reproches : en gommant les limites entre les hommes primitifs, les enfants, les psychopathes et les adultes normaux, le freudisme ne fait échapper l'humanité à la responsabilité qu'en la considérant malade.

Ce n'est pas ici le lieu de s'étendre sur les incommensurables fariboles freudiennes concernant le meurtre puis la dévoration totémique du « père primitif ». D'après un autre farfelu, Robertson Smith, réfuté par tous les préhistoriens scientifiques. Si ce n'est pour rappeler la confirmation que Freud puisait, dans ces foutaises, de l'« universel Œdipe » et de la nécessité, pour devenir un grand garçon, acquérir le sens moral, fonder la civilisation, de *tuer son père* rival sexuel. Inconsciemment et sans s'en souvenir ! Puisque les enfants sont comme les « primitifs » cannibales. Et comme les « fous ».

Le vulgaire a longtemps cru, croit encore, que Freud fut un virtuose de la psychiatrie. Totale méconnaissance de la carrière de Freud, du champ d'action du freudisme. Détestant et récusant les grands psychopathes, qui lui répugnaient, Freud, d'abord fasciné par les hystériques – on en reparlera – ne s'est finalement intéressé *qu'aux névrosés.* Aux gens inquiets, anxieux, obsédés, neurasthéniques... *aux nerveux sains d'esprit.* Car *la névrose est une maladie imaginaire.* Du moins dans sa description freudienne, fondatrice de toute(s) la(les) théorie(s) psychanalytique(s).

Toujours obsédé par la « sexualité », et persuadé de souffrir lui-même d'hystérie, Freud s'est persuadé, comme il en a persuadé les gogos, que toute anxiété, toute hystérie, toute « déprime », tout *mal à vivre* reposait sur l'insatisfaction sexuelle. Sur les « traumatismes infantiles » en rapport avec la sexualité réprimée... ou excessive.

Le Freud toute première manière, celui de 1893, 1895, avait repris de façon très comique les accusations des « pères la pudeur » de son temps contre les domestiques et précepteurs débauchant les enfants. L'hystérie n'avait ainsi qu'une origine : l'incitation à la masturbation, au voyeurisme-exhibitionnisme sexuel par un(e) adulte pervers(e). Il est vrai que Freud n'avait jamais « avalé » les tripotages que lui avait (délicieusement) infligés sa bonne Nanie dans l'escalier de ses parents – d'où son incurable hystérie ! Quant à la *Zwangsneurose*, la névrose obsessionnelle, elle est due à une débauche infantile précoce, non plus subie passivement, mais pratiquée activement, et avec délices.

Sans jamais faire mettre au pilon ses livres attentatoires à l'honneur des nurses, Freud renonça cependant à incriminer des événements de dépravation infantile réelle quand il « formula » son *Ödipuskomplex* en 1897. Tout se passe dans l'« inconscient », dans l'imagination. Mais tout reste sexuel et incestueux, interdit et inassouvissable...

Naviguant hasardeusement entre le complexe d'Œdipe et le complexe de castration, entre l'amour et la haine pour son père, et pour sa mère, entre l'amour familial et la nécessité de devenir grand, le pauvre être humain a bien de la peine à structurer sa « psychosexualité ». Voilà pourquoi il y a tant de névrosés, tant d'anxieux, *tant d'impuissants, tant de frigides, tant d'homosexuels.*

Puisque c'est *la même catégorie nosologique*, le sexe et le psychisme communiquant à plein canal. La pathologie sexuelle devient un appendice (honteux ?) de la psychopathologie.

Tantôt c'est l'Œdipe qui n'est pas liquidé, tantôt c'est le complexe de castration qui perdure, selon que les traumatismes, fixations, identifications ambivalentes au père, à la mère, seront incriminés par l'analyste enquêteur oniromancien. Vous ne bandez pas avec les femmes parce qu'on vous a interdit de bander pour votre mère, vous êtes frigide parce que vous déniez à l'homme l'exclusivité du phallus, etc. Sans compter tout ce qui peut vous rester des stades « prégénitaux », et qui explique tous vos symptômes digestifs, respiratoires, musculaires, oculaires, etc. Un vrai pain bénit pour le psychanalyste, qui va pouvoir mettre sur son divan tous les pets de travers, tous les bande-à-mou, toutes les froides au lit et tous ceux, inquiets, qui vont chez l'analyste comme ils iraient chez la voyante.

Les médecins du corps de son temps n'ayant que peu de moyens à proposer pour remédier aux peines de sexe, à ces misères qui rendent si inquiet, Freud qui n'avait que le sexe à la bouche et prétendait le soigner en « liquidant » l'angoisse tourmenteuse du « psychisme » apparaissait le secours « miraculeux ». Il semblait pouvoir gagner sur les deux tableaux : sur le sexe qui ne marchait plus, et sur la tête qui « marchait trop », obsédée par l'angoisse de l'échec. Pouvait-il les guérir ?

Il n'y a que les gogos pour croire aux « guérisons miraculeuses » de Freud. Ses *rarissimes* cas publiés n'illustrent guère ses vertus thérapeutiques. Berthe Pappenheim, la célèbre Anna O. qui marque le début de la méthode psychanalytique, *n'a jamais guéri* : elle est morte en asile. Dora, la célèbre étouffée par le phallus paternel, a renvoyé Freud à ses lubies. Ni l'homme aux loups ni le président Schreber n'ont jamais guéri, eux non plus. D'ailleurs Freud n'a jamais vu le président Schreber, se contentant de plumifier sur son cas, de faire des commentaires sagaces comme les rabbis du Talmud. Quant au petit Hans, *il aurait guéri tout seul une phobie bénigne de l'enfance* sans tous les tracas que Freud et son père odieusement intrusif (un critique musical !) lui ont infligés. Comme guérissent de nombreux humains d'une déprime passagère, annulant leur rendez-vous chez le psychiatre s'il est suffisamment éloigné dans le temps.

L'inanité de la conceptualisation freudienne des névroses, et de leur fumeux traitement par la parlotte, les a fait définitivement ranger *au musée des maladies imaginaires* par les psychiatres de la fin du XXe siècle [167]. Il est vrai que les « névrosés » semblent s'évanouir dans la nature, comme se sont raréfiés les grands pervers si pittoresques de Krafft-Ebing et Moll, comme ont disparu les légions d'hystériques qui peuplaient le service du professeur Charcot [168].

Trop peu de nos contemporains savent que tout le « cinéma » des hystériques exhibées sur la « scène » de la Salpétrière lors de ses célèbres présentations de malades *n'était que... du cinéma*, exécuté sur les indications des assistants du patron, pour confirmer ses théories [169]. Mais les hystériques, disent les freudiens survivants, ne sont pas plus malades que vous et moi, puisque dans le fond nous sommes tous un peu « fous »... tout enfant passe par une phase névrotique, les frontières de la psychopathie sont poreuses, nous avons tous notre petite névrose, etc.

On sait qu'à la fin du XXe siècle l'enseignant français qui n'a pas fait sa déprime a de la peine à se faire prendre au sérieux.

Quatrième catégorie de reproches : la psychanalyse freudienne est une illusion thérapeutique, quand elle n'est pas dangereuse.

Freud l'a déclaré à plusieurs reprises : le psychanalyste n'a pas de pires ennemis que les amis. Que la famille. Que *tous ceux qui semblent aux gens normaux des confidents normaux*. Pour les écouter, les réconforter, les encourager. Que les plus anxieux, les vrais petits psychopathes, aient besoin d'un secours spécialisé, fait partie de l'institution médicale. Mais on les traite plus efficacement par des considérations « raisonnables » permettant de rassurer, relativiser, *dédramatiser*... ou par des médications anxiolytiques, que par la méthode freudienne.

Les principes même de la cure psychanalytique sont captieux :

• ressasser indéfiniment ses inquiétudes, ses rancunes, ses imaginations nuisibles *est un procédé particulièrement nocif*. En incrustant les circuits mnésiques générateurs d'angoisse. En faisant

167. Elles ont été exclues du *DSM III*, répertoire nosographique de l'American Psychiatric Association, en 1980.
168. Wilhelm Stekel le constata dès 1920 : *la Femme frigide*, *op. cit.*, p. 28 de la trad. franc. NRF.
169. Cf. Sulloway *Freud*, *op. cit.*, p. 35 de la trad. franc. éd. Fayard. Une certaine Blanche Wittman fut consacrée « reine de l'hystérie » pour ses dons de comédienne.

cogiter, rêver, fantasmer sur les tenants et aboutissants « psychologiques » d'un fonds constitutionnel rendant vulnérable aux troubles de l'humeur. Propension à laquelle tous les « romans noirs » de la théorie freudienne fournissent une déplorable *dramatisation*. Celle qui augmente l'inquiétude avant même d'envisager de passer à l'acte... y compris sexuel ;

• les mythes freudiens de l'Œdipe, de la castration, des traumatismes, de l'homosexualité refoulée, etc., orientent sur des pistes fabuleuses ceux qui pensent y trouver l'explication de leurs troubles, de leurs misères, de leurs peines de sexe. Aucun espoir de guérison en partant à la recherche, *pour le revivre*, d'un passé *totalement fictif*. Et pourtant personne ne va « en analyse » sans être persuadé de la véracité « à toute épreuve » de fariboles qui sont devenues *des secrets de Polichinelle* – alors que dans ses premiers temps Freud était tout fiérot de renversantes et scandaleuses « découvertes » théoriques qu'il a bien dû divulguer, presque à son corps défendant (!), pour assurer sa gloire !

Ou bien vous êtes impuissant (frigide, anxieux, obsédé, etc.) parce que des événements perturbants réels ont déboussolé votre caractère fragile – et il est alors malsain de les analyser, ressasser, incriminer indéfiniment. Ou bien la cause de vos ennuis n'a rien à voir avec le moindre traumatisme refoulé dans l'inconscient – et les inventeries freudiennes sur les péripéties de l'évolution libidinale ne vous seront d'aucun secours. Parler sur le divan pour faire coïncider ses propres histoires avec les « histoires » de Freud, c'est *se regarder le nombril à travers des verres déformants*.

• La nécessité freudienne de l'« amour de transfert » sur le psychanalyste – auquel il résistera par un héroïque contre-transfert – finit par donner au « thérapeute » (Freud n'exigeait pas qu'il soit médecin) une emprise comportementale de plus en plus envahissante. À la limite l'« analysant » finit par ne plus vivre, penser, agir, pour lui-même, entouré de symboles, de signes, de symptômes dont seul l'analyste paraît pouvoir lui fournir la clé... jusqu'au divorce, lui aussi parfois dramatique.

• La nécessité de payer très cher le secours psychanalytique, si elle paraît exclure cruellement les indigents, prive les autres de loisirs, voyages, biens culturels, agréments divers de l'existence ; pour analyser stérilement leur vie de la veille, au lieu *d'assumer* leur vie présente. Marché de dupes. Au moins les cartomanciennes parlent-elles de l'avenir ! Sans oublier ceux que des faisans, fussent-ils illustres, ont *bel et bien ruinés*.

• Le service que les patients « innocents » viennent demander, tout particulièrement quand leur sexe les empêtre, est *un conseil comportemental*. Or le dogme freudien s'est montré ici encore plus contradictoire qu'ailleurs. De nos jours les freudiens séquellaires se déclarent résolument non-interventionnistes. Plombiers du psychisme inconscient, ils débloquent le robinet à paroles de l'« analysant », servant de déclencheurs et de miroirs impavides (somnolents ?). Ce fut un moment la doctrine du Père fondateur, comptant sur la « synthèse » salvatrice spontanée quand l'analyse aura tout élucidé des traumatismes et des censures... Bel article de foi ! Mais le même Freud se montra *un redoutable intervenant*. D'une part en faisant passer ses patients sous les fourches caudines de sa conceptualisation délirante, à laquelle ils étaient (sont encore) bien forcés d'adhérer. D'autre part en les entourant d'un draconien réseau d'interdits, ne pas recourir à une technique concurrente, ne pas commenter les séances à ses proches, ne pas téléphoner aux « objets sexuels » perturbants, *ne pas prendre de décision avant la fin de l'analyse*... alors même que l'analyste doit s'interdire de fournir la moindre directive, et que le terme de l'analyse recule sans cesse, comme l'horizon. On a rarement vendu si cher un tel marché de dupes.

• L'apparition de l'instinct de mort, sur lequel Freud déclara *n'avoir aucune prise*, sapait en fait *ab ovo* toute intervention thérapeutique *opérante*. Comment exciter la libido suffisamment pour qu'elle renverse la vapeur ? Alors même que la sexualité libidinale est à la base de la maladie névrotique... Mystère, ou escroquerie. On sait d'ailleurs qu'à la fin de sa carrière Freud ne prenait quasiment plus de malades en charge, se réservant pour *l'analyse didactique* qui sert de rituel initiatique aux futurs analystes.

Cette initiation est exigée pour l'exercice de la « profession », mais l'outrecuidance du freudisme est telle qu'elle est aussi exigée *de quiconque ose émettre la moindre critique de la psychanalyse*. En effet la *résistance à l'analyse* ne peut venir que d'un esprit malade : qui se montre réfractaire à la révélation freudienne souffre de conflits névrotiques, ils l'empêchent de contempler la Vérité. Faites-vous analyser, et vous vous convertirez ! Sinon vous resterez dans les « ténèbres extérieures », là où le doux Jésus expédiait les réfractaires à sa Parole [170]. Heureusement que le

170. Là où il y aura le sanglot et le grincement de dents. Matthieu, VIII, 12.

freudisme ne dispose pas des mêmes bûchers que l'Inquisition ! Par contre, pour les Initiés, quel fin régal que « la didactique », entre connaisseurs qui peuvent jouer indéfiniment aux jeux de miroirs analyste-analysant, enquête-contre enquête, victime-bourreau, etc.

Le plus dramatique, en fait, réside dans ces innombrables plaignants, vraiment malades, *bêtement et organiquement malades*, qu'on a tellement convaincus qu'ils souffraient « de la tête » qu'ils ont perdu leur temps, leur argent... *leur santé* chez les charlatans du divan. Le dogme freudien proscrit tout « contact charnel » dégradant entre l'analyste et le client, il proscrit donc tout examen clinique qui perturberait le délicieux jeu transfert-contre transfert... mais révélerait des anomalies somatiques. Celles que le plus modeste des médecins praticiens pourrait découvrir, soigner, ou faire soigner... guérir.

Cinquième catégorie de reproches : comme tous les systèmes spéculatifs prétendant expliquer globalement l'humain sans bases scientifiques suffisantes, le freudisme a exercé une influence néfaste, captieuse, culpabilisante et paralysante.

Ni science ni philosophie, le « système » freudien s'est arrogé le droit de guider les humains avec une outrecuidance que n'excusait aucune base expérimentale. Un ouvrage comme les *Cinq psychanalyses* n'est qu'une mystification, laissant croire que les cas cités ont guéri grâce à la psychanalyse. Après *l'Interprétation des rêves* de 1900, Freud n'a jamais publié de bibliographie à l'appui de ses assertions fabulantes. L'épaisseur d'une bibliographie n'a jamais été critère de scientificité, mais lorsque l'on n'a, comme Freud, aucune statistique, aucune suffisante expérimentation personnelle à fournir pour confirmer ses dires, il est honnête de s'appuyer sur les travaux publiés de ceux dont on reconnaît la fiabilité opérante.

Or dès l'humble stade anatomique Freud récusa toute correspondance entre la biologie et les mécanismes pourtant implacables qu'il attribuait au « psychisme » immatériel – alors que nous savons maintenant objectiver l'activité des zones « pensantes ». Il fit la sourde oreille lorsque les préhistoriens récusèrent les conceptions de Robertson Smith, parce qu'elles s'accordaient avec sa propre mythographie. Et son propos franchit la frontière de l'escroquerie lorsqu'il déclara hardiment : « je ne me suis pas cru obligé à abandonner certaines thèses lorsque, sur des points essentiels, la psychanalyse me conduisait à des opinions et à des résultats ne concordant pas avec ceux de la biologie » [171].

Le freudisme fut pourtant assez effronté pour imposer son préchi-précha, laissant croire aux gens de peu de science – ou de peu de caractère – qu'il leur donnait une grille explicative de l'humain. Il a ainsi commis des dégâts dans l'exercice de la justice (laxisme et compassionnisme), dans les conceptions pédagogiques (terreur à l'idée de créer des « traumatismes »), dans l'éducation familiale (surtout pas de directives « oppressives »), empoisonnant là où on l'a pris au sérieux les rapports entre juges et justiciables, entre parents et enfants, entre enseignants et enseignés – ce n'est pas le lieu d'en débattre.

Il a commis des dégâts non moins fâcheux dans plusieurs disciplines scientifiques :

• *L'épistémologie* : le *discours* a été érigé en moyen de connaissance universelle, au moins à égalité avec la méthode expérimentale. Pour le « génial » Lacan, la science était « un fantasme ».

• *L'éthologie humaine* : le fondement biologique des comportements humains demeurés programmés fut méprisé au profit de la « psychologie », dont on sait l'inanité quand elle est à base de « psychosexualité » freudienne. Celle qui voudrait abusivement faire passer sous la coupe du comportement sexuel tous les autres, familiaux, éducatifs, hégémoniques, etc.

• *La psychologie*, la vraie, celle qui se poserait enfin comme *une science des processus mentaux*, intelligence, mémoire, langage, etc. Par la faute du freudisme accaparant, cette psychologie n'en est pour le moment qu'« à une époque préscientifique ». Sévère constat de Pierre Lavorel [172].

• *La médecine*, et particulièrement la médecine psychiatrique : en persuadant les humains qu'ils franchissent tous les jours les frontières du pathologique (qu'il n'a d'ailleurs jamais précisées) le freudisme a fait prospérer une *psychoassistance* envahissante et délétère.

Dans le même temps le freudisme a retardé l'éclosion de la psychiatrie scientifique, méprisant d'avance la psycho-pharmacie qui a permis, en quelques années, de vider enfin les asiles.

• *La sexologie* : amer reproche de sexologue. À force de mettre du sexe partout, Freud avait

171. ... *die von den bloss biologisch gestützten abwichen*. Préface à la troisième édition des *Trois Essais sur la théorie de la sexualité*, Vienne, octobre 1914.
172. *Psychologie et cerveau*, *op. cit.*, p. 21.

dissous, volatilisé le caractère spécifique de la biologie sexuelle, appétits, physiologie, comportements. Le freudisme non seulement éclipsait – ou voraçait – tout ce que les esprits scientifiques qui l'avaient précédé avaient commencé à bâtir pour mieux connaître, décrire, conceptualiser la sexualité humaine, mais *il disqualifiait d'avance toute démarche proprement sexologique*. Et il ne se fit pas faute d'éclipser, ou ridiculiser, ceux qui osaient parler ou écrire du sexe sans son *imprimatur*. Pas de sexe, et surtout pas de peine de sexe hors de la psychanalyse... alors qu'il y a finalement bien peu de sexe – de sexe vrai – dans la littérature psychanalytique.

L'esprit simple mettant le nez (courageusement) dans les écrits de Freud est ainsi surpris de l'absence quasi complète d'exposés authentiquement sexologiques. Quasi rien sur la sexualité normale. La même déception que pour le lecteur de Krafft-Ebing (et Moll) qui chercherait à se documenter... ou à s'émoustiller. Freud réputé libérateur du plaisir ne raconte que sinistres romans noirs... on finit par se demander ce que les humains peuvent trouver d'attrayant au sexe, et pourquoi ils obéissent à une libido qui ne les mène qu'à l'angoisse et aux scandales [173]. Et aucune description clinique didactique sur ce que l'on appellera déplorablement, après Freud, *problèmes sexuels* – réduisant ainsi la sexologie à *l'étude des problèmes sexuels*, définition « officielle » du dictionnaire Robert, la Bible des intellectuels français.

Pour Freud impuissance, frigidité, éjaculation prématurée, inappétence orgasmique, etc., vont tellement de soi qu'il ne perd pas de temps à préciser tous ces relents de médecine [174]. Et son discours sur la sexualité s'enfonce dans deux ornières :

La primauté du pathologique : c'est la méthode heuristique de Freud, privilégiant ainsi l'étude des (fabuleuses) névroses pour comprendre « le psychisme normal » (si l'on peut dire !). Mais le « sexe normal » n'arrive pas à se dégager des sombres mythes freudiens. Mythes les érotismes « pré »-génitaux. Mythes les composantes de masochisme et de sadisme de toute sexualité. Mythe le caractère protestataire du plaisir clitoridien. Mythe l'universalité des désirs incestueux infantiles. Mythes la nocivité de la masturbation, la perpétuelle angoisse de castration des hommes, le perpétuel regret des femmes de ne point posséder de phallus. Mythe la bisexualité de tout être humain. Mythe l'oscillation, toute la vie, entre l'objet homo- et l'objet hétéro-sexuel, etc.

Tout cela est affreusement lugubre et ne risquait pas d'émouvoir la censure. Freud avait bien suivi l'exemple de Krafft-Ebing, ne parlant de sexe qu'inquiétant, ou rebutant. Mais tout cela est faux et ne rend nullement compte de la véritable pathologie, qu'elle soit comportementale, organique ou – rarement – psychopathologique ;

La primauté du « psychique » : les organes, c'est sale, c'est laid, ça sent mauvais, et sans l'intensité de la libido l'espèce s'éteindrait, rebutée par l'usage de cette machinerie nauséabonde. Le diagnostic clinique n'a d'ailleurs que peu d'intérêt et il serait suprêmement inconvenant d'oser demander au malade d'exhiber ce sexe qui pourtant lui pose tant de « problèmes ». *Tout se passe dans la tête.*

À peine voit-on Freud incriminer la syphilis à l'origine des névroses [175] : à son époque toute pathologie « inconvenante » était attribuée à la syphilis quand elle ne l'était pas à la masturbation. À peine a-t-on le temps de lire que l'homosexualité possède un fond constitutionnel organique [176]. Pour un bon freudien, oser parler d'organicité à un impuissant ou à une dyspareunique ne peut être « qu'une imposture ». Qui fixe sur une pathologie « superficielle et mystificatrice ». Alors qu'il faut lutter, par l'analyse, contre « les complexes, les censures et les résistances » qui empêchent la libido de s'exprimer « normalement »...

173. Encore une question que je me pose : peu gratifié par sa propre vie érotique, subissant renoncement après renoncement, Freud ne s'est-il pas consolé en dressant le lugubre constat de la « psychosexualité » chez les autres ?

174. « Chez l'homme l'inhibition s'établit principalement aux points suivants : la libido se détourne au début du processus (déplaisir psychique), les conditions physiques préalables ne se réalisent pas (absence d'érection), l'acte est abrégé (éjaculation précoce) – ce qui peut aussi bien être décrit comme un symptôme positif – ou suspendu avant son terme naturel (absence d'éjaculation), l'effet psychique ne se produit pas (la sensation voluptueuse de l'orgasme n'est pas éprouvée) ». C'est le plus long tableau clinique (et bien « vaseux ») que l'on puisse trouver chez Freud : *Inhibition, symptôme et angoisse* (*Hemmung, Symptom und Angst*, 1925), trad. franç. PUF, p. 2.

175. *Trois Essais sur la théorie de la sexualité* (1905), trad. franç. Gallimard, p. 153.

176. *Sur quelques mécanismes névrotiques dans la jalousie, la paranoïa et l'homosexualité* (1922), trad. franç. in *Névrose, psychose et perversion*, PUF, p. 278.

Malheureusement la psychanalyse n'a jamais ramené l'érection des diabétiques, ni les orgasmes des excisées, n'a jamais pallié la balourdise comportementale des demeurés de l'instinct. Malgré le temps et l'argent dépensés.

On attend – et on attendra toujours – les publications de Freud, de ses épigones, de ses successeurs, de ses partisans attardés, concernant le nombre de malades qu'ils ont vus. Pour troubles de l'érection, de l'éjaculation, du réflexe orgasmique, de l'appétit érotique. Avec statistiques chiffrées. Indiquant le temps qu'il ont passé à s'occuper d'eux, et leur pourcentage de guérisons, d'améliorations, d'échecs... Tous ceux que j'ai vus sont sortis du divan lassés, exténués, aigris, sinon aggravés.

Ayant voulu accaparer l'étude et le traitement des « problèmes sexuels » le freudisme n'a fait que retarder leur palliation, leur guérison. *Alors qu'il a infligé un handicap à toutes les sciences de l'homme, c'est malheureusement en sexologie que le rattrapage a été le plus tardif.* Après que l'hypnologie, la neurobiologie, la psychiatrie, la sociologie, la paléo-anthropologie et l'éthologie... animale se soient plus ou moins facilement, plus ou moins rapidement mais *définitivement* dégagées de son emprise délétère. Parce que la science des comportements, les moyens d'exploration organique fine ne semblaient pas pouvoir s'appliquer à la pathologie sexuelle, devant l'énorme suffisance confiscatoire de la psychanalyse : le propre d'un trou noir est de capturer tout ce qui passe à sa portée, et de ne rien laisser sortir...

Il faut quand même dire que le freudisme a profité d'une indéniable paresse des médecins à s'occuper de malades, surtout les fonctionnels, que l'on ne savait pas encore « par quel bout » prendre. Il était bien commode de « refiler » ces geignards et ces insatisfaites aux virtuoses du divan. On ne saurait ainsi trop louer tous ceux qui, au XXe siècle, ont courageusement relevé le défi d'une pathologie que personne n'avait encore efficacement explorée et secourue.

Désormais, il n'y a plus que les journalistes ignares [177], les enseignants français [178], les cabotins de prétoire, les littérateurs [179] et les intellectuels sans culture scientifique pour croire aux élucubrations de la psychosexualité freudienne. Le « discours scientifique » sur le freudisme ne peut plus être qu'un réquisitoire : *la psychanalyse n'a rien découvert, et a tout retardé.*

---

177. Je crains qu'il n'en reste...

178. Tous ceux qui confondent *l'instruction* (la transmission du savoir culturel), et *l'éducation* (la formation instinctuelle-caractérielle). Confusion fatale malheureusement cautionnée par le nom même du ministère dont ils dépendent, depuis qu'il a succombé à la main-mise de la morale freudo-marxiste (nous sommes tous égaux, à bas les riches, les maîtres doivent d'abord se faire aimer de leurs élèves, etc.).

179. À tel point que le très sérieux périodique *Livres de France* met dans la même rubrique : (62) *Psychiatrie, psychanalyse et sexualité...*

CHAPITRE 8

UN ACCOUCHEMENT LABORIEUX : LA SEXOLOGIE SCIENTIFIQUE

LES AUTHENTIQUES FONDATEURS

À la lisière des XIXe et XXe siècles, au moins trois esprits éminents ont pris au sérieux l'étude scientifique des phénomènes sexuels humains : Albert Moll, Magnus Hirschfeld et Havelock Ellis. On a vu pourquoi le premier s'est éclipsé lui-même en « phagocytant » l'œuvre de Krafft-Ebing. Les deux autres méritent toute notre admiration, si leurs contemporains n'ont guère honoré leurs mérites : la psychanalyse freudienne leur avait jeté trop de poudre aux yeux.

LE PREMIER SEXOLOGUE STATISTICIEN

Magnus Hirschfeld (1868-1935, *figure 131*) avait commencé une carrière classique de médecin généraliste à Magdeburg puis dans la banlieue de Berlin (Charlottenburg). Ses ambitions étaient autres, et plus vastes, et après quelques voyages d'études (Londres, Paris), il se consacra à la sexologie *comme science authentique et autonome*.

En 1899 il fonde la première publication sexologique mensuelle, le *Jahrbuch für sexual Zwischenstufe* – malheureusement interrompue par la guerre de 14. Y furent publiés des articles de Havelock Ellis, Alexis Forel... et même Sigmund Freud.

En 1903 il entreprend *la première étude statistique de comportement sexuel*, centrée sur l'homosexualité. Il interroge à Berlin 3 000 étudiants et 5 781 ouvriers métallurgistes. Il en déduit la diffusion de l'homosexualité dans tous les milieux sociaux, ce qui scandalise les tenants de la bonne vieille morale impériale [1]. Il est condamné à 200 marks d'amende (ou dix jours de prison !). Voilà où mène le courage scientifique – alors que les fumisteries de Freud avaient tellement impressionné les très moralistes autorités militaires autrichiennes qu'on pensa lui confier, ainsi qu'à ce « fou » de Ferenczi, le traitement des « névroses de guerre » (heureusement au moment où le conflit finissait).

En 1916 Magnus Hirschfeld fait paraître le premier volume du premier ouvrage à s'intituler *Pathologie sexuelle*. Il y conclut, comme nous devons le faire, à l'innéité de l'homosexualité – et des autres troubles du comportement sexuel. Il reprend sa théorie, en plein délire « psychodynamique », dans son livre *Die Homosexualität des Mannes und des Weibes* de 1920. Le caractère irréductible de cette pathologie lui inspire une attitude humaniste, pour faire *dépénaliser* tout comportement sexuel sans nuisance intraspécifique [2].

En 1918 il fonde à Berlin le premier *Institut de recherche sexologique (Institut für Sexualforschung)*. Il parvient à le faire reconnaître d'utilité publique par le gouvernement prussien. Il y réunit documents et dossiers de toute sorte, dont 20 000 livres.

---

1. Malgré la longue tradition d'homosexualité dans le corps des officiers prussiens.
2. En 1895 Oscar Wilde avait été condamné à deux ans de travaux forcés, pour séduction homosexuelle d'un fils de marquis.

Figure 131
Magnus Hirschfeld

Comme pour tous les sexologues conséquents son but demeure, grâce à la connaissance scientifique, de réconcilier la morale, publique et privée, et l'exercice épanouissant de la « sexualité », dans tous les sens du terme, érotiques et procréateurs. À l'opposé de l'impasse conceptuelle du *Malaise dans la civilisation* de Freud. C'est ainsi qu'il organise à Berlin, en 1921, un premier *Congrès international de Réforme sexuelle*, avant ceux de Londres (1929), Vienne (1930), Brno (1932). Une *Ligne mondiale de la Réforme sexuelle* est créée, avec Havelock Ellis et Alexis Forel.

On ne peut qu'admirer la façon dont cet esprit éclairé et courageux avait admis ce qui, évidence pour nous, semblait impensable pour les morales « en cours » de son temps, qu'elles soient religieuse, médicale, mais aussi freudienne :

- le caractère inoffensif du comportement sexuel majoritaire, sans qu'il soit besoin systématique de le réprimer, le refouler, etc. ;
- l'action perturbatrice, pour les gens normaux, des règlements sociaux et/ou religieux infériorisant la femme, interdisant le divorce, la contraception, l'information sexuelle, etc. C'est ainsi que l'on crée une grande partie des empêtrements sexuels fonctionnels d'origine externe ;
- la non-contagiosité de l'homosexualité entre adultes.

Il avait, pour sa Ligue de réforme sexuelle, établi un remarquable programme en 12 points, « charte du libéralisme » des mœurs sexuelles :

1) Instauration de l'égalité politique, juridique, sociale, etc., des deux sexes.

2) Juridiction laïque du mariage, du divorce, extirpés de l'emprise religieuse.

3) Contrôle des naissances par la contraception, éventuellement la stérilisation.

4) Réforme de la législation sur l'avortement.

5) Information sexuelle scientifique des jeunes et des adultes.

6) Préservation de l'espèce humaine. Enseignement de l'eugénisme.

7) Protection de la mère célibataire et des enfants dits illégitimes.

8) Attitude nuancée envers les troubles du comportement sexuel.

9) Prévention de la prostitution et des maladies sexuellement transmissibles.

10) Considérer les troubles sexuels comme *pathologiques* avant d'être criminels, vicieux, peccamineux.

11) Répression des seuls actes sexuels lésant autrui. Entre adultes consentants, tous actes sexuels ne sont qu'affaire privée.

12) Diffusion de la prophylaxie et du traitement des maladies vénériennes.

Ce programme de 1932 *nous l'avons vu, à peu de choses près, se réaliser sous nos yeux*. Parce qu'il définissait le cadre législatif humaniste au sein duquel chacun (chacune) peut mener sa fonction érotique et sa fonction reproductrice *sous sa propre responsabilité*.

C'est dans ce cadre que nous vivons *hic et nunc*, à la fin du XXe siècle, en France et dans les démocraties laïques occidentales. Trop souvent en pensant qu'il va de soi. Alors qu'il résulte de bien des luttes du libéralisme contre les totalitarismes religieux ou politiques. Et en oubliant trop souvent les vaillants pionniers, Magnus Hirschfeld en tête, qui contribuèrent à l'établir – quand Freud, perdu dans les fumées [3] de son cabinet n'a jamais levé le petit doigt pour faire entreprendre la moindre réforme officielle, légale, facilitant la vie érotique de ses contemporains.

Magnus Hirschfeld, cet homme génial actif et courageux est mort en 1935, avant d'avoir vu la mise en route de son programme salutaire. Il fut au contraire victime de la barbarie hitlérienne naissante.

En 1933 des étudiants nazis envahirent son Institut de Sexologie. Ils le saccagèrent et détruisirent le matériel qu'il contenait. Très classique autodafé d'époque, pour supprimer la science « décadente ». Le nazisme n'avait pas besoin de sexologie [4]... Outre Freud dont il fallut payer la rançon, les persécutions antisémites du nazisme firent ainsi s'enfuir deux figures sexologiques : Stekel qui se suicida à Londres et Gräfenberg qui au contraire travailla utilement à New York.

Et pourtant la sexualité nazie était des plus malsaines, typiquement ambivalente. Côté face, c'était le bon chancelier Adolf rendant visite aux familles nombreuses et méritantes, en touchante tenue folklorique. C'était aussi la persécution des homosexuels, après le massacre des S.A. Côté pile c'étaient de petites partouzes organisées dans l'entourage du pouvoir. Ces « fêtes intimes » étaient filmées secrètement par le *Sicherheitsdienst* pour compromettre leurs participants au cas où..., tandis que des brutes SS fécondaient, dans de véritables haras humains pour permissionnaires, les grandes captives blondes d'Europe de l'Est et du Nord [5]. C'était aussi la stérilisation, dans les camps de concentration [6], de mâles « non aryens ». Un « eugénisme » que Magnus Hirschfeld n'avait pas prévu...

LE PREMIER THÉORICIEN DE LA SEXUALITÉ HUMAINE

Havelock Ellis (1859-1939, *figure 132*) fut lui aussi détesté, vilipendé, interdit. En Angleterre et dans sa bonne vieille Australie natale. Si bien que ses livres furent édités aux USA, d'abord à Philadelphie. On a peine à croire aux dates d'impression.

C'est en 1899 que paraît le premier volume de ses *Études*, rédigé en 1895. La première traduction française, par le courageux Van Gennep, chez le courageux Mercure de France, est de 1908. Alors que les premières – et ô combien toxiques fariboles pseudosexologiques de Freud, les *Trois Essais sur la théorie de la sexualité*, datent de 1905. Tout contribue d'ailleurs à faire de Havelock Ellis un anti-Freud [7]. À commencer par sa méthodologie.

Dès la préface du premier volume, rejetant la notion freudienne (pas encore formulée d'ailleurs) de la valeur heuristique privilégiée du pathologique, Havelock Ellis déclare tout simplement : *les faits anormaux apportent peu de lumière* [8]. Puis il écrira un jour *la psychanalyse des rêves conduit souvent à des impasses* [9]... sacrilège ! Il est lassé, lui aussi, de deux exclusivités. Celle du clergé : *je prétends que les question sexuelles ne sont pas du ressort des seuls théologiens, et je nie, bien mieux, qu'ils y soient compétents* [10]. Et celle, envahissante, des criminologistes et moralisateurs : « on possède bien assez de descriptions de perversions sexuelles brutales fournies par l'asile ou le bordel » [11].

---

3. De cigare ? intellectuelles ? les deux !
4. Comme les autres totalitarismes de droite comme de gauche.
5. Cf. Marc Hillel, *Au nom de la race*, *op. cit.*
6. Pardon : de chouchoutage ! disent les paranos négationnistes.
7. L'éditeur parisien Tchou ne se rendait pas compte du pataquès qu'il commettait, lorsqu'il demanda à un freudien recuit, A. Hesnard, de réviser son *reprint* (relié, s'il vous plaît !) de 1965.
8. *Études de psychologie sexuelle*, I, p. 6.
9. *Les rêves érotiques*, conclusion.
10. *Études de psychologie sexuelle*, I, p. 8.
11. *Ibidem*, p. 12.

Figure 132
Havelock Ellis

Havelock Ellis se pose d'abord en observateur impartial : « je me suis mis à la poursuite des faits et, les ayant atteints, j'ai tâché de les considérer avec simplicité et sincérité » [12] – on sait que Freud commençait par sécréter ses fumeuses théories, puis repoussait les contradictions que la biologie, ou les anthropologues lui objectaient. Havelock Ellis s'intéresse majoritairement *aux faits sexuels normaux*, précisément les plus difficiles à observer en société pudibonde : *c'est là que notre ignorance est la plus grande* [13]. Ce qui lui fait publier de passionnantes et véridiques *histoires de développement sexuel.* Tandis que Freud n'a rédigé que de fort rares « analyses », tout enfarinées de ses billevesées, papier parfois noirci sans même avoir jamais vu le malade.

Savant, universitaire consciencieux, Havelock Ellis publie enfin *des exposés raisonnés*, didactiques, avec table des matières, dans des ouvrages au cadre conceptuel bien délimité, bourrés de références bibliographiques – Freud ne publiait que des livres au contenu bien diffluent très souvent faits, pour nous autres français, de recueils d'articles disparates, et sans autres références après 1900, qu'à des farfelus du type Robertson Smith (l'homme de l'« homme primitif ») ou Karl Abel (l'homme des mots contraires-équivalents) sans oublier le brave Monsieur Le Bon, pillé pour sa « psychologie des foules ».

L'objet des travaux de Havelock Ellis c'est *la biologie sexuelle humaine*, physiologie et comportement – il dit « psychologie », « développement », bien que l'éthologie ait déjà été « inventée ». Mais elle semblait encore, à son époque, ne convenir qu'aux animaux « incultes ». Car Havelock Ellis n'ignore rien de ce que l'on pouvait trouver, de son temps, comme information concernant le retentissement culturel de la sexualité, qu'il s'agisse des antiques, des européens contemporains ou, comme on disait alors, des sauvages – voire demi-sauvages.

En vingt ans il aura écrit quatorze volumes. Les Français n'eurent la traduction complète qu'en 1933. Mais sans que l'éditeur subisse ces tracasseries, procès, interdictions dont Havelock Ellis pâtit en pays anglophone. C'est peut-être à cause de ce manque de scandale que les lecteurs français n'en firent pas un succès de librairie. Et pourtant !

*
* *

De façon admirable Havelock Ellis, dans ses cinq premiers volumes, parus en dix ans, fait le tour des manifestations objectives de la fonction érotique et du comportement sexuel des humains. C'est presque une *description princeps*, après des siècles d'exposés parcellaires, partiaux, moralisateurs. Ce *corpus* initial des publications d'Havelock Ellis vaut aussi bien par le souci de complétude du contenant que par les considérations enfin correctes fournissant le « contenu ».

Bien sûr il y a encore là des descriptions de comportements pathologiques. Havelock Ellis ne pouvait y échapper, à cette époque devenant laïque où l'homosexualité osait braver de façon voyante le carcan de clandestinité, et de criminalité, dans lequel la morale chrétienne l'avait enfermée. L'affaire Oscar Wilde, qui fit purger deux ans de travaux forcés à une gloire littéraire internationale, avait beaucoup ému les esprits libéraux. Mais au rebours du salmigondis freudien Havelock Ellis ne confond jamais le pathologique et le normal, fait majoritaire englobant l'exposé.

12. p. 8.
13. Tome III, p. VII.

Le premier volume étudie *la Pudeur, la Périodicité sexuelle et l'Auto-érotisme*. Au seuil d'un exposé de cette importance, il était judicieux de se pencher en premier lieu sur le *quant-à-soi* humain qui a toujours empêché, en dehors même de tout *a priori* moralisateur, que l'on observe les amours des bipèdes comme l'accouplement des animaux domestiques. Cet obstacle à la connaissance scientifique – toujours utile – ne sera d'ailleurs levé qu'avec les astuces techniques de Masters et Johnson.

La périodicité sexuelle était un sujet fort préoccupant pour les esprits scientifiques de l'époque. Surtout depuis les publications de Wilhelm Fliess (1858-1928). On retrouvera cet ORL fumeux, qui avait entretenu quinze ans de « commerce intellectuel » avec Freud. Non content de délirer sur les rapports entre les voies nasales et la sphère génitale des femmes, il s'était lancé dans une philosophie des nombres des plus extravagantes, qui avait berluré le Viennois... Lui comme les autres sont d'ailleurs passés à côté du rôle exact des hormones hypothalamo-hypophysaires, comme ovariennes, dans la régulation du cycle menstruel – aux répercussions érotiques faibles. Par contre, pressentant la chronobiologie, Havelock Ellis note justement le rôle des saisons sur les fonctions érotique et reproductrice des humains, favorisées par l'ensoleillement, le printemps et l'automne.

L'auto-érotisme apparaît sous la plume de Havelock Ellis avec le nom qui lui restera désormais. Dépassant l'étude fuligineuse de la masturbation, Ellis étend le phénomène jusqu'aux orgasmes spontanés du sommeil, ce qui dépasse un peu le sujet. Par contre ce bienfaiteur de l'humanité ruine la diabolisation du procédé, cheval de bataille des Tissot, Garnier, Freud, etc. Il commence par demander que l'on n'abandonne pas le sujet *à des moralistes aveugles* [14]. Et le premier depuis John Hunter il ose déclarer « rien jusqu'ici ne prouve que la masturbation puisse à elle seule, sur un individu sain et normal, amener d'autres résultats mauvais que de légers troubles fonctionnels, et ceci seulement en cas d'excès » [15]. Comme ce fameux « excès » est difficile à délimiter il faut conclure à ce que nous avons admis définitivement : l'auto-érotisme prive fâcheusement du (de la) partenaire et de la gymnastique coïtale, mais il n'a jamais rendu personne malade.

En souriant un peu, Havelock Ellis évoque même la théorie favorite du brave Brown-Sequard à la fin de sa vie : l'excitation de la physiologie érotique sans orgasme est un adjuvant au travail intellectuel [16]. C'est ce que le père français de l'endocrinologie appelait – sans propagande taoïste – « bander l'arc sans décocher la flèche »... procédé stimulant moins dangereux que coca ou amphétamines...

Le deuxième volume est excellemment titré *l'Inversion sexuelle*. Le terme évite le balancement hétéro- homosexualité qui laisse toujours croire que l'un vaut l'autre, surtout depuis les fariboles freudiennes sur la bisexualité de tout un chacun. Inverti(e)s sont ceux (celles) qui inversent l'antagonisme entre partenaire et rival sexuel, inversent la valeur érotiquement stimulante ou repoussante des indices sensoriels masculins ou féminins.

Pourquoi Ellis traite-t-il de cette déviation d'objet dès le deuxième volet de son étude ? Je pense comme *examen de passage*. Pour prouver son sérieux en ces temps où masturbation, déviations, perversions, paraissaient être *le principal sinon le seul sujet des études sexologiques*. Il ne tient là, d'ailleurs, que propos sensés.

Il démonte l'épouvantail « pervers polymorphe » que Freud avait fait de chaque enfant pour parler véridiquement de sexualité infantile indifférenciée – il dit « moins spécialisée » [17]. Dommage que Kinsey ne l'ait pas écouté ! Il passe en revue sauvages et civilisés pour constater que l'inversion est connue partout. Il tient enfin, à juste titre, *l'élément congénital comme le plus important* [18]. Ce n'est pas une dégénérescence, comme on le professait encore, mais une malfaçon au sein de laquelle il distingue, comme nous, indécis influençables et invertis stables, dont l'orientation homosexuelle se fera quoi qu'il arrive, demeurant ensuite définitivement incrustée.

Il faut attendre le troisième volume pour voir traiter *l'Impulsion sexuelle*. Ce n'est pas le meilleur. Havelock Ellis, toujours modeste, se félicite de ce que plusieurs auteurs scientifiques, en particulier allemands, pensent comme lui. Et il les suit. Il se laisse ainsi influencer par Freud

---

14. p. 231.
15. p. 335.
16. Ce n'est pas du freudisme, puisque la « sublimation » intellectuelle remplace les manifestations physiologiques inhibées.
17. p. 70.
18. pp. 281-283.

pour patauger dans les impulsions sadiques et masochistes. Et il adhère aux conceptions limitatives de Moll.

Après avoir judicieusement récusé « l'instinct de reproduction » cher aux Paré et aux Mauriceau, il n'aperçoit toujours que deux grandes motivations sexuelles, l'instinct de « tumescence » et l'instinct de « contrectation ». Il leur trouve même un lien organique : la *cour* (courtisation) suffirait à provoquer les modifications physiologiques de ce que nous appelons plus volontiers *intumescence* que tumescence.

C'est aller un peu vite en besogne. Ellis télescope tous les comportements préliminaires précédant la première étreinte et qui peuvent, dans notre espèce, durer plusieurs jours, plusieurs semaines... plusieurs mois. Et nous avons admis qu'il y a d'autres ressorts à l'impulsion sexuelle : j'en ai théorisé cinq, tenant compte du besoin d'accomplir l'accouplement avec un(e) partenaire intraspécifique, du besoin de pouvoir érotique sur ce partenaire, et du besoin affectif colorant la quête « amoureuse », au moins des adultes *(figure 133)*. Un freudien ne pourrait qu'approuver une telle fusion des « pulsions partielles »... bien qu'il ne s'agisse pas exactement de celles décrites par Freud.

Par contre ce volume inaugure la publication de ces authentiques histoires de sexe qui sont les premières du genre, après les prétendues « confessions » de la littérature libertine. Havelock Ellis les fait précéder d'une étude sur l'instinct sexuel chez les « demi-civilisés ». Il constate ce que nous ne savons que trop, malgré les fables tiers-mondistes : les exotiques sont englués dans leur système tribal répressif, mutilateur, et sans les fêtes sexuelles d'obligation leur faible instinct de mal nourris n'aurait que peu d'occasions de se manifester.

Le quatrième volume est excellent. Il fait date car pour la première fois dans la science sexologique occidentale [19] Havelock Ellis traite de *la Sélection sexuelle chez l'homme* selon le point de

Figure 133

Les principales motivations sexuelles. Extrait de G. Zwang, Pathologie sexuelle

ASSOUVISSEMENT DES PRINCIPALES MOTIVATIONS SEXUELLES					
Cadre comportemental	*Appétit orgasmique*	*Instinct d'accouplement*	*Désir de l'autre intraspécifique*	*Pouvoir érotique*	*Affectivité amoureuse*
Autoérotisme	Assouvi	Inassouvi	Inassouvi	Inassouvi	Inassouvie
Lien sexuel convenu ou vénal	Assouvi pour l'homme Assouvi ou non pour la femme	Assouvi	Assouvi	Plus ou moins assouvi en fonction du (de la) partenaire	Rarement assouvie
Liaison érotique de courte durée (quelques jours ou semaines)	Assouvi plus facilement pour l'homme que pour la femme	Assouvi	Assouvi	Assouvi pour la femme Plus ou moins assouvi pour l'homme	Assouvie de façon précaire
Liaison érotique de durée moyenne (quelques mois ou années)	Assouvi	Assouvi	Assouvi	Assouvi le plus souvent	Assouvie en tous risques et périls
Liaison érotique de longue durée	Assouvi	Assouvi	Assouvi	Assouvi	Assouvie le temps que dure l'amour réciproque

19. La seule, évidemment...

vue correct. Celui d'un biologiste des comportements observant *pourquoi et comment* l'accouplement des partenaires sexuels humains – laissés libres d'agir – s'effectue entre congénères précis, choisis au départ *pour leurs qualités corporelles*.

Bien sûr le cours d'éthologie humaine est encore parfois imprécis. Il commence par le toucher, télescopant deux phénomènes distincts, le sens érotique, avec son corollaire spectaculaire, l'orgasme, et le rôle des contacts cutanés dans l'approche appropriative du (de la) partenaire. Il déroule aussi à l'envers le film de la séduction-provocation, terminant par la vision qui demeure le premier sens mis en jeu par le *sex-appeal*. Dénué de toute vergogne tiers-mondiste, Ellis tient là pour indubitable le canon visuel portant les femmes blanches au pinacle de la beauté, suprématie universellement reconnue même des sauvages et des nègres [20]...

Ceci dit, le volume fourmille d'observations justes. Havelock Ellis replace « miraculeusement » cunnilinctus et fellation dans les processus comportementaux *normaux* conduisant à l'étreinte [21]. Il était temps, après tant d'inepties moralisatrices dégoisées sur le phénomène des « applications bucco-génitales ». Il reconnaît le rôle érogène des mamelons, si négligé de ses prédécesseurs, qui ne voyaient dans l'orgasme de la tétée qu'une coupable manifestation d'onanisme ! Il constate la nécessité d'une certaine *disponibilité érotique* pour ne pas trouver inconvenantes les odeurs sexuelles – qui n'ont évidemment rien à faire dans la vie courante [22]. Il adhère justement aux thèses qui expliquent tout naturellement le peu de goût des humains pour l'inceste par *l'empreinte de la nichée* [23] – sans toutes les œdiperies de Freud.

Il faut admirer combien Havelock Ellis, *novateur scientifique*, est indissociable de l'homme *novateur moral*. Comme le sont toujours quelque peu les grands esprits scientifiques. À son époque l'anticléricalisme n'était pas, comme en notre fin de siècle infestée de vaticanisme hypocrite, une inconvenance. Il déplore la crasse du mysticisme chrétien, le culte chrétien de la saleté corporelle, « cotte de mailles contre la luxure », et constate amèrement *l'Église a tué le bain* [24]. On imagine aussi ma joie lorsque, helléniste fervent consterné par la censure vulvaire des statues grecques j'ai enfin lu sous sa plume que les monts de Vénus glabres ne correspondaient plus à notre idée de la beauté, ni même de la vie quotidienne [25].

Et ici on se rend compte combien le discours de Havelock Ellis, traitant sans fard, en sexologue scientifique, des véritables ressorts de nos désirs charnels, choquait ses contemporains. *C'était un alcool trop fort*. Avec ses propos misogynes conventionnels, avec son fatras de lugubre psychopathologie environnant la sexualité, Freud « passait mieux » qu'Havelock Ellis. Ce « cochon » osait écrire, entre autres horreurs, que des hommes très cultivés aimaient l'odeur de femme [26] et qu'il était plus correct, *plus convenable*, de portraiturer les femelles de l'espèce au naturel avec leur sexe velu...

Le cinquième volume allie le bon et le mauvais. Confronté – se sentant confronté – à la pathologie du comportement sexuel, Havelock Ellis n'a pas eu les « biscuits » éthologiques suffisants pour partir en campagne théorisante. Il a bien perçu que le pathologique résidait dans le remplacement d'une séquence comportementale normale par une séquence parasitaire, dans le remplacement d'un objet par un autre. Mais il fait de ces *ersatz* des symboles qui pourraient s'intégrer dans une conception nosologique globale du *symbolisme érotique*. D'où une description nosographique très confuse et inopérante. On s'amusera de voir la place que tient dès ici l'« urolagnie », l'attrait érotisé pour la miction. Ellis ne manque pas de citer des références historiques, sociologiques et même littéraires, de Goethe [27] à Henri de Régnier [28] pour légitimer cette dilection – très exactement celle des hommes qui regardent pisser les femmes.

---

20. p. 293. Point de vue que ne semblent plus partager les publicitaires de la fin du XXe siècle, inondant les réclames occidentales de beautés noires !

21. p. 42.

22. pp. 142-143.

23. Il cite entre autres un certain marquis de Brisay : *deux oiseaux du même nid s'accouplement rarement*, p. 336.

24. p. 58 ; évidemment le bain tiède.

25. p. 263. Mes commentaires sur cette déplorable censure, d'abord parus dans le supplément du *Dictionnaire de sexologie*, avaient ravi André Breton. On imagine ma fierté.

26. p. 141. Freud, lui, fronce les sourcils et les narines : « il existe, même en Europe, des peuples qui apprécient hautement la forte odeur des organes génitaux à titre d'excitant sexuel, et ne veulent pas y renoncer »... pouah ! *Malaise dans la civilisation*, trad. franç. PUF, p. 59.

27. *Les Années de formation de Wilhelm Meister*.

28. *Les Rencontres de Monsieur de Bréot*.

Il précise bien qu'il s'agit d'un symbolisme *d'acte* (l'évacuation physiologique) et non *d'objet* (le pissat) : ce n'est pas une perversion dégoûtante !

Le Mécanisme de la détumescence constitue, par contre et par bien des côtés, un exposé scientifique princeps. Il reprend de façon *anthropologique* l'étude anatomique et physiologique des organes génitaux externes masculins et féminins. Il ne manque pas, au passage, de rappeler combien la pilosité sexuelle féminine est un attribut spécifiquement *humain*, inconnu des animaux [29]. Citant un certain Adler [30], qui me paraît un biologiste de génie, il explique enfin très bien pourquoi le clitoris humain, devenu organe antérieur, n'est plus stimulé par le coït dans notre espèce, et doit être excité « à part », même chez les adultes [31]. Bien avant Gräfenberg, il cite aussi la curiosité physiologique de la pseudo-éjaculation féminine [32].

L'ensemble donne un tableau de ce que Masters et Johnson appelleront *the sexual response*, avec ses manifestations locales et générales. Biologie organique de connaissance impérieuse pour qui veut se mêler de sexualité normale et pathologique, et qui manque fâcheusement aux philosophades psychanalytiques...

*
* *

Les autres volumes n'ont pas la force novatrice explosive des cinq premiers, jetant les assises de toute la science sexologique. Mais ils conservent un grand intérêt.

L'Éducation sexuelle (tome VII) manifeste le souci éthique de tout esprit sexologique sérieux. Il prouve une fois de plus que plus on connaît la biologie sexuelle humaine, moins on redoute le déferlement de la dépravation si la censure religieuse et/ou sociale se relâchait. On y lit un vibrant plaidoyer pour la pratique de la gymnastique par les femmes et pour la nudité en atmosphère érotiquement « démobilisée ». Havelock Ellis souhaitait que les enfants puissent feuilleter sur les genoux de leur mère des images montrant le corps nu d'hommes et de femmes adultes... il y a belle lurette qu'en Occident les revues coquines sont accessibles aux enfants, et qu'ils les feuillettent moins que leurs bandes dessinées...

Les rêves érotiques font un essai au titre quelque peu inexact. Puisque justement Ellis prouve sans difficulté, comme nous le savons désormais, qu'il est stupide d'adhérer aux conceptions freudiennes de la *Traumdeutung*. Même si le Viennois avait sournoisement prétendu, un quart de siècle après la publication de sa « clé des songes », que les rêves n'étaient pas *tous* l'accomplissement d'un désir sexuel infantile refoulé... Ellis publie une série de rêves dont la plupart ont été notés par une bénévole dans une période de solitude conjugale. Cette femme normale de trente ans éprouve normalement le désir sexuel et dans ce temps de chasteté forcée (le mari est militaire dans une lointaine mission, le couple commençait à battre de l'aile) elle utilise le remède classique de la masturbation. Elle a même parfois des rêves orgasmiques. Non moins normalement elle a envie de faire pipi au petit matin, et se lève pour satisfaire ses besoins naturels.

Tout ceci est d'une parfaite banalité, et prouve de façon démonstrative qu'il n'y a rien d'« exceptionnel » à attendre de l'étude des rêves. Sinon qu'il faut renoncer à l'« interprétation sectaire par une seule explication », et que toutes les motivations de notre être instinctuel-biologique sont passées en revue par la reprogrammation nocturne. Car Ellis a pu noter des rêves de vol, des rêves vésicaux (ô joie !), des rêves alimentaires, des rêves de voyage, etc., tous aussi banaux les uns que les autres. Oserai-je faire la comparaison ? Un proverbe yiddish prétend que le pet n'a d'odeur suave que pour un seul personnage : celui qui l'a émis... De même le rêve le plus tumultueux n'a d'intérêt que pour un seul spectateur : son scénariste.

L'étude permet à Ellis de nous faire connaître le nom d'un hypnologue (?) qu'il semble fort estimer, et dont il déplore l'occultation par le freudisme. Ce Mourey Vold avait publié en 1912 un gros *Uber den Traum*, sans la moindre référence à Freud, et dont on n'entendra plus parler... Mais combien de Français connaissent-ils le nom de leur compatriote Michel Jouvet, qui a génialement déchiffré le mécanisme reprogrammateur du sommeil paradoxal ? Outre les volte-face de Freud, Ellis profite de l'occasion des rêves pour égratigner les conceptions « amniotiques » de ce fou de Ferenczi : *avant d'admettre de telles fantaisies dans la science, il faut attendre des preuves...*

L'Art de l'amour et la science de la procréation (tome XII) n'est pas exclusivement un cours

29. p. 192.
30. O. Adler, *Die mangelhafte Geschlechtsempfindung des Weibes*, 1904.
31. p. 199.
32. p. 217. Avait-il lu la Schroeder-Devrient ?

d'érotologie appliquée. Cependant Havelock Ellis s'y fait l'apôtre de la satisfaction sexuelle féminine, commentant favorablement la pratique du coït réservé par la communauté sexuelle d'Oneïda [33]. Il fait aussi un excellent cours d'éthologie coïtale, pensant comme nous l'avons admis que *c'est la « femelle humaine »* qui a induit et imposé l'accouplement face à face [34]. Il parle enfin d'eugénisme, souci fort louable même s'il révulse d'horreur les idéologues égalitaristes de la fin du XXe siècle – ceux qui trouvent de nombreux avantages évolutifs aux tares génétiques...

L'Ondinisme, enfin (tome XIV), reprend à nouveau le thème cher à Ellis de la miction « érotisée ». Il ne manque pas de rappeler sa « célèbre » publication de 1902, première étude sérieuse et méthodique d'urodynamique [35]. Puis il émet un nouveau dithyrambe en faveur de la vessie, « miroir de l'âme » [36] et fait part de ses travaux. Dont une série d'expérimentations avec une dame bien constituée urinant les nymphes écartées (celle qui avait noté ses rêves ?)...

Il se peut que Havelock Ellis ait été un « urolagniste » fasciné par la miction et le jaillissement de l'« eau sacrée ». Son innocente passion n'a guère défrayé la chronique. Les freudiens, ses ennemis, ont donc été mal venus de la lui reprocher pour le diminuer, eux qui vénèrent la libido extra-génitale, et n'ont pas récusé les écrits délirants de Groddeck : ce fin paranoïaque admis par Freud dans la « petite famille » préconisait, pour « se libérer de tout complexe », l'émission urinaire, voire fécale dans la baignoire [37]... À tout prendre, je préfère le pipi de Havelock Ellis au caca de Groddeck !

*
*   *

À tout seigneur, tout honneur. Avec le recul du temps, Havelock Ellis se montre bien le fondateur d'une *anthropologie sexuelle*, base de toute étude scientifique de la sexualité humaine. Qu'il ait passé pour un auteur pornographique, malsain, voire un « obsédé sexuel », alors que Freud et ses acolytes confisquaient l'étude « distinguée » de la sexualité, tient évidemment à la pureté du miroir qu'il mettait sous les yeux de ses contemporains. Il ne fallait pas dire « le roi est nu », il ne fallait pas révéler « à cru » des appétits et comportements charnels culpabilisés que les fumées freudiennes continuaient de gazer, d'envelopper d'un « rassurant » démonisme. La psychanalyse continuait la tradition biblique, ne parlant du sexe que pour le circonvenir, pour déplorer sa nécessité en glosant interminablement sur tous les tourments qu'il provoque.

Havelock Ellis, il est vrai, ne s'est que peu penché sur les empêtrements érotiques, tout préoccupé d'établir le cadre conceptuel de la sexologie. L'étude de la normalité, encore jamais sérieusement entreprise, lui paraissait primer, à juste titre, celle de la maladie. D'où peut-être une certaine déception chez ceux qui attendaient de lui, enfin, les remèdes à l'impuissance et à la frigidité, et se rabattirent parfois – sans grand résultat hélas ! – sur les « psychologistes ».

Par contre Ellis rendait précisément à ses congénères dont les difficultés érotiques venaient de la timidité un éminent, un immense service. *Il déculpabilisait tout ce qui, dans la fonction érotique, avait été entaché de péché, de vice, de perversion, de délit, de crime, alors qu'il s'agissait de comportements normaux* : auto-érotisme, cunnilinctus, fellation, variantes posturales, nudité, représentations artistiques véridiques, contrôle des naissances, etc. Sa caution scientifique permettait ainsi de supprimer l'inquiétude de ces gens timorés, trop scrupuleux, paralysés par l'idée de mal faire. On sait que cette *déculpabilisation* est devenue un des premiers devoirs de ceux qui prennent en charge les couples dysfonctionnels. Il permettait aussi de cerner ces *critères de normalité* sans lesquels il est vain de se lancer dans le traitement de n'importe quelle maladie, fût-elle comportementale.

Au plan culturel général l'œuvre de Havelock Ellis n'est pas moins admirable. Ne serait-ce que par sa prédiction d'une société où la valorisation du corps humain, et de l'amour sous toutes ses formes, n'entraînerait pas l'effondrement moral mais au contraire offrirait à chaque homme, à chaque femme, la possibilité de s'épanouir en tout libéralisme des mœurs.

Cette civilisation humaniste pourrait être un but, pour les humains « sages », mais aussi pour les orphelins de la religion, les déçus de l'idéologies, et les blasés des partouzes mondaines.

33. p. 107.
34. p. 111.
35. *The Bladder as dynamometer*, *American Journal of dermatology*, mai 1902.
36. p. 16.
37. *Au fond de l'homme, cela*, *op. cit.*, pp. 273-274.

LES PIONNIERS DE L'ANATOMIE SEXUELLE MODERNE

L'heure de la pathologie d'organe n'avait pas encore sonné. Mais précisément pour les organes deux savants, aujourd'hui trop oubliés, avaient fait un beau travail d'anthropologie descriptive. Je leur rends hommage dans l'*Avertissement* du *Sexe de la femme*, mais il n'est jamais inutile de répéter les louanges méritées.

Félix Jayle (1866-1945) fut une très classique figure de patron hospitalier parisien *(figure 134)*. Élève de Pozzi (le Cottard de Proust !) il marqua de sa personnalité la chaire de gynécologie de l'hôpital Broca [38]. Cet excellent chirurgien se fit l'apôtre de *l'incision transversale (horizontale) sus-pubienne*, qui permet de pratiquer de nombreuses interventions gynécologiques sans laisser de marque disgracieuse, puisque la repousse des poils masque la cicatrice. À une époque où l'on balafrait encore largement et sans vergogne le ventre de belles femmes jeunes. Il faut dire que les anesthésies d'alors n'assuraient pas grand confort au chirurgien, et que la pathologie pelvienne lui fournissait bien du fil à retordre, avec ses kystes et ses fibromes aux dimensions « historiques », avec ses infections diffuses qui bloquaient les organes dans d'inextricables réseaux d'adhérences. Raison

Figure 134
Félix Jayle

38. Il avait fait orner, par des peintres réputés à l'époque, les murs des grandes salles d'hospitalisation. Lorsque l'hôpital Broca fut dépecé, un amateur américain fit détacher et rafla ces œuvres non négligeables, au moins comme témoignages.

de plus pour saluer le souci humaniste de Félix Jayle, véritable ami des femmes [39].

Avec son *Anatomie morphologique de la femme*, il se faisait le continuateur anthropologique de Ploss et Bartels. Sans le savoir car *Das Weib*, je l'ai dit, n'a jamais été traduit en français ; et la référence *l'eût horrifié*. Ce patriote s'était fait réactiver au moment de la guerre de 14, en ces temps où régnait en France un antigermanisme stupide, les nationalistes dénonçant jusqu'à l'inanité de la « science teutonne » [40]. Son livre parut en septembre 1918... sous les bombardements de la Grosse Bertha. On y trouve pour la première fois de très nombreux dessins d'anatomie vulvaire. Jayle protecteur des arts avait en effet préféré ses dessinateurs aux photographes – ils l'ont croqué à l'ouvrage *(figure 135)*. Grâce à ce livre le sexe de la femme est enfin réhabilité dans sa morphologie, dans la diversité de ses linéaments personnels, en particulier la typologie si diverse des nymphes. Par un scientifique, qui va jusqu'à en décrire le canon de référence : le sexe de la « petite ouvrière parisienne » [41] *(figure 136)*.

*

* *

Robert Latou Dickinson, quinze ans plus tard, en 1933, publie la première édition du plus somptueux ouvrage d'anatomie sexuelle jamais réalisé : *Atlas of human sex anatomy*. Ce savant gynécologue avait déjà publié (lui aussi) une

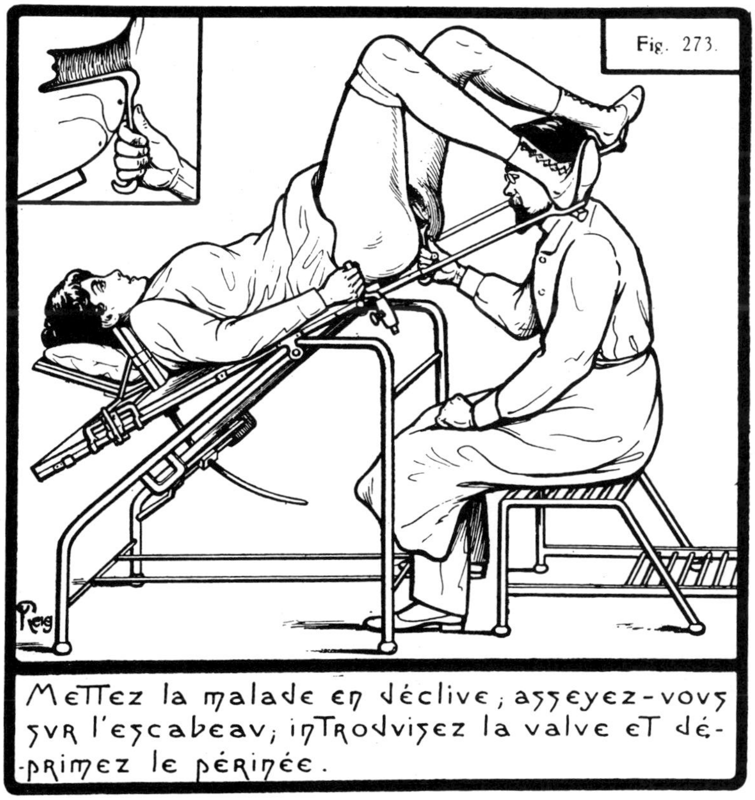

Figure 135
Félix Jayle en action

39. C'était aussi l'époque où les curetages utérins évacuant les résidus placentaires des avortements provoqués s'effectuaient volontiers sans anesthésie – surtout dans les établissements cathos – pour punir celles qui avaient assassiné leur enfant.

40. Guillaume II n'était tout de même pas Hitler ! L'art teuton, la musique allemande, celle des alliés des Puissances centrales subirent le même ostracisme. Maurice Ravel fut un des rares à défendre Wagner, Brahms, Bartok, Enesco, etc.

41. Celle des romances pleurnichardes d'époque : p. 346. Jayle s'intéresse à cinq segments. J'ai préféré un autre canon (18,9 +9,3x3), *le Sexe de la femme*, p. 249 de l'édition Harpo-Suger.

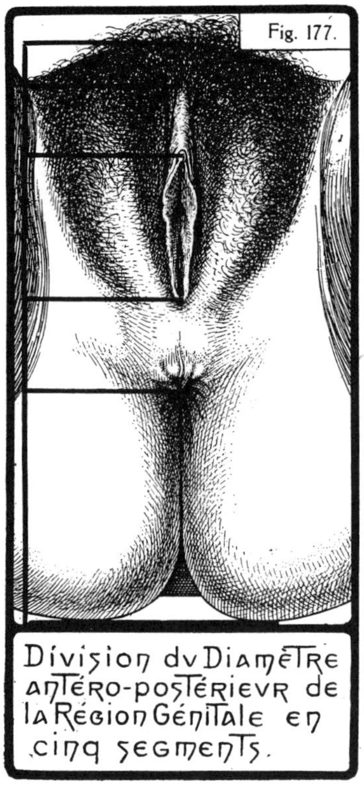

Figure 136
Le sexe de la petite ouvrière parisienne, avec ses cinq segments morphologiques

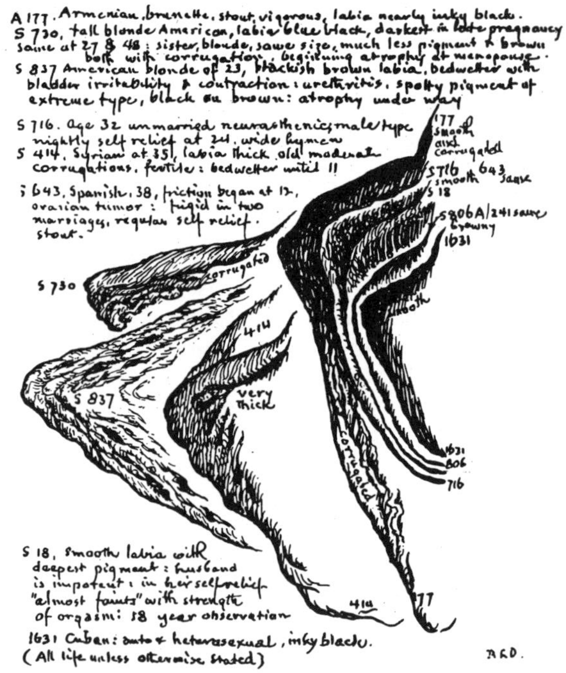

Figure 137
Dickinson. Variations morphologiques des nymphes

étude anatomique sur les nymphes, ces « divins » replis dont la femme est la seule mammifère à s'orner *(figure 137)* [42]. Grandeur nature, ses dessins et schémas des organes génitaux des deux sexes, séparés, « en action » et même en schémas fonctionnels *(figure 138)* n'ont toujours pas été égalés en précision ni en richesse anthropologique. Ils furent une précieuse référence pour Masters et Johnson... qui permirent de corriger quelques « naïvetés » *(figure 139).*

Certains des dessins ont été exécutés par le « sexologue amateur » George Legman (1917-1979, *figure 140*) qui fut bibliographe de l'institut Kinsey [43]. Je suis heureux de l'avoir connu, homme remarquable, rayonnant de culture et de joie de vivre, toujours gaillard sur ses « vieux » jours provençaux. Il me jurait que Freud baisait toutes ses clientes sur son divan, et déclarait, toujours extasié devant la féminité « notre vie à nous, c'est de regarder le con des femmes »...

Le superbe livre de Dickinson est dédié à
HAVELOCK ELLIS
Physician, Philosopher,
Pioneer and Prophet.

LES PSYCHOLOGISTES REDOUBLENT DE VIRULENCE

LE VIEUX FREUD FABULE TOUJOURS, ET MAUDIT SES ENFANTS

Freud continue donc de faire outrageusement déborder sur le XXe siècle des idées parmi les plus stupides du XIXe. Prolongeant après la guerre de 14 sa carrière de gourou et d'affabulateur théorique impénitent, il réserva encore à ses contemporains de belles élucubrations.

42. *Hypertrophies of the labia minora and their signifiance, American Gynaecologist*, septembre 1902. L'article est cité par H. Ellis, t. V, p. 204.

43. On peut lire de lui *Oragénitalisme* et *Psychanalyse de l'humour érotique*, titre imposé par l'éditeur français, d'autant plus « humoristique » que Legman détestait la psychanalyse ! Le titre original en anglais est *Rationale of the dirty joke*.

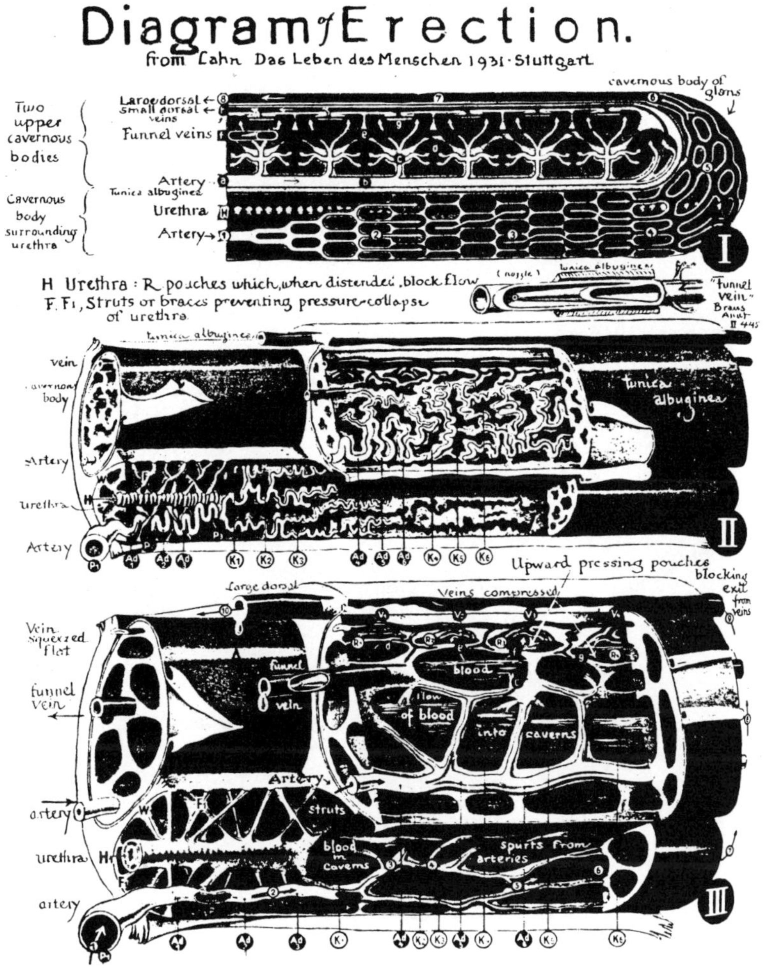

Figure 138
L'usine érectile

Le tragi-comique « instinct de mort » fit ainsi son apparition en 1920. En 1922 *La Tête de Méduse* reprend la théorie cauchemardesque de la terreur ambivalente éprouvée par tout jeune garçon devant le sexe poilu de sa mère : bien fait pour lui ! ce petit vicieux n'avait pas à lorgner sa mère toute nue [44]. En 1927 ô miracle ! *L'Avenir d'une illusion* semble fortifier le credo athée de Freud ; serait-il donc un esprit conséquent et respectable ? En 1929 *Malaise dans la civilisation* reprend le thème freudien favori : la libido est irrépressible, mais elle nous pousse aux inconvenances du coït dégradant et toujours décevant – puisque le modèle amoureux de la possession de la mère est impossible, et même justement interdit par la société, sous peine de régression dans la sauvagerie. En 1937 *Analyse terminée et analyse interminable* s'interroge sur les critères de guérison, et même sur l'utilité de cette exigence tellement terre à terre...

En 1934 avait commencé la rédaction d'un *Moïse et le monothéisme* où Freud fabule (délire !) la transmission de la foi monothéiste d'Akhnaton à Moïse [45]. On y trouve, sous la plume de ce soi-disant mécréant, un éloge du monothéisme, religion la plus haute et la plus perfectionnée... trahison ! En 1938 il entreprend un *Abrégé de psychanalyse* qu'il ne terminera jamais, pour raisons extérieures évidentes (persécutions, guerre, exil) mais dont je doute qu'il ait pu venir à bout : il s'agit d'un très typique *acte manqué*, puisque le *corpus* théorique du freudisme était définitivement pulvérisé, contradictoire, puzzle inassemblable.

---

44. Ce que le vilain petit Sigmund a sûrement fait, probablement lors du voyage d'exil de maman Amalia, peut-être coupable avec le fils du premier lit de papa-grand-papa Jakob. C'est évidemment l'origine de l'atroce « complexe de castration », à partir d'un souvenir d'enfance de Freud.

45. L'ineptie de cette hypothèse est très bien démontrée par M. Bucaille, *les Momies des pharaons*, *op. cit.*, p. 125 sq.

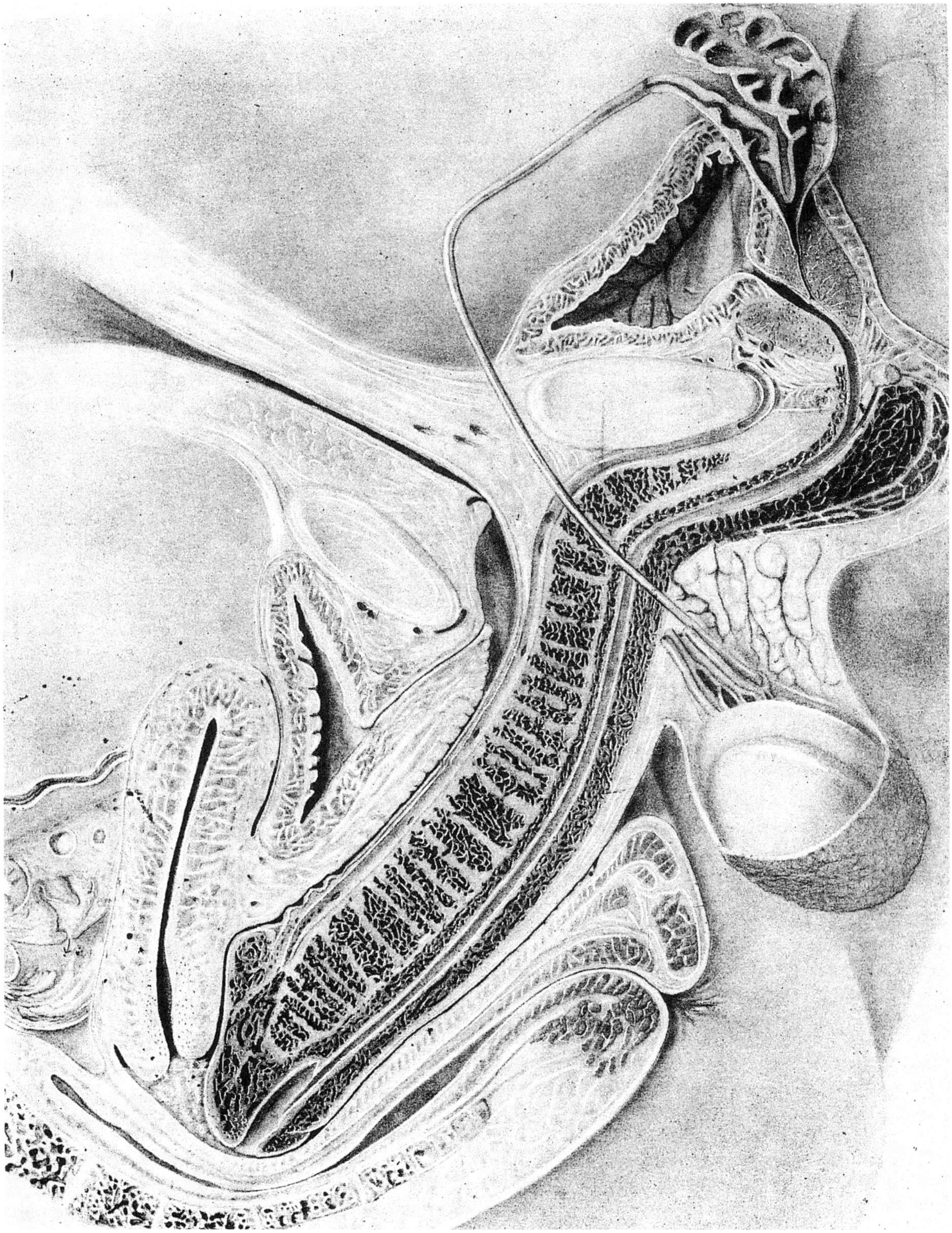

Figure 139
La parfaite adéquation. Le schéma est touchant, mais irréaliste – du moins si la femme est excitée, ce qui épanouit le fond vaginal, et fait remonter le col utérin dans le pelvis

Figure 140
George Legman, avec ses deux jeunes enfants. A gauche, G.Z. Valbonne, 1973

Plus Gribouille que jamais, Freud semble devenir bigot mosaïque après avoir scotomisé l'angoisse métaphysique et déconsidéré la religion, phénomène névrotique-obsessionnel. Il s'interroge sur la bisexualité constitutionnelle des humains après l'avoir prêchée « consciencieusement » – mais c'était pour couper l'herbe sous le pied à Weininger, mort depuis. Il ne se fie plus aux délires des poètes, après avoir exploré chez eux les arcanes de l'inconscient. Il ne croit plus aux vertus thérapeutiques « vulgaires » de la psychanalyse, ne se consacrant désormais qu'à la didactique. Il ruine enfin les espoirs des niais qui espéraient du « discours psychanalytique » la « libération sexuelle » : qui veut expliquer à un bambin de cinq ans qu'il désire tuer son père et pénétrer sa mère, qui veut lui faire ces charmantes « révélations » cinq ans plus tard ?... Freud n'avait jamais libéré qu'un flot de parlotte tout à fait inutile, et même nuisible à la véritable connaissance de l'homme – et de la femme.

*
* *

Seul père fondateur – et terminateur – de son dogme, le Viennois ne pouvait avoir ni collaborateur agissant ni postérité directe. Bien que sectateur du mythe d'Œdipe, bien que Napoléon et Moïse fussent de ses modèles, c'est l'image de Chronos qu'il donne quand il dévore ses enfants... spirituels. Il faut dire qu'avec ou sans l'*imprimatur* de papa Freud peu de chose demeure utile à la compréhension de la sexualité humaine dans les tonnes de papier noirci par les explorateurs du psychisme sexuel. Aucun n'a fait progresser la science en général ni la médecine en particulier. La plupart n'a jamais guéri personne d'une « vraie bonne impuissance ». Je ne cite que quelques noms, on pourrait presque dire pour l'anecdote – alors qu'ils occupent encore, pour bien des « psychologues », l'empyrée de la pensée universelle...

Otto Weininger (1880-1903) a fortement influencé Freud pour sa théorie de la bisexualité humaine fondamentale. Dans *Sexe et caractère* de 1903 ses thèses bisexuelles ne l'empêchèrent pas de faire un exposé d'une misogynie délirante sur le caractère féminin. Il se suicida six mois après la publication de son livre, peut-être effrayé à l'idée de passer le restant de ses jours en compagnie d'une de ces créatures femelles inférieures et trompeuses.

Georg Groddeck (1866-1934) fut quasiment agrégé par le Fondateur au groupe des fidèles. Il inspira à Freud la théorie du *ça* (*das Es*) qui vit au fond de l'homme et... à sa place. Son *Livre du ça* (*Das Buch vom Es*, 1923) [46] délire sur la sexualité en général, la sexualité féminine en particulier. C'est lui qui préconise de s'asperger de pipi [47], voire pire, pour se libérer de toutes inhibitions. Il prétend que plus le corps étranger est large, pour occuper le vagin, plus grande est la jouissance. Donc l'accouchement est le summum de la volupté, CQFD. Il interdisait aux femmes de bouger pendant l'accouplement, la passivité étant leur seul désir sexuel avouable. Il soignait dans son établissement des constipés « historiques » ayant gardé leur caca six mois et plus, ce qui est plutôt drôle, mais il prétendait aussi guérir les cancéreux par des enveloppements froids, ce qui est plutôt toxique. Ce n'était qu'une des facettes de sa médecine « psychosomatique », voyant dans le *ça* psychique l'origine de maladies des plus platement organiques, fractures y compris...

46. Titre de la traduction française, *Au fond de l'homme, cela*.
47. Sublime découverte. Qui n'a jamais pissé dans sa baignoire ? dans la mer ?

Groddeck était un authentique psychopathe, que sa paranoïa fit mourir interné. Le flambeau du « psychosomatique » fut néanmoins repris par Alexander, qui fit un temps florès en prétendant guérir aussi bien le pipi au lit que l'asthme et la recto-colite hémorragique...

Les autres périfreudiens sont des transfuges, hérétiques, schismatiques, excommuniés.

Jung (Carl Gustav, 1875-1961) fit un moment figure de dauphin bien-aimé. Hélas ! il récusa la nature sexuelle de la libido, ce qui l'exclut du cénacle après des péripéties et des bassesses qui ne l'honorent pas plus que Freud. Il ne se couvrit pas de gloire non plus en laissant son neveu, plus tard, collaborer avec les nazis pour « désenjuiver » la psychanalyse. Parti à la recherche de l'âme humaine, il pencha du côté de l'ésotérisme extra-occidental. Ses entités spirituelles quasi métaphysiques, *animus* et *anima*, ont ainsi un indéniable parfum taoïste. Sa théorie de l'*inconscient collectif* passe lamentablement à côté des bases scientifiques de la programmation comportementale, ce qui la rend inopérante. Quant aux « complexes » divers que son école de Zürich multiplia à plaisir, ils sont un bel exemple de délire conceptuel [48]. Ce qui n'empêche pas « le commun », désormais, de croire que l'on peut « attraper des complexes » comme on contracte les maladies à virus.

Sandor Ferenczi (1873-1933) croyait avoir trouvé le déterminisme de tout comportement sexuel-coïtal : retourner, grâce au canal vaginal, dans l'utérus de sa mère. Là l'homme espère retrouver la petite mer tiède de l'amnios, où il baignait fœtus, comme baignaient dans les eaux tièdes les premiers existants terrestres-maritimes. Poétique mais délirante, sa *Thalassa, Psychanalyse des origines de la vie sexuelle*, parut en 1923. Le *primum movens* de la libido féminine y apparaissait plus qu'obscur... mais une fois de plus le « discours » psychanalytique restait centré sur les porteurs de phallus. Ferenczi ne sut pas résister, par un héroïque contre-transfert, à l'amour de transfert de ses malades. Il les étreignait et les cajolait sur son cœur. Hérésie ! Freud le traita de fou, ce qui n'était que trop vrai, puisqu'il mourut lui aussi interné.

Alfred Adler (1870-1937) fut atteint par le marxisme en plus du freudisme. Si bien qu'il vit dans la névrose la conséquence non d'un refoulement sexuel, mais d'une inhibition sociale oppressive. Elle paralysait les malades atteints du terrible *complexe d'infériorité*. Définitivement exposée en 1933 dans la « célèbre » *Compensation psychique de l'état d'infériorité des organes* cette « géniale » invention d'un dissident fit florès. À tel point que ce fameux « complexe » d'infériorité est devenu *l'archétype de tous les autres* et qu'il semble pour beaucoup d'esprits légers l'explication *freudienne* de toute pathologie d'angoisse, de toute timidité, et bien sûr de toute impuissance. Alors que Freud avait excommunié Adler dès qu'il était sorti de l'orthodoxie libidinale.

Wilhelm Reich (1897-1957) adhéra lui aussi au marxisme – mais il fut exclu du P.C. Il se sépara de Freud lors de la « révision déchirante » de l'instinct de mort. Il fonda en 1928 une *Société socialiste d'information sexuelle et de sexologie*. Elle partait en guerre contre l'oppression affectivo-sociale par la famille nucléaire, seule responsable de l'Œdipe et de ses tourments. Il fallait la remplacer par de sains patronages prolétariens où les enfants ne seraient pas accablés de caresses et de baisers. Reich inaugurait ainsi le mouvement parfaitement farfelu de la *révolution sexuelle*. Le terme, qui donna son titre à un livre [49], fit florès lui aussi. Faisant fâcheusement oublier, pendant plusieurs décennies, la parfaite incompatibilité entre marxisme-léninisme et libéralisation des mœurs sexuelles...

Malade des poumons mais aussi de la tête Reich donna un bel exemple d'inconséquence en élevant sa fille « à la maison » comme les bourgeois oppressifs œdipiens. Il fit pire en s'imaginant que l'orgasme libérait des particules énergétiques, les *orgones*. Il se fit fort d'en recueillir, dans des tubes de verre disposés au-dessus de « cabinets de campagne » où des volontaires se masturbaient. Il en vendit, en potions. Ce qui émut la FDA, la terrible *Food and Drugs Administration*. Elle lui fit un procès pour commerce de médicaments illicites. Condamné et incarcéré, il mourut malheureusement « de la poitrine ».

Reich laisse quand même une contribution à la sexologie scientifique. Transfuge du freudisme, il fut un des premiers à réhabiliter *la spécificité de la gratification orgasmique* : l'orgasme ne peut être *ni sublimé ni remplacé* – sinon par une physiologie pathologique. Reich établit ainsi la notion biologique de *quantum orgasmique*, correspondant à l'appétit de chaque individu. Il avait proposé 5 000 orgasmes en 70 ans, chiffre tout à fait moyen pour la moyenne des humains normaux.

48. Du complexe d'Abel au complexe de Thyeste, on peut en consulter une belle collection dans l'édition de 1962 du *Dictionnaire de sexologie*.

49. *La Révolution sexuelle*,1945, reprenant un texte de 1930.

Wilhelm Stekel (1868-1940) fut presque un sexologue, le seul des proches. Par sa principale activité médicale. Il s'était séparé de Freud en renonçant à l'inconscient, puis à l'origine infantile des « névroses », puis à la psychanalyse de simple écoute. Il osa des premiers dresser *le constat de disparition des hystériques* modèle Charcot révisé Freud. Sa psychanalyse « active » a dû s'apparenter, dans bien des cas, aux précieux conseils de rééducation érotique – il disait *ars amandi.* Il se targue ainsi d'avoir guéri en quatre mois nombre d'impuissants et de frigides.

Sur les dix volumes qu'il a publiés, trois des principaux ont été traduits en français [50]. *La Femme frigide* de 1920 est le plus intéressant. Ne serait-ce que par son instructive préface. Il faut aussi rendre hommage à son honnêteté de clinicien, ne prenant pas de malades en charge qu'il ne les ait examinés : il récusa ainsi la pratique de l'« analyse » par des non-médecins. Il prit la peine de transcrire des dizaines d'observations. Ce sont de passionnants témoignages vécus, préservés du délire d'interprétation freudien. Il était malheureusement encore très « psychologiste », même s'il avait renoncé à la « névrose »-maladie pour la nommer – comme les bons vieux docteurs – *psychasthénie* : il en faisait toujours la principale cause d'empêtrements érotiques, c'est « la tête », c'est l'angoisse.

Malheureusement aussi sa propre angoisse fut plus forte que lui. Et il se suicida, bien qu'il ait pu parvenir à Londres pour fuir le nazisme [51]. Il succombait à la malédiction de psychopathie-suicide de tant et tant qui avaient été fascinés par la psychanalyse naissante.

LES FILLES SOUMISES

Qu'il y ait des femmes freudiennes est aussi surprenant que l'adhésion des femmes au christianisme. Pourtant, malgré sa piètre opinion de la gent féminine Freud avait encouragé sa fille Anna à s'occuper de psychanalyse d'enfants. *Sombre escroquerie*, qui fait encore florès de nos jours... Le Père fondateur eut aussi ses dévotes. Certaines, comme Lou Andréas Salomé, étaient des fofolles inoffensives. On ne peut en dire autant de deux autres, qui accaparèrent longtemps le « discours » sur la sexualité féminine.

Hélène Deutsch avait humblement accepté les caractéristiques de l'essence féminine selon Freud : *narcissisme, passivité et masochisme.* C'est-à-dire, à peu de chose près, *ce que les phallocrates avaient depuis si longtemps prétendu* : les femmes sont coquettes, paresseuses, et aiment les coups. Bien la peine de faire la « révolution psychanalytique » pour ça ! Sa *Psychologie des femmes* (1944) est évidemment à base de « psychosexualité », puisque c'est le sexe qui guide le cerveau. Sexe malheureusement double et ambivalent : Hélène Deutsch fut une des inspiratrices du racisme « anticlitoridiennes » dont Marie Bonaparte (1882-1962) se fit la zélée propagandiste.

L'arrière-petite-fille de Lucien Bonaparte *(figure 141)* apporta dans l'intimité du Maître la présence du prestigieux nom de famille. Princesse bas-bleu, elle toucha « à tout »... psychologie, anthropologie, biologie, criminologie, littérature, etc., sauf à son clitoris (du moins peut-on le penser).

Je dois lui reconnaître d'avoir, la première, utilisé le terme *fonction érotique* [52], mais pour de bien mauvais discours.

Freud avait allégrement pataugé dans la biologie sexuelle-érotique féminine... avant de la déclarer

Figure 141
Marie Bonaparte. Défense de jouer au clitoris

50. Cf. bibliographie.
51. Les péripéties de la fin de sa vie, comme son « excommunication » sont probablement la cause de l'impossibilité où je fus de trouver son portrait.
52. *Les Deux frigidités de la femme* 1933, in *Psychanalyse et biologie*, *op. cit.*, p. 16.

« continent noir ». Entre autres âneries il avait gratifié le clitoris d'une fonction « impossible » : c'était à la fois l'aiguillon de la libido phallique de la petite fille, et le prototype de l'organe inférieur, ne pouvant jamais remplacer le phallus maternel (!) que tout homme « normal » – mais aussi le fétichiste – convoite dans l'entrecuisse féminin... Au moins le Maître reconnaissait-il au clitoris des femmes adultes le droit de transmettre la chaleur érotique au vagin, comme le petit bois transmet le feu aux grosses bûches. Hélène Deutsch alla plus loin, déclarant hardiment que le clitoris, hélas !, ne servait qu'à intercepter les excitations pour les empêcher de parvenir au vagin, faisant rater le « transfert érogène » salvateur.

Marie Bonaparte fut encore plus radicale. Pour elle la femme adulte normale, creuse, passive et « vitelline », ne pouvait, ne devait jouir que du vagin. Jouir « encore » du clitoris, pour une grande personne, relevait de l'enfantillage – de l'infantilisme, c'était faire, comme disait Garnier, du « clitoridisme », forme vicieuse de frigidité qu'il fallait guérir en inactivant le clitoris [53]. Cette « excision psychique » normale de la femme adulte avait les mêmes bienheureux effets que l'excision bouchère des gamines africaines. La chère princesse tint sur le sujet des propos tout à fait odieux [54], tant sur les mutilations sexuelles exotiques, « parachevant la bisexualité native », que sur les mutilations psychiques, sociales, etc., subies par les filles européennes. Et tant pis pour les femmes adultes qui tenaient encore à leurs orgasmes clitoridiens, ces frigides, ces laides, viriloïdes, viragos activistes névrosées. Leur seule chance était de trouver un homme « alloplastique », femmelette méprisable consentant à exciter leur moignon de phallus. La chirurgie elle-même ne pouvait venir à leur secours.

Un des épisodes les plus aberrants (ambivalents !) de la carrière de Marie Bonaparte fut sa « collaboration » avec le chirurgien viennois Halban. Elle le convainquit, pour rétablir la situation quadrupède des deux zones orgasmogènes féminines, de pratiquer l'« abaissement opératoire du clitoris » : l'intervention aurait permis à l'organe rapproché de l'orifice vaginal d'être excité par la verge pendant la pénétration coïtale. Hélas ! ces femmes, au sexe défiguré (j'en ai vu une), continuaient vicieusement de réclamer le secours des attouchements digitaux...

Tout ceci est mis en forme dans un ouvrage catastrophique, *De la sexualité de la femme*, paru en 1949 – date incroyable, treize ans à peine avant les premières publications de Masters et Johnson... Ce mauvais livre occupa longtemps le créneau du sujet. Il servit à couper en deux le beau sexe, les femmes étant désormais clitoridiennes ou vaginales comme on est normale ou boiteuse, innocente ou pécheresse. D'ailleurs si « *la Belle au bois dormant* » a failli mourir, n'est-ce pas pour avoir, malgré toutes mises en garde, touché à son dangereux fuseau clitoridien ? La preuve est faite que la femme, au lieu de chercher par elle-même un plaisir oiseux, doit attendre, son vagin sagement et passivement bien caché derrière la broussaille de la forêt pubienne, l'arrivée du Prince Charmant phallique salvateur. Comme l'ovule attend le spermatozoïde. La femme est donc vitelline, attendant la fécondation, CQFD...

Le plus savoureux, dans le « cas Marie Bonaparte », est que la belle et riche altesse [55], si louangeuse des femmes passives et inertes, déploya un activité intellectualo-littéraire ininterrompue, tout en menant une vie érotico-sentimentale des plus dynamiques [56]. Comme je l'ai dit dans mes *Mal-Baisants*, elle devait avoir le clitoris dans la tête...

Inutile de dire combien la caution de ces dames analystes aux lubies misogynes antibiologiques du freudisme nuisit aux femmes en difficultés. Nuisant d'abord *aux femmes normales*, qu'elle culpabilisait lamentablement. Déjà qu'en contrée monothéiste le plaisir féminin avait eu bien de la peine à mériter droit de cité, voilà que des femmes réputées savantes avaient réussi à faire honte à celles dont le clitoris, au moins, assouvissait l'appétit orgasmique. Quelle libération ! Avec sa référence au conte de Perrault, Marie Bonaparte ne s'était pas rendu compte qu'en interdisant aux filles de jouer avec leur clitoris, en leur prédisant la mort de leur fonction érotique avec les hommes, elle jouait très précisément le rôle de la fée Carabosse !

---

53. Célia Bertin cite, parmi les notes de Marie Bonaparte, *Quelques moments de la cure d'une frigidité chez une clitoridienne*, *op. cit.*, p. 418.54. *Notes sur l'excision* (1948), parues in *Psychanalyse et biologie*.

54. *Notes sur l'excision* (1948), parues in *Psychanalyse et biologie*.

55. Son argent servit au moins à une bonne action : payer aux nazis la rançon de Freud, pour qu'il échappe aux persécutions, emportant son cher divan dans son exil londonien.

56. Elle eut une liaison tumultueuse avec Aristide Briand.

LES SÉQUELLES

Le freudisme a empoisonné l'Occident, et l'empoisonne encore à la fin du XXe siècle. Autant évoquer ici ses séquelles une dernière fois, avant de passer aux choses sérieuses de la sexologie scientifique. Un des principaux maléfices de la psychanalyse est de laisser croire aux ignorants qu'ils possèdent, avec la psychologie à la sauce freudienne, la clé de la compréhension de la condition humaine. Qu'on pouvait donc « tout » éclairer à la lumière (noire) des chandelles freudiennes, et bien sûr à la lumière du sexe (innocent !).

De même que le Diable, disent les théologiens, pousse la malice jusqu'à faire oublier son existence, la toxicité intellectuelle du freudisme fut *d'infiltrer son système dogmatique, son vocabulaire, sa méthode de la parlotte introspective dans les systèmes conceptuels même de ses adversaires les plus affichés*. Comme si la névrose, le refoulement, les traumatismes, les complexes, l'inconscient multiforme, la libido extragénitale, etc., *étaient des vérités révélées éternelles*... Il s'ensuivit des alliages fort vénéneux avec les « courants de pensée » auxquels les orphelins de la métaphysique se cramponnent pour expliquer-guider leur destin.

1. Le freudo-marxisme

Fils de Reich et de Marx, il compte sur le sexe pour « révolutionner » la société capitaliste et sur la révolution marxiste pour libérer le sexe de la morale bourgeoise. Un certain Marcuse soutint la doctrine devant la jeunesse, sans être condamné à la ciguë. C'était une totale ineptie, le marxisme ne pouvant sécréter (avant effondrement) qu'une société figée, répressive, pudibonde et rigoriste dont les « Pays de l'Est », l'URSS, l'Albanie, la Chine, ont montré le désastreux exemple.

En Occident libéral, les « révolutionnaires sexuels » ont surtout amusé la galerie. Par des communautés sexuelles abolissant la jalousie... le temps de ne plus supporter les autres, et qui firent totalement fiasco. Par des manifestations protestataires de gens tout nus, *streaking* divertissant les enfants par temps tiède. Par les gesticulations et vociférations des mouvements soixante-huitards, revanche des gosses de riches sur la nécessité de s'instruire, et sur la nécessité de séduire les femmes avant de les baiser. Il ne suffisait pas d'écrire sur les murs des facultés « nous sommes guidés par le principe de plaisir » – oubliant (mauvais élèves !), les points moins réjouissants du freudisme – pour devenir des héros de l'érection et de l'orgasme...

La génération de l'« amour copain » fut beaucoup moins fière au lit que sur les barricades. Les garçons et les filles tentant de forniquer par conviction politique expérimentèrent tous les troubles érotiques d'origine fonctionnelle... revanche du complexe de castration ! La preuve du peu d'efficacité de la méthode contestataire avait été faite par les partisans de l'« analyse sauvage », après la Guerre de 14. Ils préconisaient le passage à l'acte sexuel direct aux « névrosés et psychasthéniques », avec les déboires que l'on peut imaginer. Certains à la mémoire courte ont repris l'idée, à la fin du XXe siècle, de la « partouze thérapeutique », évidemment sans guérir les hommes et les femmes « aliénés » par l'amour conjugal.

2. Le freudo-intellectualisme

Spécialité franco-américaine de l'intellectualisme « de gauche » touchant les philosophes, sociologues, enseignants, etc. Tous ceux qui firent figure de « progressistes » alors qu'ils s'étaient lâchement [57] soumis, eux aussi, au carcan conceptuel du marxisme. Il en reste... Bien que dans une position souvent ambivalente vis-à-vis de la dogmatique freudienne, dont ils ne peuvent se dépêtrer du vocabulaire sans vouloir adhérer à tout le credo, ils succombent à un environnementalisme niais pour expliquer les misères sexuelles des humains, névroses, refoulements, « blocages », etc. Ils accusent évidemment la société occidentale hiérarchisée libérale, et vont jusqu'à récuser le « discours » scientifique avec son biologisme oppressif.

Sartre ne croyait pas à l'inconscient, mais Simone de Beauvoir *(figure 142)* ne croyait pas à la différenciation sexuelle : *on ne naît pas femme, ou le devient* ! Tout reste donc dans la tête, puisqu'il s'agit d'intellectuels philosophant méprisant les « leçons de choses » du prof d'histoire naturelle. Et le vieux refrain freudien : « le sexe guide vos idées » est devenu « vos idées viennent du sexe que la société [58] vous a mis dans la tête ». Du coup

57. Lâchement dans les deux sens du terme. Par une adhésion conformiste au populisme misérabiliste ouvriériste pleurnichard, égalitariste, hérité du christianisme. Et par l'abandon aux délices coupables de la société libérale, au lieu d'entreprendre la lutte violente pour l'instauration rapide de la frugale et vertueuse cité socialiste.

58. La société : les autres, autrement dit l'Enfer. Bel amour du peuple chez ceux qui se faisaient passer pour des marxistes égalitaristes !

Figure 142
Simone de Beauvoir. Le vagin ne jouit pas

l'apparence corporelle n'est plus qu'une vulgaire « contingence », comme disaient ces chers professeurs : *l'existence précède l'essence.* Jupiter aveugle ceux qu'il veut perdre...

Il est difficile, à la lecture naïve du *Deuxième sexe*, de savoir si l'intellectuelle était vraiment contente de posséder un clitoris : l'organe ne servirait qu'à ressentir des orgasmes *infligés* par l'homme phallocratique dominateur... alors que le vagin ne saurait prodiguer rien qui débouche sur un vrai bon orgasme... De quoi culpabiliser (dans le sens inverse du marie-bonapartisme) les imbéciles qui avaient la faiblesse de jouir très bien du vagin : elles étaient victimes-complices du mâle envahisseur...

Maintenant que le couple tutélaire ne règne plus, impitoyable maître à penser, sur la sacro-sainte morale antibourgeoise de tout ce que le « peuple de gauche » compte d'intellectuels (!), maintenant que l'existentialisme gît dans le vaste cimetière des philosophies, il n'est plus inconvenant de dire la très plate et très contingente réalité. Simone de Beauvoir était de ces très classiques lesbiennes dont les rapports avec les hommes ne sont motivés que par l'intérêt (ici le prestige, ailleurs l'argent, ou autre), n'usant de leur vagin que pour récompenser les messieurs utiles [59]. Nul doute que la philosophe ne considérait pas comme des supplices les orgasmes clitoridiens « infligés » par ses chères amies.

Sa fille spirituelle Élisabeth Badinter rejette très hardiment toutes les vulgarités de l'anatomo-physiologie bourgeoise et les horreurs de l'éthologie fasciste. Les hommes sont des femmes – et vice versa, et réciproquement, il est odieux d'envisager que l'humanité puisse posséder encore le moindre instinct inné, etc. Ses ouvrages de science-délire-fiction nous annoncent une société où les rejetons humains n'auraient plus besoin d'avoir un père et une mère, où l'on aimerait les enfants par décision réfléchie, où l'on se marierait avec son meilleur ami, et où les hommes porteraient des grossesses intrascrotales [60], les merveilles de la future chirurgie contestataire permettant de passer hardiment

59. Cf. Gilbert Joseph, *Une si douce occupation, op. cit.*

60. Près du terme, ne leur faudra-t-il pas une brouette pour transporter leur clone testiculaire ? Comme le faisaient les victimes « historiques » de l'éléphantiasis scrotal !

d'un sexe à l'autre (d'autant que c'est la même chose !).

Ces dames se faisaient l'écho des plus aberrants mouvements féministes. Après avoir justement combattu pour l'égalité civique des deux sexes, le féminisme s'était mésallié avec le marxisme, il lui avait emprunté sa virulence haineuse et le charabia de ses slogans. Il préconisait la guerre aux « mecs » accusés de domestication raciste sur les nanas et de colonisation machiste du vagin. Comme disait Valérie-Astarté Solanas, il était temps de la leur couper ! Il s'ensuivit des campagnes outrancières contre le viol, qu'il n'est pas question d'excuser, mais dont on ne saurait soupçonner l'intention dans la braguette de l'énorme majorité des mâles de l'espèce – pardon, des mecs. Combien d'impuissants en difficultés avec leur douce épouse, entre onze heures et deux draps, souhaiteraient pouvoir bénéficier de l'érection que manifestent les violeurs, méprisables tristes sires pleins de courts-circuits, mais bandeurs par tout temps et en tout lieu... Il est vrai que les freudiens diraient que c'est précisément l'absence d'agressivité sadique qui provoque l'inhibition... et foin des artères bouchées !

Le seul côté réjouissant de ces déclarations furibondes était précisément leur antifreudisme. La misogynie principielle de Freud était enfin épinglée et violemment prise à partie... À ceci près que les revendicatrices récusaient un des rares constats véridiques (et pour cause) de Freud : « l'anatomie, c'est le destin » [61]. Et les viragos protestataires défilant avec pancartes, braillant dans les meetings, semblaient donner une confirmation caricaturale des conceptions de la mytho-sexologie modèle Deutsch-Bonaparte sur l'agressivité hargneuse des clitoridiennes, toutes masturbatrices, lesbiennes ou frigides...

Ces enragées militantes firent surtout très peur aux sus-dits mecs. Certains eurent tellement honte de leur taille, de leurs muscles, de leur vigueur, de leur poil aux pattes et bien sûr de leur phallus intrusif, craignant l'accusation de viol à la moindre main aux fesses, qu'ils n'osèrent plus bander devant des dames aussi intimidantes... les mêmes qui les traitaient de bande-à-mou, dégonflés (!), quand elles ne pouvaient plus jouer avec leur phallus raidi [62]. Ainsi fut ajouté une rubrique inédite à l'étiologie des empêtrements érotiques. Elle fit des ravages dans le corps enseignant, et parmi les abonnés de la presse de gauche.

3. La freudo-ethnographie

Freud avait joyeusement barboté dans la préhistoire humaine, avec son « homme primitif » châtreur de fils, baiseur de filles, mis à mort et dévoré par les fils coalisés, sa chair devenue tabou ensuite symbolisée par le totem... Le tout vaguement situé dans le temps et probablement dans l'espace afro-polynésien, là où règnent les totems et les tabous. L'erreur fondamentale était évidemment de croire que les « primitifs » étaient les mêmes sur toute la surface du globe, et que les « sauvages » tribalisés donnaient l'image des ancêtres des civilisés industrialisés.

Déjà inspirés par Rousseau, certains explorateurs sexologiques étaient allés sur place s'extasier devant les merveilles de l'érotisme sauvage. Le « célèbre » (en son temps) Malinowski (1884-1942) rapporta des îles Tobriand un roman d'imagination [63] des plus naïfs, les « primitifs » lui ayant manifestement raconté n'importe quoi [64]. Esquissées dès 1913, ses théories tendaient à démontrer que si le complexe d'Œdipe existait bien en Occident, il était inconnu des joyeux sauvages matrilinéaires. Reich y puisa sa détermination de révolutionner sexuellement le monde civilisé, pour enfin abolir tous les tourments de l'Œdipe, du complexe de castration, etc. C'était le concept même du complexe d'Œdipe qu'il eût fallu supprimer, non les structures familiales de la société occidentale, quand elle est libérale et laïque ! On sait que Reich garda sa fille au foyer...

La plus toxique des freudo-exploratrices fut Margaret Mead (1901-1978). Elle aussi ramena du Pacifique des récits édifiants sur la sexualité et les mœurs des polynésiens. Son *Coming of age in Samoa* [65] est de 1939. Tout était dans l'élevage : une tribu douce faisait de gentils humains sans complexes ni problèmes sexuels, une tribu féroce faisait des sauvages dépourvus de la moindre affectivité, y compris entre parents et enfants...

---

61. Il disait évidemment et comme d'habitude le contraire lorsqu'il professait la bisexualité de tout un(e) chacun(e).

62. J'entendis ainsi l'écrivaine Christiane Rochefort, vigoureuse porte-parole du mouvement antimecs, se plaindre de ce que l'on ne trouve plus un seul vrai homme !

63. *La Vie sexuelle des sauvages du nord-ouest de la Mélanésie*, *op. cit.*, 1929.

64. « Sans aucun doute l'anthropologue sous-estimait les possibilités mentales des habitants des îles Tobriand », Frans de Wal, *De la réconciliation chez les primates*, *op. cit.*, p. 184.

65. Traduction française, *Moeurs et sexualité en Océanie*, éd. Plon.

Étonné mais honnête, un des premiers éthologistes de l'homme, Irenaüs Eibl-Eibesfeldt alla lui aussi voir sur place. Il dut constater que madame Mead avait raconté des histoires (comme tous les freudiens) [66]. Elle même avoua ses mensonges, sur son lit de mort [67]. Ce qui n'empêche pas de nombreux naïfs, fussent-ils enseignants, de lire encore ses livres comme s'ils n'étaient pas de pure invention. Ils jouèrent un rôle des plus néfastes sur la mode de l'éducation « permissive », dont sortirent de fieffés rossards, à la fois agressifs et pleurnichards.

Quant aux atrocités sexuelles bien réelles commises sur les enfants exotiques, quant à la minorisation de la femme dans les pays du tabou, le tiers-mondisme des mêmes occidentaux les tient toujours pour d'honorables coutumes ethniques.

4. Le freudo-christianisme

Il inspira des bien-pensants, curés ou laïques. Pour que la libido soit saintement satisfaite au sein du mariage dans les bons couples catholiques. Mariage « spirituel » de courte durée, malgré la propension commune des freudiens et des cathos pour le compassionnisme dramatisé.

Figure classique du militantisme ouvrier chrétien, Paul Chamson crut bien faire en préconisant non plus l'abstinence complète pendant les périodes fécondes de la femme, mais la bonne vieille étreinte réservée taoïste. Dans son livre *Art d'aimer et continence conjugale* (1949) il recommandait aux bons maris de charitablement faire jouir leurs épouses tout en conservant leurs archiprécieuses graines de chrétien. C'était introduire dans le conjugo une fâcheuse propension à la sensualité. Et puis, les casuistes n'avaient-ils pas déjà tranché, n'autorisant la *reservata* que si la femme ne jouissait pas plus que l'homme ? En 1952, après diverses brimades, un *monitum* du Saint-Office condamna Chamson, ses livres et sa méthode. Il faut jouir, ou s'abstenir...

Autre figure célèbre en son temps, vedette de la radio et de la télé, le R.P. Oraison était à la fois médecin, prêtre et psychanalyste. Il s'était fait une spécialité, lui chaste célibataire, d'intervenir dans tous les débats possibles sur la sexualité, pour y donner son point de vue « éclairé »... par la sublimation. Il attendait néanmoins de la mort le passage dans le corps glorieux des ressuscités, état transsexuel enfin délivré des affres du désir érotique. La hiérarchie utilisait ses petits talents pour jauger la capacité de certains prêtres tourmentés à sublimer leur libido, tout particulièrement homosexuelle.

Autorisés à se marier, et même à contracepter, comme leurs ouailles, les pasteurs protestants furent peu travaillés par la « révolution » freudienne, ou sexuelle. Deux pasteurs mariés parisiens furent pourtant atteints par le communautarisme post soixante-huitard. Leur « ménage à quatre », tardif écho d'Oneïda, partageait les sous, les enfants, et les femmes. Feurich et Lavejac furent suspendus par leur hiérarchie en 1975 [68].

5. Le freudo-ésotérisme

Freudien par son attribution des psychopathies au sexe, jungien par sa référence au Tao, il inspire encore certains illuminés traumatisés par le matérialisme hédoniste mécaniste de la sexologie contemporaine. Je reproduis un édifiant tableau datant de 1991 *(figure 143)*.

6. La psychologisation du conseil comportemental

Séquelle la plus calamiteuse. À force de redouter les complexes, à force d'adhérer aux sombres conclusions du *Malaise dans la civilisation*, et même sans l'avoir lu, des millions d'humains se sont laissé persuader que leur vie n'était qu'un tissu *de problèmes*. Problèmes d'identité, d'expression, de communication, de travail, d'éducation, etc. Il faut les aider à vivre, et des millions de gens qui auraient pu se contenter, le cas échéant, des encouragements de leurs proches ou d'un conseil juridique perdent leur temps et leur argent chez ceux qui les aident (disent-ils) à résoudre leur monceau de problèmes.

Ces légions de « psychologues », adhérant ou non aux mouvements psychanalytiques institutionnalisés, freudiens du tiers, du quart ou tout à fait, ignorant ou méprisant l'éthologie, profitent toujours des œdiperies pour intervenir dans le destin de leurs congénères. Des enfants en difficultés scolaires (hélas !) aux relations d'entreprise. En passant évidemment par les empêtrements érotiques, *problèmes sexuels* sur lesquels ils firent « main basse » pendant des décennies. Peut-être pour le soulagement de quelques fonctionnels. Sans porter secours, voire en aggravant

66. *Guerre ou paix dans l'homme*, *op. cit.*, pp. 211-212.
67. Je le tiens de la bouche d'Eibl-Eibesfeldt.
68. Cf. Métral, *op. cit.*, p. 245.

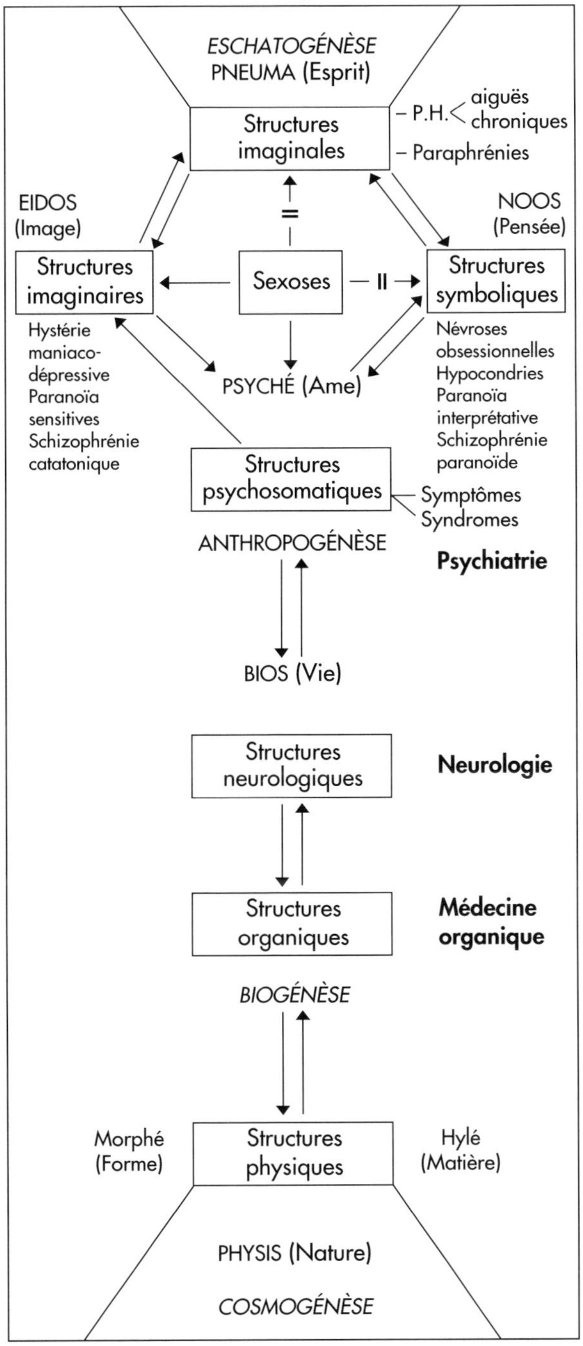

Figure 143
Les sexoses. Petit délire post-jungien... en 1991

ceux et celles dont les maladies organiques, les difficultés comportementales ne tiraient aucune amélioration d'une méthodologie inopérante et d'une conceptualisation aberrante.

Alors que le divan aurait dû rejoindre, depuis longtemps, le baquet de Mesmer au musée des antiquités médicales.

DERNIÈRES TENTATIVES MÉDICALES D'ENTRE-DEUX-GUERRES

Régnant les explorateurs de la tête par le mépris et l'intimidation, il fallut beaucoup de courage aux médecins du corps pour tenter de remédier aux peines de sexe. De deux horizons différents parut venir un certain réconfort.

LES GLANDES DE L'ESPOIR

Depuis que les éleveurs châtraient les mâles, et depuis que les médecins ouvraient les corps, on savait que les testicules – des deux sexes ! – étaient indispensables à la génération. Il fallut attendre 1869 et le physiologiste français (Mauricien !) Brown-Séquard (1817-1894) pour que soit découverte leur sécrétion interne, au moins celle des testicules virils. En fait, dans un coup de génie il avait mis à jour la physiologie des glandes endocrines, non seulement les sexuelles, mais aussi l'hypophyse, la thyroïde, les surrénales, en attendant les autres. Des pans entiers du substratum biologique de la virilité, de la féminité, étaient ainsi scientifiquement éclairés. Néanmoins les possibilités thérapeutiques de la découverte, dans le domaine de la sexualité, mirent longtemps à faire leur chemin dans la tête des médecins somaticiens, tout préoccupés de répression de la masturbation, et de lutte antivénérienne.

Brown-Séquard expérimenta sur lui-même, à 70 ans, l'injection de suc testiculaire de bélier. Il communiqua en 1889, à l'Académie de médecine, les excellents résultats dont il avait bénéficié sur toutes ses fonctions vitales... Pour compléter la cure de rajeunissement, il préconisait en privé, à ses collègues, des exercices d'érection à la japonaise : « bander l'arc sans décocher la flèche ». Il assurait entretenir ainsi sa verte vieillesse. « Salacité sénile » qui parut suspecte et nuisit manifestement à sa méthode. L'endocrinologie était cependant en marche, et les chercheurs poursuivirent leurs travaux.

En 1901 les produits actifs, virilisants, sont détectés par Ancel et Bouin dans la glande interstitielle du testicule. Ces substances *androgènes* ne peuvent évidemment pas encore faire l'objet d'une exploitation thérapeutique de quelque importance.

Il fallut attendre Serge Voronoff (1866-1951, *figure 144*) pour passer à l'opothérapie active. Ce russe naturalisé français, élève de Péan, avait été

Figure 144
Le docteur Voronoff

chirurgien du Khédive au Caire, ce qui lui permit d'observer les eunuques du harem. Il travailla aussi à New York avec Alexis Carrel, qui croyait à l'immortalité des cultures de cellules animales.

L'idée maîtresse de Voronoff était de greffer directement à ceux qui en avaient besoin la glande productrice de l'hormone manquante. Et de demander l'organe salvateur à nos frères les grands simiens. La première expérimentation fut l'implantation d'une thyroïde de singe à un garçon de 13 ans atteint de myxœdème, en 1913. Résultat magnifique : le jeune homme guéri put accomplir son service militaire !

C'est en fait le testicule, organe de la vitalité, qui polarisa l'activité thérapeutique de Voronoff. Pour « revitaliser » les hommes sénescents – bien entendu pour leur rendre leurs facultés viriles ! Le premier homme greffé, à partir d'un chimpanzé, fut opéré en 1920. La bête subissait une anesthésie générale (manifestement nécessaire !), on prélevait ses glandes nobles et on les coupait en trois. Les greffons étaient placés dans les bourses du receveur, contre la vaginale testiculaire cruentée. L'anesthésie locale suffisait à l'homme, qui pouvait éventuellement rentrer chez lui le soir.

Les résultats furent spectaculaires. Regonflés par les glandes de singe, les opérés se déclarèrent ragaillardis, rajeunis, remis en selle érotique. Tous faisaient l'éloge de la méthode, et de son génial inventeur. Avec un tapage publicitaire qui indisposa un temps les autorités médicales [69], avant que l'on ne confie à Voronoff, quand même, une chaire de chirurgie expérimentale.

Malgré l'excellence apparente du procédé, malgré son application à certaines personnalités « en vue » [70], la technique n'eut pas une diffusion foudroyante. Pour au moins deux raisons.

D'abord la difficulté de trouver des donneurs. On ne pouvait dépeupler l'Afrique de chimpanzés, de cynocéphales, de macaques, même si la très catholique *Congrégation du Saint-Esprit* avait généreusement fourni cinq grands singes au cher docteur. Pour tourner la difficulté Lespinasse, de Chicago, cela ne se sait pas assez, avait inauguré *la greffe d'organes humains* en implantant dans les muscles droits de l'abdomen les testicules de jeunes hommes suicidés ou condamnés à mort. Il fut suivi, en France, par Prat, chirurgien de l'hôpital Saint-Roch de Nice. Nos actuels circuits de transplantations n'étaient malheureusement pas en place...

Deuxième aléa, la durée réduite des résultats – alors que Voronoff, influencé par Carrel, estimait à cent quarante ans l'espérance de vie humaine. Résorbés les androgènes contenus dans les greffons, le patient retournait vite à son état initial – sauf si la glande de singe avait servi d'efficace placebo. Quant aux échecs infectieux, rejets, etc., ils furent couverts du manteau de la plus extrême discrétion.

Il y avait en fait deux obstacles à la guérison miraculeuse de l'impuissance par les hormones mâles.

Premier obstacle la nécessité, chez les vrais déficients hormonaux, d'un traitement continu, et par des produits efficaces faciles à manipuler. La véritable hormone mâle, la testostérone, n'est extraite des testicules de taureau qu'en 1935, par trois chercheurs dont un Freud (!). Elle n'est utilisable qu'en coûteuses injections. Les premières

69. Ayant refusé à Voronoff de faire au XXXIe Congrès de chirurgie (octobre 1922) une communication déjà parue dans le *Chicago Tribune*, le chirurgien Hartmann lui serra la main l'année suivante. Cf. H. Ghilini, *le Secret du docteur Voronoff*, *op. cit.*

70. On cite Marcel Achard.

hormones mâles à consommer *per os* durent attendre l'après-guerre. Encore plus sophistiquées apparaissent les stimulines hypophysaires, dont celles qui commandent la sécrétion testiculaire. Elles sont découvertes par Ascheim et Zondeck en 1926, mais devront attendre des lustres leur exploitation thérapeutique.

Deuxième obstacle les impuissances d'origine véritablement endocrinienne, par déficit testiculaire ou hypophysaire, sont rares. L'hormone mâle, aux indications désormais bien précises, n'est pas LA panacée des troubles de l'érection. Pas plus en 1990 qu'en 1920. Malgré, évidemment, les kilos de médicaments prescrits, en « piqûres », en comprimés ou en pommade... Là encore l'effet placebo explique la plupart des heureux résultats.

Cet effet placebo n'est pas négligeable. Sa suggestion anxiolytique a permis de « soutenir » les éternels inquiets qui, dans des temps plus anciens, prenaient ces aphrodisiaques dont la signature garantissait l'efficacité. En premier lieu les glandes sexuelles des grands mâles animaux. Les grands singes bénéficient d'une réputation flatteuse (et fausse) de grande lubricité [71] (toujours la « bête primitive », le « chaînon manquant », « le sauvage ») et il avait été « génial » de faire appel à leurs génitoires. De même le freluquet bande-petit qui se frictionne les pectoraux avec un onguent d'androgène peut-il se prendre pour un puissant (!) gorille jouant du tambour de guerre sur son thorax...

*
* *

S'agissant des femmes, le mécanisme doublement sécrétoire de leurs glandes génitales ne fut pas d'emblée élucidé, entre hormones œstrogènes du follicule (Doisy, 1924) et hormone lutéique du corps jaune. Butenandt synthétise la progestérone en 1934. La folliculine ne fut synthétisée qu'en 1939.

Bien entendu le cher docteur Voronoff tente sur quelques femmes la cure de rajeunissement aux glandes de singe. De singes femelles. Selon une marotte de son temps, et qui survécut à la guerre, il implante les greffons dans les grandes lèvres de la vulve. Comme les chirurgiens pratiquant des ovariectomies plus ou moins complètes et qui, à ventre ouvert, glissaient dans la grande lèvre, en suivant le canal inguinal et le ligament rond, des fragments conservables d'ovaire. Charmant procédé pour favoriser les ébats érotiques : le greffon, s'il prenait, gonflait périodiquement avec le cycle menstruel, infligeant à la vulve une « chique » douloureuse et disgracieuse.

Là encore, le résultat « très encourageant » donne un regain de vitalité à des femmes vieillissant mal. Le charme slave du beau docteur Serge opère... Mais de façon hélas ! temporaire. Et pas spécialement érotique. Car là encore, accomplie la puberté, le déterminisme de l'appétit orgasmique n'est plus directement lié à la sécrétion ovarienne. Si la privation hormonale nuit à la réalisation « concrète » de cet appétit.

*
* *

L'opothérapie, puis les traitements hormonaux femelles par voie générale ont trouvé leur parfaite indication *dans les troubles de la ménopause*, qu'elle soit prématurée, chirurgicale, ou qu'elle soit naturelle, et surtout donc *pour ses troubles généraux* : peau, cheveux, tissu osseux, etc. Néanmoins les indications locales ne sont pas moins précieuses : la compensation œstrogénique a le meilleur effet sur la trophicité du vagin, sa mouillure et son expansivité.

La découverte du mécanisme de commande hypophysaire déclenchant l'ovulation trouva aussi une application pratique d'une immense portée. *Puisqu'elle permit d'établir des procédés contraceptifs nouveaux, élégants et de plus en plus fiables*. D'une part, repérée la date de l'ovulation, il fut possible de recourir à la méthode de *l'abstention périodique*, lorsque la femme n'est pas fécondable. Méthode mise au point par l'honorable docteur Ogino en 1934, et que le Vatican, bien que du bout des lèvres, dut accepter. D'autre part *le blocage médicamenteux de la ponte ovulaire*, par les pilules œstro-progestatives du génial Pincus, donneront un jour aux femmes un procédé parfaitement efficace *dont elles pourront disposer elles-mêmes*. Énorme facilitation, dédramatisation, de la fonction érotique des femmes... et des hommes.

Il n'en reste pas moins que chez la femme adulte normale les hormones ovariennes n'étaient pas, *ne sont toujours pas* LE remède de la frigidité.

71. Le mythe cinématographique bien illustré par « *King-Kong* » a nourri tous ces épisodes des films « exotiques » où l'on voyait une « séduisante exploratrice » perdre son casque colonial tandis qu'un gros gorille l'enlevait. L'affiche palpitante alléchait les foules.

C'est dommage. Dommage pour les femmes, Dommage pour les commerçants qui pensaient exploiter, avec les hormones sexuelles, une mine d'or. Pendant longtemps ces hormones, par leur côté sérieux, médical, étaient la seule occasion, pour les bien-pensants pudibonds, d'aborder le « délicat sujet » de la sexualité avec ses « troubles de la vie intime ». Dans les conversations mondaines et les journaux « corrects ». Et comme on avait le droit de parler des glandes, les timides en difficultés voyant à leur propos évoquer leurs problèmes pensèrent y trouver leur remède. Et on leur en vendit. Des extraits de glandes (en fait d'urine) de gros mâles velus ou cornus, de femelles lubriques, cavales ou guenons : très classique signature. Des stéroïdes pas chers. En ampoules. *En dragées.* Je me rappelle les immenses affiches bleues et blanches qui couvraient les murs des rues et des stations de métro, vantant le merveilleux FORSEX. En boîtes H pour les hommes, F pour les dames... Sans oublier l'infiltration freudienne jusque dans les médications somatiques les plus terre à terre.

Plutôt que de se faire « dangereusement » ouvrir le ventre pour ôter leurs fibromes, les femmes ont pris, continuent de prendre les médications hormonales les plus diverses. Quitte à ne retarder que de quelques années l'intervention. Quitte à souffrir d'une ménopause prématurée. *Quitte à devenir moustachues.*

Disponibles les hormones mâles en injection, elles furent utilisées, entre autres, pour traiter les hémorragies utérines. Des fibromes, hyperplasies et autres endométrioses. Probablement rassurées par la diminution de leurs angoissantes métrorragies, certaines femmes reprirent ainsi goût à une activité érotique que leurs saignements perturbaient. Il n'en fallut pas plus pour que l'on crût tenir LE médicament de la frigidité.

Freud avait déjà dit que *toute libido est mâle*. Il paraissait donc logique que les hormones virilisantes stimulent aussi les ardeurs féminines. De plus un gynécologue espagnol, Marañon, prenant Freud à la fois au mot et à contre-pied, conceptualisait la ménopause comme une déféminisation ne laissant que le clitoris, *organe mâle*, comme seule source d'orgasmes [72]. Entretenir sa « forme » érotique par des androgènes apparaissait une charitable médication, permettant aux femmes vieillissantes, même faisant du « clitorisme », de goûter encore aux jouissances charnelles.

C'est ainsi que l'on prescrivit le fâcheux *Stérandryl* aux femmes froides, après et même avant la ménopause. En onguent sur le clitoris, s'il vous plaît, ce qui est plutôt rigolo. Mais aussi en injections. Ce qui orna les lèvres, les joues, le menton, les aréoles mammaires, le ventre et l'entrefesson de ces femmes refroidies d'une gracieuse pilosité. Si leurs appétits en étaient (très éventuellement) stimulés, ceux de leur partenaire n'étaient guère émoustillés... à moins d'avoir des goûts ambigus.

Car du jour où les hormones sexuelles furent disponibles en pharmacie, elles firent miroiter aux transsexuels l'espoir chimérique de pouvoir enfin passer de l'autre côté de la barrière des sexes...

LE SALUT PAR LE NEZ

Que le sexe ait à voir avec le nez, voilà ce que seul Krafft-Ebing n'a pas subodoré. Quand Freud se bouchait les narines pour ne pas être rebuté par les odeurs des organes génitaux [73] (ses clientes huppées se seraient-elles mal lavées ?). Nous avons désormais des lueurs sur le sujet.

Certes nous ne croyons plus guère à la correspondance entre la longueur de l'appendice nasal et celle du vérètre (voire la profondeur du vagin), encore que la physiognomonie attribue au nez généreux la signature de la sensualité. Mais cette bonne vieille partie du cerveau en rapport avec l'olfaction fut vite baptisée *rhinencéphale* par les premiers neuro-physiologistes. *Cerveau du nez* déterminant bien des comportements animaux, à commencer par l'alimentaire et le sexuel. Le nez du mâle paraît le plus actif, pour renifler la femelle, tout particulièrement sous la queue des quadrupèdes, et pour juger « à vue de nez » si elle est convoitable-consentante. Mais la femelle n'est pas en reste, ne serait-ce que pour identifier, à l'odeur, le mâle postulant puis agréé.

Les messages olfactifs sont véhiculés par ces substances odoriférantes, les *phérormones*, dont on a parlé *supra* à propos des parfums aphrodisiaques.

72. Il arguait entre autres de l'« hypertrophie » clitoridienne (air connu) des femmes âgées. Cette saillie accusée assez fréquente est due à l'affaissement atrophique des grandes lèvres, qui n'entourent plus le petit organe de « joues » rebondies comme chez les femmes jeunes.

73. « Les organes génitaux dégagent de fortes odeurs qui sont intolérables à un grand nombre et les dégoûtent des rapports sexuels », *Malaise dans la civilisation*, trad. franç. PUF, p. 58.

Ce fut longtemps un poncif que de décréter périmé le rhinencéphale humain, même si Broca l'avait à juste titre inclus dans son grand *lobe limbique*, d'aspect disparate mais de physiologie cohérente : « la noble créature humaine se tient la tête loin du sol et ne renifle pas, comme les chiens, le cul de ses congénères rencontrés dans la rue... les formations anatomiques du rhinencéphale sont en partie colonisées par des cellules néocorticales « modernes »... quant à cette formation énigmatique, *l'organe de Jacobson*, bien développée chez nos frères inférieurs, elle n'a laissé chez nous qu'un médiocre récessus s'ouvrant à la partie antéro-inférieure de la cloison nasale *(figure 145)* ». L'affaire est réglée : « c'est la seule vue, sens noble, qui guide les humains vers l'élu (e) de leur cœur, et ils lui portent une considération d'autant plus distinguée qu'il (elle) use de désodorisants corporels chassant l'odeur de la bête »... Affreuse stupidité.

Le dégoût olfactif de Freud fut probablement aggravé par sa rupture avec Wilhelm Fliess. Cet ORL imaginatif (fabulant !) fut longtemps le confident, voire un maître à penser du Viennois. Outre sa très ésotérique arythmomancie il édifia une théorie de type médiéval établissant une correspondance des plus étroites entre les fosses nasales et les organes génitaux. Tout particulièrement ceux des femmes. La muqueuse pituitaire était déclarée érectile, comme la verge, comme le clitoris (c'était l'époque du « phallus féminin »). Fliess dessina même une cartographie endonasale [74] avec des *zones génitales* précises *(figure 146)* : la tête et la queue du cornet inférieur, le tubercule de la cloison (s'agit-il de l'orifice de l'organe de Jacobson ?).

Les preuves de la théorie « surabondent ». Les femmes menstruant, comme les femmes enceintes, ont leurs zones génito-nasales congestionnées... L'épistaxis peut remplacer les règles... Ce saignement peut survenir lors de l'orgasme, chez les femmes comme chez les hommes, tout particulièrement lors de la masturbation (bien fait !) [75]... Des infections chroniques du nez peuvent avoir des répercussions inhibantes ou perturbantes sur la « sexualité »... Un traitement ORL judicieux, en particulier par (évidemment !) attouchement à la cocaïne des zones sensibles peut régulariser le cycle menstruel, soulager la dysménorrhée, rendre vigueur aux impuissants, appétit et plaisir aux femmes froides, etc. Le tout exposé dans un ouvrage publié en 1897 : *les Rapports entre le nez et les organes sexuels*.

Freud, spécialiste de la trahison des amis, s'empressa d'occulter (refouler !) ses rapports de

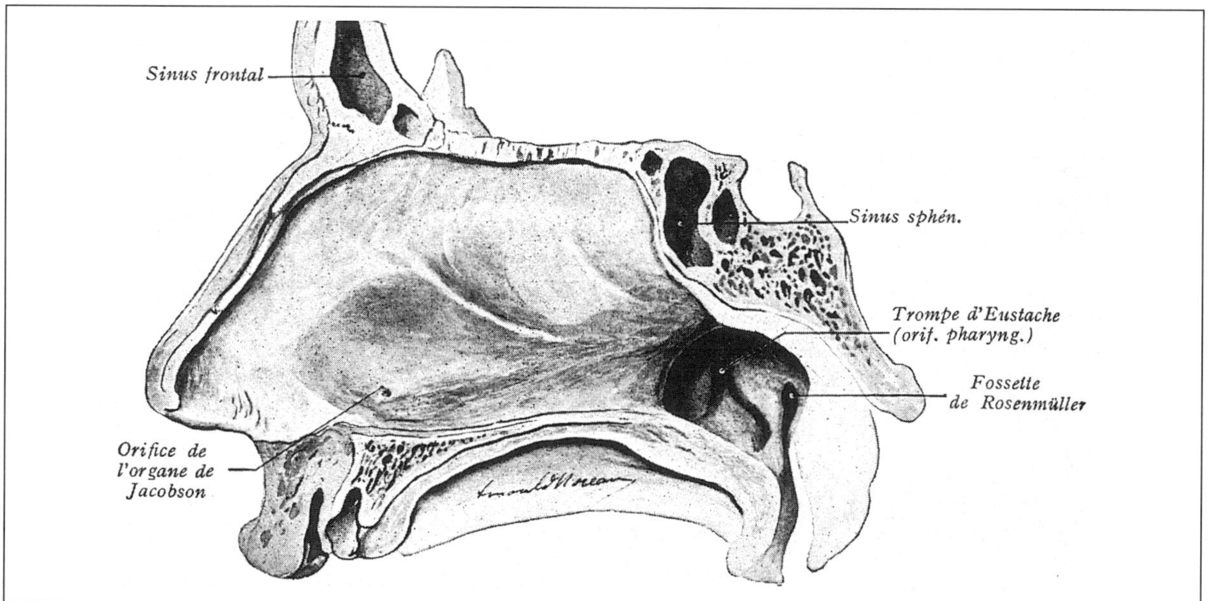

Figure 145
Rouvière : face interne des fosses nasales

74. D'autres ésotéristes dressèrent ainsi, sur le tympan, la carte de leur « auriculothérapie ».
75. Landry, *les Déficiences sexuelles masculines et la frigidité*, *op. cit.*, p. 83.

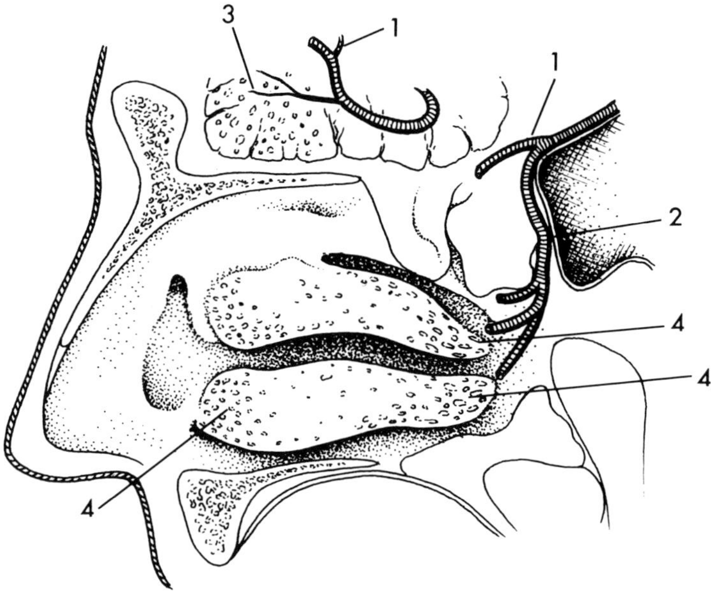

Les zones érectiles nasales injectées à l'araldite :
1. sphénopalatine interne,
2. sphénopalatine externe,
3. zones érectiles de la cloison relevée après section de l'artère,
4. zones érectiles turbinales

Figure 146
Landry : les zones génitales des fosses nasales

quinze ans (1887-1902) avec Fliess, lorsque le bonhomme ne lui parut plus utile : son nom disparut des écrits du Maître, si bien que la « nasothérapie » ne bénéficia pas du projecteur psychanalytique. Et puis Freud avait un vieux compte à régler avec la cocaïne [76].

Certains chercheurs continuèrent pourtant de fouiller dans le nez. Le Français Bonnier, à la suite de Fliess, s'intéressa à celui de ses congénères. Il ne se contenta plus de gentilles titillations à la cocaïne. Il stimula vigoureusement les zones nasales qu'il voulait solliciter et finalement, après anesthésie à la cocaïne ou au liquide de Bonin il les brûla au thermocautère galvanique. Aussi sec ! Il fut très content de sa méthode *de choc* ; et aussi, disait-il, sa clientèle, qu'il soignait non seulement pour des « déficiences sexuelles » mais aussi pour la vessie, le poumon, l'estomac, l'intestin et bien entendu toute la sphère ORL. Il publia ses premiers résultats en 1907 : *Action directe sur les centres nerveux*.

Bonnier et Fliess eurent bien des successeurs, qui soignèrent eux aussi les troubles sexuels, et la constipation, et l'ulcère de l'estomac, et le coryza spasmodique, etc. La méthode ne changea que de nom. Bonnier croyait agir par l'intermédiaire du trijumeau (d'où son « action directe »), alors que ses émules s'efforçaient de « toucher » le ganglion sphéno-palatin. Par l'intermédiaire de cette formation du sympathique crânio-facial ils se persuadèrent d'agir sur le système nerveux autonome responsable de la physiologie érotique [77].

Les découvertes de Selye, après la Seconde Guerre mondiale, incitèrent ainsi les pratiquants de la technique à parler non plus de « choc » mais de « stress nasal ». Et il est vrai que l'« agression » de la pituitaire entraînait larmoiement, vertiges, voire petite syncope. Les patients étaient vraiment « secoués ».

Le stress nasal codifié fit la réputation du Français Landry, qui publia après la guerre, en 1958, l'ouvrage « classique » sur le sujet [78], qui nous

76. Cf. G.Z., *la Statue de Freud*, pp. 893 sq.
77. L'« homme du sympathique », le célèbre professeur Leriche, avait préconisé l'action directe, sur « le ganglion » (le plexus ?) hypogastrique, par une infiltration à la novocaïne à partir de la marge de l'anus : Landry, p. 159. Les résultats furent « inconstants »... on s'en doute !
78. *Op. cit. supra.*

paraît maintenant d'une touchante désuétude... Il obtenait des résultats faramineux par six séances d'attouchements, une tous les quinze jours, améliorant 75 % d'impuissants et/ou éjaculateurs prématurés, et 60 % de frigides [79]. Il est vrai que Landry, pour mettre toutes les chances de son côté, associait à ses chocs nasaux les vitamines, les extraits embryonnaires, la psychothérapie, la psychanalyse, les cures thermales, l'électro-choc, l'acupuncture, les pommades anesthésiques sur le gland, etc.

Il est certain que la méthode, comme tant d'autres placebos, fut très appréciée des éternels petits nerveux, psychasthéniques, anxieux, déprimés, etc. Un certain nombre qui souffrait d'impuissance fonctionnelle se sentit moins inhibé de la regimbette. À tel point que certains amateurs sont venus réclamer mois après mois leur choc bimensuel, voire hebdomadaire, ce qui ne pouvait que nuire à leur muqueuse pituitaire... et finissait par apparenter le procédé à la classique reniflette de cocaïne pulvérulente...

*
* *

Faut-il donc tirer le trait du mépris sur toutes les hypothèses biologiques qui conduisirent à la « nasothérapie » ? Sûrement pas. Les expériences menées sur les animaux macrosmatiques, rats, lapins, chiens prouvent un indubitable lien entre les stimuli nasaux, la sécrétion des hormones sexuelles, *et le comportement sexuel.*

À force de déconsidérer les odeurs animales, quand il s'agissait de les appliquer à notre espèce, les chercheurs ont mis longtemps à découvrir la physiologie de l'organe de Jacobson. Il est à l'origine de ce reniflement si particulier, avec retroussement de la lèvre supérieure, le *flehmen* des germanophones, qui transmet une quasi-gustation à distance. *Avec des répercussions instinctuelles impérieuses*, qui guident les comportements des mammifères « inférieurs », des rats aux chevaux et aux babouins.

Notre organe de Jacobson n'est plus qu'un reliquat, et *il est certain que sa mise en veilleuse a joué un rôle non négligeable dans cette déprogrammation partielle de l'humanité qui lui autorise une certaine marge de manœuvre, une certaine liberté.* Mais il n'a peut-être pas perdu tout pouvoir, toute connexion efficace, toute possibilité sécrétoire d'agir à distance. Son exploration biologique dans notre espèce, avec les moyens de la science moderne, donnerait peut-être des résultats plus fructueux que la chasse « au non-dit »...

Toujours est-il que « le nez » n'a pas perdu tout rôle dans le déterminisme de nos comportements [80]. Face aux prétentions du grand et gros cerveau hémisphérique Mac Lean puis Changeux, Habib, au lieu de manifester le dédain routinier envers le vieux cerveau du nez, ont resitué le lobe limbique dans toute sa dignité de guide instinctuel, pour les mammifères que nous sommes restés.

Quant au rôle des odeurs il demeure, en matière de sexualité, *exigeant, efficace et imparable.* Il est impossible de (bien) faire l'amour avec quelqu'un *que l'on ne peut pas sentir* (sa sueur, ses pieds, son haleine, ses relents d'ail ou de vinasse, etc.). Doléance classique au sein des couples dysfonctionnels. Par contre les odeurs normales des organes génitaux normaux « bien tenus » *conservent tout leur pouvoir phérormonal.* D'identification et de stimulation. Sur la physiologie et le comportement. Les gourdes qui se croient plus séduisantes en se « désodorisant » vulve et vagin perdent une bonne partie de leur attrait érotique. Censurant leur si enivrante *odor di femmina*, dont ne se lassent pas les hommes bien nés [81]. Leur partenaire peut s'en plaindre tôt ou tard, ne reniflant plus, dans leurs « endroits intimes », que désinfectant [82] ou eau de lavande au pouvoir stimulant bien réduit. Sans compter l'inquiétude des jaloux : pour être si bien « briquée », ne désire-t-elle pas effacer les traces d'une tromperie récente ?

Comment ne pas incriminer, enfin, à la racine de l'homosexualité, *l'inversion du décodage sensoriel et d'abord olfactif* entre ce qui permet de différencier le (la) partenaire convoitable du (de la)

---

79. p. 119.

80. Cf. G.Z., *le Rôle de l'odorat dans la sexualité humaine*, in *la Fonction érotique*, t. III.

81. Mozart et da Ponte, tous deux grands amateurs de femmes, ont évidemment mis le terme dans la bouche de leur *Don Giovanni*, acte I, sc. IV. Leporello admire la perfection de l'odorat de son maître, reniflant l'intimité féminine à distance !

82. Tels que la liqueur de Dakin, aux délicieux relents d'eau de Javel, « parfum vulvo-vaginal » favori de mes clientes maghrébines. Comme elles viennent à la consultation le sexe rasé, je ne risque guère de succomber aux tentations de l'érotisme oriental...

rival(e). Transmise génétiquement, cette erreur de décodage se situe plus probablement dans le lobe temporal (cortex temporo-polaire, para-limbique) [83] que dans la mythologie thébaine...

*

* *

L'ORL mène à tout, à condition d'en sortir. Deux figures sexologiques furent des ORL de formation. « Sensibilisés » à la pathologie sexuelle, après la guerre, par la pratique du stress nasal.

L'un, Yves Corinin, de l'hôpital d'Arpajon, garda le nez dans le marais freudo-marie-bonapartiste. Il se fit une spécialité de la frigidité qu'il guérissait disait-il, par deux moyens conjoints. D'une part, emporté par l'élan anticlitoridien de la chère princesse, en interdisant à ses clientes toute excitation de l'organe maudit [84] – il alla même jusqu'à prétendre que l'orgasme clitoridien était d'origine *ortho-sympathique*, amusant non-sens physiologique. D'autre part en passant du stress nasal des femmes froides au très classique massage vaginal, dont ses clientes disaient grand bien... Mais elles supportaient mal qu'il prodiguât ses bontés digitales à tant et tant de patientes. Ce qui suscita quelques mini-drames de la jalousie, avec plaintes au Conseil de l'Ordre des médecins... risque encouru par tous ceux qui mettent un peu trop activement la main à la pâte thérapeutique, en matière de pathologie sexuelle.

L'autre, Antoine Romieu, de Montpellier, voulut aller au fond des choses. Il inaugura ainsi le retour de la pathologie sexuelle dans le giron de la médecine et de la chirurgie classiques. Après tant de siècles perdus. Il était temps.

APRÈS LA SECONDE GUERRE MONDIALE

Les mœurs occidentales se libéralisent et la médecine progresse irrésistiblement, tandis que la sexologie franchit trois étapes décisives.

La guerre n'est jamais un bien. Surtout cette abomination de Seconde Guerre mondiale, qui a surpassé en horreur tout ce que les *mauvais sauvages* humains avaient déjà imaginé pour s'exterminer les uns les autres. Elle eut cependant, sur les mœurs occidentales, un effet bénéfique. Ne serait-ce qu'en instaurant définitivement le « leadership » des États-Unis.

Les États de la vieille Europe, s'étant honteusement déchirés entre eux, et pour la deuxième fois, ne purent guère résister au triomphalisme des USA sur tous les « fronts » de la civilisation. Ainsi virent-ils, devant l'individualisme ravageur des « américains », s'effondrer progressivement leurs carcans moraux « de masse », le catholicisme et le marxisme.

Bien entendu le Vatican cracha feu et flammes contre le démoniaque matérialisme envahissant. Bien entendu les marxistes continuèrent de se prendre pour les prophètes-sauveurs de l'humanité, contre la sauvagerie libérale. Surtout en France où l'intelligentsia continue de croire au socialisme « réel » comme les bigots cathos se raccrochent aux miracles de Lourdes. Et bien entendu le *vulgum pecus* continua de faire baptiser ses enfants et de gober les discours égalitaristes. Mais en profitant hypocritement de la législation laïque et de l'aisance capitaliste.

Comme ils peuvent bénir la mémoire des GIs qui sont morts sur les plages normandes pour les délivrer du nazisme, les Européens peuvent bénir le pragmatisme, le réalisme, l'absence d'œillères, le souci de justice individuelle des scientifiques et des législateurs américains. Ceux qui ont réussi, malgré la bigoterie des sectes, malgré l'emprise morale insupportable des « mamies » à voilette, malgré les vieux réacs du Sud et les puritains de la côte Est, malgré les lobbies cathos et le clan anti-darwinien, malgré les provocations féministes ou homosexuelles, à établir progressivement le modèle du cadre légal au sein duquel, tant qu'il ne nuit pas à ses congénères, chaque être humain demeure libre de mener son destin sexuel érotique-amoureux. Grâce à eux le libéralisme des mœurs sexuelles a fait plus de progrès en trente ans que pendant tous les siècles qui ont suivi la désastreuse chute de la Rome impériale.

En contrepartie la bonne vieille Europe a quand même joué son rôle sur la « mentalité sexuelle » des GIs. En montrant aux libérateurs que la sanction conjugale, dont les « américains » étaient si dévotieux, ne constituait pas une nécessité absolue avant de faire l'amour « pour de vrai ». Les soldats sont rentrés aux USA moins

83. Michel Habib, *Bases neurobiologiques des comportements*, *op. cit.*, p. 136.
84. Corinin, *la Déception sensuelle de la femme*, *op. cit.* Il convertit Landry à son anticlitoridisme militant (Landry, *op. cit.*, p. 42).

crispés sur le conjugo – même si parfois mariés avec une petite européenne [85]... C'est néanmoins le légalisme « à l'américaine » qui a influencé l'Europe pour améliorer officiellement le sort des gens officiellement mariés.

Avec le décalage nécessaire à la traversée de l'Atlantique, l'ensemble du monde civilisé-industrialisé a pu faire tomber les barrières juridiques qui brimaient déraisonnablement la « sexualité », qu'elle soit érotique ou procréatrice. Voilà qui aurait comblé Magnus Hirschfeld et Havelock Ellis.

Quelques dates sont marquantes, et peuvent rafraîchir la mémoire des Français qui n'ont que trop tendance à pleurnicher la bouche pleine :

- 1956 : fondation du *Planning familial* ;
- 1967 : la loi Neuwirth autorise la contraception ;
- 1969 : la pornographie est libre au Danemark ;
- 1974 : la pornographie est libre en France, ce qui réduit quasiment à néant les poursuites pour outrage public aux bonnes mœurs ;
- 1975 :

– la loi Veil médicalise l'interruption de grossesse ;

– la majorité civique est fixée à 18 ans, réduisant le nombre de poursuites pour séduction de mineur ;

– la nouvelle législation du divorce permet la séparation sur requête conjointe ;

– les concubin(e)s ont les mêmes droits que les époux mariés ;

– les seins féminins peuvent apparaître sur les plages publiques.

Ici faut-il rappeler une fois de plus que la libéralisation des mœurs est œuvre... de libéraux. Encore en 1956 Jeannette Veermersch, bouillante députée du Parti communiste français, s'oppose à l'abrogation de la loi répressive de 1920 : cette bonne marxiste réprouve le néomalthusianisme capitaliste réservé aux bourgeoises égoïstes. Comme un jour la pilule, poison fabriqué par des officines de profit pour intoxiquer les filles du peuple, sera attaquée par le clan gauchiste-écolo.

Ce n'est pas le grotesque chahut de la jeunesse dorée, en 1968, qui a imposé la légalisation de la contraception, mais le brave ministre Lucien Neuwirth, en 1967, sous le brave général de Gaulle. C'est sous Pompidou et Giscard d'Estaing que la législation des mœurs françaises a fait des pas de géant. La loi sur l'IVG, qui a sauvé de la mort *près de mille françaises par an*, est signée Veil-Lecanuet, etc.

À peine fondé, le *Planning familial* se heurta à toutes les difficultés possibles, politiques et morales. Inspiré par la plus pure laïcité républicaine, il a fourni à d'innombrables Françaises des moyens contraceptifs qu'il a fallu aller chercher dans des pays qui n'étaient pas trop papistes, Suisse, Allemagne fédérale, Pays-Bas. C'est dans ces contrées d'un moralisme tout parpaillot qu'une information sexuelle officielle commença à se répandre non seulement auprès des adultes mais à l'usage des enfants des écoles. Les films d'« éducation sexuelle » bien intentionnés bien hygiéniques à la suédoise suscitaient dans les pays latins des moqueries d'autant plus injustifiées que le moralisme vatican était responsable d'une lacune éducative aussi imbécile que dangereuse.

Il faut rappeler aux cathos impénitents que l'Encyclique *Humanae vitae* de 1968, *toujours en vigueur*, condamne non seulement l'interruption de grossesse, mais la pilule, le stérilet, le condom, le diaphragme, les gelées spermicides, le retrait, etc. Que le Vatican, en 1978, rappelle encore sa condamnation morale de l'homosexualité et de la masturbation.

Nil novi depuis les premiers conciles, les premières bulles. Toujours la même réaction répressive immédiate dès qu'un progrès scientifique ou moral permet de mieux adapter la vie sexuelle des papistes. Quand Lamaze en 1950 commence à pratiquer des accouchements dits « sans douleurs », la papauté s'insurge contre une technique fallacieuse contraire aux malédictions de l'Écriture. Et même quand les bons couples chrétiens stériles, grâce à la fécondation *in vitro*, peuvent envisager enfin de procréer, le Vatican le leur défend en 1987, puisque l'enfant « n'est pas né d'un acte d'amour »... cet amour que Joseph n'aurait jamais fait à la Vierge Marie...

Faut-il rappeler l'effondrement lamentable du marxisme institué, la faillite de l'idéologie socialiste, plus de dix ans avant que le XXe siècle ne s'achève ? Alors que Lénine croyait bâtir pour l'éternité... Évènement prévisible, mais dont la soudaineté et l'ampleur ont comblé d'une joie subite une génération, la mienne, *sursaturée de sermons moralisateurs en tous genres*, catholiques, vichyssois, socio-démocrates, commu-

85. Petit Français bouleversé par la libération de Paris, j'assistais à des scènes contrastées... Sur la grande avenue, des FFI à brassard poussaient aux fesses les jeunes filles pour qu'elles montent sur leurs engins embrasser les tankistes ; dans la petite rue voisine, d'autres héros de la Résistance tondaient celles qui avaient couché avec un Allemand.

nistes, « gauchistes », maoïstes, anarchistes, tiers-mondistes, internationalistes, etc.

« Le communisme c'est la jeunesse du monde », proclamaient sans vergogne les caciques du marxisme. Alors que les sociétés issues du marxisme appliqué, en Asie, en Europe, ont fait s'abattre sur des milliards d'humains la plus sénile des répressions sexuelles, leur infligeant toutes les peines du « sexe communautaire ». Celles dont s'étaient délivrées nos ancêtres paléolithiques... et médiévaux. Pour ne pas faire l'amour sous les yeux, « dans les oreilles » des autres. Grâce à ce « maudit » mur de la vie privée... bourgeoise.

Le « sexe marxiste », c'était, c'est encore le refus pudibond de l'« érotisme et la pornographie » – ces vices bourgeois. Les héroïques mères de famille nombreuse décorées par Staline. Les étreintes à la va-vite et à quatre pattes (méthode préconisée par les « traités sexuels » soviétiques) dans les appartements trois pièces pour trois couples, sans compter les ascendants (belle-maman couche derrière l'armoire séparant les deux lits) et les descendants (heureusement rares). Les frotti-frotta sournois dans les files d'attente (ça réchauffe par temps de gel). La « chasse au local » pour pouvoir enfin tirer un coup, à cinq ou six couples ensemble quand Petia ou Macha a dégoté une chambre libre pour deux heures, ou dans le train si on peut trouver un compartiment vide. La putasserie tous azimuts dont Beria fut un grand organisateur. Pour progresser dans les faveurs des membres influents du Parti. Pour piquer des devises, et pourquoi pas des renseignements stratégiques, ou technologiques, aux étrangers mâles de passage...

L'*homo sovieticus* baise très peu, très mal, ou pas du tout. Et pour oublier sa misère sexuelle, il boit. Sa consommation de vodka, combinée à l'état rudimentaire de la médecine en pays communiste, le fait mourir quatre à cinq ans plus tôt que le vilain capitaliste luxurieux, cette « vipère lubrique »...

J'ai écrit dans *la Statue de Freud* que l'adjectif socialiste enlève toute signification au substantif qu'il afflige. On peut ainsi dire qu'il n'y a pas plus d'« érotisme socialiste » qu'il n'y a d'économie socialiste... ou d'érotisme vatican !

*
* *

Le pragmatisme libéral des mœurs – de l'économie – n'a plus désormais d'adversaire crédible. Le progrès de la science, de la médecine (bourgeoises !), y a beaucoup aidé.

La seconde moitié du XXe siècle a fait faire aux moyens diagnostiques et thérapeutiques un autre pas de géant. Antibiotiques, réanimation efficace, greffe d'organes, bombe au cobalt, imagerie médicale de plus en plus précise, traitement médicamenteux des psychopathies, etc., sont des acquis aux bienfaits irréversibles. Dans le même temps l'hygiène, l'art dentaire, la chirurgie fine – dont la chirurgie esthétique – l'obstétrique, effectuent des progrès considérables. *En moins de deux générations l'espérance de vie des Occidentaux libéraux a gagné près de quinze ans.*

Les civilisés d'Occident sont mieux nourris, mieux lavés du corps et des dents, les salles d'eau domestiques prolifèrent, et les familles « aisées » y évoluent bientôt toutes nues. Ce qu'on appelait « hygiène intime » à l'époque où se laver les organes sexuels relevait quasiment de soins infirmiers s'effectue tout naturellement lors des savonnages quotidiens, dans le bain ou sous la douche. L'« hygiène du prépuce » devient d'une simplicité enfantine, et même le bon nettoyage des replis vulvaires, voire de la cavité vaginale – un progrès de vie quotidienne « toute bête » fut accompli lorsqu'on s'aperçut que les meilleurs produits d'« entretien » du sexe de la femme étaient *acides*, comme le vagin normal, et non pas alcalins, comme la plupart des savons classiques : ainsi disparurent ces vulvo-vaginites irritatives dont souffraient les femmes « trop propres »... et les prostituées scrupuleuses [86]. Évidemment tenir propre ne veut pas dire dénaturer, et les meilleurs produits sont ceux qui laissent persister la divine et très saine *odor di femmina*. Bien pomponné et fêté par les revues coquines, le sexe de la femme n'est plus la puante sentine de son corps.

Propreté, santé, longévité : le sport, le cinéma, la télévision répandent le modèle d'une humanité bien développée, robuste *et séduisante*. Ces gens qui vivent plus longtemps exigent légitimement de *vivre mieux*. Et pas seulement au plan économique.

L'amélioration de la qualité de la vie implique la possibilité d'accomplir sa fonction érotique, de mener son comportement sexuel *sans contrainte illégitime*, dans de meilleures conditions, et plus longtemps.

86. La pratique excessive – et parfois obsessionnelle – de la douche vaginale possède un effet très néfaste sur la trophicité du conduit : elle le décape de son enduit protecteur et extermine les bacilles lactiques précieux symbiotes, si bien que son fragile tégument est désarmé devant l'infestation microbienne, fongique ou parasitaire.

L'habillement quotidien offre déjà un contraste frappant entre les tenues de ville de la fin du XXe siècle, et celles du siècle précédent (que l'on songe aux sinistres accoutrements des « westerns », aux pesantes robes longues qui entravaient les femmes physiquement... et moralement). Le désir se manifeste de façon flagrante, d'apparaître au mieux de son avantage... sexuel. Depuis la coiffure jusqu'aux chaussures, en passant par les vestes « viriles » et les robes ou jupes « tentatrices », qui cessent enfin de brider la marche des femmes, tout en découvrant leurs chevilles, leurs genoux, voire plus ou moins de cuisse. Les sermonneurs, s'ils n'admettent toujours pas les femelles « en cheveux » dans les lieux du culte, n'osent plus tonner en chaire contre celles qui portent le pantalon...

Au milieu, *le soutien-gorge* fut un progrès considérable. D'une part il libéra la femme des carcans où l'enfermaient corsets, guêpières et gaines baleinées : ils paralysaient ses mouvements et la faisaient vivre dans une quasi permanente insuffisance respiratoire – ce but libérateur fut celui de la française Herminie Cadolle, la première à présenter, à l'Exposition Universelle de 1889, son « corselet-gorge » qui soutenait les seins *par-dessus* grâce à ses bretelles [87]. D'autre part il mettait les appas mammaires en valeur, tout en les empêchant de ballotter pendant la marche ou la course. Grâce au modèle à bretelles et bonnets inventé en 1913 par Mary Phelps Jacob (« Caresse Crosby ») [88] les femmes occidentales purent à la fois augmenter leur « sex-appeal » et faire du sport. Comme le slip si pratique qui garantit l'entre-deux des courants d'air et des regards lubriques, le soutien-gorge fait désormais partie intégrante de leur féminité habillée [89].

La revendication apparaît donc universelle chez les civilisés : que le bon exercice érotique soit *coextensif à la bonne santé*. Elle est légitime. Le développement de la sexologie, *rendu possible par la libéralisation des mœurs à laquelle il contribue*, va répondre à cette aspiration. Il franchira trois étapes.

PREMIÈRE ÉTAPE : LE SEXE EN CHIFFRES, OU L'HEURE DES SOCIOLOGISTES

1. Grandeur et faiblesses des rapports de Kinsey

Malgré tous les efforts des religions et idéologies répressives pour imposer un mode de vie sexuelle médiocre et stéréotypé à la masse du peuple, l'« aventure » érotique-amoureuse de chaque homme, de chaque femme, demeure une expérience subjective que personne ne peut mener à sa place. Les premiers vrais sexologues, les Havelock Ellis, les Wilhelm Stekel, étaient donc judicieusement partis, pour étudier le comportement sexuel réel, des histoires individuelles qu'ils avaient pu colliger. Mais il leur manquait cette donnée essentielle à toute connaissance scientifique : *le grand nombre*. Celui qui permet d'établir pourcentages et statistiques. En dépit des freudiens qui, tout en voulant monopoliser l'étude de la sexualité, considéraient la publication des chiffres comme du dernier vulgaire...

Le principe même d'une étude scientifique du comportement humain posait un préalable épistémologique. À une espèce qui récuse son animalité quand son néocortex prétend tout régir de son destin, mais qui ne peut jouir de l'existence qu'en obéissant à ses déterminismes biologiques, animalité anatomique, physiologique, et comportementale.

Il faut donc saluer le courage de Kinsey et de ses collaborateurs, Wardell Pomeroy, Clyde Martin, lorsqu'ils publient, en 1948, une étude statistique sur le comportement sexuel du mâle humain. Courage nécessaire pour une étude légitime. Car si chaque être humain reste seul « au lit » avec son partenaire sexuel – ou malheureusement sans lui – les mécanismes éthologiques de l'espèce n'ont pas subi une telle désagrégation, apparue la conscience, que l'on ne puisse continuer de distinguer le cadre dans lequel se déroulent ses comportements. Là gît le passionnant intérêt de l'éthologie humaine – alors dans les limbes : cerner ce qui demeure programmé, obligatoire, repérable, chiffrable, dans les conduites des hommes et des

87. Cf. Béatrice Fontanel, *Corsets et soutiens-gorge*, *op. cit.*, p. 75.

88. Cette bricoleuse de génie n'avait pas la bosse du commerce, et son soutien-gorge ne put envahir le marché occidental qu'après la Première Guerre Mondiale, lorsqu'elle vendit son brevet à la Warner Bross ; cf. B. Fontanel, *op. cit.*, p. 89.

89. Évidemment les stupides féministes du « Women's lib » partirent en guerre contre cet accessoire « aliénant ». Les militantes brûlèrent beaucoup de « bras »... et puis elles en remirent, sous l'effet conjoint du désir de confort dans la vie quotidienne, et de l'inévitable survenue de la... maturité donc de la sagesse : on ne garde pas toujours ses idées, ni ses seins de vingt ans.

femmes, quelles que soient les grandes variantes individuelles des modalités d'application.

Prétendant, grâce à la révélation ésotérique, tout savoir des comportements sexuels humains, c'est donc un procès en concurrence que certaines Églises firent à la méthode sociologique, qui « attaquait » le phénomène, à l'inverse, par l'objectivité des faits observables et quantifiables...

Alfred Kinsey (1894-1956) fut nommé en 1929 titulaire de la chaire de zoologie de l'université d'Indiana *(figure 147)*. C'était surtout un entomologiste, spécialement orienté sur la taxonomie et l'étude des statistiques. C'est en 1938 qu'il commença d'interroger ses étudiants sur leur comportement sexuel, à l'occasion d'une enquête sur le mariage. Encouragé par ses résultats, puis aidé par l'équipe qu'il avait formée, il put progressivement mettre en fiches, pendant neuf ans, l'histoire sexuelle de milliers de personnes :12 000 à la date de parution du *Premier rapport*, qui utilise les données de 5 300 hommes.

Kinsey réussit à obtenir le parrainage non seulement de sa propre université, mais aussi celui du Conseil national pour la recherche scientifique, et de la Fondation Rockfeller. En 1947 il fonde l'*Institute for Sex Research*, désormais propriétaire de tous ses documents.

a) Les bons côtés du pavé sur le mâle humain

À part quelques fugaces tentatives dont celle, louable mais limitée, de Magnus Hirschfeld, aucune enquête objective de cette ampleur n'avait jamais été entreprise sur le sujet. Et l'on ne peut contester le sérieux du propos de Kinsey.

Débarquant avec sa formation de zoologiste dans la sexualité humaine il consulte studieusement les classiques, Ellis, Stekel, Moll, Krafft-Ebing... et bien d'autres, dont accessoirement Freud. Il publie une vaste bibliographie, qui l'honore et nous rend encore bien service. Il mène son travail avec une persévérance et une fermeté

Figure 147
Alfred Kinsey

exemplaires. Malgré les quolibets des psychologistes, l'hostilité de certaines universités, voire les menaces policières [90]. *Il prévient enfin, avec la plus grande honnêteté, des lacunes de sa publication* : elle concerne surtout le quart nord-est des États-Unis, avec une grosse majorité de citadins, peu de ruraux, un assez grand nombre de délinquants, et aucun Noir [91]. Aussi demande-t-il *que l'on ne fasse encore aucune généralisation pour de nombreux éléments de la population* [92]. Ce que de mauvais lecteurs – de mauvais esprits – n'ont que trop fait. Et pourtant ce sont ces chiffres qui demeurent le meilleur apport scientifique de Kinsey. Car ils sont finalement, à peu de chose près – concernant essentiellement l'homosexualité – ceux que l'on pourrait publier quarante ans plus tard, tant le comportement sexuel des humains, en contrée libérale, demeure stable, constatation que Kinsey lui-même confirmera [93].

Que trouver à redire au fait que 90 % des enfants se sont livrés aux jeux de « touche-pipi » – ce que Kinsey appelle exhibition-attouchement ? Que 5 100 « mâles » sur 5 300 ont pratiqué la masturbation ? Que les adolescents non mariés ont 3 ou 4 orgasmes par semaine ? Que les mâles veufs ou divorcés continuent d'avoir une vie sexuelle aussi active que lorsqu'ils étaient mariés ? Que les gens « évolués » ont une activité érotique plus variée que « le peuple », pratiquant du seul coït ? Que ces gens évolués évoluent le plus aisément tout nus dans leur domestique ? Que 96 % des hommes mariés des classes supérieures caressent les seins de leur épouse pendant les préludes, et 90 % lui caressent le sexe ? Que 60 % d'entre eux pratiquent le cunnilinctus et jouissent de la fellation ? Qu'ils ont un répertoire postural connaissant à 34 % la position d'Andromaque, alors que « le peuple » ne connaît que « le missionnaire » ? Que les capacités orgasmiques de chacun sont limitées et que les « réactions érotiques » ne se produisent plus, atteinte la satiété [94] ? Que l'acmé des performances masculines se situe entre 30 et 39 ans ? Que les couples mariés continuent une activité sexuelle régulière,83 % de 60 à 65 ans,70 % de 66 à 70 ans ? Que les prostituées ne procurent que 3,5 % des orgasmes de la population mâle [95] ? Que l'inceste hétérosexuel se produit plus souvent dans les imaginations des « cliniciens » et des travailleurs sociaux que dans la réalité [96] ? Que la zoophilie ne procure que 0,3 % des orgasmes masculins totaux, et surtout en milieu rural ?

Voilà qui demeure de la bonne sexologie fiable. Le tableau fourni par Kinsey n'a pas beaucoup changé. Si ce n'est, les mœurs s'étant encore plus libéralisées après la guerre – on a vu pourquoi – la bien moindre activité extracoïtale des adolescents.

*
* *

Second bienfait de l'enquête, le biologisme imperturbable de Kinsey. Il lui fait déplorer le moralisme médical étouffant du XIXe siècle. Cette crispation nuisible qui a empêché les hommes de science de rendre service à leurs contemporains, de se pencher sur la sexualité humaine sans *a priori* religieux ou moralisateur [97]. Sans prononcer le terme, il reconnaît la fonction érotique comme une fonction biologique normale, qui ne saurait se limiter à la procréation dans le mariage, comme le préconisaient les religions monothéistes [98]. *Ce que chiffre Kinsey, c'est l'orgasme, non la progéniture* : le mâle humain doit « émettre son sperme fréquemment » [99]. Ce qui lui fait douter de la faculté de sublimation prônée par Freud [100].

Kinsey s'amuse manifestement à constater le divorce entre les différentes morales, religieuses monothéistes, médicale traditionnelle, officielle légalisée – celle de son temps – et l'activité sexuelle effective. Malgré la réprobation du plaisir solitaire, tous les garçons se sont masturbés, et

90. Trad. franç., éd. du Pavois, pp. 30-31.
91. p. 24.
92. p. 23.
93. pp. 548, 570.
94. p. 650.
95. p. 752.
96. p. 702.
97. p. 25.
98. pp. 354-355.
99. p. 710.
100. p. 283.

surtout les plus précoces, ceux qui fournissent les adultes les plus délurés, sans avoir subi le moindre dommage physique [101]. Les veufs et les divorcés ont en moyenne trois orgasmes hebdomadaires, par rapport vénal ou par « attachement » hétérosexuel, malgré la réprobation sociale ou légale de l'adultère [102]. Pour plusieurs États les contacts bucco-génitaux sont des délits, et pourtant 59 % des mâles pratiquent le cunnilinctus, etc. Au total, conclut Kinsey, eu égard à la législation encore en vigueur à la fin de la guerre,95 % de la population américaine mériterait la peine d'emprisonnement, gardés par les 5 % restants [103]...

Les contraintes sociales, externes, restent donc sans effet sur la force impérieuse des exigences biologiques [104]. Si ce n'est pour brimer ou culpabiliser leur réalisation. Une fois de plus, c'est ce constat de faillite de la morale sexuelle du monothéisme, ce miroir placé devant l'activité sexuelle authentique des humains qui fit scandale. C'est surtout l'hypocrisie latino-européenne qui manifesta le plus grand offusquement. Alors que Kinsey mérite la gratitude des scientifiques, et de ses contemporains, *pour avoir osé chiffrer la vérité*. Ce qui entraîna des répercussions bénéfiques sur la morale publique comme sur la législation de son pays, puis de tout le monde civilisé.

b) Les faces noires du Premier rapport

Ce premier *Rapport Kinsey* mérite hélas ! deux grands reproches. Ils sont dûs aux défauts de ses qualités. Son pragmatisme lui a fait épeler les lettres de la fonction érotique, du comportement sexuel, sans jamais se préoccuper de la mise en forme permettant de comprendre les phrases.

Kinsey n'est ni un physiologiste, ni un éthologiste.

Les conséquences de cette double insuffisance jettent une ombre fâcheuse sur ses travaux.

La physiologie érotique est décrite par Kinsey *de façon désastreuse*. Elle méconnaît totalement le bifocalisme orgasmogène féminin, et en corollaire les capacités masculines de contrôle sensitif. Pour Kinsey il n'y a aucun doute : le clitoris est la seule zone orgasmogène féminine : « l'anatomie et la clinique prouvent abondamment que la plus grande partie de l'intérieur du vagin n'est pas innervée [105]... l'erreur la plus courante du mâle est de supposer que la stimulation de l'intérieur du vagin est nécessaire pour satisfaire complètement la femelle » [106]. Ignorant les capacités orgasmiques du vagin comme les patrons moteurs de l'accouplement, Kinsey écrit cette phrase abracadabrante : « *de toute évidence la plus grande partie de la stimulation physique que le coït procure à la femelle provient du contact que la zone pubienne du mâle imprime aux zones extérieures de la vulve, aux zones immédiatement à l'intérieur du bord externe des « grandes » lèvres et au clitoris* » [107]. Autrement dit, c'est *le poil pubien de l'homme*, chatouillant le clitoris et l'intérieur de la fente vulvaire, qui devient le principal agent de satisfaction de la femelle humaine pendant l'accouplement... Après le « tout vagin » des freudiennes, Kinsey inaugure un « tout clitoris » qui va faire autant de ravages.

L'orgasme vaginal étant exclu de la physiologie érotique à la Kinsey, il apparaît ridicule que le mâle mette à profit ses capacités de retenue physiologique. Il y a tellement de femmes qui exigent 10 à 15 minutes de stimulation exténuante avant de parvenir à l'orgasme coïtal ! ou qui n'y sont quasi jamais disposées [108] ! Dans ces conditions, le but essentiel du mâle étant d'émettre son sperme, « *celui dont la réaction sexuelle est rapide représente un cas tout à fait normal dans la classe des mammifères... considérer que le mâle qui réagit rapidement connaît un état pathologique ne se justifie pas scientifiquement dans la plupart des cas* » [109]. Voici donc les éjaculateurs prématurés non seulement absous, mais même décorés pour émettre leur semence dans les meilleurs délais ! Et tant pis s'ils geignent, se plaignant de n'assouvir ni le patron moteur de leur charnière ni leur pouvoir érotique sur leur partenaire.

Il est vrai qu'à l'époque de Kinsey, sans pilule, sans assouplissement de la morale sexuelle préconjugale, adolescents et adolescentes se

---

101. pp. 426, 648, 650.
102. p. 392.
103. p. 510.
104. p. 361.
105. p. 576.
106. p. 725.
107. pp. 725-726.
108. p. 731.
109. *Ibid.*

retrouvaient, pour assouvir leurs « impulsions biologiques », dans les surprises-parties et surtout dans la confortable voiture de papa : les célèbres *dates* (rendez-vous) leur permettaient de gravir tous les degrés du *petting*. La main dans la culotte, la main dans la braguette, ils finissaient par se masturber réciproquement et consciencieusement, se faisant jouir l'un l'autre par ces « attouchements hétérosexuels » prophylactiques de la grossesse comme des maladies vénériennes. Les plus délurées-dévouées des jeunes filles acceptaient (proposaient) en supplément la fellation de leur admirateur.

Enfin mariés, ayant enfin le droit de se « livrer à l'accouplement », ils n'avaient aucun entraînement à l'étreinte. Dans le lit conjugal (celui des deux lits jumeaux choisi pour la rencontre) les messieurs succombaient en quelques instants à l'excès de bonheur intravaginal, et s'ils n'avaient pas eu la politesse de déclencher l'orgasme clitoridien de leur épouse « comme avant », elle ne retirait du coït légitime aucune satisfaction. D'où ces légions de frigides et d'éjaculateurs prématurés (circoncis !) qui assiégèrent les « *sexologists* », et firent leur fortune.

Quant aux notions éthologiques de Kinsey, elles sont nulles. Bien qu'il déclare traiter de *comportement*, il n'a aucune théorie authentique sur le sujet. Il est vrai que psychologistes, psychanalystes et psychiatres avaient de la théorie à revendre, et la mise à plat de Kinsey se justifie en partie, comme se justifiera la mise à plat du *DSM III*. À son époque régnait aux USA le fâcheux behaviorisme, qui faisait des structures de comportement de simples mécanismes réagissant docilement à l'environnement, et auquel Kinsey souscrit étourdiment. Dans le *Deuxième rapport* il redit sa profession de foi behavioriste : « la conduite de tout animal dépend inévitablement de la nature des stimuli auxquels il est exposé, de ses capacités anatomiques et physiologiques, ainsi que de ses expériences antérieures » [110]. On sait que la conceptualisation de l'éthologie n'a pu se faire qu'en récusant la plupart des postulats behavioristes, mais au moment de l'établissement des rapports de Kinsey Konrad Lorenz n'avait pas encore traversé l'Atlantique. *Si bien que Kinsey succombe à un environnementalisme sociologique qui contredit les chiffres qu'il publie* !

« Aucun biologiste ne comprend exactement pourquoi les mâles d'une espèce ressentent une attirance essentielle sinon exclusive, pour les femelles de la même espèce [111] »... On est peiné que le courageux Kinsey ait écrit cette ânerie, par méconnaissance désastreuse de l'éthologie la plus élémentaire. À partir de là, on comprend qu'il n'ait fait aucune différence qualitative entre les différentes méthodes utilisées par le mâle pour évacuer son sperme.

Masturbation, pollution nocturne, attouchement hétérosexuel, rapport hétérosexuel, activité homosexuelle, rapport avec un animal, pour le Rapport, c'est tout un. Que Kinsey en tire prétexte pour appeler à la tolérance paraît tout à fait légitime. Mais ce n'est pas ainsi que l'on met à jour, de façon scientifique, les ressorts internes du comportement sexuel.

Kinsey est si féru d'environnementalisme qu'il ignore jusqu'au rôle d'indice sexuel, et d'appas, des seins féminins. Il écrit sans sourciller : « il serait intéressant d'étudier jusqu'à quel point l'attirance qu'éprouve le mâle américain pour les seins de la femelle est d'ordre culturel ou repose sur une base biologique [112] »... Après cela, on peut vraiment se demander si le mâle peut éprouver le moindre goût préférentiel pour la masturbation, ou les femmes, ou les hommes, ou les bestiaux, chiens, veaux, poneys, oies, etc. Et c'est précisément à propos de la plus courante déviation d'objet, l'homosexualité, que Kinsey publie à la fois des considérations hautement farfelues et des chiffres qui, s'ils ne me scandalisent pas comme les puritains d'« époque », me paraissent inutilisables ou contradictoires.

Côté face (si l'on peut dire), le rapport semble taxer de pratiques homosexuelles un nombre considérable d'américains : « 37 % au moins de la population mâle ont quelque expérience homosexuelle entre le début de l'adolescence et la vieillesse » [113]. Constatation succédant à la qualification hardie d'homosexualité pour les jeux infantiles entre les représentants du même sexe. On sait que cette qualification n'est pas correcte – sauf pour les freudiens – et que les chiffres de Kinsey pour ces « rapports homosexuels » [114] entre immatures (de 48 % à 60 %) paraissent bien bas, la très grande majorité des petits garçons et des petites filles jouant entre eux aux « touche-

110. Trad. franç., éd. Amiot Dumont, p. 403.
111. p. 835.
112. p. 724.
113. p. 787.
114. p. 232.

pipi » – que Kinsey avait chiffré à 90 %, les deux sexes confondus.

Côté pile Kinsey donne des chiffres beaucoup plus modestes : « *pour l'ensemble de la population mâle, célibataires et hommes mariés, entre l'adolescence et la vieillesse, 6,3 % de l'activité totale provient de relations homosexuelles* » [115]. Et il se rapproche ici des estimations faites depuis, avec les réserves qui s'imposent, et chiffrent à l'entour de 6 % la proportion d'homosexuels mâles dans nos populations occidentales adultes. Il ajoute, de même, « l'homosexualité ne procure que 8 % à 16 % des orgasmes des célibataires : *la fréquence moyenne doit donc être basse pour l'ensemble de la population* » [116].

Cette fréquence basse étonne Kinsey car il constate, comme tout le monde, combien les rapports homosexuels paraissent faciles à entreprendre dans notre société [117]. Et le voilà qui élucubre : « sans l'emprise des contraintes sociales et des conflits personnels, l'homosexualité pourrait l'emporter sur l'hétérosexualité » [118]. Déplorable !

Kinsey ignorant l'éthologie ignore combien l'hétérosexualité s'est évolutivement inscrite dans les gènes humains de façon « irrémédiablement » majoritaire, retenant de céder à l'*homosexualité de compensation*, quelle que soit la disette hétéro, l'énorme majorité de nos congénères. Et la même société que Kinsey accuse de réfréner efficacement l'homosexualité fraîche et joyeuse lui paraît impuissante à réfréner l'impulsion hétérosexuelle des célibataires [119], incapables de rester continents mais « choisissant » les rapports les plus difficiles à entreprendre. Incohérent !

On peut donc penser que les chiffres outrés de Kinsey le sont pour deux raisons. D'une part sa marotte de considérer « rapport homosexuel » la simple exhibition de ses organes génitaux à ses copains de classe ou de régiment. D'autre part l'échantillonnage de ses mâles américains, cantonnés dans les villes du Nord-Est, et comprenant de nombreux délinquants emprisonnés – au sein desquels, c'est un autre fait statistique, la proportion d'homosexuels est plus grande que dans le reste de la population. Les USA de 1947 n'étaient probablement pas plus la proie d'une homosexualité « ravageuse » que la Grèce antique.

Toujours est-il que ses pourcentages « suspects » ont conduit Kinsey à la théorisation d'un *nuancier comportemental* tout à fait aberrant *(figure 148)*. Il lui permettait de catégoriser les mâles selon la proportion que l'homo- et l'hétérosexualité occupaient respectivement dans leur activité sexuelle. *Cette théorie est désastreuse.*

D'abord parce qu'elle ne tient pas compte du phénomène de *seuil* qui fait que l'on ne passe pas du partenaire hétérosexuel au partenaire homosexuel aussi facilement qu'on passe du soleil à l'ombre sous un auvent de plein air [120] ; ce seuil, un pourcentage très limité d'humains peut seul le franchir. Ensuite parce qu'elle incruste l'idée qu'hétérosexualité et homosexualité *sont deux pôles comportementaux d'égale attraction dans les structures éthologiques globales de l'humanité.* Comme le disait Freud, qui voyait chaque homme et chaque femme osciller toute sa vie entre l'objet homo et l'objet hétéro. *Une déviation d'objet est ainsi située sur le même plan que le comportement sexuel normal.* Ce qui fait dire hétérosexuel au lieu de normosexuel ! Au grand triomphe des homosexuels militants...

Il faut déplorer que l'équipe de Kinsey, publiant en 1978 un *Troisième rapport*, sur l'homosexualité [121], ait repris cette théorie du *continuum* comportemental. Je l'ai signalé dans la *Préface* que j'ai eu l'avantage d'écrire pour la traduction française

Figure 148
Le nuancier comportemental de Kinsey

115. p. 769.
116. p. 795.
117. *Ibid.*
118. *Ibid.*
119. p. 361.
120. Lorsque la mode intellectuelle, pour le microcosme parisien, était au charabia structuraliste, une écrivaine me confia qu'elle vivait une hétérosexualité synchronique, sur laquelle se greffait une homosexualité diachronique...
121. Trad. franç., *Homosexualités*, éd. Albin Michel.

de ma fidèle collaboratrice Geneviève Tétart. Par contre, échaudés par les chiffres peu crédibles du *Premier rapport*, les rédacteurs du *Troisième rapport* se sont bien gardés de tomber dans le même piège. Ils n'ont plus proposé aucun pourcentage concernant la proportion d'homosexuels chez les mâles et femelles américains adultes. Sage précaution.

*
* *

Restent enfin de sérieuses lacunes sur, précisément, le *comportement* sexuel du mâle humain. Sur les critères de choix de la (des) partenaire (s). Sur les circonstances de rencontre. Sur le déroulement des aventures séductrices. Sur les raisons des ruptures. Et tout bêtement sur l'éthologie de la vie sexuelle quotidienne, celle qui nourrit et apaise les adultes normaux majoritaires. Kinsey connaît la tendance irrépressible des humains civilisés – comportement territorial – à s'installer dans des demeures particulières, triomphe de la vie privée et de la famille nucléaire sur les théories collectivistes. Mais là ses enquêteurs restent très pudiques sur le temps et l'espace, sur l'heure des séances érotiques, et sur le lieu de leur déroulement : dans la cuisine, devant le feu de la cheminée, dans la salle d'eau... dans la chambre, et là dans quel lit.

Désastreux legs du puritanisme, *les lits jumeaux* apparaissent si « naturels » aux américains qu'ils en ont imposé la désastreuse pratique hôtelière au monde civilisé. Les épouses *british* ou *frenchies* ramenées d'Europe n'ont pas réussi à convaincre leurs époux (leurs familles) d'utiliser le grand lit conjugal [122], ce *letto matrimoniale* désormais quasi introuvable même dans les hôtels italiens... Quant à Kinsey, il n'a pas subodoré la nocivité des lits jumeaux quant au comportement précisément sexuel.

Le fatal espace entre les deux lits est la « vallée de la mort » où ont sombré bien des désirs timides, bien des érections frileuses. Avant d'obliger les participants à se rencontrer, engoncés dans leurs désastreux « vêtements de nuit » [123], sur un matelas exigu bridant toute liberté de manœuvres copulatoires. Les victimes accumulent les erreurs culturelles responsables d'empêtrement érotique. Ils se privent de toute cette animalité corporelle, partage de la chaleur, des souffles, des odeurs, du sommeil, qui est un ciment du couple, favorisant l'éclosion spontanée du désir comme sa réalisation. Il est plus facile d'insinuer une main chaude et doucement persuasive sur les zones stratégiques du (de la) concubin(e) même endormi(e) que d'aller le (la) déranger quand il (elle) dort à côté. Il est plus facile d'utiliser « sur place » l'érection éclose dans la raie culière de la compagne de draps que de lui faire franchir la Bérésina, surtout par temps froid. À moins d'avoir le goût de l'épreuve... mais c'est justement cette épreuve qui en a frigorifié tant et tant, même par temps chaud.

Le mâle et la femelle humains, quand ils sont appariés, doivent partager la même couche spacieuse et confortable, et dormir peau à peau. Cette nécessité toute bête, mais bien connue des antiques, grecs et surtout romains, deviendra une des prescriptions élémentaire de la thérapeutique sexologique [124].

c) Un gros pavé sur la femme, et au-delà

Le rapport de 1953 sur le « comportement sexuel » de la femelle humaine a un projet plus vaste que ne l'indique son titre. C'est déjà un traité de biologie sexuelle humaine, et il faut lui rendre hommage sur deux plans.

D'abord un remarquable exposé des motifs justifiant la recherche sexologique. Face à l'obscurantisme des systèmes moraux préscientifiques – ou antiscientifiques – il reprend les arguments de Havelock Ellis et de Magnus Hirschfeld. La connaissance objective de la sexualité humaine correspond aux droits de la science, au souci de favoriser l'harmonie conjugale, l'équilibre des célibataires, et l'information sexuelle des jeunes. Elle permet d'inspirer une législation libérale préservant les droits de l'individu. L'équipe

---

122. Dans le film d'Hitchcock, *Mais qui a tué Harry ?* (1956), l'exigence du héros de se faire offrir « un grand lit d'amour » apparaît vraiment très osée.

123. C'était l'époque où régnait à Hollywood la censure du sinistre Hayes. Pour ne pas encourir ses foudres, les cinéastes nous montraient des dames dormant (à part !) avec les frisettes et bouclettes de leur permanente, avec leurs fards et leurs faux cils, et bien sûr avec de véritables carapaces vestimentaires de nuit. De même le nageur Johnny Weissmüller dut-il se raser la pilosité du tronc pour incarner Tarzan à l'écran.

124. Par contre j'engage fermement à faire chambre à part ceux qui n'ont plus aucun appétit érotique pour leur voisin(e) de lit. Après dix ans de cohabitation chaste, réfrénant leurs poussées de désir spontané, ils s'étonnent de mal fonctionner ailleurs !

rédactrice affirme une fois de plus l'impossibilité d'étudier la sexualité humaine sans se préoccuper d'*éthique*. Un de ses leitmotiv sera de souligner, à chaque rubrique du livre, combien la morale monothéiste empoisonne, depuis des siècles, la vie sexuelle des Occidentaux. Je ne suis pas le seul à faire ce désolant constat...

Second bon point du *Deuxième rapport*, une copieuse étude physiologique de la « réaction sexuelle » occupe le tiers de l'ouvrage. Pour la première fois depuis Havelock Ellis, et avec un louable souci d'observation complète, sont étudiés les phénomènes physiologiques menant à l'orgasme, et *dans les deux sexes*. Depuis les réactions locales jusqu'aux répercussions sur les instances supérieures du système nerveux central *(figure 149)*. Les auteurs regrettent évidemment de ne pas disposer de documents scientifiques directs. Ils n'ont pu bénéficier, ici et là, que d'études partielles publiées par les prédécesseurs de Masters et Johnson, dont Boas et Goldschmidt (1932), Klumbies et Kleinsorge (1951). L'ensemble est méritoire et finalement assez correct. On ne peut en vouloir à Kinsey de croire encore à la production de la mouillure vaginale par les glandes de Bartholin et le col utérin [125], ni de ne pas avoir trouvé le centre coordinateur du circuit nerveux de l'orgasme [126]. Il lance d'ailleurs un appel à la poursuite de l'étude : Masters et Johnson, Mac Lean, Olds et Campbell, et bien d'autres reprendront le flambeau.

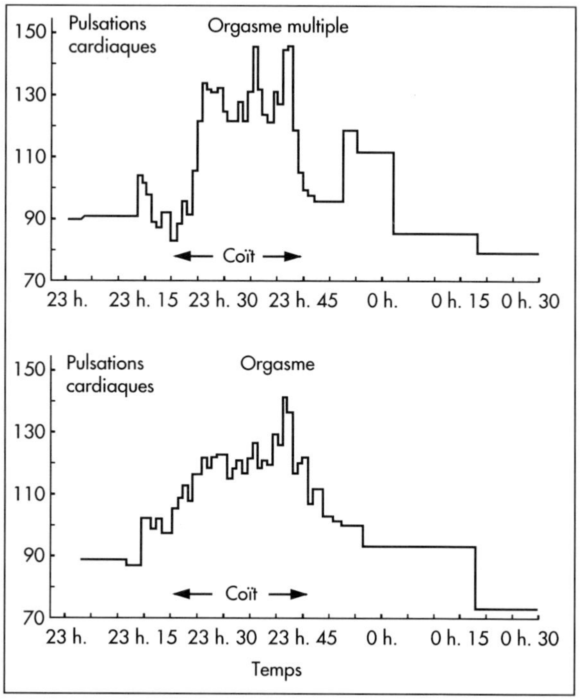

Figure 149
1932 : premiers enregistrements des battements cardiaques pendant le coït (la femme en haut, l'homme en bas)

On trouve enfin dans ce *Deuxième rapport* d'excellentes observations sur son sujet affiché, le comportement sexuel féminin. La découverte personnelle de l'auto-érotisme sans qu'il soit besoin du dévergondage par une adulte vicieuse [127]. Les jeux infantiles de galipettes rodant les mouvements coïtaux [128]. Le rôle de maturation physiologique du circuit orgasmique par la masturbation [129] : celles qui n'ont pas été capables de découvrir ainsi l'orgasme toutes seules ont *trois fois moins de chances* d'être assouvies dans le mariage que celles qui ne se sont jamais « touchées » [130]. Évidemment, la nocivité de la masturbation est nulle [131], en dépit de sa réprobation par le « puritanisme talmudique » de Freud [132]. Les rêves orgasmiques nocturnes ne sont presque jamais de viol, ni de sado-masochisme [133]. Les pelotages préconjugaux, *petting*, *necking*, relèvent de la biologie animale la plus normale [134]. Quant à l'orgasme, loin de provoquer tristesse et dépression, il procure un inestimable apaisement [135] ; c'est un ciment du couple, au sein de la famille nucléaire, qui va de plus en plus mener sa vie privée dans des maisons individuelles [136].

Malheureusement à propos de la physiologie orgasmique féminine Kinsey tient à nouveau des

125. p. 532.
126. p. 647.
127. Moins de 30 % des femmes interrogées y ont été initiées par une adulte, p. 154.
128. p. 124.
129. p. 187.
130. *Ibid.*
131. pp. 180-181.
132. pp. 185-186.
133. p. 215. Voilà qui s'oppose aux « fantasmothérapeutes » de la fin du XXe siècle !
134. p. 223.
135. p. 568.
136. p. 321.

propos contradictoires et exaspérants. Une fois de plus, le clitoris (néanmoins assisté par ses voisines les petites lèvres, et par l'anus, et par le périnée) est la seule zone orgasmogène féminine. Le vagin est un tuyau qui ne sent rien, même quand on le titille avec tiges de verre ou de métal, ou tampon monté de coton [137] *(figure 150)*, et Kinsey ajoute hardiment que ce canal insensible purement copulatoire *ne contribue que très peu aux réactions érotiques de la femme* [138]...

Et pourtant les femmes éprouvent l'orgasme dans le coït ! Kinsey le constate, comme il constate le progressif ajustement érotique des couples stables : *la première année de leur mariage 63 % des femmes sont assouvies par l'accouplement, vingt ans plus tard elles sont 85 %* [139]. Qu'est-ce qui peut donc bien faire jouir ces femelles humaines quand elles coïtent ?

Kinsey se creuse la tête pour trouver des explications à la jouissance d'un organe muet. Et il n'en trouve pas moins de six [140] ! Deux d'ailleurs sont bonnes, l'innervation sensible du vagin (que Kinsey ne reconnaît que chez 14 % des femmes) et la part musculaire, proprioceptive, de la sensation

Figure 150

Réponse des organes génitaux externes féminins à la stimulation tactile (baguette de verre, de métal, coton tige) et à la pression. La réponse est figurée par V, l'absence de réponse par x. Edition américaine originale du Deuxième Rapport Kinsey

Structures	*% Responding*	*Total n° of cases*	*Typical variation in response in 15 cases*														
			1	*2*	*3*	*4*	*5*	*6*	*7*	*8*	*9*	*10*	*11*	*12*	*13*	*14*	*15*
Area of tactile stimulation																	
Labia majora																	
Right	92	854	x	x	√	√	x	x	√		√	√	√		√	√	x
Left	87	854	x	x	√	√	√	x	√		x	√	√		√	√	x
Clitoris	98	879	√	x	√	√	√	√	√	√	x	√	√	x	√	√	√
Labia minora																	
Right, outer surf.	97	879	x	x	√	√	x	√	√	√	√	√	√	x	√	√	√
Right, inner surf.	98	879	x	x	√	√	x	√	√	√	√	√	√	x	√	√	√
Left, outer surf.	95	879	√	x	√	√	x	√	√	√	x	√	√	x	√	√	√
Left, inner surf.	96	879	√	x	√	√	x	√	√	√	√	√	√	x	√	√	√
Vestibule																	
Anterior surf.	92	650	x	x	x	√	√			√	√	√	√	√	√	√	√
Posterior surf.	96	879	√	√	√	√	√	√	√	√	√	√	√	√	√	√	√
Right surf.	968	879	√	√	√	√	√	√	√	√	√	√	x	√	√	√	√
Left surf.	96	879	√	√	√	√	√	√	√	√	√	√	x	√	√	x	√
Vagina																	
Anterior wall	11	578	x	x	x	√	x	x	x	√	x	√	x	x	√	x	
Posterior wall	13	578	x	x	x	√	x	x	x	√	x	x	x	x	√	x	
Right wall	14	578	x	x	x	√	√	x	x	√	x	√	x	x	√	x	
Left wall	14	578	x	x	x	√	√	x	x	√	x	√	x	x	√	x	
Cervix	5	878	x	x	x	√	√	√	x	x	x	x	x	x	x	x	x
Area of pressure																	
Vagina																	
Anterior wall	89	878	x	√	√	√	√	√	√	√	√	√	x	x	x	x	√
Posterior wall	93	878	√	√	√	√	√	√	√	√	√	√	√	x	x	√	√
Cervix	84	878	x	√	√	√	√	√	√	√	√	√	x	√	x	x	√

137. p. 577 de l'édition américaine. Les traducteurs français, qui ont omis ces détails (p. 508), les ont-ils trouvés ridicules ?

138. p. 520.

139. p. 349.

140. pp. 509-510.

érogène, par stimulation du diaphragme pelvien. Il manque à Kinsey, et à ses histo-physiologistes, la notion de la sensibilité d'éléments pseudo-corpusculaires, et de fibres nerveuses réceptives. Et surtout la notion physiologique toute bête du nécessaire *échauffement érogène du vagin*, par les caresses générales, par l'orgasme clitoridien préliminaire. Pour un organe dont les messages orgasmogènes se rapprochent de ceux fournis par l'urètre postérieur masculin – lui aussi très peu friand d'attouchements avec des tiges de verre « à froid » (et même à chaud !).

Si soucieux de l'équilibre sexuel des mariages, Kinsey donnait ainsi une fois de plus argument aux féministes les plus insupportables. Celles qui prêchent l'impossibilité, pour l'homme, de ne jamais rien faire pour la femme, sinon lui coloniser le vagin. Et qui se font propagandistes de la masturbation clitoridienne « revancharde », Kinsey lui-même ayant écrit que la masturbation est le mode d'excitation qui permet à la femme d'arriver le plus fréquemment à l'orgasme [141].

*

*   *

Une de ces grandes prêtresses de la masturbation, Madame Shere Hite, se fit forte d'établir vingt ans plus tard, en 1974, son propre rapport sur la sexualité féminine [142]. La « rédactrice » était dépourvue de la moindre formation universitaire. Quant à l'ouvrage, établi sur le témoignage de volontaires revendicatrices et mal baisées, il n'a aucune valeur scientifique [143]. On peut le lire pour quelques histoires croustillantes, et surtout pour s'amuser quand il décrit l'anatomie-fiction des organes érectiles féminins : ils seraient de la même taille que ceux de l'homme ! Une fois de plus, le défi à l'autre sexe se trompait de champ de bataille, et toujours pour la même stupide raison : le refus d'assumer la différence.

2. Après Kinsey

a) Le Rapport Simon *: un certificat de bonne vie sexuelle*

Madame Hite ne fut pas la seule émule suscitée par Kinsey. Bien des petites têtes pensantes sociologiques ou sexologiques se sentirent capables de publier leurs petites statistiques. La mode fut telle qu'elle inspira jusqu'aux romanciers [144]. Des dizaines et des dizaines de ces opuscules sombrèrent dans les poubelles de l'histoire des sciences. Le seul travail sérieux depuis Kinsey fut entrepris par l'équipe du Français Pierre Simon.

Le *Rapport Simon* sur *le Comportement sexuel des Français* parut en 1972. Après l'interrogatoire de 2 625 Français et Françaises. Son premier grand mérite fut d'avoir été établi *selon des normes de pondération sociologique*. Sans se contenter des « confessions brûlantes » des bénévoles ni surtout des volontaires prosélytes. En tenant compte, entre autres, des classes d'âge, du rôle social, du lieu de résidence urbain ou rural, pour établir chiffres et pourcentages. C'était la seule façon d'obtenir une « photographie » véridique et fiable de la population sur ce « sujet délicat ». Son deuxième grand mérite est d'avoir, d'une certaine façon, mis fin à la « rapportomanie ». Parce qu'il mit fin à un double alarmisme.

Les chiffres indiquaient que 97 % des ménages français étaient mariés [145]. Pour 51 % des Français des deux sexes, dont 57 % de femmes, les rapports sexuels des douze derniers mois avaient été satisfaisants [146]. 51 % des Français s'estimaient satisfaits de leurs connaissances quant à la physiologie érotique, 59 % pour leur connaissance des postures coïtales [147]. Plus de la moitié des Français adultes pratiquaient cunnilinctus et fellation [148]. 60 % des Français et 52 % des Françaises s'estimaient satisfaits de leur vie sexuelle personnelle [149]. Il n'y avait que 5 % des Français et 3 % des Françaises pour connaître des rapports homosexuels [150].

141. p. 145.
142. Nous avons eu droit à deux ouvrages en français : *le Rapport Hite*, et *En toute franchise*, éditions Robert Laffont.
143. Les personnes intéressées peuvent se reporter à mon article du *Figaro*, repris in *la Fonction érotique*, tome III.
144. Aujourd'hui bien oublié *le Rapport Chapman* de l'Américain Irving Wallace, *op. cit.*, fut un *best-seller* en 1961. On photographia même Jacqueline Kennedy en train de le lire. *Sic transit...*
145. p. 220.
146. p. 345.
147. p. 397.
148. p. 245.
149. p. 421.
150. p. 269.

Pour 56 % des Français l'impuissance était due à des causes complexes (dont 8 % seulement « psychologiques »), pour 48 % la frigidité était due, elle aussi, à des causes complexes (dont 13 % seulement de « psychologiques ») [151]. 78 % des Français des deux sexes considéraient normale l'infidélité du (de la) conjoint(e) d'une frigide ou d'un impuissant [152], etc.

Ce portrait est celui d'une société où les hommes et les femmes vivent en couple, et se marient. Où la majorité ne gémit pas sur ses misères sexuelles, s'estime suffisamment informée sur la fonction érotique [153], et utilise la contraception. Où l'homosexualité n'est pratiquée que par quelques minoritaires. C'est-à-dire le portrait d'une société où le libéralisme des mœurs a gagné, et ne demande qu'à progresser, pour offrir définitivement le cadre où mener tranquillement sa vie sexuelle-érotique personnelle. Au rebours de ce que prédisaient les moralistes répressifs comme les prophètes socialistes, « le sexe » *s'est dédiabolisé et embourgeoisé*. On pourrait presque dire qu'il s'est anobli en devenant un phénomène respectable, dont on parle de plus en plus facilement, et qui va même devenir objet de revendications, de la part d'honorables citoyens.

En France, les trois derniers barrages sautèrent trois ans plus tard, lorsque fut promulguée la législation de l'IVG et du divorce par consentement mutuel, lorsqu'on cessa d'être mineur à dix-huit ans. L'arrêt des poursuites judiciaires pour « pornographie », en 1974, put aussi être salué par les libéraux comme un nouveau progrès. Tout écrire de l'érotisme, montrer les poils sexuels au naturel, tourner des films désormais très légalement classés X n'était plus ce diabolique délit d'attentat aux bonnes mœurs qui servit de prétexte pour bâillonner la liberté d'expression de tant et de tant d'artistes et d'écrivains. Quand on ne les mettait pas en prison, quand on ne les brûlait pas.

Le *Rapport Simon* démobilisait donc doublement. D'un côté les Cassandre prédisant le proche effondrement moral de l'Occident sous les assauts de l'« érotisme et la pornographie », sans oublier le dépeuplement et l'homosexualité galopante... De l'autre les impénitents agités pleurant sur l'insatisfaction érotique des populations, qu'il urgeait de réveiller par la révolution sexuelle. Favorisé par la libéralisation des mœurs sexuelles, *le Rapport la constatait et l'encourageait*.

Mobiliser à nouveau des dizaines d'enquêteurs pour poursuivre un combat en grande partie gagné n'apparut plus d'une urgente nécessité. Le sensationnalisme en matière de mœurs sexuelles ne servit plus que de serpent de mer aux journalistes en mal de copie. Des révérends « progressistes » pouvaient marier des homosexuels, des jeunes vieux barbus pouvaient encore entrer en communauté sans partenaire ni écuelle personnelle, le SIDA pouvait déborder (relativement peu) le cercle homosexuels-drogué(e)s prostitué(e)s, les Occidentaux avaient enfin compris que la société libérale n'opprimait plus le sexe, pas plus que le sexe ne menaçait la société.

Bien sûr les fameux problèmes sexuels n'avaient pas tous disparu. Ils ne relèvent plus « chez nous » que de la gestion personnelle de la vie privée, ou de la pathologie médicale. Pour les vicissitudes sentimentales, tromperies, chagrins d'amour, les médecins n'auront jamais d'ordonnance. Par contre les médecins, les chirurgiens commençaient enfin à proposer aux sexes en peine des remèdes efficaces. Le « vivier [154] » où ils puisent leurs clients perdit un de ses secrets les plus fabuleux du jour où les bons samaritains de la lutte anti-SIDA permirent enfin de connaître sa contenance.

b) Le Rapport Spira-Bajos : *les « malgré nous » de l'éthologie*

Par la condamnation à mort que son diagnostic infligeait à ses victimes, par le retentissement considérable qu'il eut d'emblée dans l'opinion, puisqu'il touchait cruellement ce « clan » principalement homosexuel et un peu toxico qui tient une place si influente et si voyante dans les modes culturelles, le showbiz, la chorégraphie, la critique d'art, et parce qu'il se transmettait par le sexe le SIDA apparut au début des années 80 comme une de ces « malédictions divines » qui s'abattent sur les sodomites, les libertins et les dépravés – comme aux temps de la grosse vérole. Les professionnels de la répression sexuelle, culs-bénits adversaires du divorce, de la contraception et de l'IVG accueillirent avec une joie mauvaise cette aubaine « providentielle » supposée moralisatrice. L'énorme scandale de la contamination d'opérés et d'hémophiles français transfusés, comme les statistiques internationales montrant qu'un nombre

151. p. 316.
152. p. 381.
153. Mon ouvrage *la Fonction érotique* est sorti en librairie en même temps que le *Rapport Simon*.
154. C'est le terme un rien dédaigneux du *Rapport Spira*, p. 199.

croissant de femmes (principalement africaines et asiatiques, ce qu'on omettait régulièrement de préciser) était atteintes par le(s) virus engendrèrent l'idée que tout un chacun citoyen pouvait être menacé.

La France s'était déjà distinguée, outre l'infestation des hémophiles, par la découverte de l'agent causal VIH, grâce à l'Institut Pasteur (un établissement privé !) en 1983. Ses autorités gouvernementales ne pouvaient faire moins que chercher à s'illustrer en prenant la tête de la prévention épidémiologique. Le chargé de mission, Claude Got, désirant prendre le mal à sa source, *le rapport sexuel contaminant*, s'avisa brusquement, en 1989, que l'on avait fâcheusement « négligé les études sur les comportements humains, en particulier en matière de sexualité [155] ». Il lui parut indispensable, sur cette désastreuse *tabula rasa*, de « développer très rapidement les études de comportement portant sur la sexualité » pour mettre au point une politique efficace de prévention. Le résultat de l'enquête effectuée en 1991 et 1992 sous la direction d'Alfred Spira et Nathalie Bajos parut en 1993.

Voici donc que grâce au SIDA on offrait gratis aux sexologues, vingt ans après le *Rapport Simon*, certains chiffres utiles qu'ils n'auraient pu obtenir des deniers publics pour éclairer leur propre discipline. Car le *Rapport Spira-Bajos* part d'un double mépris.

Premier mépris, celui de la sexologie, dont aucun représentant n'a été convié à participer aux travaux, et dont aucun ouvrage représentatif ne figure dans la bibliographie. Le rapport ne manque pas, d'ailleurs, d'ironiser sur les « sexologues et autres orgasmothérapeutes [156] ». Par contre il fit appel à pas moins de trois psychanalystes – dont un chargé, évidemment, d'explorer « les représentations de la mort ». Retard mental caricatural de l'intelligentsia française, prenant toujours le freudisme pour une science, et honorable, dans les dernières années du XXe siècle... Non moins caricatural le deuxième mépris, celui de l'éthologie, dont le nom n'est même pas « prononcé » dans les 352 pages du *Rapport Spira*.

Il est vrai que le cénacle de responsables sort tout droit de la pépinière CNRS-INSERM, celle qui cultive imperturbablement du sociologue socialiste et pense imperturbablement « à gauche » en plein effondrement conceptuel du marxisme. Les préjugés politiques des rédacteurs sont si naïvement exposés qu'ils morigènent en toute innocence les gouvernements étrangers « de droite », celui des USA, et par deux fois celui de l'affreuse Madame Thatcher... voilà qui est bien éclairant pour étudier le comportement sexuel des Français ! Naturellement, en bons marxistes environnementalistes se convulsant d'horreur à l'idée de la moindre programmation des comportements humains, les enquêteurs se targuent de leur « stratégie de rupture » avec toute théorie proposant des « modèles de comportement sexuel [157] ». À ce point sous-informés de ces théories qu'ils les tiennent encore pour behavioristes... alors qu'un certain Konrad Lorenz a obtenu le Prix Nobel en 1973 pour avoir su récuser le behaviorisme, et son avatar le plus toxique, le skinnérisme...

Il ne faut donc pas attendre du *Rapport Spira* la moindre *étude de comportement* sur la sélection du partenaire, les tactiques de séduction, l'agencement des rencontres érotiques, en particulier la première, le déroulement des manœuvres corporelles, le besoin féminin d'orgasme clitoridien et/ou vaginal [158], la distinction élémentaire et si nécessaire entre orgasme *réciproque* et orgasme *simultané*, les postures utilisées, la durée des liaisons érotiques, etc. Et pas question de reconnaissance « inégalitaire » du profil caractériel individuel, celui qui permet, justement, de savoir s'astreindre ou non aux mesures efficaces de prévention...

Et pourtant ce « quarteron de gauchistes [159] » a réussi, dans son domaine limité, à fournir des chiffres fiables... parce que l'arithmétique n'est pas partisane.

Le Rapport Spira a été établi selon une méthode inédite en la matière : le tirage au sort, aléatoire, des numéros de téléphone figurant dans l'annuaire. Procédé finalement légitime et opérant, puisque l'énorme majorité (94 %) des foyers français sont abonnés. Ainsi ont été interrogées 20 000 personnes de 18 à 69 ans. Un record ! Un autre bon point fut de tenir la préparation du rapport à l'écart de ces médias envahissants et arrogants qui

155. A. Spira et N. Bajos, *les Comportements sexuels en France*, *op. cit.*, p. 14.

156. p. 199.

157. p. 30.

158. « La description précise des diverses dysfonctions féminines individualisables eût nécessité des questions longues et parfois complexes », p. 199.

159. Pour utiliser le terme fautif du général de Gaulle, qui méconnaissait *quatuor*. Il est vrai que le *Rapport Spira* nous fait bien subir le barbarisme cunnilingus (pour *cunnilinctus*).

vont jusqu'à perturber les enquêtes policières et les instructions judiciaires. Après quoi je serais volontiers tenté de dire, devant les chiffres publiés, ce que dirent les Églises devant le *Rapport Kinsey* : « tout ça, on le savait ! »...

Il n'y a décidément pas plus de 5 % d'homosexuels dans les populations françaises adultes, soit 4,1 % pour les hommes, 2,6 % pour les femmes, on les voit beaucoup plus dans les villes que dans les campagnes, ils n'ont pas les mêmes lieux de rencontre initiale que les hétéros et ils sont plus volages qu'eux [160]... Les autres Français sont « désespérément » normaux, monogames et sentimentaux – ce qui n'empêche pas les hommes d'être plus « coureurs » que les femmes.

Les échangistes sont une infime minorité, les pratiquants actifs habituels de la sodomie ne sont que 3 %, quant aux pervers qui peuplèrent la littérature érotico-parasexologique de Sade à Freud et Bataille, ils semblent avoir totalement disparu du « paysage sexuel » national.

Si la virginité ne se porte plus guère (99 % des femmes entre 30 et 34 ans ont eu au moins un rapport sexuel) la fidélité reste une valeur très prisée et 90 % des interrogé(e)s sont amoureux de leur partenaire « en cours » [161]. La pénétration sexuelle reste le comportement érotique de base [162], et l'orgasme vaginal existe tellement qu'il est le procédé permettant au plus grand nombre de femmes de parvenir à l'orgasme [163]. Les toutes naturelles pratiques « bucco-génitales » sont appréciées par la majorité de la population. Quant à l'innocente masturbation, les hommes déclarent quasi tous s'y être livrés, tandis que les femmes commencent non pas à y recourir plus qu'auparavant, mais à l'« avouer » plus facilement – grosse déception, d'ailleurs, pour l'industrie des godemichets : 7 % seulement des femmes déclarant recourir à l'auto-érotisme leur demandent d'agrémenter leurs plaisirs solitaires. Autre déception pour les « commerçants de rencontres », agences, annonceurs, minitélistes : ils ne rendent service qu'à 1,2 % des hétérosexuels, dont l'énorme majorité compte sur son charme naturel...

Qu'est-ce qui pourrait avoir changé ? Quasi rien sur le court terme, sinon une certaine recrudescence des agressions sexuelles, parallèle à celle de l'insécurité générale, plaie des concentrations urbaines et suburbaines à la fin du XXe siècle. Mais ce qui pourrait apparaître de légèrement « nouveau » ne fait que prolonger, étalés sur plusieurs décennies, la tendance à la libéralisation des mœurs, le déclin de l'obéissance aux dogmes religieux répressifs. La défloration féminine est devenue un événement sans rapport majoritaire avec la nuit de noces, la prostitution décline, tant comme initiation que comme pratique régulière, et en cinquante ans l'âge moyen du premier rapport a baissé de trois ans pour les femmes (de 21 à 18 ans) mais d'un an seulement pour les hommes (de 18 à 17 ans)... c'est la pilule, c'est la meilleure santé, c'est la fin du silence sur la sexualité... on pouvait s'en douter.

Les sexologues sont donc restés sur leur faim, n'obtenant pas certains chiffres utiles, en particulier sur la chronobiologie érotique, en particulier féminine. Mais le *Rapport Spira* leur offre quand même, et pour la première fois, un tableau chiffré de la pathologie érotique *(figure 151)*. Nous voici loin de l'alarmisme si souvent exploité, pour inquiéter des gens qui, finalement, sont majoritairement satisfaits de leur vie sexuelle *(figure 152)*. Tant pis, encore une fois, pour les partisans de la révolution sexuelle d'urgence !

Le plus décevant, pour les enquêteurs, fut certainement de constater combien vives demeurent les réticences à l'idée d'abandonner la dangereuse pénétration (indéracinable instinct d'accouplement !), combien peu de Français (14 %) ont changé leur comportement sexuel à cause du SIDA (évidemment les plus menacés, homosexuels, multipartenaires), et combien cette crainte a peu influencé l'âge du premier rapport. Une fois de plus se trouvait confirmée la ténacité, l'obstination des structures du comportement sexuel, face aux répressions et menaces de toute nature, ici menace de mort plus concrète que les châtiments de l'Enfer !

Ces adversaires de l'éthologie, ces contempteurs de la sexologie ont finalement publié des statistiques aux chiffres désormais tellement constants qu'il faut bien leur reconnaître *un fonds constitutionnel, génétique, programmé* (horreur !) caractéristique de l'espèce humaine. Fondements biologiques qui apparaissent sans distorsion ni dissimulation dans les sociétés industrialisées laïques et libérales, et dont la cotation chiffrée risque peu, désormais, de se modifier, tant qu'un régime politique tyrannique ne se mettra pas à nouveau en tête de forger le nouvel homme, la nouvelle femme...

---

160. pp. 136-140.
161. p. 157.
162. p. 211.
163. p. 197.

Figure 151
Les sexes en peine des Français : les chiffres de 1992

Distribution des dysfonctions sexuelles masculines et féminines parmi les individus sexuellement actifs (en %)					
Hommes			*Femmes*		
Dysfonctions masculines	*Souvent*	*Parfois*	*Dysfonctions féminines*	*Souvent*	*Parfois*
Vous n'avez pas du tout d'érection (impuissance)	7	12			
Vous éjaculez trop rapidement avant même de pénétrer	5	16			
Vous éjaculez trop rapidement au moment de la pénétration ou peu après	10	27	Vous avez des rapports sexuels douloureux	5	19
Vous mettez trop longtemps à éjaculer après la pénétration	4	16			
Vous n'arrivez pas à éjaculer du tout	2	5			
Vous n'avez aucun orgasme	7	7	Vous n'avez aucun orgasme	11	21
Vous avez une absence ou une insuffisance de désir sexuel	3	16	Vous avez une absence ou une insuffisance de désir sexuel	8	33

Figure 152
La satisfaction sexuelle des Français : les chiffres de 1992

Distribution des réponses à la question « Est-ce que vous êtes satisfait de votre vie sexuelle actuelle ? » selon le sexe et l'âge à l'enquête (en %)					
Satisfaction procurée par la vie sexuelle actuelle					
Age au 1/1/92	*Très satisfait*	*Assez satisfait*	*Peu satisfait*	*Pas satisfait du tout*	*Non réponse*
a) Hommes					
18-19	53	43	3	1	0
20-24	47	40	7	5	1
25-34	46	43	7	4	0
35-44	50	41	6	3	0
45-54	42	48	7	2	1
55-69	39	46	7	5	3
Ensemble	45	44	6	4	1
b) Femmes					
18-19	54	39	4	3	0
20-24	58	31	7	4	0
25-34	54	34	8	3	1
35-44	50	36	10	4	0
45-54	47	40	4	9	0
55-69	36	39	8	6	11
Ensemble	48	36	8	5	3

DEUXIÈME ÉTAPE : LA FONCTION ÉROTIQUE S'IMPOSE, GRÂCE À LA PILULE, GRÂCE À M & J, ET SES TROUBLES COMMENCENT À ÊTRE CORRECTEMENT SOIGNÉS

1. Enfin la pilule

Vieille comme l'humanité, la fonction érotique n'attendit pas mon livre de 1972 pour se manifester. C'est reconnaître aux humains un usage majoritairement non procréateur de leurs organes génitaux externes qui fut le plus pénible à faire admettre par la morale officielle, en contrée monothéiste, tout particulièrement catholique.

L'outrecuidance des puceaux à régir la vie sexuelle des gens mariés ne pouvait être efficacement combattue que par des législateurs laïques. Les Français n'honorent pas assez la mémoire du petit père Combes *(figure 153)*, qui obtint enfin *la séparation de l'Église et de l'État* en 1908. Encore fallut-il plusieurs décennies pour que les politiques libéraux officialisent le droit des citoyens à ne plus voir leur fonction érotique gâchée par la menace de procréation intempestive, leur vie tout court gâchée par la marmaille, menacée voire brisée par les avortements clandestins parfois mortels.

Le premier centre à proposer une aide documentée aux femmes fut ouvert en 1916 par une héroïne de la contraception, l'infirmière américaine Margaret Sanger. Ce qui lui valut 10 jours de prison. Mais le mouvement était lancé et 40 des 48 États, les uns après les autres, de 1918 à 1936, ouvrirent des centres d'information et aide contraceptive. Les pays latins, vaticanisés, furent beaucoup plus longs à reconnaître la prévalence numérique de la fonction érotique sur la fonction procréatrice, et les empêtrements que l'une faisait subir à l'autre.

En France, la lutte fut chaude. Après la guerre de 14-18 qui avait exterminé tant de « chair à canon », la célèbre « chambre bleu horizon » vota, le 31 juillet 1920, une loi scélérate paralysant toute propagande contraceptive, et tout encouragement à l'avortement. En son nom furent persécutés tous ceux qui tentèrent de procurer aux couples information et moyens contraceptifs. Il faut honorer Jean Dalsace qui fonda en 1935, contre vents et marées, à Suresnes, le premier centre français de *birth control*, après avoir été conquis par la méthodologie américaine.

Les noirs réactionnaires de Vichy effectuèrent un dramatique retour à l'« ordre moral ». Ils firent placarder dans les rues d'édifiantes affiches (je les revois) : *La joie élève, le plaisir abaisse* ! À nouveau l'avortement fut un crime, jugé aux Assises. Une « faiseuse d'anges » fut guillotinée en 1942.

Figure 153
Emile Combes. Il parvint à séparer l'Eglise de l'Etat républicain français en 1908

Après la Libération, les partis « de gauche » qui s'étaient quand même illustrés dans l'action pour l'abrogation de la loi de 1920 sombrèrent dans un beau pataquès. Lorsque l'héroïque compagne de Maurice Thorez, appliquant les consignes du marxisme-léninisme « officiel », refusa de s'associer au vote réclamant le libre accès à l'information contraceptive, « néomalthusianisme » inspiré par les USA maudits.

Le *Mouvement français pour le Planning familial* fut fondé la même année (1956) par un groupe de médecins courageux autour de Madame Lagroua Weil-Hallé. Il réussit à ouvrir plusieurs centres, le premier parisien en 1961. Malgré condamnations de toutes sortes, du Vatican, du Congrès français des cardinaux et archevêques, etc. Il rendit d'éminents services, au prix de méthodes pas toujours faciles à appliquer. Tout changea lorsque Pincus *(figure 154)* eut inventé puis diffusé la pilule. Lorsque le stérilet devint fiable.

Jusqu'à Pincus [164], les méthodes anticonceptionnelles avaient bien des défauts, sans posséder une efficacité toujours garantie. Je ne parle évidemment pas de l'antique coït interrompu, aux effets désastreux sur la physiologie féminine, mais aussi masculine. Ni de la frigorifiante douche vaginale. Ni de la méthode Ogino contraignant à la prise de température matinale quotidienne pendant de longs jours, et nécessitant des ovaires bien disciplinés : ses ratés peuplaient les maternités, et les urgences de chirurgie [165]. Mieux valaient les procédés mécaniques et chimiques. Ils avaient deux défauts.

Premier défaut : *il s'agit de procédés extemporanés*. La fonction érotique repose sur des mécanismes instinctifs *dont la spontanéité fait tout l'attrait*. Enfiler un préservatif, se mettre dans le vagin une gelée spermicide, s'introduire un diaphragme ou une cape cervicale n'a rien de poétique, et peut perturber une physiologie vulnérable. Faire ainsi l'amour revient presque à

Figure 154
Gregory Pincus. L'inventeur de la pilule fume la cigarette... qu'il a fallu interdire à ses utilisatrices

164. Ce bienfaiteur de l'humanité est ignoré du Dictionnaire Robert... ouvrage de la « gauche » la plus conformiste, tout dévoué aux freudiens, aux potentats « progressistes » de toute couleur, etc.

165. « De mon temps » de jeune chirurgien, avant la pilule, le curetage utérin pour avortement provoqué (K 30 !) était l'urgence standard. Dans un hôpital de taille moyenne (à Paris Broussais, Cochin) l'interne de garde en effectuait quatre ou cinq par 24 heures.

accomplir un exercice d'hygiène préventive. De quoi refroidir les ardeurs des tièdes, réfréner l'élan lyrique des âmes délicates. Dussé-je encourir les foudres des chantres du préservatif préservant du SIDA, il faut avouer que ce genre de « précaution », bien accepté par les « vieux routiers » de l'érotique, inhibe les malheureux novices... et que dire de l'abominable aspect du « tout nouveau tout beau » préservatif féminin *(figure 155)* !

Deuxième défaut : *leur usage surtout masculin.* La programmation de l'étreinte, surtout soumise aux aléas d'une « aventure », n'a jamais rendu enthousiastes les femmes, quand il fallait se beurrer ou se garnir le vagin, deux heures, une heure ou vingt minutes « avant le coït ». C'est bien pourquoi le condom demeurait le procédé le plus utilisé. À condition que Monsieur l'ait prévu et veuille bien se le mettre, y compris éventuellement celui que sa nouvelle future partenaire pouvait sortir de son sac à main...

Avec les pilules, puis avec le stérilet, l'étreinte se trouvait enfin débarrassée de toutes ces assommantes précautions terre à terre. *Et la femme disposait enfin elle-même, et facilement, de son corps, de son destin procréateur,* de sa liberté de décision quant à l'abandon au désir érotique.

L'idée de bloquer l'ovulation par des doses adéquat d'hormones femelles paralysant la commande hypophysaire était géniale et simple, mais il fallait y penser. En dépit de leur réputation de puritanisme, ce sont *des Bostoniennes* qui acceptèrent les premières de se prêter à l'expérimentation de Pincus, en 1956. Après essai concluant sur ces braves WASP, le savant gynécologue fit bénéficier des Porto-Ricaines accablées de marmaille d'une observation clinique à grande échelle. Le temps de mettre en forme ses résultats parfaitement probants, Pincus obtint de la FDA, en 1959, l'autorisation de mettre dans le commerce la première pilule, l'*Enovid.*

Là encore des possibilités que le progrès scientifique mettait à la disposition des femmes – des couples – pour améliorer leur existence quotidienne balayèrent les objections moralisatrices que les Pères la Pudeur et les ensoutanés mirent en travers de la pilule. Le mouvement fut irrésistible et au lieu d'aller chercher leur pilule à l'étranger les Françaises peuvent l'acheter chez leur pharmacien depuis que la loi Neuwirth de 1967 est appliquée – plusieurs mois avant les pantalonnades gauchistes de mai 68.

Quant au stérilet, l'idée n'en était pas neuve lorsque parut la pilule. L'allemand Richard Richter, de Breslau, en avait trouvé le principe dès 1909. Ce premier *dispositif intra-utérin* (DIU) était fait d'un anneau de catgut renforcé d'un fil de cuivre et d'un fil de bronze. Bien que l'appareil ne différât guère, au fond, de ceux que nous utilisons actuellement, le procédé mit du temps à s'imposer. Gräfenberg – le gynécologue berlinois du « point G » – attendit jusqu'en 1930 pour proposer un

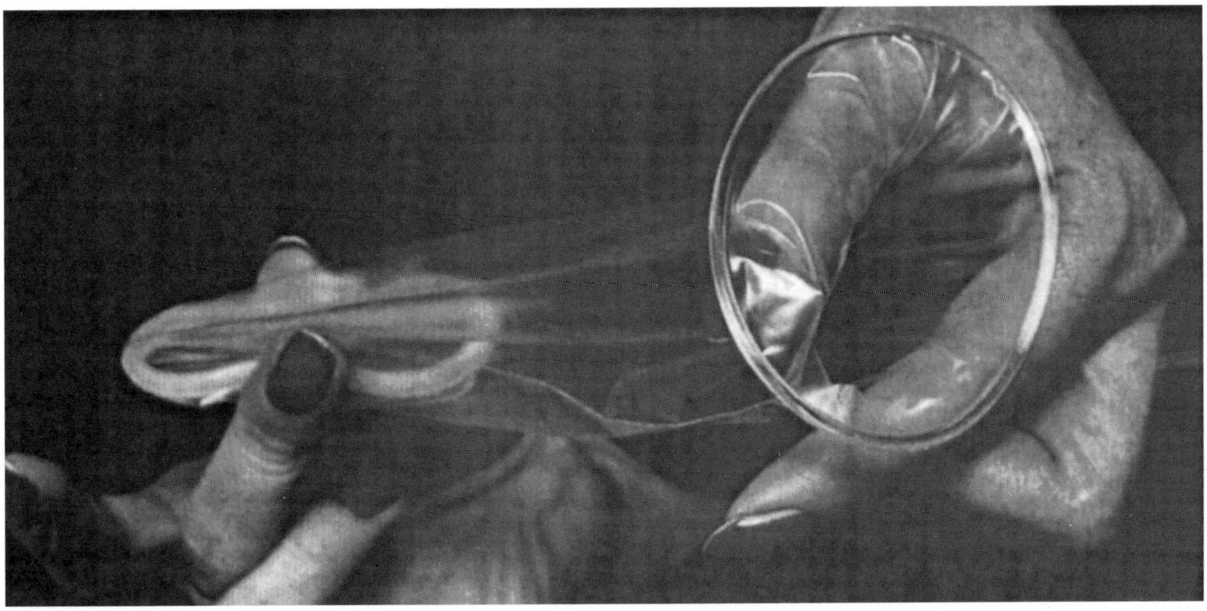

Figure 155
Préservatif féminin

anneau intra-utérin en argent ; mais il s'exila aux USA lors des persécutions nazies, laissant son stérilet « en rade ». Pourtant le japonais Ota, à la même époque, obtenait de bons résultats avec, lui aussi, un anneau de son invention. Mais en ces temps sans antibiotiques les complications infectieuses étaient assez fréquentes. Et puis il faut bien dire que l'idée d'avoir quelque chose dans le corps, dans « la matrice », faisait un peu peur, d'autant que c'était « pour faire l'amour sans faire d'enfants », vilaine motivation...

Le stérilet commença sa véritable carrière avec l'industrie des matières plastiques. Margulies proposa son DIU en spirale en 1960, Lippes sa célèbre boucle en 1966 *(figure 156)*. L'appareil faisait « propre », « moderne », et les préventions à son égard tombèrent d'autant plus vite que celles qui en bénéficièrent firent une large publicité à une méthode qui évitait de prendre la pilule 21 jours sur 28.

Depuis, les stérilets ont encore fait des progrès. Ils se sont couverts de cuivre en 1971 (comme en 1909), puis de progestérone, pour renforcer leur efficacité qui avoisine les 100 %. Les pilules se sont affinées. Elles sont de moins en moins dosées en produits lutéiques qui réfrigéraient les ardeurs érotiques de certaines femmes, comme en œstrogènes que l'on pouvait incriminer à l'origine des célèbres « complications de la pilule » (prise de poids, troubles cardio-vasculaires, modifications de l'humeur, etc.). Quant aux procédés chirurgicaux, plus radicaux, vasotomie ou ligature des trompes de Fallope « de convenance personnelle », leur simplicité d'exécution conquit la « mentalité » aussi bien des hommes et femmes demandeurs que des médecins sollicités.

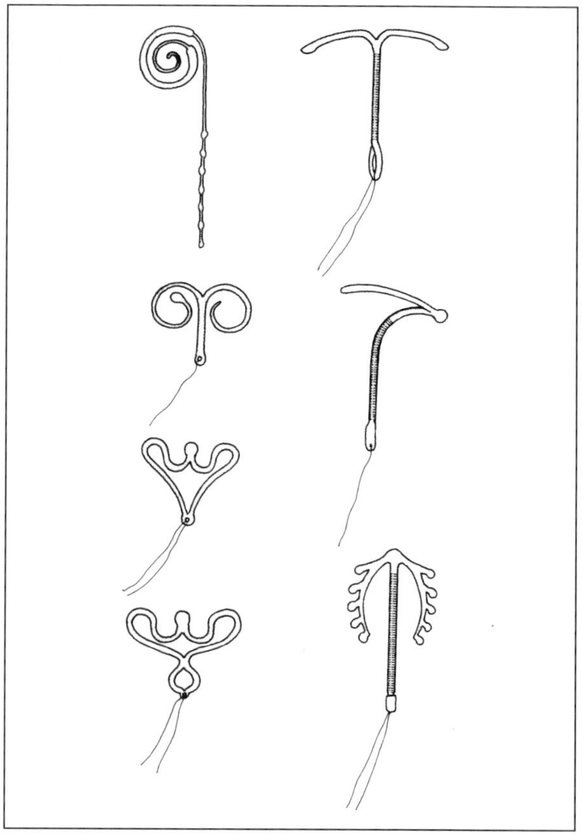

Figure 156
Stérilets de première génération, tout plastique (à gauche), et de deuxième génération, munis de cuivre (à droite)

*
* *

Seules les plus désespérément obscurantistes contrées du globe, catho-islamo-marxisto intégristes – et les plus désespérément sous-développées [166] – se passent désormais des bienfaits de la contraception scientifique. *Grâce à elle un pas de géant fut franchi dans la sécurisation de l'étreinte humaine.* Sans provoquer le raz de marée d'immoralité ravageuse secrètement souhaité par les prophètes de malheur...

Car les humains et les humaines, pilule ou non, continuent de ne pas s'accoupler *ex abrupto*, et pour la plupart ne font toujours pas l'amour avec n'importe qui, même s'ils le font plus tôt. Le *vagabondage sexuel*, s'il diffuse hélas ! les MST, ne touche toujours qu'une fraction minoritaire de la population – celle qui est la plus exposée au SIDA et doit désormais *revenir au préservatif*, comme avant la pilule... tant pis pour eux – et elles...

Avatar classique de la bêtise, c'est évidement dans la frange ex-hippie-écolo-pouilleuse-alternative que l'on vit récuser la pilule poison chimique capitaliste industriel. Tandis que les bourgeoises distinguées comme les employées méritantes consultent régulièrement leur médecin prescripteur de contraception, et lui amènent leurs filles...

Celles-là ont compris que les premières amours humaines sont les plus hasardeuses et les plus menacées d'engendrement intempestif, quand l'instinct est plus fort que toute raison et toute

166. Il est vrai que pour ces malheureuses contrées le SIDA est en train de rétablir un contrôle « sauvage » du volume populationnel.

prudence. Les jeunes humains débutant leur carrière érotique ont plus besoin de l'aide « technologique » du monde adulte que de ces interdictions délirantes qui les empêchèrent si longtemps d'acquérir l'expérience nécessaire avant de constituer un couple gratifiant.

La pilule a fait disparaître bon nombre de malédictions du destin sexuel féminin. Grâce à elle la défloration des jeunes civilisées a pu être en grande partie dédramatisée. Grâce à elle les premières étreintes de millions de jeunes femmes ne les ont pas conduites en quelques semaines à un avortement clandestin désastreux pour « le moral » sinon hélas ! pour le corps. Grâce à elle des millions de mariages hâtivement conclus « pour réparer » une grossesse prématurée ont pu être évités. Ils unissaient un tout jeune homme et une toute jeune femme inexpérimentés, n'ayant pas encore découvert leur véritable personnalité, leurs véritables goûts érotiques, et capotaient régulièrement dans le divorce ou le malheur conjugal définitif, là où l'on ne pouvait divorcer.

À l'usage des couples constitués, un autre bienfait des procédés contraceptifs efficaces à distance du coït fut de jouer *un rôle préventif considérable des empêtrements érotiques*. Supprimée la crainte d'une grossesse inopportune, dangereuse, dénonciatrice, fut supprimée la cause qui avait auparavant provoqué tant et tant de troubles masculins comme féminins. À la rubrique fonctionnelle des troubles de toute nature, touchant l'appétit érotique, l'érection, l'éjaculation, l'orgasme, la pénétration vaginale.

La fonction érotique des civilisés ne peut désormais plus se concevoir sans contraception scientifique fiable et anodine. Il est probable qu'elle fera encore des progrès techniques, permettant aux humains une maîtrise accrue de leur fécondité.

S'il reste des empêtrements fonctionnels – et il en restera toujours – leur rééducation érotique doit désormais comporter, *parmi les préalables indispensables*, l'adoption d'une méthode contraceptive adaptée. Sinon, ce n'est pas la peine d'entreprendre le moindre effort de thérapeutique sexologique.

2. Enfin Masters et Johnson

William Masters (né en 1915) s'est marié en 1970 [167] avec sa chère assistante et collaboratrice Virginia Johnson (née en 1925) *(figure 157)*. Travaillant tous les deux à Saint Louis du Missouri, à la fondation pour la *Reproductive Biology Research*, ils étaient l'un, gynécologue connu [168], l'autre laborantine. Ils laisseront leurs noms tutélaires sur l'étude scientifique de la physiologie érotique, et sur la médicalisation enfin fiable du traitement comportemental de ses troubles.

a) Enfin voir, et décrire

Le premier acte de la reproduction de l'espèce consistant en la conjonction sexuelle d'un mâle et d'une femelle, nos deux « olibrius » eurent l'idée saugrenue, pour mieux exercer leur job, de regarder comment ça se passait. Au lieu de suivre la voie noble de la psychologie, des complexes et des fantasmes. Chaque sexe séparément, puis les deux ensemble ils entreprirent, à partir de 1954, d'étudier enfin *in vivo* les modifications physiologues provoquées par la stimulation des organes génitaux, non seulement localement, mais sur tout l'organisme, comme de bons petits savants bien consciencieux, en résolvant enfin deux problèmes.

Premier problème : les phénomènes étudiés par les scientifiques doivent être enregistrés, si besoin filmés, pour fournir *des documents stables, et fiables*. Dans un « laboratoire » à la fois confortable et bien équipé, M & J installèrent des pièces sécurisantes, avec éclairage intime, mais observables du dehors, par de secrètes glaces sans tain. Ils les garnirent, outre les obligatoires couches et tables d'examen, de caméras multiples et d'appareils de mesure. Et d'instruments particuliers, tel ce « génial » phallus artificiel en matière plastique transparente qui permit enfin de voir et filmer ce qui se passe dans le vagin excité.

Deuxième problème : trouver des volontaires. Acceptant de se masturber (péché mortel) ou de coïter (péché mortel hors mariage) comme s'ils tournaient – mais sous directive des observateurs scientifiques – un « vulgaire » film pornographique. Acteurs et actrices furent trouvés, en tout

167. Ils divorcèrent en 1992, après 35 ans de cohabitation, ce qui n'est pas mal dans une espèce dont le lien de couple n'a en moyenne que trois à quatre lustres d'espérance de vie. Ils étaient toujours en bons termes, et toujours fringants. J'ai entendu, à cette occasion, les plus réjouissantes âneries médiatiques : Masters et Johnson avaient été les piliers de la révolution sexuelle, ils pratiquaient des thérapies de groupe, les couples malades coïtaient sous leurs directives directes dans le centre de Saint-Louis, leurs techniques n'avaient pas fait leur bonheur, etc.

168. Par le syndrome de Masters et Allen.

Figure 157
Masters et Johnson

bien tout honneur. Des gens de tous âges, et même des femmes enceintes. Comme les en félicitèrent M & J, ils firent don de leur corps à la science de leur vivant.

Les premiers articles communiquant les résultats parurent en 1961 et 1962, dans un journal « de province », le *Western Journal for Surgery and Obstetric*, puis M & J éditent en 1966 leur *Human Sexual Response* [169].

Il n'est pas exagéré de parler de *découvertes*. Tant les documents objectifs sur le sujet, avant M & J, étaient rarissimes, artisanaux, incomplets, les descriptions lyriques-fabulantes tenant souvent lieu d'exposés scientifiques. Parmi les notions ainsi nouvellement acquises, la physiologie érotique du vagin, la description de la phase en plateau et de la réaction utérine sont les plus marquantes.

On sait désormais que l'ensemble de la muqueuse vaginale est à l'origine du transsudat lubrifiant la lumière du conduit. Ce qui a détrôné le rôle obligatoire des glandes que Bartholin avait été si fier de « découvrir » – d'ailleurs les chirurgiens comme leurs opérées savaient depuis longtemps que l'ablation de ces glandes n'avaient jamais empêché les femmes de mouiller... Quant à la cavité vaginale, elle réagit de façon nuancée. Elle s'évase et se ballonnise dans le fond du conduit, son tiers inférieur s'engorgeant au contraire sous l'effet de la congestion veineuse et de l'hypertonie musculaire. Le vagin « excité », rougi de plaisir, ne ressemble pas à un tuyau de poêle, mais à une ampoule électrique : bien que « très vilains », les dessins de M & J *(figure 158)* sont plus proches de la réalité que le touchant dessin de Dickinson.

169. À lire en anglais, car la traduction française est exécrable.

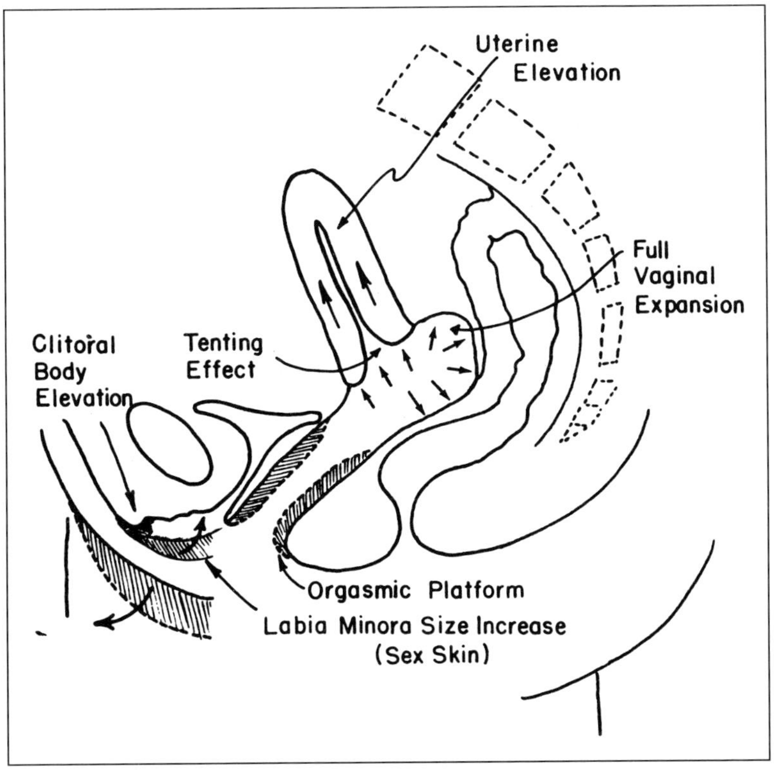

Figure 158
Le vagin dilaté. Schéma de M. et J. ; vilain mais véridique

On sait aussi maintenant qu'une fois atteintes les modifications maximales des organes génitaux externes se situe un phénomène physiologique très singulier. Cette *phase en plateau* pendant laquelle rien ne se passe plus – ou presque – sur le plan objectif, alors que la stimulation doit se poursuivre encore et encore, pour faire franchir le seuil du réflexe orgasmique. Ainsi était découvert le fonctionnement si particulier du circuit nerveux responsable de l'orgasme, ainsi étaient légitimés ces efforts musculaires itératifs, allées et venues répétitives, oscillations insistantes de la charnière, qui ont tellement fait ridiculiser – vus du dehors – les mouvements de l'étreinte : « machine à coudre et parapluie » !

Il fallut réviser l'antique mythologie qui voyait dans l'utérus une « pompe aspirante à sperme ». L'utérus se contracte bien pendant l'excitation sexuelle, mais selon son mode expulsif habituel ; au-dessous du seuil douloureux. Et pendant la phase de détumescence, regagnant le cul-de-sac postérieur du vagin, son col bée passivement, barbotant dans le lac spermatique. Il permet ainsi aux courageux spermatozoïdes de gagner sa cavité, puis la lumière des trompes.

La *réaction sexuelle* (*sexual response cycle*) doit à M & J sa description définitivement classique, avec ses quatre temps, excitation, phase en plateau, orgasme, résolution [170]. Avec ses manifestations locales et générales, qui doivent désormais figurer non seulement dans les ouvrages sexologiques, mais dans tout traité de physiologie humaine. Et avec sa mesure chronométrée des phénomènes orgasmiques, dont ces émouvants battements du « cœur » musculaire pelvi-périnéal. Battements réguliers, toutes les 0,8 secondes, et non ces « spasmes » désordonnés, ce *clonus* quasi pathologique, quasi épileptique tellement méprisé des philosophes.

Enfin grâce à M & J on a pu savoir que *tout orgasme est bon à prendre*. Puisque – assez peu « vaginophiles », il est vrai, et j'y reviendrai – ils ont démontré que les réactions orgasmiques objectives de la femme étaient identiques, que le réflexe soit à point de départ vaginal ou clitoridien. La taille du clitoris n'ayant rien à voir avec

170. On peut, comme je le fais régulièrement, joindre les deux premiers temps sous la rubrique *intumescence*, la phase résolutive restant la classique *détumescence (figure 159)*. On a ainsi le choix entre les trois mouvements d'un concerto, ou les quatre d'une symphonie...

Figure 159
Réaction sexuelle génitale. Extrait de G. Zwang, Pathologie sexuelle

		Intumescence		*Phase orgasmique*		*Phase de résolution*
		Phase d'excitation 3-5 minutes	*Phase en plateau Durée variable*	*Imminence orgasmique 5-10 secondes*	*Orgasme 10-15 secondes*	*Détumescence 3-5 minutes*
HOMME	Verge	Érection : allongement (15 cm), durcissement, redressement. Décalottage du prépuce. Hypercoloration du gland. Béance du méat.	RAS	Renforcement de l'hypercoloration du gland (taches « apoplectiques »).	Pic d'hypertension artérielle intracaverneuse : 220-250 mm Hg.	Dégonflement des organes érectiles. Accolement du méat. Phase réfractaire relativement longue.
HOMME	Bourses et testicules	Contration du dartos et des crémasters : ascension des testicules, ramassement du sac scrotal. Gonflement testiculaire.	Alternance possible de montée et descente des testicules.	Dernière ascension des testicules.	RAS	Relâchement rapide du dartos et des crémasters. Dégonflement des testicules.
HOMME	Voies spermatiques et muscles pelvi-périnéaux	Mise en tension. Fermeture active des deux sphincters de l'urètre. Possibilité de petits mouvements volontaires des ischio-caverneux.	Émission de la « rosée du désir ». Miction impossible.	Contraction tonique.	Série d'ondes contractiles (3 à 6) tous les 8/10 de seconde, avec projection de sperme, ouverture concomitante du sphincter strié.	Relâchement rapide. Possibilité d'ouverture volontaire des sphincters (émission d'urine, de gaz).
FEMME	Grandes lèvres	Gonflement, bouffissure antérieure. Disjonction postérieure. Brunissement.	RAS	RAS	RAS	Dégonflement progressif. Reprise de la teinte initiale.
FEMME	Nymphes et capuchon	Engorgement œdémateux et veineux. Hypercoloration.	RAS	Accentuation de l'hypercoloration (pourpre, violacée).	RAS	Dégonflement progressif. Retour à la teinte initiale.
FEMME	Clitoris	Augmentation du volume (discrète) et de la consistance. Hypervascularisation artérielle du gland.	RAS	Accroissement de la dureté (fausse rétraction).	RAS	Dégonflement.
FEMME	Vagin	Mouillure. Rougissement. Ballonnisation des culs-de-sac. Engorgement du tiers inférieur.	Sécrétion des glandes de Bartholin.	Accentuation de la ballonnisation du dôme vaginal.	Rétrécissement cadencé du tiers inférieur par les contractions (3 à 8) des pubo-coccygiens, tous les 8/10 de seconde.	Phase réfractaire courte. Longue persistance de la béance orificielle et de l'engorgement inférieur.
FEMME	Utérus	Ascension du col et du corps. Hyperexcitabilité musculaire.	RAS	RAS	Contractions expulsives indolores.	Descente du col et du corps Béance cervicale.
FEMME	Urètre	Occlusion des deux sphincters.	Sécrétion des glandes de Skène.	RAS	Hypersécrétion des glandes muqueuses, parfois projetée au dehors.	Possibilité d'ouverture des sphincters.

ses capacités physiologiques. Ce qui ruinait autant ce qu'ils appellent les « phallic fallacies » que la réputation de plus grande performance fonctionnelle subjective des clitoris volumineux : celles qui « n'en ont qu'un petit » en jouissent aussi bien que les autres !

Quant à la physiologie masculine, M & J ont ruiné une autre fable stupide, celle de la merveilleuse « résistance » des circoncis. Avec ou sans prépuce, la chronologie de la réaction sexuelle, excitation-plateau-orgasme, reste comparable. Et même, doléance surprenante pour ceux qui croyaient à l'endurance « à toute épreuve » des circoncis, M & J ont enregistré les plaintes de certains déprépucés : ils accusaient la mutilation de leur avoir laissé le gland *trop vulnérable aux excitations* ! L'argument érotique en faveur de la circoncision systématique n'a donc pas plus de valeur que l'hygiène et l'esthétique... Voilà qui a sûrement pesé dans la décision de l'américaine Commission nationale pour la santé : en 1975 elle a renoncé à faire de la circoncision une mesure nécessaire à la bonne santé des citoyens des USA.

Le travail de pionniers de M & J est ainsi considérable, faisant passer la physiologie érotique des hypothèses et des cas uniques à la généralisation scientifique définitive. Certains points de leurs conceptions, il est vrai, méritent critique – j'y reviendrai. Mais ils ont agi en véritables bienfaiteurs de l'humanité. Parce qu'ils ont mis la sexologie « sur ses pieds », en commençant *par le sexe normal des gens normaux* – au lieu de la tête malade des « névropathes ». Référence essentielle quand il faut porter remède aux empêtrements fonctionnels.

b) *Enfin des directives comportementales efficaces*

Aux temps de Kinsey et même de M & J, je l'ai dit, Konrad Lorenz n'avait pas encore tout à fait franchi l'Atlantique. Mais depuis plusieurs décades se pratiquaient, pour venir en aide aux inhibés, anxieux, déboussolés, des thérapeutiques [171] comportementales. Toutes inspirées par le behaviorisme en vigueur, qui prônait le mécanisme *réactionnel* des comportements animaux et humains, déterminés par l'environnement et les circonstances.

M & J, qui avaient baptisé *sexual response* l'objet de leur étude physiologique, sont partis de cette théorie réactionnelle pour expliquer les empêtrements érotiques que les milliers d'*analysts* pratiquants des USA n'arrivaient toujours pas à guérir. Et en bien des points ils eurent raison. Une partie des plaignants sont des couples mal adaptés, « réagissant » mal l'un à l'autre. M & J se proposent de les éduquer – les rééduquer. Car « le sexe », comme on dit aux États-Unis, ce n'est pas seulement une fonction mais *un comportement*. Une fonction qui s'accomplit *pendant* un comportement. Il paraît possible à M & J de réadapter les comportements boiteux.

En 1970 paraît *Human Sexual Inadequacy* [172]. L'ouvrage de base de la thérapeutique sexologique. Il montre d'emblée ses éminents mérites.

Premier mérite, M & J font entrer les troubles érotiques *dans un cadre de description clinique*. Ainsi émergent enfin de la nébuleuse des « problèmes sexuels » les troubles de l'érection, de l'éjaculation, de la conjonction sexuelle, de l'orgasme. La nosologie de la pathologie sexuelle-érotique prend forme. Après quel retard « taxonomique » [173] ! Il faut aussi louer l'esprit *proprement médical* de M & J. Au lieu d'écouter leurs consultants ressasser interminablement leurs doléances au cours d'entretiens « sans queue ni tête », ils établissent une grille d'interrogatoire cernant les symptômes comme la personnalité de leurs consultants. Et ils les soumettent à une « batterie » d'examens cliniques et paracliniques. Le taux de la glycémie est certainement plus important que la « liquidation de l'Œdipe » !

Deuxième mérite : M & J instituent ce qui deviendra la première règle d'or de la thérapeutique sexologique. La prise en charge des plaignants *par une équipe mixte*, composée d'un homme et d'une femme. Grâce à des tête-à-tête à deux, à trois, à quatre, où chacun(e) se confie plus volontiers au médecin de son propre sexe, raconte ce qui ne lui avait pas paru intéressant – ou avait été oublié, sans malice particulière – l'interrogatoire finit par fournir tous les éléments permettant de juger la situation du couple. Sans

---

171. En yanki *therapy*, ce qui ne doit pas se traduire par « thérapie ».

172. *HSI*, à lire dans le texte. La traduction française n'est pas seulement des plus faiblardes, elle est aussi tendancieuse : quand M & J énumèrent les étiologies *organiques* (physical) de l'impuissance (p. 184), le traducteur dit « physiologiques ». Le même écrit hardiment que les anorgasmies féminines sont *toujours* d'origine « psychosexuelle », quand M & J disent prudemment *commonly* (p. 315).

173. On avait marché sur la lune l'année précédente !

traquer le « non-dit » par des mois d'analyse inutile et rabâcheuse, et pour passer à la phase active, *actuelle*, du traitement.

Troisième mérite, et deuxième règle d'or de la rééducation : ne prendre en charge thérapeutique *que des couples*. Non pour des raisons moralisatrices, mais parce que l'on n'apprend pas la bicyclette par correspondance. D'ailleurs la majorité des plaignants vivent en couple, et c'est *ce couple-là qu'ils veulent préserver*. Ou alors, engagés dans une nouvelle possibilité de couple, c'est avec ce (cette) partenaire-là qu'ils veulent surmonter leurs difficultés initiales. Encore un préjugé ruiné ! Ce n'est pas en changeant de partenaire qu'on obtient à tout coup la guérison miraculeuse [174]. Il faut donc prendre ce couple tel qu'il est, même si les médecins le trouvent mal apparié. L'éthologie nous a appris que si l'espérance de vie du couple humain n'est pas éternelle, il constitue une « équipe sexuelle-érotique » devant être considérée comme une entité vivante « globale ».

La pathologie sexuelle est donc subie à deux et même si, contrairement à ce que pensaient M & J, le (la) partenaire de la (du) plus malade n'est pas toujours responsable lui (elle) aussi [175], *il (elle) devra collaborer à la rééducation*. À tout le moins être mis(e) au courant, interrogé(e), examiné(e), « chapitré(e) ». Sinon le couple n'a que peu de chances de survivre sur le plan « psychologique » – érotico-affectif.

Reste le cas des consultants isolés – en général des hommes. M & J leur ont demandé, ce qui reste toujours valable, de se chercher une partenaire pour au moins le temps de la rééducation. Cela se trouve, une collègue, une copine, et surtout « une ancienne ». Peut-on aller plus loin ? Pendant un certain temps M & J ont embauché, après sévère sélection (13 sur 31 candidates) des partenaires suppléantes. Ils durent y renoncer, après que des parfums de scandale aient empuanti l'atmosphère. En particulier lorsqu'une de ces *surrogates*, Valérie X Scott, publia en 1971, à leur insu, ses croustillants mémoires [176]. C'était de toute façon une faute éthologique – j'en reparlerai.

Quatrième mérite : passer des jérémiades, reproches, souvenirs « traumatisants » à des exercices *de rééducation corporelle*. Progressifs, adaptés, et prescrits, si besoin par écrit, *comme des ordonnances*. La bonne volonté de chaque participant permet alors de juger ses bonnes dispositions « psychologiques ». Cette gymnastique sexuelle, M & J la codifient de façon pragmatique et progressive. Selon des modalités *toujours valables*.

Deux préalables font partie de leur protocole :

• *une masturbation didactique* de chacun des deux partenaires devant l'autre. De façon à lui montrer ce qu'il (elle) ignorait trop souvent : le procédé manuel efficace pour parvenir régulièrement à l'orgasme – et que l'autre, trop souvent, n'osait ni réclamer ni montrer ;

• *une abstention coïtale stricte en début de rééducation*. Pendant une durée variable, qui dépend des progrès du couple. Cette interdiction « sévère » est un coup de génie. Prenant à contrepied ceux qui voudraient avoir tout de suite des rapports « normaux et réussis ». Alors qu'ils s'escrimaient vainement dans un échec incrusté, stéréotypé et angoissant. Qu'on les empêche de retomber dans l'ornière de leurs déconfitures joue un rôle anxiolytique considérable : voilà de la bonne psychologie.

Les exercices de rééducation sont adaptés à chaque symptôme.

• *Du côté masculin* :

– Le traitement de l'éjaculation prématurée utilise un phénomène physiologique connu depuis longtemps : la concurrence perceptive des stimuli sensitifs. Qui penche presque toujours du côté nociceptif : la douleur passe avant le plaisir [177]. L'éjaculateur prématuré, incapable de se contrôler, passe immédiatement du plaisir d'ériger au plaisir d'éjaculer. Entre les deux, il faut le faire débander pour qu'il s'aguerrisse à un peu plus de retenue. On sait que les Chinois anciens se pinçaient alors un point « stratégique » sous le mamelon. Un procédé aussi simple mais encore plus direct, connu paraît-il des prostituées antiques, consiste à faire cesser l'érection en pinçant « méchamment » le gland. Après deux ou trois « tapes sur le museau » la verge est plus sage, et son heureux possesseur peut pénétrer dans le vagin sans craindre de perdre sa marchandise illico. C'est évidemment sa chère partenaire qui pratique les compressions (le *squeezing*) et qui, pendant les premières séances, monte sur lui en position d'Andromaque *(figure 160)* pour qu'il

174. Ici me permets-je une citation littéraire : « ce n'est pas dans la nouveauté, c'est dans l'habitude que nous trouvons nos plus grands plaisirs », Raymond Radiguet, *le Diable au corps*, *op. cit.*

175. *HSI*, p. 195.

176. Trad. franç., *la Femme de remplacement*, *op. cit.*

177. Une exception notable est la survenue, quoi qu'il arrive, de l'orgasme, atteint le stade d'imminence orgasmique. On l'utilise dans le traitement de l'éjaculation retardée.

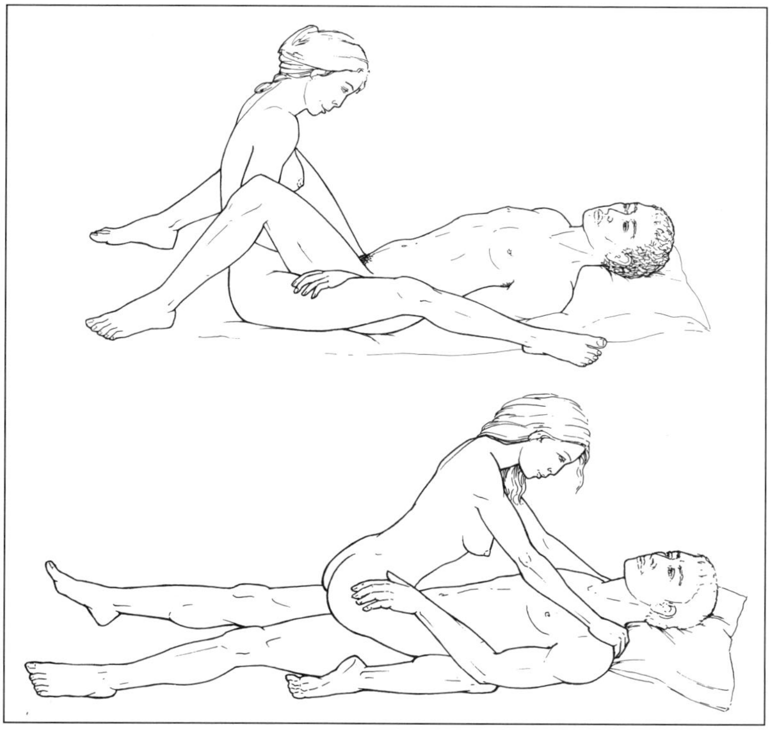

Figure 160
Prescriptions de M & J pour le traitement de l'éjaculation prématurée : compression du gland, posture d'Andromaque

contrôle mieux ses sensations, et l'impatience de ses reins.

Les résultats spectaculaires obtenus par M & J grâce à cette technique leur ont permis de guérir LA grande peine de sexe du mâle américain des fifties-sixties. Ils y ont gagné une grande part de leur réputation.

– Le traitement de l'éjaculation retardée comprend deux temps. L'homme qui s'escrimait vainement à éjaculer dans sa partenaire, « limant » désespérément jusqu'à abandon doit apprendre à jouir quand même grâce à elle. D'abord avec sa seule main, le caressant jusqu'à l'orgasme. Puis dans le vagin, la partenaire masturbant son homme en restant au-dessus de lui (allongé sur le dos), et l'enfourchant au moment où il sent l'éjaculation survenir inéluctablement. L'orgasme masculin survient enfin pendant la pénétration intravaginale.

La posture du tête-bêche classique, à femme surplombante, est ici la plus commode. La bouche de la femme peut lubrifier copieusement la verge, l'homme de son côté humectant de salive l'entrée vaginale. Si M & J ne furent pas très explicites, alors qu'ils préconisaient cette méthode à leurs patients, c'était pour ne pas encourir d'interdiction dans les États qui considéraient cunnilinctus et fellation comme des délits [178].

– Le traitement de l'impuissance évolue en trois temps. Au lieu de se précipiter sur la verge pour tenter de provoquer l'érection, la femme caresse son partenaire – qui le lui rend – sur tout le corps, lentement et tranquillement. Les érections réapparaissent d'elles-mêmes plus ou moins rapidement. Il ne faut les utiliser que lorsque l'homme est rassuré sur leur possibilité de survenue. La femme peut alors encourager manuellement (et oralement) l'érection, sans aller jusqu'à l'éjaculation, mais au contraire en faisant des pauses, permettant des hauts et bas d'entraînement. Les premières pénétrations sont statiques, toujours dans les postures où la femme surplombe, ce qui évite à l'homme de quitter le plan du lit.

• *Du côté féminin* :

– Le traitement du vaginisme consiste à dilater progressivement le conduit avec des bougies de Hégar, de diamètre croissant. La femme se les introduit elle-même, et les garde de plus en plus longtemps. Jusqu'à ce que le partenaire puisse se glisser, à leur place dans le vagin, mais en restant sous la femme, ou à côté d'elle.

– Le traitement de la dyspareunie fait écrire à M & J des propos hautement raisonnables. Alors que les tenants du « psychosomatique » prétendaient qu'une grande partie des femmes se

---

178. Je tiens ces détails de Marie-Claude Vuillet, qu'Antoine Romieu, trouvant trop succincts certains chapitres de M & J, avait envoyée faire un stage de formation à Saint-Louis du Missouri.

plaignant pendant les rapports n'étaient que geignardes traumatisées dans leur tête, M & J adoptent *une attitude résolument organiciste*. Ils cherchent soigneusement, trouvent et soignent la lésion causale. En bons médecins consciencieux, dussent-ils faire le tour de toute la pathologie pelvi-périnéale. Peut-être sans insister assez sur les épisiotomies maladroites, et en avalisant sans critique l'hystérie totale routinière. C'est néanmoins un des premiers exemples de l'introduction de la pathologie d'organe en sexologie « moderne ».

Gynécologue, Masters qui avait décrit son « célèbre » syndrome de déchirure obstétricale du ligament large, était bien placé pour connaître toute cette pathologie classique ; méprisée des psychologistes mais gâchant la vie érotique de tant de femmes – de tant de couples.

Bien que les « brûlures vaginales » ne soient pas la cause la plus fréquente de dyspareunie, c'est encore avec joie que je relis la perpétuelle mise en garde de M & J contre le mauvais « parcours touristique » des femmes : le séjour intrarectal précédant l'introduction dans le vagin, où la verge ramène colibacilles, entérocoques et autres saloperies responsables de vaginites traînantes. Combien de fois faudra-t-il dire que la verge n'a rien à faire dans le rectum et que la sodomie passive, par elle-même, n'a jamais fait jouir que les femmes imaginées par les freudiens et les littérateurs ignares ? Indulgents, M & J qui suspectent la pratique lorsque le sphincter anal bée après l'introduction du doigt, se contentent de demander aux amateurs de « se finir » sur place...

– Le traitement de l'anorgasmie féminine comprend d'une part la (re)mise en fonctionnement documentée et affectueuse du clitoris, d'autre part l'éducation du vagin lors de pénétrations la femme surplombante : elle apprend à bien sentir la verge dans le vagin, et à agir par les mouvements propres de la charnière dorso-lombaire.

Bien entendu, M & J demandent de combiner les exercices de telle façon qu'ils puissent rééduquer les troubles de chacun des deux partenaires. Ce qui demeure toujours valable.

*
* *

Grâce à leurs techniques, M & J se faisaient forts, après les avoir pris en charge, et coupés du monde extérieur (à l'hôtel, pas au Centre !), de guérir la plupart des Mr and Mrs Smith (ou Johnson) *au cours d'une cure de quinze jours*.

C'était évidemment présomptueux, et excessif. M & J avaient fondé la thérapeutique sexologique, qui ne vaut *que pour les hommes et les femmes souffrant de troubles fonctionnels-comportementaux*. Il leur manquait, au plan médical, la dimension *organique*, au moins pour sa plus grande partie masculine, et, au plan général des sciences humaines, la dimension *éthologique*. Mais il ne faut pas demander tout tout de suite. M & J avaient agi en bons petits Américains *pragmatiques et serviables. Ils avaient extirpé du divan les malheureux du sexe, pour les remettre... au lit*. Ils avaient ainsi fait du beau et du bon travail, dont ils peuvent être fiers, puisqu'ils permettent encore de guérir bien des gens en difficulté, après avoir été les premiers à proposer des procédés efficaces.

On peut aussi constater, *a posteriori*, combien ils ont permis de dédouaner, dans l'opinion médicale, la masturbation et la pornographie.

• *la masturbation* a ses manques (évidemment !) mais elle procure des orgasmes assurés : c'est elle qui guérit les frigides primaires, et tant que le (la) partenaire n'a pas trouvé tout(e) seul(e) ou n'a pas appris, au besoin par la méthode démonstrative, la bonne façon de faire jouir l'autre par ses caresses, il (elle) a peu de chances de s'y adapter. L'auto-érotisme des adultes, lavé de l'accusation de perversité, redevient ainsi ce qu'il a toujours été : *un médicament*. C'est désormais très sérieusement que les cardiologues, pour sécuriser sur leur avenir érotique ceux qui sont en voie de guérison d'un infarctus, leur recommandent de se tripoter... ou de se faire tripoter. La réapparition des érections ne peut alors avoir que le meilleur effet sur leur « moral » ;

• *la pornographie* possède une vertu incitatrice qui permet aussi bien d'enregistrer les réaction sexuelles au laboratoire que de *revigorer les appétits orgasmiques « à plat »* – récits, images, spectacles. Tant qu'elle décrit ou montre des actes érotiques normaux pratiqués par des adultes normaux [179] elle a aussi une valeur didactique et thérapeutique, proposant *des modèles de comportement*. Les films classés X, le « théâtre cochon » ne font que renouer avec les atellanes, avec le remède à l'impuissance proposé au prince Togan Shah.

179. Il ne faut pas récuser, non plus, l'émoustillement masculin par les scènes lesbiennes : elles multiplient par deux l'objet de convoitise, et surtout éliminent le rival.

Pour les gens en difficultés, on a délibérément tourné des films montrant le déroulement des méthodes rééducatrices : ils peuvent désormais se les projeter en vidéo-cassettes domestiques, pour répéter leurs exercices. Quant aux gens simplement timides, la pornographie leur permet de *déculpabiliser*, en en montrant l'exemple anodin, des gestes et postures qu'ils s'interdisaient pour de fabuleuses considérations « morales ».

D'une remarquable probité médicale – et humaine – M & J ont donc recommandé directement ce qui constitue, aux yeux des morales monothéistes, des « péchés » caractérisés. Mais préoccupés de morale comme tous les sexologues sérieux, ils ne peuvent que déplorer, tout au long de leur *Human Sexual Inadequacy*, l'influence néfaste des « préceptes de l'Église » sur la fonction érotique de leurs concitoyens. C'est un air connu. Trop d'hommes et de femmes n'ont dû, ne doivent encore leurs peines de sexe qu'à l'obéissance à des réglementations morales extravagantes, dont la Bible est la coupable origine.

3. Enfin des sexologues... et tant pis s'ils se querellent sur le sexe des anges

Masters et Johnson ne sont pas surgis du néant. Bien que ne se qualifiant pas eux-mêmes de *sexologists*, ils firent partie de ces « professionnels » qui commençaient, après la Seconde Guerre mondiale, à tenir boutique de *sexology*. Cet américanisme est doublement désastreux. Car *sexus* est du latin, et λογος du grec. Et tant qu'à faire dans l'hybride, mieux eût valu dire sexuology-*sexuologie*. Il est vrai que si, restant helléniste puriste, on avait proposé *génologie*, on eût risqué la confusion avec tout ce que γενος a sémantiquement engendré, de la généalogie à la génétique [180]. Nous ne pourrons donc plus revenir sur l'usage établi, tout en regrettant ce patois.

*
* *

Les sexologistes américains se situent facilement, avant ou après M & J.

Avant eux, peu demeurent marquants dans la précieuse et copieuse bibliographie de leur *HSI*. John Money, forcené behavioriste environnementaliste poussa si loin les conclusions du nuancier comportemental de Kinsey qu'il voulut persuader l'opinion scientifique de ne plus confondre sexe et genre. Le transsexualisme serait ainsi un état quasi normal... Ce Money multiplia conférences, associations et publications sans convaincre plus que les habituels tordus, protestataire et révolutionnaires (homo) sexuels. Albert Ellis (sans rapport avec le grand !), bien que de formation freudienne, prescrivait déjà à ses clients des exercices érotiques. Trois de ses ouvrages ont été traduits en français [181], que l'on peut encore lire avec agrément.

À côté d'eux des analystes plus ou moins orthodoxes, plus ou moins rénovateurs, se préoccupèrent principalement de sexualité, Karen Horney (qui réhabilita courageusement le rôle du clitoris), Maxine Davis, Frank Caprio, Edmund Bergler, etc. Leurs cogitations plus ou moins fumeuses ont moins rendu service à leurs contemporains empêtrés qu'elles ne gonflèrent le chiffre d'affaires des libraires : leur traduction française fit les choux gras des éditions Payot...

Après M & J, d'innombrables émules proposèrent leurs propres recettes de *sexualtherapy*. On peut certes améliorer ici ou là M & J (comme nous espérons l'avoir fait avec Antoine Romieu), mais on ne peut revenir sur les principes fondateurs de leurs méthodes corporelles. Helen S. Kaplan, avec sa *New Sexual Therapy* de 1972, fit ainsi éditer un agréable ouvrage illustré n'apportant pas grand-chose de neuf.

*
* *

En France la sexologie (déjà) montra timidement son nez au début des années 30. On y comptait (déjà) deux organismes, une *Association d'études sexologiques* fondée et présidée par le docteur Toulouse, et une *Société de sexologie* présidée par le professeur Achard. Cette dernière éditait un bulletin qui reçut, en 1933, la désastreuse communication de Marie Bonaparte sur « les deux frigidités de la femme ». Le tout joyeusement inféodé au freudisme le moins critique. C'est ainsi que le plus ancien *Manuel de sexologie* francophone dont j'aie eu connaissance a été écrit

180. Le terme a été créé par William Bateson, généticien de la fin du XIXe siècle : C. Wills, *la Sagesse des gènes*, *op. cit.*, p. 274.
181. Cf. bibliographie.

en 1931, et édité chez Payot, évidemment, par le docteur André Hesnard [182], *membre fondateur de la société psychanalytique de Paris, président de la Société française de psychanalyse*... et de plus médecin général de la marine (C.R.) [183].

Ce fut longtemps et c'est encore le travers de la sexologie française que de rester sous la coupe de *psy* insuffisamment rincés de leur freudisme originaire. Hormise la pureté d'intention du brave marin Hesnard, s'interrogeant sur l'utilité de l'éducation sexuelle des enfants et adolescents, sur la mixité scolaire, sur les dangers de l'érotisme solitaire, sur la nécessité de lutter contre la névrose, ce fléau social (!), son ouvrage ne comporte quasi rien d'extrafreudien. Je dois cependant lui reconnaître d'avoir le premier proposé une *thérapeutique sexologique*... à ceci près qu'elle ne pouvait être que psychanalytique, c'est-à-dire comme d'habitude longue, ruineuse, inefficace quand elle n'est pas nuisible.

De nombreux autres freudiens, de nombreux autres « psychosomaticiens » tentèrent vainement de s'illustrer en théorie et pratique sexologiques. Une seule figure demeure, touchante et digne, Hélène Michel-Wolfromm, disparue en 1970 – bien trop tôt *(figure 161)*.

Figure 161
Hélène Michel-Wolfromm

Gynécologue et femme, on peut dire qu'elle fut LA première sexologue française. Presque à son corps défendant... Mais la sexologie de son temps, complètement freudisée-marie-bonapartisée faisait subir aux femmes un terrorisme intellectuel qui lui semblait insupportable. C'était l'époque où l'orgasme clitoridien passait quasiment pour une indécence, à tout le moins un inexcusable enfantillage. Il fallait du courage pour écrire « accepter d'être clitoridienne est déjà en soi un signe de maturité qui n'est pas à la portée de chacune » [184]. Et la brave Hélène Michel-Wolfromm de s'abriter derrière l'« autorité » du psychanalyste Westermann Holstijn : ce grand libéral avait généreusement concédé aux femmes adultes, au congrès de psychanalyse d'Amsterdam de 1960, le droit de jouir du clitoris...

Mastersienne avant l'heure, Hélène Michel-Wolfromm soignait ses clientes en difficultés avec une lucidité pragmatique qui n'excluait pas la justesse théorique. C'est ainsi qu'elle avait parfaitement élucidé le mécanisme biologique qui fait de l'orgasme clitoridien une gratification purement réceptrice (« passive ») affectueusement offerte à la femme que l'on caresse (ou lèche). Alors que l'orgasme vaginal comporte une part de gratification motrice active. Au rebours précisément des postulats du freudisme fabulant (pardon pour le pléonasme). Elle demandait à ses anorgasmiques vaginales de considérer leur vagin *comme un aspirateur* [185], et ne les empêchait pas d'être « aussi » clitoridiennes [186]. Elle aussi savait guérir le vaginisme avec de la patience... et des bougies de Hégar.

Elle suivit les publications (originales !) de M & J, et préfaça l'abominable traduction française [187] de leur *Human Sexual Response*. Elle laisse, outre de nombreux articles, et une contribution à l'ouvrage *Gynécologie psychosomatique* (c'était la mode) un livre d'un humanisme chaleureux et souriant : *Cette chose-là*, rempli de bon sens et d'observations palpitantes [188]. Elle aura beaucoup manqué, fauchée par une mort prématurée, aux sexologues de ma génération.

182. Celui qui a dû se régaler à préfacer l'édition *reprint* de Havelock Ellis !

183. Ce qui n'est pas incompatible avec la compétence sexologique, Antoine Romieu s'étant vaillamment engagé dans les Forces françaises navales libres en 1940...

184. *Cette chose-là, op. cit.*, p. 201.

185. *Ibid*, p. 322.

186. « Il serait tout de même bête que l'accès à l'âge adulte vous obligeât à mener le deuil du plaisir clitoridien », p. 44.

187. Elle ne l'avait évidemment pas lue, m'écrivit-elle.

188. Je l'ai largement citée dans *la Fonction érotique*. Je ne résiste pas à l'amusement de rappeler la réflexion de cet homme qui croyait que le clitoris c'était « cette petite bosse derrière la tête » (p. 327).

*
* *

Faisant paraître, en 1967, la première édition de mon *Sexe de la femme*, j'exposais ce qui me semblait correspondre au réel, à savoir que la femme pouvait avoir des orgasmes par le clitoris *et* par le vagin, par l'un *ou* l'autre, par l'un *puis* par l'autre, suivant une évolution historico-temporelle que l'éthologie confirmera. Je commençais moi aussi à ne plus pouvoir supporter le dogmatisme anticlitoridien, aussi despotique qu'irréaliste, du mariebonapartisme en vigueur. Je signalais même que le vagin avait un point particulièrement sensible, en bas et en avant, entre les insertions osseuses des corps caverneux du clitoris : j'avais moi aussi « découvert » le point G.

Désirant marquer par une publication enfin française sur la rééducation érotique le *Premier Congrès international de sexologie médicale* enfin tenu à Paris en 1974, j'avais publié avec mon complice Antoine Romieu un *Précis de thérapeutique sexologique*. C'était le fruit de nos expériences, et de l'enseignement que Marie-Claude Vuillet était allée puiser directement chez M & J dont nous reconnaissions humblement le magistère – quitte à modifier ou préciser certaines de leurs prescriptions. Fort de mes connaissances « classiques », j'y ai donné aux postures coïtales usuelles leur nom « de baptême » (!) traditionnel : *Andromaque*, *l'Arétin*, *les petites cuillères*, etc. Tout le monde s'y est référé depuis dans les publications francophones, même ceux qui considérèrent dédaigneusement mon « petit livre rose » [189] comme un bien primaire traité de gymnastique.

Dans ce petit *Précis* j'avais étoffé le chapitre de l'anorgasmie féminine, concernant le clitoris autant que le vagin : je pensais que l'ère du tout clitoris ou du tout vagin était révolue. Je ne savais pas qu'un dogmatisme allait succéder à l'autre.

*
* *

Le tout clitoris de Kinsey n'avait pas eu que des adeptes féministes. Le très sérieux Judd Marmor écrivait en 1954 qu'il n'y avait pas plus d'orgasme vaginal chez la femme que d'orgasme scrotal, anal ou prostatique chez l'homme [190]. Comme quoi ce monsieur ignorait l'innervation érogène de l'urètre postérieur masculin. Deux sexologues danois, célèbres en leur temps pour avoir organisé la première exposition d'art érotique en 1968 [191], Phyllis et Eberhard Kronhausen, continuèrent cet antifreudien dans leur bien léger *Sexual Response in Women* [192].

Et pourtant le vagin jouit ! Depuis les origines de l'humanité, et sans avoir besoin de la caution du docteur Freud ! Confrontés à la réalité de l'orgasme vaginal, mais n'osant pas réfuter Kinsey, les freudiens régentant longtemps la sexologie française exposaient ici un point de vue dérisoire à la sauce psy : pendant le coït, la femme jouit *grâce au fantasme de pénétration* ! Toujours la tête !

M & J, prudents, et bien que la plupart de leurs observations physiologiques succèdent à des excitations clitoridiennes, ont tout de même enregistré des réactions orgasmiques provoquées par le coït intravaginal. Hélas !, comme Kinsey, ils postulaient que l'orgasme déclenché par le coït était dû à la stimulation du clitoris, dont le gland était chatouillé par le capuchon, entraîné par les nymphes, elles-mêmes mues par les allées et venues de la verge introduite. C'était de la physiologie-fiction : on croirait lire la description d'un moteur à engrenages... Il manquait à M & J, tout imprégnés de pragmatisme fonctionnaliste *made in USA* une notion toute bête, toute animale : la mise en condition réceptive du vagin par la stimulation clitoridienne préliminaire, *précoïtale*.

Une de leurs observations est tout à fait caricaturale de ce fragmentarisme physiologique. Une de leurs patientes expérimenta vingt-sept rapports intravaginaux, avec autant de « males partners », *pendant six heures et demie* (!) sans atteindre le soulagement orgasmique. Six heures après le dernier rapport ses grandes lèvres et son bas vagin étaient encore « horriblement » engorgés. Par une

---

189. C'est le titre que lui attribua Yvan Audouard, *le Canard enchaîné*, n° 2803, 17 juillet 1974.
190. Cf. bibliographie.
191. À Lund en Suède et Aarhus au Danemark. Le catalogue – globalement fort sinistre – a été édité par Grove Press.
192. Traduction française (exécrable) : *Majorité sexuelle de la femme*, *op. cit.*, préfacée par Simone de Beauvoir, s'il vous plaît !

automasturbation clitoridienne *de deux minutes* elle obtint enfin dégonflement et apaisement orgasmique [193]. Nul doute qu'une clitorisation [194] affectueuse, au doigt ou à la bouche, par au moins un de ses 27 « clients », lui eût évité ce spectaculaire inassouvissement coïtal, contredisant méchamment le mécanisme alambiqué décrit par M & J.

Comme d'habitude, un excès en engendra un autre. Alors que j'avais recommandé, dans *le Sexe de la femme*, de n'être ni anticlitoridien ni antivaginal (pauvres organes !) un mouvement sexologique *provaginal* surgit en 1980, avec autant de vigueur que de sectarisme. Il publia son manifeste, *The G Spot*, sous la plume de madame Kahn Ladas, cautionnée par B. Whipple et J. Perry [195].

Ces deux sexologues américains, partis à la recherche du substratum organique de l'érogénéité vaginale, avaient revivifié les travaux de deux précurseurs, Gräfenberg et Kegel.

Ernst Gräfenberg, qui avait oublié ses stérilets en Allemagne, travailla aux USA avec Margaret Sanger – celle du *birth control*. C'est là qu'il avait décrit en 1950 le phénomène troublant de l'« éjaculation féminine ». Et il est vrai que certaines femmes – je dis bien certaines – émettent, au cours de l'orgasme, une production de leurs glandes urétrales assez abondante pour simuler une petite miction. L'étonnante manifestation était déjà connue au moins des lecteurs du roman érotique *Mémoires d'une chanteuse allemande* [196]. Cette pseudo-éjaculation survient tout spécialement chez les femmes dont la paroi antérieure du vagin, autour de l'urètre et derrière le col vésical, est si réceptive que sa stimulation peut déclencher l'orgasme. Là se situe, disait Gräfenberg, une très efficace zone érogène du vagin, « bien connue » de celles qui se masturbent en chatouillant, les doigts introduits en crochet, ce qu'elles appellent parfois « leur deuxième clitoris ». Tandis que d'autres déclarent tout crûment que leur « premier » clitoris ne leur a jamais servi à rien...

Herbert Kegel, bienfaiteur de l'humanité, avait eu l'idée excellente, dès le début des années 40, de faire accomplir aux muscles du petit bassin et du périnée féminin des exercices d'entraînement de type carrément sportif. Mettant dans le vagin son *périnéomètre (figure 162)*, sonde au début purement pneumatique, il put chiffrer la force musculaire du diaphragme pelvien. Tout spécialement ce fameux *faisceau pubo-coccygien* du releveur de l'anus qui croise le vagin à quatre centimètres de l'entrée périnéo-vulvaire. Toutes les femmes – et leur partenaire – peuvent le sentir, sur le doigt introduit, quand il se contracte. C'est le franchissement de son rideau musculaire qui pose le fameux problème de pénétration intravaginale à ceux dont l'érection n'est pas assez solide.

Les accouchements trop nombreux, traumatisants, sabotés, lèsent les pubo-coccygiens, paralysés, affaiblis, amaigris. C'est ainsi que se déclare le si pénible prolapsus génital féminin, cette *descente d'organes* inconnue des quadrupèdes. Parfois aggravée de l'humiliante incontinence urinaire d'effort – on en a largement déploré les misères.

Kegel, après avoir montré à ses patientes leur déficience musculaire, leur demanda de s'entraîner à « serrer les fesses », puisque c'est la manœuvre subjective qui contracte le releveur de l'anus. L'appareil contrôlait leurs efforts. Il obtint des résultats spectaculaires, chez des femmes jeunes, aux releveurs pas trop abîmés. La kinésithérapie périnéale assécha leur culotte, en leur évitant la cure chirurgicale. Or, récompense inattendue, un certain nombre d'entre elles, découvrant ainsi la millénaire pratique du sciage, se déclenchèrent des orgasmes à point de départ vaginal.

Pour Whipple et Perry tout parut simple. LA zone érogène du vagin était ce point antéro-inférieur, qu'ils baptisèrent *point G* en l'honneur de Gräfenberg. C'est lui qu'exciterait la contraction du pubo-coccygien, déclenchant l'éjaculation féminine. Ils le dirent dans plusieurs articles, et après la parution du livre de madame Kahn Ladas, où on leur disait comment faire, bon nombre de femmes se sont mises à chercher leur point G. Toutes seules assises (poétiquement) sur la cuvette des WC, ou demandant à leur cher partenaire de le trouver...

Il faut dire que pour la première fois apparaissait dans la littérature sexologique anglophone

193. *The Sexual Response Cycle of the Human Female, I, Gross Anatomic Considerations, Western Journal of Obstetric and Gynecology*, (*janu.-febr.* 1960, 62-63). Ils n'ont pas repris cette observation, pourtant démonstrative, dans leur *H.S.R.*

194. J'ai introduit le terme dans *la Fonction érotique* en 1972.

195. Version française : *le Point G, op. cit.* Cette traduction est si exécrable qu'elle devient parfois comique – ce qui n'altère que peu son sens général.

196. *Memoiren einer Sängerin*, PREMIÈRE PARTIE, V, p. 81 de l'édition Arcanes. Le récit est attribué à la Schröder-Devrient, qui connut Goethe et Beethoven.

une référence aux processus évolutifs. J'en fus très touché, moi qui, dans mon *Abrégé* de 1976, avait orienté la compréhension de la sexualité humaine dans la perspective de notre phylogenèse : ce qu'il reste de la vieille quadrupédie, dans notre espèce bipède, explique bien des phénomènes physiologiques et comportementaux [197]. C'est ainsi que le fameux point G est parfaitement stimulé dans les postures où l'homme pénètre la femme depuis l'arrière, comme sont pénétrées la plupart des autres femelles mammifères. Il est d'ailleurs évident que du Moyen Âge (et même depuis l'Antiquité !) jusqu'au R.P. Debreyne, ces fameuses « masturbatrices vaginales », supposées capables de farfouiller lubriquement leur cul-de-sac postérieur, s'excitaient le « point G » sans le savoir. Mais il ne résume évidemment pas l'érogénéité génitale féminine à lui tout seul, comme voulut le faire croire un prosélytisme démesuré.

Au seul point de vue phylogénétique, il aurait déjà fallu plaindre les femelles animales qui sont toujours (cétacés, lamantins) ou occasionnellement (les anthropoïdes) pénétrées en face-à-face. Et il était faux de prétendre que le point G soit la seule zone vaginale « humaine » réagissante. Certes on y trouve des terminaisons nerveuses pseudo-corpusculaires. Mais le cul-de-sac postérieur, qui n'en a pas, reste une zone réflexogène indéniable, stimulée par les phallus naturels... artificiels... artisanaux ou improvisés.

Il était faux de croire que *toutes* les femmes peuvent parvenir à l'orgasme et, dans la foulée, « éjaculer », par la stimulation du seul point G. On a ainsi culpabilisé des femmes – et leur partenaire – dont les laborieuses explorations n'ont débouché ni sur l'extase orgasmique, ni sur l'émission d'un copieux jet urétral. Il était enfin délirant – certains ne s'en sont pas privés, hélas ! – de décrire le point G comme une formation anatomique à la fois circonscrite et méconnue des traités classiques.

Les anatomistes ont toujours décrit, avec les plexus veineux du bas vagin, le plexus *péri-urétral* qui entoure le col de la vessie et l'urètre. De

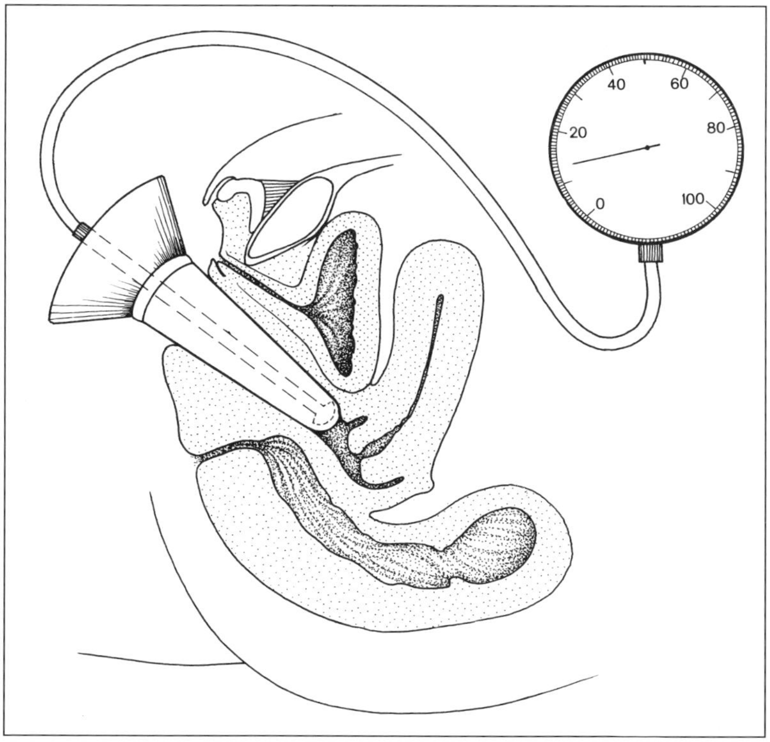

Figure 162
Le périnéomètre de Kegel

197. Comme pour les répercussions de la bipédie sur la sexualité humaine, il m'a fallu attendre 1991 pour lire sous la plume d'anthropologues (en américain, évidemment) que nous avions gardé des reliquats de quadrépudie : M.D. Rose, *The Process of bipedalization in hominids*, in Coppens et Senut, *Origines de la bipédie chez les hominidés*, *op. cit.*, p. 45.

tout temps a été décrite la *colonne antérieure du vagin*, fixée en profondeur, qui sépare en deux parties latérales le réseau veineux [198]. Ce plexus gonfle – avec les autres formations veineuses de voisinage – lorsque l'excitation sexuelle engorge le périnée féminin. De part et d'autre de la colonne antérieure du vagin il peut alors prendre, gorgé de sang, l'aspect de deux petits renflements olivaires, que la femme, ou son partenaire, peuvent parfaitement identifier. Que certaines femmes gonflent là plus que d'autres est un don de la nature, pas une loi générale et obligatoire.

Quant aux glandes contenues dans l'épaisseur de la paroi urétrale, quant aux glandes de Skène dont les orifices encadrent le méat urétral, elles ne sont une découverte que pour les ignorants. Là encore, que certaines femmes sécrètent plus que d'autres, et que les contractions orgasmiques du périnée projettent le produit glandulaire n'est ni une manifestation éjaculatoire, ou mictionnelle [199], ni une obligation physiologique. La plupart des femmes qui se sentent inondées lors de l'orgasme ne le sont que par une production plus abondante de mouillure vaginale. La plupart sont alors incapables de dire par quel orifice se produit le jaillissement de l'eau « miraculeuse ». Heli Alzate, qui a enregistré-filmé l'orgasme de femmes jouissant du point G n'a jamais rien vu surgir par leur urètre [200].

Le délire anatomo-physiologique atteignit les limites du ridicule lorsqu'on voulut expliquer par la stimulation du point G – ô mânes de Groddeck ! – l'orgasme que certaines femmes auraient ressenti en accouchant. Et lorsqu'on se mit à chercher le point G des hommes dans leur prostate, délicieusement stimulée par le massage trans-rectal – ô délices de la sodomie passive et de l'urologie d'avant-guerre (de 14 !). Incriminé, Masters réagit, et rappela que nommer le point G « prostate des femmes » était pour le moins hasardeux [201].

Il faut d'ailleurs reconnaître que Gräfenberg lui-même n'était pas aussi sectaire que ses tardifs découvreurs. Par exemple il n'avait jamais dénié au clitoris « le droit » de procurer l'orgasme. Ce que l'excellent sexologue allemand Wolf Eicher rappela, avec d'autres précisions anatomophysiologiques *(figure 163)*, dans un excellent article contre la surestimation du point G [202].

Finalement, l'apport le plus intéressant des publications de Whipple et Perry fut la (re)diffusion de la technique de Kegel pour la rééducation érotique du vagin. Ainsi fut démontrée la part *proprioceptive* de sa réceptivité érogène. Faisant consciencieusement leurs exercices de contraction, les sportives du périnée furent ainsi doublement récompensées : par le bénéfice sensitif, et par la « remontée » de leurs précieux organes. Aucun service d'obstétrique sérieux ne peut désormais se passer d'enseigner la gymnastique du périnée, aussi bien avant qu'après l'accouchement. Et si la « kinésie » périnéale, avec ses locaux « hygiéniques » et ses appareils médicaux, n'est pas le remède idéal pour réchauffer les frigides du vagin, les exercices de contractions domestiques font désormais partie des prescriptions sexologiques usuelles.

Remettant à jour, en 1989, le *Précis de thérapeutique sexologique* de 1974, il me fallut tenir compte de tout ce que nous avions appris, outre ce que nous avions amené de perfectionnement aux méthodes de M & J. *Les bourrages vaginaux* avec des mèches vaselinées pour sécuriser les vaginiques et les dyspareuniques. L'utilisation, préconisée par mon élève Dermange, *du rinnotama* asiatique [203] pour laisser aux vaginiques quelque chose dans le vagin pendant la vie courante. La plus sérieuse mise en garde, par contre, envers tous les appareils vibreurs, masseurs, etc., qui font très bien jouir les femmes sans autre problème que la solitude, mais sont de dangereux – et bientôt exclusifs – initiateurs au plaisir. Ma litanie contre les coups de ciseaux abusifs dans les organes génitaux féminins, épisiotomies et hystérectomies totales de routine. L'application aux éjaculateurs prématurés de la méthode de rééducation périnéale avec rétro-contrôle objectif. Enfin la modulation, sur plusieurs semaines ou mois (jusqu'à six) d'une rééducation que l'on ne peut plus réduire, comme M & J le préconisaient, à quinze jours ponctuels.

Malgré encore bien des lacunes théoriques, les « problèmes » fonctionnels féminins avaient

198. On trouve tout ça dans Rouvière.

199. L'émission est très rarement mais authentiquement urinaire, chez quelques malheureuses incontinentes pénétrées en posture quadrupède. Celles-là ne font pas la confusion...

200. *Vaginal erogeneity, the « G spot », and « female ejaculation », article cité.*

201. Communication au 14e congrès national de l'*American Association of Sex Educators, Conselors and Therapists*, San Francisco, 4 avril 1981. *Cf. le Point G*, *op. cit.*, p. 57.

202. *Sexual Medizin*,1984, n° 9, pp. 531-537 : *Die sexuelle Reaktion der Frau, II.*

203. Ces boules d'amour sont en vente dans tous les bons sex-shops.

trouvé des solutions souvent satisfaisantes, que la gynécologie ne peut plus ignorer. L'important demeure que la femme ait profité, en temps opportun, des « périodes sensibles » de sa chronobiologie pour maturer son circuit orgasmique ; d'abord dans la prime enfance par ses tripotages clitoridiens, puis après la puberté somatique par la mise en route opportune de sa physiologie vaginale [204].

Par contre, en dehors de l'apparition de la gymnastique périnéale, le chapitre des troubles masculins dut être « révisé à la baisse ».

La thérapeutique sexologique avait suscité bien des enthousiasmes, mais elle ne pouvait guérir tous les empêtrements érotiques, en particulier elle n'était pas la panacée des impuissants. Nous nous en étions largement rendu compte, et nous étions retournés chercher, dans la médecine et la chirurgie classique, les moyens de porter remède enfin efficace à nos maléficiés de l'érection.

TROISIÈME ÉTAPE : RETOUR À L'ORGANIQUE ; LES LUMIÈRES DE L'ÉTHOLOGIE

1. Les organes génitaux sont des organes

a) Artères, veines et nerfs : les vaisseaux du plaisir

En 1970, un jeune tchèque de 32 ans a le bassin écrasé par la roue arrière d'un tracteur. Fracture des deux pubis, des deux branches ischio-pubiennes et d'un fond de cotyle, rupture de la vessie, énorme hématome de l'espace de Retzius. L'importance du saignement finit par contraindre le chirurgien à pratiquer une ligature des deux artères hypogastriques. Le blessé est guéri. Mais il vient se plaindre, deux ans plus tard, d'une totale disparition de ses érections.

Le chirurgien consulté, Vaclav Mihal [205] *(figure 164)*, exerce la chirurgie vasculaire à Prague, dans une université qui comporte un Institut de sexologie. Médecin consciencieux, il fait pratiquer une artériographie qui confirme le désert vasculaire du petit bassin. Il ne demande pas au blessé à quel âge il s'est aperçu de son complexe de castration. Cet homme manque de sang artériel pour remplir ses corps caverneux. Pourquoi ne pas tenter une chirurgie de revascularisation classique ?

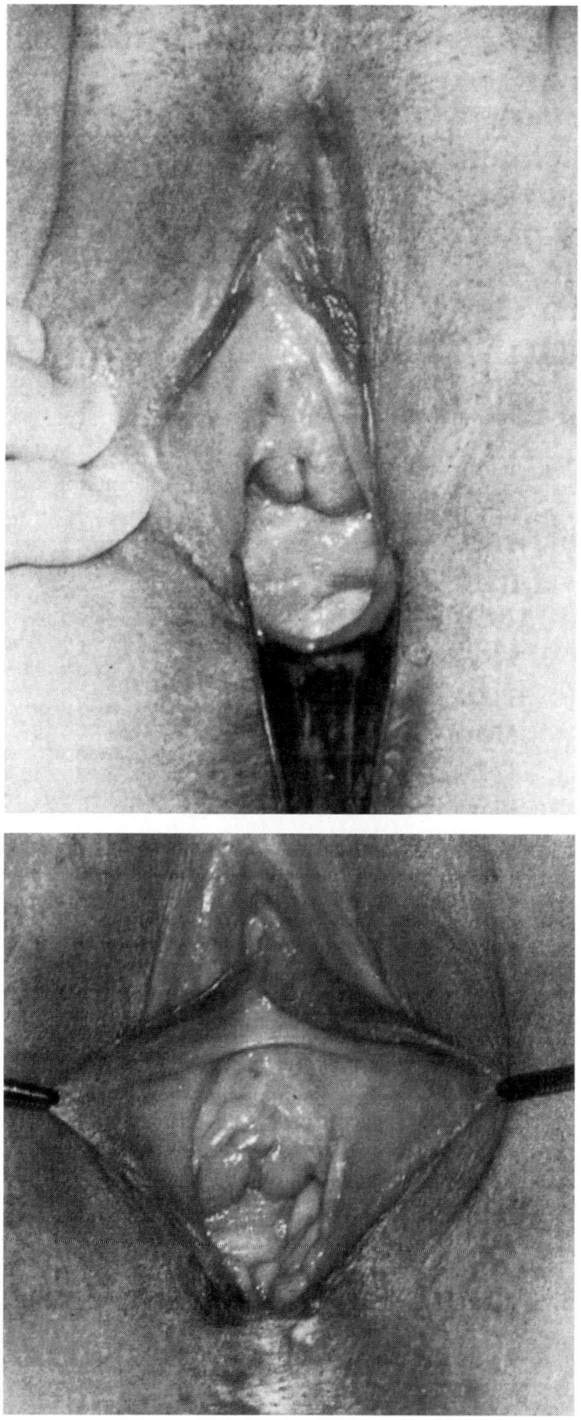

Figure 163
Les deux élevures antérieures de l'entrée vaginale. Ce que certains appellent le point G

204. Cf. ma communication pour le Congrès de sexologie de Marrakech (décembre 1992) : *Considérations chronobiologiques sur l'établissement de la physiologie orgasmique féminine, article cité.*
205. À prononcer Michal.

Après avoir bien réfléchi et bien préparé son opéré, Mihal réalise *un pontage*. Un greffon pris sur la veine saphène interne est monté entre l'artère fémorale et l'artère « honteuse » interne, découverte au périnée. Miracle de l'an de grâce 1972, en ce 6 mai. L'opéré a des suites simples, et ses érections matinales réapparaissent, alors même qu'il est encore hospitalisé. De retour chez lui, il reprend sa cadence de trois à quatre rapports hebdomadaires, avec une érection satisfaisante.

Si l'on n'avait pas attribué si longtemps à la tête les troubles de la queue, on se serait rappelé des écrits et expériences de Pierre Dionis, de Variolo, de De Graaf. Les médecins du cœur et des vaisseaux auraient tiré les conclusions logiques du syndrome décrit par Leriche en 1923 : l'obstruction du carrefour aortique entraîne l'impuissance. Pas de sang, pas de trique...

Mihal publie son observation. En tchèque : *Taktika rekonstrukcnich vykonu v aortoilicke oblasti vzhledem k porucham erektivity u muzu.* Dans le *Rozhledy v chirurgii*, volume 52 de 1973. Puis sa technique améliorée, qui consiste à utiliser le sang d'une artère de voisinage, *l'artère épigastrique*, libérée, retournée et anastomosée directement sur un corps caverneux ; toujours en tchèque [206]. Le procédé est encore plus efficace. Par esprit œcuménique, les américains du *Journal of Cardiovascular Surgery* publient sa première observation, en yanki, en 1974. Il y a peu d'échos. Il n'y en avait déjà pas eu lorsque les Américains O'Connor, puis Warren, pratiquant la désobstruction des artères hypogastriques, le premier dès 1960, avaient fait réapparaître les érections de leurs opérés [207]. L'impuissance, c'est toujours la tête.

Figure 164
Vaclav Mihal

En France, à Montpellier, autour d'Antoine Romieu, certaines têtes « bien » pensantes s'aiguisent. M & J c'est génial, mais ça ne guérit pas l'impuissance, malgré la meilleure bonne volonté réciproque, les guili-guili et la musique douce. N'existe-t-il donc pas une pathologie d'organe, que l'on puisse dépister, cerner, traiter ? Comme on l'a pensé si longtemps avant d'explorer l'inconscient ? En 1974 un radiologue « pointu », Jean-François Ginestié (1939-1979, *figure 165*), s'interroge – m'interroge – sur les possibilités de faire bénéficier les impuissants d'explorations radiologiques pertinentes. Il n'y a rien, ou presque, dans la littérature francophone. Sinon des cavernosographies par opacification rétrograde des corps caverneux, dont on n'a rien su tirer d'utile. Et finalement on décide de consulter l'oracle : Bethesda.

La réponse vient de Prague : *Impotence. Bypass. Arterial anastomosis.* Et ce Mihal dit que ça marche ! Il faut lui écrire malgré la guerre froide, et les services de censure postale qui ne sont pas sûrs que cette correspondance inconvenante sur l'impuissance n'émane pas de la CIA. Impossible d'inviter Mihal de but en blanc – et pendant plusieurs années il ne pourra venir en Occident sans laisser en Tchécoslovaquie femme ou enfant... Il faudra aller le voir. En attendant, J.-F. Ginestié met au point une sonde béquillée lui permettant d'opacifier sélectivement les artères hypogastriques. Les artériographies se succèdent, et parlent *(figure 166)*.

Les malheureuses artères que l'on nomme honteuses sont « comme les autres ». Exposées aux vices de conformation, qui les laissent trop grêles, leur sang parfois distribué aux autres artères « du

206. Cf. bibliographie.
207. Cf. R. Virag, *l'Homme qui marche*, *op. cit.*, pp. 290-291.

coin », ischiatique ou fessière. Exposées à tous les traumatismes, blessures, compressions. Exposées à l'athérome, qui bouche leurs afférentes iliaques primitives, hypogastriques, et surtout leurs précieuses efférentes. Ces artères *caverneuses*, terminales sans suppléance possible, qui fournissent le sang nécessaire au remplissage des corps caverneux. Avec une seule artère caverneuse bouchée ou déficitaire *(figure 167)* vous ne bandez plus, ou vous bandez *à mou*.

Figure 165
Jean-François Ginestié

Une symptomatologie qui « crevait les yeux » mais que personne ne voyait fait rentrer les troubles de l'érection dans des descriptions cliniques du plus pur classicisme. À commencer par *l'érection insuffisante*. Celle qui ne raidit pas assez la verge, et que nous proposons au plaignant de chiffrer entre 0 et 10. À moins de 5/10, on ne pénètre plus. À la limite, si vous ne bandez plus du tout mais que votre chère partenaire (ou votre main) vous sollicite avec assez de persuasion, vous émettez une *éjaculation à verge molle*. Et si vos troubles ont évolué progressivement, sans fâcherie particulière avec votre bonne compagne de lit, si vos érections spontanées, le matin, la nuit, ont disparu, si vous êtes un classique « artériel », c'est bien vos artères qui vous ont lâché, et ne vous permettent plus de lever le bras phallique. Entre les artériographies et la séméiologie clinique, la correspondance est frappante.

Le 15 mars 1975, je fais paraître dans *Sexologie-Informations*, avec Antoine Romieu et Jean-François Ginestié, le premier article francophone sur *les troubles de l'érection d'origine artérielle*. Deux mois plus tard, Romieu et les deux Ginestié, père (chirurgien) et fils (radiologue), visa obtenu pour Prague, vont voir Mihal, un gros paquet d'artériographies sous le bras. Le Tchèque n'en croit pas ses yeux, lui qui se contentait d'aortographies classiques. Il montre évidemment aux Français, venus pour ça, ses techniques opératoires. Au retour, Jean Ginestié réalise les

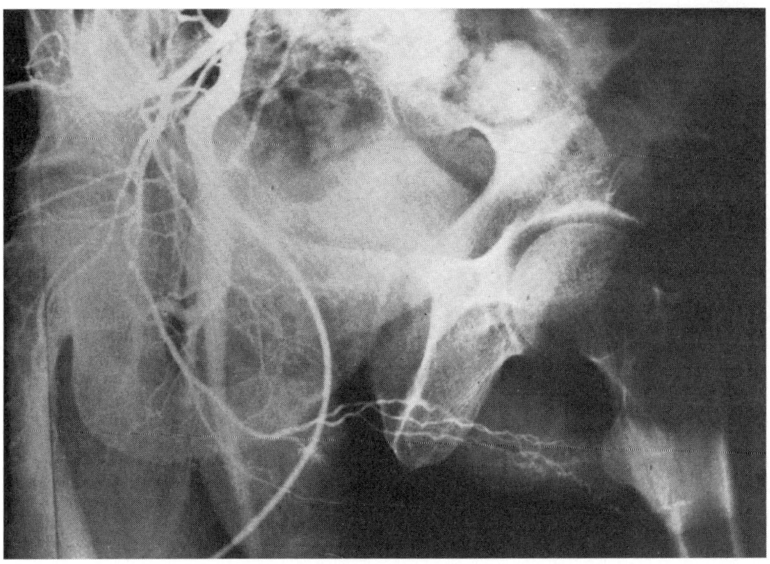

Figure 166
Artériographie normale des artères de la verge

premières anastomoses françaises. Sûr de son fait, il publie avec Romieu le premier article francophone sur le sujet, dans le *Journal d'urologie et de néphrologie* [208].

Cette fois-ci, les psychologistes réagissent. Je me fais traiter de chirurgien de province analphabète, pittoresque quand il parle du sexe de la femme, mais urologiste outrancier quand il débarque avec ses grands pieds dans le domaine réservé de la psychologie. Mon maître Pierre Aboulker, converti au « psychosomatique » par son cher collaborateur Pierre Chertok, me demande ce que je fabrique avec des Montpelliérains, à me préoccuper « de ce qui n'intéresse personne » [209]. Dans la ville de Guy de Chauliac se manifeste une opposition farouche, qui ira jusqu'à faire ligaturer les artères pelviennes d'un innocent baudet – en vain puisque s'il bande encore après, c'est que la distribution artérielle du périnée n'est pas la même chez l'homme et le roussin.

D'autres, heureusement, nous prennent au sérieux. Bien qu'inoffensive, l'artériographie paraît lourde, invasive, chez des gens qui ne sont pas en péril de mort – d'ailleurs la réflexion s'imposera, à l'avenir, pour toute indication médico-chirurgicale concernant la pathologie sexuelle. Les artères de la verge, les dorsales, les caverneuses, sont vraiment comme les autres – nous nous tuons à le dire ! – et leur flux circulatoire fournit le même effet Doppler qu'ailleurs.

Sauf pour certains cas précis, le Doppler « de tout le monde » remplace l'artériographie, aux moindres frais [210] : ça ne fait pas mal, et ça ne coûte pas trop cher. Et puisque les impuissants artériels disent avoir perdu leurs érections spontanées, pourquoi ne pas enregistrer celles que tout homme normal développe, pendant le sommeil paradoxal ? Avec un appareillage simple la *pléthysmographie nocturne* de la verge permet de savoir si et comment « elle gonfle », au moins la nuit – ou pas du tout. Plus tard le très classique Holter « de tout le monde » permettra de suivre les hauts et les bas de messer Phallus au cours de la journée, par exemple quand on vous fait voir un film cochon. Si la courbe est toujours plate, de jour comme de nuit, vous ne bandez vraiment pas, et ce n'est pas la faute à votre Œdipe. Par contre si vos goûts sont déviés ou pervers, on le verra en vous projetant des films homo- pédo- sado- maso... : ils feront gonfler le pléthysmographe en fonction de votre marotte favorite.

Les chirurgiens vasculaires, du moins les plus futés d'entre eux, sentent que cela les concerne, et

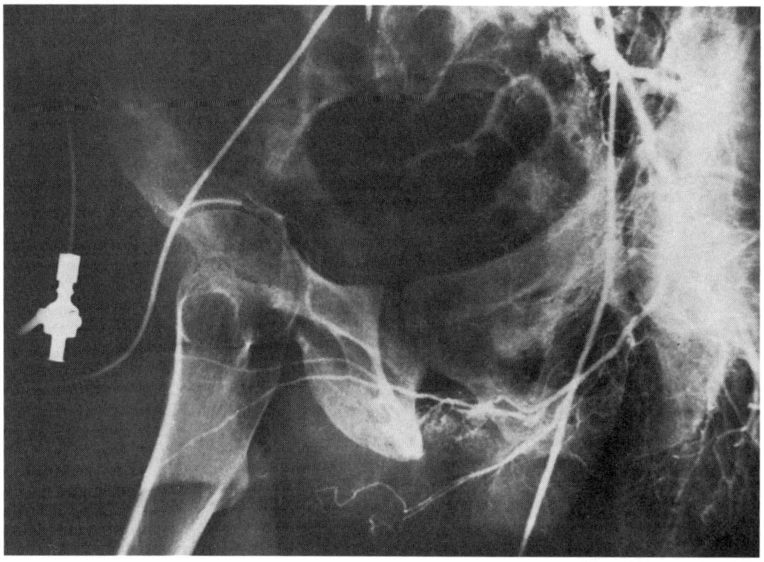

Figure 167
Obturations et amputations des artères de la verge

208. Cf. bibliographie.

209. Il est vrai que nommé expert lors de la fâcheuse mort d'Albertine Sarrazin il avait méchamment « enfoncé » les gens de Montpellier – et qu'il détestait tellement les impuissants qu'il raccompagnait lui-même à la porte de son cabinet ceux qui avaient eu l'outrecuidance de venir le consulter...

210. Je cite, pour mémoire, les amusettes auxquelles se sont livrés certains, photographiant la verge en thermographie, avant et après exposition à un courant d'air : toujours du vent !

commencent à se documenter. C'est ainsi qu'un beau jour de 1976 un grand garçon à l'air (faussement) timide vient me voir dans la petite boutique sexologique que j'ai montée avec Henri Dermange et Geneviève Tétart. Il dit s'appeler Ronald Virag [211] et demande si nous pouvons lui envoyer des malades « pour voir ». Tout sera vite vu, et on reverra le personnage. Il fera d'ailleurs lui aussi le pèlerinage à Prague.

L'idée si simple qu'en ramenant du sang artériel dans les verges mal irriguées on peut guérir les impuissants fait désormais vite son chemin. Elle ravit le maître Masters, qui félicite Romieu et Ginestié lors du congrès de sexologie de Montréal de 1976. Un ponte new-yorkais de la chirurgie vasculaire, Adrian Zorgniotti, saute voracement sur la technique, et sera son zélé promoteur dans les Amériques.

De nombreux résultats favorables récompensent les anastomoseurs. Pourtant, une fois de plus, on n'a pas trouvé LA panacée de l'impuissance. Certains opérés continuent à mal bander. Manifestement, il y a... des fuites. Tout le monde le savait, mais on l'avait oublié. Il ne suffit pas que les artères gonflent la verge, pour qu'elle soit vraiment bien raide. Il faut que le sang y reste piégé, sous pression, transformant la tumescence en véritable érection. C'est ainsi que la verge se redresse, *s'érige*.

Les « digues » veineuses retenant le sang dans les cavernes des corps... caverneux, tout le monde en a entendu parler au cours d'histologie, mais personne ne les a vraiment bien vues. Sauf peut-être ce Conti, qui a dès 1952 publié une étude exhaustive sur les vaisseaux de la verge, responsables de l'érection. Et avant lui un Texan, Wooten, avait déjà proposé en 1902 de lier la veine dorsale de la verge des impuissants. Un autre Américain, Lydston, ligature la veine dorsale profonde de 100 impuissants, en 1918. Il en guérit la moitié. Sans que cela impressionne beaucoup ses lecteurs scientifiques. Sinon, beaucoup plus tard, en 1935, Lowsley, de Baltimore, qui ligature aussi la veine dorsale profonde, et raccourcit les corps caverneux, de façon à ce que l'apport sanguin raréfié par la maladie puisse mieux emplir des organes érectiles de moindre volume. Toujours peu d'écho (Freud règne...). Jusqu'à ce que Virag – et nous – mettions au point une technique d'irrigation contrôlée de la verge.

La *débitmétrie de l'érection* permet de savoir combien il faut de volume liquide (de sérum) pour déclencher l'érection, combien il en faut pour l'entretenir. On met à jour le gros effort que doivent fournir les artères caverneuses, *multipliant par vingt* leur débit de repos pour remplir les corps caverneux : c'est le « moment délicat » du gros coup de pompe initial, qui défavorise les gros bangalas. Le débit d'entretien, ensuite, peut être plus modeste, puisque les mécanismes veineux, justement, entrent en jeu. Si l'érection ne peut se maintenir qu'en lui fournissant une copieuse irrigation, c'est qu'il y a des pertes de liquide hors de l'albuginée. Classique problème de robinets. Si le liquide de perfusion est radio-opaque, on obtient une *cavernosographie* enfin parlante : nous apprenons à déchiffrer les images normales et pathologiques du retour veineux.

Que les veines aient perdu leurs valvules, qu'elles soient anormalement nombreuses, que l'albuginée des corps caverneux soit devenue littéralement poreuse, que des fistules vident les corps caverneux dans le corps spongieux ou dans la veine dorsale superficielle, et l'érection ne tient pas. Ce que racontent tous ceux victimes d'une *érection instable*, et que l'on n'avait pas su écouter : leur verge gonfle pendant les baisers et les caresses préliminaires, mais la dureté *ne tient pas*, en particulier lors des changements de position. Comme pour ceux dont le sang artériel est volé par les artères sœurs des « honteuses », enjamber la cuisse de la partenaire est pour eux « faire le saut de la mort ». La verge mi-dure au départ est molle à l'arrivée devant le port...

Cette pathologie veineuse « toute simple » a évidemment des conséquences immédiates. Virag – bientôt suivi par d'autres – invente un « rigidimètre » qui permet de coter la raideur du membre sans radio ni perfusions. Et il propose un autre principe chirurgical : il faut joindre la ligature veineuse à l'anastomose artérielle, et même, idée hardie mais lumineuse, irriguer la veine dorsale profonde *à contre-courant*, en l'*artérialisant* ; toujours grâce à la providentielle épigastrique. Dans le même temps on ligature « tout ce qui sort » de l'albuginée des corps caverneux. *Et ça marche*. De mieux en mieux. Mais pas toujours.

D'abord les opérés doivent être rigoureusement sélectionnés. L'intervention est sans danger avec des artères souples utilisables : ce n'est

211. Je m'amuse toujours de voir mon ami Ronald, prenant de la maturité, ressembler de plus en plus, grand séfarade au noble nez aquilin et aux cheveux blancs, archétype du savant (Solal quinquagénaire), à mon maître Aboulker, qui ne pouvait souffrir les impuissants.

évidemment pas le cas avec tous ces classiques vasculaires, athéromateux, hypertendus, coronariens, dont les *diabétiques* aux vaisseaux rongés, avec tous les séniles que l'opération miracle ne guérira pas. Mais de plus *la plomberie n'est pas tout.*

Il faut déjà une verge sans malfaçon. Résignons nous : *le phallus n'est qu'un organe.* Et les chirurgiens, les médecins, ont de moins en moins honte d'agir directement sur ce noble membre.

On opère désormais la pénible maladie de Lapeyronie, lorsque les infiltrations de cortisoniques ne peuvent plus remédier aux déviations infligées à la verge par ses noyaux douloureux. On opère les verges arquées « de naissance » et que leur courbure peut rendre « immettable ». Les « réaligner », comme les Lapeyronie invalidantes, est désormais assez facile, par des interventions simples de *redressement de la verge* : des points en hauban, avec du gros fil résorbable, mettent à plat la « bosse » de l'organe – ainsi fut abandonné le procédé dangereux de Nesbit incisant les corps caverneux : leur suture étanche était des plus hasardeuses.

Ces verges coudées, courbées *(figure 168)*, rendent souvent impuissant par crainte l'échec, ou de la douleur, mais la Lapeyronie peut avoir « mangé » la paroi des aréoles (les cavernes). Elle n'est pas la seule à détériorer leurs cloisons conjonctivo-musculaires, que dégrade l'athérome et le diabète. Inutile d'agir en amont ou en aval de ces cavernes inextensibles. Réalisée avec précaution, *la biopsie* des corps caverneux, voire leur *fibroscopie* montrent la sclérose des parois aréolaires, de leurs muscles lisses, qui coupe court à toute tentative de « plomberie ». Or même doté des plus souples artères, veines, cavernes et muscles, l'homme doit encore posséder des nerfs fonctionnels. Car il faut de bons nerfs pour bien bander.

*

* *

Paraplégie, hémiplégie, sclérose en plaques, tumeurs du cerveau, myélites, polynévrites, etc., toutes ces maladies vraiment *nerveuses* empêchent d'ériger. Comme tout ce qui comprime ou coupe les nerfs « du coin », les fractures du bassin, les tumeurs, la chirurgie des cancers pelviens, vessie, rectum, prostate... Tout le monde le savait, depuis l'Antiquité, depuis Venette, et tout le monde « s'en foutait » [212]. À quoi sert de bander

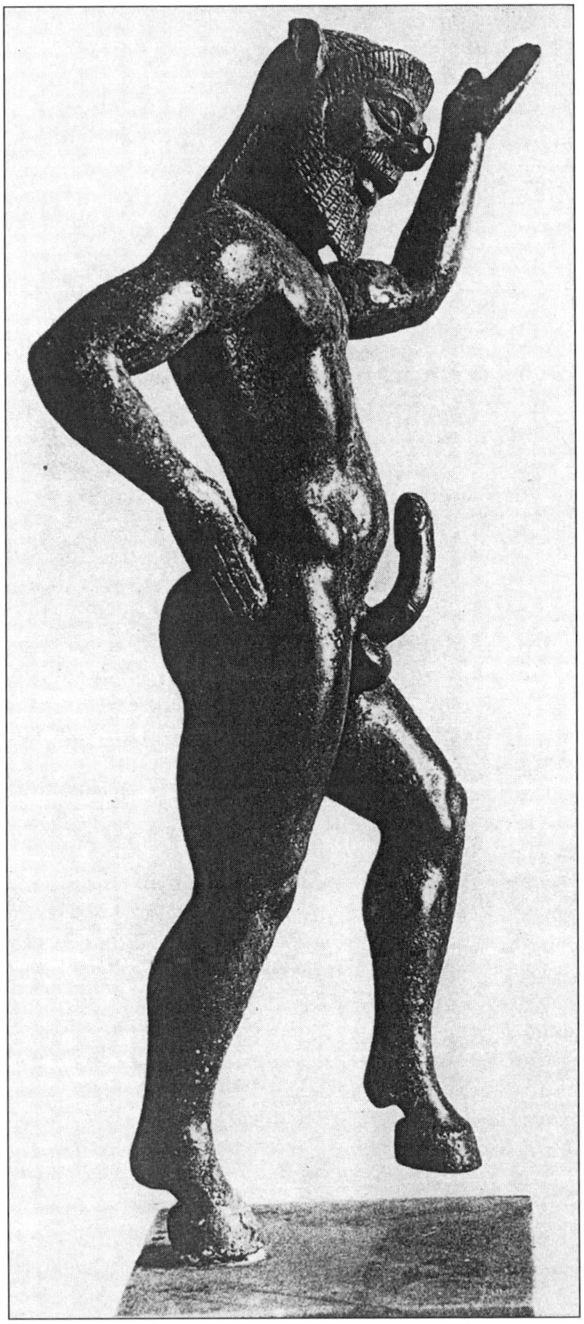

Figure 168
Le célèbre bronze du faune dansant. L'artiste a-t-il été emporté par son élan pour montrer une érection verticale, ou bien figure-t-il une déviation de la verge ? Ce serait la première description de maladie de Lapeyronie

212. Je dois reconnaître que mon « bon vieux Quénu » de 1956 prévenait honnêtement : la prostatectomie totale entraîne l'impuissance, *Traité de technique chirurgicale*, t. VIII, éd. Masson, p. 567.

quand on a un cancer ? En oubliant qu'une sclérose en plaques, une névrite toxique, diabétique, etc., peut se manifester au début par une impuissance, et que l'on peut faire des névrites isolées des racines sacrées : ces « cordons nerveux » sont, comme les autres, vulnérables.

J'ai l'éminent honneur, en 1977, de faire devant la Société française de sexologie clinique un exposé global de ces causes nerveuses. En demandant que l'on examine les impuissants avec le plus grand sérieux neurologique. À commencer tout bêtement par l'étude des réflexes périnéaux, par un électromyogramme des muscles satellites des organes érectiles.

On confirma que les nerfs des diabétiques, des alcooliques, transmettaient mal l'influx, et ce fut une raison de plus pour faire perdre à l'alcool sa fausse réputation d'aphrodisiaque. Mais on se rendit compte *que les éjaculateurs prématurés avaient un temps de latence des muscles périnéaux raccourci*. Leur maladie n'était donc pas purement fonctionnelle : on comprit pourquoi ceux dont la conductivité était la plus altérée restaient rebelles à la rééducation, lui « fournissant » ses 10 à 15 % d'échecs.

On se rappela – il était temps – *que la nicotine est un poison de la physiologie nerveuse*. Il fut très simple de démontrer pourquoi des gens de 20 ans fumant 20 cigarettes par jour (quand ce n'est pas 40) perdaient leurs érections. Pas plus que l'alcool, le tabac n'est un dopant sexuel : il fallut détruire ces trompeurs et grotesques accessoires de virilité *(figure 169)*. Par voie de conséquence on étudia, au niveau des organes génitaux,

Figure 169
Affiche anti-tabac. Les hommes sont plus que les femmes sensibles aux campagnes dénonçant les méfaits de la nicotine

organes « comme les autres », *le mécanisme lui-même de la neuro-transmission*, le rôle local des neuromédiateurs, ce qui eut des corollaires dont on reparlera.

Les neurologues se penchèrent enfin sur une physiologie, celle de l'orgasme, de l'éjaculation, que les psychologistes leur avaient quasiment ôté le droit d'explorer.

Alors que les anatomistes de tout temps avaient décrit les nerfs et plexus (trop souvent *honteux*, hélas !) qui innervent les organes du plaisir, il s'agit presque d'une redécouverte. Quand s'imposa la nécessité de réapprendre la systématisation du réflexe orgasmique, avec ses centres de la moelle dorsale, lombaire, sacrée, ses voies de conduction et ses instances supérieures. On commença à réaliser que si la sympathectomie lombaire supprimait l'éjaculation avec le premier ganglion, ce n'était pas la faute aux complexes [213]. J'étais ravi, moi qui avait « nourri » avec toutes ces considérations de la plus plate neurologie ma révision du *Dictionnaire de sexologie* en 1964.

Application de ces études neuro-physiologiques, l'*éjaculation provoquée* put se couvrir du noble manteau du désir de procréation. Comme au Moyen Âge ! Pour recueillir et congeler le sperme de jeunes paraplégiques accidentés, et assurer leur progéniture par insémination artificielle. Ainsi furent mises au point des stimulations des nerfs éjaculateurs et de leurs branches d'origine, grâce des électrodes intrarectales. On « s'autorisa » aussi, pour recueillir la précieuse semence, à stimuler le gland de ceux dont l'arc réflexe avait été conservé ; soit par les désormais classiques vibromasseurs des sex-shops, soit par la non moins très classique masturbation... celle qui peut amuser les partenaires des paraplégiques...

L'interaction de cette pathologie masculine de la fécondité, de l'éjaculation, avec la bonne vieille urologie classique, celle qui avait baissé les bras devant les impuissants, contribua fortement à faire naître une discipline qui n'eut plus honte de fréquenter les sexologues : *l'andrologie*. Le Français Gabriel Arvis s'illustra dans cette émergence scientifique, désormais internationalement reconnue.

Il faut dire que les urologues ne pouvaient plus reconduire leurs clients à la porte quand ils se plaignaient de mal bander, ne pouvaient plus éluder les questions de leurs futurs opérés quant à la préservation de leur fonction érotique. C'est évidemment « la prostate », pain quotidien de l'urologue, qui fait poser le plus de questions. Les lumières de la physiologie orgasmique fourniront des réponses le plus souvent rassurantes. Sauf pour les prostatites chroniques, génératrices de mauvaises érections, et aussi du symptôme si amer de l'émoussement des sensations érogènes. Sauf évidemment pour le cancer. Mais par elle-même l'opération de l'adénome prostatique, la prostate bénigne « de tous les jours » n'entraîne pas de répercussions fâcheuses sur l'érection. Celui qui a été correctement opéré, par voie haute ou basse, bande aussi bien (ou aussi mal) qu'auparavant. Que son éjaculation soit nulle ou rétrograde *ne change rien à ses sensations orgasmiques*. Quant à faire des enfants, c'est rarement son souci...

*
* *

Dans la foulée, la systématisation des voies nerveuses responsables de l'orgasme féminin s'imposa lumineusement. Comme le gland de la verge, le gland du clitoris avait ses connexions médullaires basses, de S2 à S4. Comme l'urètre postérieur masculin, le canal vaginal possédait ses connexions médullaires hautes, passant par L3. Et voilà pourquoi votre vagin jouit, en dépit de Kinsey, des féministes « anticolonialistes », et des marchands de fantasmes de pénétration. Et puisqu'il s'agit d'un réflexe, c'est-à-dire d'un mouvement physiologique dont l'exécution ne dépend pas de la volonté, il n'apparut plus « bizarre » qu'il mette en cause une sensibilité en partie inconsciente. Toutes considérations sur l'absence de récepteurs extéroceptifs caractérisés dans le cul-de-sac postérieur, le long des faces latérales croisées par le releveur de l'anus n'ont donc aucune valeur démonstrative.

Abel Hovelacque, qui avait disséqué plus de « sujets » que les collaborateurs de Kinsey n'en ont chatouillé avait déjà décrit au vagin des nerfs *nombreux*. Et que leurs extrémités sensibles mettent en jeu des *fibres réceptrices* n'apparaît pas un casse-tête physiologique. Allons, mesdames,

---

213. Aux temps du « psychosomatique » on différenciait l'éjaculation franche de l'éjaculation « baveuse ». Ce sperme émis de façon honteuse traduisait *la peur inconsciente de souiller la mère incestueuse* ! Pas moins ! L'éjaculation molle, en fait, si elle n'est pas due à une prostatite chronique, est provoquée par certains hypotenseurs.

n'ayez plus honte de jouir quand on vous pénètre amoureusement. Vous n'êtes pas des simulatrices...

b) Les passagers du sang

Ce sang si précieux pour emplir les aréoles de la verge, ce sang qui fait bander, qui rougit le vagin et empourpre les efflorescences du jardin vulvaire n'est pas un liquide amorphe. Tout ce qu'il véhicule imprègne intimement les organes du désir, et du plaisir. On le savait pour les hormones, depuis Brown-Sequard, on l'espérait pour les aphrodisiaques, on ne l'avait que trop oublié pour tous les remèdes que les humains consomment.

Les hormones sexuelles furent une des grandes déceptions du traitement de l'« impuissance et la frigidité ». Avec des dosages biologiques précis on sut néanmoins quelles étaient les doses optimales maintenant le bon état de la machinerie érotique, tout particulièrement chez la femme supportant mal la ménopause. On sut aussi pourquoi certaines maladies endocriniennes ou métaboliques, de la cirrhose à la maladie de Basedow, atteignent les érections, par imprégnation en hormones femelles « contraires à l'homme ». On crut même, dans les années 60-70, tenir une cause hypophysaire ravageuse de l'impuissance : lorsque sévit la mode de l'« adénome à prolactine ». Comme cet adénome ne se traduisait pas par des altérations visibles en imagerie médicale, il fut facile de prescrire des tonnes d'antihormones, le fameux « Parlodel » qui ne servit qu'à enrichir ses marchands.

Les métabolites charriés par le sang sont tantôt bons, tantôt et le plus souvent mauvais pour la physiologie amoureuse. On sait que le calcium a un bon effet bandatif et congestif de l'entre-deux féminin. Dans les classiques sanatoriums, où l'on soigna si longtemps au calcium les tuberculeux des deux sexes – pour « calcifier » leurs lésions – la « piqûre d'amour » avait la meilleure réputation. En fait les hospitalisés des deux sexes étaient surtout « portés sur la chose » par leur désœuvrement, plus que par leur maladie, ou son traitement. Par contre quand ce bon calcium manque le fameux entre-deux se crispe. Ce qui coince l'entrée de bien des vaginiques – elles rejoignent les très classiques spasmophiles, celles qui font des crises de tétanie. Quant à l'urée, à l'acide urique, au cholestérol, quant à cette horreur de diabète sucré, il s'agit bien de « poisons de l'amour ». Comme quoi il faut savoir veiller à son régime, choisir entre la bouffe et le lit [214].

Restent les médicaments. Qui nous donnèrent bien du tintouin, avec Henri Dermange. Conviés en 1978 par le *Concours médical* puis par la *Gazette médicale de France* à faire un article revue sur ce qui apparaissait enfin clairement, l'action néfaste de certains traitements sur la physiologie érotique, il nous fallut naviguer entre deux écueils. D'un côté, ne pas désespérer ceux que leur traitement maintenait en vie. De l'autre mettre en garde contre la prescription à l'étourdie de médicaments utiles – mais pas toujours – dont les médecins, comme leurs patients, n'étaient pas encore suffisamment informés de l'effet réfrigérant.

Plusieurs groupes de médicaments furent mis dans le collimateur. Ils le restent. Les médicaments « pour le cœur, pour la tension, pour l'ulcère, pour l'obésité, pour les tumeurs, et... pour la tête ». Nous étions à la fois médecins, sexologues, et totalement indépendants de toute pression commerciale, ce qui est toujours précieux lorsqu'on risque d'être accusé de favoriser ou accuser tel ou tel produit. Nous avons chanté notre habituelle chanson : il faut *vivre d'abord*, éventuellement au prix du sacrifice de la fonction érotique, et en sachant faire des choix. Sans écraser, nonobstant, d'innocents malades banaux avec des ordonnances délirantes, véritables cocktails de la mort pour la fonction érotique quand elles comportent un hypotenseur, un hypolipémiant, un diurétique, un hypnotique et un antidépressif...

Il est vrai que les malades cardio-vasculaires majeurs, les cancéreux en évolution, les grands épileptiques et les vrais fous ne sont pas trop travaillés par l'appétit orgasmique. Le problème est plus difficile à résoudre avec les cardiaques et hypertendus valides, avec les ulcéreux digestifs, et surtout avec les petits anxieux, les petits déprimés – les classiques clients du divan freudien. Nous avons au moins dénoncé le mécanisme infernal du cercle vicieux dans lequel tournent ces petits malades de la tête. Plus ils prennent de tranquillisants, d'antidépresseurs, pour supporter leurs mauvaises prouesses fonctionnelles, plus ils s'enfoncent dans une impuissance bien organique, médicamenteuse, *iatrogénétique* comme il faut le dire. De plus, s'ils fument, ou s'ils boivent [215], pour oublier leurs tracas érotiques, ils ne font que les aggraver d'autant.

---

214. Le Brestois Émile Guillerm, qui fut un des pionniers de la sexologie dans les provinces catholiques de l'Ouest, mourut en 1976 de maladie de surcharges, pour ne pas avoir suffisamment veillé à son propre régime !

215. La drogue, c'est autre chose.

Cette situation navrante est celle de nombre de plaignant(e)s, dans un pays comme la France de la fin du XXe siècle où les plus faibles des citoyens et des citoyennes, pour pallier leurs divers désarrois [216], sont devenus les plus grands consommateurs de somnifères et de tranquillisants du monde, fumant, buvant et dévorant leur armoire à pharmacie...

c) Le stylo qui réchauffe

Aux temps du « tout artériel » nous avions préconisé, avec A. Romieu, des séances de perfusion par voie générale, avec des vaso-dilatateurs classiques. Les malades devenaient bien rouges, attrapaient une bonne suée, mais ils bandaient rarement mieux pour autant – l'effet était finalement assez comparable à celui du stress nasal. C'est que pour être efficace *le vaso-dilatateur doit être introduit directement dans les organes érectiles.*

Un beau jour de 1980, voulant déspasmer une artère épigastrique qu'il venait de brancher sur le corps caverneux, Ronald Virag effectua un geste classique de chirurgie vasculaire : l'injection de papavérine dans le vaisseau. Résultat « foudroyant » ! Non seulement l'artère rebelle se dilata, mais il se produisit une érection des plus solides, et pendant plus d'une heure. Eurêka !

La neuro-médiation, tout le monde commençait à savoir ce que c'est. À la jonction du nerf et de l'organe auquel il est connecté, sa terminaison (ou son origine) libère une substance active, qui établit le contact [217]. Il y a longtemps que l'on connaissait, dans cette zone cruciale, l'action antagoniste des deux principaux agents du système nerveux : l'acétylcholine et l'adrénaline. J'étais même consterné, lors de mes premiers pas sexologiques, de l'aura de « génie de l'érotisme » qui entourait les écrits nécrophiliques de Georges Bataille. Le parisianisme littéraire encensait une fois de plus une chimère : le rôle incitateur, émoustillant, de l'angoisse, de la peur, de l'horreur... du sadisme. De tout ce qui fait sécréter de l'adrénaline, c'est-à-dire l'antagoniste radical de la réaction sexuelle, du désir, du plaisir, de l'érection, de l'orgasme.

À vrai dire, et comme dans toute la machinerie physiologique du système nerveux autonome, une certaine balance existe, qui demande quelques services au sympathique adréno-sécréteur : vasoconstriction des veines sortant des aréoles de la verge, déclenchement de l'éjaculation. Mais le parasympathique, avec son acétylcholine, reste le maître d'œuvre de la physiologie érotique, *surtout dans sa mise en train initiale*, qui lie la volupté au calme... et au luxe, pourquoi pas...

Et puis de nombreux neuromédiateurs furent découverts progressivement, dont ces endorphines dont on reparlera. La papavérine injectée par Virag avait joué ce rôle de neuromédiateur. En premier lieu par sa *neutralisation de l'adrénaline locale*. Grâce à un mécanisme compliqué, où interviennent les deux sortes d'adrénorécepteurs, α et β, et aussi le fameux calcium des piqûres d'amour.

La principale action érective de la papavérine réside ainsi dans l'inhibition (le « blocage ») des récepteurs α, ceux qui « coincent » les artères. Quant à ces fameux muscles lisses cernant les aréoles, et que l'athérome sclérose, *leur physiologie dépend aussi de l'adrénaline* : l'état « de repos » de la verge est au contraire, pour eux, *un phénomène actif*, que l'adrénaline entretient. Tant qu'ils restent contractés, la verge ne saurait gonfler. C'est ainsi qu'ils empêchent de bander dans la vie courante éveillée, *sur ordre de l'hypothalamus*. Il ne lève son interdiction que lorsque les conditions sont réunies de l'activité « amoureuse », ou pendant le sommeil paradoxal, qui inhibe son noyau ventro-médian : c'est pourquoi on bande la nuit, ou au réveil : la vessie n'y est pour rien !

La papavérine appartient à tout le monde, depuis qu'elle a été extraite du pavot [218] par Merck en 1848. Mais il faut reconnaître à Virag l'idée lumineuse de s'en être servi pour déclencher *des érections provoquées*. Il publia l'étude princeps en 1982, dans la très classique *Lancet* [219]. À la dose de deux ampoules de 40 centigrammes, l'alcaloïde déclenche une érection dans le quart d'heure. Avec une partenaire sous la main, il est possible d'avoir un rapport intravaginal dans l'heure qui suit. C'est *une grande première thérapeutique*. Reléguant

216. Un des principaux est évidemment de n'avoir toujours pas, depuis plusieurs décennies, clairement opté entre socialisme et libéralisme, les Français voulant être socialistes sans ruineuse « redistribution » des revenus, libéraux sans courir de risques.

217. Ce contact qui s'établit mal chez les myasthéniques.

218. Le *papaver somniferum* du *Malade imaginaire*...

219. *Intracavernous injection of papaverine for erectile failure*, 1982, II, 938.

définitivement au musée des horreurs la cantharide, la yohimbine, le hasch, le LSD, et toutes sortes d'aphrodisiaques. À condition qu'elle puisse « marcher ».

Pour que la papavérine marche (et l'homme avec [220]) il faut que les veines de la verge ne fuient pas, que les récepteurs de ses nerfs soient en bon état, que ses aréoles soient extensibles, et que le patient ne prenne pas d'anticoagulants – élémentaire. Il faut enfin que l'homme soit muni d'une partenaire fiable – comme d'habitude – qui soit prévenue de la technique et qui consente au démarrage médicamenteux de l'érection, sans outrage à ses charmes. Mais ce n'est pas à une bonne épouse que l'on fait des cachotteries.

Le champ d'utilisation de la papavérine s'avère très étendu, comprenant la plupart des impuissances de l'homme mûrissant-vieillissant, dans la tranche d'âge 50-70. Sa fiabilité est telle que l'injection est devenue *un test diagnostic*. Sa réussite permet d'éliminer les lésions veineuses et nerveuses, aux moindres frais.

Évidemment, l'homme est devenu dépendant de sa « piqûre ». Mais les diabétiques insulino-dépendants le sont aussi. Et dans l'intervalle des piqûres, des érections opportunes peuvent réapparaître petit à petit. Comme les diabétiques, enfin, les hommes les moins maladroits – ils ne sont pas forcément de grands intellectuels – sont instruits de la technique de *l'auto-injection*. Ainsi peuvent-ils utiliser le produit un nombre raisonnable de fois par semaine (deux ou trois), à l'heure qui leur convient.

La méthode a été simplifiée le jour où fut mis au point *un injecteur automatique (figure 170)*, qui limite les manipulations, et réduit l'inquiétude (adrénergène !) de se rater, ou de se faire mal.

La papavérine marche si bien que ses détracteurs ne manquèrent pas d'effrayer les populations avec l'incident qui survenait aux apprentis-sorciers ne sachant pas manipuler les « drogues vaso-actives » : *le priapisme*.

Cette érection incoercible, douloureuse,était évidemment connue de toute l'Antiquité. Ses causes habituelles sont vasculaires, neurologiques ou toxiques... ce n'est pas l'impiété envers le Dieu de Lampsaque ! Sans traitement d'urgence, long à codifier, elle laissait une verge en carton, arquée, cicatricielle, définitivement inutilisable.

L'érection prolongée après injection vasodilatatrice est quand même souvent due à un « excès vénérien ». Parce que le patient, au lieu de se contenter d'un rapport « bien sage », profitait d'une raideur « ressuscitée » parfois *après des années d'impuissance*, et franchissait le seuil du non-retour érectile, besognant plusieurs heures, rapport après rapport.

Il y a désormais deux parades à ce qui fut pour certains un drame. D'une part l'assurance, signée par le malade, qu'il n'abusera pas de la situation, et préviendra le médecin (aux services assurés de jour et de nuit) s'il ne débande pas dans les temps : trois à quatre heures. D'autre part les méthodes très simples provoquant la détumescence : *l'injection de vasoconstricteurs* (cortine, adrénaline, paracétamol, etc.) ou *la ponction des*

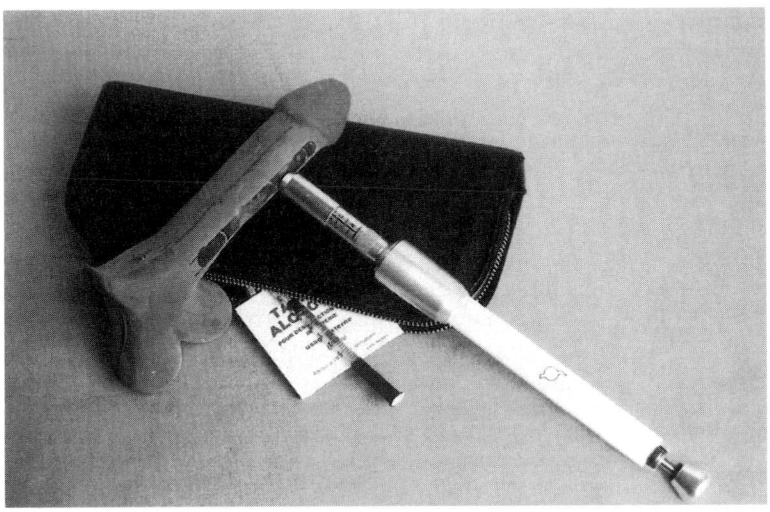

Figure 170
Le stylo auto-injecteur, avec phallus postiche de démonstration

220. J'utilise le vocabulaire de Virag (cf. bibliographie).

corps caverneux à travers le gland : ces procédés sont désormais utilisés pour traiter les priapismes « spontanés »... *felix culpa*.

L'avenir des injections intracaverneuses semble assuré. Même si l'on fournit des adjuvants à la papavérine, ou si lui succèdent d'autres *alpha-bloquants*... On en reparlera. Ironie du sort, ces injections locales de « produits vaso-actifs » ont réduit à *5 % des impuissants* – chez des sujets jeunes – l'indication des brillantes interventions vasculaires dans lesquelles s'étaient illustrés Mihal, Ginestié, Zorgniotti... et Virag lui-même !

Autre conséquence inattendue : *la remontée du taux d'hormone mâle circulante*, chez ceux dont l'insuffisance chiffrée « des glandes » n'avait pas réagi aux miracles de l'opothérapie. Après six mois d'injections intra-caverneuses, permettant la reprise de l'activité coïtale, ils récupèrent leur testostéronémie... de jeune homme. L'organe a restauré la fonction... et l'andropause n'est pas tout à fait ce que l'on en a dit.

d) Les béquilles du dernier recours

• **Les renforts externes**

Quand les Japonais enveloppaient leur phallus mollasse dans un étui avant de l'introduire dans le vagin, ils avaient inventé la « prothèse externe ». La brave Frau Beate Ushe, qui répandait ses gadgets de « sex-shop familial » dans l'Allemagne d'après-guerre, proposa aussi ce genre de fourreau. Mais on fit mieux : *le manchon à faire bander*, ou le verre de lampe salvateur !

Je fus longtemps persécuté, avec A. Romieu, par un Marseillais qui prétendait avoir trouvé LE remède non seulement à l'impuissance, mais aussi à la dépopulation des campagnes françaises. Il demandait une somme exorbitante pour dévoiler son secret, allant proposer son invention jusqu'au président de la République française !

Le secret fut vite celui de Polichinelle. Quand certains fabricants mirent sur le marché des *tubes à dépression*, en verre incassable (comme les vieux verres de lampe à pétrole), munis d'une gracieuse pompe à vide *(figure 171)*. Introduite dans l'instrument, la verge soumise à la pression négative se remplit passivement de sang. Il n'y a plus qu'à baguer la base de l'organe avec un petit garrot, évitant le retour veineux quand on a ôté le tube, et on peut exhiber un membre peut-être pas très rigide, mais utilisable. Avec une partenaire qui doit avoir accepté le petit bricolage de la « machine à faire bander ». L'indication principale en est posée chez ceux dont les fuites veineuses rendent inefficace la papavérine, ou ont récidivé après intervention. Il y a des couples qui s'en accommodent, et savent enlever la ficelle avant apoplexie du « bras » garrotté. Tant mieux pour eux...

• **L'os dedans**

Certains vertébrés jouissent d'un os dans leur membre « viril », ours, chien, loups, squales, phoques, morses, et même écureuils. Cet *os pénien* leur épargne bien des efforts coïtaux.

L'*homo (vir) sapiens* n'est malheureusement pas un mâle aussi soutenu par la nature. Si bien que l'idée a toujours hanté les inquiets, de posséder une armature interne rigide qui leur permît la pénétration intravaginale sans peine – sans effort d'érection. Au début du XXe siècle, la chirurgie esthétique naissante proposait des infiltrations de paraffine derrière les seins trop menus pour la « Belle Époque ». Certains réclamèrent le même soutien pour leur verge défaillante. Avec un résultat lamentable : des paraffinomes douloureux bosselaient le pauvre organe et nécessitaient l'exérèse des corps étrangers ; l'état final était pire que l'état initial.

Ève étant née d'une côte d'Adam, il ne parut pas stupide de la faire bénéficier, en cas de défaillance de l'homme, d'un cartilage costal inséré au bon endroit. C'est ce que l'Allemand Bogoras réalisa en 1936. Hélas ! le cartilage se résorba en quelques mois, et la même mésaventure survint aux imitateurs.

Il fallut attendre le développement de l'industrie des matières plastiques pour qu'un certain Scardino, en 1950, introduise des implants d'acrylique dans la verge des impuissants. Sans publier sa technique ! Elle ne devait pas être bien fameuse, car la plupart des corps étrangers dut être ôtée. Beheri, Loeffler, Sayegh, posent eux aussi des morceaux de plastique chez les impuissants et lapeyroniques – 700 rapporte Beheri en 1966 [221], toujours sans préciser sa technique.

L'Américain Pearman est le premier, en 1967, à poser de véritables *tuteurs*, des baguettes de silastic – excellent matériau bien toléré. Les tuteurs placés à côté des corps caverneux s'avèrent malheureusement peu fonctionnels, et Pearman trouve enfin, en 1972, la solution. Il faut introduire les baguettes *à l'intérieur des corps caverneux*, et *sur toute leur longueur*, depuis l'extrémité de leur portion extériorisée jusqu'à leur racine adhérente à l'os. Le principe salvateur était trouvé. Il put recevoir des perfectionnements, en

221. Cf. bibliographie.

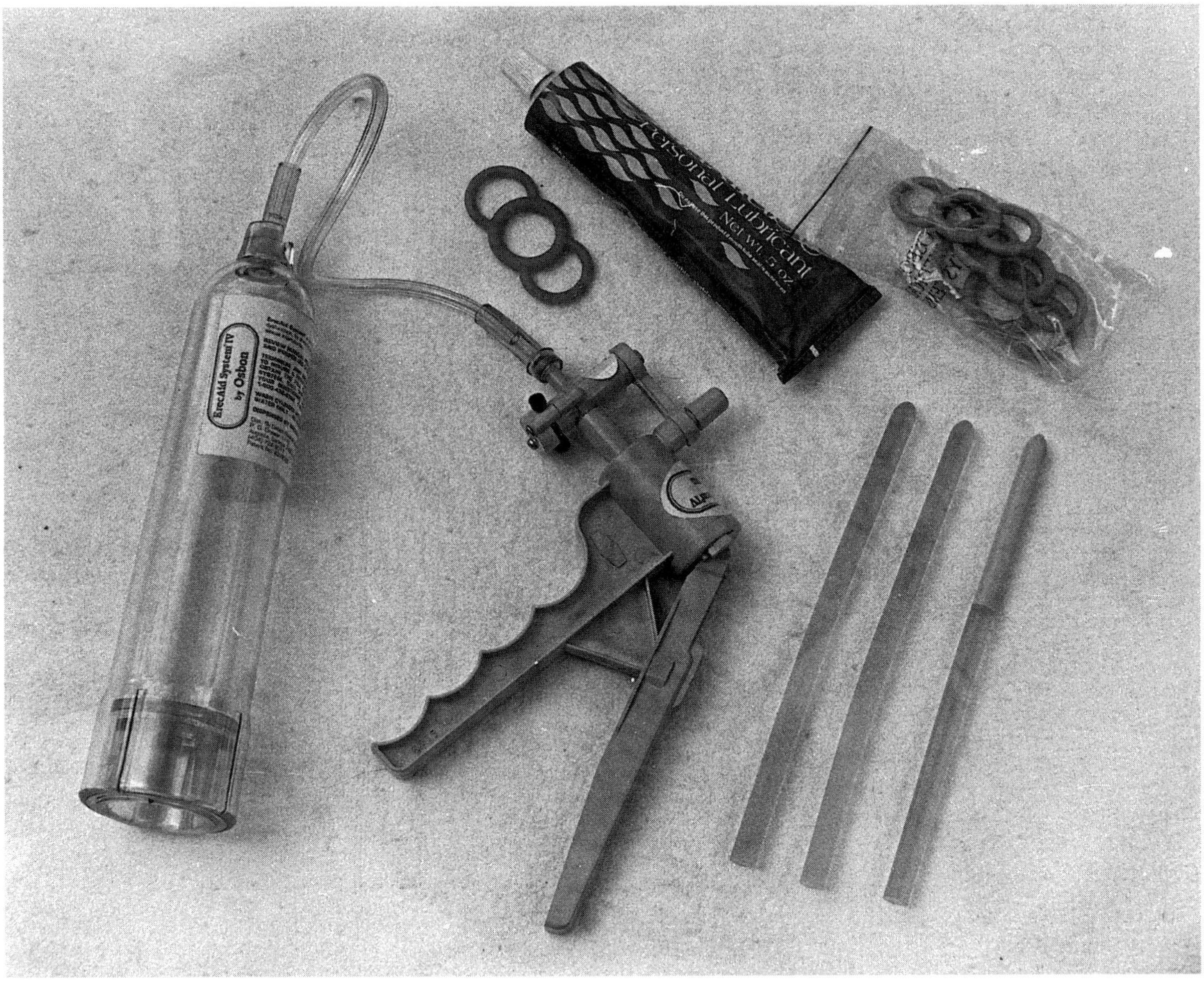

Figure 171
Appareil à dépression, avec ses accessoires. A côté : les « baguettes » de Subrini, modèle 1974

particulier par le Français Subrini, élève de Couvelaire. L'urologie française rachète son long mépris...

Au prix d'une verge longue en permanence, mais orientable par une « articulation » à l'union de la partie fixe et de la partie mobile du tuteur *(figure 172)* l'opéré peut réaliser autant d'intromissions vaginales qu'il – ou sa partenaire – le désire.

L'impossibilité de tout retour en arrière est un choix à faire. Mais on ne pose les tuteurs qu'à ceux qui n'ont plus rien à perdre. Aux impuissants irrécupérables, vasculaires, neurologiques, aux maladies de Lapeyronie sans espoir de redressement, aux séquelles de priapisme, aux opérés sans succès. On redonne la possibilité de rapports intravaginaux à des hommes, des couples parfois restés sans étreinte pendant 5,8,10 ans. Voilà qui n'est pas négligeable, à 60 ans et plus, quand on tient à préserver son lien de couple et à bénéficier de la longévité plus grande des gens mariés. Car la bonne partenaire est indispensable à ces opérés : elle doit accepter la verge en partie prothétique, et se prêter à la rééducation coïtale : le bon vieux « missionnaire » doit assez longtemps être remplacé par les postures latérales, ou postérieures.

Le principal inconvénient des tuteurs rigides, dans la vie courante, est de boursoufler les pantalons serrés et les slips de bains. Cela peut gêner les plus « jeunes » opérés. Les fabricants se sont donc ingéniés à confectionner *des tuteurs gonflables*. Leur partie antérieure se remplit à volonté de l'eau contenue dans la partie postérieure, ou dans un réservoir introduit dans les bourses *(figure 173)*. D'un maniement délicat et plus exposés au rejet, il faut les réserver aux vasculaires « précoces » et neurologiques « propres », à la glycémie pas trop élevée.

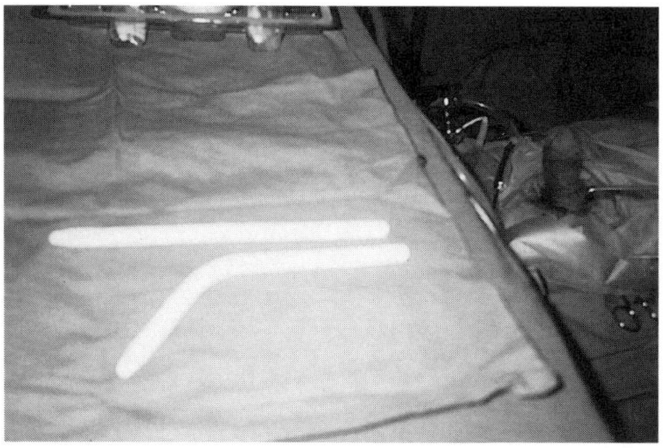

Figure 172
Tuteurs rigides orientables

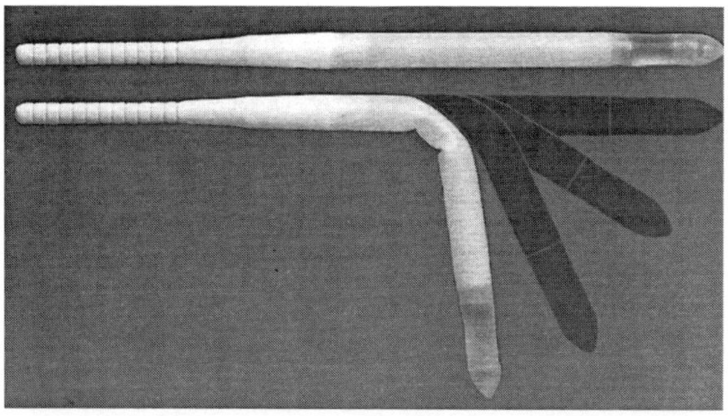

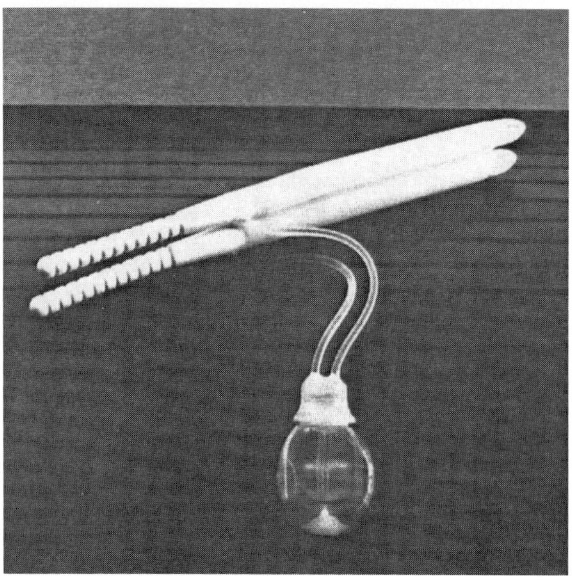

Figure 173
Deux types de tuteurs gonflables

e) La tête du sexe : le cerveau des instincts

Ultime prétention du machinisme organique, la jambe de bois en silastic soutenant la verge peut paraître un hideux fleuron de cette « civilisation de la prothèse » si redoutée par Romain Gary. Le *phallus-outil*, en face duquel, inviolable bastion de la féminité, le vagin semble décourager toute fabrication prothétique. Nul ersatz, nulle poupée gonflable ne pourra vraiment procurer aux philosophes misogynes les délices copulatoires de ce que la nature a mis entre les cuisses des femmes. Ouf !

Or la nature c'est la sexe, la jambe, mais aussi la tête. Et tout cela « marche » sans cours du soir ni devoir de vacances, depuis que l'humanité est au monde. Les organes de la tête existent, et fonctionnent. Au grand dam des monothéistes, qui y voient le siège de l'orgueil, et de la luxure humaine. Au grand dam des psychologistes, qui se voilent la face devant la répugnante anatomie, et voudraient nous faire croire que notre tête, comme la leur, n'est pleine que de vent. Herr Doktor Freud déclarait superbement mépriser les connexions du bulbe rachidien. Il avait tort, comme d'habitude.

Des générations d'esprits scientifiques ont été gaspillées en vain, cherchant dans l'introspection ce qu'il fallait demander à la nature en chair et en os, en cerveau. On s'est gaussé de Gall, de sa phrénologie, de sa détermination du caractère d'après les contours extérieurs du crâne. Il avait pourtant – maladroitement – raison, dès 1808. La « bosse des maths » comme nous disons toujours existe bien, mais pas hors du cerveau : dedans. Dans toutes ces formations « cervicales » que les premiers anatomistes, les découvrant et les décrivant avec un respect mêlé d'indubitable émotion, ont dotées de noms si poétiques, des corps genouillés à l'hippocampe, de l'aqueduc de Sylvius à l'insula, de la corne d'abondance aux tubercules mamillaires et même à la vulve *(figure 174)* [222].

Il est vrai que, poussé par son gros cerveau antérieur à grossir sa curiosité primate, l'homme a surtout glorifié ces deux hémisphères qui couronnent son système nerveux. Tellement plus développés que chez les bestiaux, il en fit le siège de son « âme », de ses décisions décrétées souveraines. En méprisant tous ces reliquats « animaux » du cerveau basal qui semblent n'exister que « pour mémoire ». Les traités les plus savants

222. Espace triangulaire entre les deux branches antérieures des piliers antérieurs du trigone. Selon certains Lilith, la première femme d'Adam, avant Ève, aurait porté le sexe sur le front – ce que Michel Desimon a figuré de façon frappante *(figure 175)*.

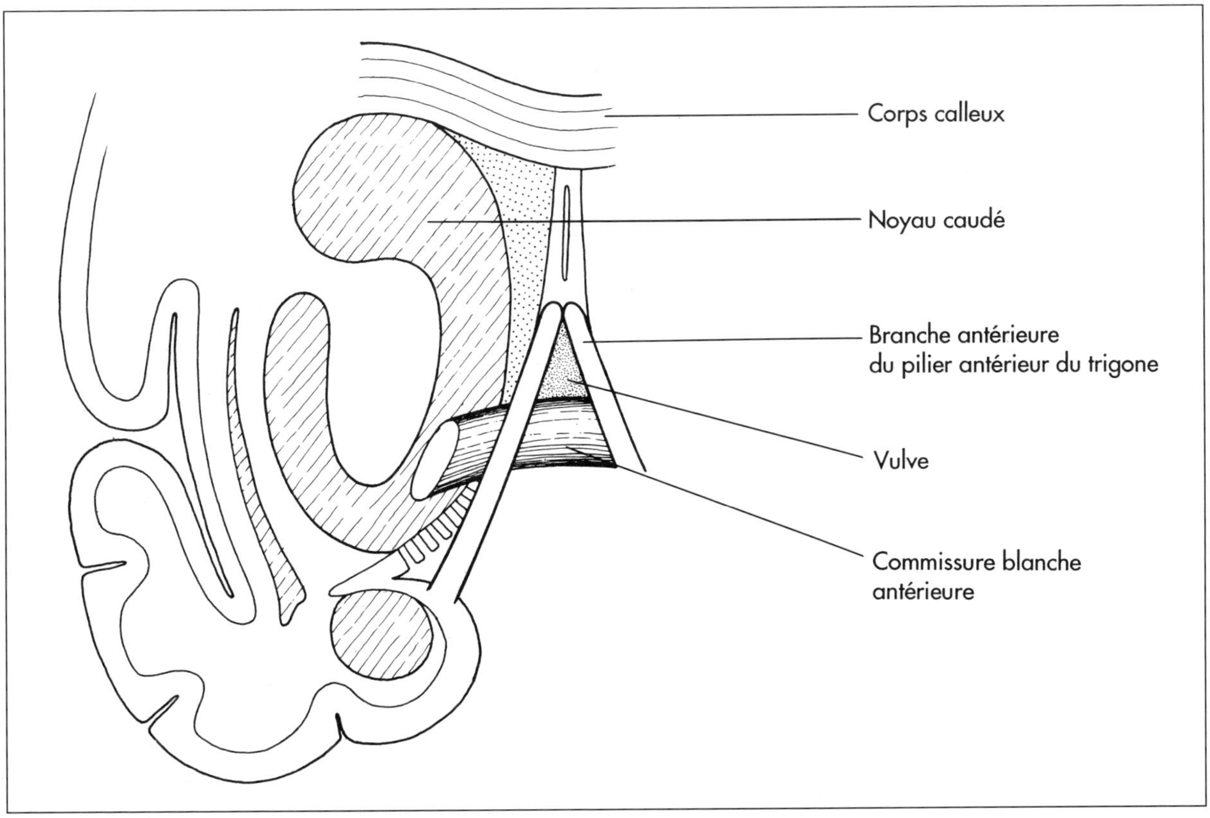

Figure 174
La vulve de la tête

nous l'enseignaient : archi-cortex, paléo-cortex, toutes ces vieilleries n'avaient pas la noble épaisseur du néocortex perfectionné et leurs structures désuètes, alambiquées, s'étaient laissé coloniser par le dernier venu.

En matière de sexualité, tout le monde pensait, chapitré par Freud, que tout se passait dans la tête, mais sans vouloir établir la moindre relation entre la pensée et son organe, entre les instincts et le cerveau. Il paraissait quasi indécent de vouloir fouiller dans la « boîte noire » que loge la boîte crânienne. Et la neurophysiologie classique mit du temps à se guérir de cette intimidation. Comme j'étais déçu, au commencement de mes études de médecine, poussé par ma très lubrique *libido sciendi* à dévorer les traités d'anatomie nerveuse, de ne point y trouver *à quoi ça sert* !

Enfin Mac Lean arriva [223]. En 1962, puis en 1970 [224]. Situant une fois de plus la compréhension de l'humain *dans la perspective de l'évolution animale*. Oui, le gros cerveau hémisphérique siège au sommet de l'organisation nerveuse humaine, mais rien n'y parvient, rien n'en repart, qui ne passe par les formations sous-jacentes, qui le relient au reste du corps. Cet épanouissement spectaculaire a poussé comme une efflorescence au dessus des cerveaux primitifs, légués par la lignée animale, et qui suffisent bien, sans les « miracles de la pensée », à assurer présence au monde et perpétuation à des milliards d'êtres vivants. Il faut donc reconnaître que ce néocortex s'est mis *au service* des cerveaux « primitifs », fournissant à leurs ressorts, à leurs déterminismes, les *instruments* de la conscience, du verbe, du calcul, de la prévision temporelle, de la praxis instrumentale. Énorme instrument qui n'a pas supplanté les fonctions primordiales du cerveau instinctuel, miracle de miniaturisation efficace :

223. Il est né près de New York en 1913. Son portrait est vraiment difficile à obtenir !
224. Cf. bibliographie.

Figure 175
Michel Desimon. Le sexe de Lilith

les comportements les plus fondamentaux de la vie de l'homme ne dépendent que de 1 % du volume total de l'encéphale [225] !

Mac Lean comprit, coup de génie, que les cerveaux que nous avaient légué les reptiles, puis les mammifères, avaient conservé non seulement leurs connexions, mais *leur mode de fonctionnement*. Échappant aux prétentions dictatoriales que le néocortex, devenu conscient, a tenté de leur imposer, en ne réussissant que partiellement :

• *le cerveau reptilien*, avec ses noyaux gris, son hypothalamus, son hypophyse, son épiphyse, etc., organise la supervision de la vie biologique, dans tout ce qu'elle a d'*instinctuel endogène*, d'automaticité motrice, sécrétoire (endocrinienne) et affective. Il tend les ressorts comportementaux pour préserver, valoriser, l'individu et l'espèce, secrète les « états d'âme », punit ou récompense en fonction de la bonne ou mauvaise conduite, en fonction de la bonne ou mauvaise obéissance *aux programmes dont il est le dépositaire* ;

• *le cerveau paléo-mammifère* est représenté par le grand *arc limbique* de Broca, entourant le cerveau reptilien. C'est ce bon vieux *rhinencéphale* dont on a parlé au chapitre du stress nasal. Legs *des animaux à sang chaud*, il est quand même un peu plus que le cerveau du nez. Il s'est même annexé quelques zones voisines du « cerveau supérieur », ce que M. Habib nomme les *structures paralimbiques* [226]. Il transforme les états d'âme de l'hypothalamus en véritables émotions, en sentiments. Il est capable de dépasser l'égocentrisme forcené du cerveau reptilien, pour intégrer les messages externes avant de réagir, pour apprendre et mémoriser.

Nullement dégénéré, comme on ne l'a que trop dit, c'est lui qui est responsable de la joie ou de la peine de vivre, lui qui colore les rapports à l'environnement, aux étrangers, aux congénères, de haine ou d'amour. Il comporte deux centres antagonistes : un centre de l'agressivité (amygdale temporale) et un centre de l'orgasme dans le gyrus cingulaire et dans les noyaux du septum décrits par les neurologues américains Olds et Campbell. Ils supervisent et colorent toute la machinerie du combat ou de l'accouplement [227].

Cerveau reptilien et cerveau paléo-mammifère, si l'un est dépositaire du *devoir de vivre* et l'autre du *goût à vivre*, fonctionnent finalement de façon assez semblable. Ni l'un ni l'autre ne parle, ni l'un ni l'autre n'obéit au verbe. Ils agissent – fournissant les moyens nécessaire à l'action – pensent et jugent *de façon binaire*, bon ou mauvais. Cerveaux des odeurs, des goûts, des appétits, il est difficile, voire impossible de les faire changer d'avis envers ceux qu'ils chérissent ou *ne peuvent pas sentir*. C'est pourquoi on peut considérer leur couplage comme constituant *le cerveau des instincts*. C'est aussi le cerveau de la détermination, *du caractère*. C'est enfin, et très certainement, le dépositaire *du sexe psychique* ; cette notion que chacun possède d'appartenir à un sexe ou à

225. J.-P. Changeux, *l'Homme neuronal*, *op. cit.*, p. 147.
226. M. Habib, *Bases neurolobiologiques des comportements*, *op. cit.*, p. 132.
227. C'est la très antique opposition entre Mars et Vénus, dont Freud aurait dû se rappeler les déboires amoureux, avant de théoriser son introduction du sadisme dans la « libido normale » (ah ! ah !).

l'autre *sans apprentissage*, et dont l'inversion provoque le catastrophique transsexualisme ;

• *le cerveau hémisphérique*, par là-dessus, est *le cerveau de l'intelligence*. Pour jouer son rôle magistral d'adaptation, de prévision, de mesure, de vaste mémorisation, etc. Grâce à sa conscience, à ses représentations intrapsychiques, grâce à ses codes signifiants (langage, écriture, chiffres, symboles, etc.). *Mais il ne peut modifier ni la spécificité ni l'intensité des motivations instinctuelles*. Il adapte, procrastine, module, mais ne peut *ni passer outre ces motivations, ni les inhiber définitivement*. C'est pourquoi Mac Lean a parlé de *schizophysiologie du néocortex* : il reçoit, perçoit (et encore pas tout) mais *ne peut pas tout commander*.

C'est *au cours de l'hominisation*, au cours de la phylogenèse humaine aboutissant à l'*homo erectus* [228] que le néocortex a joué son seul rôle véritablement actif, modelant, dans la constitution de la nature humaine : parvenir à introduire dans la programmation biologique animale une certaine marge de manœuvre, une certaine part de *liberté de choix*. Mais l'homme doit continuer d'obéir à ses programmes... sous peine d'extinction. Et d'ailleurs il le sait bien, puisque l'apparition de la conscience, la notion du futur, l'extension de la mémoire ont aussi entraîné, dans cette nature humaine, *une exacerbation des appétits*. L'espèce est très affamée, très « lubrique », très hiérarchisante, se repaissant des gratifications subjectives, perceptives, qui récompensent les bons comportements. Ces récompenses sont doubles, sensitives et motrices. Or chaque récompense est organique, au niveau de l'organe percevant, agissant, *mais aussi centrale*.

Le système nerveux central n'est pas seulement un mécanisme câblé de type électronique, mais aussi un vaste appareil sécrétoire. Produisant ces neuromédiateurs qui agissent des pieds à la tête. Et dans la tête l'obtention de la récompense fait sécréter *des substances de bien-être*, les *endorphines* : elles procurent cet apaisement inestimable qui suit le plus grand plaisir comme l'accomplissement du devoir musculaire. La plus inoffensive, et même la plus nécessaire des « drogues » chimiques !

C'est quand il ne veut pas obéir à ses programmes, quand il récuse l'incarnation biologique et, hélas !, l'exécrable obligation de mourir, que le néocortex fait faire aux humains des bêtises.

Arthur Koestler traite l'homme de déconcertant *Janus bifrons*, parce que les éminents services rendus par le néocortex raisonnant ont été payés par toutes les conséquences *déraisonnables* de la *déprogrammation partielle* [229].

Le cerveau des instincts sécrète une morale biologique sévère mais qui n'entraîne pas de nuisance intraspécifique, individu ou congénères, alors que le néocortex est responsable de mésaventures morales inconnues des animaux. Trois sont parmi les plus nuisibles : l'extension de la ruse au *mensonge verbal*, l'utilisation délibérée du *meurtre intraspécifique*, et la *culpabilisation* des gratifications d'accomplissement. Mésaventures engendrant la nécessité du rattrapage, grâce à une morale consciente, « réglementaire », des lacunes de programmation comportementale humaine. Trop volontiers dogmatisée, sclérosée, *inadaptable*, cette morale raisonnante est responsable des *erreurs culturelles* propagées par religions, philosophies, idéologies : celles qui font le malheur des humains, au rebours de leurs intentions affichées.

*
* *

En matière de sexualité, la triplicité cérébrale se manifeste de façon exemplaire *(figure 176)* :

• le cerveau reptilien met en œuvre les programmes de recherche-sélection-séduction du (de la) partenaire d'accouplement. À partir de la maturation somatique-génitale, dont il décide l'heure, celle de la puberté déclenchée par l'horloge biologique de l'épiphyse. Il connaît sans apprentissage *l'aspect, la voix, l'odeur de l'autre intraspécifique* – le partenaire d'accouplement. Il envoie son image dans les rêves du sommeil paradoxal, qui sont *des révisions des devoirs biologiques* : c'est la grande découverte du Français Michel Jouvet en 1959. Grâce à lui l'hypnologie devint une discipline scientifique, quand il avait fallu si longtemps croire à la fabuleuse « clé des songes » de Freud.

Ce premier cerveau possède pour les mouvements et postures de l'accouplement des schémas [230] tout prêts, tout faits. Il tend le ressort de l'appétit sexuel, désir de plaisir perceptif, impatience de motricité coïtale. Grand maître de

228. Le premier homme à avoir quitté le berceau originaire d'Afrique orientale, première vague d'émigration, avant les deux autres, celle de l'homme de Néanderthal, puis celle de l'homme actuel ; cf. Reichholf, *op. cit.*

229. Je suis assez fier d'avoir introduit cette notion très opérante dans *la Statue de Freud*, puis dans mon *Éthologie humaine*.

230. Ce que les anglophones appellent *patterns*, et que l'on peut traduire aussi par *patrons*.

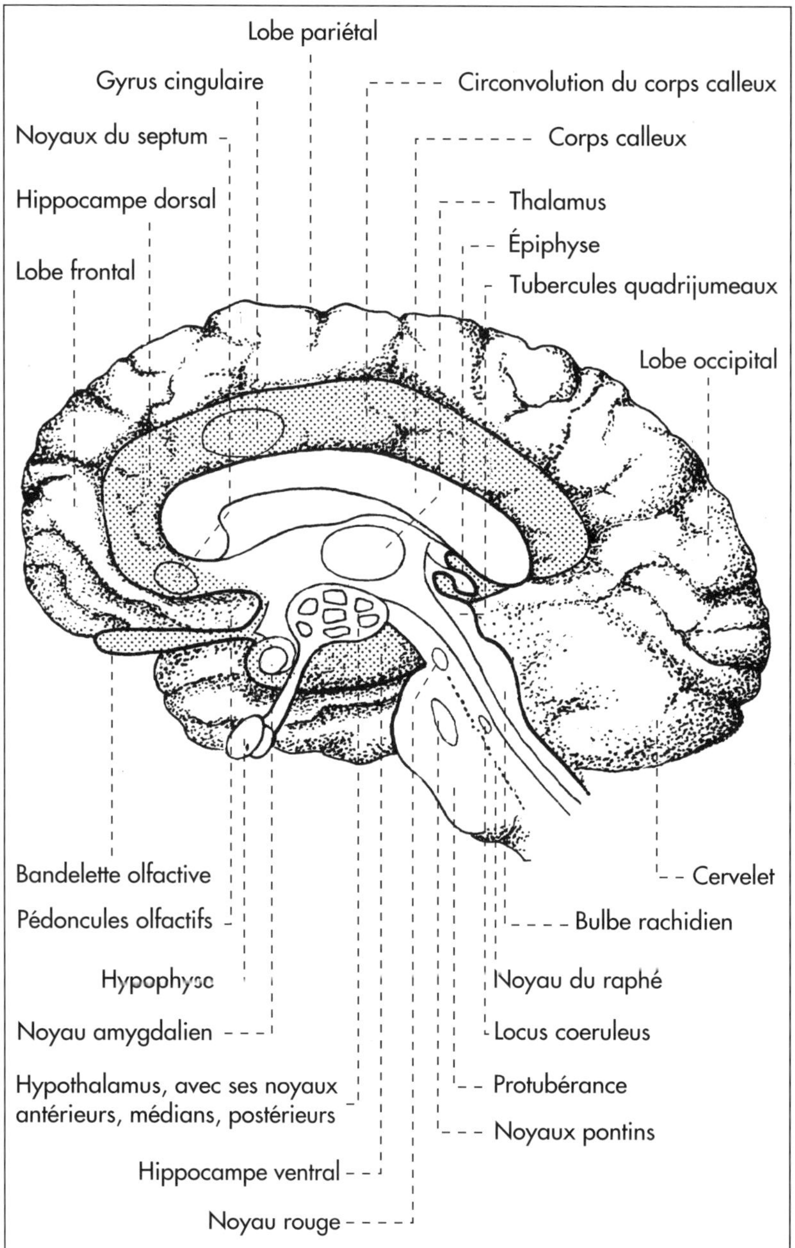

En grisé, le cerveau limbique

Figure 176
La triplicité cérébrale

l'opportunité physiologique, c'est lui qui empêche de bander-mouiller en plein jour *coram publico* ; alors qu'il autorise pendant le sommeil paradoxal les érections spontanées d'entraînement, les orgasmes et agitations de charnière nocturnes quand l'appétit n'a pas été suffisamment assouvi. Le niveau plus ou moins haut de cet appétit définit, pour chacun, son *tempérament érotique*, chaud, tiède ou froid : ce que j'ai proposé d'appeler l'*éroticité subjective* ;

• le cerveau limbique paléo-mammifère est à la fois *sensuel et sentimental*. C'est celui de la chaleur affective, celui qui lie le désir et l'amour, le plaisir et la tendresse. Celui qui supervise la grande représentation physiologique-comportementale-amoureuse de l'étreinte. Celui qui rend fidèle au (à la) bon(ne) partenaire, marqué(e), balisé(e), dont les « prestations » érotico-affectives sont garanties et éprouvées. D'où la – relative – stabilité du couple humain : le sexe des hommes, des femmes, est routinier... D'où la haine pour les rivaux, l'imparable jalousie, et l'imparable peine des chagrins d'amour ;

• le cerveau néocortical est intervenu sur ce canevas selon trois modalités divergentes : épanouissement, affinement, censure.

L'épanouissement, c'est *la fonction érotique*. L'utilisation à des fins subjectives personnelles de la grille biologique, physiologique et comportementale, assurant la reproduction spécifique. Avec son appétit orgasmique « démesuré ». Avec les gratifications incomparables de l'amour réciproque.

L'affinement, c'est la sélection plus aiguë du partenaire d'accouplement. Elle élimine tout naturellement l'inceste, comme l'homosexualité de compensation. Il faut aux humains des partenaires *valorisants*.

La censure, c'est la conséquence de la lamentable *culpabilisation* des gratifications biologiques. À cause de la connaissance de la mort. S'interdire – interdire aux autres – tout ou partie du plaisir sexuel possible laisse espérer une récompense « éternelle », dans l'au-delà *post-mortem* que le néocortex a fabulé, imaginé. Le *sacrifice métaphysique* est un marché de dupes. *Il peut gâcher l'existence des plus intelligents.*

*
* *

L'intelligence et le caractère ne sont pas, en effet, des qualités obligatoirement égales en chaque être humain. On peut être « très intelligent » et ne pas posséder la trempe suffisante pour accepter la finitude, l'animalité mortelle de la condition humaine. Le plus gros néocortex ne garantit pas contre la faiblesse caractérielle ; contre la terreur devant la mort, contre l'échafaudage des dérisoires barrières « intellectuelles » qui prétendent consoler de la disparition corporelle par toutes les fariboles de la métaphysique. La parade la plus insensée fut évidemment la croyance à la survie de la pensée, après la mort des structures biologiques qui seules la nourrissent. *Démesure*, ὕβρις dérisoire du néocortex, des trésors d'intelligence ont ainsi été dépensés pour édifier les imposants châteaux de cartes des dogmes théologiques. On sait combien ils furent nuisibles, lorsqu'ils mirent en forme la culpabilisation métaphysique.

C'est cette culpabilisation des gratifications biologiques que l'on retrouve à l'origine de tous ces conflits entre l'instinct et l'éthique réglementaire, dogmatisée, déchirements qui illustrent l'histoire des morales humaines, avec les empêchements sociaux *insensés* qu'elles ont si souvent infligés à la réalisation des impératifs programmatiques. Et jusqu'au sein de chacun, de chacune, quel que soit le libéralisme externe, le conflit peut déchirer ceux dont le caractère n'est pas assez ferme, pour faire leur malheur, quand les autres, selon l'expression populaire, « s'en tirent » toujours.

Parce que le cerveau des instincts, du caractère, prime toujours, quand il est bien fait, sur les billevesées imaginaires du néocortex. C'est lui qui nous fait vivre, parce qu'il est le dépositaire des impératifs biologiques. Ces forces dont nous sentons qu'elles nous mènent, *volens nolens*, mais que l'évolution de la vie planétaire n'a pas agencées pour notre perte [231]. Ce sont ces forces qu'il nous faut révérer, *aimer*, et non les chimériques entités métaphysiques « créatrices » entièrement – dérisoirement – créées par le néocortex. C'est ainsi que nous vivons bien ou mal, selon que nous savons reconnaître ou non la *sagesse* de notre appareillage instinctuel, motivationnel.

Il n'y a pas de bonheur dans la pure cogitation, dans la sujétion du destin humain aux décrets de l'administration. Mais dans l'abandon aux délices que nous prodigue notre incarnation. Sans cette « matière humaine » pas de joie, pas d'amour, pas d'exaltation « du cœur ». Si nous ressentons un « mystère », c'est celui de ces étincelles d'univers que nous portons en nous, celui de la vie terrestre qui anime notre bon vieux cerveau animal. C'est lui qui détient la clé de la neurobiologie des comportements. Cette biologie si particulière, liant l'organique, l'action externe, l'état subjectif, et dont l'étude fut tellement retardée par les théoriciens et sophistes de la « psychologie », de l'« âme » immatérielle. Malheureusement pour eux le réel, l'organique, a toujours eu raison de l'imaginaire.

f) Les victimes du progrès. L'imposture du changement de sexe

Le sexe psychique, on vient de le dire, permet à chacun, à chacune de se situer comme homme ou

231. À moins de considérer notre espèce comme un parasite malsain de sa planète...

femme, en concordance avec son sexe somatique, corporel, et son sexe comportemental. La discordance – heureusement fort rare – définit le trouble si étonnant du transsexualisme. Étonnant car ces hommes, ces femmes, parfaitement constitués de corps, parfaitement capables d'exercer leur fonction procréatrice selon leurs capacités organiques, prétendent avec obstination appartenir au sexe opposé. Ce qui les a fait traiter de *délirants chroniques* lorsque la maladie fit son apparition nosographique, au début du XXe siècle.

Avant les progrès décisifs de l'endocrinologie et de la chirurgie, les transsexuels souffraient – plus ou moins silencieux – de leur triste anomalie. Triste puisqu'elle s'accompagne quasi toujours d'un état dépressif de l'humeur. Pour se sentir prisonnier-prisonnière d'un corps contraire à son sexe. L'état dépressif est parfois assez grave pour mener au suicide. Sinon quelques-un(e)s passaient parfois à l'*auto-agression*, se brûlant les seins pour obliger à leur amputation, se comprimant les cordons spermatiques pour obliger à la castration chirurgicale.

Tout parut changer lorsque les hormones mâles et femelles furent disponibles « sur le marché » et qu'on put les consommer *per os*. Grâce à une véritable *intoxication hormonale contraire* les transsexuels masculins parvinrent à se faire pousser des seins, des cheveux longs et soyeux, à rabougrir leur verge et leurs testicules ; tandis que les transsexuelles féminines se faisaient pousser barbe et moustache, faisaient cesser leurs règles. Le résultat obtenu n'était guère reluisant, et les intoxiqués hormonaux se sentaient plus que jamais dans une impasse, dont, pensaient-ils, seuls « les miracles de la chirurgie » pouvaient les sortir.

Grâce précisément aux progrès de la chirurgie, de l'anesthésie, grâce aux antibiotiques, il s'est trouvé hélas ! des opérateurs pour laisser croire à ces revendicateurs tenaces qu'ils allaient enfin pouvoir changer de sexe. Au prix d'interventions qui ne sont jamais que mutilations d'organes sains, castrations, émasculations, ablations de vagin-utérus-ovaires-seins normaux. Avec des « raccommodages » plus ou moins esthétiques, plus ou moins fonctionnels, puisque dans leur nouvelle situation les opérés ne peuvent plus exercer ni leur fonction procréatrice, ni même une véritable fonction érotique ; sauf les « anciennes femmes » ayant conservé leur clitoris, tandis que les « anciens hommes » ne peuvent au mieux que se faire pénétrer dans un vagin sec insensible, voire dans le rectum. Sans oublier les interventions destinées à raccourcir le larynx, procurant une charmante voix de fausset aux « semble-femmes ».

Le seul bénéfice de l'« opération » est de permettre à ses victimes de se regarder dans la glace déguisées en homme ou en femme, quand ils avaient été jusqu'alors considérés « de l'autre bord » par leurs parents comme par l'administration. Mais il y en a qui se suicident après, se rendant compte de leur situation toujours aussi hybride, aggravée de mutilations irréversibles.

L'anomalie se situe évidemment non dans la tête hémisphérique, mais dans le cerveau des instincts, génétiquement programmée ou acquise *in utero*, mais pour le moment irréversible et incurable. De même que ce n'est pas l'élevage qui détermine le transsexualisme, il n'y a à ce jour aucune « psychothérapie » capable de guérir, de l'extérieur, ce délire « exaspérant ».

*
* *

Le mal n'était qu'à moitié grave – si l'on peut dire – tant qu'il ne touchait que les transsexuels authentiques, minorité très malheureuse mais très réduite. Les fameux miracles de la chirurgie se sont hélas ! appliqués – ont été infligés – à de pauvres adolescents miséreux du Tiers monde. Ceux-là n'ont pas été vendus par leurs parents à des pédophiles ou à des Occidentaux en mal d'adoption, mais livrés à des officines de « changement de sexe » qui exercent leur coupable industrie en Amérique du Sud comme dans l'Asie du Sud-Est. Hormonés (aux œstrogènes) au milieu de la deuxième décennie, ils sont châtrés-émasculés. Puis introduits dans des circuits spécialisés de prostitution internationale. On leur a fait miroiter la fortune grâce à leur mutilation, alors qu'ils finissent comme minables « malaises » ou « brésiliennes » sur le trottoir. Le SIDA les extermine...

Les médias ne sont pas responsables de tous les maux dont souffrent les pays occidentaux. Mais il serait quand même temps qu'ils cessent de parler de « changement de sexe » à propos de mutilations tombant sous le coup de la loi ; et qu'ils s'apitoient sur cette peine de sexe, rançon d'un progrès mal utilisé, sur le sort de ceux dont on massacre l'incarnation humaine, autant qu'ils s'apitoient sur le sort des affamés. Sans laisser croire qu'on change de sexe comme de chaussures. Le sexe génétique est immuable. S'il est licite d'adapter les infortunés ratés de la sexuation, il devrait être aussi prohibé de couper le sexe des génétiquement et somatiquement normaux que de leur couper la jambe « pour leur faire plaisir »...

2. L'éthologie humaine : une forêt trop longtemps cachée par l'arbre psychologique

Le cerveau conscient est agencé pour *rendre compte, se rendre compte* des événements internes et externes à l'organisation somatique humaine. Il voudrait bien se rendre compte de tout, mais ne peut parvenir à connaître *que par l'artifice* ce qui lui échappe d'origine. En raison du non-branchement de ses connexions avec de nombreux éléments du réseau nerveux desservant les différentes parties du corps, en raison des filtres sensoriels que notre phylogenèse animale a disposés pour que nous évoluions dans notre biotope avec les seules informations dont nous avons besoin pour mener notre vie « naturelle ».

C'est un bienfait de l'intelligence, de la praxis instrumentale du genre humain, que de permettre l'exploration du réel au-delà de ce que perçoit directement le cerveau. Mais en retour de cette fierté, le néocortex a reçu de sévères leçons de modestie : outre la connaissance de la mort inéluctable, celle de la place infime qu'occupe chaque humain sur la petite planète de son système solaire, au sein d'une galaxie très ordinaire environnée de milliards d'autres ; et aussi la notion de sa survenue tardive, *sur une structure biologique donnée*.

Anatomie, physiologie, comportements, autant d'éléments incontournables hérités de la lignée animale. Vertébré, placentaire, mammifère, primate, l'*homo sapiens* a l'ambition légitime de s'explorer lui-même. Pour savoir *qui* il est, vieille exigence socratique... Mais il s'y est trop souvent mal pris, par solution de facilité, par manque de moyens d'investigation sophistiqués, *par présomption du néocortex* : non seulement il prétendit s'affranchir de ses origines biologiques, animales, mais il alla jusqu'à ériger l'homme en microcosme, image réduite mais fidèle du macrocosme universel...

Ce fut évidemment un jeu passionnant, pour la conscience, d'explorer de l'intérieur le domaine de la pensée, du raisonnement, de catégoriser le domaine du perçu, sensations, sentiments, etc. Mais l'orgueil était outrecuidant d'imaginer que l'expérience sensible, telle qu'elle est reçue subjectivement, offrait un reflet fidèle de l'organisation physique des structures biologiques humaines, et de leur constitution fonctionnelle.

Le néocortex se délecte à juste titre de la « psychologie » introspective et de son expression verbale : c'est le fondement, au-delà de la « conversation », des commentaires sagaces du discours, de la littérature et de la poésie. Mais ce n'est pas ainsi qu'on peut découvrir la nature de ce qui fait vivre l'homme, de ce qui le fait non pas penser, mais agir.

La dernière leçon de modestie concerne la structuration animale, programmée, des comportements assurant à l'homme sa présence au monde, sa perpétuation et sa hiérarchisation sociale. Une fois de plus l'intelligence dut se mettre là au service, pour la mieux connaître, de la nature biologique humaine.

La science des comportements est certes un objet de réflexion, de raisonnement, mais à partir de l'expérimentation, de l'observation objective fournissant des données statistiques quantifiables. L'éthologie, puisque c'est son nom, ne se voulut d'abord qu'animale – et même française, nommée en 1854 par Isidore Geoffroy Saint-Hilaire. Elle ne prit son essor qu'en pays germanique, et dans les années 20 du XXe siècle. Avec les Tinbergen, Heinroth, et surtout Konrad Lorenz.

Son postulat fondamental est la reconnaissance de programmes biologiques de comportement, des *devoirs* à accomplir par chaque être vivant. Lorenz succéda à Emmanuel Kant et se permit de parler à nouveau *d'impératifs catégoriques*. Ces devoirs, chaque existant doit les accomplir, et possède, *de façon innée*, dans ses gènes, leurs motivations et les moyens de les exécuter. Supervisant cette exécution, *le sens moral* est une instance coordinatrice innée elle aussi. Complètement programmé chez l'animal, ce guide éthique laisse à l'homme une certaine marge de liberté, mais pour qu'il puisse *guider les choix* il faut ici ou là le « nourrir » d'information culturelle. Il est d'ailleurs très probable que l'apport d'*information morale* doive s'effectuer pendant des *périodes sensibles* déterminantes, et seules utilisables. Rares sont les traîtres, comme les convertis, et il faut une grande force de caractère pour réviser ses options morales [232].

*

* *

232. Je ne fais évidemment pas là l'éloge de la trahison, comme Sartre le fit à plusieurs reprises, dans quelques textes répugnants. Ce qui ne m'empêche pas de souhaiter que l'esprit cartésien pénètre enfin dans les têtes musulmanes, animistes, etc.

L'homme n'est pas animal d'expérience, et pour prouver l'innéité de ses théories comportementales, Lorenz ne put faire sur ses congénères les observations qu'il avait accumulées sur les oiseaux, les chiens, les chats, etc. Elles lui avaient permis de réfuter magistralement l'environnementalisme, le behaviorisme en particulier skinnérien qui fut la « maladie infantile » de l'éthologie et manqua l'enliser dans sa fausse route.

Bien que rares, depuis longtemps, il ne manqua heureusement pas d'esprits scientifiques, en particulier l'éminent Eibl-Eibesfeldt, pour oser passer de l'animal à l'homme. Avec les précautions d'usage, et toujours dans le but louable de tendre à l'humanité le miroir de sa vérité. Le développement de la neurobiologie, cernant au plus près le fonctionnement des structures nerveuses « de commande », apporta à l'éthologie le renfort organique dont elle avait besoin pour appuyer ses prétentions de s'appliquer à l'humain.

Moi qui collaborais à l'intrusion de l'organicité dans la pathologie sexuelle avec autant de passion que j'en éprouvais à découvrir les écrits de Konrad Lorenz, d'Eibl-Eibesfeldt, j'ai enfin compris qu'on pouvait joindre les deux bouts de la biologie, celle des organes et celle des comportements. C'est ainsi qu'après avoir beaucoup étudié, beaucoup observé mes congénères sains ou malades, je ne suis pas peu fier d'avoir écrit le premier ouvrage francophone d'*éthologie humaine*. Car il fallait comprendre pourquoi la psychologie « ne marchait pas », pourquoi la sexologie piétinait quand elle se contentait de la parlotte, sans intervention organique, sans exercices corporels, sans théorie du comportement sexuel. Pourquoi des gens dont le sexe (la voiture) était en parfait état physique ne parvenaient pas à s'en servir (à prendre la route), alors qu'ils vivaient en pays libéral (les routes sont dégagées). Pourquoi enfin les pervers n'étaient (habituellement) pas des psychopathes. L'éthologie m'a permis de tout remettre en place. *Lux fit* !

Pourtant la nouvelle discipline se trouvait en butte aux trois systèmes moraux dominant l'Occident et dont je ne cesse de récuser l'outrecuidance. Le christianisme qui déteste si fort les instincts qu'il les combat depuis des siècles. Le marxisme monstre d'environnementalisme qui ne voulait connaître que le programme du parti et s'imaginait créer, par intervention sociale, un nouvel homme socialiste puis communiste, coupé de ces odieux appétits individualistes et hiérarchisants qu'inspire le capitalisme – cet espoir stupide n'a pas quitté bon nombre d'enseignants « de gauche ». Le freudisme enfin, dont l'inconscient marécageux ne pouvait accueillir la structuration des programmes comportementaux. Trois systèmes ne conduisant qu'au malheur, à l'hypocrisie, à l'impuissance verbeuse, mais difficiles à « déboulonner ».

De plus, venant d'Allemagne et d'Autriche, de ces pays qui avaient succombé aux horreurs d'un totalitarisme paranoïaque et homicide, cette science éthologique dont le premier ouvrage répandu en France avec quelque bruit s'intitulait *l'Agression* fut immédiatement traitée par les belles âmes pensantes de « science nazie ». Cet abominable système conceptuel voudrait manifestement excuser, par des instincts agressifs innés, la domination des plus féroces sur les malheureux et vertueux hommes du peuple et du Tiers monde réunis. Pour aggraver son cas, certains des pionniers de l'anthropologie comportementale étaient nés natifs d'Afrique du Sud, cette contrée dont la politique d'*apartheid* (abrogée en 1992) servit longtemps de providentielle brosse à reluire morale à la gauche-caviar parisienne ou new-yorkaise. C'est ainsi que mon pays, par ostracisme idéologique, se coupa d'un des plus passionnants domaines de la recherche scientifique.

Le malheur veut en effet que chez nous les plus hautes instances scientifiques, universitaires, soient tout dévouées à la sinistrogyrie égalitariste environnementaliste. Il leur faut prouver, envers et contre tout, qu'il n'y a aucune différence entre les humains, qu'ils ont tous la même couleur de peau et de cheveux, les mêmes qualités, et surtout, surtout, qu'ils n'ont aucun programme préétabli de comportement [233]. Comme l'« astronomie chrétienne » *devait* prouver que Dieu avait créé la Terre, et que le Soleil tournait autour.

Cette contamination par le – au sens large – socialisme n'a pas encore duré aussi longtemps que l'obscurantisme chrétien régnant sur les Sorbonnes médiévales, mais il n'est pas à la gloire de la terre de Descartes et de Pasteur. C'est que,

233. Ce refus de toute programmation des comportements humains atteint le pathétique, lorsqu'il est énoncé par des esprits aussi libéraux que Jean Baechler. Dressant le constat de faillite des totalitarismes idéologiques, il en vient à écrire : *le propre de la nature humaine est d'être pure virtualité*, ce qui est un non-sens dramatique. Ou l'homme possède une *nature*, concrète, visible, bipède, pulmonée, etc., ou il n'est que fantomatique pur esprit (*la Grande parenthèse*, *op. cit.*, p. 26).

au fond, *l'éthologie est indissociable de l'éthique*, et qu'elle vient concurrencer, avec ses notions scientifiques, *les professionnels de la morale dogmatisée*, qu'elle sorte de la *Bible* ou du *Capital*. D'où leur haine furibonde [234].

Ce retard se comblera, par la force des choses, qui fit s'écrouler le marxisme-léninisme incarné, et la toute jeune science des comportements renouera avec son fondateur Saint-Hilaire.

*
* *

Je ne ferai pas ici un cours complet d'éthologie humaine. Il suffit de montrer succinctement combien ses lumières éclairent le domaine de la sexualité, et de ses troubles. Ce qui permettra de remettre en ordre l'argumentaire qui m'a servi tout au long de cette *Histoire*.

1) *Les motivations* qui meuvent les humains ne sont pas un, deux, ou dix instincts, mais *un faisceau* de « ressorts », regroupés en trois grandes rubriques comportementales, ou *programmes*. Conserver l'individu, perpétuer l'espèce, marquer le statut [235]. Ni la « libido » ni l'instinct de mort ni l'appât du gain ni la recherche du « salut » ne sauraient résumer les pulsions spontanées de la nature humaine.

2) *Le codage neurobiologique* des trois programmes les différencie d'origine (génétique) quant à leurs motivations, leur exécution, leurs gratifications, la nature des *liens* qu'ils peuvent engendrer : tout ce qu'on peut appeler leur *répertoire*.

Leur réalisation simultanée est incompatible, *inconvenante* : les odeurs sexuelles sont déplacées à table, les odeurs culinaires sont déplacées au concert, etc. Le passage, le *court-circuit* d'un programme à l'autre est le propre de la *perversion*. Ainsi du sadisme, qui contamine le comportement sexuel par le comportement agonistique de rivalité statutaire : il n'a jamais participé à l'ontogenèse du comportement sexuel normal, comme n'y ont jamais participé les motivations ou gratifications du comportement alimentaire, ou excrétoire.

3) *L'évolution de tout comportement se fait par épisodes successifs*, par des séquences engrenées les unes dans les autres. Elles doivent se dérouler *dans l'ordre programmé* pour être efficaces.

Le comportement sexuel fait se succéder une phase de reconnaissance, puis une phase de sélection, puis une phase de séduction-provocation du (de la) partenaire, puis une phase d'accouplement dont la réitération, au sein du lien sexuel, entraîne la fécondation reproduisant l'espèce.

Le client de la prostituée ne l'a pas séduite. Il ne représente guère plus de 2 % des mâles humains adultes en terre de mœurs libérales [236]. Les autres ont de la peine à réaliser des accouplements mercenaires. D'où l'erreur de « payer une pute » à un débutant dans l'espoir de le déniaiser. D'où l'erreur des partenaires supplétives de M & J.

L'homosexuel(le), le pédophile, le zoophile, etc., qui se trompent de partenaire manifestent une pathologie de la reconnaissance de l'autre intraspécifique. Le violeur qui s'accouple de force, avant courtisation, se trompe de répertoire et brûle les étapes qui permettraient d'établir un véritable lien sexuel, etc.

Le comportement coïtal passe, avant la conjonction sexuelle, par une phase obligatoire de *préliminaires* mettant les organes copulateurs en état de réceptivité, les muscles responsables en état de tension, et débouche sur une phase de *postlude* rasséréнant (profitant du bon effet physiologique des endorphines), permettant de renforcer dans la tendresse le lien sexuel. Les accouplements sans préliminaires sont sabotés, ne convenant qu'à des hommes à l'affectivité réduite, les amours mercenaires sont foireuses, non gratifiantes, le violeur se comporte comme un « analphabète », etc.

4) *Le déroulement objectif d'un comportement s'accomplit en trois épisodes temporels*.

Premier épisode *: l'activation du comportement*. Elle est d'origine interne ou externe.

L'origine endogène provient autant des organes d'exécution que des centres supérieurs responsables. On situe dans l'hypothalamus le maintien d'un certain *tonus appétentiel* pour toutes les grandes motivations et pour leurs séquences actives, correspondant à un *patron moteur*. Ce tonus appétentiel n'est pas identique d'un individu à l'autre (ambitieux, gros mangeurs, baise-petit, etc.) ni même pour toutes les motivations d'un même individu. C'est une des raisons de la grande diversité caractérielle des humains.

234. Et le dégoût affiché du *Rapport Spira* devant tout « modèle de comportement sexuel ».

235. Je me flatte d'avoir bien mis en évidence ce *programme statutaire*.

236. Chiffre incompressible. Il fournit un nombre assuré de clients à l'amour vénal, que les sociétés les plus « vertueuses » ne feront jamais disparaître.

L'origine exogène est représentée par des *stimuli* sensitivo-sensoriels, signaux ou indices. Ces stimuli déclencheurs, les *situations déclenchantes* ont leur code préétabli dans le cerveau des instincts, qui les remémore à l'individu pendant le sommeil paradoxal. *Les images érotiques du rêve ne sont pas des fantasmes*, mais des révisions du programme sexuel. La censure culturelle des indices sexuels (morphologie, pilosité, odeurs, etc.) est une erreur de civilisation.

Obtenue la *satiété*, les stimuli deviennent inefficaces ou perturbants (odeurs de frites après la bombe glacée, spectacle érotique aussitôt après l'orgasme, etc.). Au contraire après une période de disette le seuil de déclenchement du comportement s'abaisse, et il peut même se produire des *mouvements à vide* (orgasmes spontanés, motricité copulatoire du sommeil, etc.).

Deuxième épisode *: les séquences préconsommatoires*. Elles sont très variables dans leur nombre comme dans leur chronologie. On peut converser pendant des semaines avant d'échanger le premier baiser, on peut rester fiancé pendant de longs mois. On peut « faire durer le plaisir ».

Fait capital, la signification subjective du but biologique final n'est pas obligatoirement donnée, dès le départ, à l'individu. Les conduites assurant la fécondation spécifique ne sont pas stimulées par des messages sensoriels montrant l'accouchement ou le nouveau-né, mais par toute la « machinerie » conduisant à l'accouplement fréquent un homme et une femme adultes. C'est un des fondements de la fonction érotique.

Troisième épisode *: l'acte consommatoire*. C'est un *acte réflexe*, qui suit un patron moteur programmé. Les muscles mis en mouvement peuvent être aussi bien squelettiques, striés, que lisses, viscéraux. Leurs contractions coordonnées sont inaccessibles à la volonté intentionnelle de l'instant.

L'acte *ritualisé* est une modalité particulière d'acte consommatoire. C'est un acte symbolique, élaboré par la phylogenèse ou parfois, dans l'espèce humaine, par la culture.

L'acte consommatoire s'accompagne de *messages sensitifs spécifiques*. Son accomplissement peut seul éteindre le voltage comportemental, ce que ne peuvent réaliser les actes substitutifs, déviés, *redirigés*. Il n'y a pas d'ersatz, sinon pathologique, à l'orgasme, à l'accouplement, aux gestes du lien sexuel.

Tôt ou tard, en fonction du comportement, des circonstances, du fonds individuel, s'effectuera la recharge pulsionnelle.

5) *Le versant subjectif du déroulement comportemental* est fait de phénomènes divers.

Les sensations : nées dans les *zones réceptrices* du corps elles donnent des informations extéro-, proprio- et intéroceptives. Parmi elles le plaisir et la douleur, bien qu'antagonistes, ne reposent pas sur des substratums réceptifs symétriquement opposés. Le *plaisir sexuel* est le constituant subjectif du *sens érotique*, bien particulier par ses trois modes réceptifs et sa physiologie cumulative, temporellement orientée. La concurrence perceptive fait primer la douleur sur le plaisir, que l'on ne peut ressentir simultanément sans grand désarroi. C'est ce qui fait le tourment des dyspareuniques, de ceux qui souffrent d'éjaculation douloureuse.

Les émotions sont un sentiment porté à son acmé, entraînant des réactions somatiques souvent étendues. Elles sont *autonomiques*, autocentrées, ou *effusives*, selon qu'elles concernent le seul individu (triomphe, désespoir), ou qu'elles exaltent ses liens chargés d'affectivité positive (amour, reconnaissance).

Les sentiments colorent en affect les différents *liens* aux congénères (aux animaux familiers !). Chaque lien d'objet est particulier, avec une *valence* spécifique *à l'origine de nombreuses incompatibilités* (lien de subordination + lien de commensalité [237], lien amical + lien de salariat, lien sexuel + lien parento-filial, etc.). La couleur (la « saveur ») de chaque sentiment est elle aussi particulière : il n'y a pas d'équivalent au sentiment amoureux.

Le sentiment qui colore le lien se situe entre les deux pôles de l'affectivité, positive ou négative. Autant l'affectivité négative est ductile, facile à transposer, autant l'affectivité positive est difficile à mobiliser. Surtout dans l'espèce humaine où les sentiments, les liens, sont *constamment renforcés* dès qu'ils sont gratifiants (lien sexuel, liens intrafamiliaux, liens d'amitié, etc.). L'*ambivalence des sentiments* met dans une situation *de malaise comportemental* : elle est souvent pathologique.

Le sentiment démesuré pour un objet inanimé caractérise l'idolâtrie, le fétichisme.

Les états d'âme, ou thymies sont des *manières d'être* de la sphère affective. Ils constituent *un état de fond* (euphorie, bouderie, morosité,

237. Ou alors il y a un grand espace entre le(s) maître(s) et les domestiques du bas bout de la table.

enjouement, etc.) caractérisant *l'humeur* de chacun, mais aussi susceptible de variations circadiennes régulières (inquiétude du petit matin, sérénité postprandiale, etc.).

Sur cette toile de fond les événements s'inscrivent avec plus ou moins de relief, de vivacité. Les « traumatismes » des uns ne sont que banales péripéties pour les autres.

Les gratifications d'accomplissement accompagnent la réussite du comportement. Elles sont d'origine motrice (déglutition, préhension, miction, accouplement, etc.) ou perceptive (caresse, accolement, plaisir sexuel, constatation de l'établissement du lien, etc.). Elles peuvent être partielles, mineures ou majeures.

Les *gratifications majeures* font intervenir plusieurs accomplissements coordonnés. On en distingue deux grands types :

- *la satisfaction éthique* : essentiellement motrice, elle offre peu de plaisir, mais couronne *les efforts comportementaux heureusement aboutis*, même au prix de quelques souffrances : construction du gîte, compétition victorieuse, parturition, etc.

Elle ne relève évidemment pas du « masochisme » ni du moindre « instinct de mort ». Elle émane de la programmation des patrons moteurs et satisfait le sens moral par *l'accomplissement d'un devoir* ;

- *l'assouvissement* : il conjugue motricité et réceptivité, récompensant le mouvement en cours d'exécution. La « grande représentation coïtale » en est le type exemplaire, conjugant les gratifications diverses des préludes, les mouvements programmés du coït, le plaisir orgasmique, l'exercice du pouvoir érotique sur le (la) partenaire, le renforcement affectif du lien sexuel, etc.

Certaines gratifications partielles laissent l'individu sur sa faim, tout en le satisfaisant « au rabais » : par exemple l'orgasme isolé de la masturbation, de l'éjaculation prématurée, la motricité coïtale isolée des anorgasmiques vaginales, des éjaculateurs retardés. C'est la seule gratification de nombreux empêtrés : voilà pourquoi la thérapeutique sexologique a souvent bien du mal à les en spolier provisoirement, pour *remettre en ordre* leurs séquences comportementales, avec leurs gratifications successives. On conçoit que les femmes à la bifocalité érogène complètement développée tiennent à goûter et l'orgasme clitoridien « délicieusement passif » et l'orgasme vaginal activement déclenché par leur motricité coïtale.

6) *La morale des comportements* est un guide *biologique*.

Elle supervise besoin (désir), parcours comportemental, gratification, rétroaction (provisoirement) assouvissante selon le mode fonctionnel *d'un système autorégulé* établi lors de la phylogenèse spécifique. Le *sens moral* siège au « grand parlement des instincts » de Lorenz. Légué par la lignée animale ayant précédé l'espèce humaine, l'hominisation, n'a pas – loin de là – supprimé la prégnance biologique de ce sens moral. Malgré la déprogrammation partielle de l'humanité, qui laisse des lacunes, des parcours libres dont les esprits faibles s'effraient plus qu'ils n'en profitent... D'où le nécessaire rattrapage culturel, mais pour « nourrir », meubler, des structures régulatrices innées, les « machines à morale » [238] – comme il existe des « machines à parler », qu'il faut nourrir à temps de langage.

Si le sens moral n'avait pas son fondement biologique, il serait impossible de le construire entièrement « du dehors », par l'éducation, les parents, la société, etc. Cette « nourriture morale » externe correspond d'ailleurs à un profond *besoin de moralité*, qui rassure l'individu, ne serait-ce qu'à l'égard de ses congénères : la déprogrammation partielle du comportement statutaire leur permet trop souvent le passage aux actes hostiles ! Mais si l'on peut canaliser l'agressivité, il est illusoire, et dangereux, de s'opposer aux structures motivationnelles des programmes de comportement.

Une morale humaniste ne peut ainsi s'édifier que *sur le canevas des incontournables exigences biologiques* : elles sont moins nuisibles que les excès réglementaires des morales vétilleuses.

*
* *

L'*éthogenèse*, l'ontogenèse comportementale, s'établit progressivement au cours de l'existence individuelle. Selon quatre modalités différentes. *Disponibilité immédiate* (tétée), *disponibilité différée* par auto-maturation, *programmation ouverte* sur un apport externe obligé, *novation*.

On retrouve trois de ces modalités dans l'éthogenèse du comportement sexuel. L'évacuation opportune des émonctoires, l'auto-érotisme sont automaturés. Les empreintes familiales (mère, père, nichée) surviennent dans les *périodes sensibles* des premiers jours de l'existence, puis de la

238. Qu'on ne voie pas là l'équivalent du surmoi freudien, et de sa formation grâce aux fabuleux complexes.

première enfance. Première et deuxième enfance informent sur les différences anatomiques des sexes, les jeux de contact corporel rodent les accolements corporels du coït, la puberté met sur le « marché sexuel » des adolescent(e)s paré(e)s des grâces de la séduction, et commençant à savoir en user sans apprentissage. La seule condition pour que cela « marche tout seul » est l'élevage normal des jeunes humains dans leur biotope familial et social, au sein des congénères des deux sexes, enfants et adultes, vivant librement ensemble sans ségrégation.

L'établissement de la propreté est donc spontané, et s'il tarde quelque peu ce n'est pas en raison de « traumatismes infantiles » mais de facteurs constitutionnels (familiaux). La masturbation n'est pas un vice mais un comportement de confort qui s'apprend tout seul – il est même tout à fait nécessaire pour établir les connexions épigénétiques du circuit orgasmique. L'inceste intranucléaire est éliminé spontanément par les empreintes infantiles. La curiosité pousse normalement les enfants aux jeux de touche-pipi, et à demander aux parents comment on fait les bébés. Il n'est pas besoin d'apprendre aux grands garçons et grandes filles à « faire les intéressants », à conclure leurs premières amourettes.

Les séquences suivant la reconnaissance-sélection-séduction sont faites pour s'engrener d'elles-mêmes, chez les primates humains dotés de mains, de bouche, de curiosité et de langage. Passer du flirt à l'étreinte, se livrer nu(e), se faire déflorer, renouveler suffisamment l'étreinte pour qu'elle devienne gratifiante sont les épisodes d'une *expérience personnelle*, individuelle, pour laquelle il n'y a pas d'entraînement au gymnase et dont la démonstration *in vivo*, par les adultes, ne semble jamais avoir fait partie de l'éducation parentale humaine. L'âge des premières amours est ainsi celui des tâtonnements, mais aussi des émotions poétiques et de l'instinct vigoureux, qui vient normalement à bout de l'inexpérience et de la pudeur.

Ce que les grandes personnes peuvent offrir de plus utile pour aider les premiers pas du comportement sexuel adulte est de *faire gagner du temps, et de l'assurance*. D'abord en fournissant le modèle de l'heureux aboutissement de la vie érotico-affective du couple. Puis en munissant les jeunes d'*information culturelle* sur la façon dont les choses se passent, et de *sécurisations diverses*, en particulier *contraceptives et prophylactiques*. C'est un *devoir parental*, comme l'information sur les risques et périls de l'environnement, ou sur la bonne façon de se tenir en société... Mais les jeunes normalement délurés ne tardent pas à réclamer l'information, à l'obtenir, et à se la procurer... quand elle est disponible et fiable dans une société libérale... et documentée.

Il n'y a pas d'espèce évoluée sans éducation comportementale, et la nôtre couronne l'évolution. Les premières images qu'a fabriquées l'*homo faber*, montrant les deux sexes, leurs différences et leurs symboles témoignent de la fascination que cette bipartition de l'humanité, hommes et femmes, exerça « d'origine » sur nos premiers parents. Mais elles avaient sûrement, pour les jeunes, un rôle informatif, concernant ce que les adultes font quand ils sont tout seuls. Toutes les civilisations humanistes ont eu ce souci informatif, par l'école, par l'atmosphère culturelle, et les petits Antiques élevés au milieu des statues de Vénus et d'Apollon arrivaient au mariage moins niais que les dadais de l'époque victorienne, moins inhibés que les victimes du terrorisme pudibond de l'islam.

*
* *

La déprogrammation partielle de l'humanité a laissé persister, et pour cause, une forte prégnance des motivations sexuelles, si bien que l'espèce est plus menacée de surpopulation que d'extinction par dégoût de se servir d'organes nauséabonds. C'est même cette forte emprise biologique qui a toujours troublé les esprits faibles, mais aussi vexé les néocortex voulant soumettre « la bête » aux impératifs de la cogitation. De ce trouble sont nées les fables parfois merveilleuses des dieux inspirant le désir, mais aussi la diabolisation chrétienne du sexe, les horreurs de l'inconscient freudien, et les ignominies des initiations tribales mutilatrices, « vaccinant » contre l'impulsivité animale.

La peur devant la force de l'instinct, sa culpabilisation, ont ainsi trop souvent permis aux morales culturelles d'abuser de leur pouvoir rassérénant pour imposer de stupides censures, *ce qui a donné une prime de moralité aux systèmes les plus répressifs* – voire les plus mutilateurs [239]. Ce fut un des grands débats entre morale païenne et morale chrétienne. Or la répression systématique de la sexualité est parfaitement déraisonnable.

239. Dans les bonnes vieilles familles juives, ne pas circoncire le garçon est un acte vraiment *immoral*.

C'est « providentiellement » que les impératifs de la programmation sexuelle ont subi si peu de modifications lors de l'hominisation. Malgré la déprogrammation partielle, la « sexualité », au sens large, n'a pas vu, comme le comportement statutaire, sauter les verrous de la préservation intraspécifique. Les morales conscientes, si férues de lutter contre la « férocité animale » se sont ainsi doublement trompées de régulation : en transposant dans le domaine sexuel la nécessité sociale, réglementaire, de lutter contre la nuisance intraspécifique, meurtre, tyrannie, oppression, esclavage ; en brimant l'incompressible fonction érotique sans endiguer raisonnablement la fonction reproductrice.

Mais malgré censures et interdits, l'impulsivité sexuelle humaine a toujours conservé sa vigueur. Elle a vaillamment résisté aux interdits que lui a infligés la morale monothéiste issue de la Bible, qu'il s'agisse de la masturbation, des rapports préconjugaux, des caresses « luxurieuses », du contrôle populationnel, du divorce, etc.

C'est tout naturellement que les hommes et les femmes adultes, liés par la biologie érotique et les sentiments qui s'ensuivent non moins naturellement, désirent projeter dans l'avenir leur couple quand il est devenu gratifiant. Il était ainsi insensé de marier *sans accord charnel préalable* des inconnus liés par des tractations entre leurs parents. Des puceaux auxquels on interdisait tout divorce. Il était insensé d'interdire le divorce à des gens dont le lien de couple n'était plus gratifiant, ayant évolué différemment, ou atteints par la désuétude de ce lien.

Une espérance de vie de 4 à 5 lustres est probablement le sort du lien sexuel, pour une espèce qui vivait trois à quatre décennies au paléolithique, alors qu'elle a depuis doublé ou triplé la dotation temporelle initiale de chaque individu. Sous prétexte d'assurer le bonheur *post-mortem* des humains, la répression biblique n'aura servi qu'à faire perdre du temps, et du bonheur, à ceux et celles que leur comportement sexuel fait rarement nuire à l'espèce.

*
* *

Peu de science laisse apeuré devant la constitution biologique humaine, plus de science permet de mesurer ses bienfaits. L'éthologie a ainsi rassuré les humains sur la nature de leurs impulsions sexuelles. Ayant conservé leurs balises biologiques initiales, la satiété orgasmique, la valorisation du lien sexuel, la fidélité au (à la) partenaire gratifiant(e) [240], elles ne conduisent normalement ni à l'excès physiologique ni à l'avachissement dans la promiscuité, ni à la nuisance intraspécifique. On aura remarqué que *la novation* ne fait pas partie des modes d'acquisition du comportement sexuel humain : *les hommes et les femmes ont toujours eu tout ce qu'il faut pour se reproduire, et pour exercer leur fonction érotique.*

L'éthologie ne préconise donc pas un « bienheureux retour » aux « âges farouches », mais elle permet la mise à jour de ce qui, restant permanent dans la nature humaine, fait de l'appareillage instinctuel de la sexualité une « machinerie » inoffensive quand on sait s'en servir, *l'adapter* selon le génie de notre espèce. En adaptant la durée du lien sexuel à la longévité accrue des civilisés, en adaptant le volume populationnel aux ressources disponibles. Mais la plupart du temps, guidé par le seul instinct, ce n'est pas pour avoir des enfants qu'on fait l'amour...

Il existe certes une pathologie parfois nuisible à autrui du comportement sexuel, viol, agression sadique, meurtre sexuel, pédophilie, perversions diverses : non seulement elle demeure minoritaire mais surtout *elle n'a jamais été prévenue par les interdits sociaux*, moraux ou religieux. Le propre du pervers est justement de rester insensible, *par vice de constitution*, au remords, aux reproches de « sa conscience » – de son *sens moral*, biologique avant d'accueillir l'information culturelle.

Par contre les humains, toujours inquiets de l'avenir, inquiets de la permanence des sentiments de l'autre et, il faut le redire, *friands de moralité*, sont aidés *par les sécurisations sociales*. Ce que l'éthologie ne peut que confirmer. Rites, lois, solennités entourant fiançailles, mariages, sont des balises marquantes dans la vie d'un être humain. Qu'elles confirment, exaltent, le franchissement de haies biologiques confère à cette biologie la rassérénante légitimation « du droit », de la morale, tout en étant l'occasion de festivités réjouissantes. Le goût humain pour la pacification subjective par une sanction sociale est tel qu'il a fait ritualiser-légaliser le divorce [241] : pour que chacun-chacune n'ait « rien à se reprocher ».

---

240. Cf. G.Z., *les Balises biologiques de la sexualité humaine*, *article cité*.

241. Même les homosexuels veulent se marier, même les communautés sexuelles ont tenté de se donner un statut officiel. Quant au bon vieux système légal de *l'adoption*, il a permis à bien des homosexuels de se consoler de leur absence de progéniture naturelle.

*
* *

On comprend ainsi qui sont ces clients « fonctionnels », *comportementaux*, qui viennent sonner à la porte des sexologues quand ils osent le faire. Des gens qui possèdent des organes parfaitement normaux. Dont « la tête » fonctionne quand il s'agit d'apprendre un métier, conduire une voiture, préparer les repas, élever ses enfants, jouer au bridge, gérer son compte en banque, payer ses impôts, etc. Dont l'intelligence et la culture peuvent même faire, à l'occasion, de brillants universitaires, professeurs, journalistes, polytechniciens, littérateurs, mathématiciens, astronomes [242], etc. Mais dont la rubrique « comportement sexuel » de leur programmation éthologique n'a pas les ressorts assez tendus.

À vrai dire, ils sont de deux espèces :

Le premier groupe – si l'on peut dire – est fait **de fonctionnels secondaires.** Ils ont un certain temps bien fonctionné. Et puis il s'est passé quelque chose. Eux-mêmes, ou leur partenaire, ou la situation *ont changé*. Progressivement, au fil des ans, ou de façon ponctuelle. *Il y a une explication relationnelle, ou circonstancielle.* Pour faciliter les choses, je les ai résumées dans le tableau de la *figure 177.*

L'explication, le plus souvent, est tellement simple qu'elle saute aux yeux dès les premières minutes de l'interrogatoire. À moins que le (la) consultant(e) ne la connaisse si bien qu'il (elle) n'est venu(e) que pour sa confirmation. Tout ce qui déboussole avec un(e) nouveau(velle) partenaire, tout ce qui altère la liaison érotique et le lien de couple en général, tout ce qui perturbe (temps, lieu) le déroulement de la séance érotique peut avoir des répercussions néfastes sur une physiologie frileuse et routinière. Cas des plus classiques *l'apparition « dans le circuit » d'un(e) nouveau(elle) partenaire*, un adultère, une aventure, sert *de révélateur*, et entraîne la consultation.

Point n'est alors besoin de faire des prodiges d'exploration psychologique. Après avoir fait pratiquer le minimum d'examens somatiques pour rassurer son (sa) client(e), le rôle du sexologue est de le (la) mettre *devant ses responsabilités*. Savoir s'il (elle) désire ou non conserver un lien de couple conflictuel ou peu gratifiant : le truc de la « réconciliation sur l'oreiller » est parfaitement éventé. S'il (elle) a le courage d'envisager les sanctions sociales d'un divorce, d'un remariage. S'il (elle) veut ou non réformer le style de sa vie de couple pour « sacrifier » le temps et l'attention nécessaires à ses séances amoureuses, réinvestir dans les préludes, les variations posturales, renoncer à une paresseuse stéréotypie. S'il (elle) est ou non capable de consacrer le temps (voire l'argent !) à l'amélioration d'une nouvelle liaison d'instauration cahotique [243]. Et même tout simplement, parfois, s'il (elle) est décidé(e) ou non à introduire une contraception non perturbante dans sa fonction érotique : bien des éjaculations prématurées, avec répercussions sur l'érection, ne s'améliorent que le jour où Madame consent à prendre la pilule, ou à se faire poser un stérilet, pour éviter à Monsieur de se retirer comme il le fait depuis quinze ans.

Sans être méchant, on peut dire que nombre de ces troubles secondaires sont guéris d'avance le jour où le couple a fait l'effort de venir consulter le sexologue. Guérison évidemment *physiologique*, le (la) principal(e) plaignant(e) fonctionnant désormais comme il (elle) le souhaite : soit dans son ancien couple remis sur pieds, soit dans le nouveau qu'il (elle) a préféré fonder – le divorce ne peut alors être considéré comme un échec.

Si le (la) client(e) ne veut « rien savoir », ne rien changer à ses mauvaises habitudes, ne pas prendre la moindre décision permettant de dépasser une situation médiocre, perturbante ou conflictuelle, c'est que son bon fonctionnement initial était des plus précaires. Il s'agit *d'une personnalité vulnérable*, du style des fonctionnels primaires. Le sexologue ne peut pas faire grand-chose pour lui (pour elle), et doit honnêtement l'inciter à ne pas perdre son temps et son argent en consultations inutiles.

Le deuxième groupe est celui des **fonctionnels primaires.** Il correspond à un profil caractériel bien particulier. On pourrait appeler ces gens, au plan sexuel, *des débiles de l'instinct.*

Enfants ils ne se sont « touchés » qu'avec les plus vifs remords, on n'ont pas eu l'idée de le faire (surtout les filles, ce qui leur a fait « sauter » la période sensible de maturation du circuit orgasmique) ; ils ne se sont pas montrés aux autres, n'ont osé les regarder qu'à la sauvette – ou pas du tout. Adolescents ils ont été repris par la culpabilisation

242. Je parle de ces gens parfois célèbres *en toute connaissance de cause.*

243. Cas archi-classique : le PDG (le patron, l'employeur, etc.) qui veut baiser sa secrétaire, son employée, etc., et qui éjacule trop tôt, ou ne peut pas bander à l'hôtel (ou chez elle). S'il y tient vraiment, il n'a qu'à lui payer huit jours aux Bahamas (aux Baléares, à Capri, etc.).

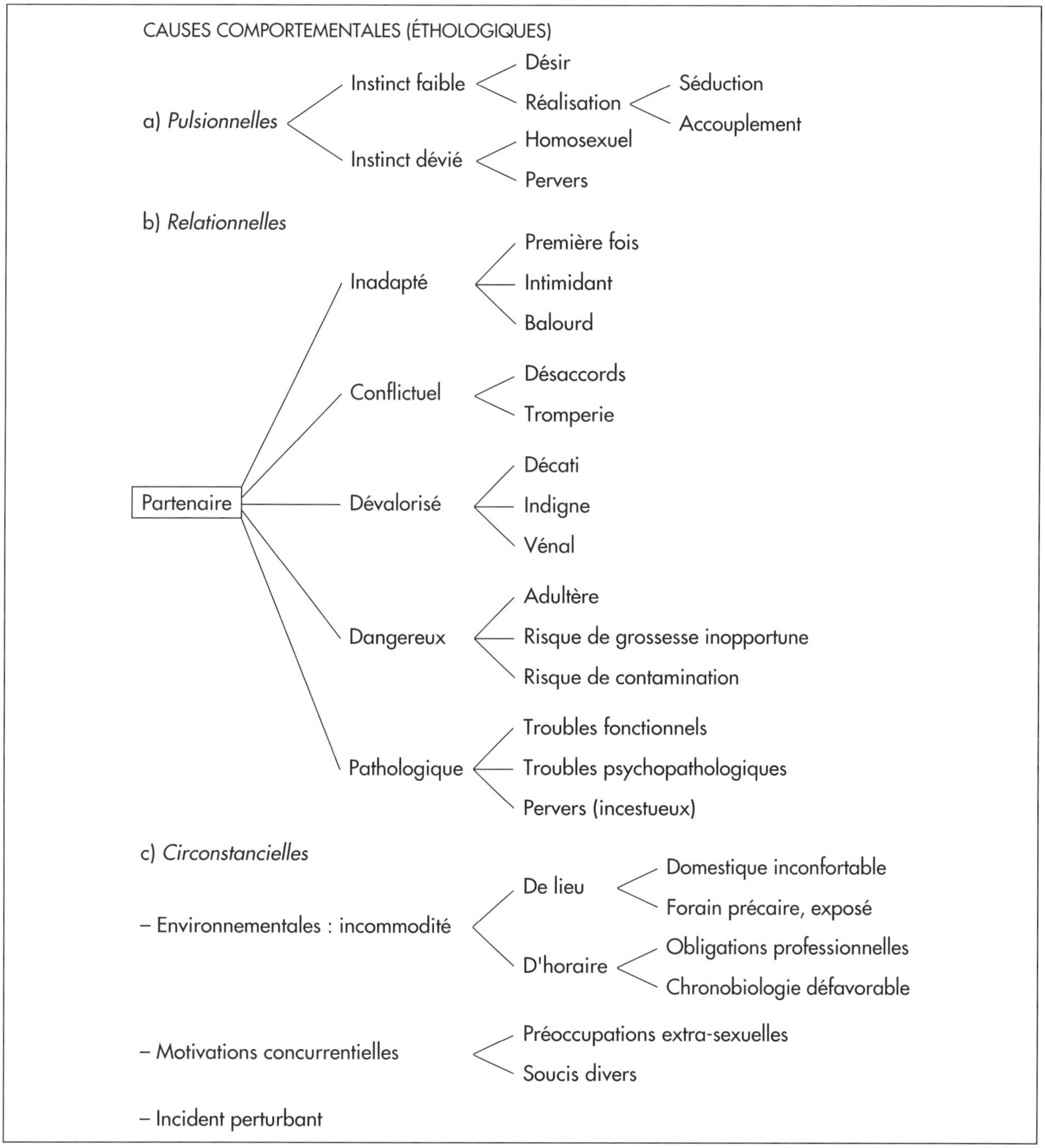

Figure 177
Les étiologies comportementales d'empêtrement. Extrait de G. Zwang, Pathologie sexuelle

paralysante ou torturante de la masturbation, ils n'ont guère cherché à se documenter sur la fonction érotique, recevant sans s'y sentir impliqués toute information externe, restant intimidés devant les créatures de l'autre sexe. Adultes ils sont demeurés vulnérables à toutes les culpabilisations répressives, dénués de curiosité, balourds de la courtisation comme de l'expression corporelle ou verbale. Ils se marient béjaunes, inexpérimentés, par conformisme ou facilité. Ils demeurent petits consommateurs, peu curieux du (de la) partenaire, de ses particularités anatomiques et fonctionnelles. Au bout de dix ans de mariage certains maris ne savent toujours pas si leur femme jouit du clitoris ou du vagin, certaines épouses n'ont jamais fait jouir leur homme à la main ou à la bouche, ils ne connaissent toujours qu'une seule posture coïtale, pour faire l'amour dans le noir et sans parler...

Certain(e)s demeurent vierges à vie, fournissant des recrues au clergé catholique, et à la triste cohorte des vieux garçons – vieilles filles rancis. Ils ont capitulé devant l'engagement comportemental de la séduction, devant l'engagement corporel de l'étreinte, devant l'engagement sentimental de l'amour. Le peu de structuration instinctuelle a pu au contraire entraîner ceux, hommes et surtout femmes que l'on peut qualifier *d'indécis*, pas plus épanouis du côté hétéro- que du côté homosexuel, à se marier sans enthousiasme, mais aussi à succomber passivement à des aventures homosexuelles, toutes situations où ces cœurs secs mettent peu d'affectivité.

Tout cela porte un nom : *la faiblesse caractérielle*.

Ces fonctionnels primaires ne font du mal qu'à eux-mêmes quand ils restent seuls. On les voit apparaître dans le « circuit sexologique » quand ils perturbent celui (celle) qui a eu l'inconséquence de s'engager avec eux dans une vie commune. Le pronostic est alors très variable. Certains (certaines), toujours dociles avec ceux qui savent leur parler avec autorité, écoutent bien les « ordonnances » des sexologues, s'appliquent et satisfont les principales requêtes du (de la) partenaire. D'autres sont des plus coriaces, femmes anorgasmiques primaires, prêtres adonnés à la masturbation depuis des lustres et ne faisant guère le bonheur de leur « diabolique » débaucheuse...

Le sexe en peine de ces baise-petit souffre finalement assez peu. Et encore moins leur tête : ils ont « peu d'idées » – « c'est pas leur truc » – ce qui ne les empêche pas de faire des enfants. Il faut leur porter l'aide qu'ils peuvent solliciter – que sollicite surtout leur partenaire, mais ne pas faire de ces personnalités inhibées, falotes quant au sexe, le type le plus répandu de l'humanité souffrante, victime des névroses et des traumatismes, refrain favori des compassionnistes et des marchands de problèmes.

*
* *

Les autres, les humains normaux de l'appétit charnel, et de la détermination instinctuelle, trouvent tout seuls, *ont toujours trouvé tout seuls*. Ils n'ont pas besoin qu'on leur tienne perpétuellement la main, ni qu'on leur fasse de perpétuels cours du soir de sexologie. Et s'ils veulent aide, information, soins corporels ils savent où les trouver, les utiliser – se perfectionner.

Ceux-là existaient déjà sous Périclès et sous Henri IV. Ils ont de tout temps *assumé leur destin sexuel-amoureux*, et maintenant comme dans l'antique Rome quand ils sollicitent la société c'est pour en obtenir le plus grand libéralisme des mœurs, et pour donner le plus grand faste à leurs mariages d'amour.

L'HISTOIRE N'EST PAS FINIE. SCIENCE ET MORALE DOIVENT FAIRE BON MÉNAGE

« J'ai longtemps habité sous de vastes portiques... » [1]
« Schöne Welt, wo bist du ? » [2]

En octobre 1978 s'est fondée la *World Association of Sexology*. Lors du *Congrès international de sexologie* qui se tenait à Rome. Elle possède ses structures, ses permanents et ses congrès périodiques. Un peu partout dans le monde occidental existent désormais des sociétés savantes se consacrant à l'étude scientifique de la sexualité. Ainsi une *Fédération européenne de sexologie*, dont le siège est à Genève. Elle regroupe de nombreuses sociétés, dont plusieurs françaises [3]. Certaines facultés de médecine, à défaut de décerner un « vrai grand » diplôme, font suivre un cycle complémentaire d'études sexologiques. L'*Organisation mondiale de la santé* a elle aussi reconnu la nécessité de la *santé sexuelle*, avec ce que cela comporte pour la protection physique et morale des humains.

L'étude scientifique de la sexualité humaine a ainsi conquis droit de cité, et se fait enfin prendre au sérieux, après une période de flottement teintée de curiosité malsaine et de goguenardise inquiète. Et les ouvrages de littérature sexologique, après un « boom » qui a fait publier n'importe quoi sur le sexe pendant plusieurs lustres se sont définitivement affinés.

Il est vrai que « les dernières nouvelles du sexe » ne peuvent guère défrayer une chronique hebdomadaire, pour des structures biologiques vieilles de millions d'années. Ce qui fait de la sexologie, fondée sur une anatomie, une physiologie et des comportements *aux racines inexpugnables* une science assez reposante. Les plus « hardis » traités de futurologie, s'ils prédisent l'effondrement des morales inadaptables (tribales, monothéistes), ne parlent de la sexualité que pour annoncer l'inéluctabilité du contrôle démographique des Terriens. Sans que l'on puisse envisager – sauf à changer d'appareillage génétique – la remise en cause des phénomènes subjectifs, pulsionnels, et objectifs, somatiques, fondant la fonction érotique, le lien sexuel, l'amour [4]. Ils procurent *hic et nunc* un suffisant émerveillement, un suffisant décollement du prosaïsme terre à terre pour qu'on s'efforce avant tout de les préserver – sous la houlette de la science sexologique, de l'éthologie, de la médecine corporelle la plus scrupuleuse.

Certes, comme dans toute entreprise humaine, tout n'est pas encore parfait dans le meilleur des mondes sexologiques. Il faut ainsi souvent parler au futur, ou au conditionnel.

Un premier aléa provient toujours de l'équivoque entre *sexologie science globale* et *pathologie sexuelle* d'orientation franchement médicale.

Du côté médical, les autorités universitaires tardent à prendre le tournant de la franche *pathologie sexuelle* – même si la maladie ne peut se définir qu'à partir de la bonne santé. Alors que, grâce aux efforts des organicistes, les neuro-psychiatres,

1. Baudelaire, *la Vie antérieure*, mis en musique par Henri Duparc.
2. Friedrich von Schiller, *Die Götter Griechenlands*, mis en musique par Franz Schubert (D 677 et 804).
3. Par exemple la *Société française de sexologie clinique*, fondée en 1974 (président Gilbert Tordjman), la *Société française de pathologie sexuelle*, fondée en 1977 (président Gérard Zwang).
4. Cf. par exemple Thierry Gaudin, *2100, récit du prochain siècle*, *op. cit.*

diabétologues, endocrinologues, diététiciens, néphrologues, cardiologues, gynécologues, urologues, chirurgiens, andrologues, biochimistes ne peuvent plus ignorer une pathologie qui intéresse si souvent leur pratique quotidienne. Elle leur fait regretter le petit nombre de spécialistes officiellement compétents. Car nul ne devrait toucher le sexe en peine de ses concitoyens *s'il n'est médecin*, passé par une filière de formation particulière. Et contrairement à la mode verbale du « pluridisciplinaire » qui sévit un temps c'est bien *un sexologue*, particulier et réputé, pluridisciplinaire à lui tout seul, que désirent voir les consultants – comme ils vont voir un non moins réputé carcinologue ou chirurgien esthétique.

La pathologie sexuelle, c'est aussi celle du comportement [5]. Désignés par la justice pour faire l'expertise comportementale de délinquants sexuels (viol, sadisme, meurtre, inceste, etc.) les spécialistes désignés sont encore trop souvent, et routinièrement, psychiatres purs. D'authentiques sexologues compétents devront progressivement les remplacer.

Quand la sexualité n'est pas malade, quand il s'agit de ses manifestations anthropologiques, de ses retentissements sociaux, culturels, son étude scientifique devrait revenir aux facultés de sciences humaines. Or elles ne sont, surtout en pays latin, que trop dévouées à l'environnementalisme égalitariste para-post-marxiste. Ce qui retarde leur ouverture à l'anthropologie comportementale, à l'éthologie, en particulier sexuelle. Elles continuent de former des légions de psycho-chose qui, toujours héritiers du freudisme le plus verbeux, se croient capables de résoudre les éternels problèmes sexuels.

Le prétendent aussi tous ces charlatans vaguement frottés de « therapy » à la Reich, à la bioénergie, au « cri primal », et au reniflement collectif des dessous de pieds, tous enfants naturels de la psychanalyse sauvage et du freudisme « laïque » [6]. Capables du meilleur, les USA sont ici capables du pire, avec des « sexthérapies » tenant de la partouze – pardon : *groupsex* ! – et des consultations sexologiques publiques, grâce aux médias radiophoniques et télévisuels : officient des « sex-conselors » habituellement sans la moindre formation scientifique, parfait non-sens. Aucun médecin ne devrait céder à une telle compromission. Mais ce genre d'aléa atteint évidemment toutes les disciplines qui remuent l'opinion et la tentation du vedettariat est toujours grande, pour se faire connaître comme le meilleur sachant guérir le cancer ou réchauffer les femmes froides.

L'ésotérisme, la magie, l'hypnose, les cures de jouvence, les « oligo-éléments » [7], les guérisseurs de tout poil et les marabouts africains continuent évidemment d'attirer les gogos. Les crédules qui accusent le maléfice d'avoir provoqué leur impuissance. Comme d'autres continuent d'aller chez le psychanalyste.

L'emprise si longue à desserrer du freudisme continue d'infecter jusqu'aux sociétés sexologiques elles-mêmes, au sein desquelles on dépense beaucoup de salive et de papier pour des « travaux » que leurs références séquellaires à la libido, aux complexes, aux fantasmes directeurs et aux introjections refoulées de la mère phallique castratrice rendent aussi caducs que les délibérations byzantines sur le sexe des anges. Les plus doués pour le travail scientifique authentique ne sont pas obligatoirement ceux qui fondent et animent les sociétés savantes comme les congrès...

*
* *

Deux carences liées nuisent donc encore à la sexologie.

- **Carence de formation** : pour que les futurs « sexologues », munis d'un diplôme aux critères de compétence définis de façon officielle, *nationale*, soient des spécialistes parfaitement fiables. Rompus au diagnostic, à l'examen, et à l'orientation thérapeutique des peines de sexe. En France le Conseil national de l'Ordre des médecins (je l'ai longtemps sollicité), les universités sont « longs à la détente ». Ils arguent d'une part du manque de structure enseignante, formative à cette pathologie particulière, d'autre part de la fragmentation d'une discipline qui touche tant de domaines, médicaux, chirurgicaux « psychiatriques », etc. Il faut dire qu'à l'étranger aussi la formation reste le plus souvent bénévole, autodidacte... artisanale.
- **Carence de centres spécialisés** : pour ne s'en tenir qu'à la pathologie sexuelle, elle devrait pouvoir être étudiée et traitée dans des centres, instituts, formations hospitalières publiques ou privées *qui lui soient uniquement consacrés*. Là où les consultants *des deux sexes*, et les couples,

5. Ce n'est pas l'objet de ce livre. Les personnes intéressées peuvent se reporter à ma *Pathologie sexuelle*.
6. Pour parler comme Freud : *Leieranalyse*.
7. Produit lancé en 1993 : le *Viri-zinc* ! (pour avoir une « pine d'acier », ou pour s'« envoyer en l'air » sur commande ?).

trouveraient le secours aussi bien organique que comportemental. Avec ce que cela implique de moyens diagnostiques et thérapeutiques, et de praticiens des deux sexes eux aussi. Qui connaîtraient l'éthologie comme la médecine. Et qui auraient été, je parle au futur, spécialisés sur place, ou dans un centre similaire. Tandis que des chirurgiens, des diabétologues, endocrinologues, etc., consacreraient à ces établissements leur activité à temps complet.

La France n'a encore connu que deux centres sérieux, mais partiels. Celui de Montpellier, annexé à une clinique chirurgicale classique. Et le CETI de R. Virag, entièrement consacré à l'impuissance. Sinon n'existent que consultations externes sans moyens thérapeutiques « lourds », ou noyées dans une plus vaste organisation hospitalière, ou universitaire – comme l'est celui de M & J. À l'étranger ce sont surtout des francophones, à Louvain, à Genève, à Montréal qui ont ouvert des centres structurés. Nulle part encore ce centre *complet et indépendant* de pathologie sexuelle que j'appelle de mes vœux...

*
* *

Poursuivant son exercice quotidien et organisant à la mesure de ses moyens la formation des actuels spécialistes, la sexologie disciplinée continue évidemment son cours. Plus près de l'optimisme modeste des Masters et Johnson des années soixante que du triomphalisme psychanalytique des années trente. De l'organique à l'éthologique elle dispose certes d'une palette diagnostique et thérapeutique qui s'est largement étendue à partir des *sixties* du XXe siècle, spectaculaire épanouissement scientifique.

Peut-on ainsi jeter un œil perspicace sur les empêtrés célèbres, qui n'ont pu bénéficier de ses lumières ?

Amasis souffrit d'une évidente *impuissance fonctionnelle des premières fois*, pour avoir conclu sans préliminaires biologiques un mariage d'intérêt politique. Philippe Auguste renifla-t-il des odeurs vraiment rédhibitoires sur sa grande blonde Ingheborge ? Se prétendant ensorcelé, n'était-il pas plutôt un petit obsessionnel ? Louis XIII fut-il un impuissant fonctionnel primaire, sauvé par les prières de tous les couvents de France lorsqu'il fallut quand même confectionner un héritier au royaume ? Salvador Dali avoua l'avoir été, victime d'une inquiétude qui lui faisait peindre des phallus mous tristement soutenus par des tuteurs fourchus [8] *(figure 178)*. Jusqu'à ce qu'il soit miraculeusement guéri par les gâteries de Gala – sur ses vieux jours l'athérome l'avait d'ailleurs rendu impuissant organique [9], ce qui le faisait assister en paix à des séances de pose de style quasi partouzard avec les beaux jeunes gens du voisinage.

C'est la phtisie qui épuisa Chopin, trop affaibli pour assouvir les goulus appétits de George Sand – elle se plaignit un jour de vivre « comme une carmélite ». Stendhal, vraiment très discret dans *De l'amour*, ne dut souffrir que de bénignes pannes fonctionnelles. Gustav Mahler, lui aussi, ne fut manifestement qu'inquiet, tourneboulé par les spectaculaires orgasmes d'Alma : Freud le guérit en lui révélant que les femmes, même les mamans, sont toutes des chiennes, et jouissent comme des salopes.

Plus grave le cas de Cesare Pavese, impuissant certainement organique, et qui se suicida de désespoir à 42 ans. Comme se suicida le vieil Ernest Hemingway, atteint par le cruel athérome des caverneuses, aggravé d'éthylisme et de tabagisme. On a évoqué *supra*, à propos des procès d'impuissance, l'écrivain Romain Gary, autre suicidaire. Il fit constater par huissier, grâce à une dame complaisante, que le cas décrit dans *Au-delà de cette limite votre ticket n'est plus valable* n'était pas le sien [10]. Ceci ne mit pas fin à son angoisse chronique, aggravée après la mort de Jean Seberg, qu'il attribua à la CIA.

Drieu La Rochelle, *l'homme couvert de femmes*, dut certainement ses flatteuses performances coïtales à une éjaculation retardée [11]. À l'inverse Louis XVI et Hitler, qui se firent allonger le frein de la verge, furent-ils des éjaculateurs prématurés ? Maurice Ravel, supportant mal sa petite taille, aurait-il pu être suffisamment requinqué pour oser séduire des femmes plus reluisantes que les putains du quartier de la gare Saint Lazare ?

---

8. Vous voyez bien que Freud avait raison, et que les artistes ne font qu'exposer les troubles de leur libido ! À ceci près qu'ici Dali avoua « naïvement » sans déguisements inconscients... D'ailleurs le titre de son tableau *le Grand masturbateur* me fait régulièrement penser à Freud, qui semble bien avoir dû lutter, surtout après la rupture avec sa belle-sœur, contre une obsédante tendance à la masturbation.

9. Je cite ses propos radiophoniques : « Ié souis commeplèttement timpouissant ».

10. Je lui avais fait remarquer qu'un des héros de son récit (pp. 22-23) se plaint de ce que les femmes « deviennent trop larges », réflexion peu réaliste car pour les impuissants les femmes sont au contraire *trop étroites*.

11. Je tiens cette révélation littéraire de mon ami le sculpteur François Cacheux, qui la tenait de Brice Parain.

Madame de Pompadour, fervente consommatrice de chocolat « ambré » et de potage au céleri [12], craignait-elle de ne pas manifester assez d'enthousiasme au cours des étreintes dont l'honorait son royal amant ? Misia Natanson-Edwards-Sert, froide dans le lit des hommes célèbres qui l'épousèrent pour son charme, l'était-elle dans celui de Coco Chanel [13] ? George Sand, Colette, répondent-elles au parcours comportemental caractéristique de ceux et celles qui, d'abord indécis, tournent résolument normaux grâce à une maturation tardive ? Sarah Bernhard, réputée frigide, était-elle anorgasmique seulement du vagin ?

Sans importuner ceux qui n'en avaient pas besoin, il est certain que dans l'état actuel de nos connaissances nous aurions pu rendre d'authentiques services. Ne serait-ce qu'éviter, par le doppler, la pléthysmographie, le test à la papavérine et la débitmétrie de l'érection, les tragi-comiques procès d'impuissance. Et au-delà de ces cas spectaculaires porter secours aux milliers et milliers d'empêtré(e)s que des gestes, des pratiques désormais bien codifiés auraient tiré du malheur. Nous sommes loin, néanmoins, d'avoir tout résolu, d'être capables de tout guérir.

Figure 178
Salvador Dali : bureaucrate moyen atmosphérocéphale dans l'attitude de traire du lait d'une harpe crânienne

12. Cf. Lenois, *op. cit.*, pp. 16, 53.
13. Cf. Arthur Gold et Robert Fizdale, *Misia*, *op. cit.*

*
* *

Les sexologues doivent continuer de piocher leur terrain.

Le premier progrès à faire est la réconciliation de l'organique et du comportemental, et de leurs praticiens trop souvent frères ennemis – c'est là une des raisons qui retardent la reconnaissance officielle d'une sexologie unifiée.

Il ne faut pas se contenter d'un seul aspect de problèmes aux causes et implications rarement univoques. Je ne reviens pas sur l'outrecuidance des psychologistes à vouloir guérir la queue par la tête, sans examiner leurs consultants [14]. Mais les meilleurs rééducateurs ne guériront pas les impuissances organiques. Tandis que les plus excellents réparateurs n'auraient que trop tendance à oublier que ces organes qu'ils remettent en état doivent fonctionner avec un(e) autre, et que c'est précisément pour restaurer la fonction érotique *de leur couple* que les malades sont venus les solliciter. Pas de guérison stable si la prise en charge thérapeutique ne concerne pas les deux éléments du couple. Il faut quand même au moins prévenir la partenaire des utilisateurs de papavérine [15], des porteurs de baguettes...

D'un côté comme de l'autre il y a bien « du travail sur la planche ».

Au plan humblement organique tout n'est pas résolu :

• la physiologie de l'orgasme comporte encore des points obscurs, ne serait-ce que par son probable établissement chez la femme au cours de *périodes sensibles* : passé « le moment opportun », il est trop tard ;

• il demeure impossible d'amener certains hommes à éjaculer à l'état de veille, ce qui pose problème pour leur perpétuation ;

• la rétraction pré-orgasmique du clitoris décrite par M & J ne paraît pas survenir chez toutes les femmes, bien au contraire ; M & J ne sont pas des menteurs, mais ils ont peut-être mal enregistré, mal interprété cette manifestation « paradoxale » ;

• l'hyperesthésie clitoridienne, qui rend l'organe intouchable ou inutilisable, n'a pas encore trouvé son étiologie quand elle est primaire [16] ;

• le substratum perceptif de l'orgasme vaginal, dans le cul-de-sac postérieur, met-il en jeu les particularités neurochimiques ou neuroélectriques de ses fibres réceptrices ? ;

• des femmes excisées pourraient-elles venir fournir au laboratoire la preuve de la « miraculeuse » survivance de leurs capacités orgasmiques ? ;

• que faut-il croire de ces hommes et de ces femmes prétendant jouir en salve, vingt fois de suite dans la même séance... de ces hommes qui affirment jouir sans éjaculer, sinon à la demande ? ;

• si les masochistes jouissent réellement de sensations érogènes déclenchées par des stimuli nociceptifs, ne faudrait-il pas pratiquer des explorations de leur neurochimie médiatrice ?

Trente ans après M & J, leur expérimentation devrait être reprise, profitant des progrès accomplis en imagerie médicale, en enregistrement électronique [17]. Les acteurs des films pornographiques pourraient éventuellement y trouver un emploi scientifique... à condition de ne pas tricher [18].

Le traitement pourrait profiter de diverses améliorations :

• l'utilisation intracaverneuse de nouveaux produits alpha-bloquants à effet retard (par exemple le moxisylyte), ou de cocktails plus souples que la seule papavérine. La mise au point de gelées

---

14. Dialogue entre Antoine Romieu et un psychiatre, dans l'avion qui les menait au *Congrès de sexologie de Montréal* de 1976 : « Mais quand même, vous examinez vos malades, vous regardez ce qu'il y a dans leur culotte ? – Oh que non : ce n'est pas le plus important ! ».

15. Un de mes consultants n'avait qu'un seul problème : ayant parfaitement maîtrisé la technique des auto-injections, il se heurtait au refus de son épouse de bénéficier de ses érections médicamenteuses, artificielles. Mais il lui avait caché ses consultations (pas la mienne !), comme la méthode thérapeutique, et elle l'avait surpris pendant qu'il se piquait « en douce » dans la salle de bains.

16. Quand elle est secondaire on incrimine les étirements-compressions du nerf « honteux » interne dans le canal d'Alcock au cours des accouchements pénibles, au cours des fractures du bassin, les « écartèlements » sur table orthopédique, les micro-traumatismes des selles d'équitation.

17. Enregistrant plusieurs réactions sexuelles féminines au laboratoire de biomécanique de Montpellier, Pierre Rabishong a trouvé des chiffres différents de ceux de M & J pour l'espacement des contractions orgasmiques réflexes du périnée : *une seconde*, au lieu des 0,8 de HSR.

18. Ils peuvent même développer une pathologie propre, comme ces « hardeurs » tenus par contrat de montrer leur éjaculation à la caméra, et qui ne parviennent plus à jouir dans les cavités naturelles de leurs partenaires, vagin, bouche ou rectum : ils sont obligés de « se finir » à la main ; cf. Brigitte Lahaye, *Moi la scandaleuse*, *op. cit.*, p. 92.

diffusantes, faisant passer à travers la peau et l'enveloppe des corps caverneux des vasodilatateurs efficaces, enrobés dans un solvant plus engageant que le fiel de sanglier ;

- des « olives » dilatables implantées sur les veines fonctionnelles de la verge, pour bloquer le retour sanguin ;
- des tuteurs à la taille de la verge flaccide dont l'« érection » serait commandée de l'extérieur, ou qui laisseraient subsister un peu de tissu érectile fonctionnel ;
- une microchirurgie vasculaire endoluminale permettant de recalibrer les artères caverneuses et/ou leurs afférentes ;
- de meilleurs « diluants » faisant fondre sans danger les nodules de la maladie de Lapeyronie ;
- des produits organo-chimiques précis à longue durée d'action palliant les troubles érotiques de la ménopause, sans transformer les sexagénaires (les septuagénaires !) en médico-dépendantes.

*
* *

La réparation des mutilations sexuelles n'est pas un problème simple à résoudre.

- *Du côté féminin*, les dégâts de l'excision clitoridienne sont irréversibles. Mais il serait peut-être possible, chez celles excisées assez tard pour que le réflexe orgamisque ait pu établir ses connexions, de pratiquer une rééducation classique de l'érogénéité vaginale. L'amputation des nymphes pourrait peut être se corriger, chez celles qui ont gardé un peu de tissu, par ces étirements répétés qui permettaient de constituer le tablier des Hottentotes.
- *Du côté masculin*, les circoncis contre leur gré, ou repentis, devraient trouver « partout » les conseils leur permettant, comme le firent certains « héroïques » Pères de l'Église, de tirer suffisamment sur leur fourreau pour recalotter au moins la base de leur gland. Sinon une chirurgie de *reconstitution du prépuce* doit pouvoir leur être proposée et appliquée, par des urologues ou des plasticiens mieux inspirés que ceux qui « refont » des hymens... Ainsi serait renouée la tradition romaine des *recutiti*.

*
* *

Deux rubriques thérapeutiques continuent de me paraître sujettes à caution. Celle de la pallation chirurgicale des « microphallus », et celle du traitement des troubles de l'appétit orgasmique :

- *À partir de quand peut-on affirmer qu'une verge est trop courte ?* L'adulte normal courant peut compter sur les 15 centimètres de verge érigée qui donnent la mesure « standard » procurant satisfaction à tout le monde. Au-dessous, il y a des accommodements posturaux (les petites cuillers, l'Arétin, etc.) qui permettent de pallier une dimension trop modeste. Il est bien hasardeux de désinsérer de l'os les corps caverneux, pour les transposer en avant, après n'avoir gagné que 10 à 15 millimètres. En prenant le risque de léser la vascularisation comme la sensibilité de l'organe. L'intervention serait devenue la spécialité de deux professeurs chinois, Huang Yen Yi et Tchen Kai, exerçant depuis la fin des années 80 dans un centre de « réhabilitation des fonctions sexuelles masculines » de Shangaï ;
- *Le meilleur aphrodisiaque, c'est la bonne santé.* Il faudrait donc savoir renoncer à l'espoir chimérique de posséder un (des) produit(s) thérapeutique(s) augmentant ponctuellement le désir sexuel. C'est en recouvrant leur bon état antérieur que ceux et celles qui souffrent de « refroidissement du tempérament » retrouvent leur niveau d'éroticité subjective. Devrait-on donner un traitement préventif, avant de les marier, à celles qui ne se sentent pas « travaillées par le sexe » ? Que deviendrait le lien érotique, *quel serait le prix de l'autre*, s'il suffisait d'avaler une pilule un quart d'heure avant le rapport pour avoir envie de n'importe qui, et lui faire l'amour sans barguigner ? À moins de lui implanter un appareil perfuseur stimulant dans l'hypothalamus, il semble bien que le cerveau des instincts soit capable de résister, heureusement, à toutes tentatives pour lui « forcer la main ».

*
* *

Au plan des comportements il faudra que ceux qui se préoccupent de sexologie sachent agir à la fois en scientifiques, en médecins et en humanistes. Et même, je n'ai pas peur de le dire, *en moralistes*, puisque la connaissance de l'éthologie débouche obligatoirement sur des considérations éthiques. Ce rôle de moraliste, Albert Moll, Magnus Hirschfeld et surtout Havelock Ellis l'avaient, en leur temps et chacun à sa manière, courageusement assumé.

- *Agir en humanistes tolérants* pour ne pas faire exercer de répression rigide envers les anomalies comportementales *qui n'entraînent pas de nuisance intraspécifique.* À vrai dire les perversions dangereuses sont rares, contrairement à ce que moralisateurs religieux et médicaux avaient tellement proclamé pour terroriser les populations. Mais il faut évidemment continuer de protéger les adolescentes des pères incestueux, les femmes des violeurs, les enfants des pédophiles, et tout le monde des sadiques et agresseurs sexuels.

Dans le même état d'esprit il paraît dérisoire de condamner l'organisation du service sexuel féminin, quand elle ne trouble pas l'ordre public, et que « tout le monde est content », praticiennes, clients et patrons. Madame Claude a tué moins de gens que le SIDA [19], ou l'avortement clandestin.

• *Agir en médecin* pour *maintenir la frontière* entre normal et pathologique. Ce n'est pas parce que l'homosexualité n'est pas contagieuse qu'elle cesse d'être *une déviation d'objet*. Même si certains sexologues, comme John Money, sont homosexuels et adhèrent au nuancier comportemental de Kinsey. Il n'est pas indifférent d'avoir des rapports sexuels *avec des congénères du même sexe, ou du sexe complémentaire*. Homosexuels et hétérosexuels ne sont pas, comme les blonds et les bruns, séparés par une simple variante biologique. Les uns sont normaux – normosexuels – les autres sont déviants et ne doivent pas plus prêcher la normalité de leur comportement que les daltoniens ne prêchent la normalité de leur vision.

Quant à soigner efficacement la pathologie du comportement sexuel, c'est encore bien présomptueux quand toutes les théories environnementalistes se sont effondrées, et quand nous ne disposons que de produits anti-hormones, de procédés neurochirurgicaux contestables, et de techniques révulsives encore bien primaires.

Les troubles de l'identité sexuelle, ceux de la sexuation anatomique demeurent eux aussi, faut-il le rappeler, pathologiques.

L'impasse dans laquelle se trouvent les transsexuels ne devrait pas laisser croire à une simple et « bénigne » dissociation entre sexe et genre. Les médecins, les biologistes ne devraient cautionner ni la presse à sensations, rédigée par des ignorants, ni les divagations intellectualistes quand elles parlent de changement de sexe comme on change de coiffure. Quant aux praticiens chirurgicaux, on ne saurait trop les inciter à retourner trois fois le bistouri dans leur main avant de couper la queue de leur prochain, avant d'effectuer ces ravages anatomiques dévirilisants, déféminisants, et irrémédiables [20]. Ils ne devraient pas trahir leur métier pour rentabiliser les officines à faux transsexuels, dans lesquelles on mutile de malheureux garçons du tiers monde, pour en faire de misérables prostitué(e)s.

Le testicule non masculinisant poserait un cas moral simple s'il suffisait, effectué le diagnostic, de prévenir l'individu et la famille que cette « fille » n'aurait jamais de règles ni d'enfants, en leur cachant une réalité bouleversante. *Mais il ne faudrait tout de même pas laisser croire qu'il existe « des femmes XY »*, pour faire échapper au couperet de l'exclusion les « sportives » qui prennent la place, dans les compétitions internationales, de femmes authentiques. Problème de « bioéthique » qu'il faudra bien résoudre [21].

Pas question, enfin, de pratiquer des mutilations sexuelles, des « retaillages » d'organes sains, bénéficiant des derniers progrès de la chirurgie aseptique et de l'anesthésie. Pas question d'effectuer, sur enfants mineurs, des « circoncisions propres », voire, horreur, des clitoridectomies « propres » – on parle d'une telle abomination pour certaines gamines d'émirs pétroliers opérées « discrètement » en Occident (à Londres).

Bien que la section des nymphes ait toujours été considérée comme un geste « anodin » à pratiquer à la demande, il s'agit non seulement d'une stupidité, d'un attentat contre la morphologie féminine, mais aussi trop souvent d'une mutilation entraînant de fort désagréables séquelles ; en particulier cette « dénudation » du vestibule qui le laisse exposé au froid comme aux irritations mécaniques. Je n'ai vu que trop de femmes désemparées par l'exaucement du vœu insensé qui les avait poussées à solliciter un chirurgien, pour se faire débarrasser de ce qu'elles considéraient comme des excroissances parasitaires, de répugnantes anomalies, voire des tumeurs...

La responsabilité culturelle du mépris des nymphes est directement liée à la tradition esthétique aberrante qui a fait censurer la vulve, sa pilosité, sa fente et ses efflorescences dès les statuaires grecs. Quelle erreur, perpétuée par vingt-cinq siècles d'art occidental ! Par sa faute bien des femmes se sont crues anormales, parce que leurs nymphes dépassaient de leur fente vulvaire. Cette

19. Les 300 premiers sidaïques de San Francisco ont été contaminés par un seul malade, steward d'une ligne aérienne.

20. M'élevant contre la chirurgie des transsexuels depuis mes premières publications (1965), j'ai lu avec intérêt dans *le Quotidien du médecin* (n° 4935) du 26 mars 1992 que l'urologue pratiquant à Lyon des greffes de verge renonçait à poursuivre ce genre de bricolage.

21. Sur toutes ces considérations médico-légales, le lecteur intéressé peut se reporter à la *Pathologie sexuelle*.

catégorie bien spéciale de « tordues », les *autodysmorphophiques*, y voit la preuve d'une anatomie extravagante, qui ne peut être palliée que par une chirurgie impérieusement réclamée. Il ne faut évidemment pas céder à leur caprice, même s'il permet d'encaisser de substantiels dépassements d'honoraires, pour « exigences esthétiques » particulières... Il faut leur dire que les nymphes sont des constituants de la morphologie féminine normale, non seulement utiles (protection du vestibule), mais parfaitement originaux, au sein des mammifères, comme au sein de l'espèce, d'une femme à l'autre. Certaines peuvent être heureusement influencées par la fourniture de ces revues coquines qui, montrant l'anatomie normale de la vulve et des nymphes, exercent un salutaire rattrapage culturel de la censure artistique routinière. Les plus enragées peuvent être habillées d'une blouse blanche, et assister à une consultation gynécologique leur prouvant *de visu* qu'elles sont faites « comme les autres ».

Il n'y a qu'une seule indication à la « retaille » des nymphes : lorsque l'une est beaucoup plus développée que l'autre, et qu'on peut la mettre « de niveau » sans attenter à l'esthétique, ou au confort de la vulve.

• *Agir en scientifique* doit pousser à élucider toujours plus précisément les déterminismes biologiques du comportement sexuel. Il est manifestement et strictement programmé. L'espèce ne peut « jouer aux dés » avec sa reproduction, laisser les hasards de l'environnement forger ceux qui se trompent entre les hommes et les femmes, entre l'agression et la séduction, entre masculinité et féminité, entre humains et bestiaux. *Le programme sexuel normal favorise obligatoirement la survie et le « bien-être » de l'espèce. C'est peut-être pour cela qu'il a subi le minimum de retentissement de la déprogrammation partielle.*

Qu'il s'agisse d'ailleurs du programme sexuel ou des deux autres programmes, la tâche la plus urgente et la plus fascinante de l'éthologie est d'établir *ce qui demeure obligatoire, universel, intangible* sauf à entraîner de gros dégâts et ce qui, touché par la déprogrammation partielle, peut être accessible aux procédés culturels, modulable, adaptable.

C'est ainsi que l'on peut fonder une « éthique éthologique », qui indiquerait une fois pour toutes les frontières à ne pas franchir par les réglementations morales d'origine culturelle, tout en reconnaissant leur nécessité là où la déprogrammation a laissé des vides parfois dangereux. Ce fut l'ambition de toutes les morales humanistes, voulant épanouir les humains sans les brider par des interdits illégitimes, les encourageant à assumer leur liberté sans les béquilles religieuses, idéologiques, qui ne sont que garde-fou pour les couards – ou pour le peuple, disait Napoléon. En ce qui concerne précisément le programme sexuel, l'homme peut atteindre le bonheur en se contentant de faire confiance aux balises que sa constitution biologique normale a su établir, et fermement maintenir [22].

Le programme se trouve dans les gènes, dans l'hypothalamus [23], dans le lobe limbique – peut-être aussi dans les restes de l'organe de Jacobson. Études chromosomiques et génétiques [24], neuromédiation, chromato-radiographie, etc., c'est là qu'il faut « piocher ». En particulier si l'on veut savoir faire, un jour, le diagnostic génétique prénatal des anomalies comportementales. Sans succomber à deux tentations : l'interventionnisme comportemental expérimental ou intrusif [25], et l'obéissance à des préjugés d'option morale paralysante – comme aux temps de l'obscurantisme chrétien.

*
* *

22. Exemple simple de balise : *l'odeur et le goût des organes génitaux externes*, de leurs produits physiologiques. L'homme *normal* ne se sent aucun désir pour la dégustation du sperme de ses meilleurs amis, la femme *normale* ne ressent aucune « pulsion orale » pour se régaler du contenu vaginal, des arômes vulvaires de ses congénères. Les autres sont victimes d'une authentique *inversion* du décodage sensoriel.

23. Alors que le consensus est établi depuis au moins les années 70 sur le rôle décisif de l'hypothalamus et du lobe limbique quant à la reconnaissance de l'autre intraspécifique, partenaire d'accouplement, c'est avec le plus grand intérêt que j'ai lu dans *le Quotidien du médecin* du 30 août 1991 (n° 4796, p. 6), *Homosexualité masculine : l'hypothalamus serait en cause*. L'information sexologique-éthologique pénètre bien lentement les masses médicales.

24. Un des piliers du freudisme s'est écroulé lorsqu'une équipe du *National Institute for Health* a prouvé que l'orientation homosexuelle de certains hommes (si ce n'est tous) était déterminée par des anomalies du chromosome X. C'est bien « la faute à maman », mais par transmission génétique. Les « complexes » n'y sont pour rien. Cf. *le Quotidien du Médecin*, n° 5229, 16 juillet 1993.

25. Par exemple des « cours de masturbation » enseignant aux fillettes l'agrément des tripotages clitoridiens, pour qu'elles établissent à temps leurs connexions neuro-physiologiques... Celles qui sont trop gourdes pour se tripoter toutes seules seront aussi gourdes vingt ans plus tard.

Un exemple illustre bien l'interaction entre la science, l'éthique, les religions révélées et l'obscurantisme tribal : celui *des mutilations sexuelles*.

La clitoridectomie, l'infibulation des fillettes n'ont plus guère de partisans occidentaux, sauf quelques tiers-mondistes barbus gâteux, farouchement antiracistes mais célébrant les beautés inaltérables du patrimoine ethnique. Il s'en trouve toujours, hélas !, pour venir devant les tribunaux exposer les « traumatismes moraux » de la déculturation et solliciter l'indulgence des juges lorsque des parents africains ont esquinté leurs filles chez nous *(figure 179)*. Certaines en sont mortes... Je ne suis pas peu fier d'avoir contribué, par *le Sexe de la femme* de 1967 – mais la première conférence de presse internationale contre les mutilations sexuelles féminines ne se tint que dix ans plus tard à Genève – à empêcher qu'on ne torturât d'innocentes gamines, estropiées pour la vie dans leur chair sexuelle-érotique, bien réelle et bien concrète.

Sur place des voix s'élèvent, des lois s'édifient, des associations féminines se forment contre la clitoridectomie. Pour l'abolir ou, à l'extrême rigueur, pour faire pratiquer *une incision-simulacre* n'entraînant pas de dégâts anatomiques – ce que je préconise aussi à ceux qui veulent absolument marquer le prépuce de leur postérité mâle... mais bon Dieu !, pourquoi ne pas faire une marque anodine sur le pied ? dans le dos ? sur la rotule ?

Il faut avouer qu'en terre de mutilation rien n'aurait été mis en œuvre sans l'intrusion culturelle occidentale (horreur !). Pour inciter au rejet du tribalisme, de ses chaînes et de ses couteaux : il n'y a pas de bonne culture qui fasse subir aux enfants des « rectifications anatomiques » sanguinaires. Il faut avouer aussi que l'éradication est loin d'être totale, pour la bonne raison que ceux qui coupent le clitoris de leurs filles sont aussi ceux qui coupent le prépuce de leurs garçons.

Il est difficile de prêcher le respect du sexe des filles quand on laisse couper celui des garçons. Parce qu'on est circoncis soi-même, et qu'on ne veut pas désavouer ceux qui vous ont coupé. Prônant l'intégrité physique des filles, de nombreux « missionnaires » occidentaux sont circoncis, à la judaïque ou à l'américaine, comme le sont nombre de sexologues. Admettant la circoncision mais rejetant la clitoridectomie on prêche donc un credo contradictoire ; du moins dans la tête des mutilateurs tribaux africains, pour lesquels l'ablation du

Les évêques allemands choqués par « Der Spiegel »

La Conférence des évêques catholique allemande a vivement critiqué le magazine « Der Spiegel » dont l'édition d'hier représente une caricature de Jean-Paul II tenant à la main un préservatif à tête de diable, sous le titre « le Pape et le Désir ». Dans un communiqué, le secrétaire de la Conférence des évêques, Mgr Wilhelm Schaetzler, a accusé l'éditeur du journal, Rudolf Augstein, d'avoir un « comportement névrosé » vis-à-vis de l'Eglise catholique. Le prélat a souligné que le responsable de l'hebdomadaire se défoulait « avec une régularité scrupuleuse » sur les religieux avant les fêtes chrétiennes. Il a en outre qualifié « d'agitation, et non d'information », le dossier de douze pages du « Spiegel » consacré aux idées du pape, qui insiste sur son hostilité à toute forme de plaisir sexuel, sa condamnation de l'homosexualité, de la contraception et de l'avortement. Le journal, qui publie notamment côte à côte des photos du Saint-Père avec le général Pinochet et avec des enfants africains, taxe le pape de « retour au Moyen Age et à l'Inquisition » et l'accuse de favoriser la famine dans le tiers monde en prêchant le non-emploi de contraceptifs.

Cinq ans de prison avec sursis pour un père qui a fait exciser sa fille

La cour d'assises de Bobigny a condamné à cinq ans de prison avec sursis Saloum Soumaré pour avoir autorisé l'excision sur sa fille de 2 ans.
En 1985, Saloum Soumaré, d'origine malienne, vivant avec une Française, avait emmené sa fille dans un foyer malien d'Aubervilliers, où elle avait été excisée par une femme qui n'a pu être retrouvée depuis.
L'association Enfance et Partage était partie civile au procès, au cours duquel ont témoigné le Pr Léon Schwartzenberg ainsi qu'un médecin de PMI qui a affirmé : « *Si on devait signaler tous les cas d'excision qu'on voit passer on ne ferait que ça.* » Selon d'autres témoins, la communauté malienne était au courant de l'illégalité de l'excision en France ; en 1983, une circulaire avait été distribuée dans les foyers maliens, conseillant la cessation de cette pratique à la suite du décès de deux petites Maliennes.

Figure 179
Deux exemples d'obscurantisme

clitoris et du prépuce sont motivés par le même souci de « perfectionnement » corporel.

Rares sont ceux qui, comme moi, s'élèvent contre la circoncision et qui répètent inlassablement, en Europe [26], aux USA [27] : *la circoncision n'est ni une coutume respectable, ni une bonne mesure d'hygiène mais une agression physique mutilant sans raison des mineurs sans défense, tombant donc sous le coup de la loi* [28]. Car le « lobby » circonciseur revient sans cesse à la charge pour justifier ses attentats, et faire couper la parole à ceux qui défendent l'intégrité corporelle des citoyens occidentaux. Sous le prétexte fallacieux et hypocrite de la lutte contre l'antisémitisme [29], puisque la mutilation touche aussi les petits musulmans, les petits africains... sur le sort desquels on nous fait abondamment pleurer quand ils n'ont pas assez à manger.

Il est exaspérant d'entendre les speakers des médias se convulser d'horreur devant le moindre traumatisme psychologique infantile, devant les perpétuelles misères de l'« enfance malheureuse » quand on les sait muets et paralysés à l'idée d'évoquer la douloureuse mutilation rituelle du prépuce. Il est non moins affligeant d'entendre des sexologues défendre les mérites de la circoncision. Alors que le premier devoir du médecin – du scientifique – est de faire respecter l'intégrité corporelle – ici sexuelle – de ses congénères.

Quand j'entends excuser, sinon vanter la circoncision, je pense toujours à l'écrasement des pieds des petites Chinoises, et je me demande d'après quelles Bibles on pourrait encore le préconiser. Car les ennemis du prépuce demeurent stupidement prisonniers de leur monothéisme biblique, de toute cette lugubre mythologie moyen-orientale qui parasite encore notre culture.

* * *

C'est un refrain de ce livre : le monothéisme moyen-oriental a infligé à l'Occident une morale contraire à son génie, contraire à la nature humaine, contraire à la science. *Aucune sexologie ne peut assumer – révérer – le monothéisme. Parce que le sexe est deux, quand Dieu est unique. Un. Ou Une*. L'incompatibilité est principielle. Puisque la vérité humaine, celle de notre espèce, est duelle : homme ET femme.

Gavés *ad nauseam* par les patriarches barbus, par les phallocrates couverts d'étoffe malgré leurs pieds nus (ou sandalés) dont l'image peuple nos lieux de culte chrétien et tant d'œuvres d'art sinistrement religieuses nous accueillerions presque avec faveur l'ennemie de Jehovah, la Grande Déesse – la grande putain honnie des lévites. Ce serait oublier les atrocités de son culte, la castration, l'émasculation de tant et tant de beaux jeunes gens inutilement sacrifiés à une cruelle chimère *(figure 180)*.

La béquille métaphysique dont tant et tant de générations d'humains ont eu besoin pour « comprendre » le monde et supporter leur sort leur a fait imaginer des dieux à leur image, sexuée. Au rebours des polythéismes glorifiant hommes et femmes divinisés, toujours tolérants quant aux mœurs sexuelles, *les monothéismes ont toujours récusé le sexe que Dieu n'a pas*. En Occident christianisé le sexe du Père biblique fut le seul à trouver légitimité et gloire, fécondant les ventres mais aussi l'esprit, reléguant dans la sujétion, voire l'abomination, le sexe femelle, animal et impur, comme le plaisir que l'on prend à son dégradant commerce. Rien n'a changé dans la Rome polluée par le christianisme [30], ses monuments baroques et ses monsignori, qui interdit toujours aux fendues [31] la prêtrise et l'administration des sacrements [32].

On sait le long combat de l'humanisme renaissant, puis laïque, pour faire échapper les femmes

26. En France, *l'Association contre la mutilation des enfants*, AME. Elle diffuse, sur demande, des vidéo-cassettes montrant la « divine opération » dans tous ses (croustillants) détails. Personnes sensibles s'abstenir. Elle fournit aussi les conseils nécessaires à la réfection, « artisanale » ou chirurgicale du prépuce.

27. L'association *Nocirc*. Elle tint congrès à San Francisco en avril 1991. Aucun écho dans les médias français.

28. En France l'article 312 de la loi n° 81-82 du 2 février 1981, réprimant les coups et blessures portés à des enfants de moins de quinze ans.

29. Il est vrai que les « révisionnistes » délirants dénoncent avec vigueur la circoncision judaïque... oubliant la circoncision animiste et/ou islamique (peut-être par solidarité avec les ennemis politiques de l'État d'Israël).

30. Le jour de Pâques, les vrais Romains quittent la ville, abandonnée aux bondieuseries, et aux médias (gérés par des mécréants, des juifs, des francs-maçons, des athées comme moi) qui retransmettent le show papal.

31. Ne jamais oublier que c'est cette fente sexuelle (*rima pudendi*) qu'Augustin souhaitait voir disparaître des corps glorieux, après la « résurrection de la chair ».

32. Bien que dans les pays de l'Est occupés par le communisme il ait fallu ordonner des femmes-prêtres. Horreur révélée après l'effondrement de leurs régimes totalitaires.

Figure 180
La terrible Grande Déesse

à l'écrasante loi du Dieu mâle. Les scientifiques y ont beaucoup contribué, révisant de façon courageuse les préceptes moraux aberrants dans lesquels ils avaient été élevés.

Grâce à eux l'Occident civilisé tient désormais pour lettres mortes les Encycliques, instructions, pastorales, bulles, défenses et interdits judéo-chrétiens qui brimèrent sa fonction érotique – mais aussi sa fonction génésique – du berceau à la mort. Toute libéralisation des mœurs sexuelles, tous aménagements scientifiques permettant d'aménager, adapter les fonctions du sexe aux aspirations individuelles de vie longue et heureuse se sont toujours heurtés au christianisme vatican, *contre lequel il a fallu lutter pied à pied.*

C'est ainsi qu'aucune sexologie ne peut cautionner un système moral qui fonde la supériorité d'un sexe sur l'autre. C'est ainsi qu'aucun sexologue ne devrait prendre en charge les tracas comportementaux d'un couple s'il reste prisonnier d'un dogme lui interdisant divorce et contraception, interruption de grossesse, fécondation artificielle et orgasmes extracoïtaux. Et je ne parle pas de ceux qui restent fervents de dogmes monothéistes prescrivant la mutilation sanglante des fils...

C'est un paradoxe de la fin du XXe siècle, que cette non-observance majoritaire des tabous sexuels chrétiens, de la part de baptisés qui n'osent pas tirer les conséquences logiques de ce désaveu radical. Alors qu'il touche leur vie la plus intime et la plus humble, celle du modeste mais si nécessaire plaisir quotidien, mais aussi la vie la plus exaltante, celle des grandes fêtes de la chair, et des grandes passions du cœur : le christianisme a tout fait pour déconsidérer, avilir, brimer, empêtrer tout ce que le sexe pouvait apporter aux humains, joies et bonheurs. Malheureusement, hors du domaine sexuel trop de nos contemporains n'osent pas encore heurter le monothéisme de front.

Ces chrétiens de façade n'ont pas encore le courage de s'avouer que les dogmes bibliques ne sont nullement nécessaires pour empêcher les humains de tuer, voler, mentir, incester, forniquer tous azimuts, etc. Qu'il n'est pas obligatoire de croire à la Sainte Trinité, à la transsubstantiation et aux anges gardiens pour se bien comporter, en paix avec « sa conscience » et ses congénères. Que la pompe chrétienne n'est pas la seule qui puisse solenniser naissance, mariage, et funérailles.

Il est évidemment hors de question de chasser le clou chrétien par le clou d'autres ésotérismes, d'autres métaphysiques, d'autres fariboles d'importation. Hors de question de démissionner, de trahir les vertus de l'Occident, aile marchante de l'humanité, au sein d'une société « pluriculturelle » qui se coucherait devant l'islam, le judaïsme [33], le bouddhisme (même zen !), l'hindouisme et pourquoi pas le vaudou. Et surtout au pays d'Auguste Comte, d'Émile Combes ! C'est ainsi qu'on finirait par légitimer l'ignorantisme, les mutilations sexuelles, la polygamie, le harem, la répudiation, les épidémies et la surpopulation [34].

La culture occidentale doit son efficacité et son originalité à son positivisme opératoire sur le réel, à son défi prométhéen des entraves métaphysiques, à son invention de la laïcité. Il serait enfin temps de *ne plus respecter le contenu des religions*. De tenir leurs dogmes pour nuls et non avenus... D'oublier leurs *Tables de la loi*, leurs *Carêmes*, *Ramadans* et autres lubies végétariennes. Sans suivre *leur mauvais exemple*, donc sans opprimer moralement, sans persécuter physiquement, évidemment !, leurs sectateurs, leurs ayatollahs et leurs gourous. Mais sans leur accorder le moindre crédit moral. Et en faisant rire les enfants des écoles laïques [35] avec leurs extravagances doctrinales, leur poisson du vendredi et leur langoustine pécheresse.

Cesser de prendre au sérieux le christianisme nécessitera le courage de surmonter deux intimidations. L'intimidation externe d'un clergé qui crie au charron chaque fois qu'on ose critiquer sa dictature morale *(figure 179)*, d'une papauté outrecuidante qui laisse croire qu'elle pouvait seule faire s'effondrer le monstrueux empire communiste [36]. L'intimidation interne, la « mauvaise conscience » à l'idée d'abandonner une institution qui « assurait la pacification morale du monde occidental » [37], qui « avait inspiré tant de chefs-d'œuvre artistiques » [38] et que les scientifiques, après tout, « ne contredisent plus », avec leur *big-bang* permettant le créationnisme ponctuel (divin !) de l'univers [39]...

Toutes ces justifications sont pitoyables cache-misère. L'institution morale chrétienne est déconsidérée, disqualifiée, et ce ne sont pas ses dogmes absurdes, de la virginité de Marie au Purgatoire, qui pourraient justifier la poursuite de son emprise en Occident. *La morale occidentale doit prendre le large. Pour retrouver ses sources.*

C'est le rôle de l'éthologie, fille de la démarche scientifique dont le seul Occident a eu l'audace, que de l'aider à cette salutaire redéfinition, à cette renaissance morale que tant et tant souhaitent, exaspérés par l'échec de dogmes stupides et inadaptables. L'éthologie les incitera à faire confiance à l'incarnation humaine, à ses instincts, à ses joies, même si elle implique l'inéluctabilité de la mort. Les Antiques l'avaient lucidement assumée.

*
* *

Notre paganisme originaire, raisonnablement pessimiste quant à l'au-delà, n'a pas empêché des générations d'Occidentaux de révérer le courage, la loyauté, la fierté, *virtus*, *honestas*, *dignitas*, sans abandonner leur joie de vivre. On ne rétablira pas le culte d'Athéna, ni celui de Dionysios

33. Comme tous les chirurgiens du contingent mobilisés en Algérie, je devais subir les trois jours de « congés hebdomadaires tournants » des laboratoires de ville, puisque selon la géniale politique des socialistes gouvernant alors la France nous ne faisions pas la guerre, mais du *maintien de l'ordre*. Sans les chiches moyens des réanimateurs militaires formés au Val-de-Grâce, nous n'aurions pu connaître à temps groupe sanguin et constantes biologiques de nos blessés (ventres crevés, cuisses ouvertes, etc.) ni le vendredi à cause des musulmans, ni le samedi à cause des juifs, ni le dimanche à cause des chrétiens.

34. Pratiquant l'IVG d'une Maghrébine ou d'une Zaïroise, je suis toujours tenté d'inviter un de ces « moralistes » dont la belle âme ne supporte pas l'avortement, mais dont le racisme ferait volontiers jeter à la mer les envahisseurs Africains, hommes femmes et enfants.

35. Celles qui ne prêchent pas le credo marxiste.

36. C'est faux. Depuis de nombreuses années les spécialistes nous avaient prévenus de l'état de gangrène du monde communiste, qui s'est effondré de lui-même.

37. C'est faux. Le christianisme n'est pas plus attaché à la forme de civilisation occidentale qu'à une autre. Il n'a jamais empêché les chrétiens de s'entremassacrer, en particulier pendant les atroces *guerres de religion* dont il est directement responsable. Encore à la fin du XXe siècle la papauté a soutenu les terroristes palestiniens par haine de l'État d'Israël, elle n'a jamais morigéné les assassins irlandais de l'IRA par haine du schisme anglican, etc.

38. C'est tendancieux. Les cathédrales, les cantates de Bach auraient pu trouver d'autres prétextes. Ce sont de merveilleux et immérités cadeaux du génie occidental à une religion qui l'a toujours combattu.

39. C'est faux. Le cosmologue Stephen Hawking contredit les forfanteries de Jean-Paul II sur le sujet. Cf. J. Gribbin, *À la poursuite du Big Bang*, *op. cit.*, p. 467.

– encore que la résurrection, l'exaltation du cérémonial antique puisse heureusement inspirer dramaturges et musiciens [40], et faire renouer nos propres générations, par delà la fracture chrétienne, avec les racines occidentales du sacré. Mais des archéologues passionnés, sous le ciel lumineux de la Méditerranée, ont entrepris, ô simplissime idée de génie ! de pieusement recueillir les pierres des édifices antiques là où elles sont – à terre – pour les remettre à leur place originelle, dans l'air azuré *(figure 181)*. Thélème se bâtirait-elle enfin, sous nos yeux impatients mais bouleversés par cette « Deuxième Renaissance » ?

À l'ombre légère des colonnades et portiques ressurgis, ô combien je souhaite que nos petits enfants, et leurs petits enfants, venus se délasser des travaux nécessaires, puissent conforter leur humanité, beaux et belles, instruits dans la sagesse, ardents sans démesure, καλοικαγαθοι, devisant librement sur le Bien, le Devoir, la Vertu, la Dignité, la Beauté, le Savoir, les joies de la chair, du cœur, de l'Amour.

Figure 181
Le temple d'Apollon à Pergame. Construit par Trajan, il ressurgit

40. C'est une des réussites du compositeur-architecte Iannis Xenakis. Dans la lignée du *Prométhée* de Gabriel Fauré, de *l'Orestie* de Darius Milhaud. Les musiciens ont toujours eu le « péplum » plus véridique et plus génialement inspiré que les cinéastes d'Hollywood.

CHRONOLOGIE

v. – 30 000 : premières peintures pariétales en Europe. Figurations et symboles sexuels y sont déjà présents.
v. – 19 000 : peintures des grottes de Lascaux. Un chasseur en érection domine un bison blessé.
v. – 15 000 : peintures des grottes d'Altamira.
v. – 3300 : écriture pictographique en Mésopotamie.
v. – 3100 : écriture hiéroglyphique en Égypte.
v. – 2800 : l'écriture sumérienne devient cunéiforme.
v. – 2563 : fondation de la Ve dynastie d'Égypte, sous l'influence des prêtres d'Héliopolis. Les rois (pharaons) seront désormais circoncis.
v. – 2200 : écriture sanskrit en Inde.
v. – 2000 : papyrus de Kahoum. Premier traité sur les maladies des femmes.
v. – 1850 : papyrus de Petri. Conseils de contraception locale.
v. – 1700 : Abraham se fait circoncire, au retour d'un voyage en Égypte.
v. – 1500 : papyrus Ebers et Edwin Smith. La matrice est un animal remuant. Nouvelles recettes de gelées spermicides.
- Écriture minoéenne en Crête.
- Écriture idéographique en Chine.
- Arrivée des Aryens en Inde (brahmanisme).

v. – 1350 : mort d'Akhnaton. Rétablissement rapide du culte polythéiste par les prêtres d'Amon-Râ.
v. – 1200 : exode des Hébreux hors d'Égypte (et éruption explosive du Santorin). Moïse et les lévites rendent rigoureuse l'obligation de circoncire les enfants mâles.
v. – 1100 : alphabet linéaire phénicien.
- Premiers caractères romains.

v. – 1010 : règne de Saül.

*
*   *

– 932 : fin du règne de Salomon, fils de David.
v. – 800 : les Grecs inventent l'alphabet complet avec voyelles.
v. – 700 : développement de l'alphabet romain.
v. – 600 : premiers écrits bibliques.
- Début de la prédication de Gauthama-Bouddha.

– 570 à – 526 : règne du pharaon Amasis, premier impuissant « historique ».
v. – 550 : naissance de Confucius.
v. – 490 : Hippocrate : *De la génération*.
v. – 347 : Aristote : *Histoire des animaux*.
v. – 330 : Aristote : *les Parties des animaux*.
v. – 322 : Aristote : *De la Génération des animaux*.
v. – 300 : fondation de la médecine anatomique d'Alexandrie. Hérophile et Érasistrate.
v. – 200 : derniers écrits bibliques.
- Le prince chinois Toan a des troubles de l'érection.

– 146 : prise de Corinthe. La Grèce est assujettie à Rome.
v. – 4 ou – 6 : date présumée de la naissance du Palestinien Jésus.

*
*   *

v. 60 : Celse, *De Arte medica*.
v. 70 : naissance de Soranos d'Éphèse
129-199 : Galien.
135 : Hadrien interdit la circoncision en Palestine. Révolte des zélotes.
v. 200 : *Le livre de la fille de candeur*. Initiation érotique chinoise.
380 : édit de Théodose, *Tous nos peuples doivent se rallier à la foi transmise aux Romains par l'apôtre Pierre*.
391 (27 février) : interdiction des cultes païens à Rome. On détruit les statuettes des autels domestiques.
415 : massacre d'Hypathie à Alexandrie.

431 : Troisième Concile d'Éphèse. Condamnation et bannissement des nestoriens. Ils se réfugient en Perse, où ils font survivre la médecine grecque.
461 : Concile de Vannes, les divorcés (selon la loi romaine) sont excommuniés.
506 : Concile d'Adge, confirmation de l'excommunication des divorcés.
519 : Justinien ferme l'école néoplatonicienne d'Athènes.
533 : Justinien : *Institutes*, le mariage est dissous s'il n'a pas été consommé au bout de trois ans de cohabitation.
v. **600 :** Vatsyayana Mallanaga : *Kama Soutra*.
v. **610 :** Isidore de Séville : *Originum sive etymologiarum libri*. Explication de la sexualité par des jeux de mots.
622 : Hégire de Mahomet, de La Mecque à Médine.
638 : les troupes de Mahomet s'emparent de la Mecque.
641 : la bibliothèque d'Alexandrie brûle dans les fours des hammams, sur ordre du khalife de Bagdad.
642 : les Arabes écrasent les Perses. Islamisation de l'Iran.
752 : Concile de Verberie, il reconnaît l'épreuve de la croix pour départager les conjoints en litige sur la consommation du mariage.
v. **790 :** réinstauration de l'école par Charlemagne et Alcuin.
v. **900 :** Qustâ ibn Lûqâ : *Kitab fi l-Bah*... il faut faire jouir les femmes hystériques pour les guérir.
937-978 : Li You, deuxième souverain de la dynastie T'ang. Il célèbre et répand le bandage des pieds féminins.
941-1020 : Le persan Firdousi (*le Livre des rois*).
v. **985 :** Aboulcasis de Cordoue : *Chirurgie*.

*
* *

v. **1000 :** Burckhard de Worms : *Pénitenciel*.
v. **1010 :** Avicenne : *Canon medicinae*.
1010-1047 : le Persan Gorgani (*le Roman de Wis et Ramin*).
1050 : le Persan Keykaous ben Eskander : *le Livre des conseils*.
v. **1050 :** Trotula, de Salerne : *Liber de passionibus mulerium*.
v. **1080 :** Constantin l'Africain traduit des textes arabes, *Pantegni* (Ali ibn al Abbas) et *De Coïtu* (Ibn al Jazza).
v. **1100 :** *Anatomia cophonis sive porci* (Salerne). On transpose à l'homme, et surtout à la femme, l'anatomie porcine.
1120 : le Persan Omar Khayyam : *le Livre du jour nouveau*.
1126-1198 : Averroès. Rediffuse les idées d'Aristote.
v. **1130 :** Guillaume de Conches : *Dragmaticon philosophiae*.
1132 : le Persan Azraghi de Hérat : *De la mentule et de la vulve*. L'ouvrage, perdu, comporte un catalogue postural. Son exécution par un jeune couple remet en selle le prince Togan Shah souffrant de troubles de l'érection.
v. **1140 :** Gratien : *Décret*, *Concordia discordantium canonum*, dit *Décrétales*.
1141-1204 : le Persan Nezami (*Khosrow et Chirine*).
v. **1160 :** Samau'al ibn Yahya : *Livre de conversation avec les amis*... semble connaître l'orgasme clitoridien.
v. **1180 :** Maïmonide : *De Coïtu* (reprend Constantin).
• Gérard de Crémone traduit en latin le *Canon* d'Avicenne.
v. **1185 :** André le Chapelain : *De Amore*.
1193 : Philippe Auguste épouse Ingeborge de Danemark. Elle le rebute et il la répudie le lendemain.

*
* *

1200 : le pape Innocent III jette l'interdit sur la France, gouvernée par un « divorcé ».
v. **1210 :** Innocent III : *De Frigidis et maleficiatis*.
1229 : Concile de Toulouse. Création de la première Inquisition. Elle lutte d'abord contre l'hérésie cathare.
1230 : Raymond de Penafort : *Décrétales*, condamnation de la contraception.
v. **1230 :** At-Tifashi : *Sur ce qui est utile aux hommes et aux femmes dans l'exercice des rapports sexuels*... en particulier les caresses sur les seins.
1244 : Montségur. Extermination des derniers cathares.
1250 : Pierre d'Espagne : *le Trésor des pauvres*.
• Thomas d'Aquin : *Summa theologica*.
1254-1322 : Le peintre chinois Tchao-Tsé-Ngan. Auteur de 36 célèbres tableaux érotiques.
1258 : Albert le Grand : *De Animalibus*.
1275 : Guillaume de Saliceto (de Bologne) : *Chirurgie*.
1277 : L'Église condamne l'amour courtois.
1280 : Arnaud de Villeneuve : *Speculum medicinae*.
• Achèvement du *Roman de la rose*. Critique de l'obscurantisme chrétien.
• Concile de Venise. Recommandation de la césarienne *post-mortem* pour pouvoir baptiser l'enfant.

*
* *

1306 : Henri de Mondeville (de Montpellier) : *Chirurgie*.
v. **1310 :** Petro de Abano : *Conciliator differentiarum philosophorum*. Physiologie du clitoris.
1314 : Guy de Vigevano : *Anatomie*. Hippocrate s'est trompé sur le trajet du sperme.
1316 : Mondino de Luzzi (de Bologne) : *Anatomia*.
1320 : Jean de Gaddesden : *Praxis medica, rosa anglica dicta*.
v. **1330 :** Ibn Falita : *Rushd al-labib*... l'éjaculation prématurée est préjudiciable aux femmes.
1363 : Guy de Chauliac (de Montpellier) : *la Grande Chirurgie*.
1410 : Cheïk al Nafzaoui, de Tunis : *le Jardin parfumé*.

1414-1492 : le Persan Djami (*Salaman et Absal).*
1425 : Antonio Beccadelli, dit *Le Panormitain, Hermaphroditus.*
1431 : Guillaume de Cauda et Guillaume des Jardins examinent la nature de Jeanne d'Arc, ils la déclarent « impraticable ».
1450 : *King Ping Meï.*
1453 : prise de Constantinople par les Turcs. Exil des clercs et lettrés vers l'Italie.
1478 : création en Espagne d'une nouvelle Inquisition.
1478-1555 : Jacques Dubois, dit Sylvius.
1488 : Sprenger (Jakob) et Institutor (Henrik) : *Malleus maleficarum, le Marteau des sorcières* : comment dépister et exterminer ces créatures du Diable.
1495 : contamination syphilitique du corps expéditionnaire de Charles VIII en Italie.

*
* *

1500 : Jacques Nufer, châtreur de porcs en Thüringe, réussit la césarienne de son épouse.
1510-1574 : Eustache.
1514-1610 : Vésale.
1517 : Martin Lüther affiche ses *Quatre-vingt quinze propositions* sur les portes du château de Wittenberg.
1522 : le chirurgien Wertt, de Hambourg, est pendu pour s'être introduit déguisé en matrone auprès des femmes en couches.
1537-1610 : Acquapendente.
1545-1563 : Concile de Trente. Réaffirmation de la valeur du mariage chrétien.
v. 1550 : début de la vogue des congrès d'impuissance.
1559 : Realdo Colombo (Realdus Columbus) de Padoue : *De re anatomica libri XV*, description du clitoris.
1562 : Gabriele Fallopio : *Observationes anatomicae.* Description scientifique des trompes auxquelles il donne son nom, et du clitoris qu'il prétend avoir découvert.
1563 : décret du Concile de Trente sur le purgatoire.
1564 : deuxième et effectif *Index librorum prohibitorum.*
• Fallope (deux ans après sa mort) : *De Morbo gallico*, première description d'un préservatif masculin.
1571 : procès en impuissance de Charles Le Quellenec. Il sera assassiné la nuit de la Saint-Barthélémy (24 août 1572).
1573 : Variolo établit le rôle des muscles ischio et bulbocaverneux, et celui du blocage veineux, dans l'érection de la verge.
1577 : procès de Marie de Corbie contre le chancelier de Bray. Il le perd, ayant répandu trop tôt une semence trop claire.
1581 : Antoine Hotman, avocat : *Traité de la dissolution du mariage par l'impuissance et froideur de l'homme ou de la femme.*
• François Rousset : *Traité nouvel de l'hystérotomie, ou enfantement césarin.* Le procédé paraît encore trop dangereux, sur une femme vivante, à Ambroise Paré.
1585 : Ambroise Paré : *Vingt-quatrième livre, De la Génération.*
1587 : Jean Liébault : *Thrésor des remèdes secrets pour les maladies des femmes.*
1588 : Sixte V : Bulle *Effraenatum*, toute forme de contraception et d'interruption de grossesse est interdite.
1595 : Acidalius : *Mulieres non esse homines.* Étrangères à l'espèce, les femmes ne servent qu'à porter la semence masculine.
1599 : Henri IV est démarié de Marguerite de Valois.

*
* *

1600 : le baron d'Argenton, cryptorchide mais puissant, perd son procès en annulation.
1602 : Tomas Sanchez, de Cordoue : *Disputatio de sancto matrimonii sacramento.* Le classique des casuistes.
1610 : Béroalde de Verville : *le Moyen de parvenir.*
• Louis Guyon : *le Miroir de la beauté et santé corporelle.* Techniques de redressement de la verge.
1611 : Vincent Tagereau : *Discours sur l'impuissance de l'homme et de la femme, etc.* Critique du congrès.
1612 : Jacques Duval : *Traité des hermaphrodites, parties génitales et accouchements.*
v. 1620 : André Dulaurens : *Traité d'anatomie* (en latin).
1621 : Francisco Piazzoni, de Leyde : *De Partibus generationi inservientibus Libri duo*, description des *glandes vulvo-vaginales* humaines.
1623 : Théophile de Viau est condamné à être brûlé vif pour avoir fait publier *le Parnasse satyrique.* La sentence est révoquée le 1er septembre 1625.
1627 : Anne Robert (Louis Servin) : *Quatre livres des arrêts et choses jugées par la Cour.* Dénonciation de la visite féminine.
• Mort en couches de la duchesse d'Orléans.
1628 : Grave fausse-couche de la reine Henriette d'Angleterre, fille de Henri IV. Elle demande l'assistance d'un homme médecin, Peter Chamberlain.
1640 : un concile local interdit la prêtrise aux « eunuques ».
1643 : Anne d'Autriche fait détruire les peintures italiennes « lascives » du château de Fontainebleau.
1644 : Ferrante Pallavicino : *Il Corriere svaligiato*, trad. franç. *Le Courrier dévalisé.* Dénonciation de la turpitude des couvents.
1649 : Jacques Guillemeau : *Œuvres de chirurgie.* Critères de la virilité ; dresser, entrer, mouiller.
1650 : R.P. Sinistrati d'Ameno : *De la sodomie et particulièrement de la sodomie des femmes, distinguée du tribadisme.*
1653 : Scultes, dit Scultetus, d'Ulm : *Armamentaricum chirurgicum.* Description d'un appareil destiné à réduire l'hypertrophie clitoridienne.

1655 : Michel Millot, auteur présumé de *l'Escole des filles*, est brûlé en effigie.

1657-1659 : procès d'impuisance du marquis de Langey.

1660 : *le Guide de l'oreiller*, manuel de technique érotique à l'usage des courtisanes (oïranes) japonaises.
• Li You, *Jeou Pou Touan*.
• On pend à Paris la sage-femme Constantine, coupable de plusieurs infanticides sur des bâtards nouveaux-nés.
• Paulo Zacchia, médecin d'Innocent X : *Pauli Zacchiae romani totius status ecclesiastici proto-medici generalis, questionum medico legalium*. Éloge de la « visite ».

1662 : Claude Le Petit est étranglé et brûlé pour avoir brocardé les amours supposées d'Anne d'Autriche et de Mazarin.

1663 : Jules Clément accouche clandestinement Melle de La Vallière, maîtresse du roi.

1666 : on pend à Paris une femme enceinte de quatre mois, déclarée exempte de grossesse par les matrones.

1668 : Louis Mauriceau : *les Maladies des femmes grosses et accouchées*.
• Regneri de Graaf produit une érection chez le cadavre, en injectant les artères hypogastriques avec une seringue de son invention.
• Sténon précise la physiologie reproductrice des ovaires.

1672 : De Graaf : *Nouveau traité des organes génitaux de la femme*, il décrit le follicule ovarien qui porte désormais son nom.

1675 : Nicolas Venette : *la Génération de l'homme, ou Tableau de l'amour conjugal*. Premier ouvrage sexologique francophone.
• Procès en impuissance du comte de Coursan, qui a déjà fait trois enfants.

1677 : Louis de Ham découvre les spermatozoïdes.
• Caspar Bartholin, de Copenhague, *De Ovariis mulierum*. Il décrit à nouveau les glandes vulvovaginales, auxquelles on donnera son nom.
• Lamoignon et la Cour font interdire le congrès public dans les affaires de mariage.

1680 (27 février) : Louis XIV interdit d'exercer aux sages-femmes de la religion prétendue réformée.

1685 : révocation de l'Édit de Nantes. Exil ou persécution des huguenots. Nicolas Venette, de La Rochelle, est préservé.

1688 : De Graaf : *Virorum organis generationi inservientibus, et de usu siphonis in anatomia*.

1698 : De Launay : *Nouveau système concernant la génération, les maladies vénériennes, et le mercure*. Le clitoris des tribades peut transmettre à leurs victimes le sperme « de reste » de leur dernier partenaire.
• Pierre Dionis : *Dissertation sur la génération de l'homme*, c'est le sang qui gonfle la verge en érection.

*
* *

1705 : Philippe Hecquet : *De l'indécence aux hommes d'accoucher les femmes*. Les parturientes en difficultés doivent mourir plutôt que montrer leurs parties pudiques à un homme.

1710 : Nicolas Andry de Boisregard tente vainement d'imposer des leçons de chirurgie aux étudiants de la faculté de médecine de Paris.
• Bekker : *Onania, or the heinous sin of self pollution*.

1712-1717 : procès d'impuissance du marquis de Gesvres.

1713 (?) : Le Semelier (père Jean Laurent) : *Conférences ecclésiastiques de Paris sur le mariage*. Éloge du congrès public.

1717 : le terme *condom*, pour désigner le préservatif masculin, est utilisé par le médecin Daniel Turner, de Londres.

1718 : De la Motte, accoucheur à Valogne : *Réponse à l'auteur de l'indécence*.

1725 : ouverture d'une école de sages-femmes à Leyde.

1728 : Pierre Fauchard : *le Chirurgien-dentiste*. Pour former des praticiens compétents, après l'ère des arracheurs de dents.

1731 : fondation de l'Académie de chirurgie, à l'instigation de François Gigot de Lapeyronie, de Montpellier, chirurgien du roi.

1734 : président Bouhier : *Traité des moyens qui sont en usage en France pour la preuve de l'impuissance de l'homme*, regrette le congrès.

1736 : Jean Astruc : *De Morbis venereis*, connaît le condom.

1737 : Giuseppe Donzelli (1596-1670) : *Teatro farmaceutico dogmatico e spagirico*. Pharmacopée aphrodisiaque.

1755 : Alphonse de Liguori : *Théologie morale*. Le classique de la morale sexuelle catholique pour presque deux siècles.

1758 : Samuel Tissot, de Lausanne : *Tentamen de morbis ex manustupratione*. Traduction française en 1760, *l'Onanisme, ou dissertation physique sur les maladies produites par la masturbation*.

1762 : Thèse de Charles Salin, devant la faculté de médecine de Paris : *La génération est un secret de la nature*.

1769 : Lebas suture au fil de soie l'incision utérine des césariennes.

1770 : fondation, en Russie, du parti Skoptzy. Il préconise la purification corporelle par la mutilation des organes génitaux (verge, bourses, seins, clitoris et nymphes).

1771 : Bienville : *la Nymphomanie, ou Traité de la fureur utérine*.

1778 : Mesmer « électrise » à Paris, dans son baquet, les malades « nerveux » les plus divers.

1785 : Marguerite du Coudray : *l'Art des accouchements*.

1788 : John Hunter, de Londres : *A Treatise on the veneral disease*. Recommande le condom et déplore l'action néfaste des livres contre la masturbation.

1792 (20 septembre) : loi sur le divorce à l'Assemblée législative. Admet le divorce par consentement mutuel, et pour incompatibilité d'humeur.

1796 : Jenner utilise la vaccination pour prévenir la variole.
1798 : Thomas Robert Malthus (1766-1834) : *Essai sur le principe de la population.*
1799 : John Hunter effectue la première fécondation artificielle d'une femme.
• Le Premier Consul crée l'Enfer de la Bibliothèque nationale.

*
* *

1808 : Gall (Franz-Joseph) : *les Fonctions du cerveau*, première tentative de localisation de la physiologie cérébrale.
1818 : Jalade-Lafond confectionne un corset antimasturbatoire.
1822 (20 juin) : De Graefe, de Berlin, ampute le clitoris d'une idiote de quinze ans ; l'intelligence de la fille « se développe aussitôt ».
1824 : Karl Forberg : *Apophoreta.*
1827 : Bouvier, futur évêque du Mans : *les Diaconales*, manuel d'information sexuelle, et de cotation des péchés de la chair, à l'usage des séminaristes de dernière année.
1831 : Guthrie (USA) découvre et utilise le chloroforme ; premières anesthésies générales.
1839 : Good Year découvre le procédé de vulcanisation du caoutchouc, on fabrique des condoms en latex.
1842 (juin) : le Vatican condamne à nouveau l'usage contraceptif des préservatifs.
1847 : Ignace Philippe Semmelweis prouve le caractère infectieux et contagieux de la fièvre puerpérale.
1849 : fondation de la Communauté des perfectionnistes d'Oneïda par le pasteur John Humphrey Noyes. On y pratique la *carezza*, étreinte réservée.
1852 : Sims, médecin à Montgomery (Alabama), guérit pour la première fois les fistules vésico-vaginales.
1853 : Walter Burnham, chirurgien à Lowell (Massachussets) réussit les premières hystérectomies.
1853 (7 avril) : la reine Victoria bénéficie de l'anesthésie au chloroforme lors de l'accouchement de son troisième fils, Leopold, duc d'Albany (1853-1894). L'anesthésie est pratiquée par sir James Simpson.
1854 (8 décembre) : Pie IX : encyclique *Ineffabilis Deus*. Dogme de l'Immaculée Conception (par ses parents) de la Vierge Marie.
1859 : Pie IX : *Instruction* sur les procès de non-consommation du mariage, recours maintenu à la *septima manus*, à la preuve de l'érection, à l'examen de la femme.
1860 : Pie IX entrave le mariage de Franz Liszt avec Carolyn Wittgenstein.
1861 : Marion Sims, de New York, décrit et nomme le vaginisme, communication à la Société royale d'obstétrique de Londres.
1864 : Broca pratique une infibulation – au lieu d'une clitoridectomie – sur une petite fille de cinq ans « adonnée à la masturbation ». La Société française de chirurgie critique l'intervention, qu'il avait pourtant jugée « humanitaire ».
• Pie IX : encyclique *Quanta cura*. Son complément, le *Syllabus*, maintient farouchement l'obscurantisme vatican contre tout libéralisme politique ou moral.
1869 : Brown-Sequard découvre le rôle endocrinien du testicule.
1870 : Émile Jozan : *Traité pratique complet des maladies des femmes, par l'auteur du Traité des pertes séminales insensibles, cause fréquente et peu connue d'épuisement prématuré. Ouvrage spécialement destiné aux gens du monde.*
1872 : suppression des cultes phalliques ruraux au Japon.
1876 : Porro, de Pavie, préfère extérioriser l'utérus lors des césariennes, et pratique l'hystérectomie en bloc. Il a deux fois moins de décès que Pinard, qui suturait.
1878 : le chirurgien Sédillot introduit le terme *microbe.*
1879 : Louis Pasteur découvre l'agent des fièvres puerpérales, le streptocoque.
• Neisser découvre le diplocoque agent de la blennoragie.
1880 : Léon XIII : encyclique *Arcanum divinae sapientiae*, condamnation itérative du mariage civil et du divorce.
• La société d'Oneïda est dissoute. Noyes s'exile au Canada.
1882 : l'Allemand Walter Mensinga invente les premiers diaphragmes vaginaux en caoutchouc.
1883 : P. Garnier : *Onanisme, seul et à deux, sous toutes ses formes et leurs conséquences.*
• Lombroso et Ferrero : *La Donna Deliquente, la Prostituta, e la Donna normale.*
1884 : loi Naquet, deuxième institution du divorce en France.
• Ploss und Bartels : *Das Weib in der Natur- und Völkerkünde*, première édition.
1886 : Krafft-Ebing : première édition de *Psychopathia sexualis.*
1888 : Paul Sérieux : *les Anomalies de l'instinct sexuel.*
1889 : Gyurkovechky : *Pathologie und Therapie des mannlichen Impotenz.*
• Brown-Sequard propose l'injection sous-cutanée d'extraits testiculaires animaux.
• Herminie Cadolle présente à l'Exposition Universelle de Paris son *corselet-gorge* qui soutient les seins *par-dessus*, grâce à des bretelles remplaçant les baleines des corsets. Mata-Hari en portera un.
1891 : Albert Moll : *Die konträre Sexualempfindung.*
1895 : L'Allemand Röntgen découvre les rayons X.
• Havelock Ellis : premier volume des *Etudes de Psychologie sexuelle.*
• Oscar Wilde, gloire de la littérature anglaise, est condamné à deux ans de travaux forcés, pour avoir séduit un jeune lord.
1896 : Sigmund Freud : *Weitere Bemerkungen über die Abwehrneuropsychosen* : les gouvernantes

et bonnes d'enfant, par leur dépravation, provoquent les traumatismes infantiles responsables de l'hystérie.

1897 : Albert Moll : *Das Sexualleleben des Kindes*. Moll introduit le terme *libido* (*sexualis*) et reconnaît des manifestations non pathologiques à la « sexualité infantile ».
• Wilhelm Fliess, *Rapports entre le nez et les organes sexuels*. Il y a des « zones génitales » dans les fosses nasales.

1898 : Albert Moll : *Untersuchungen über die libido sexualis*.

1899 : Magnus Hirschfeld fonde le *Jahrbuch für sexual Zwischenstufe*, premier périodique sexologique.

*
* *

1901 : Ancel et Bouin découvrent des substances virilisantes dans la glande interstitielle du testicule.
• Sigmund Freud, *Über den Traum*. Chaque rêve est l'accomplissement d'un désir sexuel infantile, inconscient et refoulé.

1902 : Féré : *l'Instinct sexuel*.
• Albert Moll : *Ærztliche Ethik*.
• Wooten, du Texas, propose de soigner l'impuissance par la ligature de la veine dorsale de la verge.

1903 : Magnus Hirschfeld publie la première statistique sur le comportement sexuel humain, à partir de plusieurs milliers de Berlinois.

1904 : Otto Adler : *Die mangelhafte Geschlechtsempfindung des Weibes*, l'anatomie humaine s'oppose à la stimulation du clitoris par la verge au cours de l'accouplement.
• Séparation de l'Église catholique et de l'État républicain français.

1905 : Sigmund Freud : *Drei Abhandlungen zur Sexualtheorie*.
• Schaudin découvre le tréponème agent de la syphilis.
• Dernière édition (Garnier frères) de l'*Onanisme* de Tissot.

1907 : Bonnier : *Action directe sur les centres nerveux*. La stimulation des zones génitales de Fliess, dans les fosses nasales, donne des résultats thérapeutiques sur l'impuissance et la frigidité.

1908 : Sigmund Freud : *Die « kulturelle » Sexualmoral und die moderne Nervosität*, les fantasmes masturbatoires surestiment fâcheusement la femme.
• Sigmund Freud : *Der Dichter und das Phantasieren* : l'homme heureux n'a pas de fantasmes.
• Lydston guérit 50 impuissants d'une série de 100 par ligature de la veine dorsale profonde de la verge.

1909 : Richard Richter, de Breslau, invente et pose les premiers stérilets, un fil de cuivre et un fil de bronze autour d'un anneau de catgut.

1910 : Albert Moll : *Berühmte Homosexuelle*.
• Sigmund Freud : *Über den Gegensinn der Urworte*. Dans les langues primitives, le même mot peut désigner une chose et son contraire.

1912 : Sigmund Freud : *Über die allgemeinste Erniedrigung des Liebeslebens*. « Malgré tout, l'acte sexuel est quelque chose de rabaissant, qui ne tache et ne souille pas que le corps ».

1913 : Mary Phelps Jacob (« Caresse Crosby ») de New York invente le soutien-gorge à bretelles et bonnets. Elle fait faillite et son brevet ne sera exploité efficacement qu'après la Première Guerre mondiale, par la Warner Bros.

1915 : Max Marcuse : *Vom Inzest*. L'indifférence érotique entre frères et sœurs est (judicieusement) attribuée à l'habitude de la vie commune continue pendant l'enfance.
• Margaret Sanger, jeune infirmière américaine, fonde la Ligue nationale pour le contrôle des naissances.

1916 : Magnus Hirschfeld : *Sexualpathologie*, premier volume.

1918 : Félix Jayle : *Anatomie morphologique de la femme*.
• Lespinasse, de Chicago, implante, dans les muscles droits de l'abdomen, des testicules humains fraîchement prélevés, pour lutter contre l'impuissance.

1919 : Serge Voronoff présente au XXVIIIe congrès de chirurgie de Paris son procédé de rajeunissement d'animaux par la greffe testiculaire.

1920 : Sigmund Freud : *Jenseits des Lustprinzips*. Dans le psychisme humain, une « pulsion de mort » s'oppose, à égalité de puissance, à la libido.
• Wilhelm Stekel : *Die Geschlechtskälte der Frau*.
• Voronoff réalise la première implantation de testicules de chimpanzé sur un homme.

1920 (30 juillet) : le Parlement français vote la loi interdisant la provocation à l'avortement et la propagande anticonceptionnelle.

1922 : Ernst Westermarck : *The History of human marriage*.

1924 : Doisy isole trois hormones œstrogènes dans le follicule ovarien.

1924 : Ogino propose sa méthode contraceptive par l'abstention périodique.

1926 : Ascheim et Zondek découvrent les hormones gonadotropes de l'hypophyse.

1927 : Wilhelm Stekel : *Zwang und Zweifel*.
• Sigmund Freud : *Die Zukunft einer Illusion*. Toutes les religions sont des illusions, apparentées à la névrose obsessionnelle.
• Bronislaw Malinowski : *Sex and repression and savage society*, les sociétés matrilinéaires ne connaissent pas le complexe d'Œdipe.

1929 : Sigmund Freud : *Das Unbehagen in der Kultur*. La libido est incompressible, mais le rôle de la civilisation est de la refouler.

1930 : Pie XI : Encyclique *Casti connubii*, infiltration prudente de l'amour dans le mariage chrétien.
• Gräfenberg pose des stérilets faits d'un anneau d'argent.

1932 : extraction industrielle de l'œstrone à partir de l'urine de jument.
• Duplessis, évêque de Montréal, conforté par une prescription de la sacrée congrégation de la

Pénitence, enjoint aux épouses de demeurer froides, en pensant à la mort de leurs enfants, si le mari utilise le retrait ou le préservatif. Il leur faut néanmoins « rendre le devoir ».

• Bogoras implante un cartilage costal dans la verge des impuissants.

1933 : Robert Latou Dickinson : *Atlas of human sex anatomy.*

• Marie Bonaparte : *Les deux frigidités de la femme,* dichotomie du « sexe » en bonnes vaginales et vilaines clitoridiennes.

• Alfred Adler : *la Compensation psychique de l'état d'infériorité des organes.* Un transfuge du freudisme invente et divulgue le célébrissime « complexe d'infériorité ».

1934 : Sigmund Freud : *Moïse et le monothéisme.* Les prêtres d'Akhnaton ont enseigné à Moïse le monothéisme, sublime apothéose de tous les systèmes religieux.

• Butenandt synthétise la progestérone.

• Niehans (P.) préconise la ligature des canaux déférents pour traiter l'impuissance.

1935 : David, Dingemanse, Freud (!) et Laqueur extraient l'hormone mâle, la testostérone, de testicules de taureau.

• Jean Dalsace ouvre, à Suresnes, la première consultation française de contrôle des naissances.

• Lowsley traite l'impuissance par raccourcissement-plicature des organes érectiles.

1936 : l'Allemand Bogoras traite l'impuissance par implantation d'un cartilage costal.

1938 : Fabrication d'œstrogènes non folliculaires utilisables par voie buccale.

1939 : synthèse de la folliculine.

• Margaret Mead : *Coming of age in Samoa.* Selon que l'éducation est permissive ou répressive, on développera ou non sa sexualité et son affectivité. Exemples exotiques.

1942 : le gouvernement de Vichy fait à nouveau de l'avortement un crime. Une avorteuse est guillotinée.

1948 : Kinsey, Pomeroy et Martin : *Sexual behavior in the human male.*

1949 : Paul Chamson : *Art d'aimer et continence conjugale.* Conseille aux catholiques l'étreinte réservée.

1950 : Ernst Gräfenberg : *The role of urethra in female orgasm* : description de l'« éjaculation féminine ».

• Fernand Lamaze lance l'accouchement dit « sans douleur ». Le Vatican met en garde contre les fallacieux espoirs que peut faire naître une méthode contredisant la Bible.

• Scardino implante des prothèse acryliques dans la verge.

1952 : Conti (G.) : *l'Érection du pénis humain et ses bases morphologicovasculaires.*

• *Monitum* du Saint-Office condamnant les ouvrages de P. Chamson.

1952 : Kegel : *Sexual function of the pubococcygeus muscle* : la stimulation et la contraction réflexe du muscle releveur de l'anus jouent un rôle important dans le déclenchement de l'orgasme vaginal.

1953 : Kinsey, Pomeroy, Martin, Gebhard : *Sexual behavior in the human female.*

1956 : fondation, en France, du Mouvement pour le Planning familial (Dr Lagroua Weill-Hallé).

• Pincus expérimente, sur des Bostoniennes puis des Porto-Ricaines, l'action de pilules œstro-progestatives inhibant l'ovulation.

• Jeannette Veermersch, députée communiste au Parlement français, stigmatise la contraception, « les jeunes travailleurs ne réclament pas le droit d'accéder aux vices de la bourgeoisie ».

1959 : Michel Jouvet, de Lyon, découvre le sommeil paradoxal. Ruine des théories freudiennes sur le rêve.

• Masters et Johnson : *The sexual response cycle of the human female, II ; Vaginal lubrication.*

1960 : la *Food and Drugs Administration* donne le visa commercial à la première « pilule » contraceptive : *Enovid.*

• Commercialisation des stérilets de Margulies, en spirale de matière plastique.

• Masters et Johnson : *The sexual response cycle of the human female, I : Gross anatomic considerations.*

• L'Américain O'Connor guérit un impuissant de 53 ans en désobstruant ses artères hypogastriques.

• Congrès de psychanalyse d'Amsterdam. Westermann Holstijn admet que la femme adulte puisse bénéficier de l'orgasme clitoridien.

1961 (7 mars) : l'Assemblée des cardinaux et archevêques de France condamne le Planning familial.

1962 : Guillemin et Sakiz découvrent le facteur hypothalamique (LH-RH) déclenchant la production d'hormones gonadotropes hypophysaires.

• Donald Mac Lean : *New findings relevant to the evolution of psychosexual functions of the brain* : les déterminismes du comportement sexuel se trouvent dans les structures « anciennes » du cerveau basal.

1963 : Masters et Johnson : *The sexual response cycle of the human male, I : Gross anatomic considerations.*

1966 : Masters et Johnson : *Human Sexual Response.*

• Ouverture officielle des premiers centres d'« abortion » aux États-Unis.

• Commercialisation des stérilets en boucle, de Lippes.

• Le Vatican renonce à publier l'*Index librorum prohibitorum.*

1967 (29 décembre) : loi Neuwirth autorisant la contraception en France.

1970 : Masters et Johnson : *Human Sexual Inadequacy.*

• Donald Mac Lean, *The Triune Brain, Emotion and Scientific Bias.* Théorie des trois cerveaux superposés de l'homme.

1971 : premiers stérilets portant du cuivre.

1972 : Pierre Simon et collaborateurs : *Rapport sur le comportement sexuel des Français*.
• Pearman implante des tuteurs de silastic à l'intérieur des corps caverneux.
• Mihal, de Prague, effectue un pontage entre l'artère fémorale et l'artère honteuse interne, chez un jeune impuissant dont les deux artères hypogastriques avaient dû être liées deux ans auparavant, à la suite d'une fracture du bassin.

1973 : Mihal branche l'artère épigastrique retournée directement sur le corps caverneux, chez les impuissants par déficit artériel.
• *L'Association Nationale pour l'Étude de l'Avortement* (A.N.E.A.) publie un manifeste. Ses 207 signataires (de Adam à Zwang) expliquent pourquoi, bravant la loi de 1920, ils ont pratiqué des interruptions de grossesse.

1974 (29 novembre) : loi Veil médicalisant l'interruption de grossesse en France.

1975 : le *National Institute for Health* des USA décide que la circoncision n'est pas une mesure nécessaire à la santé.

1976 : *The Hite Report* : la masturbation clitoridienne est « la seule source d'orgasmes assouvissant vraiment les femmes ».

1977 (25 avril) : première conférence de presse internationale, à Genève, contre les mutilations sexuelles féminines (Edmond Kaiser, président de *Terre des Hommes*, Benoîte Groult, Gérard Zwang).

1978 : congrès de sexologie à Rome. Fondation de la *World Association for Sexology*.
• Bell (A.-P.) et Weinberg (M.-S.) : *Homosexualities*.

1980 : Perry (J.-D.) et Whipple (B.), *Female ejaculation by Gräfenberg spot stimulation*.
• Le *DSM III* fait disparaître les névroses freudiennes de la nosographie psychiatrique.

1981 : premier repérage, à Los Angeles, de maladies opportunistes liées à un déficit immunitaire.

1982 : Ronald Virag : *Intracavernous injection of papaverine for erectile failure*. Première publication sur l'effet érectile de la papavérine.

1983 : l'Institut Pasteur de Paris identifie le virus du SIDA.

25 avril 1977. Genève. Première conférence internationale contre les mutilations sexuelles féminines
Un médecin égyptien. Gérard Zwang

1984 : première mise en garde, par un médecin hématologiste, contre les dangers de propagation du SIDA par les transfusions de sang non chauffé.

1987 : le Vatican condamne une fois de plus toutes les techniques d'insémination artificielle nécessitant une (ou plusieurs) masturbation(s) masculine(s), en particulier la fécondation *in vitro* (FIV). Les praticiens exerçant dans les établissements d'obédience catholique doivent cesser d'utiliser ces techniques « impies » ; certains démissionnent.

1990 (5 avril) : Baudoin, roi des Belges, abdique provisoirement pour ne pas signer la loi dépénalisant partiellement l'avortement.

1991 (juin) : discours de Jean-Paul II en Pologne ; l'IVG commet un massacre comparable à l'extermination des juifs par les nazis.

1991 (août) : Congrès de l'association *Nocirc* à San Francisco. Dénonciation de la circoncision systématique.

1992 (26 février) : la Cour suprême d'Irlande du Sud autorise une adolescente de 14 ans, enceinte des œuvres du père de sa meilleure amie, et malgré l'interdiction constitutionnelle, à se rendre en Angleterre pour interrompre sa grossesse.

1992 (31 octobre) : le Vatican réhabilite Galilée.

1992 (novembre) : L'IVG n'est plus anticonstitutionnelle pour l'état irlandais, si elle a été pratiquée à l'étranger...

1993 (janvier) : à l'instigation de l'épiscopat français (de son porte-parole l'évêque de Coutances) la firme d'automobiles Renault retire une publicité télévisée qui avait le tort de « banaliser le divorce ».

• Pour la première fois en France, une Gambienne est condamnée à cinq ans de prison ferme pour avoir fait exciser ses deux filles en 1987.

• **février** : déclaration de Jacques Chirac : « on ne peut avoir une politique de l'environnement si l'on n'a pas conscience que les pollutions sont créées par les hommes et qu'il faut d'abord maîtriser la démographie ».

25 avril 1977. Genève. Première conférence internationale contre les mutilations sexuelles féminines
Benoîte Groult. Edmond Kaiser, président de Terre des hommes

- **1er mars** : le Vatican enjoint aux femmes bosniaques violées et engrossées par les envahisseurs serbes de ne pas recourir à l'avortement.
- **11 mars** : le docteur David Gunn, qui venait d'ouvrir une clinique pratiquant l'IVG à Pensacola (Floride), est assassiné par un « catholique fervent ». Le meurtrier, qui lui a tiré trois balles dans le dos, était persuadé d'« accomplir une mission divine ».
- **avril** : commercialisation en France du moxisylyte injectable pour usage intracaverneux.
  • Rapport Spira-Bajos sur *les Comportements sexuels en France*.
- **juillet** : certains théologiens, dont le père jésuite Giacomo Perico, estiment que la légitime défense peut être invoquée, pour certaines femmes et religieuses bosniaques menacées de viol. Elles sont ainsi autorisées à utiliser la pilule ou d'autres contraceptifs.
  • L'Académie française accueille en son sein le cardinal Ducourtray, farouche adversaire du divorce, de la contraception (du préservatif), défenseur des commandos anti-IVG. Il recueille trois bulletins noirs.
  • Le *National Institute for Health* publie le travail de biologistes généticiens prouvant que l'orientation homosexuelle masculine est déterminée par des anomalies du chromosome X.
- **5 octobre** : Jean-Paul II : encyclique *Veritatis splendor* : l'interruption de grossesse est comparable au génocide et à l'euthanasie.
- **décembre** : le préservatif à un franc dans les pharmacies françaises.

BIBLIOGRAPHIE

ACHARD Guy : *la Communication à Rome*, éd. Les Belles Lettres, 1991.

ALZATE H : *Vaginal erogeneity, the « G » spot, and « female ejaculation », Journal of Sex Education & Therapy, 16, n° 2*, 137-140, 1990.

ALZATE H., USECHE B. et VILLEGAS M. : *Heart rate change as evidence for vaginally elicited orgasm and orgasm intensity, Annals of Sex Research, 2*, 345-357, 1989.

APOLLINAIRE Guillaume : *Julie ou la rose.*

ARETINO Pietro : *I Ragionamenti*, 1536.
– *I Sonetti lussuriosi (les Sonnets luxurieux)*, 1525.

ARISTOPHANE : *les Grenouilles.*
– *Lysistrata.*
– *Les Thesmophories*, trad. franç. consultée les éd. Garnier.

L'Art de péter, en Westphalie, MDCCLXXVI, rééd. Louis Pariente, 1988.

Les Asiatitrats, plantes de la pharmacopée chinoise, éd. Romart, 1989.

BAECHLER Jean : *la Grande parenthèse (1914-1991)*, éd. Calmann-Lévy, 1993.

BALANDIER Georges : *Afrique ambiguë*, éd. Plon, 1957.

Les Barbares et la chute de Rome, numéro spécial de *Historia, n° 8*, novembre-décembre 1990.

BARREAU Jean-Claude : *De l'Islam en général et du monde moderne en particulier*, éd. Le Pré aux clercs, 1991.

BAUDOUIN Marcel : *le Maraichinage*, 1900, rééd. Laffitte Reprints, 1979.

BEAUVOIR Simone de : *le Deuxième sexe*, éd. Gallimard, 1949.

BEHERI G.-E. : *The problem of impotence solved by a new surgical operation, Kasr el Aini Journal of Surgery,1*, 50, 1960.

BELL Alan, WEINBERG Martin : *Homosexualités*, trad. franç. (Geneviève Tétart) éd. Albin Michel, 1980.

BEROALDE DE VERVILLE : *le Moyen de parvenir*, 1610.

BERTIN Célia : *la Dernière Bonaparte*, éd. Perrin.

La Bible : trad. franç. consultée Bibliothèque de la Pléïade, 1956.

BIENVILLE : *la Nymphomanie, ou traité de la fureur utérine*, 1771, éd. *reprint* Le Sycomore, 1980.

BLATTY W.-P. : *l'Exorciste*, trad. franç. éd. Robert Laffont, 1974.

BODARD Lucien : *Monsieur le consul*, éd. Grasset, 1973.

BOGORAS N.-A. : *Über die wolle plastiche Wiederstellung eines zum Koïtus fähigen Penis, Zentralblatt für Chirurgie, 63*, 1271, 1936.

BOLOGNE Jean-Claude : *Histoire de la pudeur*, éd. Olivier Orban, 1986.
– *La Naissance interdite*, éd. Olivier Orban, 1988.

BONAPARTE Marie : *De la sexualité de la femme*, éd. PUF, 1949.
– *Psychanalyse et biologie*, éd. PUF, 1933.

BONNIER : *Action directe sur les centres nerveux*, éd. Alcan, 1907.

BOUGARD Roger : *Érotisme et amour physique dans la littérature française du XVIIe siècle*, éd. Gaston Lachurié, 1986.

BRANTOME (Pierre de Bourdeille) : *les Dames galantes* (DEUXIÈME PARTIE du *Livre des dames*), rédaction commencée v. 1580.

BROWN-SEQUARD Édouard : *Des effets produits chez l'homme par des injections sous-cutanées d'un liquide retiré des testicules frais de cobaye et de chien*, Comptes rendus de la Société de biologie, *41*, 415, 1889.

BUCAILLE Maurice : *les Momies des pharaons*, librairie Séguier, 1987.

CAMPEROSI Piero : *les Baumes de l'amour*, trad. franç. éd. Hachette, 1990.

CANFORA Luciano : *la Véritable histoire de la bibliothèque d'Alexandrie*, 1987, trad. franç. éd. Desjonquères, 1988.

CASTAN Philippe : *Naissance médiévale de la dissection anatomique*, éd. Sauramps-Vigot, 1985.

CAVANNA François : *Maria*, éd. Pierre Belfond, 1985.

CENDRARS Blaise : *le Plan de l'aiguille*, éd. Denoël, 1927.

CHANGEUX Jean-Pierre : *l'Homme neuronal*, éd. Fayard, 1983.
CHORIER Nicolas : *Aloisiae Sigeae Toledanae Satyra Sotadica de Arcanis Amoris et Veneris (les Dialogues de Luisa Sigea)*, 1678.
COLETTE : *le Pur et l'impur*, éd. Ferenczi, 1932.
COMMELIN Pierre : *Mythologies grecque et romaine*, éd. Garnier.
COPPENS Yves : *Préambules*, éd. Odile Jacob, 1988.
COPPENS Yves et SENUT Brigitte (sous leur direction) : *Origines de la bipédie chez les hominidés*, Éditions du CNRS, 1991.
CORININ Yves : *la Déception sensuelle de la femme*, éd. Debresse, 1962.
COUSTEAU Jacques-Yves et PACCALET Yves : *la Planète des baleines*, éd. Robert Laffont, 1986.
DARMON Pierre : *Le Mythe de la procréation à l'âge baroque*, éd. J.-J. Pauvert, 1977.
– *Le Tribunal de l'impuissance*, éd. du Seuil, 1979.
DEBELMAS Anne-Marie et DELAVEAU Pierre : *Guide des plantes dangereuses*, éd. Maloine, 1978.
DESIMON Michel : *Traité d'anatomie incomparable*, éd. le Cône d'or.
DEUTSCH Hélène : *la Psychologie des femmes*, trad. franç. PUF, 1953.
DEVEREUX Georges : *Baubo, la vulve mythique*, éd. Jean-Cyrille Godefroy, 1983.
DICKINSON Robert Latou : *Atlas of human sexual anatomy*, éd. William & Wilkins, seconde édition, 1949.
DORVAULT : *l'Officine*, éd. Asselin 1875, éd. Vigot, 1978.
DSM – III : *Diagnostic and statistical manual of mental disorders*, American psychiatric association, 1980.
DRIOTON Étienne et VANDIER Jacques : *l'Égypte, des origines à la conquête d'Alexandre*, éditions des PUF, 5e éd. 1975.
DUMONT René : *l'Afrique noire est mal partie*, éd. du Seuil, 1962.
DUPÉ Gilbert : *la Sexualité et l'érotisme dans les religions*, éd. Alain Lefeuvre, 1980.
ECO Umberto : *le Nom de la rose*, 1980, trad. franç. éd. Grasset, 1982.
EIBL-EIBESFELDT Irenaüs : *Guerre ou paix dans l'homme*, trad. franç. éd. Stock, 1976.
– *L'Homme programmé*, trad. franç. éd. Flammarion, 1976.
EICHER Wolf : *Die sexuelle Reaktion der Frau, II : Gegen eine Uberschätzung des Gräfenberg-Spots, Sexualmedizin, 9*, pp. 531-537, 1984.
ELLIS Albert : *l'Art et la science de l'amour*, trad. franç. éd. Robert Laffont, 1960.
– *Les Nymphomanes et hypersexuelles*, trad. franç. éd. Buchet/Chastel, 1967.
ELLIS Albert et HARPER Robert : *l'Art et la science du mariage*, trad. franç. éd. Robert Laffont, 1968.
ELLIS Havelock : *Études de psychologie sexuelle*, trad. franç. éd. Mercure de France, 1921-1933.
– I. *La Pudeur. La Périodicité sexuelle. L'Auto-érotisme.*
– II. *L'Inversion sexuelle.*
– III. *L'Impulsion sexuelle.*
– IV. *La Sélection sexuelle chez l'homme.*
– V. *Le Symbolisme érotique. Le Mécanisme de la détumescence.*
– VI. *L'État psychique pendant la grossesse. La Mère et l'enfant.*
– VII. *L'Éducation sexuelle.*
– XII. *L'Art de l'amour. La Science de la procréation.*
– XIII. *Le Mécanisme des déviations sexuelles. Le Narcissisme.*
– XIV. *L'Ondinisme. La Cleptolagnie.*
ÉTIEMBLE René : *Lignes d'une vie*, éd. Arléa, 1988.
FABRE René et TRUHAUT René : *Précis de toxicologie*, éd. SEDES, 1961.
FLAUBERT Gustave : *Madame Bovary*, 1857.
FONTANEL Béatrice : *Corsets et soutiens-gorge, l'Épopée du sein de l'Antiquité à nos jours*, éd. de La Martinière, 1992.
FORBERG Karl Friedrich : *Apophoreta*,1824, trad. franç. éd. Arcanes (Éric Losfeld), 1953.
FREUD Sigmund : cf. la bibliographie de *la Statue de Freud*.
GALBRAITH John Kenneth : *Théorie de la pauvreté de masse*, trad. franç. éd. Gallimard, 1980.
GARY Romain : *Au-delà de cette limite votre ticket n'est plus valable*, éd. NRF, 1975.
GAUDIN Thierry (sous sa direction) : *2100, récit du prochain siècle*, éd. Payot, 1990.
GEE W.-F. : *A history of surgical treatment of impotence, Urology, V, 3*, 401-405, mars 1975.
GHILINI Hector : *le Secret du docteur Voronoff*, éd. Fasquelle, 1926.
GINESTIÉ Jean et ROMIEU Antoine : *Traitement des impuissances d'origine vasculaire. La revascularisation des corps caverneux, Journal d'Urologie et de Néphrologie, 10-11*, 853-859, 1976.
GINESTIÉ Jean-François, et ROMIEU Antoine : *l'Exploration radiologique de l'impuissance*, éd. Maloine, 1976.
GOLD Arthur et FIZDALE Robert : *Misia*, trad. franç. éd. Gallimard, 1981.
GOURGUECHON Charlène : *l'Archipel des tabous*, éd. R. Laffont, 1974.
GRIBBIN John : *À la poursuite du Big Bang*, trad. franç. éd. du Rocher, 1991.
GROBOIS Charles : *Shunga*, éd. Nagel, 1964.
GROULT Benoîte : *Ainsi-soit-elle*, éd. Grasset, 1975.
HABIB Michel : *Bases neurobiologiques des comportements*, éd. Masson, 1989.
HAHN André, DUMAITRE Paule, SAMION-CONTET Janine : *Histoire de la médecine et du livre médical*, éd. Pygmalion-Olivier Perrin, 1978.
HÉRODOTE : *l'Enquête*, trad. franç. consultée éd. Garnier.
HESNARD A. : *Manuel de sexologie, normale et pathologique*, éd. Payot, 1931.
HILLEL Marc : *Au nom de la race*, éd. Fayard, 1975.
HIPPOCRATE : trad. franç. consultée Les Belles lettres :
– *De la génération.*
– *De la nature de l'enfant.*

HITE Shere : *le Rapport Hite*, trad. franç. éd. Robert Laffont, 1977.
– *En toute franchise*, trad. franç. éd. Robert Laffont, 1980.
HOMERE : trad. franç. consultées Garnier et Les Belles lettres :
– *L'Iliade*.
– *L'Odyssée*.
JACQUART Danielle, et THOMASSET Claude : *Sexualité et savoir médical au Moyen Âge*, éd. PUF, 1985.
JAYLE Félix : *l'Anatomie morphologique de la femme*, éd. Masson, 1918.
JEROME K. JEROME : *Trois hommes dans un bateau* (1889), trad. franç. éd. Hachette, 1975.
JOSEPH Gilbert : *Une si douce occupation*, éd. Albin Michel, 1991.
JOZAN Émile : *Traité pratique complet des maladies des femmes*. Spécialement destiné aux gens du monde, éd. Marquis, 1870.
JUVENAL : *Satires*, trad. franç. consultée éd. Garnier.
KAHN LADAS Alice, WHIPPLE Beverly, PERRY John : *le Point G*, trad. franç. éd. Robert Laffont, 1982.
KEGEL A.-H. : *Sexual function of the pubococcygeus muscle, Western Journal of Surgery, Obstetric and Gynecology,60*, 521-524, 1952.
KESSO BARRY : *Kesso*, éd. Seghers, 1988.
KINSEY Alfred : *le Comportement sexuel de l'homme* (avec W. Pomeroy et C. Martin), trad. franç. éd. du Pavois, 1948.
– *Le Comportement sexuel de la femme* (avec W. Pomeroy, C. Martin, P. Gebhard), trad. franç. éd. Amiot Dumont, 1954.
KRAFFT-EBING Richard von : *Psychopathia sexualis*, édition de 1923 « rewritée » par Albert Moll, *reprint* Librairie Thierry Garnier, 1990.
KRONHAUSEN Phyllis et Eberhard : *Erotic Art*, Grove Press, 1968.
– *Majorité sexuelle de la femme*, trad. franç. éd. Buchet/Chastel, 1965.
LAHAYE Brigitte : *Moi la scandaleuse*, éd. Filipacchi, 1987.
LANDRY M. : *les Déficiences sexuelles masculines et la frigidité. Leur traitement par le stress nasal. Traitements associés*, éd. Maloine, 1958, 3e éd., 1966.
LANGANEY André : *les Hommes*, éd. Armand Colin, 1988.
LAVOREL Pierre : *Psychologie et cerveau*, éd. Presses universitaires de Lyon, 1991.
LECA Ange-Pierre : *la Médecine égyptienne au temps des pharaons*, éd. Da Costa, 1971.
LEGMAN George : *Oragénitalisme*, éd. Truong, 1969.
– *Psychanalyse de l'humour érotique*, éd. Robert Laffont, 1968.
L'Enfer *de la Bibliothèque nationale, 3 : Œuvres anonymes du XVIIIe siècle*, éd. Fayard, 1985.
LENOIS Michel : *Guide pratique des aphrodisiaques*, éd. Marabout, 1980.
LEROI-GOURHAN André : *les Religions de la préhistoire*, éd. des PUF, 1964.
LE ROY LADURIE Emmanuel : *Montaillou, village occitan*, éd. Gallimard, 1975.
LESOUALC'H Théo : *Érotique du Japon*, éd. J.-J. Pauvert, 1968.
LESPINASSE V.-D. : *Impotence : its treatment by transplantation of testicle, Surgical Clinic Chicago, 2*, 281, 1918.
LI YOU : *Jeou-P'ou-T'ouan, ou la chair comme tapis de prière*, trad. franç. (Pierre Klossowski) éd. J.-J. Pauvert, 1962.
LO DUCA : *Histoire de l'érotisme*, éd. de la Jeune Parque, 1969.
LOEFFLER R.-A. et SAYEGH E.-S. : *Perforated acrylic implants in management of organic impotence, Journal of Urology, 84*, 559, 1960.
LOWSLEY O.-S., et BRAY J.-L. : *The surgical relief of impotence, JAMA, 107*, 2029, 1936.
LYDSTON G.-F. : *The surgical treatment of impotence, American Journal of Clinical Medicin, 15*, 1571, 1908.
MAC LEAN Paul Donald : *New findings relevant to the evolution of psychosexual functions in brain, Journal of Nervous and Mental Diseases, 135*, 289-301, 1962.
– *The triune brain, emotion and scientific bias*, in *The Neurosciences Second Study Programm*, New York, The Rockfeller University Press, Schmitt éd., 336-449, 1970.
MAC LEAN Paul D., et GUYOT Roland : *les Trois cerveaux de l'homme*, éd. Robert Laffont, 1990.
MAGNAN Pierre : *le Mystère de Séraphin Monge*, éd. Denoël, 1989.
MAHOMET : *le Koran*, trad. franç. consultées éd. Garnier et éd. Maisonneuve et Larose, 1966.
MAILER Norman : *Un rêve américain*, trad. franç. éd. Grasset, 1967.
MALINOWSKI Bronislaw : *la Vie sexuelle des sauvages du nord-ouest de la Mélanésie*, trad. franç. éd. Payot, 1930.
MARCIREAU Jacques : *le Culte du Phallus*, éd. Alain Lefeuvre, 1979.
MARMOR Judd : *Some considerations concerning orgasm in the female, Psychosomatic Medicine, 16*, 240-245, 1954.
MARTIAL : *les Épigrammes*, trad. franç. consultée éd. Garnier.
MAURICEAU François : *les Maladies des femmes grosses et accouchées*, 1668, rééd. Cercle du livre précieux.
MENDÈS PINTO Fernao : *Peregrination* (1614, trente ans après la mort de l'auteur), trad. franç. éd. de la Différence, 1991.
MERLE Robert : *la Volte des vertugadins*, éd. de Fallois, 1991.
MÉTRAL Marie-Odile : *le Mariage*, éd. Aubier, 1977.
MICHEL André : *l'École freudienne devant la musique*, éd. du Scorpion, 1965.
MICHEL-WOLFROMM Hélène : *Cette chose-là*, éd. Grasset, 1970.
– Sous sa direction, *Gynécologie psychosomatique*, éd. Masson, 1964.
MIHAL V., KRAMAR R., HEJHAL L., FIRT P., HEJHAL J., BARTAK V. : *Tactics of reconstruction interventions in the aortoiliac area with respect*

to erectility disorders in men, Rozhledy v Chirurgii, 52, 591-595, 1973.

MIHAL V., KRAMAR R., POSPICHAL J. : *Femoropudendal by-pass in the treatment of sexual impotence, Journal of cardiovascular Surgery, 15*, 356-359, 1974.

MIHAL V., KRAMAR R., POSPICHAL J., HEJHAL L. : *Direct arterial anastomosis on corpora cavernosa penis in the therapy of erective impotence, Rozhledy v Chirurgii, 52*, 587-590, 1973.

MIKAÏLOFF Nathalie : *les Manières de propreté*, éd. Maloine, 1990.

MILLER Henry : *Sexus*, trad. franç. éd. Buchet/Chastel, 1968.

MORRIS Desmond : *Magie du corps*, trad. franç. éd. Grasset, 1986.

MOSSÉ Claude : *la Femme dans la Grèce antique*, éd. Albin Michel, 1983.

MUHSEN Zana : *Vendues !* trad. franç. éd. Fixot, 1992.

MULK RAJ ANAND : *Kama kala*, éd. Nagel, 1958.

NAAMANE-GUESSOUS Soumaya : *Au-delà de toute pudeur. La sexualité féminine au Maroc*, éd. Karthala – EDDIF, 1991.

NÉRAUDEAU Jean-Pierre : *le Mystère du jardin romain*, éd. Les Belles lettres, 1992.

NETTER André, et ROZENBAUM Henri : *Histoire illustrée de la contraception*, éd. Dacosta, 1985.

NOUGIER Louis-René : *les Grottes préhistoriques ornées de France, d'Espagne et d'Italie*, éd. Balland, 1990.

OVIDE : *l'Art d'aimer*, trad. franç. consultée éd. Garnier.

PARÉ Ambroise : *Toutes les œuvres*.

PENSO Giuseppe : *la Médecine romaine*, éd. Dacosta, 1984.

PÉTRONE : *le Satiricon*, trad. franç. consultée éd. Garnier.

PIDANSAT DE MAIROBERT (attribué à) : *la Secte des anandrynes*, publié en 1785, six ans après la mort de l'auteur ; éd. Briffaut, 1952.

La Première fois, ouvrage collectif, éd. Ramsay, 1981.

RACINET C. et FAVIER M. : *la Césarienne*, éd. Masson, 1984.

RADIGUET Raymond : *le Diable au corps*, éd. Grasset, 1923.

RECLUS Michel-Élie : *la Circoncision, sa signification, ses origines et quelques rites analogues, Revue internationale des sciences*, t. III, Paris, 1879.

RÉGNIER Henri de : *les Rencontres de Monsieur de Bréot*, 1904.

REICHHOLF Josef : *l'Émergence de l'homme*, trad. franç. éd. Flammarion, 1990.

RENTCHNIK P. : *Jeanne d'Arc, un syndrome endocrinien ? Médecine et Hygiène*, n° 1734. L'article a été repris dans *Connaissance des hommes, n° 135*, été 1990.

RETEL-LAURENTIN Anne : *Infécondité en Afrique noire*, éd. Masson, 1974.

REVEL Jean-François : *la Connaissance inutile*, éd. Grasset, 1988.

RIPLEY Alexandra : *Scarlett*, trad. franç. éd. Belfond, 1991.

ROSE Michael D. : *The Process of bipedalization in hominids*, in Coppens et Senut, cf. titre référencé.

ROSSIAUD Jacques : *la Prostitution médiévale*, éd. Flammarion, 1988.

ROUGIER Louis : *le Conflit du christianisme primitif et de la civilisation antique*, éd. Grèce, 1974.

ROUVIÈRE Henri : *Anatomie humaine, descriptive et topographique*, éd. Masson, 1948.

ROY Bruno, sous sa direction : *l'Érotisme au Moyen Âge*, éd. de L'Aurore, 1977.

RUSHDIE Salman : *les Versets sataniques*, trad. franç. éd. Christian Bourgois, 1989.

SAHEBJAM Freidoune : *la Femme lapidée*, éd. Grasset, 1990.

SCHRÖDER-DEVRIENT Wilhelmine (attribué à) : *Mémoires d'une chanteuse allemande*, 1862 (deux ans après sa mort), trad. franç. consultée éd. Arcanes (Éric Losfeld), 1953.

SCOTT Valérie X. : *la Femme de remplacement*, trad. franç. éd. Buchet/Chastel, 1973.

SIGMON Becky A. : *Evolutionary changes in the reproductive system and mating strategies after hominoids became upright bipeds*, in Coppens et Senut, cf. titre référencé.

SIMON Pierre, GONDONNEAU Jean, MIRONER Lucien, DOURLEN-ROLLIER Anne-Marie : *Rapport sur le comportement sexuel des Français*, éd. P. Charron et Julliard, 1972.

SONNEX C., SCHOLEFIELD J.-H., KOCJAN G., KELLY G., WHATRUP C., MINDEL A., NORTHOVER J.M.A. : *Anal papillomavirus infection in heterosexuals with genital warts : prevalence and relation with sexual behaviour, British Journal of Medicine, 303*, 1243, 16 nov. 1991.

SOULAGES Gabriel : *le Malheureux petit voyage*.

SOULIÉ Bernard : *l'Érotisme japonais*, éd. Solar, 1981.

SPERT Harold : *Histoire illustrée de la gynécologie et de l'obstétrique*, trad. franç. éd. Dacosta, 1976.

SPIRA Alfred et BAJOS Nathalie : *les Comportements sexuels en France*, éd. La Documentation française, 1993.

STEINBERG Léo : *la Sexualité du Christ dans l'art de la Renaissance et son refoulement moderne*, trad. franç. éd. Gallimard, 1987.

STEKEL Wilhelm : *la Femme frigide*, trad. franç. éd. Gallimard, 1949.

– *L'Homme impuissant*, trad. franç. éd. Gallimard, 1950.

– *Onanisme et homosexualité*, trad. franç. éd. Gallimard, 1951.

SUÉTONE : *Vie des douze Césars*, trad. franç. consultée éd. Garnier.

SULLOWAY Frank J. : *Freud*, 1979, trad. franç. éd. Fayard, 1981.

TACITE : *La Germanie*, trad. franç. consultée éd. Garnier.

TAXIL Léo : *les Livres secrets des confesseurs, dévoilés aux pères de famille*. Librairie P. Fort, nouvelle édition 1898.

TINGHERIAN Catherine : *Pour avoir de jolies fesses*, éd. Morisset, 1992.

TISSOT Simon Auguste : *l'Onanisme*, 1758, *reprint* éd. Le Sycomore, 1980.
VAN GULIK Robert : *la Vie sexuelle dans la Chine ancienne*, 1961, trad. franç. NRF 1971.
VENETTE Nicolas : *la Génération de l'homme, ou Tableau de l'amour conjugal*, 1675.
VERGIAT A.-M. : *les Rites secrets des primitifs de l'Oubangui*, éd. Payot, 1921.
VERLAINE : *Œuvres libres.*
VIRAG Ronald : *l'Homme qui marche*, éd. La Table ronde, 1990.
– *Papavérine et impuissance*, éd. du CERI, 1987.
VIRAG R., LEGMAN H., ZWANG G., DERMANGE H. : *Utilisation de l'érection passive dans l'exploration de l'impuissance d'origine vasculaire, Contraception-Fertilité-Sexualité, 7, n° 10*, 707-710, 1980.
VIRAG R., SHOUKRY K., FLORESCO J., NOLLET F., GRECO E. : *Intracavernous self-injection of vasoactive drugs in the treatment of impotence : 8 year experience with 615 cases, The Journal of Urology, 145*, 287-293, februar 1991.
VIRAG R., NOLLET F., SHOUKRY K., GRECO E. : *Évaluation clinique de l'injecteur automatique pour l'injection intracaverneuse dans le traitement de l'impuissance, Artères et veines, vol. X, n° 4*, 271-274, mai-juin 1991.
WAAL (Frans de) : *De la réconciliation chez les primates*, trad. franç. éd. Flammarion, 1992.
WA CHOU-TSE : *l'Acupuncture et l'amour*, chez l'auteur, 1976.
WALLACE Irving : *le Rapport Chapman*, trad. franç. éd. Denoël, 1961.
WEININGER Otto : *Sexe et caractère*,1903, trad. franç., éd. L'Âge d'Homme.
WERNER Paul : *la Vie à Rome aux temps antiques*, éd. Minerva, 1978.
WILLS Christopher : *la Sagesse des gènes*, trad. franç. éd. Flammarion, 1991.
WINBERG J., BOLLGREN I., GOTHEFORS L., HERTELIUS M., TULLUS K. : *The prepuce : a mistake of nature ? The Lancet*,18 mars 1989, 598-599. Résumé français in *Contraception, Fertilité, Sexualité, vol. 17, n° 12*, 1989.
WOOTEN J.-S. : *Ligation of the dorsal vein of the penis as a cure for atonic impotence, Texas Medical Journal, 18*, 325, 1902-1903.
ZWANG G. : *Anatomie et physiologie de l'érection, La Revue du praticien, 35, 5*, 217-224, 1985.
– *Les Balises biologiques de la sexualité humaine, journées pharmaceutiques internationales*, 1985, XXXVe journées pharmaceutiques françaises.
– *La Circoncision, pour quoi faire ? Contraception-Fertilité-Sexualité, 5, n° 3*, avril-mai 1977.
– *Comment comprendre les rapports sexuels douloureux pour la femme, La Gazette médicale de France, 84, n° 11*, 18 mars 1977.
– *Considérations chronobiologiques sur l'établissement de la physiologie orgasmique féminine* : communication au Congrès de Sexologie de Marrakech, décembre 1992, *Cahiers de Sexologie clinique, vol. 19, n° 118*, décembre 1993.
– *Déboisement brésilien : une mode à rebrousse-poils, Cahiers de Sexologie clinique, vol. 19, n° 113*, 39-43, 1993.
– *Éthologie du coït*, in ARVIS, *Andrologie*, t. III, éd. Maloine, 1991.
– *La Fonction érotique de la femme de cinquante ans, Médecine au féminin, n° 39*, 36-41, 1991.
– *Les Mutilations sexuelles féminines, Sexologie-Informations*, supplément au *n° 400* de *Tribune médicale*, 4 juin 1977. Texte du rapport pour la conférence de presse de *Terre des hommes*, Genève, 25 mars 1977.
– *Les « Plus » de l'amour*, in *Guide pratique de la vie du couple*, éd. Filipacchi, 1984. Je n'approuve pas tous les articles de cet ouvrage collectif.
– *Responsabilité du chirurgien face à la sexualité, contraception-fertilité-sexualité, 8, n° 9*, 1980. Texte du rapport pour le Congrès international de sexologie de Mexico, décembre 1979.
– *Le Sexe de ma tribu, Le Crapouillot*, été 1983.
– *The Story of impotence, Proceedings of the First World Meeting on Impotence*, éd. du CERI, 1984.
– *Transsexuel cherche chirurgien ou chirurgien cherche transsexuel ?, Sexologie-Informations*, n° 24, supplément au n° 352 de *La Tribune médicale*, 24 avril 1976.
– *Les Troubles de l'érection d'origine neurologique, Sexologie-Informations*, n° 28, supplément à *La Tribune médicale*, 26 février 1977.
– *Troubles de l'érection : les résultats de la thérapeutique sexologique*, in *Séminaires d'Uro-Néphrologie*, Dix-septième série, 1991, éd. Masson.

Préfaces pour :
– *Le Satiricon* de Pétrone, *les Nuits chaudes du cap Français, Journal d'une enfant vicieuse* et *La Nichina* de Hugues Rebell, éd. J.-Cl. Lattès, 1979-1980.
– *Capillaria* de Frigyes Karinthy, éd. de la Différence, 1976.
– *Cent trente-deux positions amoureuses* de Garnon, éd. Bernard Borderie, 1981.
ZWANG G., DERMANGE H. : *Troubles d'origine iatrogénique ou toxique de la physiologie sexuelle, Le Concours médical, 100, n°s 47-48*, 1978.
ZWANG G., GINESTIÉ J.-F., ROMIEU A. : *les Impuissances masculines d'origine artérielle, sexologie-informations*, n° 14, supplément au n° 303 de *La Tribune médicale*, 15 mars 1975.

TABLE DES ILLUSTRATIONS

Imprimé en France par AUBIN IMPRIMEUR Ligugé, Poitiers (P 44795), - Dépôt légal : février 1994.